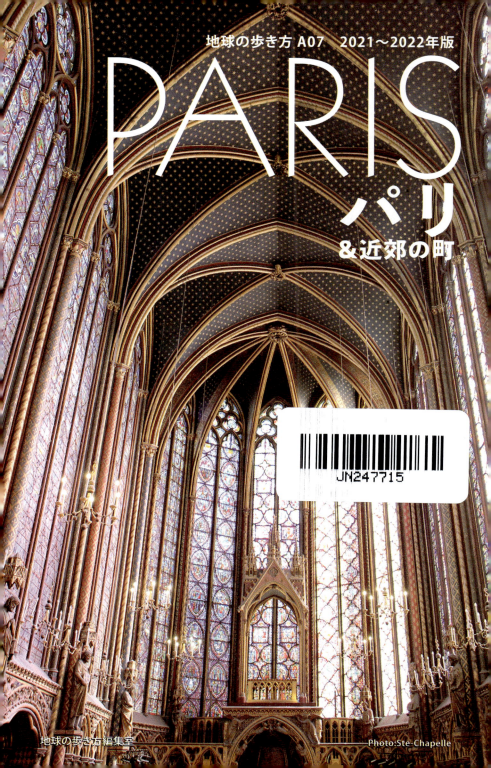

地球の歩き方 A07　2021〜2022年版

PARIS
パリ
& 近郊の町

地球の歩き方編集室

Photo:Ste-Chapelle

PARIS CONTENTS

12 パリの最旬トピックス

14 パリのエリアナビ

16 賢くお得にパリを楽しむ
パリ旅 大満喫モデルプラン

25 あなたはどちら派? **パリ右岸vs左岸**
右岸を楽しむキーワード……………………26
左岸を楽しむキーワード……………………28
世界遺産 パリのセーヌ河岸………………30

32 町角のアートを探して
パリ建築散歩
アールヌーヴォーを巡る……………………32
現代建築のデザイン性に迫る……………34

36 ますます進化中!
「パリのパン」大調査!

42 編集部おすすめ!
パリのおみやげセレクション

44 **パリの蚤の市と市場**
週末は蚤の市でお宝探し!…………………44
パリの朝市……………………………………46

48 レトロモダンな散歩道
パリのパッサージュ

52 とっておきの思い出作り
パリでプチレッスン

54 **パリのイルミネーション**

基本情報

歩き方の使い方	6
ジェネラルインフォメーション	8
パリのカレンダー	56
パリの歴史	60
人物 & キーワード集	62

65 アクセスと交通

パリの空港	66
空港から市内へのアクセス	72
パリの交通手段	74
メトロ（地下鉄）	77
高速郊外鉄道RER	80
トラム	82
バス	83
タクシー	86
自転車	87
パリの観光ツアー	88
観光バスツアー	88
市内パノラマ観光バス	92
日本語ガイド付きウオーキングツアー	93
遊覧船	93

交通 MAP

●別冊
地下鉄（メトロ&RER）&トラム路線図 …… 2～3
RER路線図（パリと近郊） …… 32～33
バス路線図 …… 34～35
●本誌
シャルル・ド・ゴール空港 …… 68～69
オルリー空港 …… 70
空港⇔市内アクセスマップ …… 73
おすすめバス路線図 …… 85

95 エリア別ガイド

観光に役立つテクニック	96
1 シャンゼリゼ界隈	100
2 ルーヴルからオペラ地区	108
3 エッフェル塔界隈	118
［TOPICS］エッフェル塔のおみやげ＆おすすめ撮影スポット	122
4 シテ島からマレ、バスティーユ	126
5 サン・ジェルマン・デ・プレから カルチェ・ラタン	140
［TOPICS］中世アートはここに注目!	145
［TOPICS］ふたつのカフェ文化	151
6 モンパルナス	152
［TOPICS］芸術家たちのモンパルナス	157
7 モンマルトル	158
［TOPICS］モンマルトル散策	162
8 もうひとつのパリ	165
サン・マルタン運河	166
パッシー地区	168
ラ・デファンス／ラ・ヴィレット公園	170
ベルシー地区	171
ブーローニュの森	172
ヴァンセンヌの森	174
［TOPICS］パリの公園	175
ペール・ラシェーズ墓地	176
モンマルトル墓地	176
モンパルナス墓地	177
［TOPICS］パリのエスニックタウン	178

エリア MAP

●別冊
パリ全図 …… 4～5
シャンゼリゼ界隈 …… 22～23
ルーヴルからオペラ地区 …… 24～25
シテ島からマレ、バスティーユ …… 26～27
サン・ジェルマン・デ・プレから
　カルチェ・ラタン …… 28～29
モンマルトル …… 30～31
●本誌
パッシー地区 …… 168
ブーローニュの森 …… 173
ヴァンセンヌの森 …… 174
ペール・ラシェーズ墓地 …… 176
モンマルトル墓地 …… 177
モンパルナス墓地 …… 177

エリアコラム

フランス国歌『ラ・マルセイエーズ』… 103
フランスで最も大切な祝日「革命記念日」… 104
シャンゼリゼの緑地帯に立つ3人 …… 105
フランスのシンボルあれこれ …… 106
パリに凱旋門はいくつある？ …… 117
パリの自由の女神 …… 124
奇跡のメダイユ教会 …… 144
パリのブドウ畑 …… 161

179 美術館ガイド
美術館巡りに役立つテクニック …… 180
パリの名画でたどるミニ美術史 …… 184
美術館早わかり帳 …………………… 185
[TOPICS]ル・コルビュジエの作品巡り
……………………………………… 215

美術館 MAP
●本誌
ルーヴル美術館 …… 190〜192、194
オルセー美術館 …… 197

221 エンターテインメント
エンターテインメント ……………… 222
[TOPICS] パリ・オペラ座への招待 224
コンサートホール／劇場 …………… 227
[TOPICS] パリ音楽散歩①
　ショパンの足跡をたどって ……… 230
映画館 ………………………………… 231
ジャズクラブ／シャンソニエ ……… 232
[TOPICS] パリ音楽散歩②
　シャンソンで巡るパリ …………… 233
[TOPICS]「パリの夜」の遊び方 …… 234
ナイトクラブ ………………………… 235
キャバレー／ナイトショー ………… 236

237 レストランガイド
レストランを楽しむテクニック …… 238
高級レストランの楽しみ方 ………… 240
1週間お食事プラン ………………… 242
フランス料理 メニューの見方 …… 244
チーズの楽しみ方 …………………… 246
ワインの楽しみ方 …………………… 247
フランス料理単語帳 ………………… 248
フランス料理おすすめレストラン … 252
　高級レストラン ……………………… 254
　ミシュラン星付きレストラン ……… 255
　有名シェフのセカンドレストラン … 256
　フランス地方料理 …………………… 257
　パリらしいレストラン ……………… 258
　ブラッスリー ………………………… 259
　予算別レストラン …………………… 260
　大人気ビストロ ……………………… 263
　ミュゼのレストラン、サロン・ド・テ 266
　カジュアルレストラン ……………… 268
各国料理レストラン ………………… 272
日本料理レストラン ………………… 274
おすすめワインバー ………………… 276

レストランコラム
黒板メニューの読み方 …… 264

279 カフェガイド
カフェを楽しむテクニック ………… 280
カフェの定番メニュー ……………… 282
おすすめカフェ ……………………… 284
おすすめサロン・ド・テ …………… 288

291 ショッピングガイド

- ショッピングに役立つテクニック …… 292
- 有名ファッションブランド ………… 296
- 人気ショッピングストリート ………… 298
- ショッピングに役立つフランス語 …… 300
- おすすめショップ …………………… 302
  - ファッション ………………… 302
  - フレグランス、コスメ ………… 307
  - スイーツ ……………………… 316
  - チョコレート ………………… 322
  - パン …………………………… 326
  - チーズ ………………………… 328
  - ワイン ………………………… 329
  - 食料品 ………………………… 330
- グルメストリートで美味散歩！ …… 334
- 雑貨、インテリア用品 ……………… 338
- キッチン用品 ………………………… 341
- 趣味、実用、専門店 ………………… 342
- デパート、ショッピングセンター …… 346
- スーパーマーケット ………………… 350

パリの幸せスイーツ

- 定番スイーツセレクション …… 310
- 大人気チョコレートセレクション …… 312
- 新オープンの店をチェック！…… 314

ショッピングMAP

●本誌
- 人気ショッピングストリート …… 298
  - フラン・ブルジョワ通り …… 298
  - サントノレ通り …… 299
  - サン・シュルピス通り …… 299
- グルメストリートで美味散歩！…… 334
  - ランビュトー通り …… 334
  - マルティール通り …… 335
  - バック通り …… 336
  - サン・ドミニク通り …… 337

353 ホテルガイド

- ホテル滞在に役立つテクニック …… 354
- ホテルでのお悩み相談 ……………… 359
- 高級および大型ホテル ……………… 360
- おすすめホテル ……………………… 362
- ユースアコモデーション …………… 378
- B&B …………………………………… 380
- アパルトマン ………………………… 382

ホテルコラム

- ホテルでお部屋ごはん …… 377

385 パリから行く近郊への旅

- パリ近郊の町への交通 ……………… 388
- ヴェルサイユ宮殿 …………………… 392
- [TOPICS]パリ近郊の城館巡り … 399
- モン・サン・ミッシェル …………… 400
- ランス ………………………………… 407
- フォンテーヌブロー ………………… 408
- バルビゾン …………………………… 409
- シャンティイ ………………………… 410
- サン・ジェルマン・アン・レー …… 412
- シャルトル …………………………… 413
- ジヴェルニー ………………………… 414
- オヴェール・シュル・オワーズ …… 415
- ロワールの古城巡り ………………… 416
- ディズニーランド・リゾート・パリ … 418

パリから行く近郊への旅 MAP

●本誌
- パリから行く近郊への旅 …… 386～387
- ヴェルサイユ …… 393
- モン・サン・ミッシェル …… 400
- フォンテーヌブロー …… 408
- シャンティイ …… 410
- シャルトル …… 413
- ロワールの古城 …… 417

419 旅の準備と技術

- 旅のプラン …………………………… 420
- 旅の必需品 …………………………… 422
- お金の準備 …………………………… 424
- 旅の情報収集 ………………………… 425
- 服装と持ち物 ………………………… 426
- 日本出入国 …………………………… 428
- フランス入出国 ……………………… 430
- お金の両替 …………………………… 432
- パリでの情報収集 …………………… 434
- 免税について ………………………… 436
- 通信・郵送手段 ……………………… 438
  - 電話 …………………………… 438
  - インターネット ……………… 439
  - Wi-Fiのつなぎ方 …………… 440
  - 郵便、宅配便 ………………… 441
- トラブル対策 ………………………… 442
- 旅の言葉 ……………………………… 448
- テーマ別総合インデックス ………… 452

旅の準備と技術コラム

- フランス人の数字の書き方、日付の書き方 …… 437

出発前に必ずお読みください！
旅のトラブルと安全情報　P.11、P.442～447
緊急時の医療会話　P.451

歩き方の使い方

本書で用いられる記号・略号

見どころなどのデータ

- ❶ 観光案内所
- Ⓜ 最寄りメトロ（地下鉄）駅
- RER 最寄りRER線の駅
- 住 住所（末尾に付けられた1er、2eなどは、区の番号）
- 営 営業時間
- 開 開館時間（夏：一般的に4～9月で7・8月だけ時間が延長されることも多い 冬：一般的に10～3月）
- 休 休館日、定休日
- 料 入場料、料金（学生割引の場合は国際学生証、年齢の証明にはパスポートを提示すること）
- TEL 電話番号
- Free 無料ダイヤル（日本国内）
- FAX ファクス番号
- 無料Wi-Fiあり
- パス ミュージアム・パス使用可（→P.183）
- Eメール eメールアドレス
- URL ウェブサイトのアドレス

読者からの投稿

はみだし！ はみだし情報

今も昔もフランスの栄光の象徴
凱旋門 ★★★ MAP 別冊P.11-1C、P.22-2A
Arc de Triomphe

「凱旋門」とは、戦いに勝利したことをたたえ、その記念として造られた門のこと。その起源は古代ローマまで遡るが、世界で最もよく知られているのは、「エトワールの凱旋門」だろう。シャンゼリゼ大通りの西端、シャルル・ド・ゴール広場の中央にどっしりと構える門は、まさに「栄光の門」と呼ぶのにふさわしい威厳を感じさせる。

門の建設のきっかけとなったのは、1805年に勃発したオステルリッツの戦いだ。ナポレオン軍は自分たちの倍の規模をもつ独墺露伊連合軍を迎え、皇帝ナポレオンの指揮のもと、オステルリッツで死闘の末、劇的な逆転大勝利を収めた。全ヨーロッパの予想をくつがえす、劣勢からの奇跡の大勝利だった。この勝利の記念としてナポレオンは、当時5本の大通りが集まっていた星形広場（エトワール）に、大凱旋門の建設を命じる。設計を担当したのはシャルグランで、1806年初頭に礎石が置かれた。しかし、工事は遅々として進まず、オーストリアからマリ

Column History
フランスで最も大切な祝日「革命記念日」

7月14日は、フランスの祝日「革命記念日」だ。日本ではこの日を「パリ祭」と呼ぶが、フランスには「パリ祭 Fête de Paris」などというものは存在しない。この言葉は往年の映画『巴里祭（原題7月14日）』(1933)からきたもので、日本でしか通じない。

当地フランスでは、革命記念日のことを、ただ「7月14日（キャトルーズ・ジュイエ）」と呼ぶ。13日の前夜祭は、革命勃発の地バスティーユ広場に集い、夜を徹して歌い、踊る。14日当日はさまざまな催しが行われるが、何といってもいちばんの目玉は、シャンゼリゼ大通りの大パレードだ。凱旋門からコンコルド広場まで、車は完全にシャットアウトされて、問題は見物客だけだ。
午前中は軍事パレードだ。本物の戦車が地響きを立てて行進するさまはちょっと不気味。しばらくすると、フランス空軍機が、三色旗の煙を吐きながら頭上を飛び去る。普段は思いもよらないことかもしれないが、実はフランスが世界有数の軍事国家であることが

実感できるだろう。
パレードをぜひこの目で！ という人は、混雑を覚悟して出かけること。開始の3～4時間前には行って、場所を確保しておかないと、人の頭しか見えないのでご注意を。
革命記念日のイベントは、夜空を彩る花火大会でクライマックスを迎える。例年22:00頃からトロカデロで行われる。もちろんこちらも地元の人たちに大人気で、エッフェル塔付近の沿道や中州は、夜の上では、午前中から場所取りが始まるほどだ。

7月14日の軍事パレード

R レストラン
旅情を誘う豪華レストラン
ル・トラン・ブルー
Le Train Bleu
リヨン駅｜MAP 別冊P.21-2C

シャンデリアが輝きフレスコ画が飾られた店内は、歴史的建造物にも指定されており、19世紀の空気が伝わってくる。駅構内にあるので、列車の待ち合わせの前後のワンシーンに入り込んだ気分になれる。

- Ⓜ ①⑭ⒶⒺGare de Lyon
- 住 Pl. Louis Armand 12e（リヨン駅構内）
- TEL 01.43.43.09.06
- 営 11:30～14:30 (L.O.)、19:00～22:30 (L.O.)
- 休 無休 料 ムニュ€65、€110
- Card AⒹJⓂⓋ 予 予算額が高い日 割
- URL www.le-train-bleu.com

S ショップ
「ベンシモン」のコンセプトストア
ホーム・オトゥール・デュ・モンド
Home Autour du Monde
洋服／フラン・ブルジョワ通り｜MAP 本誌P.298

フレンチカジュアルのブランド「ベンシモンBensimon」がファッションからインテリア、雑貨までトータルで提案するコンセプトストア。くったりとした革バッグと、ナチュラルで美しい色の定番スニーカーは色違いで欲しくなる。

- Ⓜ ①St-Paul
- 住 8, rue des Francs Bourgeois 3e
- TEL 01.42.77.06.08
- 営 10:30～19:00 (日 13:00～)
- 休 1/1、5/1、12/25
- Card AⒹJⓂⓋ
- URL www.bensimon.com

H ホテル
あたたかな家族に迎えられるような
オテル・ド・ロンドル・エッフェル
Hôtel de Londres Eiffel ★★★
エッフェル塔界隈｜MAP 別冊P.11-3D

19世紀エッフェル塔の建設時、職工たちの住まいだったというホテル。その歴史を受け継ぎながら、家族経営のあたたかいサービスをモットーとしている。客室には作家や詩人の名がつけられ、上品で落ち着いた空気に満ちている。

- Ⓜ ⑧École Militaire
- 住 1, rue Augereau 7e
- TEL 01.45.51.63.02
- 料 Ⓢ€150～260 Ⓦ€160～380 Ⓒ€14
- 室 30室 冷 冷房あり
- 無料Wi-Fiあり
- 割 読者割引あり（直接予約の場合のみ→P.7）
- URL www.hotel-paris-londres-eiffel.com

★ フランス政府の格付け基準による星の数
Ⓢ シングル料金
Ⓦ ダブルまたはツインの1室当たり料金
Ⓒ 朝食料金
室 客室数　冷 冷房あり
無料Wi-Fiあり
割 本書提示により読者割引あり（→P.7）

見どころのおすすめ度

★★★ 見逃せない観光ポイント
★★ 訪れる価値あり
★ 興味に合わせて訪れよう

通りの表記、略号

- **av.** ：Avenue「並木通り」
- **bd.** ：Boulevard「大通り」
- **rue** ：「通り」地図上では**Rue**または**R.**で表示
- **pl.** ：Place「広場」
- **St-** ：Saint
- **Ste-** ：Sainte（Saintの女性形）
- **Fg.** ：Faubourg（フォーブール）の略

地図の記号
別冊P.4～5（下部）に説明があります

コラム

知っておきたい
歴史の話

芸術にもっと親しむための
アートコラム

町歩きが楽しくなる
シネマコラム

コーヒーブレーク
パリの「ちょっといい話」

お役立ち情報
ユースフルコラム

- **MAP** 地図上の位置
- **Ⓜ** 最寄りのメトロ（地下鉄）駅
- **RER** 最寄りのRER線駅
- **住** 住所
- **TEL** 電話番号
- **FAX** ファクス番号
- **営** 営業時間（レストランのL.O.はラストオーダー）
- **休** 休業日
- **料** ムニュ（セットメニュー）の料金、
  ア・ラ・カルトで注文時の予算など
  （レストラン、カフェ記事）
- **CC** 使用可能なクレジットカード
  - Ⓐ アメリカン・エキスプレス
  - Ⓓ ダイナースクラブカード
  - Ⓙ JCBカード
  - Ⓜ マスターカード
  - Ⓥ VISA
- **英** 英語のメニューあり（レストラン、カフェ記事）
- **日** 日本語のメニューあり（レストラン、カフェ記事）
- **予約** 予約の必要性について（レストラン、カフェ記事）
- **Wi-Fi** 無料Wi-Fiあり
- **e-m** eメールアドレス
- **URL** ウェブサイトのアドレス

■掲載情報のご利用に当たって

編集部では、できるだけ最新で正確な情報を掲載するよう努めていますが、現地の規則や手続きなどがしばしば変更されたり、またその解釈に見解の相違が生じることもあります。このような理由に基づく場合、または弊社に重大な過失がない場合は、本書を利用して生じた損失や不都合について、弊社は責任を負いかねますのでご了承ください。また、本書をお使いいただく際は、掲載されている情報やアドバイスがご自身の状況や立場に適しているか、すべてご自身の責任でご判断のうえでご利用ください。

■現地取材および調査時期

本書は、2020年1～3月の現地取材、および追跡調査データを基に編集されています。情報が具体的になればなるほど、時間の経過とともに内容に多少のズレが出てきます。特にホテルやレストランなどの料金は、旅行時点では変更されていることも多くあります。また、取材期間の後、感染症の影響で現地の状況が大きく変化していることが予想されますので、本書のデータはひとつの目安としてお考えいただき、現地では観光案内所などでできるだけ新しい情報を入手してご旅行ください（※）。

■発行後の情報の更新と訂正について

発行後に変更された掲載情報や訂正箇所は、『地球の歩き方』ホームページの「更新・訂正情報」で可能なかぎり最新のデータに更新しています（ホテル、レストラン料金の変更などは除く）。

URL book.arukikata.co.jp/support

■投稿記事について

投稿記事は、多少主観的になっても原文にできるだけ忠実に掲載してありますが、データに関しては編集部で追跡調査を行っています。投稿記事のあとに（東京都　○○○　'19）とあるのは、寄稿者の居住地と名前、旅行年度を表しています。ホテルの料金など、追跡調査で新しいデータに変更している場合は、寄稿者データのあとに調査年度を入れ［'20］としています。読者投稿応募の詳細は→P.463。

■読者割引について

編集部では、読者の皆さんにできるだけよい旅をしていただくために、掲載したホテルに対して、本書持参の旅行者に宿泊割引をお願いしています。同意を得たホテルについては割引と明示してあります。読者割引をご利用の際は、予約時に割引の適用が受けられるかどうかご確認のうえ、本書をチェックイン時にご提示ください。なお、この割引は2020年1月から3月の調査で同意されたもので、予告なしに廃止されることもあります。また、この割引は、旅行会社やホテル予約サイトなどの第三者を介して予約した場合は、適用されませんのでご注意ください。

※2020年7月現在、新型コロナウイルス感染症の影響により、日本からフランスへの渡航はレベル3（渡航中止勧告）が発出されています。状況は常に変化しますので、出入国時の制限など、最新情報は外務省や在日フランス大使館のウェブサイトをご参照ください。

ジェネラルインフォメーション

フランスの基本情報

▶旅の言葉
→ P.448

国旗
通称：トリコロール
1789年、国民軍司令官だったラ・ファイエットが、パリ国民軍の赤と青の帽章に、王家の象徴である白を加えたのが三色旗の始まり

正式国名
フランス共和国 République Française

国歌
ラ・マルセイエーズ La Marseillaise

面積
約55万km² (海外領土を除く)

人口
約6699万人。日本の約2分の1。海外領を含む ('19)

首都
パリ Paris。人口約218万人 ('17)

元首
エマニュエル・マクロン大統領
Emmanuel Macron

政体
共和制

民族構成
フランス国籍をもつ人は民族的出自にかかわらずフランス人とみなされる

宗教
カトリックが約65%を占めるほか、イスラム教、プロテスタント、ユダヤ教など

言語
フランス語

通貨と為替レート

▶お金の準備
→ P.424

※2013年より小額紙幣から順次、新デザインが導入されている。

通貨単位はユーロ (€、Euro、Eurとも記す)、補助通貨単位はセント (Cent)。それぞれのフランス語読みは「ウーロEuro」と「サンチームCentime」。€1＝100セント＝約120円 (2020年7月現在)。紙幣は€5、€10、€20、€50、€100、€200。硬貨は€1、€2、1セント、2セント、5セント、10セント、20セント、50セント。

1ユーロ　　2ユーロ　　5ユーロ

10ユーロ　　20ユーロ　　50ユーロ

100ユーロ　　200ユーロ

1セント　2セント　5セント　10セント　20セント　50セント

電話のかけ方

▶国際電話のかけ方
→ P.438

日本からフランスへかける場合

国際電話会社の番号	+	国際電話識別番号	+	フランスの国番号	+	相手先の電話番号
001 (KDDI) ※1 0033 (NTTコミュニケーションズ) ※1 0061 (ソフトバンク) ※1 005345 (au携帯) ※2 009130 (NTTドコモ携帯) ※3 0046 (ソフトバンク携帯) ※4		**010**		**33**		(最初の0は除く)

※1「マイライン」の国際区分に登録している場合は不要。詳細は URL www.myline.org
※2 auは005345をダイヤルしなくてもかけられる
※3 NTTドコモは事前にWORLD WINGに登録が必要。009130をダイヤルしなくてもかけられる
※4 ソフトバンク携帯は0046をダイヤルしなくてもかけられる

※本項目のデータはフランス大使館、フランス観光開発機構、外務省、(社) 日本旅行業協会などの資料を基にしています。

General Information

ビザ
観光目的の旅（3ヵ月以内の滞在）なら不要。
パスポート
フランスを含むシェンゲン協定加盟国出国時より3ヵ月以上の残存有効期間が必要。

入出国

▶日本出入国
→ P.428
▶フランス入出国
→ P.430

日本からフランス・パリまでのフライトは、直行便で約12時間。現在3社（エールフランス航空、日本航空、ANA）が直行便を運航している。

日本からのフライト時間

▶旅のプラン
→ P.420

パリの気候はだいたい東京の四季に合わせて考えていい。春の訪れを感じるのは4月頃。梅雨がなく、乾燥しているので、夏はさわやかで過ごしやすい。7・8月の日中は30℃前後になる日もあるが、朝晩は肌寒いこともある。

秋の訪れは東京より早く、雨が比較的多い。11月になるともう冬で、曇りがちの日が多くなる。
　同じ季節でも年によって気候は違うので、出発直前に天気予報で気温をチェックしておこう。

気候

▶フランスの天気予報
→ P.426

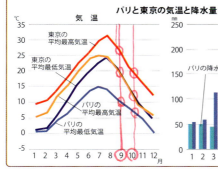

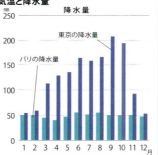

以下は一般的な営業時間の目安。ショップやレストランは店によって異なり、非常に流動的。夏のバカンスシーズンなど長期休暇を取る店も多いので注意。
銀　行
月～金曜 9:00～17:00。土・日曜、祝日は休業。銀行によって異なる。
郵便局
月～金曜 8:00～20:00、土曜 9:00～13:00。日曜、祝日は休業。局によって異なる。

デパート
月～土曜 9:30～20:00頃、日曜 11:00～19:00頃。一部祝日は休業。
ショップ
月～土曜 10:00～19:00頃。昼休みを取る店もある。日曜、祝日は休業する店が多い。
カフェ
8:00～24:00頃。
レストラン
昼 12:00～14:00、夜 19:30～23:00頃。日曜、祝日は休業する店もある。

ビジネスアワー

フランスから日本へかける場合

フランス国内通話
市外局番はないので、10桁の電話番号をそのままダイヤルする。

時差とサマータイム

フランスは中央ヨーロッパ時間（CET）。日本との時差は 8 時間で、日本時間から 8 を引くとフランス時間になる。つまり、日本の 18:00 がフランスでは同日の 10:00 となる。これがサマータイム期間中は 7 時間の差になる。サマータイム実施期間は、3 月の最終日曜 A.M. 2:00 ～ 10 月の最終日曜 A.M. 3:00。2020 年は 3/29 ～ 10/25、2021 年は 3/28 ～ 10/31。

※ 2022 年以降、サマータイムは廃止予定。

祝祭日（おもな祝祭日）

▶パリのカレンダー → P.56

キリスト教に関わる祝日が多い。年によって異なる移動祝祭日（※印）に注意。

1/1	元日	Jour de l'An
4/4（'21）　4/17（'22）※	復活祭	Pâques
4/5（'21）　4/18（'22）※	復活祭の翌月曜日	Lundi de Pâques
5/1	メーデー	Fête du Travail
5/8	第 2 次世界大戦終戦記念日	Victoire du 8 mai 1945
5/13（'21）5/26（'22）※	キリスト昇天祭	Ascension
5/23（'21）6/5（'22）※	聖霊降臨祭	Pentecôte
5/24（'21）6/6（'22）※	聖霊降臨祭の翌月曜日	Lundi de Pentecôte
7/14	革命記念日	14 Juillet
8/15	聖母被昇天祭	Assomption
11/1	諸聖人の日	Toussaint
11/11	第 1 次世界大戦休戦記念日	Armistice
12/25	クリスマス	Noël

電圧とプラグ

標準は220Vで周波数は 50Hz。日本国内用の電化製品はそのままでは使えないので、変圧器が必要。プラグの形状は C タイプを使う。

コンセントの形状と携帯用プラグ（Cタイプ）

ビデオ方式

出力方式がフランスは「DVB」、日本は「ISDB-T」と異なるため、フランスで購入した DVD ソフトを日本の一般的な DVD プレーヤーで見ることはできない（DVD ドライブ付き、あるいは DVD ドライブに接続可能なパソコンでは再生できる）。

ブルーレイソフトは、日本の地域コード「A」に対応していれば日本のプレーヤーで再生できる。

チップ

チップは基本的に義務ではない。宿泊や飲食の代金にはすでにサービス税が含まれているので、特別なサービスを頼んだときなどに、お礼として渡すといいだろう。

レストラン
高級レストランでは食事代の 5 ～ 10% を目安に、お札で渡すとスマート。一般的な店ではおつりの小銭程度を。

ホテル
特別なことを頼んだ場合、1 回につき€2 ～ 5 程度。通常の掃除やベッドメイクには不要。

タクシー
大きな荷物をトランクに運んでもらったときなど€2 ～ 5 程度。

劇場などの案内係
座席案内のお礼として、€1 程度。

飲料水

フランスの水道水は石灰分が多いが飲んでも大丈夫。味が気になる人はミネラルウオーター eau minérale を買うといい。ミネラルウオーターには炭酸入り（ガズーズ gazeuse）と炭酸なし（プラット plate）がある。駅などの自動販売機で買うと、500mlで€1.50。スーパーマーケットでは€0.20 ～ 1。

General Information

時差表

日本	0	1	2	3	4	5	6	7	8	9	10	11	12	13	14	15	16	17	18	19	20	21	22	23
フランス	16	17	18	19	20	21	22	23	0	1	2	3	4	5	6	7	8	9	10	11	12	13	14	15
フランス(サマータイム)	17	18	19	20	21	22	23	0	1	2	3	4	5	6	7	8	9	10	11	12	13	14	15	16

※ 赤い部分は日本時間の前日を示している

郵便

　フランスの郵便局は「ラ・ポスト La Poste」という。
　はがき、封書ともに同一料金で、日本への郵便料金は20gまで€1.40。いろいろな大きさや変わった形のはがきが売られているが、20gまではサイズ、形状に関係なく€1.40で送ることができる。

フランスのポストは黄色

▶日本への郵便料金
→ P.441

税金

　フランスでは、外国人旅行者がひとつの店で1日で€175.01以上の買い物をすると、12～18.6%(店によって異なる)の免税が適用される。商品を使用せずEU圏外に持ち出すことが条件。パスポートを提示して免税手続きの申請をする。

▶免税について
→ P.436

安全とトラブル

　パリでは時期を問わず観光客を狙っての犯罪があとを絶たない。常にそのことを頭に入れながら行動しよう。テロに備えて、安全情報の収集もしておきたい。自分の身は自分で守るという心構えが必要だ。万一トラブルに巻き込まれた場合は、速やかに状況を判断して、その状況に合った機関へ助けを求めること。

緊急時の電話番号
警察 Police (ポリス)　17
消防 Pompier (ポンピエ)　18
医者付き救急車 SAMU (サミュ)　15

フランスのパトカー

▶トラブル対策
→ P.442

▶知っておきたい
　安全情報
→ P.444

年齢制限

　フランスの最低飲酒年齢は16歳。喫煙の最低年齢を定める法律はない。レンタカーのレンタル資格は21歳以上(車種によっては例外あり)。

度量衡

　フランスの度量衡(長さ、面積、重量、容積)は日本と同じと考えていい。洋服や靴のサイズ表示は日本と異なるので、必ず試着すること。

▶日本とフランスの
　サイズ表
→ P.301

その他

物価の目安
　メトロの切符1枚€1.90、コーヒー1杯€2～3、テイクアウトのサンドイッチ€4～6程度。たばこ1箱€10ほど。

ストライキ
　フランスでは、美術館やメトロ、国鉄などあらゆる機関で頻繁にストライキが起こる。必ず予告されるので、ストライキを意味する「grève グレーヴ」という単語を、テレビのニュースや新聞などでこまめにチェックしよう。

公共の場での喫煙
　公共の閉じられた空間(駅、美術館など)での喫煙は全面的に禁止されている。ホテル、カフェ、レストランでは例外的に喫煙所が設置されている場合も(飲食店では屋外席なら喫煙可)。違反者には€68の罰金が科せられる。路上でのポイ捨ても同様に€68の罰金なので要注意。

トイレ事情→ P.99

パリの最旬トピックス

常に変貌し、いつだって目が離せないパリ。
今チェックしたい新スポットや、旬の旅情報を紹介しよう。※2020年4月時点

2020年予定 コンコルド広場の旧海軍本部が博物館に！

2015年まで国防省（旧海軍）の本部だった「オテル・ド・ラ・マリンヌ」が2020年、博物館に生まれ変わる。この建物は、ルイ15世の命で建てられ、1774年からフランス王家の宝物や家具を保管する館、フランス革命後の1806年からは海軍本部として使われた。このたびCMN（フランス文化財センター Centre des monuments nationaux）によって改装工事と運営が行われることになり、一般公開されることに。18世紀の華やかなサロンや海軍将官の間や調度品が見学できるほか、特別展も開催。レストランやサロン・ド・テも併設される予定だ。 MAP 別冊P.24-3A

© Jean-Pierre Delagarde - Centre des monuments nationaux

© Ambroise Tezenas - Centre des monuments nationaux

© HDA-Nicolas Trouillard - Centre des monuments nationaux

© Ambroise Tezenas - Centre des monuments nationaux

コンコルド広場に面して建つ。海軍将官の間や名誉の間（写真左）、天使が描かれたガラスの小部屋（写真右）などは、修復によって建設当時の豪奢さがよみがえり、中庭には新たにガラスの天井が設置された（写真中）

2019年〜2020年 美術館＆博物館リニューアルラッシュ！

2019年から2020年にかけて、改装工事中だった美術館＆博物館が装い新たに続々再オープン！　行ったことがある場所も、再訪の価値は十分あり！

❶ヴィクトル・ユゴー記念館
2020年末予定　→P.136
ヴィクトル・ユゴーが暮らしていたマレ地区の家。リニューアルにあたり、サロン・ド・テが併設される予定。

❷カルナヴァレ博物館
2020年予定　→P.137
パリの歴史に関する貴重な資料を展示する博物館が、4年に及ぶ工事を経て再開される。展示室だけでなく、収蔵品の修復も行われた。

❸郵便博物館
2019年11月　→P.155
郵便の歴史をさまざまな展示品で紹介。映画とからめた展示など多角的に紹介し、マニアはもちろん、そうでなくても楽しく見学できる。

❹セルヌスキ美術館
2019年3月
モンソー公園の近く、アンリ・セルヌスキがアジアで収集した膨大なコレクションを展示した美術館。目黒から運んだという大仏は必見。
MAP 別冊P.6-3A
URL www.cernuschi.paris.fr

❸

❹

❶

❷

2021年春予定 安藤忠雄設計の新美術館オープン

レ・アール地区にある商品取引所が、現代アートを展示する美術館「ピノー・コレクション」になる。所蔵品となるのは、ラグジュアリーブランドで財をなしたピノー家のコレクション。美しいドーム屋根やフレスコ画をもつ商品取引所が、安藤忠雄の設計によって新たなページを開く。
MAP 別冊P.13-2D
URL www.boursedecommerce.fr

QUOI DE NEUF à PARIS ?

生まれ変わる老舗デパート「ラ・サマリテーヌ」
2021年 春予定

1870年、ポン・ヌフのたもとに建てられたデパート「ラ・サマリテーヌ」。老朽化と耐震性の問題があり、2005年に閉店。15年もの間閉鎖されていたが、ホテルやオフィスの入った複合施設として、再オープンすることに。設計には日本人建築家ユニットSANAAも参加し、伝統と現代性を備えた建築作品としても注目を集めている。　MAP 別冊P.13-3D

SANAAが設計したガラス張りのファサード

1〜4区が統合して「パリ・サントル」に
2020年 4月

パリ20区のうち中心にある1〜4区が、2020年4月6日より統合されることになった。呼称は、パリの中央を意味する「パリ・サントルParis Centre」に。区役所などの機関も統合される。ただ、郵便番号はこれまでと変わらず75001〜75004が使われるため（→P.98）、大きな変化は起きない見込み。

1〜4区の統合について知らせるパリ市のウェブサイト

ノートルダム大聖堂 修復工事進行中
2019年 5月〜　→P.128

2019年4月に起こった火災のため、屋根と尖塔を焼失したノートルダム大聖堂。専門家による調査とともに、修復工事が進められている。内部の見学はできず、再開時期は未定。

セーヌ河岸から修復中の大聖堂を望む

オルセー美術館5階に後期印象派展示室がオープン
2019年 9月　→P.196

「印象派の殿堂」と呼ばれるオルセー美術館。その5階「ベルシャス・ギャラリー」と呼ばれる場所に、後期印象派の作品群を展示する部屋が新設された。これまで2階に展示されていたゴッホやゴーギャンの作品が5階に移動。モネやルノワールの作品がある5階印象派ギャラリーから続けて鑑賞できるようになった。

ゴッホの名作がずらり

セーヌに浮かぶアートギャラリー誕生
2019年 6月

アンヴァリッド橋のたもとに、ユニークなアートスポット「フリュクチュアール Fluctuart」が誕生した。なんとセーヌ川に浮かぶ船形のアートギャラリー。ノルマンディー地方のディエップで造船された、本物の「船」だ。ストリートアートをテーマにした展示を無料で楽しめるうえ、ルーフトップバーでカクテルを楽しむこともできる。

MAP 別冊P.11-2D
住 Pont des Invalides, Port du Gros Caillou 7e
営 12:00〜24:00
休 冬期の月
URL fluctuart.fr

ギャラリーは入場無料。夜はプロジェクションマッピングやカクテルパーティが開催されることも

日本人シェフ、初めて3つ星を獲得！
2020年 1月

近年、フランスでの活躍が目覚ましい日本人シェフたち。そして2020年版ミシュランガイドでは、小林圭氏がオーナーシェフを務める「ケイKEI」が、ついに3つ星を獲得した。
URL www.restaurant-kei.fr（日本語あり）

ほかにもこんなニュースが

[2020年2月]
アニエス・ベーが自らの財団で運営する現代アートの美術館「ラ・ファブLa Fab」をオープン。　URL la-fab.com

[2021年]
パリのメトロで親しまれてきた紙の切符「Ticket t+」が、2021年には廃止される予定。

パリのエリアナビ
QUARTIERS DE PARIS

歩き出す前に、パリの全体像をつかんでおこう。
パリは長径18km、短径9.5km、東京の山手線の内側くらいと、
コンパクトにまとまっている。
町の造りや、モニュメントの位置関係がわかると、パリがグンと身近に感じられる。

シャンゼリゼ界隈（→P.100）

凱旋門からコンコルド広場まで続く並木道、シャンゼリゼ。カフェのテラスが最も絵になり、革命記念日には盛大なパレードが行われる。高級ブランド店が連なるモンテーニュ大通り、ジョルジュ・サンク大通りを含む、パリ随一のファッショナブルな界隈。

ラ・デファンス（→P.170）

パッシー地区（→P.168）

ブーローニュの森（→P.172）

エッフェル塔界隈（→P.118）

セーヌのほとりに建つパリのシンボル、エッフェル塔。その麓に広がるシャン・ド・マルス公園から、川向こうのシャイヨー宮、トロカデロ広場まで開放感あふれる緑地が続く。

要注意エリアはどこ？

旅を安全に楽しむためには、ネガティブな情報を知っておくことも大切。例えば、統計的にスリなどの軽犯罪が多発しているのは、ルーヴル美術館やシャンゼリゼ大通りを抱える1区や8区。女性を狙った路上での窃盗行為が多いのもこのエリアだ。メトロの路線では、1号線内でのスリやひったくりに要注意。複数の路線が乗り入れするChâtelet-les-Halles駅では、駅構内での暴力的な窃盗が年400件を数えるとの報告もある。また、一般的にパリ北東部は、郊外に向かうほど治安は悪化する。トラブル対策（→P.445）を参考に、リスク管理を意識しよう。

モンパルナス（→P.152）

国鉄モンパルナス駅とモンパルナス・タワーを中心とした地区。多くのアトリエが建ち並び、芸術と文化の中心だった面影は、高層ビルの出現で薄れてしまったが、詩人や画家たちを育てたカフェは今でも健在。

左岸
Rive Gauche

モンマルトル(→P.158)

白亜のサクレ・クール聖堂が建つモンマルトルの丘。情緒たっぷりの坂道や階段は、パリの古きよきイメージそのもの。多くの画家たちが愛した風景が今もあちこちに残る。丘の麓は艶やかな歓楽街の顔をもつ。

パリはエスカルゴ

パリの東南東から緩やかなカーブを描いて西南西に流れるセーヌ川によって、町は二分されている。川のほぼ中央に浮かぶシテ島の西半分と、ルーヴルのあたりを1区※として時計回りの渦巻き状に20区まで区が配置されている。この渦巻きから「パリの町はエスカルゴ（かたつむり）」と形容されることが多い。
　セーヌ川を挟んで北を「右岸 Rive Droite リヴ・ドロワト」、南を「左岸 Rive Gauche リヴ・ゴーシュ」と呼ぶ(→P.25)。
※1〜4区は2020年4月に統合され、「パリ・サントルParis Centre」となった(→P.13、P.25)。

ルーヴルからオペラ地区(→P.108)

ルーヴル美術館、チュイルリー公園からパレ・ガルニエまでを結ぶエリア。2大デパートが並び、観光にもショッピングにも外せない。オペラ大通り周辺には、レストランのほか書店など日本関連の店が集まり、日本人観光客御用達度ナンバー1。

© pyramide du Louvre, arch. I. M. Pei

ラ・ヴィレット公園(→P.170)

サン・マルタン運河(→P.166)

シテ島からマレ、バスティーユ(→P.126)

セーヌに浮かぶふたつの島、ノートルダム大聖堂、商業地区レ・アール、歴史香るマレ、革命の舞台バスティーユ。パリ発祥から現在までの歴史が凝縮された一帯。マレの貴族の館と、ポンピドゥー・センターの現代アートを一度に味わえる。

ベルシー地区(→P.171)

ヴァンセンヌの森(→P.174)

サン・ジェルマン・デ・プレからカルチェ・ラタン(→P.140)

左岸を代表する2大地区を擁する文化エリア。カルチェ・ラタンは学生街にふさわしく気軽なレストランが多い。かつて芸術家たちが集った老舗カフェが残るサン・ジェルマン・デ・プレにはブランドブティックが並び、おしゃれな人たちでにぎわっている。

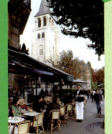

15

【賢くお得にパリを楽しむ】

パリ旅 大満喫モデルプラン

憧れの
パリへ!

初めてさんもお久しぶりでも大満足!

「歩き方」的 ㊙ 究極プラン 3DAYS

観光、ショッピング、グルメのエッセンスをぎゅっと凝縮。知っておくと得する旅のヒント付き!

見たいもの、食べたいものいっぱいのパリ。効率的に移動して、パリの魅力を存分に味わうためにプランニングのアイデアを一挙ご紹介!

/DAY 1/

シャンゼリゼ、パレ・ガルニエ、ルーヴルと必見の観光名所を巡る

第1日曜は歩行者天国!

8:30 シャンゼリゼ大通り

まずは世界でいちばん美しい大通りを歩くことから。Ⓜ①Franklin D. Rooseveltからスタート。　→P.104

シャンゼリゼ大通りはWi-Fi無料。撮った写真をシェアしては? →P.439

徒歩約3分

10:00 凱旋門

ナポレオンの命で造られた栄光の門。284段の階段を上って屋上に出れば、門を中心に放射状に広がる通りやパノラマを楽しめる。 →P.102

凱旋門へは地下通路からアクセス!

徒歩約10分

9:00 「ラデュレ・シャンゼリゼ店」

優雅なサロン・ド・テでフレンチトースト(パン・ペルデュ)の朝食を。 →P.288

メトロで約17分

メトロと徒歩で約25分

11:00 モンマルトル

丘に建つサクレ・クール聖堂へ。ドームに上ればすばらしい眺望を楽しめる。 →P.160

パリを一望できます

㊙ 夜遅くまで開いているので、屋上へは夕方から夜もおすすめ。

16

12:30 パレ・ガルニエ

オペラとバレエの殿堂。宮殿を思わせるゴージャスなフォワイエなど内部の見学もできる。→P.115

(得) パレ・ガルニエからルーヴル美術館に向かって延びるオペラ大通りでは、新オープンのスイーツ店をチェックしよう。

平たい〔プロン〕がおすすめ

徒歩約20分

ル・ショコラ・デ・フランセ →P.322

13:30 「レキューム・サントノレ」で生ガキ

魚屋直営のオイスターバーで新鮮な生ガキを。→P.259

オペラ大通りに2019年オープン！

セドリック・グロレ・オペラ →P.315

徒歩約10分

14:15 ルーヴル美術館

『モナ・リザ』など有名な作品を厳選して観るなら、「ドノン翼」から見学を。→P.188

16:30 セーヌ川クルーズ

世界遺産に登録されたセーヌ河岸のモニュメントを観ながら、「バトー・ムーシュ」で遊覧。→P.93

(得) 9ヵ所の発着所で乗り降りできる水上バス「バトビュス」も便利。→P.94

メトロと徒歩で約30分

(得) 確実に入場するにはウェブサイトで予約を。また第1土曜の18:00以降と7/14は入場無料。

モナ・リザグッズも

18:00 パッサージュ

ガラス屋根のレトロなアーケード街。雨の日の観光にもおすすめ。

メトロと徒歩で約30分

徒歩約3分

(得) 「パリ・エ・トゥジュール・パリ」をはじめ、クーポンサイト「オ・ボン・パリ」の割引が使える店も。
URL www.obonparis.com/ja

「パッサージュ・ジュフロワ」内の雑貨店「パリ・エ・トゥジュール・パリ」でおみやげ探しを。→P.339

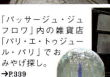

19:00 「ブイヨン・シャルティエ」

伝統料理を驚くほど安い値段で提供するビストロ。→P.258

/DAY 2/
エッフェル塔と
オルセー美術館、
ショッピングも楽しむ1日。

最上階

9:30
エッフェル塔
パリの風景に欠かせないエッフェル塔。上れば眼下にパリの町が広がり、感動すること間違いなし。
→P.120

€19.70
地上→最上階
(階段+エレベーター)

€25.90
地上→最上階
(エレベーター)

2階

€10.40
地上→2階
(階段)

€16.60
地上→2階
(エレベーター)

1階

凱旋門も小さく見えます

得 どこまで、どうやって上るかで値段が変わる。もちろん下から見るのはタダ！おすすめの撮影スポットは→P.122

RERと徒歩で約7分

11:00
オルセー美術館
モネやルノワールなど珠玉の印象派コレクションを誇る美術館。20世紀初頭の駅舎を利用した造りにも注目。
→P.196

印象派の殿堂！

得 オランジュリー美術館(→P.205)も観るなら共通券がお得。また、第1日曜なら入場無料。

12:00
「レストラン・ミュゼ・ドルセー」
宮殿を思わせる豪華な内装のレストランで優雅なランチを。 →P.267

館内移動

徒歩約15分

13:30
サント・シャペル
セーヌ川に浮かぶシテ島にある礼拝堂。絶品のステンドグラスに会える。
→P.132

得 入場料はコンシェルジュリー(→P.132)との共通券となっているので、合わせて見学しても。

RERと徒歩で約7分

覚えよう！「お得ワード」あれこれ

「プチプラ」はフランス語で「プティ・プリ」

gratuit グラチュイ……無料
entrée libre アントレ リーブル……入場無料
solde ソルド……バーゲン
à moitier prix ア モワチエ プリ……半額で
promotion プロモシオン……特売品
prix spécial プリ スペシャル……特別価格
baisse de prix ベス ド プリ……値下げ

démarque デマルク……特売、値下げ処分
offert オフェール……サービス
　例：Pour 2 achetés, le 3ème offert
　　……2つ買うともう1つ（3つ目）サービス
à volonté ア ヴォロンテ……好きなだけ（=食べ放題など）
servez-vous セルヴェ ヴ……ご自由にお取りください

2個買えば3個目サービス！

飲み物が安くなる「ハッピーアワー」

14:30 サン・ルイ島
シテ島と並んで浮かぶ小さな島。名物のアイスクリームをなめながら、のんびり散策してみよう。
→P.133

徒歩約10分

16:30 「メルシー」で買い物
北マレにある人気のセレクトショップ。 →P.303

徒歩約10分

15:30 マレ地区
おしゃれなブティックが集まるマレ地区を散策。時間があれば、ピカソ美術館(→P.204)見学を入れるのも一案。
→P.137

「マリアージュ・フレール」
さまざまなフレーバーティーを楽しめる老舗。
→P.333

サロン・ド・テでお茶を

得 年に2回、1月上旬～2月中旬と6月中旬～7月にバーゲンがあるので、合わせてプランを立てても。→P.293

メトロと徒歩で約25分

19:00 モンパルナス・タワー
56階と59階に展望テラスがある高層ビルからパリの夜景を楽しむ。
→P.154

17:30 「ラ・グランド・エピスリー・ド・パリ」
ハチミツ、紅茶など、厳選された品々が揃うデパートのグルメ館。 →P.348

メトロと徒歩で約10分

ホテルへ戻る

20:00 ホテルでお部屋ごはん
スーパーでサラダや総菜を買って、ホテルの部屋でプチプラディナーを。 →P.377

得 お部屋ごはんならレストランで食べるよりずっと安上がり。紙皿や割り箸を持参すれば、重宝する。

/DAY 3/

日中はヴェルサイユへのエクスカーション、夜は華やかなショーの世界へ。

8:00
RERでヴェルサイユへ。3つあるアクセス方法のなかで、最も宮殿に近いヴェルサイユ・シャトー・リヴ・ゴーシュ駅を利用。

宮殿まで徒歩10分

RERと徒歩で約50分

9:00
ヴェルサイユ宮殿
ルイ14世が建てた絢爛豪華な宮殿へ。とてつもなく広大だが、日本語案内図もあるので、迷うことはない。 →P.392

太陽王が迎えてくれる

得 宮殿だけでなく、マリー・アントワネットの離宮（プティ・トリアノン）があるドメーヌ・ド・トリアノンも訪ねるなら、入場料がセットになった1日パスポートがお得。→P.392

11:30
宮殿内の「アンジェリーナ」でランチ
モンブランで有名なサロン・ド・テ「アンジェリーナ」が宮殿内に。クロック・ムッシューなどの軽いランチも取れる。

宮殿内

プチトランで約5分

宮殿内

12:30
ブティックでショッピング
マリー・アントワネットや宮殿をイメージしたグッズをおみやげに。限定コラボ商品もあるのでチェックしよう。

得 宮殿内にはブティックがいくつかあるが、いちばん広くて品揃えがいいのは「クール・ド・マーブル」。

徒歩約20分

15:00
ヴェルサイユ・リヴ・ドロワト駅から国鉄サン・ラザール駅へ。

Transilienで約40分

13:00 庭園、ドメーヌ・ド・トリアノン
広大な庭園の北側にあるのがドメーヌ・ド・トリアノンと呼ばれるエリア。マリー・アントワネットが愛した離宮、プティ・トリアノンや王妃が擬似農村生活を楽しむために造った「村里」を見学。

15:40
サン・ラザール駅着

徒歩約5分

16:00
デパートで買い物
パリの2大デパート「ギャラリー・ラファイエット・パリ・オスマン」と「プランタン・オスマン本店」へ。どちらもグルメフロア、グルメ館があり、おみやげショッピングにも利用できる。

ギャラリー・ラファイエット・パリ・オスマン ➡P.346

©MANUEL BOUGOT

17:30
ホテルに帰って着替え
ヴェルサイユやデパートで買ったおみやげを置いて、夜のために少しおしゃれして。

(得) ひとつの店で1日に€175.01以上買い物をすると免税に。デパートなら、数ヵ所で買い物をしても、合計金額が対象になる。

プランタン・オスマン本店 ➡P.347

©PICS-Grégory MAIRET

©PICS-Grégory MAIRET

19:00
リドでディナーショー
歴史あるキャバレーでの本格的なスペクタクルショーを観覧。パリ最後の夜は華やかに。 ➡P.236

「曜日」に注意してプランニング！

オルセーは月曜休み

パリでは、月曜か火曜が休館日という美術館が多い。行ったら閉まっていた、なんてことにならないよう、あらかじめ確認してプランを立てよう。また、一部の美術館は、第1日曜が入場無料となるので、こちらも要チェック！

おもな観光スポット&美術館の休み早見表 ➡P.97
第1日曜が無料のおもな美術館 ➡P.181

ルーヴルは火曜休み

(得) フルコースのフランス料理が付くディナーショー以外に、シャンパン付きでショーのみ楽しむプランがあり、料金もお手頃。

パリ旅大満喫モデルプラン

興味と予算に合わせて選ぶ

グルメなパリを味わい尽くす
おいしいものを食べて買って味わう1日。

フォトジェニックなパリ探し
SNSでシェアしたくなる撮影スポット巡り。

9:00 カフェで朝食
老舗カフェ「レ・ドゥ・マゴ」で、パリの景色を見ながら朝食。
→P.285

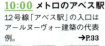

10:00 メトロのアベス駅
12号線「アベス駅」の入口はアールヌーヴォー建築の代表例。
→P.33

壁画が描かれたらせん階段もチェック！

メトロと徒歩で約15分

10:00 エドガー・キネの市場へ
マルシェ（朝市）で果物を買って、ビタミンCをチャージ！
→P.47

徒歩ですぐ

10:10 ジュ・テームの壁
世界の愛の言葉がちりばめられた壁は、人気の自撮りスポット。
→P.163

メトロと徒歩で約17分

12:00 「クローヴァー・グリーン」でランチ
気鋭のシェフ、ジャン＝フランソワ・ピエージュのクリエイティブな料理を。
→P.256

©Hervé Goluza
©Nicolas Lobbestael

メトロと徒歩で約20分

11:00 オルセー美術館
印象派ギャラリーの入口、大時計の裏側からパリをのぞいて。ランチは美術館内のレストランで。
→P.196

RERと徒歩で約20分

14:00 マドレーヌ広場散策
グルメな店が集まるマドレーヌ広場でショッピング。
→P.337

14:00 エッフェル塔
メリーゴーラウンドとのツーショットを狙いたい。
→P.122

メトロと徒歩で約17分

RERと徒歩で約20分

16:30 マルティール通り散策
グルメストリートとして知られる通りを美食散歩。
→P.335

15:30 サン・ミッシェル広場界隈
シュークリームの店「オデット」、書店「シェイクスピア・アンド・カンパニー」など絵になる店を訪ねて。

オデット→P.320
シェイクスピア・アンド・カンパニー（カフェ）→P.284

メトロと徒歩で約25分

徒歩で約20分

19:00 「クレープリー・ド・ジョスラン」で夕食
クレープリーが集まる界隈で塩味のガレットを。
→P.270

16:30 ウォールアート探し
ユニークなウォールアートを探しながら、レ・アール、マレ地区を散策。→P.134-138

ポンピドゥー・センター前、ストラヴィンスキー広場

アレンジプラン

グルメ、アート、そしてショッピング。
パリでしたいこと、旅のテーマごとに組んだ
4つのアレンジプランを紹介しよう。

アートフルな町歩き
美術からモードまで
アートファンのための散策プラン。

9:00
オランジュリー美術館
門外不出のモネの『睡蓮』をじっくり鑑賞。→P.205

RERと徒歩で約20分

11:00
イヴ・サン・
ローラン美術館
美しいドレスのコレクションにうっとり。→P.216

徒歩で約11分

12:30
「クリスタル・
ルーム・バカラ」
でランチ
バカラのシャンデリアが輝くおしゃれな空間で食事。→P.266

®Yann Deret

メトロと徒歩で約40分

14:30 アトリエ・デ・
リュミエール
プロジェクターを使った映像に包まれて、アートの世界を体感！→P.220

徒歩約25分

16:00
ピカソ美術館
貴族の館を改装した美術館でピカソ作品の魅力にどっぷり。→P.204

徒歩で約12分

17:30
「ナイトミュージアム」
気分で国立近代美術館
夜遅くまで開いているので、1日アート散歩の最後に。

プチプラで楽しむパリ
お金をかけなくても、楽しみ方はいろいろ！

10:00
チュイルリー公園を
散歩
緑と花の美しい公園を抜けて、革命の舞台ともなったコンコルド広場まで歩こう。
→P.110

徒歩で約20分

11:00
プティ・パレで
美術鑑賞
パリの市立美術館は
常設展が入場無料。
→P.206

徒歩とメトロで約20分

12:30
シャン・ド・マルス
公園でピクニック
エッフェル塔を眺めながらテイクアウトのサンドイッチでランチ分満点！

メトロと徒歩で約18分

14:00
ロダン美術館では
庭園散歩も
初夏にはバラが咲き乱れる庭園の散歩も。第1日曜なら入場無料。→P.209

メトロと徒歩で約20分

15:30
「シティファルマ」で
プチプラコスメ
デイリーコスメをまとめ買いするならここで！
→P.309

サン・
マルタン運河

メトロと徒歩で約30分

16:30
サン・マルタン
運河界隈を散策
映画『アメリ』の舞台にもなった運河界隈をのんびり散策。
→P.166

賢く旅するために
パス使いこなしのヒント

美術館と観光スポットで使える「パリ・ミュージアム・パス」と
メトロ、RER、バスが乗り放題になる「交通パス」。
自分の旅に合ったパスを選べば、ぐっとお得に効率よく旅を楽しめる。

👍 メリット　👎 デメリット

どのチケットを買おうかな

---

① 使い方次第でメリット大
「パリ・ミュージアム・パス」 →P.183

パリの定番スポットを回るのに、最強の助っ人となってくれるのが「パリ・ミュージアム・パス」。パリ市内と近郊にあるおもな美術館や名所に入れるフリーパスだ。
URL www.parismuseumpass.fr

48時間€52、96時間€66、144時間€78の3種類

- 👍 チケット売り場に並ばなくていい
- 👍 例えばルーヴル、オルセー、凱旋門、ピカソ美術館の4ヵ所で元がとれる
- 👍 カウントされるのは入場時間。リミットぎりぎりでも、入場後は何時間でもいられる
- 👎 同じ美術館に複数回入ることはできない
- 👎 入場料の安い美術館ばかりだと元がとれない

---

② どれを選ぶとお得？
交通パス利用術 パリの交通手段 →P.74

パリ滞在中、必ずお世話になるメトロやバス。滞在日数と移動範囲を考慮して、切符やパスを選ぼう。
URL www.ratp.fr

共通の切符 TICKET T+
メトロ、RER、バス、トラムに乗れる。
1回券€1.90
カルネ（10枚回数券）€16.90

2021年に廃止され新システム導入予定！

MOBILIS モビリス

1日乗り放題になる1日乗車券。
1〜2ゾーン €7.50
1〜4ゾーン €12.40
1〜5ゾーン €17.80

- 👍 1〜2ゾーン用は1日4回以上乗れば元がとれる
- 👍 1〜4ゾーン用はヴェルサイユなどに使える
- 👍 1〜5ゾーン用はヴェルサイユ、ディズニーランド・リゾート・パリなどに使える
- 👎 シャルル・ド・ゴール空港には使えない

PARIS VISITE
パリ・ヴィジット

観光スポットの割引特典付きのパス。
1〜3ゾーン 1日券 €12
1〜5ゾーン 1日券 €25.25

- 👍 観光スポット、美術館、遊覧船、キャバレーの割引がある
- 👍 1〜5ゾーン用はヴェルサイユ、ディズニーランド・リゾート・パリ、シャルル・ド・ゴール空港などに使える
- 👍 日本でも買える（→P.76）
- 👎 特典のある観光スポット、美術館などは一部のみ

NAVIGO EASY
ナヴィゴ・イージー

ICカード型定期券。ICカード（€2）を購入し、「切符」をチャージして使う。チャージできるのはTicket t+（1枚または10枚回数券）、1日券モビリス、空港と結ぶバス（ロワシーバス、オルリーバス）の4種類。

- 👍 写真が不要なので、買ってすぐ使える
- 👍 記名式でないので、譲渡可能
- 👍 ナヴィゴ・デクーヴェルトより値段が安い
- 👍 かさばらず収納しやすい
- 👎 4日以上利用するならナヴィゴ・デクーヴェルトのほうがお得

NAVIGO DÉCOUVERTE
ナヴィゴ・デクーヴェルト

ICカード（€5）を購入し、チャージして使うパス。
1日パス ： 1〜2ゾーン €7.50
　　　　　1〜4ゾーン €12.40
　　　　　1〜5ゾーン €17.80
1週間パス：1〜5ゾーン €22.80

- 👍 1〜4ゾーン用はヴェルサイユなどに使える
- 👍 1〜5ゾーン用はヴェルサイユ、ディズニーランド・リゾート・パリ、シャルル・ド・ゴール空港などに使える
- 👍 1〜5ゾーン用はロワシーバス（→P.72）で使える
- 👍 1週間パスは15回以上乗れば元（カード代含む）がとれる
- 👎 最初にICカードを購入して写真を貼る必要がある

PARIS RIVE DROITE
あなたはどちら派？

パリ右岸 VS 左岸

パリを語るときによく登場する言葉、右岸(リヴ・ドロワト)と左岸(リヴ・ゴーシュ)。パリの真ん中を流れるセーヌ川の両岸を意味する言葉だが、それは同時に、文化や個性の違いを表すことも。右岸と左岸それぞれのカラーを楽しみながら散策を楽しめるようになったら、きっとあなたも「パリ通」。

右岸と左岸って何？
セーヌ川によって、ふたつの地域に分断されているパリ。川の北側が右岸、南側は左岸と呼ばれる。右岸には11の区（1〜4区は2020年4月に統合され「パリ・サントル」となった）、左岸には6つの区がある。

RIVE DROITE
RIVE GAUCHE

RIVE GAUCHE

25

右岸を楽しむキーワード

パリ発祥の地シテ島から、東部の再開発地区まで網羅する右岸。
広域にわたり、その個性もエリアによってさまざま。
「花の都パリ」の呼び名にふさわしい華やかな大通り、
下町情緒の残る界隈、そして夜遊びスポット充実の地区。
王道を極めたい人にも、パリの新しいエネルギーを感じたい人にも
心を満たす場所が右岸にはある。

おしゃれにはうるさいの

1 初めてのパリは右岸から
必見の観光名所

凱旋門、シャンゼリゼ大通り、ルーヴル美術館……。19世紀末頃に建てられたエッフェル塔とオルセー美術館が左岸にあるのを除き、右岸には歴史的モニュメントが多数集まる。右岸を横断するメトロ1号線を使えば、途中下車しながら効率よく回れる。

パリのエリア別ガイド → P.95
美術館ガイド → P.179

屋上からの眺めもすばらしい凱旋門

モンマルトルの丘に建つサクレ・クール聖堂

じっくり見学したいルーヴル美術館

PARIS
RIVE DROITE
RIVE GAUCHE

2 本場の舞台を観たい
ふたつのオペラ座

パリにあるふたつのオペラ劇場「パレ・ガルニエ」、「オペラ・バスティーユ」はともに右岸にある。宮殿を思わせるフォワイエ、優雅な曲線を描く大階段など、古典美を極めた前者と、現代的なセンスを加えた後者。どちらも最高に贅沢な時間を過ごせること間違いなし。

パリ・オペラ座への招待 → P.224

世界で最も美しいオペラハウスといわれるパレ・ガルニエ

フランス革命勃発の広場にあるオペラ・バスティーユ

3 憧れの本店でショッピング
ブランドブティック

パリの2大ブランドストリートといわれるモンテーニュ大通り（ディオールなど）とフォーブール・サントノレ通り（エルメスなど）はいずれも右岸にある。ホテル・リッツで晩年を過ごしたココ・シャネルがカンボン通りに開いた店は、現在もシャネル本店として女性たちの憧れの的だ。

有名ファッションブランド → P.296

ブランドブティックが集まるモンテーニュ大通りでショッピング

クオリティの高さは高級ブランドならでは

広場の真ん中に建つマドレーヌ教会

4 高級食品店が並ぶ
マドレーヌ広場

　右岸を代表するグルメスポットといえば、マドレーヌ広場。高級食品店のフォションをはじめ、キャビアやトリュフ、マスタード、紅茶などの専門店が広場を囲む。中央に神殿のようなマドレーヌ教会があるのだが、ショッピングに夢中で観光を忘れてしまう人多し。

　おすすめグルメスポット ➡ P.337

高級食品店として有名な「フォション」

「マイユ」のフレッシュマスタードはグルメな人へのおみやげに

サマートリュフを使ったソルト

6 コスモポリタンなパリを実感
パリの外国人街

　多くの移民を受け入れ、さまざまな民族のるつぼとなっているパリ。外国人居住者の多い地区もいくつかあり、13区のチャイナタウンを除いて、その多くが右岸にある。右岸のミックスカルチャーを生む原動力のひとつでもあり、旅行者にとっては本格的なエスニック料理を味わうチャンスも。

　パリのエスニックタウン ➡ P.178

マレ地区のユダヤ人街「ロジエ通り」

エディット・ピアフが生まれたベルヴィルは中華街として有名に

ロジエ通りでは中近東のサンドイッチ「ファラフェル」を

5 アールヌーヴォーの邸宅巡り
16区の高級住宅地

　セーヌ川を挟んでエッフェル塔のちょうど対岸にあるのが、高級住宅地として知られる16区パッシー地区。ここに、フランスのアールヌーヴォー建築を代表する建築家エクトル・ギマールが設計したアパルトマンが数多く残っている。優雅な邸宅を眺めつつ、建築散歩を楽しんでも。

　アールヌーヴォー建築 ➡ P.32

すてきなアパルトマンが並ぶ

ギマールの代表作「カステル・ベランジェ」

7 右岸的ライフスタイル
「ブルジョワ」と「ボボ」

　「ブルジョワ」とは、そこそこお金のある人たち。8区や16区には代々ブルジョワという家族も。「ボボ」は「ブルジョワ・ボヘミアン」の略。経済的に余裕がある「自由人」のこと。質のよいものを求めるけれどブランドや既成の価値観にはとらわれない。とりわけ右岸東部におしゃれ感度の高いボボたちが多い。

本屋とギャラリーを兼ねるコンセプトバー「ラ・ベル・オルタンス」

おしゃれピープルが集まることで知られる「ラ・ペルル」

左岸を楽しむキーワード

古くから大学があり、学生街として知られる左岸は、学問、文学といった言葉がしっくりとなじむ。作家、哲学者たちの議論の場となったカフェや、エコール・ド・パリの画家たちのアトリエが残り、ヌーヴェル・ヴァーグ映画の舞台もここかしこに。まさに「知のパリ」が息づく場所だ。

さりげなくシックにね

1. 哲学論議に花が咲いた カフェ

「ル・セレクト」でお待ちしています

サルトルとボーヴォワールは広場の名前にも

散策の途中にカフェ「ル・セレクト」でひと休み

サン・ジェルマン・デ・プレにある「レ・ドゥー・マゴ」と「カフェ・ド・フロール」は、文学カフェとして知られる老舗。今は観光客の姿が目立つようになったが、独自の文学賞「ドゥー・マゴ賞」の選定を行うなど、新しい文学的才能を見出す活動は今も続いている。

モンパルナス地区、ヴァヴァンの交差点周辺にも、「ル・セレクト」など老舗カフェが集まる一角がある。界隈に住んでいた画家たち(下記)や作家ヘミングウェイ行きつけの店で、作品にも登場する。

ふたつのカフェ文化 ➡ P.151

モディリアニが通っていた「ラ・ロトンド」

2. モンパルナスがアートの発信地に エコール・ド・パリ

訳せば「パリ派」。ただ、作風や方向性でひとくくりにしたものではなく、1920年代、パリを中心に活躍した外国人画家たちのグループを総称している。シャガール、モディリアニ、藤田嗣治など、モンパルナスを活動の拠点としたアーティストも多く、ヴァヴァンの交差点にある4つのカフェ「ル・セレクト」、「ル・ドーム」、「ラ・ロトンド」、「ラ・クーポール」は、彼らが集う場所となった。

モンパルナスゆかりの画家は多い

若き日のシャガールが住んでいたアトリエ兼住宅「ラ・リュシュ」。1冊の本にもなった

ピカソが通っていた画材屋「セヌリエ」はセーヌ河岸に

芸術家たちのモンパルナス ➡ P.157

3 「左岸派」の言葉を生んだ
ヌーヴェル・ヴァーグ

　スタジオ撮影を否定し、外へと飛び出した革命的な映画の運動「ヌーヴェル・ヴァーグ」。左岸にはその舞台となった場所が点在している。なかでもジャック・ドゥミ、アラン・レネといったモンパルナス界隈で活動していた作家は「左岸派」と呼ばれた。

小規模なこだわりの映画館も多い

4 昔も今も学問の地
ソルボンヌ

　「ソルボンヌ」とはパリ大学のこと。とりわけ「カルチェ・ラタン」と呼ばれる5区に校舎が集まり、学生の多い地区となっている。「ラタン」とはラテン語のこと。ラテン語を学ぶことが必須だった頃のアカデミックな空気を今も感じることができる。

今も昔も学びの舎「ソルボンヌ」

ソルボンヌ → P.146

映画館併設のカフェ「ル・サロン・デュ・パンテオン」にはライブラリーも

学生向けの文房具店も

PARIS
RIVE DROITE
RIVE GAUCHE

モンパルナス墓地にはジャック・ドゥミなどの映画人が眠る

5 文学少女を気取って
書店巡り

　出版社や画廊が多いサン・ジェルマン・デ・プレ界隈は、書店も多く、本好きなら歩き飽きない。2015年に老舗「ラ・ユーヌ」が閉店を発表した際には、反対運動が起こるなど、「書店＝左岸の知性」として大切に思う人は多い。

今も残る老舗書店「シェイクスピア・アンド・カンパニー」

ヘミングウェイが住んでいたことを示すプレート

児童書を専門に扱う書店「シャントリーヴル」

6 ブルターニュ名物を左岸で
クレープリー

　左岸には国鉄駅がふたつある。そのうち、フランス北西部ブルターニュ地方と結ぶTGVが発着するのがモンパルナス駅。界隈ではブルターニュ名物のクレープを出す専門店「クレープリー」をよく見かける。とりわけモンパルナス通りには10軒も集まり、「クレープ通り」になっている。

クレープリー → P.270

具だくさん、そば粉のクレープ

クレープリーが並ぶモンパルナス通り

世界遺産
パリのセーヌ河岸

貴重な文化財や自然環境を未来へ引き継ぐことを目的とした、ユネスコの「世界遺産条約」。パリでは、サン・ルイ島からエッフェル塔にかけてのセーヌ河岸一帯が世界遺産に登録されている。さまざまな様式の建築物とともに、右岸と左岸を結ぶ個性豊かな橋を巡るのもおもしろい。

アレクサンドル3世橋
1900年のパリ万博の際に完成。欄干の彫刻とアールヌーヴォー様式の街灯が美しい。

ビル・アケム橋
2階建て構造で、下は歩行者、自動車用、上はメトロ6号線が走る。

白鳥の小径
グルネル橋とビル・アケム橋の間にある中の島。西端に「自由の女神」が建つ。

エッフェル塔
1889年のパリ万博時に完成。今ではパリのシンボルに。

ポン・デザール(芸術橋)
19世紀初めに架けられたパリで最初の鉄製の橋。右岸のルーヴル宮と左岸のフランス学士院を結ぶ。

30

ポン・ヌフ
名前は「ポン・ヌフ（新橋）」だが、パリに現存する最も古い橋（1607年完成）。シテ島を横切って両岸を結ぶ。

ルーヴル美術館
中世の頃はパリを守る要塞だったルーヴル宮。現在は世界最大の美術館。

セーヌ河岸の遊歩道
セーヌのほとりは絶好のデートスポット。

シモーヌ・ド・ボーヴォワール橋
2006年完成の歩行者・自転車専用橋。橋桁のない構造と斬新なデザインに注目！

ルーヴル美術館
ポンデザール
ポン・ヌフ
オルセー美術館
フランス学士院
シテ島
ノートルダム大聖堂
サン・ルイ島

ノートルダム大聖堂
セーヌのほとりでパリの歴史を見つめてきた"われらの貴婦人"。（2020年4月現在工事中）

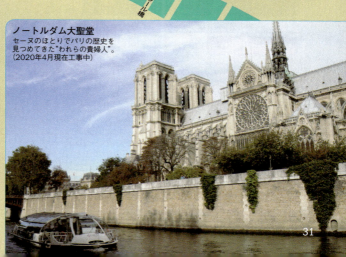

ブキニスト
シテ島を挟んだ両河岸に沿って並ぶブキニスト（古本市）。古本だけでなく、ポスターやおみやげ品も。

31

町角のアートを探して
パリ建築散歩

建築は、町を歩いているだけで触れることのできる、とても身近なアート。
「町全体が美術館」と表現されることもあるパリは、まさに建築作品の宝庫だ。
ときにはお決まりの観光コースを外れて、建築散歩に出かけてはいかが？

ディテールもチェック！

Art Nouveau
アールヌーヴォーを巡る

19世紀末に登場し、一世を風靡した「アールヌーヴォー」。
メトロの入口、建築、内装など、暮らしに密着したものが多く、
パリの町を散策しながら、探し歩くのも楽しい。

アールヌーヴォー建築なら
パッシー地区のアパルトマン

フランスのアールヌーヴォーを代表する建築家がエクトル・ギマール（1867～1942）。彼とその一派が設計した建築物は、パッシー地区に集中している。ほとんどが個人宅なので中に入ることはできないが、番地を頼りに作品をのんびり探し歩くのも悪くない。例えば、1898年、ギマールが28歳のときに建てた集合住宅『カステル・ベランジェ Castel Béranger』は、パリ初のアールヌーヴォー建築にしてギマールの代表作のひとつ。

アールヌーヴォー調の通り
名プレートとギマールのサイン（上） カステル・ベランジェ（右）

ギマール設計の建物にあるカフェ「クラヴァン」（左） メザラ館（下）

16区のアールヌーヴォー

ギマールがデザインしたアールヌーヴォー建築の住所（16区）

1. 14, rue Jean de la Fontaine（カステル・ベランジェ 1898）
2. 11, rue François Millet（1910）
3. 60, rue Jean de la Fontaine（メザラ館 1911）
4. 3, square Jasmin（1922）
5. 18, rue Henri-Heine（1926）
6. 2, villa Flore（1926）
7. 122, av. Mozart（ギマール館 1912）
8. 8, av. de la Villa-de-la-Réunion（1908）
9. 142, av. de Versailles & 1, rue Lancret（1905）
10. 39, bd. Exelmans（アトリエ・カルポー 1895）

（数字は地図位置を示す）

「アールヌーヴォー」って何？

「アールヌーヴォー Art Nouveau」とは、「新しい芸術」の意味。1895年パリに開店した同名のモダンな店にちなんで名づけられた。花や植物をモチーフとしたり、曲線を多用していることが特徴。この新しいデザイン運動はヨーロッパ中に広まったが、長続きせず、わずか10年ばかりで消えてしまった。その短い期間に造られた作品を、今もパリで観ることができる。

最も身近な作品
メトロ駅のデザイン

1900年のパリ万博に合わせてパリにメトロが開通。ギマールに入口のデザインが依頼された。1900年から1913年までの間に167の駅が造られたが、現存するのは90ほど。ふたつの型があり、植物の茎をぐにゃりと曲げた感じのランプと柵で構成されたものと、大きな庇を張り出したものに分かれる。前者はバスティーユ駅など各所で見られるが、後者は、モンマルトルのアベス駅と、ブーローニュの森のポルト・ドーフィヌ駅のみ完全な形で残っている。

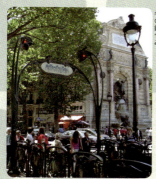

ギマールによるメトロの入口（左、下）。鉄の植物のようなデザインがパリの町並みに溶け込んでいる

大きなガラス屋根と張り出した庇をもつメトロ12号線アベス駅入口は、ギマールのデザインが今も完全な形で残っている貴重な例だ（上）

静かな祈りの場
教会建築もチェック！

アールヌーヴォー建築でユニークなものといったら、教会だろう。モンマルトルの丘の麓、前述のアベス駅を出た所にあるサン・ジャン・ド・モンマルトル教会がまず挙げられる。れんが造りに見えるが、パリで初めての鉄筋コンクリート教会建築だ（MAP 別冊P.31-2C）。また、マレ地区にはギマールがデザインしたユダヤの教会堂シナゴーグがある（MAP 別冊P.27-2C）。

ギマール作のシナゴーグ（上、1914）　アナトール・ド・ボドが設計したサン・ジャン・ド・モンマルトル教会（右、1904）

レストランやデパートでも
アールヌーヴォー

観光よりショッピングあるいはグルメといった人でも、知らず知らずのうちにアールヌーヴォーに触れている。パリの2大デパート「ギャラリー・ラファイエット」（→P.346）や「プランタン」（→P.347）の天井を飾るステンドグラスのドームや、「ブイヨン・ラシーヌ」といった1900年前後に開店したレストランなど、アールヌーヴォーの内装が残る店はたくさんある。町歩きのとき心に留めておけば、いろいろな発見があるはずだ。

ガラス屋根から光が差し込む「ギャラリー・ラファイエット」の天井ドーム（上）　アールヌーヴォー様式の内装が残る「ブイヨン・ラシーヌ」（MAP 別冊P.29-2D）（左）

現代建築のデザイン性に迫る

20世紀初頭、ル・コルビュジエによる近代的な住宅建築が誕生して以来、高いデザイン性をもった数々の建築物が、パリの町に誕生している。町歩きのなかで楽しめる、現代建築の代表作を紹介しよう。

アートする鑑賞空間 ミュージアムデザイン

1977年、斬新なデザインで賛否両論を巻き起こしたポンピドゥー・センターから、2014年、ブーローニュの森に登場したフォンダシオン・ルイ・ヴィトンまで、建築そのものが見どころとなっているミュゼがパリにはたくさんある。ガラスを駆使し、光の効果を利用した工業的なもの、歴史的建造物をリノベーションし、外観はそのままにスタイリッシュによみがえらせたものなど、所蔵作品と合わせて、アートな空間を楽しみたい。

フランク・ゲーリーの設計によって誕生したフォンダシオン・ルイ・ヴィトンはガラスパネルの屋根が特徴的（上、右）

19世紀末の鉄骨建築を利用した進化大陳列館

可動式パネルを用いるなど随所に斬新な工夫が見られるジャン・ヌーヴェル作のアラブ世界研究所

ケ・ブランリー・ジャック・シラク美術館もジャン・ヌーヴェルが手がけた作品

機能性にも重点がおかれたポンピドゥー・センター

覚えておきたい代表的な建築家

● **ル・コルビュジエ Le Corbusier**（1887〜1965）
近代建築の父と呼ばれる。代表作は「サヴォワ邸」（→P.215）など。2016年、作品が世界遺産に登録。

● **ジャン・ヌーヴェル Jean Nouvel**（1945〜）
「カルティエ現代美術財団」（→P.217）、「アラブ世界研究所」（→P.149）、「フィラルモニー」（→P.227）など、ガラスを多用した作品を多数設計している。

● **フランク・ゲーリー Frank Gehry**（1929〜）
「シネマテーク・フランセーズ」（→P.231）、「フォンダシオン・ルイ・ヴィトン」（→P.216）など、曲面を組み合わせたユニークな形が特徴的。

● **レンゾ・ピアノ Renzo Piano**（1937〜）
リチャード・ロジャーズと組んで設計した「ポンピドゥー・センター」のユニークさは今も色褪せない。

ほかに、ドミニク・ペロー Dominique Perrault（国立図書館）などの作品を見ることができる。

パリ建築散歩

美しく機能的に
公共建築

✦✦✦✦✦✦✦

　1980年代初頭にミッテラン大統領の提唱で始まった「グラン・プロジェ」（パリ大改造計画）により、パリは個性的なモニュメントでいっぱいになった。ルーヴルのガラスのピラミッド（I.M.ペイ、1989）、オペラ・バスティーユ（C.オット、1989）、ラ・ヴィレット公園（B.チュミ、1983）、グランド・アルシュ（J.O.スプレッケルセンほか、1989）などは皆この計画によって誕生したものである。

　それ以降も公共建築の威力は衰えず、独創的な現代建築を巡る旅は、まだまだ続きそうだ。

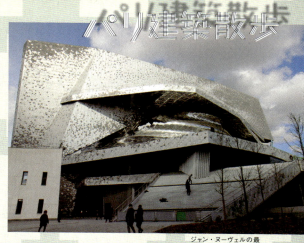

ジャン・ヌーヴェルの最新作であり、パリで最も新しい現代建築でもあるフィラルモニー

ジャコブ＋マクファーレン設計のレ・ドック。夜は、ライトアップされたグリーンのチューブが浮かび上がり、幻想的な姿を見せる

1988年、セーヌにせり出すように建てられた財務省はP.シュメトフ＆B.ユイドブロ設計

シャルル・ド・ゴール空港のターミナルのデザインは、1974年の開港当初からポール・アンドリューが担当している

ベルシー公園にあるシネマテーク・フランセーズはフランク・ゲーリーが設計した旧アメリカン・センターを利用したもの（1994）

本を立てた形にデザインしたドミニク・ペロー作の国立図書館（1994）。手前は橋脚のないシモーヌ・ド・ボーヴォワール橋

「パリのパン」大調査！

ますます進化中！

食べ比べを楽しんで

バゲット、クロワッサン、ブリオッシュ……おいしいパンを食べるのはパリ旅の楽しみのひとつ。そんな「パリのパン」に、最近新たな魅力が加わっている。さらにおもしろくなった「パリのパン」を徹底調査しました！

協力 三富千秋

「パリのパン」のトレンドがわかる 8つのキーワード

1 パティシエが手がける究極のヴィエノワズリー

パンはパン屋で買うのが当たり前だけれど、実は、スイーツの名店のなかには、ヴィエノワズリーを扱うところも少なくない。「ピエール・エルメ」のクロワッサン（→P.40）や、「フィリップ・コンティチーニ」（→P.314）など、名シェフの逸品を味わって。

ピエール・エルメの「イスパハン（ライチとバラのマカロンケーキ）」風味クロワッサン

2 海外発祥のパンも人気

老舗パティスリー「ストレー」（→P.319）の「バブカ」

フランスのパンというと、バゲットなどハード系のイメージが強いが、最近はブリオッシュ系の甘いおやつパンの種類も増えている。シナモンロールや、東欧発祥の「バブカ」（チョコレートを練り込んだブリオッシュ）の人気も上昇中だ。

ティエリー・マルクスのような一流シェフが手がけたものも（→P.41）

3 具とパンにこだわりサンドイッチ進化系

バンズ形やロールタイプなどユニークな形のサンドが続々登場

イカ墨バンズ、炭入りバゲットといったユニークなパンを使ったサンドイッチが人気。具のバリエーションを楽しむ人も増えている。具を選び、注文を受けてから作るデリ風のサンドイッチ屋も登場している。

4 ピタパンのサンドイッチに高級感プラス

素材にこだわった「フィラキア」（→P.269）のギリシアサンド

グリルした羊肉を削ぎ落としてピタパンに挟む、中東、ギリシア風のサンドイッチは、パリのカジュアルフードの定番。「ミズノン」（→P.270）など、より高級な食材を使ったり、具材を選べたりするおしゃれな店も増えている。

©Lauret Ophelie-Ophelie's Kitchen Book

「フィリップ・コンティチーニ・ガトー・デモーション」で買えるオーヴェルニュ地方のライ麦を使ったパン @Lola Antonetti

5 「国産」と「ビオ」へのこだわり

ヘルシー志向のパリっ子たちが今注目しているのが、古代品種のビオ小麦を使ったパン。品種が改良されていない小麦の原種にあたるもので、小麦本来の味わいを楽しめる。また、地方に根付いた穀物（オーヴェルニュ地方の小麦など）も、話題を集めている。

イカ墨入り変わり種バゲットも！

6 バゲットは太さより中身！

かつては、どっしりしたバタール、細身のフィセルといった太さの異なるバゲットが売られていたが、最近はあまり見かけなくなった。代わりに、シリアル入り、イカ墨入りなど、バゲットの「中身」のバリエーションが充実してきている。

高級レストラン「トゥール・ダルジャン」（→P.254）のバゲットも買える！

いろんな種類を試してみて

7 ヴィエノワズリーもデザインで競う時代

定番のヴィエノワズリー（菓子パン）に、デザイン性を加えたものをよく見かけるようになった。例えば、クロワッサン生地に色付きの生地を重ねたり、型に入れて焼いたり。味だけでなく見た目も楽しめる。

花が開いたような「セドリック・グロレ・オペラ」の「フルール・ド・ノワゼット」
©Pierre Monetta

8 カフェのようなパン屋が続々登場！

インテリアにこだわったイートインを設けたり、音楽とともに楽しめたりと、まるでコーヒーショップのような雰囲気のパン屋も人気上昇中。

人気パティシエ、ブノワ・カステルが開いたパティスリー・ブーランジュリーの3号店（→P.327）は、レトロシックな内装のカフェ付き。2号店のメニルモンタン店も広々としたカフェが大人気だ

おやつにはパン・オ・ショコラよね

37

バゲット大研究！

焼きたて食べたい！

ハード系パンの代表といえば「バゲット」。
毎日の食事に欠かせないからこそ、
安定したクオリティが求められるパンだ。

バゲットとは
Baguette

日本で「フランスパン」と呼ばれている棒状のパン。工法、材料など規定にのっとった製法で作られたものは、「バゲット・トラディション」と呼ばれる。

55-65cm

クープは4本程度斜めに入るのが一般的だが、なかには縦に1本のものも

クープは鋭く！
バゲットの表面にある切れ目を「クープcoupe」という。触ると痛いくらい、切れ目が立っているのがポイント。

皮はカリッと
バゲットは鮮度が命。皮がカリッとしていれば、焼きたての証拠。ほとんど皮という端っこもおいしく、買ってすぐ端っこをかじってしまう人が多いのもうなずける。

中はモチモチ
日本で売られているバゲットのなかには、中身の部分が柔らかめに作られているものが多いが、フランスのバゲットは弾力性があるものがおいしい。

‖ column ‖ 固くなったバゲットはどうする？

翌日には固くなってしまうバゲットの活用法として考案されたのが「フレンチトースト」。フランス語では「パン・ペルデュ（失われたパン）」という。「ラデュレ」（→P.288）では、特製のブリオシュを使ったフレンチトーストが味わえる。

♛ バゲットコンクール過去10年の優勝店

バゲットコンクールとは？
1994年にスタートした、パリで最もおいしいバゲットを選出するコンクール。規定の大きさと重さで作られたバゲットを、審査員が採点。優勝者は、1年間、大統領官邸へバゲットを納品する栄誉が得られる。

優勝経験のある店は、看板などに"1er Prix Meilleure Baguette de Paris"と表示していることが多い

2011
オ・ルヴァン・ダンタン
Au Levain d'Antan
モンマルトル
MAP 別冊P.31-2C
住 6, rue des Abbesses 18e
TEL 01.42.64.97.83

2012
パン・パン（旧セバスチャン・モヴィユー）
Pain Pain
モンマルトル
MAP 別冊P.31-3C
住 88, rue des Martyrs 18e
TEL 01.42.23.62.81
URL www.pain-pain.fr

2016
ラ・パリジェンヌ
La Parisienne
カルチェ・ラタン
MAP 別冊P.28-3B
住 48, rue Madame 6e
TEL 09.51.57.50.35
URL www.boulangerie laparisienne.com

2017
アルレット・エ・コレット（旧ブラン）
Arlette et Colette
パリ北部
MAP 別冊P.6-1B
住 4, rue de la Jonquière 17e
TEL 06.26.35.82.82

ユトピー Utopie
バゲットは、トラディションのほか、シリアルやゴマ入りなどあり。€1.15→P.327

> ほんの少し酸味があり、生地はもちもち、皮はさっくりとおいしいです。（ジャーナリスト　三富千秋さん）

オ・デリス・デュ・パレ
Aux Délices du Palais
2014年バゲットコンクール優勝店。しっかりした焼き加減。€1.20→下記

> かむたびに風味が増します。（ライター K）

ル・グルニエ・ア・パン・アベス
Le Grenier à Pain Abbesses
チェーン展開しているが、どの店もクオリティが高い。€1.20→下記

> 香り高く、小麦の味わいが感じられるバゲットです。（編集A）

（パリ在住ジャーナリスト＆編集部のおすすめ）

必食のバゲット5

レサンシエル
L'Essentiel
クオリティの高いビオの素材にこだわり、賞をとったこともある。€1.20
- MAP 別冊P.19-2D
- 住 2, rue Mouffetard 5e
- TEL 09.67.12.86.64
- URL www.boulangerie-lessentiel.com

> 小麦のおいしさが生地に味の厚みをつけています。（ジャーナリスト　加藤亨延さん）

オ・パラディ・デュ・グルマン
Au Paradis du Gourmand
2013年のバゲットコンクール優勝店。質の高いパンを毎日焼き上げ、地元の人たちから愛されている。€1.20→下記

> しっかり焼いた皮が香ばしく、やみつきになります。（編集Y）

2013
オ・パラディ・デュ・グルマン
Au Paradis du Gourmand
パリ南部　MAP 別冊P.4-3B
住 156, rue Raymond Losserand 14e
TEL 01.45.43.90.24
URL auparadisdugourmand.com

2014
オ・デリス・デュ・パレ
Aux Délices du Palais
パリ南部　MAP 別冊P.4-3B
住 60, bd. Brune 14e
TEL 01.45.39.48.68

2015
ル・グルニエ・ア・パン・アベス
Le Grenier à Pain Abbesses
モンマルトル　MAP 別冊P.30-2B
住 38, rue des Abbesses 18e
→P.326

2018
ラ・ブーランジュリー・ドゥーゼム
La Boulangerie 2M
モンパルナス
MAP 別冊P.18-2B
住 215, bd. Raspail 14e
TEL 09.80.89.48.61

2019
ブーランジュリー・ルロワ・モンティ
Boulangerie Leroy Monti
パリ南東部
MAP 別冊P.5-3D
住 203, av. Daumesnil 12e
TEL 01.40.21.61.28
URL boulangerie-leroymonti.business.site

2020
レ・サヴール・ド・ピエール・ドゥムール
Les Saveurs de Pierre Demours
パリ北西部
MAP 別冊P.4-1B
住 13, rue Pierre Demours 17e
TEL 01.45.72.46.78

パリの菓子パン
ヴィエノワズリー大試食会

クロワッサン Croissant
三日月形をした、風味豊かな朝食の定番。2種類に分かれ、バターを使った「ブールbeurre」とマーガリンを使った「オーディネールordinaire」がある。

甘さ：甘め ◆ 甘さ控えめ
食感：さくさく ◆ しっとり
サイズ：大 ◆ 小

ほんのりと甘味を感じる、軽やかな層が魅力的。€1.10 **H**

甘さ：甘め ◆ 甘さ控えめ
食感：さくさく ◆ しっとり
サイズ：大 ◆ 小

良質の材料を使っていることが伝わってくる。€1.85 **D**

甘さ：甘め ◆ 甘さ控えめ
食感：さくさく ◆ しっとり
サイズ：大 ◆ 小

名パティスリーの隠れた人気商品。層が美しく繊細な味わい。€2.50 **E**

甘さ：甘め ◆ 甘さ控えめ
食感：さくさく ◆ しっとり
サイズ：大 ◆ 小

濃厚かつ優しくバターの風味が感じられる。食感はしっとり。€1.50 **F**

ショソン・オ・ポム Chausson aux pommes
リンゴのコンポートなどをくるんだパイ生地のパン。半月形で作られることが多いが、長細いものなどアレンジ版も出ている。

甘さ：甘め ◆ 甘さ控えめ
食感：さくさく ◆ しっとり
サイズ：大 ◆ 小

リンゴたっぷりでデザートのアップルパイを思わせる味。€3 **G**

甘さ：甘め ◆ 甘さ控えめ
食感：さくさく ◆ しっとり
サイズ：大 ◆ 小

生地の表面がキャラメリゼされたようにカリっとしている。€2.20 **H**

甘さ：甘め ◆ 甘さ控えめ
食感：さくさく ◆ しっとり
サイズ：大 ◆ 小

有名レストランのパン屋。細長い形がユニーク。€1.90 **A**

甘さ：甘め ◆ 甘さ控えめ
食感：さくさく ◆ しっとり
サイズ：大 ◆ 小

有機リンゴが皮ごと入っており、しゃきしゃきとした食感も魅力。€3.60 **D**

フランス人にとって「パンpain」とはバゲットなど食事用のパン。
クロワッサンなどは「ヴィエノワズリー viennoiserie」と呼ばれる。
どの店にもある定番ヴィエノワズリーから、人気店のものを厳選、食べ比べてみた。

パン・オ・ショコラ
Pain au chocolat

棒状のチョコを2本、パイ生地で包んで焼いたもの。
子供から大人まで、幅広く親しまれている愛されヴィエノワズリー。

バター風味が豊かなヴィエノワズリー。軽い味わいで食べやすい。€1.30 **B**

生地とチョコのなじみ感がちょうどよく、バランスのよいパン。€1.95 **D**

バナナが入ったパン・オ・ショコラ。チョコとの相性もばっちり。€3.60 **D**

ブリオッシュ
Brioche

良質のバターと卵をたっぷり使って作るヴィエノワズリー。本来は、ころんとしただるまのような形。最近はパウンド形などアレンジ形も出されている。

©Pierre Monetta

クロワッサン生地にヘーゼルナッツのプラリネとグラノラを挟んで花形に。€7 **I**

パイのようなサクサクの食感が楽しいブリオッシュ・フイユテ。€3.50 **J**

赤い渦巻き模様のレモン味ブリオッシュ。カシスのジャム入り。€3 **C**

DATA

A ル・ブーランジェ・ド・ラ・トゥール
Le Boulanger de la Tour
カルチェ・ラタン
MAP 別冊 P.27-3C
M ⑩ Cardinal Lemoine
住 2, rue du Cardinal Lemoine 5e
TEL 01.43.54.62.53
営 7:00～20:00(土)(日) 8:00～)
休 無休 CC V
URL tourdargent.com/le-boulanger

B ブレ・シュクレ
Blé Sucré
バスティーユ界隈
MAP 別冊 P.21-1C
M ⑧ Ledru Rollin
住 7, rue Antoine Vollon 12e
TEL 01.43.40.77.73
営 7:00～19:30(日 ～13:30)
休 月
CC A M V

C ファリンヌ・エ・オ
Farine & O
バスティーユ界隈
MAP 別冊 P.21-1C
M ⑧ Ledru Rollin
住 153, rue du Fg. St-Antoine 11e
TEL 01.43.07.77.58
営 7:30～20:30
休 火、5/1
<その他> MAP 本誌 P.335

D デュ・パン・エ・デジデ →P.326

E ピエール・エルメ →P.319

F フィリップ・コンティチーニ・ガトー・デモーション →P.314

G デ・ガトー・エ・デュ・パン →P.327

H ユトピー →P.327

I セドリック・グロレ・オペラ →P.315

J ラ・ブーランジュリー・ティエリー・マルクス →P.326

「キャラメル・パリ」(→P.316)、「ジル・マルシャル」(→P.317)、「ナナン」(→P.320) などのパティスリーで販売しているヴィエノワズリーもおすすめ。

Idées Cadeaux Paris

パリのおみやげセレクション

編集部おすすめ!

センスが光る人気のフレンチ雑貨からパッケージにもこだわったスイーツまで手軽に買えるおすすめのおみやげをご紹介。

フレンチ雑貨

カラフル＆かわいいパリらしい小物たち

カフェ・オ・レ・ボウル
Bol à café au lait
朝食タイムにこんなボウルがあれば、毎日パリ気分を味わえるはず。蚤の市（→P.44）で見つけたアンティークのボウルをインテリアに使っても。€15〜20

エッフェル塔グッズ
Motif Tour Eiffel
スノードーム、ポーチなど豊富な種類のなかからお気に入りを探してみて。「メルシー・ギュスターヴ」ブランドのエッフェル塔置物€59、ミニサイズ€29 **A**

星の王子さまグッズ
Motif Le Petit Prince
世界的なロングベストセラー『星の王子さま』もフランス生まれ。物語の世界に浸れる食器や文房具は公式ショップで買える。ポーチ€12.90 **B**

アロマキャンドル
Bougie aromatique
火をともすと花や果物の優しい香りに包まれるアロマキャンドル。美しい文字で飾られたグラスもすてき。バラのキャンドル70g €30、190g €50 **C**

コスメ・香水

お手軽価格のコスメはバラマキみやげにも

練り香水 Parfum solide
手首などに塗って楽しむ練り香水。液体の香水と比べて香りが淡く、数種類合わせて使っても。「フラゴナール」の練り香水4個セット€24 **F**

ハンドクリーム
Crème mains
専門店やドラッグストアで買えるコスメのなかでも、香りのバリエーションが豊富なハンドクリームはおすすめ。「ロジェ・エ・ガレ」のハンドクリーム各€4.99 **E**

ドラッグストアでおみやげコスメ ➡ P.309

ミュージアムグッズ

美術見学のあとはアートなお買い物を

布バッグ Sac
名画をモチーフにした布バッグはミュージアムグッズの定番。モナ・リザ柄€19.90、ルーヴル柄€9.90 **D**

ミュージアムショップのおみやげ ➡ P.186

グルメ　美食の都パリならではのおいしいおみやげ

紅茶・ハーブティー
Thé, Infusion
花やフルーツで香り付けをしたフレーバーティーのほか、ハーブティーの種類も豊富。「マリアージュ・フレール」(→P.333) などの老舗もチェック。「ローヴ・オーガニック」のハーブティー €14.90　ティーバッグのミニボックス3箱セット€13.90 Ⓜ

ジャム　Confiture
ジャムの専門店もあり、素材の組み合わせを楽しめる。「ジャムの妖精」と呼ばれるフェルベールさんのジャムは水玉のカバーが目印。クリスティーヌ・フェルベールのジャム(左) €9.50～ Ⓜ、「ラ・シャンブル・オ・コンフィチュール」のジャム(右) 100g €4.50～ Ⓖ

「ボルディエ」のバター
Le Beurre Bordier
伝統製法に基づいて作られるブルターニュ地方産のバターで、リッチな味わい。持ち帰る予定がある人は保冷剤持参で。「ボルディエ」のバター 125g €4.50～ Ⓛ Ⓜ

スイーツ　美しさにもうっとり甘い夢を日本でも

「ル・ショコラ・デ・フランセ」の板チョコ
Tablette chocolat du chocolat des Français
さまざまなイラストレーターがパッケージデザインを手がけたカラフルでポップな板チョコ。無添加で手作り。味もパリっぽさも満点。€5.50～ Ⓛ Ⓜ Ⓝ

「ポワラーヌ」のサブレ ピュニシオン
"Punitions" de Poilâne
子供時代の「ポワラーヌ」の創業者に、祖母が「お仕置き(ピュニシオン)」と称してこっそり与えていたサブレが名前の由来とか。素朴な味わいが魅力。42g €2.80、210g €13.70 Ⓚ

「ユーゴ・エ・ヴィクトール」のドーム形チョコ
"Sphère" de Hugo et Victor
アート作品のように美しい「ユーゴ・エ・ヴィクトール」のドーム形チョコ「スフェール」。手帳形のボックスはコレクションしたくなるデザイン。スフェール6個入り€12 Ⓗ

ソーテルヌ漬けレーズンチョコ
Raisins au Sauternes
ボルドーの最高級貴腐ワイン「ソーテルヌ」に漬け込んだレーズンをチョコでくるんだもの。ワインにもよく合う大人の味。レーズンチョコ 100g €8.50、180g €11 Ⓘ

バニラ味のゴーフル
Gaufre à la vanille
伝統の焼き型で焼いた生地でバニラクリームを挟んだゴーフル。生地のもっちり感と風味豊かなクリームはやみつきに。1枚€3、6枚入りボックス€18.50 Ⓙ

SHOP LIST
Ⓐ パリ・ランデ・ヴー→P.96　Ⓑ ル・プティ・フランス・ストア・パリ→P.342　Ⓒ ディプティック→P.307　Ⓓ ルーヴル美術館→P.188　Ⓔ シティファルマ→P.309　Ⓕ フラゴナール→P.307　Ⓖ ラ・シャンブル・オ・コンフィチュール→P.332　Ⓗ ユーゴ・エ・ヴィクトール→P.323　Ⓘ ダ・ローザ→P.331　Ⓙ メール→P.320　Ⓚ ポワラーヌ→P.327　Ⓛ ギャラリー・ラファイエットのグルメ→P.346　Ⓜ ラ・グランド・エピスリー・ド・パリ→P.348　Ⓝ ル・ショコラ・デ・フランセ→P.322

43

MARCHÉ AUX PUCES
週末は蚤の市でお宝探し！

パリの外周をひと回りする環状道路（Bd. Périphérique）の近くで、週末に開かれる3つの蚤の市。それぞれの特徴を知って、お宝探しに出かけよう。

― クリニャンクール
― ヴァンヴ
― モントルイユ

クリニャンクールの蚤の市
Les Puces de Clignancourt

　パリの蚤の市のなかで最も規模が大きく、蚤の市の代名詞的な存在がクリニャンクール。とにかく広大で圧倒されるが、きちんと区画整理され、エリアごとに名前がついているので歩きやすい（下図）。店舗形式で、オーナーが決まっているため、気に入った店を繰り返し訪れるリピーターも多い。カフェやレストランでひと休みしながら1日中楽しめる蚤の市だ。

　メトロ駅から歩いていく場合は、蚤の市の区域まで青空市が続くので、スリに気をつけて。蚤の市の中、Rue des Rosiersにバス停のある85番のバスで行くのがおすすめ。

小物や雑貨が好きな人は、まずは「ヴェルネゾン」のエリアを要チェック！

おすすめエリアの名称と特徴

① **Vernaison** ヴェルネゾン：インテリア小物、テーブルウエア、アクセサリーなど。雑貨好きにおすすめ
⑥ **Dauphine** ドーフィヌ：インテリア、雑貨、古書など。1階と2階のふたつのフロアで構成された広い建物
⑨ **Serpette** セルペット：アンティーク家具、人気高級ブランドのビンテージ品など
⑩ **Paul Bert** ポール・ベール：インテリア雑貨、アンティーク家具など

そのほかのエリアの名称

② Antica アンティカ
③ Biron ビロン
⑤ Cambo カンボ
⑤ Malassis マラシス
⑦ Malik マリク
⑧ Le Passage ル・パッサージュ
⑪ Jules Vallès ジュール・ヴァレス
⑫ L'Usine リュズィーヌ
⑬ L'Entrepôt ラントルポ

🚇 別冊P.5-1C ④Porte de Clignancourtより徒歩約10分
🚌 85番のバスMarché aux Puces下車
🕐 ⊕⊖⊖7:00〜19:30（店によって異なる）

44

ヴァンヴの蚤の市
Les Puces de Vanves

　ヴァンヴの蚤の市は、露天商が歩道の両側に並ぶ青空市。2時間もあれば端から端まで十分回れる規模なので、蚤の市デビューにぴったり。カフェ・オ・レ・ボウル、キーホルダー、灰皿などパリらしい雑貨や、状態のいいアンティーク品が並んでいる。掘り出し物を見つけるには、なるべく早い時間に行こう。

　クレープやサンドイッチを売るワゴン車が出ているが、ゆっくりできるカフェやレストランはない。ひと休みしたり、トイレに行きたいときは、メトロ駅近くにあるカフェへ。

"この台のものはぜ〜んぶ€1"なんていうコーナーも

MAP 別冊P.4-3B
M ⑬Porte de Vanves 2番出口より徒歩約3分
営 ⊕・⊖ 7:00〜13:00(店によって異なる。夕方まで開いている店もある)

蚤の市での出合いは一期一会。"自分にとってのお宝"を求めてじっくり見て回ろう

モントルイユの蚤の市
Les Puces de Montreuil

　山積みにされた衣料品や日用品が迫力満点の露天市。とにかく安い洋服や靴が見つかる。ただし、治安がよくない地域で開かれるので、スリなどに十分注意を！

MAP 別冊P.5-2D　M ⑨Porte de Montreuilより徒歩約10分
営 ⊕・⊖ 7:00〜19:30(店によって異なる)

蚤の市でのアドバイス
◎商品を触るときは店主にひと声かけてから
◎電卓&メモ用紙で値段交渉をしてみよう
◎大きめのバッグやエコバッグを持っていこう
◎手が汚れるのでウエットティッシュがあると便利
◎スリが多いので十分気をつけて。荷物は最小限にしていきたい
◎各店の営業時間はマチマチ。季節や天気、店主の気分によっても変わる

蚤の市でのミニ会話
(指でさして)手に取ってもいいですか？
　ジュ プ トゥシェ サ
　Je peux toucher ça?

これはいくらですか？
　セ コンビヤン
　C'est combien?

安くしてください
　モワン シェール スィル ヴ プレ
　Moins cher, s'il vous plaît.

(指でさして)これをください
　ジュ プラン サ　スィル ヴ プレ
　Je prends ça. ／ S'il vous plaît.

45

パリの食生活を垣間見る
パリの朝市

広場や大通りで週に何度か立つ「朝市」や
週6日毎日にぎわう「常設市場」、
建物内で開かれる「屋内市場」など
パリには約90の市場がある。
活気あふれる日常生活を体感したいなら
マルシェに行くのがいちばん！
※市場の開催時間は目安。季節によって多少異なる。

常設市場　おもに月曜以外毎日開かれるマルシェ

アリーグルの市場
Marché d'Aligre

アリーグル通りとアリーグル広場に並ぶ露店と、屋内市場「ボーヴォーBeauvau」を合わせた一帯がアリーグルの市場。食料品から衣料品、雑貨まで揃い、パリで一番安いという評判も。

MAP 別冊P.21-1C　M ⑧Ledru Rollin
住 Pl. d'Aligre 12e　開 火〜日 7:30〜13:30（土日は〜14:30）、屋内市場 火〜日 9:00〜13:00、16:00〜19:30（日は午前のみ）

アンファン・ルージュの市場
Marché des Enfants Rouges

マルシェ・エリアの小さな入口を入ると、野菜や果物を扱う食料品の店のほかに、レストランや総菜店が連なる人気の市場。イタリアやモロッコ、メキシコなど各国料理をカウンターやテラス席で食べられるので、お昼時は食事をする客で混み合う。

MAP 別冊P.27-1C　M ⑧Filles du Calvaire
住 39, rue de Bretagne 3e
開 火〜土 8:30〜20:30（木は〜21:30）
　 日 8:30〜17:00

相席で食事する気軽な雰囲気

観光の合間に立ち寄りたい
パリの専門市

観光の途中で立ち寄るのに便利なパリの中心部で開かれる専門市もある。近くまで行ったらのぞいてみよう。

ブキニスト（古本市）
Bouquinistes

セーヌ河畔の風景の一部ともなっている古本市。シテ島を挟んだ両河岸に沿って、古書を並べた緑色の箱が連なっている。絵はがきやポスター、おみやげ品を扱っている店も多いので、見て歩くのが楽しい。

MAP 別冊P.26-3AB
M ④St-Michel ④Cité ⑦Pont Neuf ①④⑦⑪⑭Châtelet

切手市
Marché aux Timbres

熱心なコレクターが集まる切手市が週3回シャンゼリゼ大通り近くで開かれる。希少で高価なものだけでなく、気楽に買えるものも多い。

MAP 別冊P.12-1A　M ①⑨Franklin D. Roosevelt
①⑬Champs-Elysées Clemenceau
開 木 土 日 9:00〜19:00

閉まっている姿はこんな感じ！

朝市
週に2〜3回、朝からお昼過ぎまで開かれるマルシェ

グルネルの市場
Marché Grenelle

La Motte Picquet Grenelle駅から Dupleix駅まで、メトロが地上を走る高架下で開かれるマルシェ。観光客はほとんど訪れないので、地元の雰囲気をそのまま味わえる。

MAP 別冊P.17-1C
M ⑥⑧⑩La Motte Picquet Grenelle ⑥Dupleix
住 Bd. de Grenelle 15e
開 ㊍ 7:00〜14:30 ㊐ 7:00〜15:00

メトロの高架下にズラリと店が並ぶ

プレジダン・ウィルソンの市場
Marché Président Wilson

高級住宅街だけあって、ほかでは見られないような高級食材が揃うマルシェ。3つ星レストランのシェフも買いつけに来る八百屋にはいつも行列ができている。

MAP 別冊P.11-2C
M ⑨Iéna ⑨Alma Marceau
住 Av. du Président Wilson 16e
開 ㊌ 7:00〜14:30 ㊏ 7:00〜15:00

エドガー・キネの市場
Marché Edgar Quinet

モンパルナス・タワーとモンパルナス墓地の間の大通りに立つ庶民派マルシェ。

MAP 別冊P.18-2B
M ⑥Edgar Quinet
住 Bd. Edgar Quinet 14e
開 ㊌ 7:00〜14:30
㊏ 7:00〜15:00

ビオマルシェ
パリではビオ（オーガニック）製品が大人気

ラスパイユのビオマルシェ
Marché Biologique Raspail

パリで開かれるビオマルシェのうち規模が大きく、観光客にも人気なのが日曜に立つラスパイユの市だ。野菜やパン、チーズ、ワインなど食料品のほか、衣料品や石鹸などの日用品も揃う。

すべての商品にBio（ABマーク）の表示が付いている

MAP 別冊P.18-1B、P.28-3A
M ⑫Rennes
住 Bd. Raspail 6e
開 ㊐ 9:00〜15:00

花市
Marché aux Fleurs

セーヌに浮かぶシテ島内の広場で、常設の花市場が開かれている。樹木や鉢植えの花のほか、球根や種、おしゃれなガーデニンググッズも売っている。

MAP 別冊P.26-3A、P.29-1D
M ④Cité
開 8:00〜19:30 (㊐ 〜19:00)

小鳥市
Marché aux Oiseaux

日曜日、シテ島の花市と同じ場所で小鳥市が開かれる。鳥だけでなく、ウサギやハムスターなど小動物も売っている。日曜ということもあって、家族連れでにぎわう。

MAP 別冊P.26-3A、P.29-1D
M ④Cité 開 ㊐ 8:00〜19:00

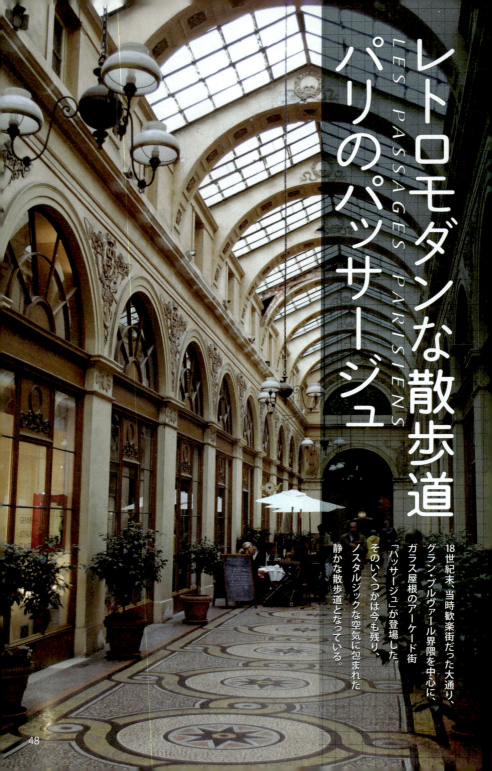

レトロモダンな散歩道 パリのパッサージュ

LES PASSAGES PARISIENS

18世紀末、当時歓楽街だった大通り、グラン・ブルヴァール界隈を中心に、ガラス屋根のアーケード街「パッサージュ」が登場した。そのいくつかは今も残り、ノスタルジックな空気に包まれた静かな散歩道となっている。

ガラス屋根のアーケード街へ

パリで最初にパッサージュが造られたのは1776年のこと。ガラス屋根に覆われたアーケード、パッサージュは、やがて時代の最先端をゆくショッピング街としてパリ市民の注目を浴びるようになった。20世紀後半には衰退し、なかには閉鎖されたものもあるが、その後改修され、往時の雰囲気がよみがえっている。ガラス屋根から差し込む光を感じながら、個性の異なるパッサージュを巡ってみよう。

① モザイク床の優雅な空間
ギャルリー・ヴィヴィエンヌ
Galerie Vivienne

床の大理石モザイク、優雅なアーチが連なる内装など、パリで最も美しいといわれるパッサージュ。古書店や雰囲気のいいサロン・ド・テ、ワインショップ「ルグラン・フィーユ・エ・フィス」（→P.329）などの専門店が並び、散策するのが楽しい場所。

DATA 🗺 別冊P.13-2C、P.25-1D Ⓜ③Bourse

② 荘厳なクーポールが印象的な
ギャルリー・コルベール
Galerie Colbert

旧国立図書館が所有するパッサージュで、パリ大学の研究機関や図書館が入っている。入口で簡単な荷物チェックを受けると、華麗なクーポール（丸天井）があるホールに出る。その先に続くパッサージュに面した部屋では、大学の講義なども行われていて知的な雰囲気だ。

DATA 🗺 別冊P.13-2C、P.25-2D Ⓜ③Bourse

おいしいワインと
食事も楽しめる
ギャルリー・ヴィ
ヴィエンヌ

ⓐガラス張りのクーポールから差し込む光に包まれたギャルリー・コルベール　ⓑパッサージュのなかで最も人気があるギャルリー・ヴィヴィエンヌは、床のモザイクがエレガント　ⓒギャルリー・ヴィヴィエンヌの一角には古めかしい絵はがき屋や古書店が

ⓐ 路地裏のようなパッサージュ・デ・パノラマ ⓑ 市松模様の床とレトロな照明が美しいギャルリー・ヴェロ・ドダ ⓒ パッサージュ・ジュフロワの「グレヴァンろう人形館」

3 切手ファンならここへ
パッサージュ・デ・パノラマ
Passage des Panoramas

ほかのパッサージュとも交差する、狭い路地を思わせるパッサージュ。趣味の切手を扱う店がいくつかあり、ウインドーをのぞき込む熱心なコレクターの姿も。

DATA MAP 別冊P.13-1C Ⓜ ⑧⑨Grands Boulevards

4 大人も子供も楽しめる
パッサージュ・ジュフロワ
Passage Jouffroy

歴史上の人物からスポーツ選手までリアルな人形がずらりと並ぶ「グレヴァンろう人形館」(→P.116)や、かわいらしいおもちゃの店「パン・デピス」(→P.343)があり、家族連れの姿を最もよく見かけるパッサージュ。

DATA MAP 別冊P.13-1D Ⓜ ⑧⑨Grands Boulevards

5 古書ハンターの聖域
パッサージュ・ヴェルドー
Passage Verdeau

古書、古版画の店が並び、いにしえの情緒を感じさせる場所。思わぬ掘り出し物に出合うチャンスも。手芸ファンなら、刺繍専門店「ル・ボヌール・デ・ダム」のディスプレイに吸い寄せられるはず。

DATA MAP 別冊P.13-1D Ⓜ ⑧⑨Grands Boulevards

6 庶民的な商店街
パッサージュ・ショワズール
Passage Choiseul

日本の商店街のような懐かしい雰囲気。200m弱の通りに洋服やアクセサリーの店、画材屋などバラエティに富んだ店が100軒近く並んでいる。

DATA MAP 別冊P.13-1C、P.25-1C
Ⓜ ③Quatre Septembre

7 市松模様の床が印象的
ギャルリー・ヴェロ・ドダ
Galerie Véro-Dodat

「ヴェロ」と「ドダ」というふたつの豚肉屋が建てた優美な内装のパッサージュ。白と黒の大理石を市松模様に敷き詰めた床の両側には、弦楽器の専門店やアンティーク店が並ぶ。

DATA MAP 別冊P.13-2C、P.25-2D
Ⓜ ①⑦Palais Royal Musée du Louvre

パッサージュ・ジュフロワには高級ステッキと傘の店「ギャラリー・ファイエ」(左)や「ショパン」という名のホテルも(右)

ⓐパッサージュ・デュ・グラン・セールでは屋根の装飾の美しさにも注目 ⓑパリで一番長いパッサージュ・ショワズールは庶民的な雰囲気。日本食のレストランもある ⓒ北アフリカの市場街を思わせるパッサージュ・デュ・ケール

9 中近東の市場街を思わせる
パッサージュ・デュ・ケール
Passage du Caire

「ケール」とは「カイロ」のこと。その名が示すとおり、入口ではエジプト風のレリーフが迎えてくれる。界隈は既製服の問屋街で、商店用のマネキンや派手なドレスの間をぬって歩くと、まるで異国にさまよい込んだかのよう。

DATA　MAP 別冊P.13-1D、P.26-1A
Ⓜ ④⑧⑨Strasbourg St-Denis

8 パリのインド、パキスタン街
パッサージュ・ブラディ
Passage Brady

パリで本場のカレーを食べたくなったらここ。カレー屋が並び、エスニックな香りがムンムン漂う下町のパッサージュ。夜遅くまで散策する人たちでにぎわう場所だ。

DATA　MAP 別冊P.14-1A　Ⓜ ④Château d'Eau

10 映画の舞台ともなった
パッサージュ・デュ・グラン・セール
Passage du Grand Cerf

映画『地下鉄のザジ』(1960)で主人公のザジが追いかけっこをしたのがここ。現在はプロ向けのアパレル関係の店やデザイン事務所が扉の奥に控えており、洗練された雰囲気。

DATA　MAP 別冊P.13-2D、P.26-1A　Ⓜ ④Etienne Marcel

パッサージュの巡り方

パッサージュが集まっているのは、ボンヌ・ヌーヴェル大通りBd. de Bonne Nouvelle界隈からパレ・ロワイヤルにかけての一帯。ルーヴル美術館にも近いギャルリー・ヴェロ・ドダから始めて、いくつかのパッサージュを巡りつつ、一番北にあるパッサージュ・ヴェルドーまで歩いてみては。パッサージュ内にあるサロン・ド・テやレストランでひと休みしながら、のんびり散策してみよう。屋根のあるパッサージュは、雨の日の過ごし方としてもおすすめ。

詳細地図➡別冊P.13〜14

とっておきの　思い出作り
パリでプチレッスン

観光にショッピングにグルメ三昧……。そんなパリ旅行も楽しいけれど
もっと特別な体験をしてみたいなら旅行者でも参加できるプチレッスンはいかが？

チーズの本場で知識を深める
チーズセミナー
Salon du Fromage Hisada

チーズにはいろいろなタイプがあるので、食べ比べてみて自分の好みのものを見つけるのが楽しいですよ

チーズ専門店「サロン・デュ・フロマージュ・ヒサダ」(→P.328)のチーズ熟成士、マダムヒサダに学ぶチーズセミナー。都合のいい日時に申し込むプライベートレッスンなので、観光客でもスケジュールに組み込みやすい。申し込む際に、チーズの何を学びたいのか、どんなチーズを食べてみたいかなど希望があれば伝えるといい。初心者ならば、おまかせもOK。その季節の旬のチーズをタイプ別に8種類前後選び、製法や特徴、食べ方などを基礎からレクチャーしてくれる。ビギナーにもわかりやすいと評判だ。月1回開かれるチーズ食べ放題の会も好評。

その日のテーマに合わせて厳選されたチーズが並ぶ

講座内容の問い合わせ、申し込みは「サロン・デュ・フロマージュ・ヒサダ」まで。※2名から。要予約
住 47, rue de Richelieu 1er「サロン・デュ・フロマージュ・ヒサダ」2階
電 01.42.60.78.48
開 火(金)土 15:00～19:00のなかの約80分間
料 €55～(基礎レッスンの場合：8種類のチーズ、チーズのテキスト本付き)
mail salondufromage@hisada.fr (日本語可)
URL www.hisada-paris.com (日本語あり)

ワインの魅力に酔いしれる
ワイン講座
Espace Japon

日本人とフランス人をつなぐ日仏文化センター「エスパス・ジャポン」(→P.435)で月に1回開かれるワイン講座。毎回テーマが設けられ、基礎知識からおいしい飲み方まで、幅広く学ぶことができる。5～6種類ものワインを試飲しながら、それぞれのワインの味わうべき特徴をわかりやすく教えてくれるので、飲み比べの楽しさにハマってしまう参加者が多い。昼間は観光に忙しい旅行者でも、学びながら、おいしいワインで1日を締めくくることができるのでおすすめ。

講座は19時から。まずは講義から始まり、その後ワインの試飲へ

ワインに合わせた創作オードブルも毎回用意される

開催スケジュール、講座内容、申し込みはウェブサイトで。問い合わせは「エスパス・ジャポン」まで。
※要予約
住 12, rue de Nancy 10e「エスパス・ジャポン」内
電 01.47.00.77.47 FAX 01.47.00.44.28
開 不定期開催(19:00～21:00)
料 1回 €45 (ワイン、創作オードブル込み)
mail infos@espacejapon.com (日本語可)
URL www.espacejapon.com

高級陶器の彩色に挑戦！
「ジアン」絵付けツアー
Paris Tabi Tours

ジアンの伝統柄をモデルに色付けします

19世紀からの歴史をもち、世界の王侯貴族たちから愛された高級陶器「ジアン」。マドレーヌ広場界隈にあるショールーム内で、その絵付けを体験できるユニークなツアーが開催されている。主宰しているソレーヌ・コラさんは日本語堪能。優しく解説してくれるので、初心者でも安心だ。

絵付けをする小皿、絵の具等の材料はもちろん、エプロンも用意されており、手ぶらで参加できるのもこのツアーの魅力。下絵が描かれた小皿に色を付けていき、完成した作品は持って帰ることができる。

このほか、同じくジアンの食器を使った、ブランチ付きのテーブルコーディネートレッスンも行われている。興味があれば、問い合わせてみよう。

お手本を参考にして絵付けにチャレンジ

タッチの違いや色合わせで違ったお皿に

ツアー内容の詳細、申し込みは「パリ旅ツアー」のウェブサイトで。場所は申込み後に案内される。※2名から。要予約
開 (月)~(金) 14:30~16:30
料 €90（ウエルカムドリンク、材料費込み）
URL www.paristabitours.com（日本語）

人気のスイーツを手作りで
デザート教室
Meeting the French

作ったあとは飲み物とともに試食タイム

わかりやすく教えてくれるので初心者でも安心

パリといえばスイーツの都。買って食べるだけでなく、シェフのデモンストレーションを見ながら、気軽に手作り体験できるのが、「ミーティング・ザ・フレンチ」のデザート教室だ。パリジャンのアパルトマンに招かれた気分になるおしゃれなキッチンで、終始和やかな雰囲気のなかお菓子作りを楽しめる。

シェフのフレデリックさんによるレッスンは、英語または仏語だが、最初に見本を見せてくれ、優しく指導してくれるので心配無用。家庭でも再現できるよう一般的な調理器具を使うため、後日送られるレシピを見ながら、日本で再挑戦しても。

内容の詳細、申し込みは「ミーティング・ザ・フレンチ」のウェブサイトで。※2名から（最大8名）。要予約
開 指定日の15:00~18:00
料 €119
URL www.meetingthefrench.com

パリのイルミネーション

昼間とは異なった顔をもつ夜のパリ。
光をまとったモニュメントが、
黒く沈んだ空に鮮やかに浮かび上がり、
"夜"という舞台できらめく主役になる。

パレ・ガルニエ
→P.115

コンコルド広場
→P.110

日没後のライトアップ
のほか、毎正時に約5
分間、2万個のライトが
点滅する。シャンパン
の泡のようにキラキラ
輝く姿は見逃せない！

エッフェル塔
→P.120

凱旋門
→P.102

観光バスの「イルミネーションツアー」
で、効率よく夜のパリを一周するのも
おすすめ。旅行の最終日に利用すれば、
昼間観光した場所のまったく違う表情
に驚くはず。セーヌ川の遊覧船で、ラ
イトアップされたセーヌ川沿いの風景
を楽しむのもいい。→P.89

Illuminati

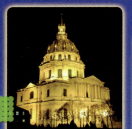

アンヴァリッド
→P.124

コンシェルジュリー
→P.132

パリ市庁舎
→P.133

ルーヴル美術館のガラスのピラミッドおよび広場全体を美しく演出しているのは、東芝の提供によるLED照明。

ルーヴル美術館
→P.111、P.188

ケ・ブランリー・ジャック・シラク美術館→P.207

光のアーティスト、ヤン・ケルサレの仕掛けによって、どこか別の惑星にたどり着いたかのように感じられるほど幻想的になる庭園。

on de Paris

©pyramide du Louvre, arch. I.M.Pei

パリのカレンダー CALENDRIER de PARIS

赤字は祝祭日（※は移動祝祭日） 日の出／日の入（毎月15日）

1月 Janvier

日の出	8:39	最高気温	7.2℃
日の入	17:20	最低気温	2.7℃

● **元日**
Jour de l'An（1日）
大晦日に大騒ぎして新年を祝ったパリジャンにとって、元日は寝正月。お店は閉まり、町はとても静か。

● **公現祭**
Epiphanie
（6日または2〜8日の間の日曜）
フランスでは「ガレット・デ・ロワ」というお菓子を切り分けて食べるのが伝統。

公現祭のお菓子 ガレット・デ・ロワ

年が明けるとお菓子屋さんに並び始めるのが「ガレット・デ・ロワGalette des Rois」。中にソラマメか陶製の小さな人形（フェーヴFèveという）が入ったパイで、公現祭の日に食べるのが正式。切り分けたパイにフェーヴが入っていた人がその日の王様。紙の王冠をかぶり、皆から祝福を受ける。

フェーヴをコレクションする人も

パイの中身はアーモンドを使ったフランジパーヌというクリームのものが多い

2月 Février

日の出	8:00	最高気温	8.3℃
日の入	18:09	最低気温	2.8℃

● **春節祭（旧正月）**
Nouvel an chinois
（'21は12日）
ヨーロッパ最大の中華街を擁するパリらしいイベント。獅子舞やドラゴンのパレード、爆竹などと新暦の元日よりもはるかににぎやか。

● **バレンタインデー**
St-Valentin（14日）
フランスでは日本のように女性が男性にチョコレートを贈る習慣はなく、逆に男性が女性にプレゼント（カードや花束など）を贈ることになっている。

● **国際農業見本市**
Salon international de l'Agriculture
（'21は2月27日〜3月7日）
フランス全土の食品、郷土料理を紹介する農業見本市。試飲、試食ができるとあって、一般客にも大人気。全国から集まった牛や羊、ガチョウなど、家畜との触れ合いも楽しい。
URL www.salon-agriculture.com

2月

ここは中国？と錯覚するほどカラフルな春節祭のパレード
©Paris Tourist Office-Amélie Dupont

2月14日が近づくと、町中のウインドーがハートマークで飾られる

2月

3月 Mars

日の出	7:04	最高気温	12.2℃
日の入	18:55	最低気温	5.3℃

● **秋冬パリコレクション（プレタポルテ）**
Paris Collection
（前半の約10日間）
ショーを見られるのは関係者のみだが、この時期、町中にモード関係者があふれ華やかな雰囲気に。
URL fashionweekonline.com/paris

● **本の見本市**
Salon du Livre
（'21は19〜22日）
毎年決められたテーマに沿って、パリ国際見本市会場で行われる。人気作家の講演会やサイン会も。
URL www.livreparis.com

サマータイム開始
（3/29 '20、3/28 '21）
→P.10

春 Printemps

冬時間が終わり、サマータイムが始まる頃。まだ風は冷たく、コートを脱げる日が待ち遠しいけれど、雲の間から降り注ぐやわらかな日差しが、春の気配を感じさせる。マルシェにアスパラガスやイチゴが並び始めると、本格的な春到来。

2-3月

フランス中の農産物や家畜が集まる国際農業見本市

SOLDES／冬のバーゲン

近年、イベントのある日や記念日を狙ってテロが発生している。人の集まるところは犯罪が起きやすいので、十分注意したい。安全情報については→P.444。

4月 Avril

| 日の出 | 7:00 | 最高気温 | 15.6℃ |
| 日の入 | 20:41 | 最低気温 | 7.3℃ |

● パリ・マラソン
Marathon de Paris
（4月初旬、'20は10月18日）
世界中のランナーが参加し、パリ市内を横断する世界最大規模のマラソン大会。
URL www.schneiderelectric
parismarathon.com

● 復活祭※
Pâques
（'20は12日、'21は4日）
春分以降最初の満月の次の日曜が復活祭。暦のうえで春になるのはこの日から。フランス人にとっては約2週間の休暇が楽しみな季節。

● 復活祭の翌月曜※
Lundi de Pâques
（'20は13日、'21は5日）

● パリ見本市
Foire de Paris
（4月下旬～5月上旬）
インテリア、園芸用品、スポーツ用品など、生活にまつわるさまざまな新製品が集まるパリ最大の見本市。
URL www.foiredeparis.fr

4月

5月 Mai

| 日の出 | 6:09 | 最高気温 | 19.6℃ |
| 日の入 | 21:25 | 最低気温 | 10.9℃ |

● メーデー
Fête du Travail（1日）
親しい人にスズランを贈る。

● 第2次世界大戦終戦記念日
Victoire du 8 mai 1945（8日）

● ローラン・ギャロス全仏テニス
Internationaux de France de Tennis
（5月中旬、'20は9月21日～10月11日）
URL www.rolandgarros.com

● キリスト昇天祭※
Ascension
（'20は21日、'21は13日）
復活祭から40日目に当たる。

● 聖霊降臨祭※
Pentecôte
（'20は5月31日、'21は23日）
復活祭から50日目に当たる。

5-6月

グランドスラム唯一のクレーコートで知られるローラン・ギャロス

6月 Juin

| 日の出 | 5:47 | 最高気温 | 22.7℃ |
| 日の入 | 21:54 | 最低気温 | 13.8℃ |

● 聖霊降臨祭の翌月曜※
Lundi de Pentecôte
（'20は1日、'21は5月24日）

● 音楽の日
Fête de la Musique（21日）
夏至の日に行われる音楽の祭り。カフェや広場、公園など、パリ中がコンサート会場になる。

● ゲイ・プライド
La Marche des Fiertés de Paris（最終土曜）
同性愛者、両性愛者、トランスジェンダーたちによる大規模なパレード。
URL www.gaypride.fr

6月
町中に音楽があふれる音楽の日

4月の魚 ポワソン・ダヴリル

「エイプリル・フール」をフランスでは「ポワソン・ダヴリル Poisson d'Avril＝4月の魚」という。世界的にこの日は「うそをついてもいい日」となっているが、フランスの習慣は一風変わっている。子供たちが、魚の形に切った紙切れを他人の背中にこっそりくっつけるいたずらをするというもの。この日、大人たちも同様のないうそや冗談で人をからかうほか、魚の形のお菓子を食べたり、魚のイラストが描かれたカードを贈ったりする。なぜ「魚」なのか、その起源は諸説あり、明らかにはなっていない。

夏 Été

夏至の日を迎えると、バカンスシーズンを待ちわびるパリジャンたちはそわそわし始める。遅い時間まで明るい太陽。カフェのテラス席で夜遊び前のアペロタイムを楽しむひととき、夏の計画の話でおしゃべりは尽きない。

復活祭休暇から、見本市の多い5～6月にかけてはホテルが混雑する

©ASO PRESS

7-8月
©Paris Tourist Office-Marc Bertrand
野外映画祭

6-7月　フランス中が熱狂するツール・ド・フランスのゴールはパリ

秋 Automne

9月も終わる頃には、秋の気配。街頭ではマロン・ショー（焼き栗）を売る声が聞こえだす。カキやジビエに舌鼓を打ち、ボージョレの新酒のでき具合に思いをはせるのもこの季節。

7月 Juillet

| 日の出 | 6:04 | 最高気温 | 25.2℃ |
| 日の入 | 21:47 | 最低気温 | 15.8℃ |

● ツール・ド・フランス
Tour de France
（7月、'20は8月29日～9月20日）
フランス国民が熱狂する自転車レース。最終ゴールはシャンゼリゼ大通り。
URL www.letour.fr

● 革命記念日
14 juillet（14日）
フランス人にとって最も大切な祝日。前日の13日にはバスティーユ広場やコンコルド広場などで前夜祭。14日午前はシャンゼリゼ大通りでの軍事パレード。日没後には盛大に花火が打ち上げられて、祭りは幕を閉じる（→P.104）。

7月　革命記念日のハイライトは花火大会
©Paris Tourist Office-Amélie Dupont

8月 Août

| 日の出 | 6:44 | 最高気温 | 25.0℃ |
| 日の入 | 21:04 | 最低気温 | 15.7℃ |

● フェスティバル・パリ・レテ
Festival Paris l'Eté
（'20は7月13日～8月2日）
夏のアートフェスティバル。演劇、ダンス、コンサートとプログラムが豊富なうえ、ほとんどが無料。
URL www.parislete.fr

● パリ・プラージュ
Paris Plages
（7月下旬～8月中旬）
セーヌ河岸やヴィレット貯水池がビーチに大変身。2002年のスタート以来、すっかりパリの夏の風物詩となった。

● 野外映画祭
Cinéma en plein air
（7月下旬～8月下旬）
戦前のハリウッド映画から最近の話題作まで、世界の名画をラ・ヴィレット公園の開放的な雰囲気のなかで。

● 聖母被昇天祭
Assomption（15日）

9月 Septembre

| 日の出 | 7:28 | 最高気温 | 21.1℃ |
| 日の入 | 20:01 | 最低気温 | 12.7℃ |

● ジャズ・フェスティバル
Jazz à la Villette
（9月上旬の約10日間）
ラ・ヴィレット公園で開かれる毎年恒例のフェスティバル。あっと驚く大物の無料公演もある。
URL jazzalavillette.com

● ヨーロッパ文化遺産の日
Journées Européennes du Patrimoine
（第3土・日曜）
通常公開されていない文化財を、この日だけ観ることができる。
URL journeesdupatrimoine.
culturecommunication.gouv.fr

9月　ヨーロッパ文化遺産の日に公開されたリュクサンブール宮にある上院本会議場

バカンスシーズン。長期休暇を取るレストラン、ショップが多い。

SOLDES／夏のバーゲン　　　　見本市が多く ホテルが混雑する。

パリのカレンダー
CALENDRIER de PARIS

10-11月

甘い物好きはぜひ行ってみたいサロン・デュ・ショコラ

11月
クリスマス用品やお菓子が並ぶマルシェ・ド・ノエル

12月
薪の形の定番クリスマスケーキ

冬 Hiver

太陽は冬眠中かしらと思ってしまうパリの冬。でもパリジャンたちは、芝居にコンサート、クリスマス準備の買い物と忙しい。クリスマスの夜を家族で静かに過ごしたあとは、友人たちとレヴェイヨン（年越し）のパーティと続く。

10月 Octobre

日の出 8:12　最高気温 16.3℃
日の入 18:59　最低気温 9.6℃

● 春夏パリコレクション
（プレタポルテ）
Paris Collection
（9月末〜10月上旬の約10日間）
URL fashionweekonline.com/paris

● 凱旋門賞
Qatar Prix de l'Arc de Triomphe（'20は3・4日）
ブーローニュの森のロンシャン競馬場で行われるレース。
URL www.parislongchamp.com

● モンマルトルのブドウ収穫祭
Fête des Vendanges de Montmartre
（'20は7〜11日）
パリに唯一残るブドウ畑（→P.161）での収穫祭。
URL www.fetedesvendangesdemontmartre.com

● サロン・デュ・ショコラ
Salon du Chocolat
（'20は10月21〜25日）
世界中の注目を集めるチョコレートの見本市（→P.325）。
URL www.salon-du-chocolat.fr

サマータイム終了
（10/25 '20、10/31 '21）
→P.10

11月 Novembre

日の出 8:00　最高気温 10.8℃
日の入 17:09　最低気温 5.8℃

● 諸聖人の日
Toussaint（1日）

● 第1次世界大戦休戦記念日
Armistice（11日）

● ボージョレ・ヌーヴォー解禁日
Arrivée du Beaujolais Nouveau（第3木曜）
パリの東南に位置するボージョレ地区のワインの解禁日。その年の新酒を先駆けて味わえる。

● クリスマス・イルミネーション
Illuminations de Noël
（11月末〜1月初旬）
シャンゼリゼ大通りをはじめ、パリ中の繁華街がイルミネーションで飾られる。サン・ジェルマン・デ・プレ教会前の広場などでは、クリスマス用品を売るマルシェ・ド・ノエルが開かれる。

10月 ©Paris Tourist Office-Amélie Dupont
モンマルトルのブドウ収穫祭

12月 Décembre

日の出 8:38　最高気温 7.5℃
日の入 16:53　最低気温 3.4℃

● クリスマス
Noël（25日）
イヴの夜は家族でディナーを取るのが普通。デザートにはビュッシュ・ド・ノエルという薪をかたどったケーキを食べる習慣がある。普段教会に行かなくても、25日だけはミサに参加するというフランス人も多い。

● 大晦日
Réveillon de la St-Sylvestre（31日）
家族で静かに過ごすクリスマスと違って、大晦日は皆で派手に祝うのがフランス式。元日の午前0時になると、見知らぬ人ともキスを交わし、新年の訪れを喜び合う。

12月
夢見るようなクリスマスのデパートのウインドー

パリの歴史

パリはシテ島から始まった

パリ発祥の地はセーヌ川に浮かぶシテ島。古くから先住民族が住んでいたこの地に、ケルト系のパリシイ人が住み始めたのが紀元前3世紀頃。その後、ローマ人に支配され、シテ島と左岸を中心に町が形作られていった。カルチェ・ラタンには、ローマ浴場跡やリュテス闘技場など、ローマ時代の遺跡が今も残っている。

パリに残るローマ遺跡、リュテス闘技場（→P.146）

中世のパリが残した遺産

5世紀にローマ人がフランク族に敗退して以来、キリスト教はパリの町にも浸透し、文化と芸術を生み出す原動力ともなった。サン・ジェルマン・デ・プレ教会（→P.142）、サント・シャペル（→P.132）など、時代とともに変遷した教会建築は、12〜14世紀にかけて建造されたノートルダム大聖堂でひとつの頂点を極めたといえる。

ノートルダム大聖堂はフランスゴシックを代表する建造物（→P.128）

フランス革命

バスティーユ牢獄の襲撃（カルナヴァレ博物館蔵）

ヴェルサイユ宮殿をはじめとする、絢爛豪華な文化が黄金期を迎えたのが、17世紀半ば、「太陽王」ルイ14世の時代。しかし18世紀末ともなると、パリ市民は貧困にあえぎ、その不満から1789年の大革命へと発展した。革命の引き金となったのは、7月14日のバスティーユ牢獄襲撃。今も毎年7月13日に、バスティーユ広場で革命記念日の前夜祭が行われる。

ルイ16世やマリー・アントワネットが処刑されたコンコルド広場（→P.110）は、血塗られた歴史の痕跡は見せず、調和の取れたたたずまいを見せている。

パリのおもなできごと

紀元前3世紀	ケルト系のパリシイ人がシテ島に定住
360	パリの古称「リュテティア」を「パリ」と改名
481	クロヴィス即位。メロヴィング朝始まる
508	パリがフランク王国の首都となる
543	サン・ジェルマン・デ・プレ教会建設
885	ノルマン人のパリ攻撃
987	ユーグ・カペー、国王に即位。カペー朝始まる

1137	ルイ7世即位。パリの大市場、レ・アールが造られる
1163	ノートルダム大聖堂建設開始
1180	フィリップ2世（尊厳王）即位。パリに城壁を築く
1190	ルーヴル宮建設開始
1226	ルイ9世即位
1253	ソルボンヌ大学創立
1328	フィリップ6世即位　ヴァロワ朝始まる
1358	パリでエティエンヌ・マルセルの乱
1364	シャルル5世即位　パリに新城壁建造
1431	英国王ヘンリー6世がフランス王としてノートルダム大聖堂で戴冠式
1437	シャルル7世、パリ奪還
1527	フランソワ1世、ルーヴル宮を居城とする
1562	カトリック、プロテスタント間の宗教戦争勃発
1572	サン・バルテルミーの虐殺
1578	パリのポン・ヌフ（新橋）建設開始

1589	アンリ4世即位。ブルボン朝始まる
1610	ルイ13世即位
1643	ルイ14世即位
1661	ヴェルサイユ宮殿建設開始
1682	宮廷がヴェルサイユに移る
1686	プロコープ開店（パリで最初のカフェ）
1715	ルイ15世即位
1758	パンテオン建設開始
1770	ルイ16世、マリー・アントワネットと結婚
1774	ルイ16世即位
1789	バスティーユ牢獄襲撃によりフランス革命勃発
1792	チュイルリー宮襲撃。王政廃止を宣言
1793	ルイ16世、マリー・アントワネット処刑　ルーヴル美術館開館
1794	三色旗が国旗となる

HISTOIRE DE PARIS

ナポレオンの登場

パリの栄光と苦難の時代を見続けてきた凱旋門（→P.102）

王政から共和制に移行したものの、政局は不安定な状態が続いた。そんな時代に登場したのがナポレオン・ボナパルトだ。政権を掌握した後、1804年には自ら皇位に就き、行政制度の改革などを行った。凱旋門は彼の命によって着工されたが、失脚して流刑に処されたナポレオンは、その完成を見ることなく、生涯を終えた。

近代都市パリの誕生

現在のパリの造りは、19世紀、クーデターによって権力を得たナポレオン3世（ボナパルトの甥）の時代にその礎が完成している。都市計画の指揮を執ったのはセーヌ県知事オスマン男爵。彼は、中世の入り組んだ路地をつぶし、大胆な改造計画を推進した。シャルル・ド・ゴール広場を中心に星形に配置された大通り、パレ・ガルニエの正面に延びるオペラ大通りなど、合理性だけでなく、美観を追求した構想の結果、魅力的な近代都市パリが誕生した。

万国博覧時に造られたエッフェル塔（→P.120）

19世紀後半には、万国博のために造られたモニュメントが、パリをさらに彩ることになる。エッフェル塔など、パビリオンとして造られた建造物は、今も現役で活躍中。

さらに20世紀末、当時の大統領ミッテランが推し進めた「グラン・プロジェ」が、町に新たな息吹を吹き込んだ。ルーヴルの「ガラスのピラミッド」も、このとき完成している。

21世紀に入ってからもパリ市は新たな課題に取り組んでいる。歴史遺産と共存しながら、常に新しいアイデアを取り入れ、挑戦を続ける町、それがパリだ。

ガラスのピラミッドも今ではパリの名所（→P.111、P.188）
© pyramide du Louvre, arch. I. M. Pei

1796	ナポレオンの第1次イタリア遠征
1804	ナポレオン、皇帝に即位 ナポレオン民法典制定
1806	凱旋門建設開始
1814	ナポレオン、イギリス、ロシア、オーストリア、プロシアの連合軍に敗れエルバ島に流刑 ルイ18世即位
1815	ナポレオン、エルバ島から帰還し、百日天下 ワーテルローの戦い
1824	シャルル10世即位
1830	7月革命起こる ルイ・フィリップ即位
1837	パリ〜サン・ジェルマン・アン・レー間に最初の鉄道開通
1840	ナポレオンの遺体がアンヴァリッドに帰還
1848	2月革命起こる
1852	ナポレオン3世即位 ル・ボン・マルシェ（パリ最初のデパート）開店
1853	オスマン、県知事に就任。パリ大改造
1862	パレ・ガルニエ建設開始
1870	普仏戦争勃発
1871	パリ・コミューン ティエール、大統領となる
1874	第1回印象派展覧会開催
1880	革命記念日が祝祭日になる
1889	パリ万国博覧会 エッフェル塔建設
1900	ヴァンセンヌ〜ポルト・マイヨ間にメトロ開通
1914	第1次世界大戦勃発
1919	ヴェルサイユ条約
1924	パリオリンピック開催
1939	第2次世界大戦勃発
1940	パリ陥落により、政府ヴィシーへ移る
1944	パリ解放
1954	アルジェリア戦争始まる
1958	シャルル・ド・ゴール、大統領となる
1968	学生運動激化（5月革命）
1969	ポンピドゥー、大統領となる
1972	モンパルナス・タワー完成
1974	ジスカール＝デスタン、大統領となる
1977	ポンピドゥー・センター開館
1981	ミッテラン、大統領となる 高速列車TGV、パリ〜リヨン間運行
1986	オルセー美術館開館
1989	フランス革命200年祭 グランド・アルシュ、オペラ・バスティーユ建設
1995	シラク、大統領となる
1999	EU単一通貨ユーロ誕生
2002	ユーロ通貨の流通開始
2007	サルコジ、大統領となる
2012	オランド、大統領となる
2017	マクロン、大統領となる

パリをより深く味わえる
人物&キーワード集

→ P.xx は関連記事掲載ページ

人物（生年順）

アンドレ・ル・ノートル
André Le Nôtre（1613～1700）【造園家】

「王の庭師」、「庭師の王」と呼ばれ、ヴェルサイユ宮殿の庭園を設計したことで知られる。宮廷庭師の家系に生まれ、フランス式庭園を確立させた。ヴェルサイユ宮殿のモデルとなったヴォー・ル・ヴィコント城をはじめ、17世紀の有名な庭園を数多く手がけている。

→ チュイルリー公園 P.110
→ サン・ロック教会 P.113
→ ヴェルサイユ宮殿 P.392
→ ヴォー・ル・ヴィコント城 P.399
→ フォンテーヌブロー城 P.408
→ シャンティイ城 P.410

ルイ14世
Louis XIV（1638～1715）【王】

1643年、幼くして即位。太陽王とも呼ばれた絶対王政最盛期の王で、ヴェルサイユ宮殿建造に力を注いだ。1661年に親政を開始し権威を高める一方、晩年には深刻な財政難に陥っていた。

→ パレ・ロワイヤル P.112
→ ヴェルサイユ宮殿 P.392
→ ヴォー・ル・ヴィコント城 P.399
→ サン・ジェルマン・アン・レーの城 P.412

マリー・アントワネット
Marie Antoinette（1755～1793）【王妃】

ルイ16世王妃として、14歳でウィーンからヴェルサイユに嫁ぐ。質素な生活を好んだ夫とは正反対の贅沢志向で自由奔放な人物であったとされているが、近年見直されている。プティ・トリアノンの内装など、洗練されたセンスの持ち主でもあった。1793年10月16日にコンコルド広場で斬首される。

→ コンコルド広場 P.110
→ コンシェルジュリー P.132
→ ヴェルサイユ宮殿 P.392

ナポレオン・ボナパルト
Napoléon Bonaparte（1769～1821）【皇帝】

ナポレオン1世。コルシカ島出身。フランス革命後、軍事手腕を発揮し、フランス第一帝政の皇帝となる。軍事力によって勢力を拡大するが、ロシア遠征の失敗後、敗北を重ね、失脚。エルバ島に追放される。ルイ18世が後継者（王政復古）となったが、エルバ島を脱出したナポレオンは再び支配者の座に。復位は長く続かず（百日天下）、ワーテルローの戦いに敗北した後、流刑先のセントヘレナ島で死去。亡骸はフランスに運ばれ、パリのアンヴァリッドに埋葬された。

→ 凱旋門 P.102
→ カルーゼル凱旋門 P.111
→ アンヴァリッド P.124

ナポレオン3世
Napoléon Ⅲ（1808～1873）【皇帝】

ナポレオン1世の甥。叔父の失脚後、亡命生活を送っていたが、七月王政が崩壊した後にフランス帰国。時運にのって1848年に第二共和政大統領、さらに1852年国民投票で帝政を復活、皇帝となった。業績のひとつとして、セーヌ県知事オスマンとともに行ったパリの都市改造計画が挙げられる。放射状に延びる大通りの整備など、現在のパリの町並みは、この時代の改造がベースとなっている。

→ パレ・ガルニエ P.115
→ ルーヴル美術館 P.188

ギュスターヴ・エッフェル
Gustave Eiffel（1832～1923）【技師、建築家】

建設業者であるエッフェル社の創業者。19世紀末、伝統的な石材に代わる資材として「鉄」に注目し、鉄骨による数々の建造物を手がけた。1884年、パリ万国博覧会のシンボルを募るコンペにエッフェル社の案が採用され、エッフェル塔の設計者として広く知られるようになった。

→ エッフェル塔 P.120

ル・コルビュジエ
Le Corbusier（1887～1965）【建築家】

「近代建築の父」と呼ばれる建築家。1927年に「ピロティ、屋上庭園、自由な平面、水平連続窓、自由な立面」という「近代建築の5原則」を提唱し、鉄筋コンクリートを使用した自由で開放的な明るい住空間を造りだした。2016年には、その作品群がユネスコの世界遺産に登録された。

→ ル・コルビュジエの建築作品 P.215

キーワード

ロマネスク様式
Style Roman【建築様式】

　10〜12世紀にフランス南部を中心に広まった美術様式。スタイルは地方により異なるが、外観は一般的に簡素。重い石造天井を支えるために壁が厚く、窓が小さいため内部は薄暗い。入口周りや柱頭の彫刻にユニークな表現が見られる。
➡ サン・ジェルマン・デ・プレ教会 P.142

ゴシック様式
Style Gothique【建築様式】

　12〜15世紀にイル・ド・フランスや北部の都市部を中心に発展した様式。尖頭アーチと交差リブ・ヴォールト、フライング・バットレスという新技術により、壁にかかる屋根の重さが軽減され、天井を高くし、窓を広くとることが可能に。このことは、ステンドグラスの発達につながった。
➡ ノートルダム大聖堂 P.128
➡ サント・シャペル P.132

ルネッサンス建築
Architecture de la Renaissance【建築様式】

　15世紀イタリアのフィレンツェで発祥した。古代ローマ・ギリシア文化を模範とする建築様式で、端正な造りと円形のモチーフが特徴的。フランスにはフランソワ1世によって招かれたレオナルド・ダ・ヴィンチらによってもたらされた。
➡ フォンテーヌブロー城 P.408
➡ ブロワ城 P.416
➡ シャンボール城 P.417

バロック建築
Architecture Baroque【建築様式】

　16世紀後半、ルネッサンス様式に対抗して生まれた芸術運動。重厚感のある造りとねじれたモチーフが特徴で、ヴェルサイユ宮殿が代表的。
➡ ヴェルサイユ宮殿 P.392

フランス式庭園
Jardin à la Française【庭園様式】

　17世紀にル・ノートルによって完成された整形庭園で、ヴェルサイユ宮殿、ヴォー・ル・ヴィコント城がその典型。比較的平坦で広い敷地に中心軸をとり、その両側に対称に幾何学的図形に従い整形した、池、噴水、花壇、樹木といった構成要素を整然と配置する。雄大でしかも節度と秩序のある景観を造成する点が特色。

➡ ヴェルサイユ宮殿 P.392
➡ ヴォー・ル・ヴィコント城 P.399

フランス革命
Révolution Française【歴史】

　18世紀末、ヴェルサイユ宮殿に代表される王族、貴族の華やかな暮らしとは対照的に、パリ市民は貧困にあえぐ毎日を送っていた。その不満が頂点に達し、勃発したのが1789年の大革命だ。引き金となったのは7月14日のバスティーユ牢獄襲撃。王政は廃止され、1793年、コンコルド広場でルイ16世とマリー・アントワネットの処刑が行われた。
➡ コンコルド広場 P.110
➡ カルナヴァレ博物館 P.137
➡ バスティーユ広場 P.139

万国博覧会
Exposition universelle【歴史】

　世界各国の文化交流の場として、とりわけ19世紀に盛大に開催された万国博覧会。パリも幾度か会場となり、そのときに造られた展示会場やモニュメントが今も残り、美術館などとして使われている。
➡ エッフェル塔 P.120
➡ オルセー美術館 P.196
➡ グラン・パレ P.206
➡ プティ・パレ P.206
➡ パレ・ド・トーキョー P.208

アールヌーヴォー
Art Nouveau【美術様式】

　「アールヌーヴォー」とは19世紀末に起こった新しい芸術運動。花や植物をモチーフとしたり、曲線を多用したりしていることが特徴。運動自体は10年ほどで消えてしまったが、建築、家具、装飾品など、生活に溶け込んだアートとして、今も見ることができる。ギマール作のメトロの入口も作品のひとつ。
➡ アールヌーヴォーを巡る P.32

グラン・プロジェ
Grands Projets【都市計画】

　20世紀末、ミッテラン大統領が推進したパリ大改造計画。ルーヴル美術館の「ガラスのピラミッド」をはじめ、数々の建築物がこの計画によって誕生した。
➡ アラブ世界研究所 P.149
➡ ルーヴル美術館 P.188
➡ オペラ・バスティーユ P.139

地球の歩き方 Plat [ぷらっと]

- 01 パリ
- 02 ニューヨーク
- 03 台北
- 04 ロンドン
- 05 グアム
- 06 ドイツ
- 07 ベトナム
- 08 スペイン
- 09 バンコク
- 10 シンガポール
- 11 アイスランド
- 12 ホノルル
- 13 マニラ/セブ
- 14 マルタ
- 15 フィンランド
- 16 クアラルンプール/マラッカ
- 17 ウラジオストク/ハバロフスク
- 18 サンクトペテルブルク/モスクワ
- 19 エジプト
- 20 香港
- 21 ブルックリン
- 22 ブルネイ
- 23 ウズベキスタン [サマルカンド/ヒヴァ/タシケント]
- 24 ドバイ
- 25 サンフランシスコ
- 26 パース 西オーストラリア

自分流の気軽な旅に、ちょうどいい地球の歩き方

www.arukikata.co.jp/plat

アクセスと交通

パリの空港 …… P.66	バス …… P.83
シャルル・ド・ゴール空港 …… P.66	タクシー …… P.86
オルリー空港 …… P.70	自転車 …… P.87
空港を出るまで …… P.71	パリの観光ツアー …… P.88
空港から市内へのアクセス …… P.72	観光バスツアー …… P.88
パリの交通手段 …… P.74	市内パノラマ観光バス …… P.92
メトロ（地下鉄）…… P.77	日本語ガイド付き
高速郊外鉄道RER …… P.80	ウオーキングツアー …… P.93
トラム …… P.82	遊覧船 …… P.93

Accès et Transports

AEROPORTS

パリの空港

日本からパリに直行する人なら、パリの第1歩は空港で、ということになる。フランスの空の玄関となるシャルル・ド・ゴール空港と市内を結ぶ交通の便は非常によく、初めてのパリでも心配無用。車窓にモンマルトルの丘が見え隠れするようになれば、町はもう近い。

各空港からパリ市内へのアクセス
→P.72

パリ空港のウェブサイト
フライト情報から、アクセス、空港内ブティックの案内まで、パリ空港（CDG、ORY）の総合情報はこのサイトで。
URL www.parisaeroport.fr

フランス入出国→P.430

空港案内

パリには、**シャルル・ド・ゴール空港**Aéroport Charles de Gaulle（CDG）と**オルリー空港**Aéroport d'Orly（ORY）、ふたつの空港があり、日本から直行便または乗り継ぎ便で到着する場合、ほとんどシャルル・ド・ゴール空港を利用することになる。

シャルル・ド・ゴール空港（CDG）
Aéroport Charles de Gaulle

シャルル・ド・ゴール空港が正式名称だが、所在地の地名から**ロワシー空港**Roissyとも呼ばれている。エールフランス航空をはじめ日本発の直行便は、この空港に発着する。シャルル・ド・ゴール空港には現在、ターミナル1とターミナル2のふたつの主要ターミナルと格安航空会社の便が発着するターミナル3がある。利用する航空会社によって、どのターミナルに発着するか異なるので注意が必要だ（下記）。各ターミナルは無料の無人電車CDGVAL（→P.67）によって結ばれている。

開港当時、宇宙船を思わせる未来的デザインが大きな話題となったターミナル1

> 発着ターミナル、ホールは変更されることがある。機内での案内をよく聞き、到着ホールの確認を。出発時は、念のため時間に余裕をもって空港に着きたい。

おもな航空会社の発着ターミナル

ターミナル 1
- ANA All Nippon Airways（NH）
- アシアナ航空 Asiana Airlines（OZ）
- エバー航空 Eva Airways（BR）
- カタール航空 Qatar Airways（QR）
- シンガポール航空 Singapore Airlines（SQ）
- SASスカンジナビア航空 SAS-Scandinavian Airlines（SK）
- タイ国際航空 Thai Airways（TG）
- ルフトハンザ航空 Lufthansa（LH）

ターミナル 2
- 2A キャセイパシフィック航空 Cathay Pacific（CX）
  ブリティッシュ・エアウェイズ British Airways（BA）
- 2C アエロフロート・ロシア航空 Aeroflot Russian Airlines（SU）
  エミレーツ航空 Emirates（EK）
- 2D フィンエアー Finnair（AY）
- 2E エールフランス航空 Air France（AF）※日本発着便
  日本航空 Japan Airlines（JL）
  大韓航空 Korean Airlines（KE）
- 2F アリタリア・イタリア航空 Alitalia（AZ）
  KLMオランダ航空 KLM Royal Duch Airlines（KL）

ターミナル1　Terminal1

ANAをはじめ、スターアライアンス加盟航空会社がおもに発着するターミナル1は、ドーナツを積み重ねたような形の建物だ。その中央の空間を、動く歩道の入ったチューブが交差し、階を移動できるようになっている。SFの世界を思わせる構造がユニーク。RER空港駅、TGV空港駅へは、4分間隔で運行している無料の無人電車（CDGVAL）で移動することができる。

円形が特徴のターミナル1

ターミナル2　Terminal2

翼を広げたような形のターミナルで横に広がり、A～Gの7つのホールからなっている。

エールフランスの日本直行便、日本航空、大韓航空などが発着するホールE（2E）は、3つのゲート（K、

日本との直行便が多く発着する2E

L、M）をもつ広大なホール。到着ゲートから入国審査カウンターおよび荷物受け取り所まで離れているので、ほかのホールよりも移動に時間がかかる。表示板を確認しながら進めば迷うことはないだろう。ターミナル2内の各ホール間は徒歩、または無料のナヴェット（巡回バス）で移動できる。動く歩道が設置してある箇所もあり、荷物の多い旅行者には便利だ。

空港内では、英語併記の表示板を確認すれば迷う心配はない

ターミナル3　Terminal3

格安航空会社（LCC）の便が発着するターミナル3。RER駅のあるCDGVALのRoissypôleに隣接し、Roissypôleから徒歩で約5分の所に位置する。出発前日や夜遅く空港に着いた場合の宿泊に便利なホテル（→P.68）も周辺に揃っている。

ターミナル間を結ぶCDGVAL シャルル・ド・ゴール・ヴァル

各ターミナル間は、無料の無人電車CDGVALで移動できる。2ヵ所のパーキングを挟み、Terminal 1～Terminal 3／Roissypôle（RER駅）～Terminal 2（RER駅、TGV駅）の順で結んでいる。

CDGVALは4分間隔で運行。Terminal1～Terminal2間は約8分で移動可能

アクセスと交通

パリの空港　シャルル・ド・ゴール空港

Column Information　空港内にあるふたつの案内所

CDG空港には、空港に関する案内所と観光に関する案内所の2種類がある。

空港内の移動や施設、パリ市内へのアクセスについてなどは、空港インフォメーションへ。パリでの観光に関する情報を得るには、イル・ド・フランス観光案内所（→P.96）へ行ってみるといい。

2Eの観光案内所

空港周辺のホテル

夜遅くに着いたときや、トラブルで急に出発が翌日に延期されたときなどは、空港周辺のホテルが便利。

H シェラトン・パリ・エアポートホテル&コンファレンスセンター
Sheraton Paris Airport Hotel & Conference Centre 4★
ターミナル2に直結している。
MAP 本誌P.68
TEL 01.49.19.70.70
URL sheraton.marriott.com
（日本語あり）

H ノボテル・パリ・シャルル・ド・ゴール・エアポート
Novotel Paris CDG Airport 4★
RERのCDG1駅と直結。両ターミナルへはCDGVALで。
MAP 本誌P.68
TEL 01.49.19.27.27
FAX 01.49.19.27.99
URL novotel.accor.com

H イビス・パリ・シャルル・ド・ゴール・エアポート
Ibis Paris CDG Airport 3★
上記「ノボテル」近く。
MAP 本誌P.68
TEL 01.49.19.19.19
FAX 01.49.19.19.21
URL ibis.accor.com（日本語あり）

空港ターミナル見取図マーク一覧
- 空港インフォメーション
- イル・ド・フランス観光案内所
- 荷物受取所
- ホテル
- パリ行きバス停留所

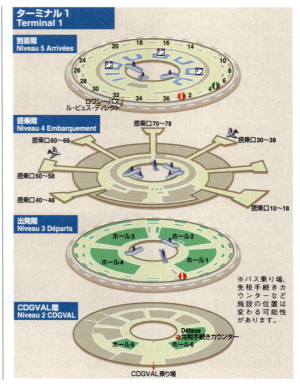

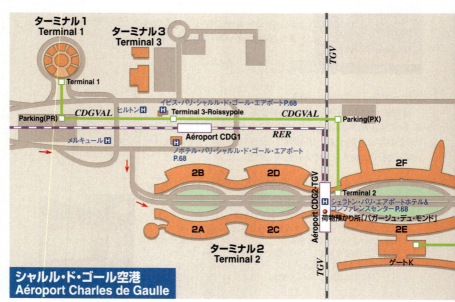

シャルル・ド・ゴール空港
Aéroport Charles de Gaulle

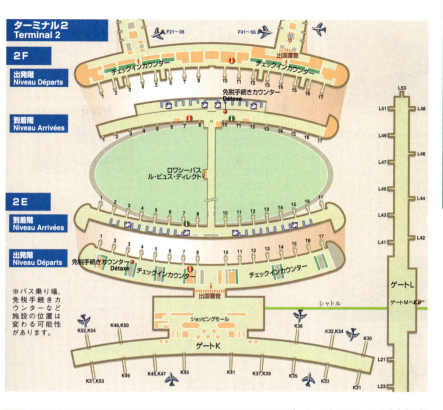

※バス乗り場、免税手続きカウンターなど施設の位置は変わる可能性があります。

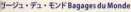

バージュ・デュ・モンド Bagages du Monde
ターミナル2のTGV-RER駅の上階、シェラトン・ホテルの前に荷物預かり所がある。大きな荷物を預けて身軽になりたいときなど便利。
♪本誌P.68　営6:00～21:30　休無休
スーツケース1つ3時間まで€5、6時間まで€8、12時間まで€14、24時間まで€18、2日間€28
MV　URL www.bagagesdumonde.com

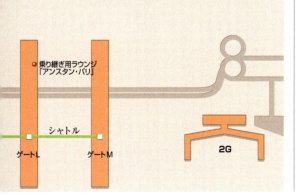

ターミナル2の2E、2Fから市内へ行くバスの乗り場

2Eと2Fを結ぶ通路に、ロワシーバスとル・ビュス・ディレクト（→P.72）の乗り場がある。バスのチケットは券売機のほか、ウェブサイトからも購入できる。

ル・ビュス・ディレクトの券売機はICチップ入りクレジットカード（MV）のみ使用可能。運転手から現金で直接購入することはできない

ロワシーバスの券売機は紙幣（€5、€10、€20）、硬貨、ICチップ入りクレジットカード（MV）が使える

国際線が発着するオルリー4

オルリー空港 (ORY) Aéroport d'Orly

オルリーには国際線のほとんどが発着するオルリー4と、国内線が発着するオルリー1、2と、それらをつなぐオルリー3の4つのターミナルに分かれている。ターミナル間は無料のナヴェットで移動が可能だ。パリ市内へは、シャルル・ド・ゴール空港よりも近く、さまざまな交通手段がある。宿泊先の場所などを考慮し、便利な方法を選びたい (→P.72)。シャルル・ド・ゴール空港〜オルリー空港間はル・ビュス・ディレクトで約1時間と距離があるので、ふたつの空港間で乗り継ぎがあるときは、十分に時間の余裕をみておこう。

ダンフェール・ロシュロー行きのオルリーバス

空港内の観光案内所の活用
CDG空港の各ターミナル(1、2C、2D、2E、2F)、ORY空港のターミナル1/2、4にはイル・ド・フランス観光案内所(→P.96)がある。ホテルが決まっていなければここで予約してもらうのもいい。パリ・ヴィジット(→P.76)、パリ・ミュージアム・パス(→P.183)など、便利なパスも販売している。

シャルル・ド・ゴール空港への移動はル・ビュス・ディレクト Ligne3で。片道€22

覚えておきたい空港でのフランス語

(フランス語 [読み方] 日本語)

Aéroport	[アエロポール]	空港
Aérogare	[アエロガール]	ターミナル
Arrivée	[アリヴェ]	到着
Contrôle des Passeports	[コントロール デ パスポール]	入出国審査
Correspondance	[コレスポンダンス]	乗り継ぎ
Départ	[デパール]	出発
Douane	[ドゥアンヌ]	税関
Salle Livraison Bagages	[サル リヴレゾン バガージュ]	荷物受取所
Navette	[ナヴェット]	ターミナル間巡回バス
Centre médical	[サントル メディカル]	診療所
Nurserie (Espace Enfants)	[ナルスリー (エスパス アンファン)]	ベビールーム (キッズコーナー)
Chariot	[シャリオ]	カート
Bureau de change	[ビューロー ドゥ シャンジュ]	両替所
Distributeur de billets	[ディストリビュトゥール ドゥ ビエ]	ATM

(日本語 [読み方] フランス語)

私の荷物が見つかりません	Je ne trouve pas mon bagage. [ジュ ヌ トゥルヴ パ モン バガージュ]
荷物紛失の窓口はどこですか?	Où est le guichet pour les bagages perdus? [ウ エ ル ギシェ プール レ バガージュ ペルデュ]
これは税関申告する必要がありますか?	Dois-je le déclarer à la douane? [ドワ ジュ ル デクラレ ア ラ ドゥアンヌ]
荷物預かり所を探しているのですが	Je cherche la consigne. [ジュ シェルシュ ラ コンシーニュ]
観光案内所はありますか?	Y a-t-il un office de tourisme à l'aéroport? [イヤティル アン ノフィス ドゥ トゥーリスム ア ラエロポール]
パリへのバス乗り場はどこですか?	Où est l'arrêt de l'autobus pour Paris? [ウ エ ラレ ドゥ ロートビュス プール パリ]

空港を出るまで

機内の荷物をまとめたら、いよいよ、旅の起点となる空港に降り立つ。空港をスムーズに出られるよう、流れを把握しておこう。(フランス入出国→P.430)

① 荷物受け取り

空港に到着したら、入国審査カウンターContrôle des Passeports(コントロール デ パスポール)でパスポートを提示し、入国審査を受ける。その後、Bagages(バガージュ)の標識に従い荷物受取所へ。利用した便名が書かれたターンテーブルで、自分の荷物が回ってきたら受け取る。

荷物はターンテーブルの周りで待つ

② 税関申告

税金を支払う必要のある人は、税関申告書Déclaration en Douane(デクララシオン アン ドゥアンヌ)に必要事項を記入して、税関Douane(ドゥアンヌ)で申請する(フランス入国時における免税範囲→P.430)。必要がなければ、そのまま出口Sortie(ソルティ)へ。

③ 交通機関

パリ市内へ向かう交通手段はいくつかある(→P.72)。空港内には、RER、ル・ビュス・ディレクト、ロワシーバス、タクシーの乗り場表示が出ているので、矢印の方向へ進む。空港内の表示の多くは、英語が併記されている。

●預けた荷物が見つからなかったら

荷物が出てこなかったら、ターンテーブルの近くにあるバゲージ・クレーム・サービスService Bagagesへ行き、出発空港で荷物を預ける際にもらったバゲージ・クレーム・タグ(荷物預かり証)を見せて、荷物がない旨を伝える。航空会社が手配をしてくれ、荷物が見つかりしだい、滞在先に届けてくれる。バゲージ・クレーム・タグがなければ作業は困難になる。荷物を受け取るまでなくさないように!

バゲージ・クレーム・タグは搭乗券やパスポートに貼ってくれることが多い

●空港両替所

現金(ユーロ)の手持ちがない人は空港内の両替所を利用しよう。ただしレートは非常に悪いので最小限に。現金はなるべく日本で用意しておくことをおすすめする。
クレジットカードのキャッシングができるATMは空港内にたくさんある。

バスを利用する

行き先とコースを確認して

タクシーを利用する

CDG空港〜パリ市内間は30〜50分

鉄道を利用する

CDGターミナル2から北駅まで約25分

オペラ地区にホテルがあるなら
ロワシーバスが便利

空港から市内へのアクセス

空港からパリ市内までは、滞在するホテルへの行きやすさや、荷物の量、人数、料金、時間帯などの条件に合わせて選ぶといい。大きな荷物がある場合、パリ市内でメトロに乗り継ぐのはおすすめしない。特にふたり以上ならタクシーまたは空港〜ホテル間の送迎バスを利用しよう。

シャルル・ド・ゴール空港（CDG）→パリ市内

バス	ル・ビュス・ディレクト Le Bus Direct URL www.lebusdirect.com	Ligne2 CDG→ポルト・マイヨ／パレ・デ・コングレ MAP 別冊P.4-1A→エトワール／シャンゼリゼ (凱旋門)MAP 別冊P.22-2A→トゥール・エッフェル(エッフェル塔)／シュフラン MAP 別冊P.11-3C	所要：エトワール／シャンゼリゼまで45〜60分。エッフェル塔まで60〜70分。5:30〜23:30（30〜45分間隔）に運行。 片道€18、往復€31、 4〜11歳片道€10、往復€20
バス		Ligne4 CDG→リヨン駅 MAP 別冊P.21-1C→モンパルナス駅 MAP 別冊P.18-2B	所要：リヨン駅まで40〜50分。モンパルナス駅まで70〜80分。 5:45〜22:45（30〜45分間隔）に運行。 片道€18、往復€31、 4〜11歳片道€10、往復€20
バス	ロワシーバス Roissybus URL www.ratp.fr/titres-et-tarifs/billet-aeroport	CDG→オペラ（パレ・ガルニエ） MAP 別冊P.24-1B (11, rue Scribe 9e)	所要：60〜75分。 6:00〜翌0:30（15〜20分間隔）に運行。 €13.70 パス・ナヴィゴ・デクーヴェルト、1〜5ゾーンのパリ・ヴィジット（→P.76）利用可能。
鉄道	RER B線 URL www.ratp.fr/titres-et-tarifs/billet-aeroport	CDG2→CDG1→RER B線の各駅（北駅など）	所要：北駅まで約25分。 4:50〜23:50（10〜20分間隔）に運行。 €10.30 パス・ナヴィゴ・デクーヴェルト、1〜5ゾーンのパリ・ヴィジット（→P.76）利用可能。
Taxi	所要：30〜50分。CDG→パリ右岸€53、CDG→パリ左岸€58の定額制※			

※空港〜パリ市内間のタクシー料金は定額制。パリの乗降場所がセーヌ川を挟んで北側の右岸Rive Droite、南側の左岸Rive Gaucheのどちらなのかによって料金が決まっている。（パリ右岸・左岸について→P.25）

オルリー空港（ORY）→パリ市内

バス	ル・ビュス・ディレクト Le Bus Direct URL www.lebusdirect.com	Ligne1 ORY→モンパルナス駅 MAP 別冊P.18-2B→トロカデロ MAP 別冊P.10-2B→エトワール／シャンゼリゼ（凱旋門）MAP 別冊P.22-2A	所要：モンパルナス駅まで20〜30分。エトワール／シャンゼリゼまで50〜60分。 6:30〜23:50（20〜45分間隔）に運行。 片道€12、往復€20 4〜11歳片道€7、往復€14
バス	オルリーバス Orlybus URL www.ratp.fr/titres-et-tarifs/billet-aeroport	ORY→RER B M 4 6 ダンフェール・ロシュロー	所要：25〜30分。 6:00〜翌0:30（8〜15分間隔）に運行。 €9.50
鉄道	RER B線 URL www.ratp.fr/titres-et-tarifs/billet-aeroport	ORY→アントニー（オルリーヴァルを利用） →RER B線の各駅（ダンフェール・ロシュロー、シャトレ・レ・アール、北駅など）	所要：アントニーまでオルリーヴァル（モノレール）で約8分。 6:00〜23:35（5〜7分間隔）に運行。 アントニーからパリ市内まで25〜35分。 €12.10（オルリーヴァル＋RER）
鉄道	RER C線 URL www.ratp.fr/titres-et-tarifs/billet-aeroport	ORY→Pont de Rungis Aéroport d'Orly （シャトルバスGo C Parisを利用） →RER C線の各駅（オステルリッツ駅など）	所要：シャトルバスGO C ParisでPont de Rungis Aéroport d'Orlyまで行き、RERに乗り換える。シャトルバスは4:48〜23:21（15分間隔）に運行、約10分。RERでオステルリッツ駅まで約25分。 €6.35（シャトルバス＋RER）
Taxi	所要：20〜40分。ORY→パリ左岸€32、ORY→パリ右岸€37の定額制※			

はみだし！ パリ市内へのル・ビュス・ディレクト、RERのチケットは各チケット売り場でも購入できるが、CDG空港内のイル・ド・フランス観光案内所でも購入可能。❶のマークが目印（P.68〜69の地図内にある観光案内所）。

便利な空港送迎バス

ル・ビュス・ディレクトなど公共交通機関でパリ市内に出た場合、そこからホテルまで徒歩で行けるなら問題ないが、メトロに乗り継ぐことになると、かなり大変。そこでおすすめなのが、シャルル・ド・ゴール空港／オルリー空港とパリでの宿泊先をドア・ツー・ドアで結ぶエア・シティ・サービスのプライベート送迎だ。荷物が重くてもストレスなく移動ができる。所要時間は約1時間30分。料金1〜2名€113（1台当たり）。要予約。

●エア・シティ・サービス
Air City Service
URL www.paris
cityvision.com（日本語）

第1日曜のシャンゼリゼは交通規制に注意
毎月第1⑥はシャンゼリゼ大通りで歩行者天国が実施される（→P.105）。それにともない周囲の道路では交通規制が行われるのでご注意を。

アクセスと交通

パリの空港　空港から市内へのアクセス

投稿　空港のタクシー乗り場に定額料金の表示があり安心して乗ったが、クレジットカードで支払うと言ったら、表示より高い料金になると言われた。現金で支払ったが、クレジットカードの場合は確認を。（東京都　kuniko '19）

TRANSPORTS

パリの交通手段

パリはメトロ（地下鉄）、RER（高速郊外鉄道）、バスの各路線が発達しているので、移動に困ることはない。パリに着いたらまず、観光案内所やメトロの窓口で最新の市内交通地図を手に入れよう。市内交通を賢く利用して、自分の町のように歩けるようになったら、あなたはもうパリの達人！

メトロ、RER（1ゾーン）、バス、トラム、モンマルトルのケーブルカーに共通の切符 Ticket t+

1回券：€1.90
カルネ Carnet（10枚回数券）
　　　：€16.20

RERで1ゾーン外へ行く場合は料金が変わってくる。行き先までの切符を買わなければならない。乗り越し精算というシステムはないので注意（→P.80）。

パリ交通公団（RATP）のサイト
メトロ、RER、バス、トラムの路線図や時刻表、切符の種類など詳細情報が得られる。
URL www.ratp.fr

「Ticket t+」の使用範囲
●メトロ⇔メトロ
使用開始から2時間以内は乗り換え可能。ただし出札後の再入場は不可。
●メトロ⇔RER／RER⇔RER
使用開始から2時間以内は乗り換え可能。ただし出札後の再入場は不可。RERはゾーン1内のみ。
●バス⇔バス／バス⇔トラム
使用開始から1時間30分以内なら乗り換え可能。

メトロの切符「Ticket t+」

パリでの交通手段を代表するのは、**メトロMétro**（地下鉄→P.77）だろう。パリが初めての旅行者も、慣れてしまえば簡単に利用することのできる便利な交通機関だ。メトロと並んで利用価値の高い**RER**（高速郊外鉄道→P.80）は、パリ市内での利用ならメトロと共通の切符「Ticket t+」が使え、**バスBus**（→P.83）はパリ郊外まで利用できる。

切符の種類

メトロは距離に関係なく全線均一料金。「Ticket t+」1枚で乗ることができ、乗り換え自由だ。RERもパリ市内なら同じ切符でOK。バスはパリ郊外まで「Ticket t+」1枚で利用できる。「Ticket t+」は1枚から買えるが、10枚セットのカルネCarnetのほうがお得。有効期限がなく、複数人で使えるので便利だ。ただし、2021年には「Ticket t+」は廃止になる予定。なるべく使い切れる分を買うようにしたい。

「Ticket t+」の買い方

「Ticket t+」は、メトロやRERの駅にある有人の切符売り場、または自動券売機で買う。有人の切符売り場がない駅もある。バスに乗る場合は、メトロの駅で「Ticket t+」を買っておくといい。

駅の切符売り場

「Vente」の表示がある有人の切符売り場では、「Ticket t+」やパス類を買うことができる。支払いはクレジットカードのみのところもあるので、確認のこと。この表示がない窓口では切符の販売を行っていない。切符購入時の会話→P.81。

「Vente」の表示があれば切符購入可能

券売機

　券売機は英語表示にもできるので、基本的な仕組みさえわかれば、それほど難しくない。1回券かカルネ（10枚）など種類を選ぶと、料金が表示される。券売機は硬貨またはクレジットカードが使える。紙幣が使える機種もあるが数は少ない。

　RERで郊外に出る場合は、切符を選択する画面で、「Billets Région Ile de France」を選択して、目的地までの切符を購入する。

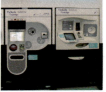

券売機はタッチパネル式（左）とローラー式（右）がある

ローラー式券売機の画面操作例

ナヴィゴ（→P.76）チャージ用カード置き場

紙幣投入口

コイン投入口

クレジットカード挿入口

ICチップ付きのクレジットカードが使える。暗証番号の入力はここで

中央にあるローラーを回転させることで選択していく。画面の下の右ボタン「Valider」は「決定」、左ボタン「Annuler」は「取り消し」

①**言語を選ぶ**（ここでは英語を選択）。ローラーを回転させて、希望する選択肢が反転したら決定ボタンを押す

②上は「ナヴィゴ」のチャージ。下は「Ticket t＋」「モビリス」「パリ・ヴィジット」などの切符の購入になる

③「切符の購入」を選択した場合、**切符の種類**が示される。パリ市内の移動のみなら「Ticket t＋」を選択。回数券「カルネ」の購入は⑤の画面で

④**割引料金**の確認。10歳以上なら「Full Fare（正規料金）」を選択する

⑤**切符の枚数**を決める。10枚綴りの「カルネ」にするとお得になる

⑥②で「ナヴィゴ」を選択した場合は、「1週間パスweekly pass」「1日パスdaily pass」などを選択

⑦**ゾーンを選ぶ**。「ナヴィゴ」の1日パスをパリ市内で使うなら、1〜2ゾーンを選択

⑧**金額の表示**。クレジットカードで支払うなら暗証番号（code）を入力する。「領収書receipt」が必要か答える

アクセスと交通　パリの交通手段　メトロの切符／買い方

75

パリ・ヴィジットのリーフレット
パリ・ヴィジットを券売機で購入した場合は、割引特典内容などが記されたリーフレットを有人窓口でもらう。ウェブサイトからダウンロードも可能。
URL www.ratp.fr/titres-et-tarifs/forfait-paris-visite

便利な定期券、パス

有効ゾーン内のメトロ、RER、バス、SNCF（国鉄）が乗り放題になる定期券、パスがいくつかある。利用期間、利用範囲を考えてうまく使えば、かなりお得で便利（→P.24）。

名称	ゾーン	料金	購入場所	買い方・使い方
パリ・ヴィジット Paris Visite 切符とリーフレット	1～3	1日券€12 2日券€19.50 3日券€26.65 5日券€38.35	メトロ、RERの有人切符売り場窓口、または券売機 観光案内所（→P.96） 日本での購入は「地球の歩き方 オンラインショップ」で。 TEL (03)3553-6649 URL parts.arukikata.com/france	旅行者向けのパス。使用期間（連続した有効日）の日付と氏名を記入して使う。 Nom ＿＿＿ 姓 Prénom ＿＿＿ 名前 Jours du 開始日 au 最終日 凱旋門など観光スポットの割引特典があり、パス購入時にもらえるリーフレットに詳細が記入されている。 メトロとRERの改札、バスでの使い方はTicket t+と同じ。 1～5ゾーンはロワシーバス（→P.72）で使用可能。
	1～5	1日券€25.25 2日券€38.35 3日券€53.75 5日券€65.80		
モビリス Mobilis 1日乗車券	1～2	€7.50	メトロ、RERの有人切符売り場窓口、または券売機 国鉄駅の発券機	切符表面の左上に、使用する日の日付と氏名を自分で記入して使う。 Valable le 日／月／年 Nom ＿＿＿ 姓 Prénom ＿＿＿ 名前 メトロとRERの改札、バスでの使い方はTicket t+と同じ。 CDG空港、オルリー空港は適用外。
	1～3	€10		
	1～4	€12.40		
	1～5	€17.80		
ナヴィゴ・デクーヴェルト Navigo Découverte 裏面に写真を貼り、サインをする	**ナヴィゴ・ジュール** Navigo Jour 1日パス	1～2 €7.50 1～3 €10 1～4 €12.40 1～5 €17.80	ICカードはメトロ、RERの有人切符売り場窓口 チャージは券売機のほか専用チャージ機で	非接触型のICカードにゾーン別定期券をチャージして使う。 最初にICカードを購入（€5、横2.5×縦3cmの写真1枚が必要。写真は用意していくといい）。その後、駅の有人窓口、券売機で定期券をチャージする。1日パスは当日から6日後まで、1週間パスは前の週の㊊からその週の㊐までチャージ可能。 1ヵ月定期（€75.20）もある。 1～5ゾーンはロワシーバス（→P.72）で使用可能。
	ナヴィゴ・スメーヌ Navigo Semaine 1週間パス	1～5 €22.80 ※1～5ゾーンが均一料金。 ㊊～㊐で有効		

※紙の切符「Ticket t+」廃止に向けて、2019年6月にチャージ式のパス「ナヴィゴ・イージーNavigo Easy」が新登場（→P.24）。ICカード（€2）を購入し（写真やサインは不要）、乗車券をチャージして使う。1回券（1～30枚）、10枚回数券、1日券、ロワシーバス、オルリーバスのチャージが可能。

定期券、パスを買うときにはゾーンに注目

（RER路線図→MAP別冊P.32～33）

上記のパスを買うときに注意したいのが、「ゾーン Zone」だ。パリとその近郊を1～5の区域に分けたもので、行き先がどのゾーンかによって料金が違ってくる。

- **1zone** パリ市内（20区内）
- **2zone** ブーローニュの森などを含む、パリ市の周り
- **3zone** ラ・デファンス、ソー公園など
- **4zone** オルリー空港、ヴェルサイユ、サン・ジェルマン・アン・レーなど
- **5zone** シャルル・ド・ゴール空港、ポントワーズ、ディズニーランド・リゾート・パリ、フォンテーヌブロー、プロヴァン、ブルトゥイユ城など

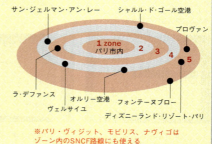

※パリ・ヴィジット、モビリス、ナヴィゴはゾーン内のSNCF路線にも使える

はみだし！ 「Navigo Jeunes Week-end」は、㊏㊐㊗にかぎり26歳未満ならゾーン内のメトロ、RER、バスが乗り放題になる1日乗車券。各ナヴィゴにチャージして使う。1～3ゾーン用€4.10～。年齢を証明する書類を携帯すること。

メトロ（地下鉄） Métro

パリのメトロは便利で機能的。全14路線あり、①から⑭号線までの数字がつけられている。パリ市内では、RER（高速郊外鉄道→P.80）の利用方法もメトロと同じなので、メトロとRERを乗りこなせれば、パリの町を縦横無尽に制覇できる。

路線の探し方

パリのメトロをスムーズに利用するには、MAP別冊P.2～3のメトロ路線図を活用しよう。駅の窓口でRATP（パリ交通公団）発行の無料路線図をもらうこともできる。

まず路線図をよく見て、乗る駅と降りる駅を探す。どちらの駅も同じ路線にあれば、そのまま降りる駅のある方向に乗ればいいし、いくつかの線を経由している場合は乗り換えが必要になるのは日本と同じ。

RATP発行の路線図は何種類かありサイズも大小ある。発行年を確認して最新版を手に入れたい

メトロは均一料金。「Ticket t+」1枚で全線に使える（→P.74）。有効時間は2時間。出札後の再入場は不可。

運行時間
5：30～翌1：15頃（金土、祝の前日は2：15）。深夜は便数が減るので、乗り換えがある場合などは十分余裕をみたほうが安全。

メトロの検札
メトロの入口で使った「Ticket t+」は、出口では必要ないが、最後まで必ず持っていること。検札係がチェックすることがある。万一持っていないと、罰金（€50）を取られる。

メトロ路線図を使いこなす

路線図の読み方

路線図では、メトロの①～⑭号線、RERのⒶ～Ⓔ線がそれぞれ色別に示されているのでわかりやすい。終着駅のところに何号線か書いてある。

駅名は変更になることもあるので、注意が必要だ。資料によっては、まだ旧駅名を使っていることもある。最新版で確認しよう。

太い線はRER。Ⓐ～Ⓔ線がある。この場合の赤はⒶ線。

四角の中の数字は何号線かを示し、終着駅の脇には必ず書かれている。

黒い太字で書かれた駅名は終着駅名。この場合、⑪号線（茶色）の終着駅がChâteletになる。

大きな丸は乗り換え駅。大きな駅になればなるほど楕円形になり、さらにRERなど、ほかの路線に乗り換え可。この場合メトロ①④⑦⑪⑭ Châtelet駅とRERⒶⒷⒹ Châtelet Les Halles駅がつながっていることになる。

路線の探し方例

例えば、トロカデロTrocadéro駅からヴィクトル・ユゴーVictor Hugo駅まで行く場合。

まず、⑥号線でシャルル・ド・ゴール・エトワールCharles de Gaulle Etoile駅まで行き、②号線に乗り換え、ヴィクトル・ユゴー駅で降りればいい。このときチェックしておくポイントは、乗る路線番号とそれぞれの終着駅名だ。この場合は、⑥号線のシャルル・ド・ゴール・エトワール駅と②号線のポルト・ドーフィヌ駅。乗る方面の終着駅を覚えておくと、方向を間違わずに済む。

メトロの乗り方

① 改札

改札は無人。自動改札機に切符を差し込み、切符を取ってから、ターンスティールを押し、さらに目の前のドアを抜けて入る。自動開閉するものが多いが、このときタダ乗りをたくらむ人が一緒に通ろうとしてくることがあるので注意！

上左：ナヴィゴのみ対応する機械には切符は入れられないので注意
上右：切符を差し込むか、ナヴィゴをかざしてからターンスティールを押す
右：切符を入れると自動的に開くドアもある

② ホームへ

「Direction（～行き）」という表示の上下に、路線番号と終着駅名が出ているので、自分の乗る路線の終着駅名をたどっていく（路線の探し方例→P.77）。

ホームに出る間際に、次の駅から終点までの全駅名が記された表示板がある。ここで目当ての駅があるか確認しよう。路線番号は合っていても、方向が違っていると、この表示板に駅名が出てこないので、その場合は反対側のホームへ。

目的の駅がどちらの方向にあるか確認してから進もう

列車接近表示
ホームには何分後に次の電車が来るかを知らせる電光掲示板もある。

③ 乗車

地下鉄は右側通行なので、電車は左側から入線（路線の終点などでは例外もある）。

ドアの種類
ドアは閉まるときは自動だが、開ける際は自動もしくは手動となる。手動の車両で回転式の取っ手が付いている場合は上に向かって引き上げる。押しボタン式のときは強く押すこと。外からも内側からも開けられる。

④ 降車

駅名を告げる車内アナウンスはないこともあるが、ホームには大きな駅名表示がいくつも出ているので、見落とす心配はない。

上：ホームにはその駅の駅名が大きく表示されているのでわかりやすいが、前後の駅名表示はない
下：ドアの上部に停車駅一覧があるので、どの駅の次に降りればいいかを確認しよう

最近はドアが自動で開閉する車両も増えており、一部の路線ではホームドアの設置も進められている。

はみだし！ メトロの車内、駅構内はともに禁煙。車内の座席には数字が記され、「…Priorité」と書かれている席は優先席。数字は優先順位で1.傷痍軍人、2.老人、障害者、3.妊婦および3歳未満の子供を連れた人の順になっている。

❺ 乗り換えの場合

路線番号と終着駅名が書かれた表示に従えばよい。「Correspondance（乗り換え）」の表示があるところも。

多くの路線が交差するシャトレ Châtelet やモンパルナス・ビヤンヴニュ Montparnasse Bienvenüe は、"乗り換えの迷所"とも呼ばれる駅。路線番号を間違えないようにしよう。

● 乗り換え駅を選ぶ
いくつもの線が乗り入れている大きな駅では、目的の路線のホームにたどり着くまで延々10分以上かかることもある。乗り換えやすい駅を選ぶことも、スムーズに移動するポイントだ。なるべく乗り入れ路線数の少ない駅を選ぶといい。

❻ 構内の出口へ

「Sortie（出口）」と書かれた大表示をたどる。メトロでは出口改札はないので、ドアからそのまま出ればよい。ドアは押す場合（写真右）と、自動で開く場合（写真左）がある。手動なら、後ろの人のために押さえて待っていてあげるのがマナー。

"Passage Interdit" と書いてある赤い表示は「進入禁止」。出口、または乗り換え表示と混同しないように。

❼ 地上に出る

複数の出口がある場合は、その出口が面している通り名か、おもな建物が、出口表示に併記されている。広い通りの両側にメトロの出入口がある場合には、「Côté paire 偶数番地側」「Côté impaire 奇数番地側」と表示されていることもある。

● 出口の探し方
大きな駅の場合は、駅界隈の地図が張られているので、目的地に近い出口を確認することができる。

Column Information 「ただいま工事中！」のメトロの駅

パリのメトロでは、工事が盛んに行われていて、駅が閉鎖中の場合がよくある。何も知らずに乗っていたら、目的地の駅を素通りしてしまった！ ということも……。

工事中のお知らせは駅のあちこちに張ってあるので、注意すればすぐわかる。改札付近やホームで「La station est

改装工事を知らせるポスター。閉鎖期間などが示されている

車内ドアの上の路線図にも工事中、閉鎖中の駅が明記されている

fermée（駅閉鎖中）」などのポスターを見かけたら、要チェック。車内にある路線図にも表示されているので、確認しよう。アナウンスもよく流れている。

はみだし！ メトロ車内のドアのすぐそばにある折りたたみ式の椅子は、混雑時には使用しないこと。降りるとき前に人がいたら「パルドンPardon（失礼）」と言えばいい。出口や乗り換え通路のエスカレーターでは右側に立つこと。

RER 高速郊外鉄道RER Réseau Express Régional

パリ市内（1ゾーン）での利用なら「Ticket t+」で乗れる（→P.74）。メトロへの乗り換えもできる。**外郊へ行く場合は、目的地までの切符を買わなければならない。乗り越し精算システムはなく、乗り越した場合は追加料金のほかに罰金が科せられる。**

運行時間
通常5：30〜翌1：20頃。

パリ市内と近郊を結ぶエール・ウー・エールRER（高速郊外鉄道）。ディズニーランド・リゾート・パリやヴェルサイユ、空港などに行くのに利用できる。もちろん、パリ市内でも利用価値大。パリ市内での利用なら、切符の買い方、乗り方は基本的にメトロと同じだ。これに乗れば、パリ近郊の町（→P.385）への旅も速くて便利だ（路線図→MAP 別冊P.32〜33）。

駅入口にはRERのマークが掲げられている

① 改札

メトロと異なる点は、**出口、またはメトロとの乗り換え口にも改札があり、切符を自動改札機に通さなければ通過できないこと**。くれぐれも切符はなくさないように。折り曲げたり、くしゃくしゃにするのも、もちろんだめ。旅行客の多いパリでは、最近、おもだった駅には、大きなスーツケースやベビーカーを引いた人が通れる広い改札もある。

●RER駅とメトロ駅のつながり

複数のメトロ駅と連結しているRER駅は、RERとメトロが複雑にからみ、乗り換えの距離が長くなっている（Châtlet駅など）。その場合、地上を歩いて移動するほうが早かったりすることも。

② ホームへ

ホームでは駅名が表示された電光掲示板があり、停車駅が表示される。同じ路線でも、行き先がいくつにも分かれているので、目的駅に停まるかどうか、必ず確かめてから乗ること。

路線によっては、長い車両train longと短い車両train courtがある。掲示板の最後に示されることも。

●メトロからRERに乗り換えるとき

メトロからRERに乗り換えて1ゾーン外に行く場合、「Ticket t+」で改札を入ってそのまま目的地に行ってしまうと、外に出られなくなるので注意しよう。改札は無人で自動化されているうえ、精算できる窓口はない。検札係がいたりすると高い罰金を取られる。「乗り越し精算」というシステムがないので、どんなに説明してもだめだ。最初のメトロ駅で目的地までの切符を買っておくこと。「Ticket t+」で改札を入ってしまった場合は、面倒でも、メトロのゾーン内でいったん出て、目的地までのRERの切符を買い直すこと。

③ 乗車

ドアに付いているボタンを強く押すと開く。降りるときも同様。車内には停車駅一覧があるので、行き先と乗り換え駅の確認ができる。

覚えておきたい交通に関するフランス語

（フランス語 [読み方] 日本語）

フランス語	読み方	日本語
Billet	[ビエ]	切符
Carnet	[カルネ]	10枚綴りの回数券
Destination	[デスティナスィオン]	目的地
Direction	[ディレクスィオン]	行き先
Correspondance	[コレスポンダンス]	乗り換え
Entrée	[アントレ]	入口
Sortie	[ソルティ]	出口
Passage Interdit	[パッサージュ アンテルディ]	進入禁止
Poussez	[プセ]	押す
Tirez	[ティレ]	引く
Station de Métro	[スタスィオン ドゥ メトロ]	メトロの駅
Premier Train	[プルミエ トラン]	始発
Dernier Train	[デルニエ トラン]	終電
Plan de Métro	[プラン ドゥ メトロ]	メトロ路線図
Guichet de Métro	[ギシェ ドゥ メトロ]	メトロの切符売り場
Accès aux Quais	[アクセ オ ケ]	改札口
Quai / Voie	[ケ / ヴォワ]	（駅の）ホーム
Consigne Automatique	[コンスィニュ オートマティック]	コインロッカー
Grève	[グレーヴ]	ストライキ

（日本語 [読み方] フランス語）

日本語	フランス語
最寄りの駅はどこですか？	Où est la station la plus proche ? [ウ エ ラ スタスィオン ラ プリュ プロッシュ]
メトロの切符はどこで買えますか？	Où peut-on acheter des billets de métro ? [ウ プトン ナシュテ デ ビエ ドゥ メトロ]
終電は何時ですか？	A quelle heure part le dernier métro ? [ア ケルール パール ル デルニエ メトロ]
切符1枚ください	Un billet, s'il vous plaît. [アン ビエ スィル ヴ プレ]
カルネをください	Un carnet, s'il vous plaît. [アン カルネ スィル ヴ プレ]
パス・ナヴィゴ・デクーヴェルトをください	Un passe navigo découverte, s'il vous plaît. [アン パス ナヴィゴ デクーヴェルト スィル ヴ プレ]
ナヴィゴのチャージをしてください	Rechargez mon pass navigo, s'il vous plaît. [ルシャルジェ モン パス ナヴィゴ スィル ヴ プレ]
メトロ路線図をもらえますか？	Puis-je avoir un plan de métro, s'il vous plaît ? [ピュイジュ アヴォワール アン プラン ドゥ メトロ スィル ヴ プレ]
どこで乗り換えるのですか？	Où dois-je changer de ligne ? [ウ ドワジュ シャンジェ ドゥ リーニュ]
ヴェルサイユまで行きたいのですが	Je voudrais aller à Versailles. [ジュ ヴドレ アレ ア ヴェルサイユ]
切符が改札を通りません	Mon ticket ne passe pas. [モン ティケ ヌ パス パ]

 Column Information　特定の日のメトロ事情

●**メトロ駅の閉鎖**

　パリのメトロは特定の日に駅が閉鎖されることがあるので、注意が必要。

　7月14日の革命記念日（→P.104）には大パレードや花火が上げられる。それにともない、パレードの行われるシャンゼリゼ大通り近くや花火の上がるトロカデロ付近の駅では、メトロの駅が閉鎖される。例えば①号線のTuileriesは午前中、⑥ ⑨号線のTrocadéroは17:00以降は閉鎖され、メトロは停車せずに通り過ぎてしまう。また、毎月第1日曜にはシャンゼリゼ大通りで歩行者天国（→P.105）が行われるので、①号線のGeorge Vなどはその間は閉鎖され、利用できなくなる。パリ交通公団（RATP）のサイトで確認しよう。

パリ交通公団（RATP）
URL www.ratp.fr

●**大晦日～元日は無料**

　12月31日の17:00から1月1日の12:00まで、メトロやバスなど公共交通機関は無料で利用できる。ただし、路線、駅は限られている。

パリ観光に欠かせないメトロ

アクセスと交通

パリの交通手段　高速郊外鉄道RER

81

T トラム Tramway

「Ticket t+」(→P.74)が使える。1時間30分以内なら1枚の切符でバス⇔トラムの乗り換えが可能。メトロ、RERとの乗り換えは不可。

運行時間
5:00～翌0:30頃。

環境に優しく、騒音も少ない市内交通として、近年導入が進むトラム。現在、パリ交通公団RATPが運営するトラム路線はT1、T2、T3a、T3b、T5～T8の8路線（路線図→MAP 別冊P.2～3）。そのうちパリ市内を走るのはT3aとT3bの2路線。

パリ南部の環状道路に沿って走るT3aは旅行者も利用する機会が多い路線

① 乗車

「Ticket t+」を持っていない場合は、停留所にある券売機で買える。ドアのボタンを押して乗車する。乗車したら「Ticket t+」を刻印機に差し込んで刻印すること。ナヴィゴは対応の機械に読み取らせる。

「Ticket t+」は刻印機を通す（右）
ナヴィゴ対応の機械もある（左）

●**トラム停留所の券売機**
停留所にある券売機で、「Ticket t+」（1回券、カルネ）のほか、各種バス類も買え、ナヴィゴのチャージもできる。使い方はメトロの駅にある券売機と同じ（→P.75）。

② 降車

停留所に着いたら、ドアのボタンを押して自分でドアを開けて降車する。

投稿 パリの交通機関に関する体験投稿

●**RATPのアプリ**
英語に変更する設定が見つからなかったが、フランス語がわからなくても問題なく使えた。迷いがちなバスの乗り換えも地図で詳しい道順の案内が出るのでとても助かった。
（茨城県　納豆　'19）

●**メトロの車内マナー**
ドア付近に折りたたみ式の椅子がある車両で、車内が混んできたとたん、座っている人が立ち上がりました。少しでも空間を作るマナーなんですね。　（大阪府　ヒョウ柄　'19）

●**メトロ①号線のスリ**
パリには慣れているつもりの私も①号線でスリに遭った。大きなトランクを持って乗り込もうとしたら数人の少女が親切にトランクを引き上げてくれた。途中でスリグループだと気づき、もうひとつのバッグをチェックするとファスナーが半分開いている。ドアが閉まる前に少女たちは次々と降車してしまい、最後の少女の腕をつかんだが、財布を別の子が持って降りてしまったみたいで諦めた。①号線ではスリが多発しているので注意して。
（東京都　匿名希望　'19）

BUS バス Bus

パリのバス路線は、市内全域にわたって、網の目のように走っている。バスは、景色を見ながら移動できるし、メトロのように階段の上り下りもなく、乗り換えで長い通路を歩く必要もない。疲れているときや重い荷物を持っているときにはありがたい。バス専用レーンがあるため、交通渋滞が激しい時間帯もバスの運行は比較的スムーズ。

バスを乗りこなせるようになったらもうパリ上級者

「Ticket t+」（→P.74）が使える。パリ郊外へも1枚でOK（ロワシーバス、オルリーバス、深夜バスNoctilienなど一部路線を除く）。1時間30分以内ならバス⇔バス、バス⇔トラムの乗り換えが可能。メトロ、RERとの乗り換えは不可。

運行時間
通常7:00～20:30頃。深夜0:30頃まで運行している路線もある。

バス停のあれこれ

MAP 別冊P.34～35のバス路線図で乗りたい路線の番号がわかったら、自分が今いる場所から最も近いバス停を探す。バス停は、標識が立っているだけのところと、屋根の付いた待合室風の2種類ある。いずれもバスの路線番号と、終点までの停留所名が示されている。場所によってはバス停が複数あるが、バス停に張られている界隈図で乗りたい路線のバスがどこから出ているか確かめるといい。

2015年から導入されている新デザインのバス停（上）はUSBポート付き（右）

界隈図で路線やバス停の位置を確かめて。赤丸の「Vous êtes ici」は現在地のこと

バス停に貼られた2次元コードをスマホで読み取ると次のバスまでの待ち時間がわかる

バスを利用するときの注意点

① 検札係が乗り込んでくることがあるので、「Ticket t+」は必ず刻印し、降りるまで捨てないこと。
② 2両連結のバスは後部からも乗車できる。車の外側のボタンを押すとドアが開く。「Ticket t+」の刻印機とナヴィゴ読み取り機は後部ドアのそばにも備えられている。
③ 1枚の「Ticket t+」でバスを乗り継ぐ場合は、乗り換えるごとに刻印をする。最初の刻印から最後の刻印が1時間30分以内であること。
④ メトロ同様優先席がある。
⑤ パリの道路は一方通行の場合が多く、往路と復路では、一部別の道を通る路線も多い。

パリでは珍しくない2両連結のバス。これで狭い道も走るのだから、運転技術には感心する

アクセスと交通　パリの交通手段　トラム／バス

83

バスの乗り方

① バス停

各バス停には、路線番号とその路線コース、停車場所、時刻表が表示されている。乗り換えが必要な場合も、そこで確認しよう。

●バスだけの特権
ミシュランの地図などに表示されている一方通行（sens unique）は一般車両のもので、反対方向のバスレーンが設けられているところもある。もちろん、一般車は通れないが、バスは大丈夫。

バス停にはいくつか路線図が張られている。時間帯に合ったものを確認しよう。Soiréesは夜(20:30〜0:30)、Noctilienは深夜の路線図

Dimanches et Fêtesの文字があったら日祝用。本数が減るため確認を

停留所に張られた行き先案内。94はバスの路線番号。現在地Vous êtes iciから矢印の方向へ走る。ここで、自分の行きたい停留所名があるかどうか確認する

② 乗車

停留所で待っていて、乗りたい路線番号のバスが来たら、手を挙げて合図をしよう。バスが停車してもドアが開かないときは、ドアの脇にある緑のボタンを押すこと。

「Ticket t+」を持っていない場合は、運転手から1回券（乗り換え不可）を買える。小銭を用意しておいたほうがいい。運転手の脇にある刻印機に切符を挿入して刻印する。パリ・ヴィジットやモビリスなど各種パスも同様。ナヴィゴは対応の機械に読み取らせる。

緑のボタンを押して開けることもできる

「Ticket t+」は刻印機を通す(右)ナヴィゴ対応の機械もある(左)

メトロ同様、車内アナウンスはないので、車内の路線図を見ながら、現在の場所と自分の行き先を確認したい。

案内ディスプレイで次の停留所を表示しているバスも増えている。その場合はアナウンスもあるので安心。

③ 降車

降りたい停留所が近づいたら、車内にある赤いボタンを押す。車内前方に「arrêt demandé 次、停まります」と、表示される。

降車時にドアが開かない場合はドアの脇にある緑のボタンを押す

降車した際、停留所によっては、バス停界隈図があるので、ここで自分の居場所と目的地を確認すれば、動きやすいだろう。

深夜バス

ナイトライフも充実しているパリのこと。終バス、終電車に乗り遅れても、交通手段はある。深夜から朝方まで深夜バス「ノクティリアンNoctilien」が47コース運行している。料金は2ゾーン以内なら「Ticket t+」1枚。それ以降は1ゾーンごとに1枚を追加する。また、乗り換えごとに1枚必要。

おすすめバス路線

バスの利点は、乗り換えなしで目的地に行ける場合が多いこと。例えば左岸のリュクサンブール公園からパレ・ガルニエに行く場合、メトロだと乗り換えが必要だが、27番のバス

ルーヴル美術館の横を通るバス27番

に乗れば直行できる。モンマルトロビュスMontmartrobusのように、坂の多いモンマルトル観光で便利な路線もある。また外の景色が見えるので、どこを走っているかわかるし、土地勘がつきやすいというメリットも。

以下は、観光に便利なバス路線の一例。なかには観光バス並みの見事な車窓風景が見られる路線もあるので利用したい。

深夜バス Noctilien

47路線が0:30～5:30に運行。運転間隔は路線により異なり、10分～1時間。シャトレChâtelet（MAP 別冊P.26-2A)、リヨン駅、モンパルナス駅、サン・ラザール駅、東駅を拠点に郊外30kmまで運行している。路線図は下記ウェブサイトで。
URL www.vianavigo.com

深夜バスが停まるバス停にはこのマーク

アクセスと交通

パリの交通手段　バス

おすすめバス路線図

TAXI タクシー　Taxi

タクシー乗り場以外でも、手を挙げれば停まってくれることもあるが、つかまえにくい。

屋根の上のライトが緑は空車（上）、赤は乗車中（下）

荷物がたくさんあるときや、帰りが深夜になったときはタクシーが便利。ドレスアップして出かけるときなども、タクシーのほうが安心だ。

パリのタクシーの運転手は、目的地の住所を伝えるとおおかた理解してくれるので、口頭で道順を説明する必要はない。住所の書かれたカードなどを準備しておこう。

タクシー乗り場の見つけ方

タクシー乗り場には青地に白い文字で「Taxis」と書かれた標識が立っている。ただ、場所によってはなかなかタクシーが来ないこともある。ホテルを早朝出発するときなどは、前日にフロントに頼んでおいてホテルまで迎えに来てもらうほうがいいだろう。

❶ 乗り方

ドアは日本と違って手動なので、自分で開ける。降りたあとは閉めるのを忘れないこと。

原則として、定員は3名。助手席に4人目が乗れるかどうかは交渉次第だ。防犯のため、ここに犬を乗せているタクシーもある。4人目には追加料金が必要。

❷ 支払い

料金は、運転手の右側下方にあるメーターに表示される。チップは義務ではないが、気持ちよく利用できたら少々上乗せして渡そう。高額のお札は迷惑がられるので、小額のお札を用意しておくこと。台数は少ないが、クレジットカードを使える車もある。領収証が必要なら、"Un reçu, s'il vous plaît."（アンルシュ スィル ヴ プレ）と言おう。

●タクシーの料金
A、B、Cの3料金制（距離制と時間制の併用）になっている。1回乗車の最低料金は€7.30。

〈距離による計算方式〉
基本料金：€4.18
A料金：€1.12／km
B料金：€1.38／km
C料金：€1.61／km

〈料金体系〉
1. パリ市内
㊊～㊏　10:00～17:00：A料金
　　　　17:00～翌10:00：B料金
㊐　　　0:00～7:00：C料金
　　　　7:00～24:00：B料金
㊗　　　終日：B料金

2. パリ外周の3県（オー・ド・セーヌ、セーヌ・サン・ドニ、ヴァル・ド・マルヌ）およびヴィルパント展示場
㊊　7:00～19:00：B料金
㊗　19:00～翌7:00：C料金

3. それ以外（ヴェルサイユ、サン・ジェルマン・アン・レー、ディズニーランド・リゾート・パリなど）
すべて：C料金

〈予約料金〉
即時予約：€4
事前予約：€7

〈空港→パリ市内〉
空港とパリ市内間のタクシー料金は定額制（→P.72）。スーツケースなど大きな荷物、ペットに対する追加料金はない。

※車内には、車両の登録ナンバー、交通警察の電話番号、料金の詳細を記したステッカーが張ってある。これらをメモしておけば、万一の忘れ物の際に役立つ。

はみだし！　「ウーバーUber」は、専用アプリを使った相乗り配車サービス（日本語あり）。ドライバー、利用客ともに登録制にし、サービスの向上をうたっている。なお、パリ市の公認タクシーにも「Paris Taxis」（仏語）というアプリがある。

自転車 Vélo

パリっ子たちのように自転車を移動に使ったり、風を感じながらパリの町を自由に走り回ったり。自転車は空気を汚さないエコでクリーンな乗り物として人気がある。観光の移動に自転車を使えば、効率よく回れるかもしれない。

ヴェリブ・メトロポール

「ヴェリブVélib'」は、2007年に登場したレンタサイクルシステム。パリのいたるところに設置された無人駐輪場（ステーション）で、24時間自由に自転車を借りたり返したりできるというセルフサービス式で、パリジャンにかかわらず観光客にも幅広く利用されている。そんなヴェリブが、登場から10年余りたち、2018年1月に「ヴェリブ・メトロポールVélib' Métropole」として大きくリニューアルした。新しく電動自転車が導入され、普通タイプと2タイプに。デザインもそれまでのグレーから、明るいグリーンとブルーに生まれ変わった。

ブルーは電動タイプのヴェリブ
©Alain Longeaud - Mieux

グリーンがノーマルタイプ
©Alain Longeaud - Mieux

ボルヌと呼ばれる機械で登録してから使うヴェリブ・メトロポール。ICチップ付きクレジットカードが必要

ヴェリブ・メトロポール
使い方の詳細はウェブサイトで確認を。
URL www.velib-metropole.fr

自転車に乗るときの注意点＆覚えておきたい道路標識

① 自転車は自動車の交通ルールが適用され、車道を走るのが基本。右側通行。歩道を走ると罰金の対象に。

② パリは一方通行の道が多いので、道路標識をよく確認して。一方通行の道や歩行者用の信号では、自転車を降りて押して歩くのはOK。

③ 自転車専用レーンが設けられているところもある。

自転車禁止のバスレーン

自転車共有のバスレーン

自転車専用レーン

車両進入禁止

自転車以外の車両進入禁止

徐行での走行が可能な歩道

アクセスと交通　パリの交通手段　タクシー／自転車

CIRCUITS TOURISTIQUES

パリの観光ツアー

長期滞在型の旅であれば、探していたものに出合う「偶然」を期待して、町を手探りで歩くのもいい。でも短い滞在なら、やはりパリの町を効率よく回りたいと思うはず。1年をとおして観光客が絶えないパリでは、魅力的な観光ツアーも多種ある。よい旅作りのためにも、積極的に参加したい。

●マイバス
MAP 別冊P.25-2C
M ⑦⑭Pyramides
住 18, rue des Pyramides 1er
TEL 01.42.44.14.30（日本語）
営 9:00～18:00
　（出発カウンターは7:00から最終ツアー出発まで）
URL www.mybus-europe.jp

観光バスツアー

　初めてのパリで効率よく町を知ろうと思ったら、観光バスを利用するのも悪くない。パリ市内を一周するツアーで土地勘を養うこともできる。ちょっと不安な夜の外出も、バスツアーなら安心。気分転換にパリを離れて遠出してみたいときに、近郊の観光地への半日ツアー、1日ツアーを利用するのもいいだろう。代表的なのは**マイバスMy Bus**、**みゅうMyu**、**パリシティヴィジョンPARISCityVISION**。マイバスとみゅうは日本語案内付きの観光バスだ。

　申し込みは、各社の営業所、ツアー取り扱い旅行会社、JCBなどのカード会社で。

パリ市内半日観光ツアー

日本語の案内テープもしくはガイド付きで、パリ市内を回る。訪れるのは、ルーヴル美術館、ノートルダム大聖堂、シャンゼリゼ大通り、凱旋門、エッフェル塔、コンコルド広場など。ほとんどは車窓観光のみだが、パリ初日に、モニュメントの位置を覚えたり、地理感覚をつかむのにいい。じっくり見学したいところは、後日あらためて行ってみるといいだろう。

パリ・ナイト・ツアー

夜になるとまた別の顔を見せるパリ。ひとり旅や女性だけの場合など、夜出歩くのがちょっと心配……という人は、ツアーがおすすめ。エッフェル塔、凱旋門、ノートルダム大聖堂など代表的な夜景ポイントをバスで回る「**イルミネーションツアー**」や、セーヌ川の遊覧船からライトアップされた美しいパリを眺め、フルコースのディナーを楽しむ「**セーヌ川ディナークルーズ**」など。

「**ムーラン・ルージュ**」や「**リド**」など、ナイトクラブでのディナーショーもツアーなら気軽に参加できる。帰りが深夜になっても、ホテルまで送ってもらえるので安心。

モエ・エ・シャンドンシャンパンセラー見学を含むシャンパーニュ地方ツアーは「みゅう」で

●**みゅう（ミキトラベル）**
URL www.myushop.net （日本語）

●**パリシティヴィジョン**
MAP 別冊P.25-3C
M ①⑦Palais Royal Musée du Louvre
⑦⑭Pyramides
住 2, rue des Pyramides 1er
TEL 01.44.55.60.00
（日本語対応：
　　毎日11:00～19:00）
URL www.pariscityvision.com

パリ名物「ムーラン・ルージュ」のショー

人気のモン・サン・ミッシェルもツアーなら日帰り可能

ジヴェルニーの「モネの家」

パリ近郊日帰りツアー

　ヴェルサイユ宮殿や、フォンテーヌブロー城、ジヴェルニーのモネの家など、パリ近郊には見どころがいっぱい。自力で列車やバスを乗り継いで行くこともできるが、事前の下調べが大変で気苦労も多い。ツアーならバスに乗っているだけで目的地に行くことができるので楽ちんだ。また、歴史的な見どころでは、やはりガイドの解説があったほうがわかりやすい（日本語ガイドがないツアーもあるので要注意）。

　個人では日帰りが難しいフランスの地方へも、バスツアーなら1日で効率よく訪れることができる。最も人気の高いのが、モン・サン・ミッシェル1日観光や、ロワール古城巡り1日観光。ほかにシャンパーニュ地方やブルゴーニュ地方への旅、さらに隣国ベルギーまで足を延ばすブルージュ1日観光ツアーもある。

観光バスのツアー例

ツアーのスケジュール、料金等は、変更される可能性がある。必ず現地で確認を。
ナイトツアーの際、バスによっては宿泊ホテルへの送迎がある。その場合、出発時間はホテルによって異なる。

	ツアー名	出発時間	所要時間	運行日	料金
みゅう	トイレ付きバスで行く！ モン・サン・ミッシェル1日観光	7:30	13時間半	月 水 木 金 土	€120〜
	Wi-Fi付きバスで行く ヴェルサイユ宮殿 午前観光	8:00	4時間	火 木 日	€28〜
	『睡蓮』で有名なモネの家と 可愛いジヴェルニー村散策 午前観光	8:00	4時間半	4・10月の月、 5〜9月の月 木 土	€59
	18名限定 シャンパン農家で昼食！ 世界遺産ランスとモエ・エ・シャンドン シャンパンセラー1日観光	7:30	11時間	5〜10月の金	€170
	ワイナリーで昼食！ フランスの最も美しい村、銘酒シャブリと ブルゴーニュが誇るスパークリング1日観光	8:00	11時間	4/28〜9月の火	€160
	地元グルメの昼食付き！ 美しくおいしいロワールを訪れる1日観光 〜伝統陶器ジアンと2種の白ワイン・ サンセール＆プイ・フュメ	8:00	11時間	4/30〜9月の木	€160
	ルーヴル美術館 午前観光	9:00	3時間	月 水 金	€54
	プライベート専用車送迎付き セーヌ川ディナークルーズ	19:30	4時間	毎日	€190〜
	プライベート専用車送迎付き ムーラン・ルージュ ディナーショー＆ドリンクショー	18:30 / 20:00	3時間半 〜5時間	毎日	€225〜
マイバス	【美しい村シリーズ】 バラの村ジェルブロワと ジヴェルニー1日ツアー	8:00	9時間	4/29、5/1、5/3〜6/28の日、 6月の水	€100〜
	【美しい村シリーズ】 風景画家ゆかりの美しいバルビゾン とモレ・シュル・ロワン午後ツアー	14:00	5時間半	5/2、7/10、7/17、7/24、 7/31、8/7、8/14	€65
	モン・サン・ミッシェルと オンフルール	7:20	14時間	月 水 木 土 日 および5/5、 7・8月は毎日	€118〜
	ロワール地方の古城巡り1日ツアー （日本語公認ガイド、 シュノンソー城入場付き）	7:20	12時間 40分	5/15〜10/31の火 金 および4/29、5/1、5/3、5/5、 8/9、8/12	€152
	ヴェルサイユ宮殿観光 （宮殿優先入場、ガイド付き）	8:30	4時間〜	午前＋1日：火〜日 （5/1、7/19、9/27 および第1日を除く）	€75〜
	運河の町ブルージュ1日ツアー	7:20	13時間	7/16〜9/24の木 および4/30、5/2、5/4、 8/8、8/10	€150
パリシティヴィジョン	City Tourとエッフェル塔	9:00	3時間	毎日	€73
	ジヴェルニーとヴェルサイユ宮殿観光、 日本語ガイド、昼食付き	8:00	9時間半	水	€149
	ランスと シャンパーニュ地方の1日、日本語	8:00	10時間	月 金	€149
	ヴェルサイユ宮殿とトリアノン 日本語ガイド、昼食付き	8:45	9時間	火 木	€149
	フォンテーヌブローと ヴォー・ル・ヴィコントの1日 日本語オーディオガイド付き	9:15	9時間	月 水 金 土	€81
	ディズニーランドの1日	8:00	1日	毎日	€114
	ブルージュの1日 日本語ガイド付き （夏期は運河クルーズ付き）	7:15	1日	水	€169

アクセスと交通

パリの観光ツアー

市内パノラマ観光バス

レストランバスで食事も観光も

観光しながら食事も取れる、そんな一挙両得のツアーが、「**ビュストロノームBustronome**」。美食家を意味する「ガストロノームGastronome」に由来しており、名所を眺めながら本格フレンチを楽しむことができる。途中下車はできないが、車窓から見えるおもなモニュメントは、凱旋門、エッフェル塔、アンヴァリッド、グラン・パレ、パレ・ガルニエ、ノートルダム大聖堂と、パリの基本的な観光スポットをおさえてくれている。走行ルートを示したシートが各席に置かれ、日本語オーディオガイドもある。料理は5品前後のコースで、季節ごとに替わるのでウェブサイトでチェックしよう。ランチツアーとディナーツアーがあり、それぞれ異なるパリの表情を楽しむことができる。また、車内では凱旋門の入場券も販売している。

2階建てのパノラミックバス

ビュストロノーム
ランチツアーは12:15出発。所要時間1時間30分。ディナーツアーは19:45、20:45出発。所要2時間45分。毎日運行。日曜のみブランチメニューがある。11:00出発。所要1時間45分。要予約。凱旋門クレベール大通り角から出発。
- MAP 別冊P.11-1C、P.22-2A
- M ⑥Kléber
- TEL 09.54.44.45.55
- ランチ€65（飲み物別）€85（飲み物付き）
- ディナー€100（飲み物別）€130（飲み物付き）
- ディナー（飲み物付き）＋クレイジー・ホースショー€222
- ディナー（飲み物別）＋リドショー€175
- ブランチ€65（日のみ）
- 読者割10%（サイトから要予約）。割引コード「GLOBE20-21」を入力。有効期間は2021年5月31日まで）
- contact@bustronome.com
- URL www.bustronome.com

天井はガラス張り

オープン・ツアーで巡るパリ

「**オープン・ツアーOpen Tour**」は、パリシティヴィジョンがパリ交通公団（RATP）と提携して運行している、パリらしいトリコロールカラーのオープンバス。1日、または2、3日間乗り放題のチケットがある。

3つのコースがあり、乗降ポイントは35ヵ所。日本語など12ヵ国語のアナウンス付きで、空を仰ぎながらパリ観光ができる。チケットは、観光案内所（→P.96）や車内で購入できる。

トリコロールカラーでパリ気分UP！

オープン・ツアー
9:30～（場所によって異なる）の5～35分おきに発車。年中無休。
- 大人1日券€34、2日券€48、3日券€53、4～15歳€22、4歳未満無料
- URL www.pariscityvision.com

乗り降り自由の2階建て観光バスでパリ観光

えんじ色の2階建て観光バス「**ビッグ・バス・パリBig Bus Paris**」は、ふたつのルートがあり、パリ市内10ヵ所のスポットを回るクラシックルートが人気。エッフェル塔から出発し、パレ・ガルニエ、ルーヴル美術館、ポン・デザール、ノートルダム大聖堂、オルセー美術館、シャンゼリゼ、グラン・パレ、トロカデロ広場という具合だ。ナイトツアーも開催しており、こちらは市内のイルミネーションスポットを巡る約2時間のコース。いずれも日本語を含む11ヵ国語のオーディオガイドがあり、パリの概要をつかむのに便利。

シックなえんじ色の車体

ビッグ・バス・パリ
9:30～（場所によって異なる）の10～15分おきに発車。全コースを乗り通すと約2時間20分。
ナイトツアーはシャンゼリゼ（156, av. des Champs-Elysées）から出発。出発時刻は季節により異なるので要確認。
- 大人1日€39、2日€43、4～12歳1日€19、2日€21、ナイトツアー€27（4～12歳€14）
- URL www.bigbustours.com

日本語ガイド付きウオーキングツアー

パリ旅ツアー

「パリ旅ツアーParis Tabi Tours」では日本語ガイド付きツアーを開催している。パリの町のそこここにある「アールヌーヴォーのスポット巡り」や、モンマルトル界隈に絞った「パン屋さんとお菓子屋さん巡り」、パリ随一の規模を誇る蚤の市を案内する「クリニャンクールの蚤の市のツアー」、ロダン美術館の庭園やエッフェル塔、エリア内のグルメショップを巡る「エッフェル塔エリアのツアー」など。最少催行2名からの少人数プライベートツアーが人気だ。美術館ツアーもおすすめ。

ミーティング・ザ・フレンチ

「ミーティング・ザ・フレンチMeeting the French」が提供する日本語ガイド付きのツアーはとてもユニーク。普通の旅行では体験しづらい、パリの日常を紹介するツアーを行っている。
「ライフスタイル散策ツアー」では、マレやサン・ジェルマン・デ・プレといった人気のエリアを、ガイドが歴史的背景や人気のショップやレストランなどを紹介しながら案内する。界隈をよく知るガイドと歩けば、何気なく通り過ぎてしまいがちな建物や小さな通りも、興味深く感じられそう。そのほかにも「映画やアートの舞台モンマルトルを歩くツアー」や、「マレ地区ショッピング／スイーツツアー」などのテーマ別ツアーがある。それぞれツアーの定員は6〜8名。所要時間2〜3時間程度。

カルチェ・ラタン、アリーグル市場、レ・アール、モントルグイユ界隈や、モンマルトルなど、フランスの食の伝統が息づくエリアをガイドと散策。路地裏やパリ市民の生活に根付いた商店を巡り、試食やワインのテイスティングなども楽しめる。

遊覧船

セーヌ川クルーズ

セーヌを船で行けば、地上を歩いているときには見えなかった風景が通り過ぎていく。アポリネールの詩にうたわれたミラボー橋、自由の女神が間近に見えるグルネル橋、明かりがともると最高に美しいアレクサンドル3世橋など、大小さまざまな橋をくぐり抜けて、船はゆっくりと進む。町を歩き疲れたら一度は乗ってほしい。パリの夜景を楽しみながら、ゆっくりと食事を取れる、ディナー付きナイトクルーズもおすすめだ。伝統的なフランス料理を、すばらしい雰囲気のなかで味わうことができるだろう。シャンパンとケーキの付いたバースデイプランがある船も。

セーヌから眺めると、パリはまた別の顔を見せてくれる

パリ旅ツアー
料 ツアーにより異なる
URL www.paristabitours.com
（日本語）

フランス政府公認ガイドのコラさん（左）が案内してくれる。日本語が堪能なので安心

ミーティング・ザ・フレンチ
料 ツアーにより異なる
URL www.meetingthefrench.com

界隈に詳しいガイドが説明してくれる

パリのグルメを巡るさまざまなツアーがある

現存する最も古い橋ポン・ヌフをくぐる

とっておきの夜を演出してくれるディナークルーズ

アクセスと交通　市内パノラマ観光バス／日本語ガイド付きウオーキングツアー／遊覧船

バトー・ムーシュ Bateaux Mouches

セーヌ川クルーズの代名詞になっているくらい有名。暖かい日はオープンエアの2階席がおすすめ。食事付きのコースは要予約。ディナークルーズはフォーマルウエアで。

- 乗船場：アルマ橋Pont de l'Almaのたもと（右岸）
- MAP 別冊P.11-2D ⓂⓄAlma Marceau
- TEL 01.42.25.96.10
- URL www.bateaux-mouches.fr（日本語あり）
- 料 プロムナードクルーズ€14、ランチクルーズ€69、ディナークルーズ€79〜
- 毎日10:00〜22:30の約30分おきに出航（10〜3月は便数が減る）。所要約1時間10分。ランチクルーズは㊏㊐㊗の12:30出航（所要約1時間45分）。ディナークルーズは毎日17:50、20:30出航（所要1時間15分〜2時間15分）。

バトー・パリジャン Bateaux Parisiens

エッフェル塔の足元付近から出発する。運航コースはバトー・ムーシュと同じだが、1階建てでガラス屋根付きという点で異なる。プロムナードクルーズには日本語音声ガイドあり。

- 乗船場：イエナ橋Pont d'Iénaのたもと（左岸）
- MAP 別冊P.11-2C
- ⓂⓅBir Hakeim
- TEL 08.25.01.01.01
- URL www.bateauxparisiens.com
- 料 プロムナードクルーズ€17、ランチクルーズ€69〜99、ディナークルーズ€79〜205
- 毎日10:00〜22:30の約1時間おき（10〜3月は便数が減る）。所要約1時間。ランチクルーズは12:45出航（所要約2時間）。ディナークルーズは18:15、20:30出航（所要1時間15分〜2時間30分）。

ヴデット・ド・パリ Vedettes de Paris

子供向けのプランやソムリエと乗るシャンパンの試飲イベントなど、企画が豊富。音声ガイドはフランス語、英語、スペイン語。

- 乗船場：Port de Suffren
- MAP 別冊P.11-3C
- ⓂⓄⓅTrocadéro ⓅBir Hakeim
- TEL 01.44.18.19.50
- URL www.vedettesdeparis.fr
- 料 €15、12歳未満€7
- 毎日10:30〜23:00の25〜35分おきに運航。所要約1時間（季節によって便数は異なる）。その他イベントは問い合わせを。

Column Information

セーヌ川を走る水上バス

セーヌ川を運航する連絡船「バトビュスBatobus」。セーヌを走る水上バスで、セーヌ川沿いの主要な見どころを訪れるのに便利な9ヵ所の発着所がある。セーヌ川の遊覧を楽しみながら移動ができる。1日券があれば何度でも乗り降り自由。チケットはバトビュスの各発着所や観光案内所で買える。

- 毎日10:00〜21:30に25〜30分間隔で運航（曜日、季節によって異なる）
- 料 1日券€17、2日券€19
- URL www.batobus.com（日本語あり）

バトビュスの9つの発着所
- ●エッフェル塔　MAP 別冊P.11-2C
- ●アンヴァリッド　MAP 別冊P.12-2A
- ●オルセー美術館　MAP 別冊P.12-2B、P.28-1A
- ●サン・ジェルマン・デ・プレ　MAP 別冊P.13-3C、P.28-1B
- ●ノートルダム　MAP 別冊P.19-1D、P.26-3B
- ●植物園／シテ・ド・ラ・モード・エ・デュ・デザイン　MAP 別冊P.20-1A
- ●パリ市庁舎　MAP 別冊P.14-3A、P.26-3B
- ●ルーヴル　MAP 別冊P.13-2C
- ●コンコルド広場　MAP 別冊P.12-2A

お得なパリ・ア・ラ・カルト
「パリ・ア・ラ・カルトParis à la Carte」はバトビュスと観光バス「オープン・ツアー」（→P.92）を組み合わせたお得なチケット。陸上、水上から、パリを自由気ままに満喫できる。大人2日券€47、3日券€51、4〜15歳€21。4歳未満無料。問い合わせ、チケット購入はパリシティヴィジョン（→P.89）まで。

移動しながらセーヌ川クルーズも楽しめるバトビュス

エリア別ガイド

観光に役立つテクニック ……… P.96
シャンゼリゼ界隈 ……… P.100
ルーヴルからオペラ地区 ……… P.108
エッフェル塔界隈 ……… P.118
シテ島からマレ、バスティーユ ……… P.126
サン・ジェルマン・デ・プレからカルチェ・ラタン ……… P.140
モンパルナス ……… P.152
モンマルトル ……… P.158
もうひとつのパリ ……… P.165

Quartiers de Paris

Photo : autour de Centre Pompidou

SIGHTSEEING

観光に役立つテクニック

風景に誘われるまま、地図を見ずに自由気ままに歩くのも楽しいパリだけど、ちょっと知っているだけで町歩きがグンとスムーズになるコツもある。パリならではの「町の仕組み」「町歩きのポイント」をご紹介。

パリ観光案内所

現地でしか得られない、現地に行ってこそわかる最新情報を手に入れたければ、まず観光案内所（→P.434）へ行ってみよう。パリの観光案内所はパリ市内に3ヵ所ある。

観光ツアーの申し込み、催し物案内、そのほか各種問い合わせに答えてくれる。「パリ・ミュージアム・パス」（→P.183）などパス類の購入もできる。ツアー申し込みなどを依頼したり、チケット類を購入する際には、手数料が€1.50かかる。市内の地図やメトロ、バス路線図、観光に関する資料などは無料でもらえる。

パリ市庁舎内のメインオフィスの隣には、パリにまつわる雑貨を集めたショップ「パリ・ランデ・ヴー Paris Rendez-Vous」がある。パリらしいおみやげが揃っているので、合わせて立ち寄りたい。

パリ観光案内所メインオフィス。隣には「パリ・ランデ・ヴー」がある

パリ北駅構内にある観光案内所

パリ市庁舎（メインオフィス）
MAP 別冊P.26-2B
M ①⑪Hôtel de Ville
住 29, rue de Rivoli 4e
開 9:00～19:00（11～4月 10:00～）
休 12/25

北駅
MAP 別冊P.8-3A
M ④⑤ RER ⑧⑩Gare du Nord
住 18, rue de Dunkerque 10e
開 8:30～18:00
休 1/1、5/1、12/25

ルーヴル（カルーゼル・デュ・ルーヴル）
MAP 別冊P.25-3D
M ①⑦Palais Royal Musée du Louvre
住 99, rue de Rivoli 1er
開 10:00～20:00（㊋は11:00～）
休 無休

パリ市観光局
URL www.parisinfo.com（日本語あり）

カルーゼル・デュ・ルーヴル内にある観光案内所

そのほかの観光案内所

イル・ド・フランスの観光案内所は、CDG空港のターミナル1、ターミナル2（C、D、E、F）の各到着階にあり、空港に着いてすぐにパリの情報が得られる便利なスポット。「パリ・ミュージアム・パス」（→P.183）などパス類の購入もできる。CDG空港のほか、デパートの「ギャラリー・ラファイエット」（→P.346）内にもある。

モンマルトルにも小さな案内所があり、モンマルトルの地図を買えるほか、モンマルトルに関する詳しい情報を発信している。

イル・ド・フランス観光案内所
URL www.visitparisregion.com

モンマルトルの案内所
MAP 別冊P.31-2C
M ⑫Abbesses
住 7, rue Drevet 18e
開 10:00～17:00（㊏は～18:00）
休 ㊊ ㊐
URL www.montmartre-guide.com

観光に役立つヒント

おもな観光スポットや美術館の開館時間は10:00〜18:00が一般的。曜日によって夜間も開館しているところもあり、昼間よりすいていることも。観光スポットは祝日（→P.10）に休館することが多く、美術館は月曜か火曜が休館日のところが多い（下記表参照）。

観光施設にはたいてい学生、子供、シニアなど、各種割引料金が設定されている。国際学生証（→P.422）や身分証（パスポート）を提示して利用しよう。「パリ・ミュージアム・パス」（→P.183）を購入するのも一案だ。

また、オーディオガイドを貸し出ししているところでは、日本語ガイドがある場合もあり、鑑賞に役立つ。借りる際にはパスポート（原本）が必要な場合もあるので携帯しておこう。

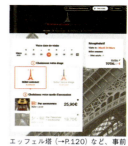
エッフェル塔（→P.120）など、事前にオンライン予約ができるところも増えている

美術館巡りに役立つテクニック→P.180

おもな観光スポット & 美術館の休み、夜間開館早見表

	観光スポット & 美術館の休み	観光スポット & 美術館の夜間開館	デパートの夜間営業
月	・カタコンブ→P.155 ・オルセー美術館→P.196 ・ピカソ美術館→P.204 ・プティ・パレ→P.206 ・マルモッタン・モネ美術館→P.207 ・ロダン美術館→P.209	・凱旋門→P.102 　〜23:00（月〜日、10〜3月は〜22:30） ・エッフェル塔→P.120 　〜24:45（月〜日、8/30〜6/12は〜23:45） ・モンパルナス・タワー→P.154 　〜22:30（日〜木、金土は〜23:00）	・ギャラリー・ラファイエット パリ・オスマンのグルメ→P.346 　〜21:30（月〜土） ・ラ・グランド・エピスリー・ド・パリ→P.348 　〜21:00（月〜土）
火	・ルーヴル美術館→P.188 ・国立近代美術館→P.202 ・オランジュリー美術館→P.205 ・クリュニー美術館→P.210 ・ギュスターヴ・モロー美術館→P.212 ・ドラクロワ美術館→P.213	・アンヴァリッド→P.124 　〜21:00（4〜9月のみ） ・カルティエ現代美術財団→P.217 　〜22:00	
水		・ルーヴル美術館 　〜21:45	
木		・オルセー美術館 　〜21:45 ・国立近代美術館 　〜23:00（企画展のみ） ・マルモッタン・モネ美術館 　〜21:00 ・ケ・ブランリー・ジャック・シラク美術館→P.207 　〜22:00	・プランタン・オスマン本店→P.347 　〜20:45 ・ル・ボン・マルシェ・リヴ・ゴーシュ→P.348 　〜20:45
金		・ルーヴル美術館 　〜21:45 ・マイヨール美術館→P.220 　〜20:30	規制緩和により、日曜も営業するデパートが増え、時間の限られた旅行者もショッピングをより楽しめるようになった
土 日	土曜・日曜に休館するスポットは少ないので、終日観光ができる。第1日曜が入場無料の美術館も（→P.181）	夜はイルミネーションツアー（→P.89）、ディナークルーズのほか、キャバレー（→P.236）やシャンソニエなどの楽しみも	

※暗くなってからのひとり歩きには十分注意しよう。移動にはタクシーを使うなどの用心を

通り名プレートに注目！

パリはどんな小さな道にもすべて名前がついている。必ず名前を記したプレートが掲げられているので、通り名を確認しながら行けば、迷うことなく歩ける。

ただ、似ている名前の通りも多くあり、「Rue Montmartre モンマルトル通り」と「Boulevard Montmartre モンマルトル大通り」は違う通りなので、表記全体を見るようにしよう。

通りの曲がり角には必ずプレートがあるのでチェック！

通りを示す単語

A Rue(rue)リュ　最もよく使われる「通り」。**B** Avenue(Av.／av.)アヴニュ　原則として並木のある大通りのことだが、本来の意味は名のある建築物などへ通じる道のこと。**C** Boulevard(Bd.／bd.)ブルヴァール　幅の広い大通り。パリは昔、城壁に囲まれていて、その城壁跡の用地に造られたのがBoulevard。**D** Place(Pl.／pl.)プラス、Square(Sq.／sq.)スクワール　「広場」。●Passageパッサージュ、Alléeアレ　細い通り、路地。車の通らない狭い道。パッサージュは「屋根のあるアーケード街」も示す。**E** Quaiケ　「河岸」のこと。セーヌの河岸名に出てくる。　●Impasseアンパス　「袋小路」。先は行き止まり。

区番号と郵便番号

パリは20までの区に分かれていて※、郵便番号も対応している。パリ市の郵便番号は「75番」で、5桁の郵便番号の下1～2桁が区を示す。1区は「75001」、12区なら「75012」。本書では、住所の最後に書かれた数字が区を示している（1er＝1区、2e＝2区、3e＝3区……20e＝20区）。

※2020年4月より1～4区は統合されて「パリ・サントルParis Centre」となった（→P.13、P.25）。住所には従来どおり75001～75004の郵便番号が振られる。

プレートの上部に書かれた「8e Arrt.」は「8区」のこと。Arrt.は「Arrondissement（区）」の略だ。ここを見れば、自分が何区にいるのかがすぐに確認できる

番地の仕組み

パリの番地表示は、セーヌ川に近いほうから始まり、セーヌを背に左側が奇数番号、右側が偶数番号になっている。1、2、3、4……と順番に並んでいるのではなく、奇数側と偶数側に分かれているのが大きな特徴だ。1番地の隣は3番地になる。同じ建物に入口がふたつ、もしくは3つある場合は、ふたつ目を「bis」、3つ目を「ter」と表示する。

町なかの地図の見方

パリの町なかには、区ごとの地図や、周辺図が掲示されていることがある。地図上の「Vous êtes ici ヴゼット・イシ（あなたはここにいます）」の表示が現在地だ。

町なかにある地図（左）　迷子になっても焦らずに現在地を探そう（上）

建物の階数表示

フランスでは建物の階数表示が日本と異なる。日本の2階をフランスでは1階と呼び、日本の3階を2階と呼ぶ。では、日本の1階は何と呼ぶ……？　正解は「地上階 rez-de-chaussée レ・ド・ショセ」。ホテル、美術館、デパートなど、いたるところで出合うことになるので覚えておこう。

日本式	フランス式
4階	3階(niveau3)
3階	2階(niveau2)
2階	1階(niveau1)
1階	地上階(rez-de-chaussée) または 0階(niveau0)
地下1階	地階(sous-sol) または -1階(niveau-1)

ホテルのエレベーターで、フロントのある地上階に行くときは「0」を押す

デパートの店内案内表示。この階は日本式の2階に当たる。出口があるのは0階

案内板は船をこぐ櫂をイメージしたデザインになっていて、上部には、パリ市の紋章である帆船が刻まれている

黒い案内板を見かけたら

パリを歩いているとスタイリッシュな黒い案内板を見かけることがある。教会や美術館、通りの隅などに立っているこの案内板「Histoire de Paris」は、フィリップ・スタルクがデザインしたもので、その場所の歴史が記されたもの。フランス語のみだが、歴史的モニュメントの目印なので、注目してみよう。

パリのトイレ事情

パリでは、「トイレは見つかりにくいもの」と覚えておこう。地下鉄の駅にはなく（ほんの一部のみあり）、大型スーパーにも客用のトイレはない。町なかに設置されている無料の公衆トイレは、安全性、衛生面から緊急時以外は使いたくないもの。では、トイレが使える場所はどこ？　それは、レストラン、カフェ、デパート、美術館、国鉄駅などだ。飲食店では基本的に客なら無料で利用できる。トイレに行きたくなったらカフェに入って、休憩を兼ねるのもいい。国鉄駅は有料（€0.80～1）だが、そのぶん、掃除もきちんとされていて安心して使える。

トイレの表示

トイレ	Toilettes	[トワレット]
	W.C.	[ヴェー・セー]
男性	Hommes	[オム]
	Monsieur	[ムッシュー]
	Messieurs	[メシュー]
女性	Femmes	[ファム]
	Madame	[マダム]
	Dames	[ダム]

パリ市内に約400ヵ所ある無料公衆トイレ。ボタンを押すと扉が開く。使用後、外に出て扉を閉めると内部全体が洗浄される仕組み

エリア別ガイド　観光に役立つテクニック

Area 1
シャンゼリゼ界隈
Avenue des Champs-Elysées

見逃せない観光スポット
凱旋門 ★★★ P.102
シャンゼリゼ大通り ★★★ P.104
グラン・パレ国立ギャラリー ★★ P.206
プティ・パレ ★★ P.206

🚋 交通メモ
Ⓜ①②⑥Charles de Gaulle Etoileで下車すると凱旋門。カフェやブランド店が並ぶ、シャンゼリゼ大通りのショッピングエリアに行くならⓂ①George V、Ⓜ①⑨Franklin D. Roosevelt下車。Ⓜ①⑬Champs-Elysées Clemenceauで下りると、シャンゼリゼ大通りの東側エリア、コンコルド広場まで続く緑地ゾーンに出る。

🍴 グルメ
高級なイメージがあるが、気軽なチェーン店やファストフード店も揃い、手頃な値段で食事ができる。マカロンで有名な「ラデュレ」（→P.288）などスイーツの名店もある。

🛍 ショッピング
パリならではのブランドショッピングを楽しめる場所。「ルイ・ヴィトン」本店がシャンゼリゼ大通りにあるほか、セーヌ川に向かって延びるモンテーニュ大通りに入れば、有名ブランドのブティックが次々に現れる。
[ショッピングスポット]
モンテーニュ大通り　P.296

🎭 エンターテインメント
一度は体験してみたいのが、「リド」、「クレイジー・ホース」といった一流キャバレー（→P.236）でのナイトショー。映画館も多く、アニメも日本映画もよく上映されている。

🌙 夜と治安
パリきっての繁華街なので、スリなど盗難には気をつけたい。シャンゼリゼ大通りは遅くまで明るく、人通りも多いので、夜も安心して歩ける。第1日曜の歩行者天国では荷物チェックが行われ、セキュリティのレベルは比較的高い。日本国大使館（→P.443）もある。

🚻 トイレ
路上に無料トイレがあるほか、シャンゼリゼ大通り沿いに有料の高級トイレ「Point WC」（MAP別冊P.23-2D）がある。

📷 フォトジェニックスポット 4

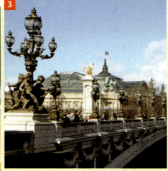

❶シャンゼリゼ大通り側から見た凱旋門。逆光の場合は反対のグランダルメ大通り側から撮ればOK　❷並木が美しいシャンゼリゼ大通り。横断歩道の真ん中からの撮影は車に気をつけて　❸装飾が美しいアレクサンドル3世橋越しに見るグラン・パレ　❹凱旋門の屋上テラスは、シャンゼリゼ大通りやエッフェル塔を見晴らせる展望スポット。放射状に延びる通りと家並みが見事に調和している

どんなエリア？ "世界一華やかな並木道"と名高いシャンゼリゼ大通りをはじめ、ブランドブティックが並ぶモンテーニュ大通りなど、優雅なパリを満喫できるエリア。毎月第1日曜の歩行者天国のほか、革命記念日やクリスマス、ツール・ド・フランスといったイベントの舞台にもなる代表的な観光スポットだ。

MAP 別冊P.11-1C〜2D、P.22〜23

モデルプラン

所要 約5時間30分

まずは凱旋門の屋上テラスからパリを一望してシャンゼリゼ大通りを制覇。そぞろ歩きが楽しいコース。

1. 凱旋門に上る → 徒歩約5分
2. シャンゼリゼ大通り散策 → 徒歩約5分
3. 「ラデュレ」でティータイム → 徒歩約10分
4. モンテーニュ大通りで買い物 → 徒歩約10分
5. プティ・パレを見学 → 徒歩約1分
6. グラン・パレの企画展鑑賞

シャンゼリゼの歩き方

シャンゼリゼ大通りはシャルル・ド・ゴール広場からコンコルド広場に向けて緩やかな下り坂になっている。シャンゼリゼ大通りを歩くなら、凱旋門からスタートするのがおすすめだ。

シャンゼリゼの歩行者天国

シャンゼリゼ大通りは毎月第1日曜が歩行者天国になります（→P.105）。そのことを知らないまま行ったら、通りをたくさんの人が歩いていてびっくり！通りの真ん中から凱旋門を見られてよかったです。（千葉県　ニコ　'19）

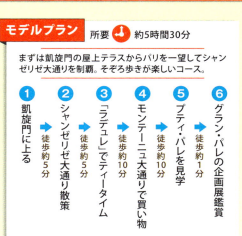

今も昔もフランスの栄光の象徴
凱旋門

★★★ MAP 別冊 P.11-1C、P.22-2A

Arc de Triomphe

凱旋門
M ①②⑥ RER A
Charles de Gaulle Etoile
住 Pl. Charles de Gaulle 8e
開 4〜9月 10:00〜23:00
10〜3月 10:00〜22:30
（入場は閉館の45分前まで）
休 5/8と7/14と11/11の午前、
1/1、5/1、12/25
料 €13
パリ・ヴィジット所有者は
€2割引（→P.76）
ミュージアム・パス使用可
（→P.183）
URL www.paris-arc-de-triomphe.fr
所要時間は約1時間。

「凱旋門」とは、戦いに勝利したことをたたえ、その記念として造られた門のこと（→P.117）。その起源は古代ローマまで遡るが、世界で最もよく知られているのは、「**エトワールの凱旋門**」だろう。シャンゼリゼ大通りの

パリの歴史を静かに見守り続けてきた凱旋門

西端、シャルル・ド・ゴール広場の中央にどっしりと構える門は、まさに「栄光の門」と呼ぶのにふさわしい威厳を感じさせる。

門の建設のきっかけとなったのは、1805年に勃発したオステルリッツの戦いだ。フランス軍は自分たちの倍の規模をもつ独墺露伊連合軍を迎え、皇帝ナポレオンの指揮のもと、オステルリッツで死闘の末、劇的な逆転大勝利を収めた。全ヨーロッパの予想をくつがえす、劣勢からの奇跡的大勝利だった。この勝利の記念としてナポレオンは、当時5本の大通りが集まっていた星型広場（エトワール）に、大凱旋門の建設を命じる。設計を担当したのはシャルグランで、1806年初頭に礎石が置かれた。しかし、工事は遅々として進まず、オーストリアからマリ

シャンゼリゼ大通りから見た凱旋門

スール作『アブキールの戦い』。ナポレオンがトルコに勝利した場面

屋上テラスからは真っすぐに延びるシャンゼリゼ大通りが見渡せる。屋上へ行くには284段の階段を上る（エレベーターは車椅子や足の不自由な人専用）

最上部に並ぶ楯のレリーフには、ナポレオンが勝利した戦いの名前が刻まれている

『マルソー将軍の葬儀』。将軍は、1795年にオーストリア軍を破ったが、翌年戦死した

コルトー作『1810年の勝利』。ウィーン講和条約をたたえるもの

裏側に回るとエテックス作の『抵抗』と『平和』などの彫刻がある

『抵抗』　『平和』

リュード作『1792年の義勇軍の出陣』。通称『ラ・マルセイエーズ』

門の足元には無名戦士の墓がある

102

ア・ルイーズがナポレオンの2番目の妃として嫁いできたときは、ほんの50cmほど地上に顔を出した状態。ハリボテを載せてその場をしのぐ有様だった。

ナポレオン失脚後、王政復古までの4年間、工事は中断し、1836年にようやく完成を見た。その完成を待たずに亡くなったナポレオンは、死後19年たった1840年、イギリスより返還された棺に入ってセント・ヘレナ島から帰国し、大セレモニーとともにやっと門をくぐることができた。

1854年には、ナポレオン3世統治下でパリの都市改造が行われ、エトワールに新たに7本の大通りが開設された。さらに、イットルフによる同じデザインの建築物が周囲を取り巻き、凱旋門とエトワール(ド・ゴール)広場は現在の姿になった。1921年には、第1次世界大戦中に倒れた身元不明の戦死者のひとりが、戦死した兵士の代表として凱旋門直下に葬られた。それ以降、凱旋門は、祖国フランスのために命をささげたすべての人々の共通の記念碑となり、数々のセレモニーが行われている。

凱旋門の屋上に上れば、あらためてその壮大なスケールに圧倒されることだろう。ルーヴルまで真っすぐ延びていく、シャンゼリゼ大通りの眺めもすばらしい。

凱旋門へは地下通路を通って

横断歩道もない広場の真ん中に建つ凱旋門へは、地下通路を通って行く。シャンゼリゼ大通りか、反対側グランダルメ大通りAv. de la Grande Arméeからの階段を下り、ふたつの大通りを結ぶ地下通路の途中で上に出れば凱旋門の足元だ。

無名戦士の墓の点火式

門の足元にある無名戦士の墓の追悼の炎と花は、絶やされることがない神聖なもの。毎日18:30から点火と献花のセレモニーが行われている。

アッティカの間

屋上の下部分に当たる部屋は「アッティカの間 Salle de l'Attique」と呼ばれ、最新テクノロジーを使って凱旋門の歴史が紹介されている。ミュージアムショップもある。

シャンゼリゼ大通り側の入口

地下通路を通って凱旋門へ

エリア別ガイド 1

シャンゼリゼ界隈

Column History

フランス国歌『ラ・マルセイエーズ』

シャンゼリゼ大通りから凱旋門を見ると右側にある彫刻、リュード作の通称『ラ・マルセイエーズLa Marseillaise』。フランス革命の義勇兵を表した作品で、兵士たちの上には、フリジア帽をかぶった自由の女神とも、勝利の女神ともいわれる女性が彫られている。

フリジア帽をかぶった女神に導かれる義勇兵

『ラ・マルセイエーズ』とはフランス国歌のことで、「マルセイユの歌」という意味。なぜ「マルセイユの歌」がフランス国歌になっているのか。そこにはフランス革命(→P.60)が深くかかわっている。

フランス革命下の1792年8月10日、パリ市民と義勇兵がチュイルリー宮殿を襲撃し、ルイ16世やマリー・アントワネットを捕らえた「チュイルリー宮襲撃事件」。この事件に参加したマルセイユの義勇兵が歌っていたのが、『ラ・マルセイエーズ』だったのだ。

この歌はそもそも、1792年4月、フランス革命政府がオーストリアへ宣戦布告し勃発したフランス革命戦争の際に、将校ルージェ・ド・リルが兵士の士気を鼓舞するための行進曲『ライン軍のための軍歌Chant de guerre pour l'Armée du Rhin』として生まれた。その後、歌は広まり、マルセイユの義勇兵が歌っていたことから『ラ・マルセイエーズ(マルセイユの歌)』と名づけられ、1795年7月14日にフランス国歌に制定された。

エレガントな通りは地上の楽園
シャンゼリゼ大通り
★★★ MAP 別冊 P.11-1CD, P.22-2B ～ P.23-2D
Avenue des Champs-Elysées

シャンゼリゼ大通り
Ⓜ ①②⑥ 🅡 Ⓐ
Charles de Gaulle Etoile
①George V
①⑨Franklin D. Roosevelt
【案内】(→P.439)
ウインドーショッピングを楽しみながら歩くなら所要時間は1～2時間。

老舗カフェ「フーケッツ」
シャンゼリゼ大通りとジョルジュ・サンク大通りがぶつかる一等地にあるのが、1899年創業の「フーケッツ」。1世紀以上もの年月にわたり、シャンゼリゼを見続けてきた老舗カフェだ。

Ⓒ フーケッツ Fouquet's
MAP 別冊P.23-2C
住 99, av. des Champs-Elysées 8e
TEL 01.40.69.60.50
営 7:30～翌1:00
URL www.hotelsbarriere.com

凱旋門からコンコルド広場にいたる全長約2kmの大通り。16世紀まで野原と沼地しかなかった場所を、17世紀の中頃に整備したのは、ヴェルサイユの造園で知られる庭園師ル・ノートル。その後18世紀初頭に「シャンゼリゼ」と命名された。ギリシア神話の楽園から名を取ったエリゼの野、日本風にいえば「極楽浄土」が名前の由来というわけだ。1800年にはわずか6軒の館しかなかったらしいが、第2帝政、ナポレオン3世の時代から、シックでエレガントな通りに生まれ変わった。

マロニエとプラタナスの並木、緩やかな勾配をもつ広い舗道の両側には、ブティックやカフェが軒を並べる。自動車のショールームも、銀行も、またゆったりとした座席を誇る映画館もすべてが豪華。それでいて、どこか落ち着ける雰囲気がシャンゼリゼにはある。海外カジュアルブランド店やファストフード店、大型メディアショップ、スーパーマーケットなどが建ち並ぶようになったとはいえ、優雅さはまったく失われていない。

世界で最も美しい通りとたたえられ、1年を通して観光客が絶えない

Column History　フランスで最も大切な祝日「革命記念日」

7月14日は、フランスの祝日「革命記念日」だ。日本ではこの日を「パリ祭」と呼ぶが、フランスには「パリ祭 Fête de Paris」などというものは存在しない。この言葉は往年の映画『巴里祭(原題「7月14日」)』(1933)からきたもので、日本でしか通じない。

当地フランスでは、革命記念日のことを、ただ「7月14日（キャトールズ・ジュイエ）」と呼んでいる。13日の前夜祭は、革命勃発の地バスティーユ広場に集い、夜を徹して歌い、踊る。14日当日はさまざまな催しが行われるが、何といってもいちばんの目玉は、シャンゼリゼ大通りの大パレード。凱旋門からコンコルド広場まで、車は完全にシャットアウトされて、両脇は見物客で埋まる。

午前中は軍事パレードだ。本物の戦車が地響きを立てて行進するさまはちょっと不気味。しばらくすると、フランス空軍機が、三色旗の煙を吐きながら頭上を飛び去る。普段は思いもよらないことかもしれないが、実はフランスが世界有数の軍事国家であることが実感できるだろう。

パレードをぜひこの目で！という人は、混雑を覚悟して出かけること。開始の3～4時間前には行って、場所を確保しておかないと、人の頭しか見えないのでご注意を。

革命記念日のイベントは、夜空を彩る花火大会でクライマックスを迎える。例年22:00頃からトロカデロで行われる。もちろんこちらも地元の人たちに大人気で、エッフェル塔付近の道路や川沿い、橋の上では、午前中から場所取りが始まるほどだ。

7月14日の軍事パレード

シャンゼリゼの緑地帯

凱旋門からメトロ①⑨号線のFranklin D. Roosevelt駅までは、有名ブランドからカジュアルブランドまで、多くのブティックが連なるショッピングエリアとなっており、華やかな雰囲気。その反対、ロン・ポワン・デ・シャンゼリゼからコンコルド広場までは、それまでの華やかさとはガラリと変わって、店がなく、街路樹の連なる気持ちいい散策路となっている。この散策路とセーヌ川に挟まれた緑地帯の一角に、1900年のパリ万国博の会場として建てられた**グラン・パレ**（→P.206）と**プティ・パレ**（→P.206）がある。さらにセーヌ川へ進んで行くと、こちらも1900年のパリ万国博の際に完成した**アレクサンドル3世橋**（→P.30）が架かっている。世界で最も美しいといわれるシャンゼリゼ大通りを歩き通してみよう。

プロムナードゾーンでは木陰のベンチでくつろぐ人も多い

1900年のパリ万博ではメイン会場となったグラン・パレ

現在はパリ市立美術館になっているプティ・パレ

装飾の美しいアレクサンドル3世橋

シャンゼリゼの歩行者天国

シャンゼリゼ大通りでは2016年より、第1日曜に歩行者天国が実施されている。自動車の通行は禁止され、通りに入るには手荷物検査があるので、安心して楽しめる。

歩行者天国の日には通りの真ん中を歩くことができる

シャンゼリゼの歩行者天国
開 第1⑯ 10:00～18:00
シャンゼリゼ大通りで歩行者天国が実施されている間、周囲の道路でも交通規制が行われる。メトロ①号線のGeorge Vなど閉鎖されるメトロ駅もある（→P.81）。

 Column Pause Café シャンゼリゼの緑地帯に立つ3人

シャンゼリゼ大通りの緑地帯、メトロ①⑬号線のChamps-Elysées Clemenceau駅近くには、3つの像（**MAP**本誌P.101）がある。まずひとつ目は、グラン・パレの前のクレマンソー広場Pl. Clemenceauにある、シャルル・ド・ゴール像。シャルル・ド・ゴールはフランス陸軍の軍人で、1959～1969年に第5共和制初代大統領を務めた。

ふたつ目はシャルル・ド・ゴール像と道路を挟んだ対岸、プティ・パレの前にあるクレマンソー像。クレマンソーはフランスの政治家で、第1次世界大戦時には首相を務め、ドイツに多額の賠償金を課す、ヴェルサイユ条約に調印した。

3つ目はウィンストン・チャーチル像。クレマンソー像とは反対側のプティ・パレの前にある。ウィンストン・チャーチルはイギリスの政治家で、第2次世界大戦の際にはシャルル・ド・ゴールの「自由フランス」を承認し、ともに戦った。彼の銅像には演説での言葉「われわれは決して降伏しない。We shall never surrender.」が彫られている。

シャルル・ド・ゴール像

ウィンストン・チャーチル像

クレマンソー像

ブティック街にある大統領の執務室

★ MAP 別冊 P.12-1A

エリゼ宮
Palais de l'Elysée

エリゼ宮
Ⓜ ①⑬Champs-Elysées Clemenceau
🏠 55, rue du Fg. St-Honoré 8e

ガブリエル通りAv. Gabriel側の門の上部にはフランスのシンボルの雄鶏が輝いている

フォーブール・サントノレ通りにたたずむエリゼ宮

高級ブティックが軒を連ねるフォーブール・サントノレ通りを歩いていると、高々と翻る三色旗と、金モールに全身を包んだ護衛兵が見え、ほかとは違う雰囲気が感じられる。

この重厚な建物、エリゼ宮は、1874年以来フランスの大統領官邸となっていて、一般には公開されていない。フランスが君主国家でなくなったために、正門前で行われる衛兵交代の儀式も普段は簡素なもの。大統領の在・不在は、警備の緊張感の度合いで察せられるあたり、いかにもフランス的だ。革命記念日（→P.104）には、シャンゼリゼ大通りでのパレードのあと、ここで祝宴が催される。

めまぐるしい時代の変遷を見てきたエリゼ宮の歴史は、1718年、エブルー公爵の邸に遡る。18世紀半ばには、ルイ15世の寵愛を受けたポンパドゥール公爵夫人のものに。

公爵夫人亡きあとは、何人かの貴族に次々と所有された。革命時には国立印刷所となって、多くの印刷物を世に出したかと思うと、執政官時代には舞踏学校に変じている。続いて、戦に業績をあげ、ナポレオンの妹カロリンヌと結婚したミュラー、ナポレオンの愛妻ジョセフィーヌがそれぞれ短い滞在をした。そして1815年6月22日には、ワーテルローの戦いに敗れたナポレオンが、ここで2度目の退位宣言に署名をした。第2帝政時代には建物にかなりの手が加えられ、また、邸内に現在の歩行者専用の静かな通り、パリでも珍しい英国風の柱で飾られた**エリゼ通り**Rue de l'Elyséeが設けられた。

☕ Column Pause Café

フランスのシンボルあれこれ

フランスのシンボルといえばトリコロールのフランス国旗を思い浮かべる人も多いだろう。フランス革命下に王を象徴する白とパリ市の色である青と赤が組み合わされた。現在、この三色旗はすべての公共の建物に掲げられている。また、パリ市庁舎（→P.133）にも刻まれている標語「Liberté（自由）・Egalité（平等）・Fraternité（友愛）」も有名だろう。このほかにもフランスを象徴するものがある。

まずはフランスの自由の女神マリアンヌ。フランス共和国を擬人化した女性像で、自由を意味するフリジア帽をかぶっている。フランス革命以降、共和国の象徴として貨幣や切手、絵画に描かれてきた。特にドラクロワの『7月28日─民衆を導く自由の女神』（→P.193）での頼もしい革命家の姿は広く知られている。

マリアンヌに次いで、雄鶏もフランスのシンボルとなっている。フランス人の祖先、ガリア人を意味するラテン語「gallus」が雄鶏を表す言葉でもあったため、ガリアとガリア人のシンボルとなった。中世には忘れ去られていたが、フランス革命時には広く使われた。その後、ナポレオン1世は「雄鶏には力強さがなく、フランスのような帝国の象徴になりえない」と拒否したが、19世紀末には雄鶏が施された鉄門がエリゼ宮の庭に作られ、現在では、サッカーやラグビーのフランス代表のエンブレムとなっている。

凱旋門に国旗が掲げられることも

壁に描かれた雄鶏

レピュブリック広場（MAP 別冊P.14-1～2B）のマリアンヌ

最高級クリスタルが揃う貴族の館
ギャラリーミュージアム バカラ

★ MAP 別冊 P.11-1C、P.22-3B

Galerie-Musée Baccarat

　1764年創業、クリスタルの代名詞バカラ。その魅力を余すことなく伝えるメゾンが、凱旋門からほど近い閑静な住宅街にある。この建物は、多くの芸術家たちを支援し育てたマリー・ロール・ド・ノ

大胆な内装とクリスタルが融合した空間

アイユが所有していた歴史ある館。美術館、ブティック、レストランが備わっている。ギャラリーミュージアムでは多くの所蔵品のなかから厳選された作品が展示されており、繊細なカット、優麗なデザイン、高度な技術に支えられたクリスタルの輝きに思わずため息がこぼれるだろう。

　内装を手がけたのはフィリップ・スタルク。19世紀に建設

館内のいたるところでシャンデリアが輝く

された邸宅とバカラを融合させるにふさわしい、気品と遊び心あふれるインテリアデザインも見逃せないポイントだ。トイレにも豪華なシャンデリアがきらめいているので要チェック！

ギャラリーミュージアム バカラ
Ⓜ ⑨Iéna ⑥Boissière
住 11, pl. des Etats-Unis 16e
開 10:00～18:00
休 ㊗㊐
料 €10、26歳未満の学生 €7、18歳未満無料
URL www.baccarat.fr

Ⓢ メゾン・バカラ
Maison Baccarat
☎ 01.40.22.11.22
営 10:30～19:00
休 ㊐

Ⓡ クリスタル・ルーム・バカラ
→P.266

2014年、創業250周年を迎えたバカラの歴史が詰まった館

高級ブランドブティックが絢爛豪華に集まる
モンテーニュ大通り

★ MAP 別冊 P.23-2D ～ 3D

Avenue Montaigne

　有名ブランドストリートとして知られるモンテーニュ大通り。「ルイ・ヴィトン」「クリスチャン・ディオール」「シャネル」「セリーヌ」などフランスを代表する高級ブランドをはじめ、世界の一流ブランドショップが道の

通りには高級ブランドが並んでいる

両側にびっしりと並んでいる。そこに高級ホテル「プラザ・アテネ」(→P.360) やシャンゼリゼ劇場、セレブが集まるカフェなども入り混じり、さながら通りにドレスコードがあるかのような華やかさ。

　モンテーニュ大通りとフランソワ1世通りRue François 1erの交差点の歩道上には、4枚のタイルがはめ込まれており、1920～30年代に活躍したデザイナーたちの名が刻まれている。レースや刺繍でイヴニングドレスを作った「キャロ姉妹」、生地を斜めに裁断するバイアスカットを発明した「マドレーヌ・ヴィオネ」、コルセットを使わないドレスを作った「ポール・ポワレ」、イギリスやスペインなど、国際的にも活躍した「パカン」。いずれも華やかなベルエポックの時代にモンテーニュ大通りをにぎわせたデザイナーだ。

モンテーニュ大通り
Ⓜ ①⑨Franklin D. Roosevelt

上から順に「キャロ姉妹」「マドレーヌ・ヴィオネ」「ポール・ポワレ」「パカン」のタイル

エリア別ガイド 1

シャンゼリゼ界隈

Area 2
ルーヴルからオペラ地区
Louvre ~ Quartier de l'Opéra

見逃せない観光スポット

ルーヴル美術館 ★★★ P.188
パレ・ガルニエ ★★★ P.115
マドレーヌ教会 ★★★ P.114
コンコルド広場 ★★★ P.110
オランジュリー美術館 ★★★ P.205
チュイルリー公園 ★★★ P.110
パレ・ロワイヤル ★★★ P.112

🚇 交通メモ
パレ・ガルニエの最寄り駅Ⓜ③⑦⑧Opéraで下車すれば、おもな見どころは徒歩圏内。ルーヴル美術館の最寄り駅は、Ⓜ①Louvre Rivoliではなく、Ⓜ①⑦Palais Royal Musée du Louvreなので注意。

🍴 グルメ
パリきっての観光エリアだけあり、旅行者でも入りやすい店がたくさんある。オペラ大通りから北に延びるサンタンヌ通り界隈は、日本食店集中エリア。和食が恋しくなったらここへ。

🛍 ショッピング
「ギャラリー・ラファイエット パリ・オスマン」と「プランタン・オスマン本店」の2大デパート、またブティックが並ぶサントノレ通りは要チェック。
[ショッピングスポット]
デパート　P.346
フォーブール・サントノレ通り　P.296
サントノレ通り　P.299
マドレーヌ広場　P.337

🎭 エンターテインメント
オペラとバレエの殿堂「パレ・ガルニエ」は、ぜひ一度体験してみたい。マドレーヌ教会（→P.114）でのコンサートもおすすめ。

🌙 夜と治安
パレ・ガルニエでの公演は終演が深夜近くになることもあるが、メトロの利用客も多いので、それほど心配することはない。観光客が多いエリアなので、スリには十分注意して。

🚻 トイレ
2大デパートのトイレが便利（一部有料）。カルーゼル・デュ・ルーヴルには、有料の高級トイレ「Point WC」（MAP別冊P.25-3D）がある。

📷 フォトジェニックスポット 4

1
© Pyramide du Louvre, arch. I.M. Pei

2

3

4

1 ルーヴル美術館の入口となっているガラスのピラミッド。モダンなモニュメントとクラシックな建築の競演を楽しめる場所だ　2 まるで宮殿かと思わせるパレ・ガルニエのフォワイエ　3 ガラス屋根のパッサージュ（→P.48）のなかでも、最も美しいのは「ギャルリ・ヴィヴィエンヌ」　4 パリの中心にあるコンコルド広場は、オベリスクと噴水を入れて撮影するのがポイント

どんなエリア？ パレ・ガルニエ、コンコルド広場、ルーヴル美術館という、パリを代表するランドマークを結ぶトライアングルは、まさにパリの黄金地区。デパートが隣り合うオスマン大通り、高級食材店が集まるマドレーヌ広場など、観光しながらショッピングも楽しめるエリアだ。

MAP 別冊P.12-1B〜P.13-2D、P.24〜25

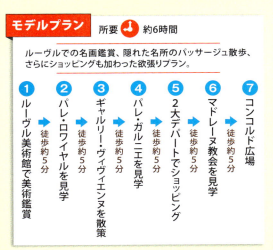

モデルプラン
所要 約6時間

ルーヴルでの名画鑑賞、隠れた名所のパッサージュ散歩、さらにショッピングも加わった欲張りプラン。

1. ルーヴル美術館で美術鑑賞 → 徒歩約5分
2. パレ・ロワイヤルを見学 → 徒歩約5分
3. ギャラリー・ヴィヴィエンヌを散策 → 徒歩約5分
4. パレ・ガルニエを見学 → 徒歩約5分
5. 2大デパートでショッピング → 徒歩約5分
6. マドレーヌ教会を見学 → 徒歩約5分
7. コンコルド広場

ルーヴルからオペラ地区の歩き方

必見の見どころがぎっしり詰まったエリアなので、効率よく歩こう。混雑を避けてルーヴルは朝一番か水・金曜の夜に。デパートでのショッピングは、日曜でも可能だ。

ショッピングが楽しい

ショッピング好きな私は、2大デパート→マドレーヌ広場→サントノレ通り→オペラ大通りと買い物三昧！ 1日たっぷりショッピングを楽しみました。 （茨城県　R '19）

109

パリの要、パリの美の中心 ★★★ MAP 別冊 P.12-2B、P.24-3A
コンコルド広場
Place de la Concorde

コンコルド広場
M ①⑧⑫Concorde

中央にはエジプトから贈られたオベリスクが建ち、ヒエログリフ(神聖文字)が鮮やかに浮かび上がる。オベリスクの足元に立って北に目を向ければ、ロワイヤル通りの奥にマドレーヌ教会が見える。西にはシャンゼリゼ大通りが延び、はるかに凱旋門を望む。東にはチュイルリー公園とルーヴル宮、南にはブルボン宮(国民議会)……。360度にすばらしい眺望が広がるこの広場は、まさにパリの「要」というにふさわしい場所。特に夜景の美しさは、パリでいちばんともいわれる。

もともとはルイ15世のために造られた広場で、「ルイ15世広場」と呼ばれていたが、フランス革命の勃発により、「革命広場」と名を変えた。中央にあったルイ15世の騎馬像は取り払われ、代わりに置かれたのがギロチン台。1793年から1795年にかけて、ルイ16世、マリー・アントワネットを筆頭に、デュ・バリー夫人ら貴族たち、革命の指導者であったダントン、ロベスピエールなど、1119人がこの広場で処刑された。そんな血なまぐさい記憶を消し去るためだろうか、1795年には「調和」を意味する「コンコルド広場」と再び名を変え、現在にいたる。

オベリスクが建つコンコルド広場からはエッフェル塔も見える

心和む都心のオアシス ★★★ MAP 別冊 P.12-2B、P.24-3A ～ P.25-3C
チュイルリー公園
Jardin des Tuileries

チュイルリー公園
M ①Tuileries
①⑧⑫Concorde
開 4～9月　7:00～21:00
　(6～8月は～23:00)
　10～3月　7:30～19:30

かつてルーヴルの西側にあったチュイルリー宮殿の庭として、ヴェルサイユ宮殿の庭園を設計した造園家ル・ノートルによって設計された。典型的なフランス式庭園で、広い散歩道を中央に置き、左

ルーヴル宮の西側に広がる美しいフランス式庭園

右対称に造られている。ここから東にはカルーゼル凱旋門、西にはコンコルド広場のオベリスク、シャンゼリゼ、エトワールの凱旋門、その向こうには、ラ・デファンスのグランド・アルシュの白い姿が見える。すべてが一直線上に並んでいて、西へ西へと延びていった、パリの都市計画の一端を垣間見ることができる。

整然と配置された木々の間には、ギリシア、ローマの神々をかたどった石像、マイヨールによるブロンズ像などが置かれている。また、コンコルド広場側には、モネの『睡蓮』で有名な**オランジュリー美術館**(→P.205)、現代写真の企画展示ギャラリーである**ジュ・ド・ポーム**(→P.218)がある。

パリの中心にあり、観光客が歩き疲れたときひと休みするのにぴったりの公園

ナポレオンが最初に建てた元祖凱旋門
カルーゼル凱旋門
★★　MAP 別冊 P.13-2C、P.25-3C
Arc de Triomphe du Carrousel

　ルーヴル宮の西に位置するこの門は、1805年のナポレオンの勝利を記念し、ペルシェとフォンテーヌのデザインによって、1808年に完成した。建築を担当したのは、ルーヴル美術館の初代館長でもあったドノン。ルーヴルの展示セクションのひとつに、その名が使われている。

　第1帝政時代の代表的建築物だが、ナポレオンはこの凱旋門が期待していたよりも小さかったことに不満を抱き、さらに大きな凱旋門（→P.102）の建設を命じた。エトワールの凱旋門が高さ約50mなのに対し、こちらは高さ19m。確かに戦勝記念碑としてはずいぶん小さく、ピンクと白の大理石を基調とした建築は、勇ましいというより優美な感じだ。門の上には、ナポレオンがヴェネツィアから奪ってきた古代の馬のブロンズ像が飾られていたが、彼の没落後に返還され、ボシオ作のコピーに置き換えられた。門の各4面には、オステルリッツの戦いなど、ナポレオンの輝かしい戦績をたたえるレリーフが見られる。

カルーゼル凱旋門
M ①⑦Palais Royal Musée du Louvre

サイズは小さいが美しさではエトワールの凱旋門に勝るとも劣らないカルーゼル凱旋門

中世の要塞から始まった宮殿
ルーヴル宮（ルーヴル美術館）
★★　MAP 別冊 P.13-2C、P.25-3D
Palais du Louvre

　ルーヴル美術館シュリー翼の半地下階には、「**中世のルーヴル**」という展示スペースがある。これは、ルーヴルの大改築のために発掘作業を行った際に出現したフィリップ・オーギュスト王（1165〜1223）の要塞跡だ。ルーヴルは美術館である前にまず要塞、そして宮殿としての歴史があることがわかるだろう。

　1200年頃、フィリップ・オーギュスト王は、セーヌ川下流のノルマンディーからイギリスが侵入してくることを恐れ、パリを囲む城壁の前に要塞を建造した。それがルーヴル宮の始まりだ。14世紀になると、ルーヴル宮の外側にひと回り大きい城壁が築かれたため、ルーヴル宮は防御のための要塞から王の城館へと役割を変える。当時の王シャルル5世は細密画などを収集し、王のコレクションを基礎にした美術館としての土台が固まった。

　太陽王ルイ14世の統治下には、中世からの宮殿が消え、現在の形が完成する一歩手前まできていたが、王はヴェルサイユに宮廷を移し、ルーヴルは宮殿の役割を失う。同時に「絵画・彫刻アカデミー」が設置され、「芸術の国フランス」の基礎が作られていった。1793年8月10日、「共和国」となったフランスで、ルーヴルは美術館として再生する。20世紀末には当時の大統領ミッテランの「グラン・ルーヴル計画」による大改築が行われ、イオ・ミン・ペイ設計によるガラスのピラミッドが中庭に誕生。21世紀の現在もなお、世界最大の美術館として成長を続けている。

ルーヴル宮
M ①⑦Palais Royal Musée du Louvre
住 Pyramide du Louvre 1er

ルーヴル美術館→P.188

王宮から世界最大の美術館となったルーヴル宮。エントランスは1989年に完成したガラスのピラミッド

© pyramide du Louvre, arch. I.M. Pei

エリア別ガイド 2　ルーヴルからオペラ地区

回廊に囲まれた中庭で優雅な散歩を
パレ・ロワイヤル

★★★　MAP 別冊 P.13-2C、P.25-2D

Palais Royal

パレ・ロワイヤル
Ⓜ ①⑦Palais Royal Musée du Louvre
住 8, rue Montpensier 1er
中庭
開 10〜3月　8:00〜20:30
　 4〜9月　 8:00〜22:30

都会の真ん中にありながらも、静かな空間を保つパレ・ロワイヤル

リヴォリ通りを挟んでルーヴル宮の北にあるパレ・ロワイヤル。その歴史は、1632年に枢機卿リシュリューが、ルイ13世の住んでいたルーヴル宮のそばに、自らの館を建設したことに始まる。1642年、リシュリューが亡くなり、彼の遺言から建物は王家に贈られ、その後、**王宮（パレ・ロワイヤル）**と呼ばれるようになった。

ルイ13世の死後、王妃アンヌ・ドートリッシュは、5歳でフランス王に即位したルイ14世を連れてパレ・ロワイヤルに移り住む。しかし間もなく貴族が王室に反旗を翻すフロンドの乱が起こり、幼いルイ14世は命からがらパリを脱出することになった。ルイ14世はこのときの恐怖体験からパリを嫌い、後にパリから離れたヴェルサイユに絶対王政の象徴である大宮殿を建設することになる。

ルイ14世がヴェルサイユ宮殿に移ると、パレ・ロワイヤルはその弟オルレアン公フィリップに引き継がれる。その後、中庭を囲む回廊は商店街に改装され、レストランやカフェ、流行の商店が並ぶようになった。敷地内は警察の立ち入りが禁止されていたので、革命家や娼婦のたまり場ともなる。フランス革命の最初のデモ行進が出発したのもここからだった。

現在のパレ・ロワイヤルは、そんな喧騒の歴史があったとは思えないほど静かな場所。木々の緑と花壇の花が美しく、ショッピングや観光の合間のひと休みにぴったりの落ち着いた空間だ。

南側の中庭には、ダニエル・ビュレン作の白黒ストライプの円柱形のオブジェが並ぶ。

映画のロケにもよく使われるパレ・ロワイヤルの回廊

ポル・ビュリー作の球体オブジェも目を引く

260本も並ぶストライプの円柱オブジェはパリっ子にも大人気の遊び場所

コルネイユやディドロが眠る教会
サン・ロック教会
★★　MAP 別冊 P.13-2C、P.25-2C
Eglise St-Roch

　サントノレ通りに面して建つ教会。歴史は古く、1653年、ルイ14世がまだ14歳だったとき、自ら教会の礎石を置いたという。建築家ル・メルシエが設計を担当するが、間もなく彼の死と資金難により、工事は中断。1706年、宝くじ販売によって資金ができてから再開された。財務官ローの寄付によって、屋根まで完成したのは1719年のこと。

　教会の奥行きは126mもあり、ノートルダム大聖堂に匹敵するほどの規模を誇る。内部では、豪華な装飾の施されたクーポール（丸天井）のある**聖母マリアの祭室**が見もの。ジュール・アルドゥアン・マンサールの作。

　正面の入口は、イエズス会様式に仕上げられたもの。18世紀、革命以前はパリで最もしゃれた教会だったという。そのせいか、ここに埋葬されることを望んだ著名人も多く、劇作家コルネイユ、ヴェルサイユの庭園を造園したル・ノートル、『百科全書』を著した文学者ディドロなどが眠っている。

サン・ロック教会
M ①Tuileries
　⑦⑭Pyramides
住 24, rue St-Roch 1er
開 8:30～19:00
URL www.paroissesaintroch.fr

マンサール作の聖母マリアの祭室はバロックの典型

ショパンやシャネルも住人だった
ヴァンドーム広場
★★　MAP 別冊 P.12-1B、P.24-2B
Place Vendôme

　チュイルリー公園からパレ・ガルニエに向かう途中にある、パリでも有数の美しさを誇るこの広場は、ルイ14世のために造られた。設計者のアルドゥアン・マンサールは、中央に王の騎馬像を据え、周囲には見事に調和の取れた建物を配した。王の騎馬像は革命時になくなり、ナポレオンはその跡にオステルリッツにおける三帝会戦の勝利を記念し、柱を建てた。柱に使われた青銅は、対戦国のひとつプロシア軍から奪った戦利品の大砲をつぶしたもの。頂上には、シーザーの姿でローマの方向を睨むナポレオン像がある。この柱は、パリコミューン下、文化大臣となった画家クールベの主唱で、倒されたこともある。

　その豪華な雰囲気にふさわしく、「ブシュロン」、「モーブッサン」、「ヴァン・クリーフ＆アーペル」など、老舗高級宝飾店が軒を連ねている。12番地は**ショパン最後の家**（現在は宝石店「ショーメ」→P.230)、13番地は司法省、15番地は第2次世界大戦時のパリ解放の際、ヘミングウェイが駆けつけて泊まり、カンボン通り側にはココ・シャネルが常客として住んでいた世界最高級のホテル「**リッツ・パリ**」（→P.361)だ。ダイアナ元英国皇太子妃が最後の食事を取ったホテルでもある。

ヴァンドーム広場
M ①Tuileries
　③⑦⑧Opéra

パリで最も豪華といわれる広場

エリア別ガイド 2　ルーヴルからオペラ地区

ギリシアの神殿を思わせる堂々たる教会
マドレーヌ教会
★★★　MAP 別冊 P.12-1B、P.24-2A
Eglise de la Madeleine

マドレーヌ教会
- ⓜ ⑧⑫⑭Madeleine
- 🏠 Pl. de la Madeleine 8e
- 🕘 9:30～19:00
- URL www.eglise-lamadeleine.com

所要時間は約30分。コンサート（有料）が行われることもあり、スケジュールはウェブサイトのMusiqueで確認できる。

ギリシア神殿のような様式美のマドレーヌ教会

コンコルド広場とパレ・ガルニエの間、パリの中心部に位置する教会。正面から見上げると、まるでアテネのパルテノン神殿のようだが、現役のカトリック教会で、大統領もここの教区民ということになる。

聖女マドレーヌの彫像が浮かび上がるかのように見える荘厳な祭壇

あまり教会らしくない造りになったのには、歴史的、政治的な理由がある。聖女マドレーヌ（マグダラのマリア）にささげる教会の建設が計画されたのは18世紀のこと。太陽王ルイ14世の曾孫であるルイ15世によって礎石が置かれ、建設が始まった。ところが建築家が相次いで他界するなど、何度も設計が変更されるうちにフランス革命が勃発、工事は中断してしまう。新たな形で建設の再開を指示したのは、皇帝となったナポレオンだった。基礎工事半ばで放置されている状態を見た彼は、「わが陸軍の栄光のシンボル」となる、古代ギリシア風の大殿堂を建設することを命じる。ナポレオン失脚後は、カトリックの教会に戻されたが、神殿スタイルはそのまま残ったというわけだ。

マドレーヌ教会の食堂でランチはいかが？

教会正面右側の壁沿いに行くと食堂がある。会員（年会費€9）なら€9、非会員は€18で前菜、メイン、デザートが食べられる。最初にレジで料金を支払ったら、好きな席に座ればいい。その日のメニューはレジに掲げてあるのでチェックしておこう。

Ⓡ フォワイエ・ド・ラ・マドレーヌ
Foyer de la Madeleine
- 📞 01.47.42.39.84
- 🕘 ㊊～㊎ 11:45～14:00
- URL www.foyerdelamadeleine.fr

『キリストの洗礼』の大理石像

幅43m、奥行き108m、高さ30m。堂々とした円柱が並ぶ正面から内部に入ると、外観からはとても想像できない、厳かな教会空間が広がる。3つのクーポール（丸天井）にうがたれた窓から差し込む淡い光は、祭壇奥に配された彫像『聖マグダラのマリアの歓喜』を包み込むかのようだ。入ってすぐ左にあるリュード作『キリストの洗礼』と合わせて見ておきたい。

教会でのコンサート

パリにはコンサートホール以外にも演奏を聴ける場所がある。サント・シャペル（→P.132）やサントゥスタッシュ教会（→P.135）、サン・ジェルマン・デ・プレ教会（→P.142）など多くの教会でコンサートが開かれている。宗教音楽にかぎらずクラシックを中心にピアノや室内楽、声楽曲など演目は多種多様。教会に張られたポスターやチラシをチェックしてみよう。歴史ある厳かな空間で聴く音楽は、最新のコンサートホールで聴くのとはまた違った感動があるだろう。ただ、ホールと違って暖房などはないので、冬は防寒のための対策をしっかりと！

町なかに張られた教会のコンサートのポスター（上）　マドレーヌ教会でもコンサートが開かれている（右）

風格ある音楽と舞踊の殿堂
パレ・ガルニエ（ガルニエ宮）

★★★　MAP 別冊 P.13-1C、P.24-1B

Palais Garnier

19世紀後半、ナポレオン3世は大規模なパリの都市改造計画を打ち出し、ルーヴル宮の北、商業、金融、ビジネスの中心だった地区に、貴族や資産家の社交場としてオペラ座の建設を命じた。1861

オペラ大通りの突き当たりに燦然と輝く

年、設計コンクールで選ばれた36歳の**シャルル・ガルニエ**は、多彩な表現を取り入れ、皇帝の好みに応えて「ナポレオン3世スタイル」を試み、1875年に完成した。

　正面玄関は荘重で、王冠を抱いたような丸天井の頂に、竪琴を持つアポロンが見える。内部入口の大階段は、モザイク装飾の天井や大理石に覆われ、波のような優雅な曲線を描きながら迎えてくれる。

シャガールの天井画『夢の花束』が夢の世界へと誘ってくれる

　赤と金で飾られたバルコニーをもつ2000席余りの大観客席。見上げると、1964年にシャガールが手がけた**天井画**があり、オペラの祭典が描写されている。中央に重々しく輝いているのは、8tのシャンデリア。地下の水槽、事故のあったシャンデリア、重い緞帳の奥に広がる舞台裏の迷路などが、『オペラ座の怪人』の物語を生んだ。ファントム専用の席「2階5番ボックス席」も存在する。オペラ・バスティーユ（→P.139）の誕生により、パレ・ガルニエはバレエを中心に上演する劇場となった。それでも、やはりオペラはガルニエで観たいと望むファンの声に応えて、一部オペラが上演されている。

パレ・ガルニエ
M ③⑦⑧Opéra
住 Pl. de l'Opéra 9e
開 10:00〜16:30
（昼公演のある日は〜13:00）
料 €14、12〜25歳€10
休 1/1、5/1、12/25
　特別公演のある日
URL www.operadeparis.fr
所要時間は約1時間。オーディオガイド（日本語あり）は約1時間の内容で€5。

公演チケットの取り方→P.224

豪華絢爛なフォワイエ

ファントム専用の「2階5番ボックス席」は、小窓から部屋の様子をのぞくことができる

Column Pause Café
パレ・ガルニエでおみやげを

美術館にミュージアムショップがあるように、パレ・ガルニエにも関連グッズを販売するブティックがある。広々とした店内には、バレエやオペラに関する書籍やDVD（パソコンでのみ再生可能）、グッズがずらり。ダンサーの写真集、バレエ用品のほか、季節によっては、劇場の屋根で採集されたハチミツも買える。
営 10:00〜19:30（公演のある日は上演が終わるまでオープン）
URL boutique.operadeparis.fr

貴重なパレ・ガルニエ産のハチミツ（上）
バレエ用品からインテリアグッズまで、品揃え豊富（右上・右下）

エリア別ガイド 2　ルーヴルからオペラ地区

3000年に及ぶ香水の歴史をたどる
香水博物館

★★ MAP 別冊 P.24-1A
Musée du Parfum

香水博物館
- Ⓜ③⑦⑧Opéra ®Ⓐ Auber
- 🏠 3-5, square de l'Opéra Louis Jouvet 9e
- 🕐 9:00～18:00
  （入場は17:00まで）
- 休 ® 無料
- URL musee-parfum-paris.fragonard.com

博物館内はガイド付き（仏・英語）でのみ見学可能。予約は不要で、訪問順にガイドが付いて案内してくれる。1名からOK。所要約30分。

香水講座
- 🕐 ⊕ 10:00～（仏語）
       13:00～（英語）
- 料 €95
- 予約 ウェブサイトから要予約

「オルガン」と呼ばれる調香師のテーブル

パルフュムリー・フラゴナールは、南仏の町グラースにある1926年創業の香水メーカー。その名前は、フランス宮廷の調香師を父にもったグラース出身の偉大な画家、フラゴナールにちなんでつけられた。

もともとパリのパレ・ガルニエ近くにふたつの香水博物館があったが、2015年9月、新たに3つ目の博物館がオープン。古代エジプトから現代まで、3000年に及ぶ香水の歴史を語るコレクションの数々を公開している。かつては劇場としてにぎわい、その後はサイクリング場にも使われていたという19世紀後半の歴史的建造物を2年以上かけて改装した博物館は、造りもユニークな香りの館。展示品は花や果実から抽出されたエッセンス、100年以上前のアランビック（蒸留装置）、時を経て形状や材質が変化してきた香水瓶のコレクションなど幅広く、昔から人々の暮らしを彩ってきた「香り」の魅力に触れることができる。

博物館併設のブティックではフラゴナールの商品が豊富に揃い、なかでも充実している香水、オー・ド・トワレを試しながらゆっくり選べる。日本語パンフレットが用意されているのもうれしい。また、土曜には香水講座も開催している（仏・英語）。

見学の最後にはブティックで商品の詳しい説明も受けられる。ブティックのみの利用もでき、その場合は直接ブティックへ

ありとあらゆる分野の著名人が勢揃い
グレヴァンろう人形館

★★ MAP 別冊 P.13-1D
Grévin

グレヴァンろう人形館
- Ⓜ⑧⑨Richelieu Drouot
     ⑧⑨Grands Boulevards
- 🏠 10, bd. Montmartre 9e
- 🕐 月～金 10:00～18:00
     ⊕ⓈS 9:30～19:00
     （月によって異なる）
     （入場は閉館の1時間前まで）
- 休 無休
- 料 €24.50、
     5～15歳€18.50
     パリ・ヴィジット所有者は
     25％割引（→P.76）
- URL www.grevin-paris.com

どこに誰がいるか探すのが楽しい

パッサージュ・ジュフロワ（→P.50）内にある、パリ唯一のろう人形館。1882年創業、130年以上の歴史を誇る。入ってすぐの音と光によるスペクタクル「蜃気楼の宮殿Palais des Mirages」は、1900年のパリ万博に展示されていたもので、1906年からグレヴァンろう人形館内に設置されている。

フランスの歴史を彩ってきた国王から現代の政治家、世界中の有名芸術家、スポーツ選手、ミュージシャン、映画俳優、フレンチシェフまで、あらゆる分野の著名人がろう人形となって飾られており、その数300体以上。毎年4～6体ずつ新しいろう人形が増えている。間近で見ても本物と見間違うほどのリアルさで、大人も子供も時間を忘れて楽しめる。

スターと記念写真を撮りまくり！

『星の王子さま』やバンド・デシネと呼ばれるフランスの漫画のキャラクターのろう人形も展示されている

チョコレート好きは必見！
チョコ・ストーリー・パリ

★ MAP 別冊 P.13-1D
Choco Story Paris

チョコレートを食べるのはもちろん好きだけど、その奥深い世界をもっと知りたい！ そんなファンのために、チョコレートをあらゆる角度から紹介する博物館がある。ベルギーの大手メーカー、ベルコラード社が運営する博物館で、まさにチョコ尽くし。地上階では、約4000年前に起源をもつチョコレートの歴史、カカオ豆を砕くための用具やカップのコレクションを展示。さらに地階では、チョコレート作りのデモンストレーション、そして試食へと続く。さりげない入口からは想像できないくらい規模が大きく、見応え十分。ブティックもあり、オリジナルグッズをおみやげにしてはいかが？

チョコレートでできた凱旋門
©Musee Gourmand Chocolat

チョコ・ストーリー・パリ
Ⓜ ⑧⑨Bonne Nouvelle
　④⑧⑨Strasbourg St-Denis
住 28, bd. de Bonne Nouvelle 10e
開 10:00〜18:00
　（入場は17:00まで）
休 1/1、12/25
料 €12、
　学生と65歳以上€10
URL www.museeduchocolat.fr

エリア別ガイド 2

ルーヴルからオペラ地区

チョコレートにまつわるさまざまな用具が展示されている

チョコグッズの揃うブティック

Column / Pause Café
パリに凱旋門はいくつある？

「凱旋門 Arc de Triomphe」とは戦勝を記念して造られた門のことで、その歴史は古代ローマにまで遡る。パリでいちばん有名な凱旋門といえば、シャンゼリゼ大通りにある「エトワールの凱旋門」（→P.102）だろう。なんとパリにはこの有名な凱旋門のほかに3つの凱旋門がある。
　ルーヴル宮の西にある「カルーゼル凱旋門」（→P.111）、ルイ14世がネーデルラント連邦共和国とのライン川での戦いの勝利を記念した「サン・ドニ門」（MAP 別冊P.14-1A）、ルイ14世のフランシュ・コンテでの戦勝を記念した「サン・マルタン門」（MAP 別冊P.14-1A）。この3つに「エトワールの凱旋門」

を足した計4つの凱旋門がパリにはある。
　1989年にはラ・デファンス（→P.170）のカルーゼル凱旋門とエトワールの凱旋門を結ぶ延長線上に、グランド・アルシュが造られた。日本では「新凱旋門」と呼ばれたが、こちらはその名の示すとおり大きな門であって、凱旋門ではないのでご注意を。

エトワールの凱旋門（上） カルーゼル凱旋門（右）

かつてパリを囲んでいた城壁の跡地に立つサン・ドニ門（上左） サン・ドニ門から200mほど東にあるサン・マルタン門（上右） 屋上に上がることもできるグランド・アルシュ（左）

Area 3
エッフェル塔界隈
Tour Eiffel

見逃せない観光スポット

エッフェル塔 ★★★ P.120
シャイヨー宮 ★★★ P.123
シャン・ド・マルス公園 ★★ P.123
市立近代美術館 ★★ P.208
ロダン美術館 ★★ P.209
アンヴァリッド ★★ P.124
ケ・ブランリー・ジャック・シラク
　　　　　　　　　美術館 ★★ P.207

交通メモ
エッフェル塔の最寄り駅はⓂ⑥Bir Hakeim、もしくはⓇⒸChamp de Mars Tour Eiffel。Ⓜ⑥⑨Trocadéroで下車、シャイヨー宮からイエナ橋を渡っていくのもいい。

グルメ
シャイヨー宮内の博物館のカフェなど、エッフェル塔の眺望が自慢の店がいくつかある。エッフェル塔にもレストランがあり、パリの町を見下ろしながら美食を楽しめる。

ショッピング
スイーツ好きなら、チョコレートなどの名店が集まるサン・ドミニク通りへ。
[ショッピングスポット]
サン・ドミニク通り　P.337

夜と治安
エッフェル塔は深夜まで開いており、人通りも多いので、安心して夜景を楽しめる。ただし、エッフェル塔近くは、スリが多いので気をつけよう。

トイレ
シャイヨー宮、エッフェル塔、パリ日本文化会館には無料のトイレがある。

📷 フォトジェニックスポット 4

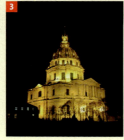

❶撮影スポットが多数あるエッフェル塔だが、広がりのある写真ならシャン・ド・マルス公園から撮るのがおすすめ。平和の壁を挟んで撮ると、ユニークな構図になる　❷初夏の頃にパリに行くなら、バラが満開のロダン美術館を見逃さないで。『考える人』のアングルに工夫を　❸ナポレオンが眠るアンヴァリッドのドーム教会は、穴場の夜景撮影スポット　❹アルマ橋のたもとにあるモニュメント「自由の炎」は、エッフェル塔をバックにした人気の自撮りスポット

どんなエリア？ 観光客で絶えずにぎわうエッフェル塔周辺は、最も人気のあるフォトスポット。一帯はパリ万博の会場となった建物が残る歴史地区で、対岸に建つシャイヨー宮は、現在は博物館、レストランが入り、昔も今も人が集まる活気あるエリアだ。

MAP 別冊P.10-2B〜P.11-3D、P.12-3A

モデルプラン

所要 約6時間

エッフェル塔を満喫したあとは、ナポレオンが眠るアンヴァリッドと周辺を散策。

1. シャイヨー宮 → 徒歩約8分
2. エッフェル塔に上る → 徒歩約10分
3. シャン・ド・マルス公園から写真撮影 → 徒歩約10分
4. アンヴァリッド見学 → 徒歩約10分
5. 「キャラメル・パリ」でティータイム → 徒歩約1分
6. サン・ドミニク通り散策

エッフェル塔界隈の歩き方

トロカデロ広場から歩き始め、いろんな場所からエッフェル塔の眺めを楽しもう。セーヌ川を渡って塔に上ったあとは、シャン・ド・マルス公園からの眺望を堪能。アンヴァリッド周辺では、グルメな散歩も。

金色に輝く「自由の炎」

投稿　「自由の炎」はアメリカから贈られたものだそう。ダイアナ妃の事故現場に近いこともあって、写真やお花が飾ってありました。エッフェル塔を入れて撮った炎の写真はSNSでイイネをもらいました！　（群馬県　Luca '19）

パリの顔となった鉄の塔
エッフェル塔

★★★　MAP 別冊 P.11-3C

Tour Eiffel

エッフェル塔
- M ⑥Bir Hakeim
  ⑥⑨Trocadéro
- © Champ de Mars Tour Eiffel
- 住 5, av. Anatole France 7e
- 開 8/30～6/12 9:30～23:45
  （入場は23:00まで。最上階へのアクセスは22:30まで。階段は～18:30）
  6/13～8/29 9:00～24:45
  （入場は23:30まで。最上階へのアクセスは23:00まで。階段は～24:30）
- 休 無休
- 料 2階まで（階段）
  €10.40、
  12～24歳€5.20、
  4～11歳€2.60
  2階まで（エレベーター）
  €16.60、
  12～24歳€8.30、
  4～11歳€4.10
  最上階まで（エレベーター）
  €25.90、
  12～24歳€13、
  4～11歳€6.50
  最上階まで（階段＋エレベーター）
  €19.70、
  12～24歳€9.80、
  4～11歳€5
- Wi-Fi
- URL www.toureiffel.paris
  （日本語あり）

エレベーターを使うか階段を上るかによるが、所要時間は約2時間。天候状況などにより、最上階まで上がれないこともある。

ウェブサイトで予約
日時指定のチケットをオンライン予約（エレベーター利用のみ）すると時間の節約になる。予約した場合は指定日時に「Avec Billet（チケットあり）」、「Avec Réservation（予約あり）」の入口に行くこと。

エッフェル塔のレストラン
1階と2階にはレストランがあり、すばらしい眺望と一流の味を楽しめる。予約はウェブサイトから。
- URL www.restaurants-toureiffel.com
- R サンカンテュイット・トゥール・エッフェル 58 Tour Eiffel
- 営 11:30～16:30、18:30～21:00（夜は要予約）
  ※2020年3月現在、改装工事で閉店中。
- R ル・ジュール・ヴェルヌ Le Jules Verne
- 営 12:00～13:30
  18:00～21:30（要予約）
- 休 7/14の夜
- 料 ムニュ€135（平日の昼のみ）、€190、€230

エッフェル塔のないパリの町を想像できるだろうか。今や、パリのイメージを最も代表するこの塔は、建設当時は大変なスキャンダルを巻き起こした。

19世紀末、フランス革命100周年を記念して、パリ万国博が開催された。折しも産業革命の高揚期にあり、目前に迫る20世紀のハイテクのシンボルとして、鉄の記念碑を建てようと、あまたの案のなかからギュスターヴ・エッフェルの設計案が採用される。ところが、パリの町にグロテスクな鉄の塊を建てることへの反発は予想以上に激しく、著名人たちの猛反発にあって工事は中断。それでもほかに代案がなく、20年の存続期限を定めて工事が再開された。わずか26ヵ月の突貫工事で、かろうじて間に合い、1889年5月6日に公式にオープンした。

当初、賛否両論だったエッフェル塔に対するパリの世論は、20年の歳月の間にしだいに風化していった。20年目の1909年には、パリ市議会により、いったん取り壊し決議がなされた。しかし、相前後して発明された無線通信に利用価値があるとわかり、1910年、大西洋を越えてアメリカ大陸との交信に成功するや、存続が決定的になった。

塔の最上階からパリ市街を360°見渡す大パノラマは圧巻だ。おのぼりさんと言われようが、必ず塔の最上階まで上ってみたい。エレベーターで最上階まで昇れるが、体力のある人は階段で上ってみるのもおもしろいだろう。

どこから見ても美しい「鉄の貴婦人」

エッフェル塔は夜景も見逃せない。通常のライトアップのほか、毎正時に約5分間、塔全体が点滅してキラキラと輝く

塔内や塔の下にはおみやげショップもある（→P.122）

数字で見るエッフェル塔の基本情報
年間訪問者数：約700万人（うち75%が外国人）
総重量：1万100t
建設費：780万フラン（当時の通貨）
投光器（ナトリウム灯）：336個
電球：2万個（日没後〜翌1:00の毎正時に5分間点灯）
エレベーターの数：地上から2階まで5基（うち1基はレストラン「ル・ジュール・ヴェルヌ」専用、1基は荷物用）、2階から最上階まで2基
エレベーターの速度：秒速2m
塗装用ペンキの量：60t（7年ごとに塗り替え）

エリア別ガイド3

エッフェル塔界隈

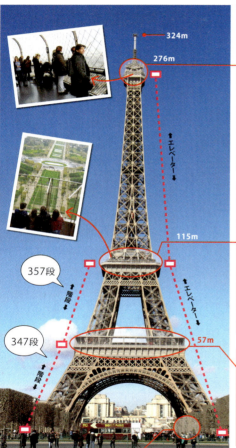

最上階 Sommet
最上階の展望台へはエレベーターで。グラスシャンパンを楽しめるシャンパンバー「バー・ア・シャンパーニュ Bar à Champagne」がある。

🕙 10:15〜22:15
💶 €13〜22

パリの主要モニュメントが見晴らせる

2階 2e étage
1階からはエレベーターか階段で。高級レストラン「ル・ジュール・ヴェルヌ」（→P.120）へは、地上から専用エレベーターで行くことができる。マカロンバー「バー・ア・マカロン Bar à Macaron」もある。

シャイヨー宮（→P.123）の眺め

1階 1er étage
スリル満点の自撮りスポット「ガラスの床」や、イベントホールなどのアメニティがある。

エッフェル塔の下にはエッフェル塔の設計者ギュスターヴ・エッフェルの像が置かれている。彫刻家ブールデルによる作品

エッフェル塔の周りにはテロ対策のため、柵と高さ約3mの防弾ガラスの壁が設置されている。塔の下へは誰でも入れるが、保安検査を受ける必要があり、行列ができるのでご注意を

Profitez bien de la Tour Eiffel

パリのシンボル
エッフェル塔のおみやげ&おすすめ撮影スポット

パリらしいおみやげの代表、エッフェル塔グッズをゲットしたり、
いろいろな場所からカメラに収めたり、
自分だけのエッフェル塔の思い出を作ろう。

エッフェル塔モチーフのおみやげを探す

パリに来たら、やっぱりひとつは買いたいエッフェル塔モチーフのグッズ。エッフェル塔内のオフィシャルショップには、ポストカードからテーブルウエア、ジュエリーまで多種多彩のグッズが。規模は小さいものの、塔の下にも公式ショップがある。上る時間のない場合でも、のぞいてみては。

エッフェル塔を撮る!

エッフェル塔は324mの高さをもつ塔だけあって、いろいろな場所から見ることができ、撮影スポットのバリエーションが豊富。エッフェル塔を写真に収めるベストスポットは、セーヌ川対岸のトロカデロ庭園Jardin du Trocadéro。そして、シャイヨー宮 (→P.123) のテラスからの眺めはまさに絵はがきそのものだ。見る位置によって印象が変わるので、近くから遠くから、さまざまな表情のエッフェル塔を撮ってみよう。季節にもよるが、午前中はシャン・ド・マルス公園側から、午後ならトロカデロ広場側から撮ると順光に。

❶ オブジェ €8～
❷ コンパクトミラー €9.99
❸ ピンバッジ €3.95
❹ 消しゴム €3
❺ マグネット €4.50

エッフェル塔の周辺スポット

パリでは遊園地などにかぎらず、駅前や広場、公園などにメリーゴーラウンドが設置されている。エッフェル塔側のイエナ橋のたもと(Ⓒ)と、セーヌ川を渡ったトロカデロ庭園側(Ⓔ)の2ヵ所にある。エッフェル塔の見え方が微妙に異なるので、乗り比べしてみても。

また、エッフェル塔の正面に位置するトロカデロ庭園には1万匹以上の魚がいるアクアリオム・ド・パリがあり、市民に親しまれている。

◆アクアリオム・ド・パリ Aquarium de Paris
MAP 別冊P.11-2C Ⓜ⑥⑨Trocadéro
住 5, av. Albert de Mun 16e 開 10:00～19:00 (入場は18:00まで。⊕～22:00 入場は21:00まで)
休 7/14 料 €20.50、13～17歳と学生と60歳以上€16 URL www.cineaqua.com

シャイヨー宮とアクアリオム・ド・パリのエントランス

Ⓐ シャイヨー宮からスタートがおすすめ　Ⓑ シャン・ド・マルス公園から撮ると、空の青と芝生の緑が鮮やか　Ⓒ メリーゴーラウンドと一緒に　Ⓓ ビル・アケム橋の上からジャンヌ・ダルク像と

122

ダイナミックな景観を堪能できる
シャイヨー宮
★★ MAP 別冊 P.10-2B
Palais de Chaillot

1937年のパリ万国博時に建設された建物で、大きく翼を広げたような形が特徴だ。アゼマ、ボワロー、カルリュによって設計された。セーヌ川に面した側には広いテラスがあり、アンリ・ブシャール作の『アポロン』などのブロンズ像が並ぶ。シャイヨー宮の内部は、1200席を有するシャイヨー劇場（→P.228）と、下記の3つの博物館で構成されている。

建築・文化財博物館
Cité de l'Architecture et du Patrimoine

フランス各地に残る中世建築の鋳造複製品、近現代建築の模型などを展示。中世以降のフランスの建築美術を、空間を体験しながら鑑賞できるようになっている。

実物大で再現された中世建築

人類博物館 Musée de l'Homme

2500m²という広大な展示スペースを使い、人類の進化、文明に関する多彩な資料を展示している。1階のレストラン「カフェ・ド・ロム」（→P.266）、館内にあるカフェテリアは、エッフェル塔を間近に眺めるパノラマスポットでもある。

大人から子供まで楽しめる

海洋博物館 Musée National de la Marine

海と船の好きな人におすすめの博物館。船とその模型、海に関する絵画など、1000点以上のコレクションを展示している。

シャイヨー宮
M ⑥⑨Trocadéro
住 1, pl. du Trocadéro et du 11 Novembre 16e

『アポロン』と壁面上部にはポール・ヴァレリーの言葉が金文字で装飾されたシャイヨー宮

建築・文化財博物館
→P.214

人類博物館
M ⑥⑨Trocadéro
住 17, pl. du Trocadéro 16e
開 11:00〜19:00
休 1/1、5/1、7/14、12/25
料 €10
URL www.museedelhomme.fr

海洋博物館
URL www.musee-marine.fr/paris
※2020年4月現在、改装工事のため閉館中。

エッフェル塔の下に広がる憩いの場
シャン・ド・マルス公園
★★ MAP 別冊 P.11-3CD
Parc du Champ de Mars

エッフェル塔の下から旧陸軍士官学校まで続く24.5haの公園。マルスとは、ローマ神話に登場する火星の神、かつ軍神のこと。シャン・ド・マルスとは「軍神の野」という意味。かつては耕作地として利用され、パリで最初にジャガイモが植えられたのはここだった。18世紀には兵学校が建ち、練兵場として利用されたことでそう呼ばれるようになった。

現在では芝生が広がり、パリ市民や観光客の憩いの場となっている。公園の南東には2000年のミレニアムイベントで造られたモニュメント、**平和の壁 Mur pour la Paix**があり、ガラスの間にエッフェル塔がすっぽりと入って見える。

シンメトリーが美しい

シャン・ド・マルス公園
M ⑧Ecole Militaire

「平和の壁」越しにエッフェル塔が見える

黄金のドームの下にナポレオンが眠る

アンヴァリッド

★★ MAP 別冊 P.12-3A

Hôtel des Invalides

アンヴァリッド
- Ⓜ ⑧La Tour Maubourg ⑬Varenne
- 住 Esplanade des Invalides 7e

軍事博物館、ドーム教会（ナポレオンの墓）
- 開 4〜10月 10:00〜18:00（4〜9月の㊋は〜21:00、ドーム教会は7・8月は〜19:00）
11〜3月 10:00〜17:00（入場は閉館の30分前まで）
- 休 1/1、5/1、12/25
- 料 €12、パリ・ヴィジット所有者は20％割引（→P.76）
- バス ミュージアム・パス使用可（→P.183）
- URL www.musee-armee.fr（日本語あり）

所要時間は約1時間。博物館の入場券でドーム教会にも入場可。

セーヌ川沿いの散歩道
オルセー美術館前からアルマ橋Pont de l'Almaまでのセーヌ河岸が「パルク・リヴ・ド・セーヌParc Rives de Seine」という遊歩道になっている。カフェやバー、スポーツ施設、遊具などが設置された多目的娯楽スペースで、子供から大人まで楽しめるスポットだ。天気のいい休みの日ともなると多くの家族連れが繰り出し、にぎわっている。
MAP 別冊P.11-2D、P.12-2AB

セーヌ左岸をゆったり散歩

アンヴァリッドは、ルイ14世が負傷廃兵の収容施設として建てたもので、「廃兵院」と訳されている。現在は、ナポレオンの墓所があることで有名だ。

黄金色に輝く**ドーム教会 Eglise du Dôme**はルイ9世の遺体を安置するために建てられたもので、マンサールの設計により1706年に完成。この教会の地下祭室中央が、ナポレオン1世の墓所となっている。緑色の花崗岩でできた台座の上に、赤い斑岩製の棺が置かれ、堂々たる墓所だ。地下に下りる入口には、有名なナポレオンの遺言が刻み込まれている。「余は、余がかくも愛したフランスの市民に囲まれて、セーヌ川のほとりに憩うことを願う」。

アンヴァリッドの一角には**軍事博物館Musée de l'Armée**もあり、13世紀から第2次世界大戦までの武器や装飾品など、貴重な軍事コレクションを展示している。膨大な所蔵数を誇り、ナポレオンやフランスの歴史に興味のある人は必見だ。チケット売り場の横にあるインフォメーションではナポレオンの帽子を模した紙製の帽子をもらえるので、被って見学するのも楽しい。

金色に輝く屋根が目を引くドーム教会（上）　その地下祭室に安置されたナポレオンの棺（下）

「栄光の中庭」と呼ばれる中庭に置かれた大砲（上）
ナポレオン1世の馬に使われていた美しい装飾の鞍（下）

Column Pause Café

パリの自由の女神

アメリカのシンボル、自由の女神像。ニューヨークに立つこの女神像は、アメリカ独立100周年を記念してフランスから贈られたもの。1865年にその寄贈が発案され、資金難に陥りながらも、1886年にアメリカへ贈られた。彫刻家バルトルディによる作で、エッフェル塔の設計者ギュスターヴ・エッフェルも制作に関わっている。制作途中の1878年のパリ万博では資金集めの一環として女神像の巨大な頭部が展示され話題になった。

パリにも自由の女神像があり（→P.143）、セーヌ川の中の島の遊歩道、白鳥の小径の西端に立つ自由の女神像（MAP 別冊P.16-1B）はフランス革命100周年、1889年のパリ万博の際にパリに住むアメリカ人から贈られたもの。アメリカからの返礼と友好の証として贈られたこのセーヌ川の女神像は、今日もはるかニューヨークの方角を見つめている。

セーヌ河畔に立つ自由の女神

ダイアナ元英皇太子妃をしのぶ
自由の炎
★ MAP 別冊 P.11-2C
Flamme de la Liberté

エッフェル塔をバックに撮れる人気の撮影スポット

自由の炎
- Ⓜ⑨Alma Marceau
- 🏠Pl. de l'Alma 8e

セーヌ川に架かるアルマ橋Pont de l'Almaのたもとの広場にあるモニュメント。フランスとアメリカの友好を記念し、1987年にアメリカから贈られたもので、自由の女神(→P.124)の「トーチの炎」部分の原寸大のレプリカとなっている。

1997年8月31日、このモニュメントの下のトンネルで、ダイアナ元英皇太子妃を乗せた車がパパラッチに追われ、事故を起こした。この事故により彼女は36歳という若さで亡くなり、多くの人が自由の炎へ献花に訪れた。没後20年以上経った現在でも彼女をしのぶ場所となっており、メッセージボードや花が置かれ、彼女の死を悼む人の訪問は絶えない。

自由の炎の足元には今でもダイアナ妃へのメッセージが

パリの地下世界
下水道博物館
★ MAP 別冊 P.11-2D
Musée des Egouts

下水道博物館
- Ⓜ⑨Alma Marceau
- 🚌ⒸPont de l'Alma
- 🏠Pont de l'Alma, 7e
- ※2020年4月現在、改装工事のため閉館中。

パリの下水道の歴史は古く、19世紀、ナポレオン3世の時代に遡る。オスマン知事による大々的な都市計画によって、パリが近代都市として形づくられた時代だ。下水道もその一環として改造され、セーヌ川が汚染されないように、巨大なネットワークが市内に巡らされた。パリの下水は、支管を流れ、いったん集められて浄化された後、セーヌ川に排出される。

下水道博物館では、リュテティア(→P.60)から現代までの下水道の歴史を学ぶことができる。ユゴーの小説『レ・ミゼラブル』で主人公ジャン・バルジャンが逃げたパリの下水道の世界を体験してみよう。

地下500mの博物館

Column Pause Café — 日仏文化交流の中心

メトロ⑥号線に乗っていると、エッフェル塔の横にガラス張りの近代的な建物が見えてくる。それが「パリ日本文化会館」だ。1997年に日本文化を紹介する目的で設立された。大小ホール、図書館、茶室などがあり、床面積延べ7500m²、地下を含め全11階建ての建物。能などの伝統芸能のほか、現代演劇、舞踏公演、日本文化関連のシンポジウムが行われる。

エッフェル塔界隈での無料トイレスポットとして覚えておくのも役立つだろう。

おにぎりなど軽食も販売している

◆パリ日本文化会館
Maison de la Culture du Japon à Paris
- MAP 別冊P.10-3B Ⓜ⑥Bir Hakeim
- 🏠101bis, quai Branly 15e 🕐12:00〜20:00
- 休 ⑨ ⑭、12月下旬〜1月上旬 入館のみなら無料 URL www.mcjp.fr(日本語あり)

Area 4
シテ島からマレ、バスティーユ
Ile de la Cité ~ Le Marais, Bastille

見逃せない観光スポット

- ノートルダム大聖堂★★★ P.128
- サント・シャペル★★★ P.132
- ポンピドゥー・センター★★★ P.134
- サン・ルイ島★★★ P.133
- ヴォージュ広場★★★ P.136
- ピカソ美術館★★★ P.204
- バスティーユ広場★★ P.139
- コンシェルジュリー★★ P.132

🚇 交通メモ
Ⓜ④Citéがノートルダム大聖堂の最寄り駅。マレ地区の散策はⓂ①St-Paulから始めるといい。Ⓜ①④⑦⑪⑭Châteletは多くの路線が乗り入れ、出口を見つけるのに苦労することも。初めてなら避けたほうが無難。

🍴 グルメ
マレ地区にはおしゃれなカフェやレストランが多数ある。ユダヤ料理の店が多いのも特徴（→P.138）。サン・ルイ島名物「ベルティヨン」のアイスクリームはぜひ試したい。

🛍 ショッピング
ショッピングセンターの「フォーロム・デ・アール」、フラン・ブルジョワ通りの店の多くは日曜も営業していて便利。
[ショッピングスポット]
- フォーロム・デ・アール P.135、P.349
- フラン・ブルジョワ通り P.298
- ランビュトー通り P.334

🌙 夜と治安
人通りの多いエリアなので、夜も比較的安心して歩ける。「フォーロム・デ・アール」とポンピドゥー・センターの間は、少し雰囲気がよくない一画もあるので、早足で歩きたい。

🚻 トイレ
ポンピドゥー・センターのトイレは無料で使える。「フォーロム・デ・アール」にも有料だがトイレがある。

ストリートアート巡り

📩投稿 マレ地区では、モザイクで作られた「インベーダー」などストリートアート探しが楽しいです。
（愛知県 楓 '19）

📷 フォトジェニックスポット 4

❶セーヌ川に浮かぶサン・ルイ島。遊覧船からベストショットを狙ってみては ❷大規模なリニューアルで生まれ変わったショッピングセンター「フォーロム・デ・アール」。曲線を多用した建築は、アングル次第でおもしろさアップ ❸れんがをあしらった館に囲まれたヴォージュ広場は、季節によって趣が変わる ❹ポンピドゥー・センターにある池は、ニキ・ド・サンファルやティンゲリーの作品で彩られたカラフルスポット

どんなエリア？ ノートルダム大聖堂の建つシテ島は、紀元前3世紀に遡るパリ発祥の地。マレ地区は豪奢な中世貴族の館と個性的なブティックで彩られた、散策が楽しい人気の地区だ。シテ島から右岸に渡った西側は、フォーロム・デ・アールを中心にした近代的な商業地区となっている。

シテ島、サン・ルイ島の歩き方

シテ島はノートルダム大聖堂から歩き始めるといい。ステンドグラスが見事なサント・シャペルも島内にある。サン・ルイ橋を渡ってサン・ルイ島に入ったら、サン・ルイ・アン・リル通りを散策。

マレ、バスティーユの歩き方

範囲は広いが、魅力的な場所が多く歩き飽きることがない。バスティーユ広場、ヴォージュ広場、フラン・ブルジョワ通りを散策したあとは、ポンピドゥー・センターを見学。「フォーロム・デ・アール」も歩いてすぐだ。

127

再建が待たれる
ノートルダム大聖堂
Cathédrale Notre-Dame de Paris

★★★ MAP 別冊 P.13-3D、P.26-3B

ノートルダム大聖堂
M ④Cité
住 6, parvis Notre-Dame 4e

※2019年4月15日の火災により大聖堂の一部が消失し、2020年4月現在閉鎖中。再開時期は未定。

ノートルダム大聖堂略史
1163 建設開始
1239 聖ルイ王が聖遺物「茨の冠」をエルサレムから持ち帰る
1793 ファサードの一部が破壊される
1804 ナポレオン1世が戴冠式を行う
1845 ヴィオレ・ル・デュックによる修復開始
2013 創建850周年を記念し、9つの鐘が付け替えられた
2019 火災で屋根と尖塔を焼失
2020 修復工事が進められる

フランス国民の心の拠りどころでもある貴重な歴史遺産

パリ発祥の地、シテ島に建つゴシック様式の大聖堂。フランス中世文化の美しい結晶であり、当時の豊かな精神文明に触れることのできる、至宝ともいえる建築物だ。「ノートルダム（われらの貴婦人）＝聖母マリア」にささげられたもので、荘厳な建築はもとより、彫刻やステンドグラスにおいても美術史上重要な位置を占めている。

建設が始まったのは1163年。もともとここには「サンテティエンヌ」という名の古い教会があったのだが、首都によりふさわしい建造物をと望んだ、パリ司教モーリス・ド・シュリーの決断によって、壮大なスケールの大聖堂が建設されることになった。モデルにしたのは、ゴシック建築のさきがけとなった、パリ近郊にあるサン・ドニ・バジリカ大聖堂。ラテン十字を基本とした平面プラン（→P.130）、33mの高さをもつ天井の重力を吸収させるためのリブ・ヴォールトやフライング・バットレ

Column Information

ノートルダムの鐘

1831年に刊行され、今ではミュージカルや映画、ディズニー作品としても親しまれている『ノートルダムの鐘（原題ノートルダム・ド・パリ）』。あらすじを簡単に紹介しよう。
ノートルダム大聖堂の司教補佐フロロは、前庭で踊る娘エスメラルダを見そめ、鐘撞き男カジモドに彼女を誘拐させようとする。しかし、彼女は近衛隊長フェビュスに恋してしまい、嫉妬したフロロはフェビュスを殺害、その容疑がエスメラルダにかけられる。彼女を愛するカジモドは大聖堂にかくまい助けようとするがかなわず、物語は悲劇的な結末を迎える。
2019年4月の火災により、現在、鐘のある塔に上ることはできない。再び鐘の音が響き渡る日を待ちたい。

ヴィクトル・ユゴーの代表作のひとつ

エスメラルダへの思いを胸に秘めたカジモド

火災で失われた屋根全体を現在再建中

ノートルダム大聖堂の修復工事
2019年4月の火災を受けて、マクロン大統領は「5年で再建する」と明言。焼け落ちた屋根のデザインを広く公募するなど、修復計画が具体的に進んでいる。ただ、焼失した尖塔を再建するかどうか。膨大な資材の調達など、さまざまな問題があり、再建までどのくらいかかるか、見通しは立っていない。

ス（→P.131）など、ゴシックの高度な技術を駆使して建設を進め、最終的な工事が終了したのは14世紀初めのこと。奥行き100mを超えるスケールはもちろんのこと、3つのバラ窓を含む見事なステンドグラス、繊細なレリーフや彫刻が刻み込まれた傑作が誕生した。なかでもふたつの塔を左右に据えた西側正面のスタイルは、その後、フランスのゴシックの典型ともなった。

破壊と再生の歴史を経て

何世紀にもわたって信仰の中心となったノートルダム大聖堂だが、18世紀になると、美観を損なう改築が行われるなど、老朽化と相まって、もとの美しさが失われていく。さらに、フランス革命勃発時には、彫像が破壊されるなど多大な被害を受けて、衰退の一途をたどった。しかしその後、1804年にナポレオンがここで戴冠式を行い、ヴィクトル・ユゴー原作の小説『ノートルダム・ド・パリ（ノートルダムの鐘）』の大ヒットにより、国民の間でも復興を望む声が高まった。そして19世紀半ばに大聖堂の修復が行われることになった。工事に携わったのは、数々の中世建築をよみがえらせ、再評価への道筋をつけた建築家ヴィオレ・ル・デュック。失われた彫像の修復はもちろん、ステンドグラスや内陣など全面的な修理を行った。

中世建築の復興に尽力したヴィオレ・ル・デュック
19世紀の建築家。古典建築だけがもてはやされていた時代、荒廃しきっていた中世の建築物を修復、復興することに力を注いだ。ノートルダム大聖堂もそのひとつ。ただ、オリジナルにはなかった彫像を尖塔に加えるなど、度を過ぎた改変は、時に批判の対象ともなった。

火災による焼失と再建への道のり

2019年4月15日、ノートルダム大聖堂に火災が発生。屋根の大部分と尖塔が焼け落ちた。幸いバラ窓をはじめとするステンドグラスやファサード（正面）は被害を免れ、聖遺物である「茨の冠」をはじめ、貴重な宝物の数々も運び出されて無事だった。2020年4月現在、修復工事が進められており、荘厳な姿を再び拝観できる日が待たれる。

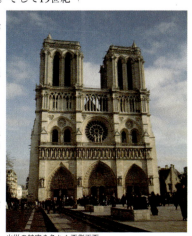
火災の被害を免れた西側正面

エリア別ガイド 4　シテ島からマレ、バスティーユ

聖堂内

ノートルダム大聖堂は、縦軸が横軸より長い「ラテン十字」の平面プランを基本としている。柱が連なり深い森を思わせる身廊を抜けると、神聖な祭壇のある東側奥の内陣へと導かれる。翼廊の両側に設置されたバラ窓も絶品。聖母子像をはじめとする彫像の数々も重要な美術品。

大聖堂のサイズ
幅40m 奥行き128m 高さ33m

ピエタ Pietà
聖母子像のひとつで、磔刑の後、十字架から降ろされたキリストを抱く聖母の姿が描かれている。

リブ・ヴォールト

北のバラ窓 Rose Nord
1250年頃に制作されたもので、当時のオリジナルが大部分残っている貴重なステンドグラス。中央の聖母子を取り囲むのは旧約聖書に登場する人物たち。

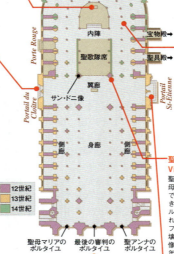

12世紀
13世紀
14世紀

聖堂内部 Intérieur
身廊から内陣に向かって柱が連なる様は、まるで深い森のよう。33mの高さをもつ天井を支えるのは壁ではなく、梁のように交差する「リブ・ヴォールト」と「尖頭アーチ」。重力を分散させるゴシック様式の技によって、大きなガラス窓を設けることが可能になり、ステンドグラスの隆盛につながった。

尖頭アーチ

聖母子像 Vierge à l'Enfant
聖堂内に37ある聖母マリア像のひとつで、幼子イエスを抱き、「パリのノートルダム」と名づけられている（14世紀）。フランス革命中に破壊された13世紀の像に替わり、1818年ここに設置された。

聖母マリアの　最後の審判の　聖アンナの
ポルタイユ　　ポルタイユ　　ポルタイユ

西のファサード（正面） Façade ouest
大聖堂の正面入口で3つのポルタイユ（門）がある。向かって右側が訪問者用入口になっている「聖アンナのポルタイユ」。左は出口になっている「聖母マリアのポルタイユ」。中央にあるのが「最後の審判のポルタイユ」で、天使ミカエルと悪魔によってすべての死者が天秤にかけられ、地獄行き（右）と天国行き（左）に分けられる場面が描かれている。

南のバラ窓 Rose Sud
新約聖書の物語を描いた84の部分から構成されているステンドグラス。直径13m、中央にはキリスト像、下部には16人の預言者が描かれている。

再び塔からの眺めを楽しめるのはいつ？

最後の審判のポルタイユ

ゴシック建築

12〜15世紀にイル・ド・フランスや北部の都市部を中心に発達したのがゴシック建築。重力を吸収させる構造など、当時の建築技術が結集して生まれた様式で、天に向ってそびえ立つ形状が特徴。結果、高い天井を利用したステンドグラスが発展し、厳かな光で満たされた内部空間は、地上における「神の家」となった。

エリア別ガイド 4

シテ島からマレ、バスティーユ

キマイラの回廊 Galerie des chimères
北塔と南塔を結ぶ回廊に設置された伝説の怪物「キマイラ」。さまざまな形をしており、パリの町並みを見下ろすしぐさがおもしろい。

南塔 Tour Sud
頂上に上ることができる。「エマニュエル」と呼ばれる大鐘（総重量14t、鐘の舌だけで500kg）がある。

尖塔 Flèche
ヴィオレ・ル・デュックが設計した尖塔。高さ96m。2019年の火災で消失した。

宝物殿 Trésor
キリストが磔刑に処されたとき、身につけていたとされる茨の冠などの聖遺物や、金銀細工が施された宗教関係の宝物が納められている。

北塔 Tour Nord

バラ窓の階 Etage de la rose
ステンドグラスが見事な中央のバラ窓を背景に、聖母子像が配されている。

西のファサード（P.130）

南のバラ窓（P.130）

フライング・バットレス Arc-boutant
フランス語で「アルク・ブータン」と呼ばれる。大聖堂の外側に設置され、天井を支えるリブ・ヴォールトの重力を吸収する役割を果たす、ゴシック特有の建築技術。

ポワン・ゼロ Point zéro
大聖堂前広場の石畳にはめ込まれた八角形の星印はパリのゼロ地点を示す。

ガーゴイル Gargouille
雨樋の役目を果たしている怪物の彫刻。塔に設置された「キマイラ」とは別物だ。

諸王の階 Galerie des rois
ユダヤとイスラエルの王を表した28体の彫像。フランス革命時には、歴代の王と間違われて破壊された。

ステンドグラスの美の世界に浸るなら
サント・シャペル
★★★ MAP 別冊 P.13-3D、P.26-3A、P.29-1D
Ste-Chapelle

サント・シャペル
- Ⓜ ④Cité
- 住 8, bd. du Palais 1er
- 開 4〜9月　9:00〜19:00
　10〜3月　9:00〜17:00
　(入場は閉館の30分前まで)
- 休 1/1、5/1、12/25
- 料 €11.50、18歳未満無料、コンシェルジュリーとの共通券€17
- バス ミュージアム・パス使用可(→P.183)
- URL www.sainte-chapelle.fr

所要時間は約1時間。入口でセキュリティチェックもあり、入場までにかなり並ぶことを考慮に入れて。日本語のオーディオガイド(€3)もある。

光の強さによって表情が変わる

シテ島にある、パリ最古のステンドグラスで知られる教会。ルイ9世が、コンスタンティノープルの皇帝から買い求めたキリストの聖遺物、茨の冠や十字架の木片(現在はノートルダム大聖堂に収蔵)などを納めるために造らせた礼拝堂で、完成は1248年。壁を最小限に切り詰め、いわば鳥籠のような構造にし、燦然と輝くステンドグラスで埋め尽くした。ゴシック様式の極致ともいえる。礼拝堂は上下2層に分かれている。下部は王家の使用人のためのもので、壁が厚く、窓も小さく、低いリブ・ヴォールトを列柱が支え堅固な造りとなっている。派手な彩色は19世紀に施された。

狭い階段を上って上部の礼拝堂に出ると、そこは一面ステンドグラスに包まれた幻想的な世界。15の窓のステンドグラスに描かれた、1113景もの場面をたどるのは大変なことだが、正面に向かって左、創世記のアダムとイヴの物語くらいは、拾い読みしてみたい。双眼鏡があると便利だ。

「聖なる礼拝堂」という名のサント・シャペル

マリー・アントワネットも収容された
コンシェルジュリー
★★ MAP 別冊 P.13-3D、P.26-3A、P.29-1D
Conciergerie

コンシェルジュリー
- Ⓜ ④Cité
- 住 2, bd. du Palais 1er
- 開 9:30〜18:00
　(入場は閉館の30分前まで)
- 休 5/1、12/25
- 料 €9.50、18歳未満無料、サント・シャペルとの共通券€17
- バス ミュージアム・パス使用可(→P.183)
- URL www.paris-conciergerie.fr

お城のようだが実は牢獄

該当場所でタブレット型ガイド「イストパッドHistoPad」(日本語あり。€5)をかざすとマリー・アントワネットの再現独房などが見られる

マリー・アントワネットの服の展示も

セーヌ川の右岸からシテ島を眺めると、とんがり屋根の3つの塔をもつ、堅固な建物が目に入る。これがコンシェルジュリーだ。14世紀にフィリップ美貌王が建てさせたもので、**王室管理府(コンシェルジュリー)**がおかれていた。3つの塔は、右からボンベックの塔、銀の塔、シーザーの塔と呼ばれ、カペー王朝時代の名残が見られる。左端の四角の塔には、戸外に取りつけられたものとしてはパリ最古の公共の時計がある。

フランス革命の様子を思い浮かべるのに、コンシェルジュリーほどふさわしい場所はない。1793年1月から1794年7月までの間に、2600名もの貴族や革命家たちがここに収容され、断頭台へと送られた。そのなかには、1793年10月16日に38歳の若さで断頭台の露と消えたマリー・アントワネット、ルイ15世の愛妾デュ・バリー夫人、政治家ダントン、ジロンド党の花ロラン夫人がいた。

時計の付いた塔

貴族の館が建ち並ぶ小さな島
サン・ルイ島
★★★　MAP 別冊 P.20-1A、P.27-3C
Ile St-Louis

セーヌ川のほとりは恋人たちのデートコース。サン・ルイ島は特にムード満点

シテ島と並んで、セーヌ川に浮かぶもうひとつの島がサン・ルイ島。観光客でにぎわうシテ島とは打って変わって、お隣のサン・ルイ島はひっそりと落ち着いた雰囲気だ。観光地の喧騒に疲れたら、シテ島からサン・ルイ橋Pont St-Louisを渡って、サン・ルイ島をのんびり歩いてみるといい。

17世紀の貴族の館が建ち並ぶこの島は、パリで最もステータスの高い高級住宅地とされている。観光名所はないが、島の中央を東西に貫くメインストリートの**サン・ルイ・アン・リル通り**Rue St-Louis en l'Ileには、おしゃれなギャラリーやサロン・ド・テが並び、散歩が楽しい場所だ。

数ある貴族の館のなかでもとりわけ美しいのが、**ランベール館**Hôtel Lambertで、ヴェルサイユ宮殿を造営したル・ヴォーの建築。18世紀にはヴォルテールが滞在したこともある。その近くの**ローザン館**Hôtel de Lauzunには文学者ゴーティエや詩人ボードレールが住み、ハッシッシ・パーティを繰り返していた。また、サン・ルイ・アン・リル通りにたたずむ小さな教会、**サン・ルイ・アン・リル教会**は静かな気持ちになりたい人にはぴったりの場所。内陣の両側面に並ぶ礼拝堂の中には、『受胎告知』、『キリスト降誕』など、美しい宗教画が飾られている。

サン・ルイ島

Ⓜ ⑦Pont Marie

サンルイ島には、パリで一番有名なアイスクリーム屋「ベルティヨン」(→P.321)がある

メインストリートにあるサン・ルイ・アン・リル教会

質の高い企画展が行われることも
パリ市庁舎
★　MAP 別冊 P.14-3A、P.26-2B
Hôtel de Ville de Paris

ノートルダム大聖堂からセーヌ右岸に向かって橋を渡った所にある、重厚なルネッサンス様式の建物がパリの市庁舎だ。正面の時計の下には、フランスの標語とされる3つの言葉、「Liberté（自由）／Egalité（平等）／Fraternité（友愛）」の文字が刻まれている。現在の壮麗な市庁舎は、1871年に旧市庁舎が火災で焼失した後に再建されたもの。市庁舎内には観光案内所もある（→P.96）。

ルネッサンス様式の豪奢な外観

パリ市庁舎
Ⓜ ①⑪Hôtel de Ville
住 5, rue de Lobau 4e

無料の企画展が人気
年に数回行われる特別企画展は、質の高さに加え、入場無料ということもあって人気が高い。開催期間中は常に長蛇の列ができているので、朝一番が狙い目。
開 開催期間の10:00〜18:00（企画展によって異なる）
休 ⽇ ㊗

はみだし｜市庁舎の近くにある「サン・ジャック塔Tour St-Jacques」(MAP 別冊P.26-2A)。1648年にはパスカルがこの塔上で気圧の実験を行い、大気には圧力があり、高度によってそれが異なることを実証した。

パリの現代アートと文化の拠点 ★★★ MAP 別冊 P.13-2D、P.14-2A、P.26-2B
ポンピドゥー・センター
Centre Pompidou

ポンピドゥー・センター
- M ⑪Rambuteau
  ①④⑦⑭Châtelet
  ①⑪Hôtel de Ville
- RER ⒶⒷⒹChâtelet Les Halles
- 住 Pl. Georges Pompidou 4e
- 時 11:00～21:00
  （スペースにより異なる。
  美術館の企画展は㊍は
  ～23:00）
- 休 ㊋、5/1
- 料 最上階展望台€5（美術館の
  チケットを持っていれば展
  望台へのチケットは不要）、
  第1㊐は無料
- URL www.centrepompidou.fr

美術館に入らず、展望台とショップなどを楽しむだけなら所要時間は約1時間。

国立近代美術館→P.202

開館当初は、配管むき出しの過激な外観が物議を醸した

最上階のレストラン
ポンピドゥー・センターの最上階にある「ジョルジュ」は、コスト兄弟のプロデュースで知られるスタイリッシュなレストラン。美術館に入らない場合は、センターの入口の左側にある専用エレベーターで上がれる。
- S ジョルジュ Georges
- 営 12:00～翌2:00
- 休 ㊋
- 料 ア・ラ・カルト予算€20～40
- URL restaurantgeorgesparis.com

国立近代美術館をはじめ、図書館などが入った総合文化芸術センター。リチャード・ロジャーズ（英）とレンゾ・ピアノ（伊）による奇抜なデザインは、1977年の開館当初から賛否両論あるものの、現在では万人に開かれた現代文化センターとして市民の支持を集めている。

2017年には開館40周年を迎えた

センターは階によってセクションが分かれている。国立近代美術館へは透明チューブ状のエスカレーターで上がる。最上階には企画展会場とレストランがあり、ここからの眺めは最高だ。

ポンピドゥー・センター前のストラヴィンスキー広場Pl. Stravinskiの噴水にはニキ・ド・サンファルとジャン・ティンゲリーによるカラフルで、水を噴き出したりしながら動く16ものオブジェがある。

カラフルなオブジェ

ル・フォーロム Le Forum（Niveau-1,0,1）
関西国際空港を手がけた建築家として日本でも有名なレンゾ・ピアノによって再構築された多目的スペース。チケット売り場のあるエントランスホール、映画館、書店、おみやげショップなどで構成されている。地階にはセンター所蔵の写真コレクションを展示する無料のギャラリースペースがある。

公共情報図書館 Bibliothèque Publique d'Information（Niveau1,2,3）
文化センターの要ともいえる開架式図書館。Rue du Renard側から入る独立した入口があり、3階分のフロアを使っている。

国立近代美術館 Musée National d'Art Moderne（Niveau4,5,6）
ルーヴル、オルセーと並ぶ、パリ三大美術館のひとつ。20世紀以降の代表的な美術作品を観ることができる。最上階では企画展が開催される（→P.202）。

フランス国立音響音楽研究所 I.R.C.A.M（別建物）
最新テクノロジーによる最先端の音と音楽の研究所。

Column Pause Café

ポンピドゥー・センターでおみやげを

地上階のショップには、センター関連商品があるのでチェックしてみよう。日本でも人気のある絵本『リサとガスパール』。リサの家族がポンピドゥー・センターに住んでいる設定なので、コラボグッズもある。

❶布ポーチ各€12.50　❷マグカップ€12.90　❸プラスティック皿€8.50　❹プラスティック皿€8.50　❺絵本『リサのおうち』フランス語版€6

はみだし！「Niveauニヴォー」とはフランス語で建物の「階」を意味する。Niveau 0とあれば地上階のこと。フランスと日本の階の数え方は異なるので気をつけよう。日本の1階、2階はフランスではそれぞれ0階、1階となる。（→P.99）

巨大市場の跡地にできたショッピングセンター
フォーロム・デ・アール
Forum des Halles

★ MAP 別冊 P.13-2D、P.26-2A

「レ・アール」という地区名は、1969年までここに中央市場（レ・アール）があったことに由来する。1100年頃からこの界隈に市が立ち始め、フィリップ・オーギュスト王が1183年にここを常設市場としてから、パリ市民の台所として発展してきた。エミール・ゾラの小説『パリの胃袋』では、19世紀当時の中央市場の喧騒と活気が見事に描かれている。

1969年、中央市場はパリの南7kmの所にあるランジスに移転した。その後、レ・アール地区は再開発によって大きく生まれ変わり、地下4階までの巨大ショッピングセンター「フォーロム・デ・アール」ができて以来、周辺一帯は若者が集まる繁華街に様変わりした。

2016年には2度目の再開発プロジェクトにより、ショッピングセンター（→P.349）や映画館の入った複合施設「ラ・カノペ」として生まれ変わった。

フォーロム・デ・アール
- Ⓜ ④Les Halles
- ⒭ ⒶⒷⒹChâtelet Les Halles
- 🏠 101, Porte Berger 1er
- 営 (月)～(土) 10:00～20:30
　　(日) 11:00～19:00
- Wi-Fi
- URL fr.westfield.com/forumdeshalles

森林をイメージし、曲線を多用した「ラ・カノペ」

迫力あるオルガンコンサートが人気
サントゥスタッシュ教会
Eglise St-Eustache

★ MAP 別冊 P.13-2D、P.26-2A

レ・アール地区の北西に高々とそびえる大伽藍。この教会の建設が始められたのは16世紀、100年かかって完成した。奥行き100m、幅43m、高さ33m。骨組みや全体の造りにゴシック様式が生きており、装飾はルネッサンス様式。正面は未完成のまま残されていたが、18世紀（1754年）にコリント風の柱が据えられた。内部では17世紀のステンドグラスが見もの。また、8000本のパイプをもつオルガンは、屈指の名器といわれ、ときおり開かれる演奏会に多くの人を集めている。

サントゥスタッシュ教会
- Ⓜ ④Les Halles
- 🏠 146, rue Rambuteau 1er
- 開 (月)～(金) 9:30～19:00
　　(土) 10:00～19:15
　　(日) 9:00～19:15
- URL www.saint-eustache.org
- 日曜には無料のオルガン演奏も (17:00～17:45)。

オルガンコンサートが人気

教会前の彫像はアンリ・ド・ミラーの『L'Ecoute』という作品

クープランのオルガンが見られる
サン・ジェルヴェ・サン・プロテ教会
Eglise St-Gervais St-Protais

★ MAP 別冊 P.14-3A、P.26-2B

4世紀にミラノで殉教した聖ジェルヴェと聖プロテの兄弟にささげられたバジリカ会堂が、6世紀初めにこの場所に建てられたのがこの教会の歴史の始まり。現在の教会は、1657年に完成したものだ。ファサード（正面）はパリで最初に古典様式を取り入れ、下からドーリア様式、イオニア様式、コリント様式と調和の取れた3層構造になっている。イオニア様式の柱に囲まれ、ふたりの聖者の彫刻が左右に置かれている。内部は、後期ゴシックフランボワイヤン様式の天井が美しい。特に中央奥、聖母マリア礼拝堂の天井は、穹窿（きゅうりゅう）の縁から延びた楔形（くさびがた）の石が絡み合い、華麗な雰囲気。16世紀のステンドグラスが残っており、入って右の第6番目の礼拝堂のグラスには兄弟の殉教が描かれている。

サン・ジェルヴェ・サン・プロテ教会
- Ⓜ ①⑪Hôtel de Ville
- 🏠 13, rue des Barres 4e

ゴシックフランボワイヤンの装飾と美しいステンドグラスに囲まれた聖母マリアの礼拝堂

はみだし: 17～18世紀を通じて優れたオルガン奏者を8人も出した、クープラン家代々の演奏の場だったのがサン・ジェルヴェ・サン・プロテ教会。歴史的記念物に指定されているクープランのオルガンで、今でも演奏が行われている。

パリで最も美しい広場
ヴォージュ広場

★★★　MAP 別冊 P.14-3B、P.27-2D
Place des Vosges

ヴォージュ広場
Ⓜ①⑤⑧Bastille

ブルボン朝の創始者でもあるアンリ4世が造らせた、パリで最も古い広場のひとつ。パリを世界で最も美しい都にしたいという王の望みに従って、広場の建設が企画されたのは1605年のこと。王自身は暗殺者の刃に倒れ、広場の完成を見ることはできなかったが、1612年ルイ13世の時代に完成し、「王の広場Place Royale」と呼ばれた。広場は、南北にある王の館、王妃の館を含めて36のパヴィヨン(館)に囲まれている。れんがをあしらい、外観がすべて同じスタイルで統一されているのが大きな特徴で、広場を覆う芝生の緑と美しいコントラストを見せている。かつては社交の場、また貴族たちの決闘の場ともなったこの広場、1789年のフランス革命後は、「王」と名のつくものがことごとく排除されたため、現在の名称に改められた。広場を囲む建物の1階部分はアーケード付きの回廊となっており、画廊、骨董商、レストランなどが並ぶ。

アーケード付きの回廊

調和の取れたたたずまいを見せるヴォージュ広場。週末には芝生の上で日光浴を楽しむ人々でいっぱいになる

ヴォージュ広場を見下ろす作家の家
ヴィクトル・ユゴー記念館

★★　MAP 別冊 P.14-3B、P.27-2D
Maison de Victor Hugo

ヴィクトル・ユゴー記念館
Ⓜ①⑤⑧Bastille
住 6, pl. des Vosges 4e
URL www.maisonsvictorhugo.paris.fr
※2020年夏まで改装工事のため閉館中。

フランスが誇る19世紀最大の作家ユゴー。パリでは何度も引っ越しをしているが、1832～1848年に家族とともに暮らしたヴォージュ広場6番地の家が記念館として公開されている。この間、アカデミー会員、上院議員にも選出されており、文人かつ政治家として栄光に包まれた時代だった。執筆活動も盛んで、詩編やロマン派演劇、そして世界中で愛読されている『レ・ミゼラブル』の前身となった『レ・ミゼール』も執筆している。家族が住んでいたのは3階。ユゴーや家族の肖像画が掲げられている。奥にある彼の書斎は数々の名作が生まれた記念すべき部屋だ。

ヴォージュ広場を囲む館のひとつにユゴーの暮らした家がある

ユゴーが住んでいたことを示すプレート「Maison de Victor Hugo」

中国趣味の調度品と壁面を覆う陶器で飾られた客間

はみだし！ マジック好きにおすすめの「マジック博物館Musée de la Magie」。マジックに関する展示物のほか、不思議なマジックの実演に接することができる。MAP 別冊P.27-3C　URL www.museedelamagie.com

パリの歴史に触れられる貴族の館 ★★ MAP 別冊 P.14-3B、P.27-2C
カルナヴァレ博物館
Musée Carnavalet

カルナヴァレ博物館
Ⓜ ①St-Paul
㊟ 16, rue des Francs Bourgeois 3e
URL www.carnavalet.paris.fr
※2020年4月現在、改装工事のため閉館中。

　ショッピングストリートとしても有名なフラン・ブルジョワ通り（→P.298）に面した博物館。マレ地区に多数残る「貴族の館」（下記コラム）の代表格ともいえるカルナヴァレ館と、隣接するル・プルティエ・ド・サン・ファルゴー館の一部で構成され、ガロ・ローマ時代から20世紀にいたるまで、パリの歴史に関する貴重な資料の数々が揃う。16世紀ルネッサンス様式の優雅な趣を残すカルナヴァレ館には、ルイ14、15、16世時代の家具や調度品、セヴィニエ侯爵夫人がここで暮らした17世紀の絵画などを展示。また、プルティエ館では2階ワンフロアがフランス革命に関する展示室に充てられ、バスティーユ牢獄の模型や当時の様子を描いた絵画などから、時代の熱気が伝わってくるかのようだ。

フランス革命の展示室

ルネッサンスの趣が残る館

Column Pause Café　歴史が香るマレ地区

　「マレMarais」とは沼沢地の意。セーヌの流れが徐々に変わり、そのために残された沼地だったことからその名がついた。中世の頃には開拓が進み、修道院なども建てられた。今も残る最古の館は**サンス館**。サンス大司教のパリの館として1475年から1519年に建てられた。
　ルーヴル宮にも近いこの界隈は、国王の権威が強まるにつれて、その重要度を増してくる。とりわけ17世紀にヴォージュ広場（→P.136）が完成すると、マレ地区の人気は一気に高まり、貴族たちはこぞって美しい広場の近くに館を建てるようになった。例えば17世紀建築のシュリー公爵の館、**シュリー館**は、中庭を抜けてヴォージュ広場に出られる。このように、入り組んだ中世の路地と優雅な貴族の館が混在する、マレ独特の町並みが生まれた。
　建てられた館のほとんどは、現在は市や国の所有となっており、博物館や図書館として使われ、当時の雰囲気を今に伝えている。

　最も有名な**カルナヴァレ館**（→P.137）の隣にある**ラモワニョン館**は16世紀、アンリ2世の王女ディアヌ・ド・フランスによって建てられたルネッサンス様式の館。現在は**パリ市史料館**Bibliothèque Historique de la Ville de Parisとなっている。
　サレ館は、17世紀の塩の徴税請負人の屋敷で、現在は、ピカソ美術館（→P.204）となっている。18世紀の建築を味わうなら**スービーズ館**（→P.138）と**ロアン館**。また**ボーヴェ館**は、1763年に7歳のモーツァルトが招かれて滞在した館として知られる。

ラモワニョン館の庭

◆マレ地区の貴族の館
・サンス館Hôtel de Sens
MAP 別冊P.14-3A、P.27-3C
㊟ 1, rue du Figuier 4e

・シュリー館Hôtel de Sully
MAP 別冊P.14-3B、P.27-2D
㊟ 62, rue St-Antoine 4e

・ラモワニョン館Hôtel de Lamoignon
MAP 別冊P.14-3B、P.27-2C
㊟ 24, rue Pavée 4e

・ロアン館Hôtel de Rohan
MAP 別冊P.14-2A、P.27-1C
㊟ 60, rue des Francs Bourgeois 3e

・ボーヴェ館Hôtel de Beauvais
MAP 別冊P.14-3A、P.27-2C
㊟ 68, rue François-Miron 4e

マレに残る木骨組みの家（左）　サンス館（右）

エリア別ガイド 4　シテ島からマレ、バスティーユ

狩猟自然博物館
狩猟に関する展示が充実 ★ MAP 別冊 P.14-2A、P.26-1B
Musée de la Chasse et de la Nature

狩猟自然博物館
- Ⓜ ⑪Rambuteau
- 住 62, rue des Archives 3e
- URL www.chassenature.org
- ※2020年4月現在、改装工事のため閉館中。

サレ館（→P.137、P.204）と同時代に建てられた**ゲネゴー館**Hôtel de Guénégaudを利用した博物館。1967年に当時の文化相アンドレ・マルローによって設立された。狩猟にまつわる絵画や先史時代からの古武具、アフリカやアメリカ、アジアの動物の剥製など、狩猟に関するさまざまな展示品がある。

先史時代からの狩猟に関する展示

迫力のある剥製

国立古文書博物館
18世紀の館を利用した博物館 ★ MAP 別冊 P.14-2A、P.26-1B
Musée des Archives Nationales

国立古文書博物館
- Ⓜ ⑪Rambuteau
- 住 60, rue des Francs Bourgeois 3e
- 開 10:00～17:30
  （⊕ ㊐は14:00～）
- 休 ㊋ ㊗
- 料 €5（企画展中は€8）、第1㊐は無料
- URL www.archives-nationales.culture.gouv.fr

ジャンヌ・ダルクの手紙やマリー・アントワネットの遺書など、フランスの歴史に関わる貴重な展示品が並ぶ国立古文書博物館。博物館の入っている建物は、スービーズ公フランソワ・ロアンのために建てられた**スービーズ館**Hôtel de Soubiseで、18世紀の趣を残している。内装は華やかなロココ調で、『マリー・アントワネット』(2006) など映画撮影にも使われている。

華やかな内装も必見

Column Pause Café
マレのユダヤ人街

マレ地区には、19世紀末以降迫害から逃れるために東ヨーロッパからやってきたユダヤ人が多く住み着いた。このあたりにはユダヤ教会（シナゴーグ）が多く、ユダヤ通りと呼ばれるロジエ通りRue des Rosiers（MAP 別冊 P.27-2C）にはユダヤの星マークを掲げたユダヤレストランや食料品店が並んでいる。ユダヤ教の安息日は土曜なので、日曜に開いているお店が多いのもこの地区の特徴。

この地区の名物が、ヒヨコ豆をつぶして作ったコロッケのような「ファラフェルFalafel」。これを揚げたナス、紫キャベツと一緒にピタパンに挟んだサンドイッチは、とても人気がある。「ラス・デュ・ファラフェル」はロジエ通りでもいちばんの人気店で、店頭にはいつも行列ができている。

◆**ラス・デュ・ファラフェル L'As du Falafel**
MAP 別冊 P.27-2C
住 34, rue des Rosiers 4e
料 ファラフェル€6.50

ファラフェルは老若男女問わず大人気

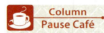

ロジエ通りのユダヤ系書店（左）
ユダヤにルーツをもつベーグルを売るパン屋も（上）

変貌を遂げた革命発祥の地
バスティーユ広場

★★　MAP 別冊 P.14-3B、P.20-1B、P.27-2D

Place de la Bastille

広場の中心には7月革命記念柱が建つ

1789年7月14日、生活苦にあえいでいたパリの民衆は、王政を覆すために、ついに立ち上がった。目指すはバスティーユ監獄。襲撃は成功し、監獄は占拠された。フランス革命の発端となった事件だ。監獄は革命後解体され、現在の広場の中心には、1830年の7月革命で犠牲になった市民を追悼する**7月革命記念柱**Colonne de Julietが建つ。

フランス革命200周年記念前夜祭の1989年7月13日、バスティーユ広場の一角に**オペラ・バスティーユ**Opéra Bastilleが誕生した。100年前に造られたオペラ座のパレ・ガルニエ(→P.115)とは対照的な、超モダンなデザイン。歴史的な町パリに新しい息吹を吹き込む大改造計画(グラン・プロジェ)のひとつだった。この新オペラ座を設計したのは、1983年の国際設計コンクールで選ばれたカナダ国籍のカルロス・オット。彼はオペラ座を大衆化させ、労働者の集中する地区に、そのエネルギーに応えるべく、現代の素材であるガラス、メタルをふんだんに使った透明度の高い巨大な空間を誕生させた。

新オペラ座の誕生後、バスティーユはパリの最先端を行く地区として変貌を遂げた。特に、昔の面影を残すラップ通りRue de Lappeと、前衛的な小劇場もあるロケット通りRue de la Roquetteは要チェック。家具職人のロフトを改造して住むアーティストも増えてきている。

バスティーユ広場
M ①⑤⑧Bastille

バスティーユ監獄の遺構
現在残るバスティーユ監獄の遺構は2ヵ所。メトロのバスティーユ駅⑤号線ボビニー行きホームに要塞の壁の一部が残っている。また、バスティーユ広場からアンリ・キャトル大通りBd. Henri IVを歩いていけば、セーヌ川沿いのスクウェール・アンリ・ガリSquare Henri Galliという小公園で、塔の基盤の一部が保存されているのを見ることができる(MAP 別冊P.27-3D)。

オペラ・バスティーユ
9月～7月中旬のガイド付きツアー(仏語。所要約1時間30分)のみで見学可能。ウェブサイトでツアーの日時の確認、予約ができる。
料 €17、25歳未満€12
URL www.operadeparis.fr

公演チケットの取り方→P.224

完成から四半世紀を経て、すっかりパリの町並みに溶け込んだオペラ・バスティーユ

エリア別ガイド4

シテ島からマレ、バスティーユ

 Column Pause Café　高架線下のアトリエ街、ヴィアデュック・デザール

バスティーユ広場近くの**ヴィアデュック・デザール**Viaduc des Arts (MAP 別冊P.21-1C～2C)は、廃線となった高架鉄道の跡を再開発したアトリエブティック街。生地専門店、アクセサリー店、家具屋のアトリエ、アートギャラリーなどが並び、チェーン店であってもほかの店舗とは異なった雰囲気を醸し出している。2階、つまりかつて線路が通っていた部分は、緑の多い遊歩道になっていて、ところどころにある階段やエレベーターで上ることができる。パリの町並みを楽しみながらのんびり歩いてみたい。

19世紀の高架橋がアトリエ街に！

139

Area 5
サン・ジェルマン・デ・プレから カルチェ・ラタン
St-Germain des Prés / Quartier Latin

見逃せない観光スポット

サン・ジェルマン・デ・プレ教会
★★★ P.142
オルセー美術館 ★★★ P.196
サン・シュルピス教会 ★★★ P.144
リュクサンブール公園 ★★★ P.143
パンテオン ★★ P.147
クリュニー美術館 ★★ P.210
国立自然史博物館 ★★ P.148

🚇 交通メモ
Ⓜ④St-Germain des PrésもしくはⓂ④St-Michelを起点とすれば、効率的に歩ける。

🍴 グルメ
老舗文学カフェは一度は行ってみたい。スイーツの店も充実している。

🛍 ショッピング
ファッションならサン・シュルピス通りへ。グルメ館が充実している「ル・ボン・マルシェ・リヴ・ゴーシュ」もおすすめ。
[ショッピングスポット]
サン・シュルピス通り P.299
バック通り P.336
ル・ボン・マルシェ・リヴ・ゴーシュ P.348

📷 フォトジェニックスポット 4

1

2

3

4

1 老舗文学カフェ「レ・ドゥー・マゴ」のテラス席は、パリのイメージそのもの **2** 古い駅舎を改装して造られたオルセー美術館。かつてホームがあった場所で、今もフォトスポットとしても魅力的な場所 **3** パリっ子のオアシス、リュクサンブール公園は、素顔のパリを撮りたいときに行きたい場所 **4** サン・シュルピス教会は、ミサも行われる現役の教会。撮影マナーには気をつけよう

どんなエリア？

カルチェ・ラタンは活気あふれる学生街。サン・ミッシェル大通り周辺には映画館や気軽なカフェ、テイクアウトの店が並んでいる。東西に延びるサン・ジェルマン大通りには、かつて文化人や芸術家らが集ったカフェが今も残り、知的で洗練された雰囲気を醸し出している。

夜と治安

大学が集まる場所でもあり、治安は比較的よいエリア。夜、ライトアップされたノートルダム大聖堂を観に出かけるのもいいだろう。オルセー美術館の前では観光客をねらったスリが横行しているので注意。

トイレ

Ⓜ⑩Cluny La Sorbonne駅には高級トイレ「Point WC」（MAP 別冊P.29-2D）がある。デパート「ル・ボン・マルシェ・リヴ・ゴーシュ」のトイレ（無料）も清潔でおすすめ。アラブ世界研究所のトイレも利用できる。

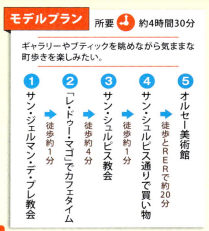

モデルプラン　所要　約4時間30分

ギャラリーやブティックを眺めながら気ままな町歩きを楽しみたい。

1. サン・ジェルマン・デ・プレ教会
　↓ 徒歩約1分
2. 「レ・ドゥー・マゴ」でカフェタイム
　↓ 徒歩約4分
3. サン・シュルピス教会
　↓ 徒歩約1分
4. サン・シュルピス通りで買い物
　↓ 徒歩とRERで約20分
5. オルセー美術館

MAP 別冊P.12-2B～P.13-3D、P.28～29

哲学の町にふさわしい教会
サン・ジェルマン・デ・プレ教会
★★★　MAP 別冊 P.13-3C、P.28-2B
Eglise St-Germain des Prés

サン・ジェルマン・デ・プレ教会
- Ⓜ ④St-Germain des Prés
- 🏠 3, pl. St-Germain des Prés 6e
- 🕐 8:30〜20:00
  （⊕ ⊖は9:00〜）
- URL www.eglise-saintgermaindespres.fr

人間サイズの祈りの場
サン・ジェルマン・デ・プレ教会の内部は、奥行き65m、幅21m、高さ19m。ノートルダム大聖堂に比べるととても小さい。ノートルダム大聖堂に代表されるゴシックの教会は、地上における神の国の実現を目指し、どこまでも高く、どこまでも大きな内部空間を造り上げた。それに比べると、ロマネスク建築のサン・ジェルマン・デ・プレ教会はいかにも人間的で、あたたかみを感じさせる。自らの内面と向き合い、静かに祈りをささげるにふさわしい場所といえるだろう。

歴史を感じさせる落ち着いた雰囲気の教会内部

左岸派のパリジャンたちにとっては心の灯台ともいえる教会。かつては濠と防塁に囲まれ、偉容を誇った大修道院だったが、その面影はもはやない。

鐘楼の下の入口をくぐると内部は意外と明るい。ロマネスクの身廊の天井に交差するゴシック様式のリブ・ヴォールトは、17世紀になって付け加えられたもの。ただ、ここにはゴシックの教会がもつ、計算され尽くした数学的絶対美はなく、そのぶん人間的だ。ゴシックに比べて、ロマネスクは人間の生身の感情をもっている。その穏やかな小宇宙の中に、デカルトが眠っている。フランス合理主義の源流を作った彼の墓碑は、ベネディクト派の碩学、マビヨンと並んでいる。まさに、哲学の町にふさわしい。

教会の起源は6世紀に遡る。メロヴィング朝の王クローヴィスの子、シルドベール王がスペイン遠征を行った際、サラゴサで殉教したサン・ヴァンサンの遺物を持ち帰り、パリ司教サン・ジェルマンがこれを納めるために建立したのが始まりだ。ちなみに、サン・ジェルマンは鐘楼の下に葬られた。

8世紀以降、ベネディクト会の修道院として隆盛を極め、「黄金のサン・ジェルマン」と呼ばれたが、9世紀にノルマン人の侵攻を受けて荒廃する。再建工事は990年から行われた。1021年に仮鐘楼、身廊、側廊が完成。12世紀になると、修道僧の収容能力を上げるために拡張。1163年にいったん完成をみた。17世紀には、修道院は大拡張され、城壁、物見の塔、防塁、濠を備えて武装され、最盛期を迎える。しかし革命時には、かなりの部分を焼失し、1821年よりおよそ30年かけて修復がなされて今日にいたっている。

142　**はみだし**　パリの教会は、塔やクリプト（地下祭室）を除き、基本的に入場無料。でも、中世からの古い建築物だけあって、維持するのも大変だ。もし余ったコインがあったら、「トロンTronc」と書かれた献金箱に入れてあげよう。

彫刻巡りも楽しめる
リュクサンブール公園
★★★ MAP 別冊 P.19-1〜2C、P.29-3C
Jardin du Luxembourg

パリで最も美しい公園のひとつ。面積は25ha。もともとはマリー・ド・メディシス(ルイ13世の母)の居城、リュクサンブール宮の庭園であった。

大きな泉を中心にした幾何学的なフランス式庭園と、西南部の木々を自然のままに配置したイギリス式庭園からなる。どの季節に訪れても、四季折々の自然の美しさを楽しめる公園だ。春はマロニエの木に白い花が咲き、夏は日光浴をする人たちでいっぱいになる。秋になると、すばらしい紅葉が目にまぶしく、枯葉をカサカサと踏む音も心地よい。冬には葉の落ちた木々の合間から、たくさんの彫像が顔を出す。

この公園にある彫像は、19世紀の王ルイ・フィリップの頃からその数が増え始め、今では60体を超える。かつてのフランスの王妃、王女たち(マリー・ド・メディシスなど)の像は、大泉水の周りのテラス上に置かれている。このほか、著名な芸術家たち(ジョルジュ・サンド、ボードレール、ヴェルレーヌなど)、ギリシアやローマの神々の像、自由の女神像もある。

リュクサンブール公園
M ④⑩Odéon
RER ⒷLuxembourg
開 日の出〜日の入り
　(季節による)

リュクサンブール宮
イタリアからフランス王室に嫁いできたマリー・ド・メディシスが、故郷を懐かしんで建てさせた宮殿。フィレンツェのメディチ家の城、ピッティ宮を模している。現在はフランス国会上院として使われている。また、建物の一部がリュクサンブール美術館(→P.219)となっている。

色とりどりの花が美しい庭園を眺めながら日光浴

ニューヨークの自由の女神像はフランスから贈られたもの。パリにも自由の女神像があり、リュクサンブール公園のほか、オルセー美術館(→P.196)、白鳥の小径(→P.30)で出合える

 Column Pause Café 　人形劇(ギニョル)を観よう

フランス人なら誰でも知っている人形劇の主人公がいる。それがギニョルguignol。リュクサンブール公園にはこのギニョルが大活躍する人形劇専門の小さな劇場がある。

切符を買って中に入ると、かわいらしいエプロンのおばさんが「子供は前の席に座って。大人は後ろね」とテキパキと席を振り分けてくれる。劇が始まる前から子供たちは興奮気味だ。幕が上がり、人形が飛び出すと「ギニョル!ギニョル!」の大合唱が始まる。『長靴をはいた猫』『ピノキオ』などおなじみの童話のなかにギニョルが入り込んだ設定なので、フランス語がわからなくても十分楽しめるだろう。テープに録音されたセリフと音楽に合わせて人形を動かしているのだが、ギニョルと子供の掛け合いの息もぴったり。人形劇の不思議な雰囲気を一度味わってみては?

◆リュクサンブール・マリオネット劇場
　Théâtre des Marionnettes du Luxembourg
MAP 別冊P.19-1C
開 ㊌㊏㊐㊗、学校休暇期間
　(上演時間、演目はウェブサイトで確認を)
TEL 01.43.29.50.97　€6.70
URL www.marionnettesduluxembourg.fr

劇場内はレトロな雰囲気たっぷり

パリ屈指のネオクラシック様式の教会　★★★　MAP 別冊 P.19-1C、P.28-2B ～ P.29-2C
サン・シュルピス教会
Eglise St-Sulpice

サン・シュルピス教会
M ④St-Sulpice
住 Pl. St-Sulpice 6e
開 7:30～19:30
所要時間は約30分。パイプオルガンの音色が楽しめるコンサートも開かれる。

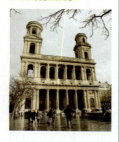

『ダ・ヴィンチ・コード』で一躍有名になった教会
ベストセラー小説『ダ・ヴィンチ・コード』の主要舞台となったサン・シュルピス教会。教会には18世紀に設置された真ちゅうの子午線とオベリスクがあり、小説のなかではこの子午線がローズラインと呼ばれ、謎を解く重要な鍵となっている。

パリでも屈指の教会で、奥行き120m、幅57mの規模を誇る。この教会がパリの胎内に宿ったのは、パスカルやラシーヌ、デカルトが生き、ヴェルサイユ宮殿が造られた時代。しかし、完全な形で生まれるのには、ずいぶんと時間がかかった。

ルイ13世の王妃アンヌ・ドートリッシュが最初の石を置いたのが1646年。ルーヴル、ヴェルサイユ宮を設計したル・ヴォーを含む数名の建築家によって、工事が開始された。しかし、工事は何度も中断。1745年に一応の完成をみたが、1762年には火災のために一部損傷、1770年には落雷によって正面が破損するなど、被害が絶えなかった。最終的に、エトワールの凱旋門建設に従事したシャルグランの手によって修復され、現在のネオクラシックの風貌をもつにいたった。

この教会の歴史で忘れてならないのは、革命暦ブリュメールの18日（1799年11月9日）のクーデターが起こる3日前、ナポレオン・ボナパルトの栄誉を祝う宴が、700名を一堂に集めて行われたこと。クーデターの後、ボナパルト将軍は皇帝ナポレオンとなり、フランスの歴史の流れを大きく変えていくことになる。また、内部には、1856年にドラクロワによって描かれたフレスコ画があり、特に『ヤコブと天使の戦い』は有名だ。

『ヤコブと天使の戦い』は入ってすぐ右側に（上）　厳粛な時間が流れる内部（下）

Column Information

奇跡のメダイユ教会

サン・ジェルマン地区の外れ、ごく普通のビルの谷間にある小さな教会。ここは聖母マリアのお告げを受けた修道女「聖カタリーナ」の遺体が腐らずに眠っている場所として、世界中から訪れる人が絶えない。聖カタリーナが身につけていた、聖母マリアを刻印したメダイユ（メダル）を持つ人には、大きな恵みがあるといわれる。メダイユは売店で購入できる。

◆**奇跡のメダイユ教会**
Chapelle Notre-Dame de la Médaille Miraculeuse
MAP 別冊P.28-3A
M ⑩⑫Sèvres Babylone
住 140, rue du Bac 7e
開 7:45～13:00、14:30～19:00（㊋㊌は昼休みなし、㊏は8:15～12:30、14:30～19:00）
売店は9:00～13:00（㊐㊗は9:15～）、14:30～18:45（㊋は昼休みなし）
URL www.chapellenotredame
delamedaillemiraculeuse.com（日本語あり）

聖女に祈りをささげる人でいっぱいの礼拝堂

Architecture du Moyen-Age

ロマネスクとゴシック
中世アートはここに注目！

ヨーロッパ中世を代表するふたつの建築様式が、ロマネスクとゴシック。
互いにまったく異なる特徴をもっていて、見比べてみるとなかなかおもしろい。

アーチが奏でるリズムを体感
ロマネスク建築

　長い混乱の時期を抜け出し、ヨーロッパ社会がようやく安定し始めた11世紀、各地で聖堂や修道院の建築が大ブームになった。この頃の建築様式をロマネスクと呼ぶ。重い石造天井を支えるために壁は厚く、入口や窓などの開口部は小さい。それだけに内部は薄暗いが、窓から入り込むわずかな光が石と戯れる様子は幻想的でさえある。直方体や円錐など、単純な幾何学的形態を組み合わせ、半円アーチや円柱を連続的に使った空間構成には、シンプルな論理性が感じられる。
　ロマネスク聖堂は12世紀まで巡礼路沿いを中心に盛んに造られたが、後に別の様式で建て替えられてしまったものが多く、都市部にはほとんど残っていない。サン・ジェルマン・デ・プレ教会(→P.142)はパリに残る数少ない例で、内陣はゴシック様式に修復されているが、鐘楼と外陣はロマネスク。

斜め後ろから見たノートルダム大聖堂。ほとんどガラスでできた薄い壁を重厚なフライング・バットレスが外側で支えている(2020年4月現在閉鎖中)

　同時に、聖堂は次第に巨大化し、天井が高く、奥行きが深くなっていく。フランスを代表するゴシック建築のひとつ、**ノートルダム大聖堂**(→P.128)は、内部空間の巨大さに圧倒される。高層ビルなどなかった当時の人々の驚きはどれほどのものだっただろう。
　窓が大きくなったことはステンドグラスの発達にもつながった。そのひとつの到達点といえるのが、**サント・シャペル**(→P.132)。ここでは、天井と床以外は、すべてステンドグラスで埋め尽くされている。
　なお、一見してロマネスクかゴシックかわかりにくいときは、窓などの開口部が半円アーチならロマネスク、尖頭アーチならゴシックと考えるといい。

簡素さが魅力のサン・ジェルマン・デ・プレ教会

壮麗なステンドグラスを完成させた
ゴシック建築のすご技

　ゴシック様式は、12世紀中頃、パリを中心とした北フランスで発祥し、急速に全ヨーロッパに広がった。ゴシックの三要素といわれる構造上の特徴は、**1.尖頭アーチ**、**2.交差リブ・ヴォールト**(X字型のアーチで支えられた石造天井)、**3.フライング・バットレス**(壁を外側から支える飛び梁)。これらの新技術により、壁にかかる重量は軽減され、ロマネスクの構造では困難だった大きな窓を設けることが可能になり、聖堂内は光で満たされるようになったのだ。

サント・シャペルはまさにガラスの小箱(上)
扉口の側壁を飾る表情豊かな人像円柱もゴシックの特徴のひとつ。シャルトルのノートルダム大聖堂(→P.413)の「王の扉」(左)

エリア別ガイド5　サン・ジェルマン・デ・プレからカルチェ・ラタン

パリの学問の中枢
ソルボンヌ
★ MAP 別冊 P.19-1D、P.29-2〜3D
Sorbonne

ソルボンヌ
- Ⓜ ④St-Michel
- ⑩Cluny La Sorbonne
- 一般の人は大学敷地内に入ることはできない。

Ⓢ ソルボンヌ大学のブティック
- MAP 別冊P.29-2D
- 🏠 10, rue de la Sorbonne 5e
- 🕐 10:00〜13:00　14:00〜18:00
- 休 ⊕ ⊕ ㊗
- URL www.sorbonne.fr/la-sorbonne/boutique

1253年、神学者ロベール・ド・ソルボンが、神学を志す貧しい学生のための学寮を創設した。それがソルボンヌの始まり。以来、西欧の知の拠点として、数々の哲学者や文学者を輩出してきた。世界大学連合の総会で議席番号第1番の栄誉にあずかるパリ大学は、現在13の総合大学に分かれ、そのうち3校が「ソルボンヌ」の名を残す。

構内にある、建築家ルメルシエの手による礼拝堂は、17世紀前半のジェズイット様式で、几帳面で端正な造りだが、威厳よりもむしろ親しみすら覚えるほど。かのルイ13世の宰相リシュリューが眠っているのもこの礼拝堂だ。ヴィクトル・クザン通りRue Victor Cousinに面した礼拝堂左の入口から中庭を横切って建物内に入ると、シャヴァンヌの大天井画をもつ**大講堂Grand Amphithéâtre**があり、通常の会議、式典、および国際会議などに使用されている。

また、近くにはソルボンヌ大学のグッズを買えるブティックがあり、誰でも利用できる。

学生や教員たちでにぎわうカフェが並ぶラ・ソルボンヌ広場

レストラン街と隣り合う聖なる空間
サン・セヴラン教会
★ MAP 別冊 P.19-1D、P.29-2D
Eglise St-Séverin

サン・セヴラン教会
- Ⓜ ④St-Michel
- 🚆 ⒷⒸSt-Michel Notre-Dame
- 🏠 1, rue des Prêtres St-Séverin 5e
- 🕐 11:00〜19:30
- （⊕は9:00〜20:30）
- URL saint-severin.com

ギリシア料理店が並ぶにぎやかな通りに残された、ひときわ静かな空間。それがサン・セヴラン教会だ。その歴史は古く、前身となる礼拝堂が建てられたのは、6世紀のこと。ノルマン人によって破壊されて以来、何度も改装が加えられたが、

さまざまな時代の建築様式が見られる教会

基本はゴシックフランボワイヤン様式でまとめられている。横幅が広いのに奥行きがないのは、教会の背後にサン・ジャック通りがあり、どうしても奥行きが取れなかったせいだ。ほかの教会と比べるとややバランスは悪いけれど、むしろのびのびした広さが感じられて、不思議な魅力がある。左右のステンドグラスもすばらしい。

 Column History パリに残るローマの遺跡

リュテス闘技場

パリは昔、ローマの要塞都市だった。現存する数少ない遺跡のひとつが、クリュニー美術館横のローマ浴場跡。また、植物園近くには円形の**リュテス闘技場**Arènes de Lutèce（MAP 別冊P.20-2A）がある。小さくてあまり目立たないため、観光客は少なく、近所の少年たちの遊び場になっているが、パリにも紀元1世紀末の遺跡が残されていることを知っておきたい。

偉人たちの霊廟
パンテオン

★★　MAP 別冊 P.19-1D
Panthéon

ドーム天井とギリシア風の柱をもつ新古典主義の傑作

パンテオンは、パリの守護聖女ジュヌヴィエーヴを祀った丘の古い教会を、18世紀にルイ15世が病の回復を祝って再建したもの。奥行き110m、高さ83m、ドームの重さ約1万tといわれる堂々としたモニュメントだ。外壁にあった42個の窓は、フランス革命時に壊され、現在は見ることができない。正面上部に「フランスに尽くした人々のために」と書かれていることからわかるように、地下は偉人、哲学者たちの廟になっている。

クリプト(地下祭室)にはまず入口に、共和党の指導者レオン・ガンベッタの心臓が入った赤褐色の大壺がある。中に入ると、ひんやりとした空気が漂い、上部を支える円柱がひときわ印象的。この入口のすぐ右側に、「自然に帰れ」

壺に収められたレオン・ガンベッタの心臓

と説いたジャン・ジャック・ルソーの木製の棺があり、向かいには啓蒙思想家ヴォルテールの棺が、永遠の論敵のごとく対面している。中央を進むと、奥左右に文豪ヴィクトル・ユゴーとゾラが、仲よく同じ部屋で永遠の眠りについている。

1851年、地球の自転を証明するために、フーコーがドームに振り子を設置して公開実験を行った。現在、同じ型の振り子が設置されている。ドームからは360度、パリのすばらしい眺めを楽しめる。

パンテオン
- ⑩Cardinal Lemoine
- ⑬BLuxembourg
- Pl. du Panthéon 5e
- 4～9月　10:00～18:30
  10～3月　10:00～18:00
  (入場は閉館の45分前まで)
- 1/1、5/1、12/25
- €11.50、18歳未満無料
  パリ・ヴィジット所有者は20%割引(→P.76)
- ミュージアム・パス使用可(→P.183)
- www.paris-pantheon.fr

ドーム
4～10月 の10:15、11:00、14:30、15:30、16:30に出るガイド付きツアーで見学可能。階段206段、35mの高さ。
- €3.50

パンテオンの見学は所要約1時間。ドーム見学は所要約45分。

フーコーの振り子

パスカルやラシーヌが眠る
サンテティエンヌ・デュ・モン教会

★　MAP 別冊 P.19-1D
Eglise St-Etienne du Mont

パンテオンの裏、聖ジュヌヴィエーヴの丘に建つ教会。ジュヌヴィエーヴとは、5世紀の蛮族侵入に際しパリを守って活躍し、パリの守護聖女となった聖人。彼女の墓を納めた教会だ。

教会の歴史は中世まで遡る。この丘にすでにあった聖ジュヌヴィエーヴ教会に加えて、13世紀、聖エティエンヌにささげる教会が造られたが、やがて手狭になって増設され、現在の形となったのは17世紀のこと。一段高くなるごとに退く3段階の異なった形の切妻屋根、聖エティエンヌの殉教やキリスト復活の場面を描いたファサードを支えるユニークな4本の柱、背後にそびえる物見やぐらのような鐘楼。ほかには例のない不思議な組み合わせが印象的だ。

中に入ると、内陣と身廊の間に置かれた仕切りが目に入る。これは「ジュベJubé」と呼ばれ、パリでは唯一この教会だけに現存している。幅9mのアーチ状で、優美な曲線を描く両脇のらせん階段にいたるまで、唐草模様、植物や花弁をモチーフとした透かし彫り細工が施されている。

サンテティエンヌ・デュ・モン教会
- ⑩Cardinal Lemoine
- Pl. Ste-Geneviève 5e
- 8:30～20:00 (日曜、季節によって短縮される)
- 学校休暇期間の⑪
- www.saintetiennedumont.fr

「ジュベ」は内陣の手前にある仕切り

はみだし！　パンテオンにはノーベル物理学賞を受賞したキュリー夫妻も祀られている。キュリー夫人はパンテオンに棺が置かれた初めての女性。2018年には女性政治家シモーヌ・ヴェイユが5人目の女性として祀られた。

展示物の質、量ともに世界最大級

国立自然史博物館

★★　MAP 別冊 P.20-2AB

Muséum National d'Histoire Naturelle

国立自然史博物館
M ⑤⑩ RER C Gare d'Austerlitz
⑦Censer Daubenton
⑦⑩Jussieu
住 Pl. Valhubert 5e
URL www.mnhn.fr
URL www.jardindesplantesdeparis.fr

植物園
開 7:30〜19:30（冬は短縮）
休 無休　料 無料

絶滅動物が回るメリーゴーラウンド

大温室
開 10:00〜18:00（冬は短縮）
（入館は閉館の45分前まで）
休 ㊋、1/1、5/1、12/25
料 €7

動物園
開 9:00〜18:00（冬は短縮）
（入場は閉園の45分前まで）
休 無休　料 €13

とっても仲よし、動物園のオランウータンの親子

進化大陳列館
住 36, rue Geoffroy St-Hilaire 5e
開 10:00〜18:00
（入館は閉館の45分前まで）
休 ㊋、1/1、5/1、12/25
料 €10

鉱物陳列館
住 36, rue Geoffroy St-Hilaire 5e
開 10:00〜18:00（冬は短縮）
（入館は閉館の45分前まで）
休 ㊋、1/1、5/1、12/25
料 €7

古生物学館
住 2, rue Buffron 5e
開 10:00〜18:00
（入館は閉館の45分前まで）
休 ㊋、1/1、12/25
料 €9

広大な敷地内に植物園、動物園、3つの展示館、研究機関をもつ自然史博物館。18世紀末創立の歴史ある博物館だけあって、どの建物も古めかしく独特の雰囲気がある。

植物園 Jardin des Plantes

この植物園は、もともとルイ13世の時代、王の主治医が薬草植物園として造ったもの。中央には、幾種類もの花々に彩られたフランス式庭園が広がっている。小さなバラ園もあり、花の季節は

フランス式庭園の中に季節の花が咲く

一つひとつ香りを味わいながら歩くのが楽しい。熱帯植物が生い茂るジャングルを再現した**大温室**Grandes Serresはパリに現存する最古の鉄骨建築。

動物園 Ménagerie

1794年に開園した世界で最も古い動物園のひとつ。小動物や希少動物を中心に約200種の動物が集められている。オランウータンの親子やレッサーパンダは子供たちの人気者。

進化大陳列館 Grande Galerie de l'Evolution

1898年、ジュール・アンドレによって建設された旧動物学館が前身。第2次世界大戦で被害を受け、長らく閉鎖されていたが、1994年にリニューアルオープンした。3階まで吹き抜けの大空間を生かし、動物の進化の過程と多様性をダイナミックな展示で見せてくれる。

迫力満点の展示が人気

鉱物陳列館 Galerie de Minéralogie et de Géologie

ブラジルで採取された巨大水晶をはじめ、美しく神秘的な鉱物がずらりと並び、鉱物マニアには見逃せない。

古生物学館 Galeries de Paléontologie et d'Anatomie Comparée

クジラ、キリンなど巨大なものからカエルやカメまで、あらゆる脊椎動物の骨がところ狭しと並ぶ迫力満点の博物館。2階には恐竜など絶滅動物の骨や化石もある。

イスラム教徒の心のふるさと
モスク
★★ MAP 別冊 P.20-2A
Grande Mosquée de Paris

ここにはかつて慈善病院があったが、第1次世界大戦でフランスに味方したイスラム教徒をたたえ、フランス政府の援助によって、1922年から1926年にかけてモスクが建てられた。高さ33mの四角い塔（ミナレット）と入口の上にある星と月のマークが目印だ。入口を入ると庭がある。右にはモスクの正門があり、そこを入ると、回廊で囲まれた泉のある中庭に出る。

回廊の壁には、極彩色の花模様のモザイクやアラベスク模様のイスラムの詩、漆喰の透かし彫りが施されている。オリエント特有の装飾が、異国情緒を醸し出している。イスラム教は偶像崇拝を禁じているので、彫像も画像もない。その代わり、すばらしい幾何学模様や、植物をデザインしたモザイクで飾られている。見学者は奥の礼拝場には入れないが、中庭から垣間見ることができる。礼拝場の左側に奥まった部分があり、そこがメッカの方向を示す場所。信者はその方向に向かって礼拝する。男性は左側、女性は右側と決められているそうだ。

モスクの一画にはサロン・ド・テもあるので、甘いミントティーを飲みながら、ゆったり流れる時間を感じてみたい。

モスク
- Ⓜ⑦Place Monge
- 住 2bis, pl. du Puits de l'Ermite 5e
- 開 9:00～12:00 14:00～18:00
- 休 ㊎、イスラム教の㊗
- 料 €3
- URL www.mosqueedeparis.net

Ⓒ サロン・ド・テ・ド・ラ・グランド・モスケ Salon de Thé de la Grande Mosquée
- 営 9:00～24:00
- 休 無休
- 料 ミントティー€2

一歩入ると別世界が広がる

パリの空に溶け込む建築空間
アラブ世界研究所
★★ MAP 別冊 P.20-1A、P.27-3C
Institut du Monde Arabe

パネルの開閉の原理はカメラの絞りと同じ。近くに寄ってじっくり観察してみよう

アラブ世界との文化交流を目的として建てられた地上10階、地下3階、総ガラス張りの建物。図書館、シネマテーク、また企画展を行う**Ima博物館** Musée de l'Imaがある。

企画展も興味深いが、何といっても建築自体がユニークだ。壁面を覆うガラスのパネルは、太陽の光に応じて自動的に開閉し、さまざまなパターンを描く。モスクのモザイクを思わせるようなアラベスク模様を描いたり、幾何学的な姿を呈したり。建物全体が軽やかな可動空間となって、パリの空に溶け込んでいくようだ。設計者のジャン・ヌーヴェルは以前こう言った。「見えるものの背後にある見えないものを見る必要がある」。ソリッドな建築物ではなく、見えない光を呈示する空間は、まさにヌーヴェルの言葉を体現しているといえる。

また、屋上テラスからの眺望は最高。訪れる観光客が少ないので、広がる景色を静かに堪能できる穴場的スポットだ。レストランで食事をしながらパリを見下ろすのもいい。

アラブ世界研究所
- Ⓜ⑦⑩Jussieu
- 住 1, rue des Fossés St-Bernard 5e
- 開 10:00～18:00 （㊏㊐は～19:00）
- 休 ㊊
- URL www.imarabe.org

Ima博物館
- 開 10:00～18:00 （㊏㊐は～19:00） （入場は閉館の45分前まで）
- 料 €8
- 休 ㊊
- バス ミュージアム・パス使用可 （→P.183）

屋上テラス
- 開 10:00～18:00
- 休 ㊊
- 料 無料

建築好きなら一見の価値あり

エリア別ガイド 5

サン・ジェルマン・デ・プレからカルチェ・ラタン

フランス最高勲章の博物館
レジオン・ドヌール勲章博物館　Musée de la Légion d'Honneur

★ MAP 別冊 P.12-2B

レジオン・ドヌール勲章博物館
- M ⑫Solférino
- ⓒMusée d'Orsay
- 住 2, rue de la Légion d'Honneur 7e
- 開 13:00～18:00（入場は17:30まで）
- 休 (月)(火)、1/1、5/1、キリスト昇天祭、8/15、11/1、12/24、12/25
- 料 無料
- URL https://www.legiondhonneur.fr

レジオン・ドヌールは、1802年にナポレオンによって創設されたフランスの最高勲章。軍人や民間人の卓越した功績を表彰している。レジオン・ドヌールには5つの階級があり、5等シュヴァリエChevalier、4等オフィシエOfficier、3等コマンドゥールCommandeur、2等グラントフィシエGrand Officier、1等グラン・クロワGrand Croixと分かれている。フランス人だけでなく、外国人にも贈られ、日本人にも授与されている。古くは伊藤博文などが授賞。近年では小説家の大江健三郎と歌舞伎俳優、五代目坂東玉三郎がコマンドゥールを、2016年には映画監督の北野武がオフィシエを授賞した。フランスと日本の経済発展や文化交流に功績のあった人物に贈られている。

博物館にはさまざまな勲章が展示され、そのコレクションを見て回るだけでも楽しめる。勲章制度の歴史の展示や、各国の勲章制度についても知ることができる。

レジオン・ドヌールを創設したナポレオンの胸像

勲章の豊富なコレクション

 Column Cinéma　映画の舞台となったホテル

映画の主人公が住んでいたホテル

エリック・ロメールの『獅子座』(1962)で売れない音楽家の主人公が暮らしていたのは、サン・ジェルマン・デ・プレの「オテル・ド・セーヌ」(→P.370)。このホテル、今ではエレガントな3つ星になっており、とても貧乏青年が長期滞在できるような宿ではない。ルイ・マルの『鬼火』(1963)で、モーリス・ロネ演じる、アルコール依存症治療中の主人公が、入院前に住んでいたという設定になっているのが、「オテル・デュ・ケ・ヴォルテール」(MAP 別冊P.28-1A)。一時退院した主人公がホテルのバーに立ち寄るシーンもある。現在のホテルの入口回りや、サロン、バーの雰囲気は、映画が撮影された頃とあまり変わっていないような気がする。最近のパリでは珍しくなった古きよき時代の匂いを残す貴重なホテル。

詩人シャルル・ボードレールやオスカー・ワイルド、作曲家リヒャルト・ワーグナーが滞在したこともあるオテル・デュ・ケ・ヴォルテール

ホテル名がそのまま映画のタイトルに

パリのホテルを舞台にした映画で最も有名なのが、マルセル・カルネの『北ホテル』(1938)だろう。下町の安宿に暮らす人々の悲喜こもごもを描いた戦前フランスの代表作だ。映画の大部分はスタジオでのセット撮影だが、モデルとなった「北ホテル」は、1991年まで労働者たちの住む木賃宿として存在していた。一度は取り壊しの話も出ていたが、映画ファンの熱心な保存運動が実を結び、レストランとして生まれ変わった(→P.258)。改装後はやや雰囲気が変わったが、運河沿いに建つ姿を見ると、アルレッティの名セリフ「アトモスフェール、アトモスフェール！」が脳裏によみがえってくる。

ディーバが泊まった最高級ホテル

高級ホテルに目を向けると、ジャン・ジャック・ベネックスの『ディーバ』(1981)が、映像の美しさで際立っていた。主人公の若い郵便配達員が憧れのオペラ歌手に会うために訪れたのが、「ル・ロワイヤル・モンソー・ラッフルズ・パリ」(→P.360)だ。ホテルから出たふたりが朝のチュイルリー公園を散歩するシーンは、パリを描いた映像のなかで最も美しいもののひとつだろう。

Deux Quartiers à propos du Café

パリ左岸を彩る
ふたつのカフェ文化

パリを語るうえで欠かすことのできない存在のひとつがカフェ。
そして、カフェの歴史を語るうえで欠かすことのできない場所といえば、
サン・ジェルマン・デ・プレとモンパルナスだ。

パリを代表する文学カフェが集まる
サン・ジェルマン・デ・プレ

　サン・ジェルマン・デ・プレのカフェの華やかな歴史は、1950年代に実存主義の生みの親ジャン・ポール・サルトルが「**カフェ・ド・フロール**」（→P.286）にやってきたことから始まる。彼はフロールの2階を自分の書斎とし、それだけでなく人と会う応接間としても利用していた。そこにボーヴォワールがいたことも当然で、彼らの文学仲間や芸術家が集まり、「フロール」は彼らの議論の場となった。ちなみにサルトルは「**レ・ドゥー・マゴ**」（→P.285）の建物の5階に住み、ボーヴォワールは2階に住んでいた。彼女は、公的に人に会うときは「レ・ドゥー・マゴ」、プライベートの場合は「フロール」で、と使い分けていたという。また「**ブラッスリー・リップ**」（→P.259）はヘミングウェイの作品『移動祝祭日』にも登場し、著名人の集まる高級ブラッスリーとして名高い。

行きつけのカフェができれば、パリ滞在がより楽しくなる

ヴァヴァン交差点の4つのカフェ
モンパルナス

　時は20世紀になったばかりのモンパルナス。ボヘミアンたちの住む所となったこの界隈は、場末と盛り場の雰囲気が入り混じる享楽的な下町だった。アポリネール、マックス・ジャコブなど、キラ星のごとき詩人たちは、「**ラ・クローズリー・デ・リラ**」（MAP 別冊P.19-2C）に夜ごと集い、モディリアニ、スーティン、シャガール、ザッキンなど現代絵画の巨匠たちは、いまだ世に知られることなく、「**ラ・ロトンド**」（→P.286）、「**ル・セレクト**」（→P.286）、「**ル・ドーム**」、「**ラ・クーポール**」（MAP 別冊P.18-2B）でくだを巻いていた。また、亡命中のレーニン、トロツキーや、ストラヴィンスキー、サティら音楽を志向する青年たちも、芸術と自分の将来を熱っぽく語り合った。さらには、ヘミングウェイ、藤田嗣治、ピカソ、アインシュタインも仲間に加わった。

国立美術学校の学生が集まる「ラ・パレット」（MAP 別冊P.28-1B）は1903年創業のレトロムードあふれるカフェ

1880年創業の「ブラッスリー・リップ」。今はカフェというより、文化人の客が多いレストランになっている

Vavin駅を降りると、真っ先に目に飛び込んでくる「ラ・ロトンド」（右）　現在はパリを代表するブラッスリーとして有名「ラ・クーポール」（下左右）店内にはサルトルとボーヴォワールの写真も

Area 6
モンパルナス
Montparnasse

見逃せない観光スポット

ヴァヴァン交差点のカフェ★★ P.151
モンパルナス・タワー★★ P.154
モンパルナス墓地★★ P.177
カルティエ現代美術財団★★ P.217
ブールデル美術館★★ P.209
カタコンブ★★ P.155

モンパルナスの歩き方

芸術家たちゆかりのカフェが集まるヴァヴァンの交差点や、モンパルナス墓地を散策したら、クレープ屋が集まるモンパルナス通りをチェック。モンパルナス・タワーからの眺めは、夜がおすすめだ。

交通メモ

おもな見どころは Ⓜ④⑥⑫⑬Montparnasse Bienvenüeから徒歩圏内にある。カタコンブに行くなら Ⓜ④⑥Denfert Rochereau下車。出口は入口と異なるので注意。

グルメ

ブルターニュ地方への玄関口となっているモンパルナス駅の周辺には、ブルターニュ名物であるクレープの店が集まっている。またモンパルナス・タワーには、パリの眺望を楽しみながら食事ができるレストランがある。ヴァヴァンの交差点には、モディリアニや藤田嗣治、ヘミングウェイなどが通っていたカフェが今も残る。

ショッピング

水・土曜はエドガー・キネ大通りで食品のマルシェが立ち、見ているだけでも楽しい。モンパルナス駅前にあるスーパー「モノプリ」は品揃えが豊富で、プチプラみやげを買うのに便利。

夜と治安

劇場や映画館が多く、夜遅くまでにぎわっているので、歩いていて危険を感じることはあまりない。観光名所が少なく、地元の人がほとんどなので、観光客目当てのスリなども少ないようだ。

トイレ

国鉄モンパルナス駅には有料のトイレがある。ヴァヴァンの交差点のカフェで、ひと休みを兼ねて利用してもいい。

フォトジェニックスポット 3

1 高いところからパリの眺望というとエッフェル塔が思い浮かぶが、塔の入った夜景ならモンパルナス・タワーからの眺めがベスト。夕暮れからスタンバイ、少し明るさが残る時間のほうが、空の色がきれいに出る **2** ヴァヴァンの交差点にあるカフェのなかでも、テントの色が鮮やかな「ラ・ロトンド」 **3** モンパルナス墓地からタワーを見上げて

152

どんなエリア？

20世紀初頭、モンマルトルと同じく世界から芸術家が集まった地域で、ゆかりのカフェや墓地を訪れる人も多い。クレープリーの集まるモンパルナス通り、エドガー・キネの市場など気取らないパリの顔がのぞける。近年人気のカタコンブもあり、ディープな観光を楽しもう。

MAP 別冊P.18-2A〜P.19-3C

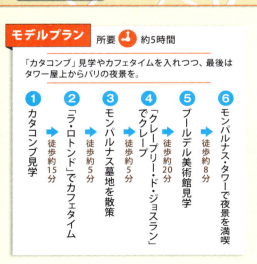

モデルプラン

所要 約5時間

「カタコンブ」見学やカフェタイムを入れつつ、最後はタワー屋上からパリの夜景を。

1. カタコンブ見学
   → 徒歩約15分
2. 「ラ・ロトンド」でカフェタイム
   → 徒歩約5分
3. モンパルナス墓地を散策
   → 徒歩約5分
4. 「クレープリー・ド・ジョスラン」でクレープ
   → 徒歩約20分
5. ブールデル美術館見学
   → 徒歩約8分
6. モンパルナス・タワーで夜景を満喫

個性的な小美術館が点在

モンパルナスには、誰もが知っているような観光名所はない。ただ、「ブールデル美術館」など、小規模だが魅力的な美術館がいくつかあり、それほど混まないのでじっくり鑑賞したい人におすすめ。

空港からのアクセスよし！

空港からル・ビュス・ディレクト（→P.72）がモンパルナス駅まで行くので、このエリアにホテルを取りました。クレープ屋さんも多いし老舗カフェもあってよかった！ 帰りのバスも始発で利用しやすかったです。（静岡県　樹　'19）

フランスで一番高いオフィスビル ★★ MAP 別冊 P.18-2B
モンパルナス・タワー
Tour Montparnasse

モンパルナス・タワー
- Ⓜ ④⑥⑫⑬Montparnasse Bienvenüe
- 🏠 33, av. du Maine 15e
- 🕐 4～9月　9:30～23:30
　　10～3月　9:30～22:30
　　(金)(土)は～23:00)
　　(入場は閉館の30分前まで)
- 休 無休
- 料 €18、学生€15、
　　パリ・ヴィジット所有者は
　　25％割引(→P.76)
- URL www.tourmontparnasse56.com

タワー内のレストラン
56階のレストラン「ル・シエル・ド・パリ」を利用する場合はレストラン専用のエレベーターで無料で昇れる。食事は要予約だが、朝食とティータイムは予約なしでもOK。

- R ル・シエル・ド・パリ
　Le Ciel de Paris
- ☎ 01.40.64.77.64
- 営 8:00～23:00
- 料 朝食セット€15、昼ムニュ
　　(月)～(土)　€30、€35、
　　昼ムニュ(月)～(日)　€39、
　　夜ムニュ€68、€138
- URL www.cieldeparis.com

パリの夜景を見ながらロマンティックなディナーを

エッフェル塔を眺める最も高い展望台

タワーという名がついているけれど、実際は56階と59階にテラスをもつビル。1969年、かねてからプランが練られていたモンパルナス再開発プロジェクトの一環として、もと駅のあった場所に建設が開始された。4人の建築家が設計に当たり、1972年に完成、210mの高さを誇る。

このビルの建つモンパルナスは、かつてモディリアニなど、エコール・ド・パリの画家たち、そして文人たちがたまり場にしていたカルチェ。そんな憧れをもってやってきてみると、パリの古い町並みとはおよそ似合わない無機的なビルがそびえていて、少々失望するかもしれないが、ここの上からの眺めは最高だ。

ビル内はほとんどオフィスとして使われているが、56階の展望デッキと屋上テラスは一般に開放されている。56階へはエレベーターがわずか38秒で運んでくれる。56階からは階段で屋上へ。屋上テラスからは、天気がよければ40km先までの視界が開け、パリの全貌を望むことができる。特にすばらしいのは、夕刻から夜にかけて。エッフェル塔の向こうに夕日が沈んで、空が暗くなってくると、ぽつりぽつりと町の灯がともり、さまざまなモニュメントがライトアップに浮かび始める。毎正時のエッフェル塔のシャンパンフラッシュに合わせて訪れるのがおすすめ。

パリでは珍しい近代的なビル

空に手が届きそうな屋上テラス

パリの中の冥土
カタコンブ
★★ MAP 別冊 P.19-3C
Catacombes de Paris

カタコンブは、ガロ・ローマ期（120年〜5世紀末）に使われていた採石場跡を利用し、パリ市内の共同墓地に葬られていた無縁仏600万体を納骨した地下墓地。1785年から100年かかって移したという。

細いらせん階段を下りていくと、そこは地下道。1年をとおして約14℃に保たれ、湿気の多いよどんだ空気が漂っている。地下水のたまった穴などをのぞきながら暗い道を進んでいくと、カタコンブに行き着く。通路の両壁に沿って、脛骨や頭蓋骨が整然と、ときには模様までつけられて並んでいる。かなり奥行きがあり、壁面がびっしりと骸骨で埋め尽くされている様は、壮観。慰霊碑や死者にささげられた詩も掲げられている。地下道は複雑に入り組んでいるため、見学コース以外は柵でふさがれている。くれぐれも柵をこじあけたりしないように！

実際この迷路に迷い込み、骸骨になってしまった例もあるほどだ。体力や心臓に自信のない人はご用心。何しろここは、"l'Empire de la Mort（冥土）"なのだから……。

カタコンブ
- Ⓜ ④⑥ RER Ⓑ Denfert Rochereau
- 🏠 1, av. du Colonel Henri Rol-Tanguy 14e
  （出口は21bis, av. René Coty MAP 本誌P.153）
- 🕐 10:00〜20:30
  （入場は19:30まで）
  ※入場者数制限あり
- 休 ㊊、1/1、5/1、12/25
- 料 €14、18〜26歳 €12
- URL catacombes.paris.fr

全行程1.5km。所要時間は約45分。入口と出口が異なるので注意。

怖がりの人は気をつけて！

中央に立つライオン像が目印のダンフェール・ロシュロー広場にカタコンブの入口がある

マニア必見のコレクション
郵便博物館
★ MAP 別冊 P.18-2A
Musée de la Poste

長期にわたる改装工事を経て、2019年11月23日にリニューアルオープンした郵便博物館。最初にエレベーターで4階まで上がり、各フロアを見学しながら下りてくるルートになっている。

古代エジプトやローマ時代から現代にいたるまでの通信手段や郵便の歴史が展示されている。郵送用の船、列車、飛行機の模型のほか、郵便配達人の制服、靴、馬車などもあり、時代を追って郵便がどのように変わってきたかわかる。

なかでもすばらしいのは切手に関するコレクション。図案画、消印、そして1849年以降フランスで発行された切手など数多く所蔵している。

郵便博物館
- Ⓜ ④⑥⑫⑬ Montparnasse Bienvenüe
- 🏠 34, bd. de Vaugirard 15e
- 🕐 11:00〜18:00
  （木は〜21:00）
  （入場は閉館の45分前まで）
- 休 ㊋
- 料 €5、60歳以上 €4、18歳未満無料
- URL www.museedelaposte.fr

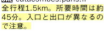
郵便マニアでなくても楽しめる展示

シャガールなど著名な画家の原画展示も

ブティックではフランスの郵便局「ラ・ポストLa Poste」のオリジナルグッズも見つかる。ブティックのみの利用も可能。
左：郵便局のミニカー €6.90
右：フランスの使用済み切手。100枚セット €3.20

エリア別ガイド 6　モンパルナス

155

子午線上に望むパリ
パリ天文台
Observatoire de Paris ★ MAP 別冊 P.19-3C

パリ天文台
- M ④⑥ RER B
  Denfert Rochereau
- RER B Port Royal
- 住 61, av. de l'Observatoire 14e
- URL www.obspm.fr
- ※2020年4月現在、工事のため閉館中。

パリ天文台は1667年の夏至の日に計画され、1672年に完成。2017年には創設350年を迎えた。医者クロード・ペローによる設計で、防火と保磁性のため、木・鉄材は使わずに造られたという。現役のものとしては世界で最古の天文台だ。建物の四辺は、東西南北の正四方位に一致し、南正面はパリの緯度（北緯48度50分11秒）を示す。ここから北にオプセルヴァトワール大通りAv. de l'Observatoireが延び、リュクサンブール宮、さらにサクレ・クール聖堂を望む眺めは見事だ。この一直線上にパリを南北に結ぶ基準子午線（東経2度20分17秒）が通っている。

パリ天文台の建物の前にはフランスの天文学者ウルバン・ジャン・ジョゼフ・ル・ヴェリエUrbain Jean Joseph Le Verrierの像が立っている。彼は海王星の位置を計算によって予測し、海王星の発見に貢献した。パリ天文台の台長も務めた。

17世紀から続く天文台

正面玄関前にあるル・ヴェリエの像

芸術家たちが住んだ通り
カンパーニュ・プルミエール通り
Rue Campagne Première ★ MAP 別冊 P.19-2C

カンパーニュ・プルミエール通り
- M ④⑥ Raspail

1950年代末に始まった映画運動ヌーヴェル・ヴァーグ。ゴダールなど若い作家たちによって、ロケ撮影中心の新しい手法が切り開かれた。モンパルナスはその運動の舞台となった場所のひとつ。カンパーニュ・プルミエール通りはゴダールの『勝手にしやがれ』(1960)のラストシーンで使われた。また、この通りにはランボーやウージェーヌ・アジェ、マン・レイ、藤田嗣治、モディリアニなど多くの芸術家が住んだことでも知られる。

『勝手にしやがれ』のラストシーンで主人公ミッシェルが走った通り

Column Pause Café
パリ国際見本市会場

パリの南端、ポルト・ド・ヴェルサイユにあるパリ国際見本市会場。1年を通してさまざまな見本市が開かれ、なかでもチョコの祭典「サロン・デュ・ショコラ」(→P.325)が有名。

広大な見本市の会場にさまざまなブースが所狭しと建つ

2月には国際農業見本市(→P.56)があり、フランス中の農産物や家畜が会場に集まり、一般客からも注目されている。また「パリ・マンガParis Manga」などマンガのイベントも開催されている。

◆**パリ国際見本市会場**
Paris Expo Porte de Versailles
- MAP 別冊 P.16-3B
- M ⑫ Porte de Versailles
- 住 1, pl. de la Porte de Versailles 15e

Les Artistes de Montparnasse

ほとばしる若き情熱のたまり場
芸術家たちのモンパルナス

19世紀末から20世紀初頭にかけてのモンパルナス。
シャガール、藤田嗣治、モディリアニ……、若い芸術家たちが集った場所だった。
彼らは夜ごとモンパルナス大通りのカフェに集い、時間を忘れて語り合った。

シャガールも住んでいた
芸術家たちのアトリエ「ラ・リュシュ」

モンパルナスの外れに、十二角形のユニークな形をしたアパルトマンがある。その形状から「ラ・リュシュ La Ruche（蜂の巣）」と呼ばれるこの建物は、彫刻家ブッシェが私財を投げ打って、貧しい芸術家たちのために造ったものだ。

住人となったのは、おもに「エコール・ド・パリ」と呼ばれる一派の人々。なかにはシャガール、モディリアニといった未来の巨匠たちもいた。また、キュビスムの画家レジェ、彫刻家ブランクーシとザッキン、マックス・ジャコブ、アポリネールといった作家たちも、ここに住んでいた。互いのエネルギーを糧として啓発し合った彼らは、やがて、独自のスタイルを確立していった。

◆ラ・リュシュ La Ruche
MAP 別冊P.17-3C　M ⑫Convention
住 2, Passage de Dantzig 15e　※内部の見学は不可

ツタのからまる小道の両脇にアトリエが並ぶ

今でもひっそりと
昔の雰囲気が残る場所

TGVアトランティック線が開通して以来、再開発が進められてきたモンパルナスに、20世紀初頭の名残を探すのは難しい。ただ、ひとつだけ、そんな時代の趣を残す場所がある。「シュマン・デュ・モンパルナス Chemin du Montparnasse」（MAP 別冊P.18-2B）という名の小道だ。ここにあるギャラリー「ラ・ヴィラ・ヴァシリエフ La Villa Vassilieff」は、かつてピカソやマティスが足しげく通った、ロシアの画家マリー・ワシリエフのアトリエ跡を利用したものだ。今も芸術家たちのアトリエが並ぶこの小道を散歩すれば、20世紀初頭のモンパルナスの空気を感じとることができるだろう。

木々に囲まれた「ラ・リュシュ」（左）
シャガール、モディリアニ、藤田嗣治など、モンパルナスに集った芸術家たち（上）

157

Area 7
モンマルトル
Montmartre

見逃せない観光スポット
サクレ・クール聖堂 ★★★ P.160
テルトル広場 ★★★ P.161
ムーラン・ルージュ ★★ P.236
ジュ・テームの壁 ★★ P.163
モンマルトル美術館 ★★ P.216
モンマルトル墓地 ★★ P.176

🚇 交通メモ
Ⓜ⑫AbbessesまたはⓂ②Anversで下車し、徒歩またはケーブルカーで丘に上る。階段や坂道が多いので、観光用ミニバス「プチトラン」を利用するのも一案。

🍴 グルメ
映画『アメリ』の舞台となった「カフェ・デ・ドゥー・ムーラン」では、映画に登場したクレーム・ブリュレが食べられる。サクレ・クール聖堂周辺には、昔ながらの歴史あるレストランも残る。

👜 ショッピング
モンマルトルの丘の麓からオペラ地区に向かう坂道マルティール通りは、食材やスイーツの店が集まるグルメストリート。ランチにも利用できる。
[ショッピングスポット]
マルティール通り　P.335

🎭 エンターテインメント
赤い風車で有名なキャバレー「ムーラン・ルージュ」では、華麗なフレンチ・カンカンを観ることができる。歴史あるシャンソニエ「オ・ラパン・アジル」もあり、シャンソンの名曲をたっぷり聴かせてくれる。

🌙 夜と治安
Ⓜ②⑫Pigalleの北側一帯は歓楽街で、夜に女性ひとりで歩くのはすすめられない。「ムーラン・ルージュ」のナイトショーは、観光バスツアーに参加すれば、ホテルまで送ってくれるので安心だ。

🚻 トイレ
路上の無料トイレ以外あまり見つからない。美術館やカフェなどを利用したい。

📷 フォトジェニックスポット 4

❶モンマルトルの丘に上る前にケーブルカー乗り場近くから撮影。メリー・ゴーラウンドとセットでサクレ・クール聖堂を撮ると、レトロな雰囲気のある写真に　❷フレンチ・カンカンで有名なムーラン・ルージュの赤い風車は必須の撮影ポイント　❸カップルなら迷わず「ジュ・テーム」の壁で記念撮影　❹Ⓜ⑫Abbessesのらせん階段はかなり長いが、階段に沿ってかわいい壁画が描かれている

どんなエリア? モンマルトルの丘にそびえる白亜の聖堂、サクレ・クールから南は、坂道の多い下町エリア。テルトル広場を中心に、19世紀半ばには芸術家たちがアトリエを構えた。昔ながらのカフェやサクレ・クール聖堂に続く階段など、ノスタルジックな風情を感じながら散策できる場所だ。

モデルプラン
所要 約5時間

聖堂からの眺望を楽しんだり、美術館に入ったり、モンマルトルをじっくり楽しむプラン。

1. ジュ・テームの壁
   → 徒歩とケーブルカーで約10分
2. サクレ・クール聖堂のドームに上る
   → 徒歩約3分
3. テルトル広場散策
   → 徒歩約2分
4. モンマルトル美術館見学
   → 徒歩約15分
5. 「カフェ・デ・ドゥー・ムーラン」でクレーム・ブリュレ
   → 徒歩約3分
6. ムーラン・ルージュ前で記念写真

モンマルトルの歩き方
徒歩もしくはケーブルカーで丘の上に上ったら、サクレ・クール聖堂とテルトル広場を起点に、界隈の散策を楽しもう。下りるときは映画『アメリ』のカフェがあるルピック通りを通るのもいい。

おみやげショップ
メトロのAnvers駅からケーブルカーのある広場につながる坂道に、おみやげショップが連なっていました。ポストカードやキーホルダーなど基本的なおみやげが揃っていて、まとめ買いに便利でした。(岐阜県 るるぅ '19)

モンマルトルの丘に建つ白亜の聖堂
サクレ・クール聖堂
★★★　MAP 別冊 P.7-2D、P.31-2D
Basilique du Sacré Cœur

サクレ・クール聖堂
- Ⓜ ⑫Abbesses
  ②Anvers
- 🏠 35, rue du Chevalier de la Barre 18e
- 🕐 6:00～22:30
- URL www.sacre-coeur-montmartre.com

ドーム
- 🕐 9:30～19:00
  （季節によって異なる）
- 💰 €7

所要時間は聖堂だけなら約30分。ドームに上る（階段300段）なら約1時間。

青空に映える白いドーム、サクレ・クール聖堂

正面に向かって右側には剣を掲げたジャンヌ・ダルクの像がある

ドームからはパリのすばらしい眺めが楽しめる

天井の美しいモザイク画

白く輝くビザンチンスタイルの教会。モンマルトルの丘の上に建っているうえ、ドームの高さ83m、奥行き85mとサイズも大きいので、市内のいたるところから、その姿を見られる。

教会の建設は、1871年のパリ・コミューンの後に議会で決定され、キリストの御心にささげられた、「聖なる心（サクレ・クール）」という名がつけられた。アバディの設計のもと、1875年に工事が開始され、完成したのは1919年のこと。正面入口の上には、5mの高さをもつ緑の騎馬像がふたつあり、それぞれ聖ルイ王とジャンヌ・ダルクを表している。教会内部は広々としていて、480m²の天井にきらめくモザイクは「神の御心へのフランスの尊仰」を表現している。ステンドグラスは1944年の爆撃で破壊され、その後、修復された。鐘楼の鐘は、サヴォワ地方で鋳造され、1895年に奉納されたもの。19tもあり、現存するものとしては、最も重いものに属する。内部を見学し終わったら、白亜のドームに上ってみよう。

Column Pause Café
プチトランで楽々観光

モンマルトルを楽しく一周

モンマルトルは自分の足で歩き回ってこそ、その魅力を味わうことができる。とはいっても、急な階段や坂道が続き、ちょっとつらいという人には、蒸気機関車の形をした観光用ミニバス「プチトラン」がおすすめ。モンマルトルの見どころを約40分で一周する。英・仏語の解説付きでシャンソンのテープも流れるので、言葉がわからなくても十分楽しめる。見どころポイントをおさえてひと回りするので、散策時間があまりないときにも便利だ。乗り場はメトロBlanche駅とテルトル広場近くの2ヵ所ある。

◆プチトラン Petit Train
- MAP 別冊 P.30-2B、P.31-2C
- 🕐 10:00～19:00（2～3月は～18:00、7・8月は～22:00、10～1月は～17:00）
  30分または1時間間隔　休 1月の㈪～㈮
- 💰 €6.50、12歳未満 €4.50
- URL promotrain.fr

プチトランのほかにもう1台「モンマルトランMontmartrain」も走っている。プチトランとはほぼ同じルートを走るが、乗り場が異なるので注意。💰 €6

はみだし！　サクレ・クール聖堂に上がる階段付近には、ミサンガ（組ひものブレスレット）を強引に手に巻きつけてくるミサンガ売りがいるので要注意。P.445のモンマルトル周辺のトラブル対策も参照のこと。

今も画家が集まる
テルトル広場
★★★ MAP 別冊 P.7-2C、P.31-2C
Place du Tertre

観光客と絵売りであふれるテルトル広場

テルトル広場
Ⓜ ⑫Abbesses

テルトル広場の似顔絵描き
広場では、スケッチブックを片手に似顔絵描きたちが、片言の日本語で「似顔絵描くよ」と話しかけてくる。イヤならばキッパリ断ろう。記念に描いてもらうときも、飾ってある作品を見て、自分の好みに合う画風の人に頼むといい。値段の交渉は、最初にしておくこと。
広場で似顔絵や絵画販売ができるのはパリ市の許可証をもつ正規の作家だけ。広場の外側で画板をもって立ち歩き、客引きをしているのは違法のニセ絵描きだ。ボッタクリ、スリの危険もあるので要注意。

エリア別ガイド 7　モンマルトル

　テルトル広場は、モンマルトルが1860年にパリ市に編入されるまで村の中央広場だった。3～5番地がかつての村役場。
　19世紀末から20世紀初めにかけて、パリ中心街に比べて家賃が安いモンマルトルに、多くの画家たちが移り住んだ。ルノワール、ロートレック、ピカソ、モディリアニ、ユトリロ、ゴッホら、モンマルトルを愛し、その風景を描いた画家たちの名前を挙げればきりがないほど。近代美術の流れを変える作品の多くがモンマルトルで生まれたといえる。
　時は過ぎ、モンマルトルが芸術の拠点だった時代は終わった。現在のテルトル広場には、みやげ用の絵売りや似顔絵描き、そしてたくさんの観光客であふれている。かつてののどかな芸術村の面影をしのぶなら、観光客の少ない早朝に訪れよう。広場周辺に点在する芸術家たちの足跡をたどって散策するのもいいだろう（→P.162）。

みやげ用の絵もたくさんある

Column Pause Café　パリのブドウ畑

　フランスは有数のワイン生産国であるが、そのほとんどはボルドーやブルゴーニュなどの地方だ。パリで造られるワインがあったなら、飲んでみたいと思う人もいるだろう。
　モンマルトルの丘の上、老舗シャンソニエの前に、狭いながらも立派なブドウ畑、「クロ・モンマルトルClos Montmartre」が広がる。
　ここではガメイ種とピノ・ノワール種が植えられていて、パリ産、いや、モンマルトル産のワインが造られているのだ。
　毎年10月には、酒神バッカスにささげる収穫祭Fête des Vendangesが行われる（'20は10/7～10/11）。朝から音楽隊がやってきて陽気に演奏会が始まり、民族衣装を着た人々のパレードが繰り広げられる。
　収穫されたブドウは、18区区役所の酒倉で仕込まれワインとなる。翌年の春に競売にかけられるが、もともと収穫量が少ないので、「幻のワイン」となっているそう。

シャンソニエ「オ・ラパン・アジル」（→P.232）近くに広がる（MAP別冊 P.31-1C）

10月に開催される収穫祭のパレード ©Paris Tourist Office-Amélie Dupont

はみだし！ メトロAbbesses駅は地下30mに位置し、パリで最も深くにある駅。ホームと地上を結ぶらせん階段には、かわいい壁画（→P.158）が描かれているが、かなり長いのでご注意。体力に自信のない人はエレベーターがおすすめ。

Petite Balade à Montmartre

人々を魅了する理由を探して
モンマルトル散策

石畳の階段、懐かしいシャンソンが漏れ聞こえる路地裏、
異国情緒漂うサクレ・クール聖堂……。
いつか観た映画や絵画のなかの風景を、自分の足で歩いてみよう。

ユトリロやピカソも常連だった老舗のシャンソニエ「オ・ラパン・アジル」(上)
マティス、ドガ、モディリアニ、アポリネールらが暮らしていた共同アトリエ「洗濯船」跡。ピカソがキュビスムを告知する記念碑的作品『アヴィニョンの娘たち』を制作した場所だ。当時の木造アパートは1970年に焼失し、現存しない(中)
「ムーラン・ド・ラ・ギャレット」の名を冠したレストランも(下)

小高い丘がひとつの地区になったモンマルトル。「パリの中の小さな村」ともいわれるこの丘には、いちばんの見どころであるサクレ・クール聖堂を除けば、目立ったモニュメントがあるわけではない。にもかかわらず多くの旅人たちをひきつけるのは、誰をも懐かしい気持ちにさせる、ノスタルジックな風景のせいだろうか。聖堂へと続く長い階段、狭く入り組んだ路地。どこを切り取っても絵になるモンマルトルは、あてもなく散策するのにぴったりの場所だ。

どこまでも懐深く
画家たちを育んだ丘

モンマルトルは、多くの芸術家に愛された場所でもある。19世紀半ば、家賃の安いモンマルトルに住んだ芸術家のなかには、ピカソやゴッホもいた。彼らが制作に励んだアトリエ「洗濯船Le Bateau-Lavoir」(MAP 別冊P.31-2C) は焼失してしまったが、ルノワールの作品の舞台となったダンスホール「ムーラン・ド・ラ・ギャレットMoulin de la Galette」の風車 (MAP 別冊P.30-2B) は今も残る。木漏れ日の下、夢見心地で踊る女性たちを思い浮かべながら歩きたい。

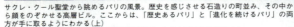

サクレ・クール聖堂から眺めるパリの風景。歴史を感じさせる石造りの町並み、その中から顔をのぞかせる高層ビル。ここからは、「歴史あるパリ」と「進化を続けるパリ」の両方が手に取るようにわかる(上)
モンマルトルにはこんな風情ある階段や坂道がいたるところにある(右上)
サクレ・クール聖堂まで、行きはケーブルカー(フニクレールFuniculaire)が楽(右下。メトロの切符Ticket t+、パス・ナヴィゴ・デクーヴェルト使用可)。帰りは徒歩がおすすめ

芸術家たちが通ったシャンソニエ「オ・ラパン・アジル」(→P.232)、ゴッホが『モンマルトルのガンゲット』で庭を描いたレストラン「オーベルジュ・ド・ラ・ボンヌ・フランケットAuberge de la Bonne Franquette」(MAP別冊P.31-2C)、ユトリロが描いた「コタン小路Passage Cottin」(MAP別冊P.31-1D)、さらに、ピカソのアトリエ(MAP別冊P.31-2C)やゴッホと弟テオが住んだアパート(MAP別冊P.30-2B)など、モンマルトルが芸術の町だった頃をしのばせる場所を探してみるのもいい。

映画のワンシーンのような
モンマルトルの素顔に触れるなら

2001年に公開された映画『アメリ』が大ヒットを記録すると、舞台となったモンマルトルはさらなるにぎわいに。ロケ地となった「カフェ・

テルトル広場では自分の絵を売る画家の姿も。何気ない風景が絵になるモンマルトル

デ・ドゥー・ムーラン」(→P.287)や、八百屋「オ・マルシェ・ド・ラ・ビュット」(MAP別冊P.31-2C)もいまやモンマルトルの名所となっている。カフェのあるルピック通り界隈は、サクレ・クール聖堂周辺と違って観光客も少なく、庶民的な商店街の雰囲気をたっぷり味わえる。

新たな芸術の丘の
町角アートに注目！

メトロのアベス駅を出た所にある小さな公園の一角に青いタイルの壁がある。これはフレデリック・バロンの作品「ジュ・テームの壁Le Mur des je t'aime」(MAP別冊P.31-2C)だ。青い壁に300もの言語で「愛している」と書かれている。分断するイメージが強い壁も、ここでは平和と愛のメッセージボードとなっている。

また、作家マルセイル・エイメがモンマルトルで暮らした家の前には、彼の小説『壁抜け男Le passe-muraille』をモデルにしたジャン・マレーによる彫刻もある(MAP別冊P.31-2C)。

近年ここにアトリエを構えるクリエイターも増え、新たな芸術の丘となりつつある。石畳の路地を歩くと、ユニークな壁絵やオブジェを見つけることも。のんびり散策を楽しみながら、自分だけのお気に入りの場所を見つけてみては。

映画『アメリ』の舞台としても人気スポットになったモンマルトルの丘

『アメリ』のロケ地巡りのハイライトは「カフェ・デ・ドゥー・ムーラン」(左)
コリニョンの八百屋は実在する！「オ・マルシェ・ド・ラ・ビュットAu Marché de la Butte」(下)

アメリが映画を観ていた映画館がここ。「シネマ・ステュディオ・ヴァンテュイッ」(→P.231)は1928年オープンの、パリ最古の映画館のひとつ

「ジュ・テームの壁」は612枚のタイルを使った大がかりな作品(上左)　日本語の「愛しています」も(上右)　マルセル・エイメ広場Place Marcel Aryméにある「壁抜け男」(左)

エリア別ガイド 7　モンマルトル

163

ジョルジュ・サンドの遺品を展示
パリ市立ロマン主義博物館　Musée de la Vie Romantique

★ MAP 別冊 P.7-3C、P.30-3B

パリ市立ロマン主義博物館
- M ②⑫Pigalle
- 住 16, rue Chaptal 9e
- 開 10:00〜18:00
- 休 ㊗、1/1、5/1、12/25
- 料 無料（企画展は有料）
- URL museevieromantique.paris.fr

ロマン派の雰囲気が色濃く残る

C サロン・ド・テ
- 営 10:00〜17:30
- 休 ㊗、1/1、5/1、12/25

モンマルトルの麓、ピガールの繁華街から少し入った所、Rue Chaptalにある。この館に30年間住んでいたロマン派画家のアリ・シェフェールがロマン派を主張する文化人を集め、議論を楽しんでいたという。その顔ぶれは「男装の麗人」といわれた作家ジョルジュ・サンドから、ドラクロワ、ショパン、フロベール、リスト、ロッシーニまでそうそうたるメンバーだった。

ジョルジュ・サンドの孫によって寄贈された遺品が展示された部屋は、殊に興味深い。

サロン・ド・テには「ローズ・ベーカリー」（→P.270）が入り、夏には庭の花に囲まれたテラスでティータイムを楽しめる。博物館に入らなくても利用できる。

花が美しい庭も人気

モンマルトルの丘の静かなオアシス
サン・ピエール・ド・モンマルトル教会　Eglise St-Pierre de Montmartre

★ MAP 別冊 P.7-2D、P.31-2C

サン・ピエール・ド・モンマルトル教会
- M ⑫Abbesses
- 住 2, rue du Mont-Cenis 18e
- 開 9:00〜19:30
  （㊎は〜18:00）
- URL www.saintpierrede montmartre.net

パリ最古の教会のひとつ

サクレ・クール聖堂の西側に建つ小さな教会。修道院創設の一環として教会が建設されたのは12世紀。パリに現存する教会建築としては最も長い歴史をもつもののひとつで、中世には多くの巡礼者たちを迎えた。フランス革命時に破壊されたが20世紀初頭に再建。ゴシック建築様式の内部は、パリきっての観光地の中心にあることを忘れてしまうほど静かで、サクレ・クール前の喧騒に疲れた旅人の心を癒やしてくれる。

画家ユトリロの葬儀はここで行われ、オランジュリー美術館（→P.205）には彼が描いたこの教会の絵がある。

マックス・アングランによるモダンなステンドグラス（1952〜1953）も観ておきたい

Column Cinéma

映画とモンマルトル

モンマルトルを舞台にした映画は多い。中心地から外れた下町っぽさと、かつて栄えたミュージックホールの名残など、自由な雰囲気が人々を虜にするのだろう。その代表のひとつ、ムーラン・ルージュ（→P.236）は、古くはジャン・ルノワールの『フレンチカンカン』（1955）、近年では『ムーラン・ルージュ』（2001）と、時代は変わっても題材にしたいと思わせる魅力がある。

『アメリ』（2001）でも、ジャン・ピエール・ジュネ監督の「人情あふれるモンマルトルを描きたかった」という言葉どおり、ほかでは出せなかったであろう空気を作品に添えている。それは時代や技法は異なってもフランソワ・トリュフォーが『大人は判ってくれない』（1959）で人々のありのままの生活を写したときと変わらない感覚なのだろう。モンマルトルには変わらない下町の魅力があるのだ。

時代を超えて、人々に夢を与えるムーラン・ルージュ

はみだし！ モンマルトルの丘の中腹にある小さな「サン・ヴァンサン墓地Cimetière St-Vincent」（MAP 別冊P.31-1C）には画家ユトリロが妻とともに眠っている。画家ウージェーヌ・ブーダンや映画監督マルセル・カルネらの墓もある。

Area 8
もうひとつのパリ Découvrir un autre Paris

パリは2度目、3度目という人におすすめの「もうひとつのパリ」。
有名観光地だけではない、ディープなパリを味わい尽くそう。

見逃せない観光スポット

サン・マルタン運河★★ P.166	ブーローニュの森★★ P.172
パッシー地区★★ P.168	ヴァンセンヌの森★★ P.174
ラ・デファンス★★ P.170	ペール・ラシェーズ墓地★★ P.176
ラ・ヴィレット公園★★ P.170	モンマルトル墓地★★ P.176
ベルシー地区★★ P.171	モンパルナス墓地★★ P.177

📷 フォトジェニックスポット5

1 運河巡りの船も行き交うサン・マルタン運河は、ノスタルジックな雰囲気 **2** アールヌーヴォー様式の邸宅巡りを楽しめるパッシー地区 **3** ブーローニュの森に出現した現代建築「フォンダシオン・ルイ・ヴィトン」 **4** ラ・ヴィレット公園にある球体映画館「ジェオッド」は、周囲の風景と空が映り込む姿をパチリ **5** ラ・デファンス地区にある「グランド・アルシュ」は屋上からの眺望も要チェック

🌙 夜と治安
地区にかかわらず、夜、人通りの少ない場所に行くことは避けたい。森などを散策するなら明るいうちに。ラ・ヴィレット公園にあるフィラルモニーでのコンサートで夜遅くなるときは十分注意して。

165

下町の叙情が残る人気のエリア ★★ MAP 別冊 P.8-3B、P.14-1B
サン・マルタン運河
Canal St-Martin

サン・マルタン運河
M ③⑤⑧⑨⑪République
⑤Jacques Bonsergent

北ホテル
現在はレストラン「オテル・デュ・ノール」（→P.258）として営業している。
MAP 別冊 P.14-1B。
住 102, quai de Jemmapes
10e

パリで最もノスタルジックな風情がある場所のひとつ

映画『北ホテル』(1938)（→P.150）のワンシーンがよみがえってくるよう

サン・マルタン運河 Canal St-Martin

　サン・マルタン運河は、パリ北東部のウルク運河Canal de l'Ourcqとセーヌ川を結ぶ河川交通のために掘られた運河で、1825年に開通した。運河沿いには、マルセル・カルネ監督の映画で有名な**北ホテル**Hôtel du Nordがたたずみ、すぐそばには緩やかな弧を描く鉄製の歩道橋が架かっている。架けられてから100年以上たっているが、パリ市が毎年ペンキを塗り替えて大事にしているもの。橋の上に立って眺めると、同じ型の小さな鉄橋がほかにも見える。静かで、叙情あふれる景色だ。

　そんなパリの下町、サン・マルタン運河界隈が「パリでホットなスポット」として挙げられるようになったのはここ15年ほどの話。それまでは、地元の人々や、運河巡りを楽しむ観光客がメインであったが、流行に敏感な若者がこの界隈に目をつけたことから、おしゃれなカフェやバー、若手アーティストたちのアトリエ、ブティックが続々とオープンした。特に夏の運河沿いは、読書や日光浴を楽しむ若者や家族連れでいっぱいになる。

「北ホテル」は、現在はおしゃれなレストラン。テラス席では運河沿いの風景を楽しめる

　流行のスポットとなった今も、川は静かに流れ、遊覧船は趣ある鉄橋の下をゆっくりと進む。パリの中心から少し外れるだけあり、そこには「パリの日常」がある。

運河沿いはパリっ子お気に入りの夕涼みスポット

ラ・ヴィレット貯水池 Bassin de la Villette

サン・マルタン運河沿いを北に向かって歩いていくと、やがてパリ最大の人工池であるラ・ヴィレット貯水池に出る。19世紀初頭に、サン・マルタン運河とウルク運河を結んで航行する船のドックとして造られた。

貯水池の手前の広場には、**ラ・ロトンド・スタリングラード** La Rotonde Stalingradと呼ばれる円形の不思議な建物が建っている。18世紀末にパリに入ってくる物品から税金を徴収するために建てられた関門の一部で、「幻視の建築家」として知られるニコラ・ルドゥー（1736～1806）の、現存する数少ない作品のひとつだ。ただし、建築後すぐにフランス革命が起こってしまったため、関所として使われたのはわずか数年間。兵舎や塩倉庫として利用されたあとは長らく放置されていたが、2011年にレストランとして再生した。200年前の建築とは思えないモダンな空間で食事やディスコを楽しめるとあって、人気のスポットになっている。夜のライトアップに浮かび上がる姿は何とも幻想的で美しい。

ラ・ヴィレット貯水池の両岸には映画館MK2（→P.231）が2館向かい合って建つ。また、夏には人工ビーチ「パリ・プラージュ」（→P.58）が出現し、日光浴やボート遊びの家族連れでおおいににぎわう。

ラ・ヴィレット貯水池
Ⓜ ②⑤⑦ Stalingrad
②⑤ Jaurès

ラ・ロトンド・スタリングラード
MAP 別冊P.8-2B
住 6-8, pl. de la Bataille de Stalingrad 19e
URL larotondestalingrad.com

広々としたラ・ヴィレット貯水池（上）　幻想的な姿のラ・ロトンド・スタリングラード（下）

エリア別ガイド 8　もうひとつのパリ　サン・マルタン運河

Column Pause Café　サン・マルタン運河クルーズ

サン・マルタン運河にもクルーズ船があり、セーヌ川クルーズとはまた違った情緒を味わうことができる。上流と下流では25mの高低差があるので、途中の水門で水位調整をしながらゆっくりと進んでいく。所要時間は約2時間30分なので、半日のんびり過ごしたいときにおすすめ。要予約。

カノラマ（上）とパリ・カナル（下）
水位調整の様子を橋の上から眺めるのも楽しい。ガイドの説明（仏・英語）付き

カノラマ Canauxrama
バスティーユ広場近くのアルスナル港とラ・ヴィレット貯水池を結ぶ。
乗船場：●アルスナル港　MAP 別冊P.27-2D
住 50, bd. de la Bastille 12e
●ラ・ヴィレット貯水池　MAP 別冊P.8-2B
住 13, quai de la Loire 19e
TEL 01.42.39.15.00
料 €18
営 アルスナル港発→9:45、14:30
　ラ・ヴィレット貯水池発→9:45
　（季節、曜日によって異なる）
URL www.canauxrama.com

パリ・カナル Paris Canal
オルセー美術館前のアナトール・フランス河岸とラ・ヴィレット公園を結ぶ。
乗船場：●オルセー美術館前　MAP 別冊P.12-2B
●ラ・ヴィレット公園　MAP 別冊P.9-1D
TEL 01.42.40.29.00
料 €22、15～25歳と60歳以上€19
営 オルセー美術館前発→9:45
　ラ・ヴィレット公園発→14:30
URL www.pariscanal.com

ブルジョワ・マダムたちのハイソなエリア ★★ MAP 別冊 P.10-2AB～3AB ／本誌 P.168

パッシー地区　　　　　　　　　　　　　　　　　　　　Passy

パッシー地区
M ⑨La Muette
　⑥Passy

パリ16区、セーヌ川を挟んでエッフェル塔の対岸一帯の高級住宅地がパッシー地区。BCBG（Bon Chic Bon Genreを略したブルジョワファッションを示す言葉）の発祥の地であり、それを地でいくマダムたちが、優雅にショッピングを楽しむ姿を多く見かける。

　La Muette駅から続く**パッシー通り**Rue de Passyは、「クリストフル」などのブランドブティックが多く並ぶ通り。一方、カジュアルウエアを多く扱う地元密着型のショッピングセンター「**パッシー・プラザ**Passy Plaza」には、マダム予備軍の上品な若い子たちが集まり、雰囲気がいい。有名ブランドのリサイクル店が多いのもこの地区の特徴で、マダムたちが一度袖をとおしただけの洋服を売りに出す、というところに理由があるようだ。流行とは無縁の、ノーブルな雰囲気のなかでショッピングを楽しみたいという人におすすめのエリア。

　豪華なお屋敷が建ち並ぶ界隈を「いったいどんな人が住んでいるんだろう？」と想像しながら歩くのも一興。ギマール設計のアールヌーヴォー建築群（→P.32）や、ル・コルビュジエが建てたラ・ロシュ＝ジャンヌレ邸（→P.215）もあり、建築ファンは見逃せない。

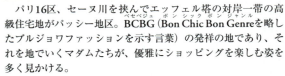

アールヌーヴォー建築をはじめ、豪華な邸宅が建ち並ぶ

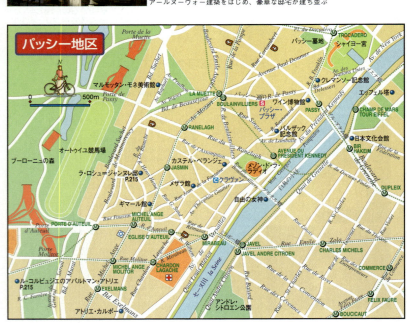

ワイン博物館 Musée du Vin

倉庫の造りをうまく利用した趣ある博物館

フランスの地方でワインの産地には必ずといっていいほどある、ワインに関する博物館がパリにもある。パッシー駅のすぐ近くにあるが、住宅地の一角の目立たない場所にあり、ちょっとわかりにくいので注意。もと修道院だった1700m²の建物は、博物館になる前はエッフェル塔にあるレストランのワイン倉庫だったという。石造りの内部は迷路のように入り組んでいて、貴重なボトルのコレクションやワイン造りの道具などが展示されている。見学のあとにはデギュスタシオン（試飲）もでき、気に入ったワインは購入も可能。2時間でワインの基本がひととおり学べるワイン教室（€63）も開催している。約200種類のワインが揃うレストラン「レゼシャンソン」も人気だ。

バルザック記念館 Maison de Balzac

『ふくろう党』で文壇にデビューして以来、「人間喜劇」と称されることになる一連の小説を執筆したバルザック。それと並行し、社交サロンへの出入り、乱費、旅行、女性関係と、多忙な生活を送った作家だ。引っ越し魔としても有名で、パリでは11回も引っ越している。現在記念館となっているパッシーの家は、晩年の1840年から1847年まで生活した場所。今は高級住宅地だが、当時はパリの市壁の外、のどかな所だった。

この家は、もともと18世紀に造られた宮廷画家の館（現存していない）に付随していた簡素なもの。ここで、『暗黒事件』『従兄ポンス』『従妹ベット』などが生まれた。トルコ石をちりばめた杖など、作家の生活がしのばれるさまざまな展示品のなかには、いつも借金で首の回らなかったバルザックの必携書だった『一銭も支払うことなく債権者を満足させ、借金を帳消しにする方法 全10課』なんてのもある。この本をもってしても効果が上がらず、執拗に追及されたときは、表側から見ると1階建て、裏側に回ると3階建てというこの家の特殊な構造を利用して、借金取りを煙に巻いたらしい。

クレマンソー記念館 Musée Clemenceau

二度にわたりフランスの首相となり、ジャーナリスト、美術愛好家としても知られたジョルジュ・クレマンソーのアパルトマンが、記念館として公開されている。モネとも親しく、オランジュリー美術館に「睡蓮の間」（→P.205）が誕生したのは、モネがクレマンソーに国家寄贈を申し入れたのがきっかけ。生前のままに保存された書斎や寝室には、膨大な書籍、美術作品が置かれ、有能な政治家だけでなく、一流の文化人でもあったクレマンソーの横顔がうかがえる。

エリア別ガイド 8　もうひとつのパリ　パッシー地区

ワイン博物館
- MAP 別冊P.10-3B／本誌P.168
- M ⑥Passy
- 住 5, square Charles Dickens 16e
- 開 10:00～18:00
- 休 (月)(日)
- 料 €10、€13.90（ワイン1杯またはグレープジュース付き）
- URL www.museeduvinparis.com

日本語オーディオガイドあり。

R レゼシャンソン
Les Echansons
- TEL 01.45.25.63.26
- 営 12:00～15:00（要予約）
- 休 (月)(日)
- 料 ムニュ€29.50、€37、€63（博物館入場料を含む）

ワイン教室で知識を深めよう

バルザック記念館
- MAP 別冊P.10-3B／本誌P.168
- M ⑥Passy
- 住 47, rue Raynouard 16e
- 開 10:00～18:00
- 休 (月)、一部(祝)
- 料 無料（企画展は有料）
- URL www.maisondebalzac.paris.fr

美しい庭で物思うバルザック像

クレマンソー記念館
- MAP 別冊P.10-3B／本誌P.168
- M ⑥Passy
- 住 8, rue Benjamin Franklin 16e（通りに面した扉横のボタンを押す）
- 開 14:00～17:30（入場は17:00まで）
- 休 (月)(日)(祝)、8月
- 料 €6、12～25歳€3
- URL musee-clemenceau.fr

美術品が置かれた書斎

169

パリの副都心
ラ・デファンス
★★ MAP 別冊 P.4-1A
La Défense

ラ・デファンス
- Ⓜ①⑭Ⓐ
  La Défense(Grande Arche)
  メトロで行く場合はパリ市内から切符1枚（Ticket t+）で行けるが、RERの場合はゾーン2となり、「La Défense」までの切符を買わなければならない。

グランド・アルシュの屋上
- 🏠 1, parvis de la Défense
  92800 Puteaux
- 🕐 10:00〜19:00
  （入場は18:30まで）
- 休 無休
- 料 €15、65歳以上€12、学生€10
- URL www.lagrandearche.fr

　ラ・デファンスは、1958年に建設が始まったパリ郊外の新開発地区。ルーヴル宮からコンコルド広場を経て凱旋門を結ぶ「パリの歴史軸Axe historique」の延長線上に建設された。林立する超高層ビルには4000もの企業がオフィスを構えている。ビジネスマン以外に、パリ中心部では見られない前衛的な建築物を見に訪れる観光客の姿も多い。ラ・デファンスのシンボルであるグランド・アルシュや、歩道を飾る数々の彫刻（ミロ、セザールetc.）などを見て回るのも楽しい。

グランド・アルシュ Grande Arche

　1989年、フランス革命200年の記念の年に誕生し、ラ・デファンスのランドマークとなっている。高さ110m、幅106m、奥行き112mという巨大なもので、実はオフィスビル。屋上に上がり、すばらしい眺望を楽しむことができる。

「大きな門」という名のとおり巨大なグランド・アルシュ

未来を志向したハイテクシティ
ラ・ヴィレット公園
★★ MAP 別冊 P.9-1D
Parc de la Villette

科学・産業シティ
- Ⓜ⑦Porte de la Villette
- 🏠 30, av. Corentin Cariou 19e
- 🕐 9:30〜18:00
  （㊏㊐〜19:00）
- 休 ㊊、1/1、5/1、12/25
- 料 エクスプローラ€12
- バス エクスプローラのみミュージアム・パス使用可（→P.183）
- URL www.cite-sciences.fr

ジェオッド
※2020年4月現在、改装工事のため閉館中。

音楽博物館
- 🏠 221, av. Jean-Jaurès 19e
- 🕐 12:00〜18:00
  （㊏㊐は10:00〜）
- 休 ㊊、1/1、5/1、12/25
- 料 €8
- バス ミュージアム・パス使用可（→P.183）
- URL philharmoniedeparis.fr

　パリ北東部のラ・ヴィレット公園は、旧食肉市場の跡地に造られた未来志向の総合エリア。公園全体に点在する赤い立方体は「フォリFolie(気まぐれ)」と呼ばれ、ビデオアトリエやカフェなど、さまざまな形で使われている。夏には野外映画祭やジャズ・フェスティバルも開かれる(→P.58)。

科学・産業シティ Cité des Sciences et de l'Industrie

　1986年に開館した体験型科学博物館。最先端の科学技術を紹介する大空間**エクスプローラ**Explora、子供が科学に親しめる**子供館**Cité des Enfants、プラネタリウムなどから構成されている。なかでも最大のアトラクション、**ジェオッド**Géodeは、直径36mの巨大な球形映画館だ。

巨大な球体の映画館ジェオッド

シテ・ド・ラ・ミュージック - フィラルモニー・ド・パリ
Cité de la Musique - Philharmonie de Paris

　ジャン・ヌーヴェル設計のフィラルモニー(→P.227)と、シテ・ド・ラ・ミュージックからなる施設。17世紀から現代までの豊富な楽器のコレクションを誇る**音楽博物館**Musée de la Musiqueと、コンサートホールを抱える巨大音楽スポット。

パリ管弦楽団の本拠地フィラルモニー

はみだし！ ラ・ヴィレット公園の「グランド・アールGrande Halle」は、公園内で唯一19世紀の面影を残す建物。かつてパリ中央市場を移転した際、19世紀の建築を破壊したことへの反省から、外組みを保存したまま内部を改造している。

ベルシー地区
ブドウ畑とワイン倉庫が流行スポットに

★★ MAP 別冊 P.21-2CD～3CD

Bercy

ブドウ畑があり、ワイン倉庫が建ち並んでいたベルシー地区は、かつては「パリの中の田舎」のイメージを引きずっていた。変化の兆しが現れたのは1980年代のこと。まず、ミッテラン元大統領が推し進めた「パリ大改造計画」によってスリムな財務省（→P.35）が誕生。さらに、シラク元大統領がパリ市長時代にベルシー地区再開発を計画し、**ベルシー体育館**（現アコーホテルズ・アリーナ）を皮切りに工事を進めた。

専門店が並ぶ「ベルシー・ヴィラージュ」は、⑭号線Cour St-Emilion駅からすぐ

1998年にメトロ⑭号線が開通し、ここベルシーを通過するようになると、開発にも熱が入り、急成長を遂げる。メトロCour St-Emilion駅前には、もともとあったワイン倉庫を改造したショッピング街、**ベルシー・ヴィラージュ Bercy Village**（→P.349）がオープンし、大型映画館「UGCシネ・シテ・ベルシー」ができた。

国立の映画資料館**シネマテーク・フランセーズ Cinémathèque Française**（→P.231）もこの地に移転。館内にある**映画博物館 Musée de la Cinémathèque**では、映画発祥の地フランスならではの多彩な展示が楽しめるほか、フィルムライブラリーなどが入っている。

人々の憩いの場として親しまれている**ベルシー公園 Parc de Bercy**では、春になるとピクニックを楽しむ人々の姿が見られる。ベルシー地区からセーヌ対岸のトルビアック地区Tolbiacにかけて、国立図書館（→P.35）をはじめインパクトのあるビルが増えているので、デザインウオッチングもおもしろい。

ベルシー地区
Ⓜ ⑥⑭Bercy
⑭Cour St-Emilion

映画博物館（シネマテーク・フランセーズ内）
MAP 別冊 P.21-3C
Ⓜ ⑥⑭Bercy
住 51, rue de Bercy 12e
開 12:00～19:00
休 火
料 €5、18歳未満€2.50、第1⑪は無料
バス ミュージアム・パス使用可（→P.183）
URL www.cinematheque.fr

フランク・ゲーリー設計のシネマテーク・フランセーズ

のんびりした時間を過ごせるベルシー公園

エリア別ガイド 8

もうひとつのパリ　ラ・デファンス／ラ・ヴィレット公園／ベルシー地区

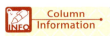
Column Information

100年以上前の遊具で遊べる博物館

1880～1920年頃にヨーロッパでポピュラーとなった、移設可能な遊具でできた移動遊園地。ベルシー地区にある「移動遊園地博物館」には、当時使われていた遊具が展示されている。俳優でディーラーのジャン・ポール・ファヴァンは、19世紀末～20世紀初頭の遊具を収集することに情熱を傾け、当時の縁日の様子を再現すべく博物館を作った。展示されている回転木馬やメリーゴーラウンドなどの遊具は、鑑賞するだけでなく、実際に遊ぶことができる。見学は要予約。所要約1時間30分。

◆移動遊園地博物館
Musée des Arts Forains
MAP 別冊 P.21-3D　Ⓜ ⑭Cour St-Emilion
住 53, av. des Terroirs de France 12e
開 見学は予約制（ウェブサイトで予約可）
料 €16、4～11歳€8
URL arts-forains.com

ワイン倉庫を改装している

大人も楽しめる

はみだし！ ドミニク・ペロー設計の「国立図書館Bibliothèque Nationale」が13区セーヌ河岸に建っている。18階建てのタワー4棟からなり、まるで4冊の開いた本が向かい合うかのようなデザインだ。MAP 別冊 P.21-3C　URL www.bnf.fr

★★ MAP 別冊 P.10-1A／本誌 P.173

ブーローニュの森
王族の狩場だった広大な森
Bois de Boulogne

パリの西にある約850haの広さをもつすばらしい森。カシワをはじめとして、マロニエ、大カエデ、アカシアの木々が美しい。森の中には数多くの湖や池、滝、手入れの行き届いた庭園、スポーツ施設、競馬場などがあり、パリ市民の憩いの場所となっている。昔はカシワの木ばかりだったので、ルーヴル（カシワ）の森と呼ばれ、パリに居城を構えた王族にとっては最も近場で格好の狩猟地だった。14世紀頃からブーローニュと呼ばれるようになったが、当時は盗賊や密猟者が出入りしており、物騒な所だった。一般市民が安心して散歩できるようになったのは、長いパリの歴史から見れば、つい最近のこと。ナポレオン3世の治世（1852～1870）には、パリを大改造したオスマン男爵によって、森は公園へと根本的に造り替えられた。あまりにも広大で、多目的機能をもった公園だから、1日ではすべてを回りきれない。自分の好みに合った場所に焦点を絞って訪れよう。

アンフェリウール湖に浮かぶ中州にはレストランもある

アクリマタシオン公園 Jardin d'Acclimatation

アクリマタシオン公園
MAP 本誌P.173-A
M ①Les Sablons
　①Porte Maillot
開 11:00～18:00
　（㊌㊏㊐㊗は10:00～）
休 無休
料 €5.20、アトラクションひとつ€3
URL www.jardindacclimatation.fr

メリーゴーラウンドなどの乗り物のほか、人形劇、動物たちとの触れ合いなどさまざまなアトラクションが楽しめる遊園地。ポルト・マイヨ駅前から遊園地入口まで「プチトラン」（€3）も走っている。

家族連れにおすすめ

フォンダシオン・ルイ・ヴィトン Fondation Louis Vuitton

フォンダシオン・ルイ・ヴィトン
MAP 本誌P.173-A
→P.216

公園に隣接する場所にあり、ブーローニュの森の名所のひとつとなっている美術館。斬新な建築スタイルは、それ自体が作品として一見の価値がある。

ロンシャン競馬場とオートゥイユ競馬場
Hippodrome de Longchamp et Hippodrome d'Auteuil

ロンシャン競馬場とオートゥイユ競馬場
MAP 本誌P.173-B
M ⑩Porte d'Auteuil
URL www.france-galop.com

ブーローニュの森は競馬ファンなら一度は訪れたい場所だ。ロンシャン競馬場では毎年7月14日にパリ・グランプリ・レース、10月の第1日曜に凱旋門賞レースが行われる。オートゥイユは障害物レース専門の競馬場で、パリ大障害レースが名高い。

競馬ファン憧れのロンシャン競馬場
© Paris Tourist Office - Amélie Dupont

ローラン・ギャロス Stade Roland Garros

テニス博物館（ローラン・ギャロス内）
MAP 本誌P.173-B
M ⑩Porte d'Auteuil
住 2, av. Gordon Bennett 16e
URL www.fft.fr
※ローラン・ギャロスの改装にともない、2020年4月現在、閉鎖中。

テニスファンの聖地、ローラン・ギャロス。**テニス博物館** Musée de la Fédération Française de Tennisでは、フランスのテニスの歴史を物語る古いラケット、ボール、名プレイヤーたちの写真が並んでいる。

全仏オープンでの錦織圭選手や大坂なおみ選手の活躍が期待される

バガテル公園 Parc de Bagatelle

花が好きな人なら、何といってもこの庭園を散策するにかぎる。バラ園Roseraieが最も有名で、5月下旬から6月中旬がすばらしい。6月には国際バラ・コンクールも開かれる。3月中旬から4月にかけてはチューリップ、5月にはアイリス、6月から7月初旬にはスイレンが見頃。

花の季節に訪れたい

バガテル公園
- MAP 本誌P.173-A
- Ⓜ①Porte Maillotから、244番のバスでBagatelle-Pré Catelan下車
- 開 9:30〜17:00（夏は延長）
- 料 €2.50（10〜3月は無料）

エリア別ガイド 8

もうひとつのパリ　ブーローニュの森

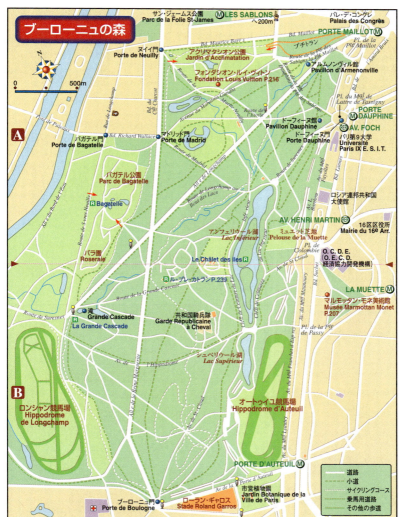

173

動物園もある庶民的な森 ★★ MAP 別冊 P.5-3D／本誌 P.174
ヴァンセンヌの森
Bois de Vincennes

パリの東、環状線のすぐ外側に位置するヴァンセンヌの森。ちょうど反対側にあるブーローニュの森ほど有名ではないけれど、気取りがなくて親しみやすい。メトロ⑧号線Porte Dorée駅で降り、森に入るとすぐ目の前に広がるのが、森で一番大きな湖、ドーメニル湖Lac Daumesnil。ここでボート遊びを楽しむのもいいだろう。

ヴァンセンヌの森
- M ①Château de Vincennes
  ⑧Porte Dorée
- RER ANogent sur Marne
  AJoinville le Pont
  AFontenay sous Bois

動物園
- M ⑧Porte Dorée
- 開 3月下旬～10月下旬
  9:30～18:00
  (土)(日)(祝)は～19:30、
  5～8月は～20:30)
  10月下旬～3月下旬
  10:00～17:00
- 休 10月下旬～3月下旬の(火)
- 料 €20
- URL www.parczoologiquedeparis.fr

ヴァンセンヌ城
- M ①Château de Vincennes
- 住 1, av. de Paris 94300 Vincennes
- 開 10:00～18:00
  (9/23～5/20は～17:00)
- 休 一部(祝) 料 €9.50
- バス ミュージアム・バス使用可
  (→P.183)
- URL www.chateau-de-vincennes.fr

パリ花公園
- M ①Château de Vincennes
- 開 9:30～17:00 (夏は延長)
- 料 無料 (4～9月は€2.50)

動物園 Parc Zoologique

ドーメニル湖の東にある、敷地面積14.5haの動物園。広大な園内は5つのゾーンに分かれ、180種類、1000以上もの動物がゆったり配置されている。ピクニック気分で訪れたい。

キリンはパリでも大人気

ヴァンセンヌ城 Château de Vincennes

森の北端にある。パリで最も古く重要な歴史的建造物だが、訪れる人は少ない。フィリップ・オーギュスト王が造った城をもとに、カペー朝、ヴァロワ朝の王たちが増築し、好んで使った城だ。いかめしい14世紀の天守閣や16世紀の礼拝堂、そして、17世紀に造られ、太陽王ルイ14世がハネムーンの場所としても使った、王と王妃の館などを見ることができる。

17世紀まで王の城だった

パリ花公園 Parc Floral de Paris

ヴァンセンヌ城のそばにある。1200種もの花が栽培され、どの季節に訪れても美しい花を見ることができる。

M 地下鉄 RER RER駅 → 公園、動物園入口

Les plus beaux parcs de Paris

緑豊かな都会のオアシス
パリの公園

元気いっぱいに遊ぶ子供、ベンチで日なたぼっこする老婦人、読書中の紳士、何十分もくっついたまま動かないカップル……。公園にはパリの素顔がある。

ビュット・ショーモン公園

下町ベルヴィルの丘陵にあるこの公園は、「はげ山Mont Chauve」と呼ばれていたかつての石切場が、19世紀後半、オスマン知事のパリ大改造時に整備されたもの。起伏に富んだ地形を利用して、人工の大自然が造り上げられた。イギリス式庭園があるかと思えば小さな滝や鍾乳洞まであり、サン・マルタン運河から水を引いて造られた人工池では、白鳥や鴨が戯れている。池の中央にそそり立つ岩山に登るのは、ちょっとしたアドベンチャー気分。頂上の展望台からの眺望もすばらしい。周辺のベルヴィル一帯からモンマルトルの丘、さらに郊外のサン・ドニまでのパノラマが楽しめる。

ビュット・ショーモン公園 Parc des Buttes Chaumont
MAP 別冊P.9-3CD
Ⓜ ⑦Buttes Chaumont ⑦Botzaris

モンソー公園

凱旋門から歩いて15分ほどの高級住宅街にある美しい公園。自由思想の高揚が見られた18世紀後半、オルレアン公（後のルイ・フィリップ2世）の命で造られた。依頼を受けたカルモンテルは、自由奔放なオルレアン公の要求に応えるべく、劇作家、画家としての才能をフルに発揮。古代エジプト、ローマ、中世、そして18世紀にいたる、あらゆる時代への賛美を込め、異国情緒も加えた庭園を生み出した。中国風寺院、中世の廃墟、オランダの風車、滝の流れるイギリス風洞窟などなど。その多くは失われてしまったが、小さなピラミッド、古代ローマの海戦場を模した楕円の池（ノーマシーNaumachie)、そこに影を落とすコリント式柱廊のいくつかに、18世紀当時の姿がしのばれる。

モンソー公園 Parc Monceau
MAP 別冊P.6-3A
Ⓜ ②Monceau

モンスーリ公園

パリの南、14区の外れにある公園で、国際大学都市に面している。1878年に開園した。自然を生かしたイギリス式庭園をもつ。ビュット・ショーモン公園同様、起伏の多い公園だ。28種類の樹木がおよそ1200本。開園以来の大木もある。公園の中央部には、アラビア風のバルド宮Palais du Bardoが建っている。木造の建物で、1867年の万博のとき、チュニス（チュニジアの首都）のバルド宮を模して造られた。

モンスーリ公園 Parc Montsouris
MAP 別冊P.5-3C
Ⓜ ④Porte d'Orléans RER ⑧Cité Universitaire

そのほかの公園
● チュイルリー公園→P.110
● リュクサンブール公園→P.143
● 植物園→P.148
● ラ・ヴィレット公園→P.170
● ベルシー公園→P.171

エリア別ガイド 8

もうひとつのパリ　ヴァンセンヌの森／パリの公園

廃墟風の円柱が神秘的な雰囲気を醸し出すモンソー公園

池の中央に岩山がそそり立つ。都会にいることを忘れそうなダイナミックな景観が魅力のビュット・ショーモン公園

豊かな樹木と湖が美しいモンスーリ公園

© Paris Tourist Office　Marc Bertrand

ショパンからジム・モリソンまで眠る
ペール・ラシェーズ墓地

★★ MAP 別冊 P.15-2 〜 3D
Cimetière du Père Lachaise

ペール・ラシェーズ墓地
M ②③Père Lachaise
住 8, bd. de Ménilmontant
20e
開 3月中旬〜10月
　　　　　　8:00〜18:00
　(土 8:30〜、日 9:00〜)
　11月〜3月中旬
　　　　　　8:00〜17:30
　(土 8:30〜、日 9:00〜)
URL pere-lachaise.com

①アポリネール
　Apollinaire（詩人）
②バルザックBalzac（作家）
③ボーマルシェ
　Beaumarchais（劇作家）
④サラ・ベルナール
　Sarah Bernhardt（女優）
⑤ビゼーBizet（作曲家）
⑥マリア・カラス
　Maria Callas（歌手）
⑦クロード・シャブロル
　Claude Chabrol（映画監督）
⑧ショパンChopin（作曲家）
⑨コローCorot（画家）
⑩ドラクロワ
　Delacroix（画家）
⑪イサドラ・ダンカン
　Isadora Duncan（舞踊家）
⑫マリー・ローランサン
　Marie Laurencin（画家）
⑬モディリアーニ
　Modigliani（画家）
⑭モリエール
　Molière（劇作家）
⑮イヴ・モンタン
　Yves Montand（俳優）
　シモーヌ・シニョレ
　Simone Signoret（女優）
⑯ジム・モリソン
　Jim Morrison（歌手）
⑰エディット・ピアフ
　Edith Piaf（歌手）
⑱マルセル・プルースト
　Marcel Proust（作家）
⑲スーラSeurat（画家）
⑳オスカー・ワイルド
　Oscar Wilde（作家）

パリ最大の墓地。17世紀半ばには、ジュズイット（イエズス）会修道士の安息所だった。革命直前、修道士たちは追われ、1803年にパリ市当局に渡って墓地となる。ジュズイット会士でもあったルイ14世の聴聞告解師、神父フランソワ・デクス・ド・ラ・シェーズの名が、そのまま墓地の名として残った。

この墓地はパリ・コミューンの終焉の地でもある。世界最初の純粋共産主義政権といわれたパリ・コミューンは、1871年3月18日、モンマルトル砲台の大砲を市民が奪うことに始まる。そしてわずか2ヵ月後の5月28日、生き残ってこの墓地に立てこもったコミューン側市民147人の虐殺によって終わりを告げた。彼らが追い詰められ、次々と銃弾に倒れた墓地の壁は、**コミューン兵士の壁**Mur des Fédérésと名づけられ、左翼の人たちの巡礼地になっている。

イヴ・モンタンの墓。認知されていない娘とその母の要望で、DNA鑑定のため掘り返されたことがある

映画監督トリュフォーも眠る
モンマルトル墓地

★★ MAP 別冊 P.6-2B、P.30-1AB 〜 2AB
Cimetière de Montmartre

モンマルトルの丘を車で上っていくと、たいてい、この墓地の横を走る橋のようになった道を通る。パリ滞在中、目にする可能性の最も高いのがこの墓地だろう。中央入口は、ムーラン・ルージュのそば、**Bd. de Clichy 118番から始まるAv. Rachel**の突き当たり。門を入ってすぐの所に、全体の区画図があるのはほかの墓地と同様だが、その横に有名人の墓の所在をアルファ

ベット順に一覧表で掲示してあるのが、この墓地の親切な点だ。例えば「ダリダDalida」を探すと、「18区画の何番」と示してある。あとは、区画図で見当をつけて探すといい。パリでは、墓にも住所があるのだ。

訪れる人が多いのは、モンマルトルに住んでいた、永遠の美女ダリダの墓。墓標の前には生きているかのごとき彼女の像が立ち、ファンのささげる花が取り囲んでいる。

モンマルトル墓地
Ⓜ ②⑬Place de Clichy
🏠 20, av. Rachel 18e
🕐 8:00〜17:30
（⊕ 8:30〜、㊐ 9:00〜）
（季節によって異なる）

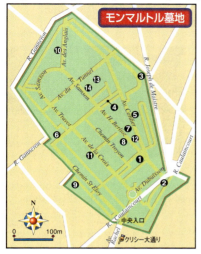

ダリダの墓

①ベルリオーズBerlioz（作曲家）
②ダリダDalida（歌手）
③エドガー・ドガEdgar Degas（画家）
④アレクサンドル・デュマAlexandre Dumas（作家）
⑤ゴーチェGautier（詩人、批評家）
⑥ゴンクール兄弟Goncourt（作家）
⑦ジャック・リヴェットJacques Rivette（映画監督）
⑧ハイネHeine（詩人）
⑨ルイ・ジューヴェLouis Jouvet（俳優）
⑩オッフェンバックOffenbach（作曲家）
⑪スタンダールStendhal（作家）
⑫フランソワ・トリュフォーFrançois Truffaut（映画監督）
⑬ギュスターヴ・モローGustave Moreau（画家）
⑭ニジンスキーNijinski（舞踊家）

サルトルとボーヴォワールは死後も仲よく ★★ 📍別冊 P.18-2〜3B

モンパルナス墓地　　Cimetière du Montparnasse

セルジュ・ゲンズブールの墓

前記2ヵ所の墓地は、敷地が起伏に富み木立も多いが、ここモンパルナス墓地は平坦で、木も比較的少ない。そのためにとても明るく感じられ、公園のようだ。エミール・リシャール通りRue Emile Richardが南北に走り、敷地の3分の2を西に、3分の1を東に分けている。中央門はエドガー・キネ大通りBd. Edgar Quinet側にある。この門以外には、区画見取り図は掲示されていないので注意。

モンパルナス墓地
Ⓜ ⑥Edgar Quinet
④⑥Raspail
🏠 3, bd. Edgar-Quinet 14e
🕐 8:00〜17:30
（⊕は8:30〜、㊐は9:00〜）
（季節によって異なる）

①ボードレールBaudelaire（詩人）
②ブールデルBourdelle（彫刻家）
③ブランクーシBrancusi（彫刻家）
④シトロエンCitroën（事業家）
⑤ジャック・ドゥミJacques Demy（映画監督）
⑥デュラスMarguerite Duras（作家）
⑦セルジュ・ゲンズブールSerge Gainsbourg（歌手）
⑧ガルニエGarnier（建築家）
⑨サルトルJean=Paul Sartre（哲学者）
　ボーヴォワールShimone de Beauvoir（作家）
⑩アンリ・ラングロワHenri Langlois（映画人）
⑪モーパッサンMaupassant（作家）
⑫アラン・レネAlain Resnais（映画監督）
⑬エリック・ロメールEric Rohmer
　（映画監督：本名Maurice Schérer）
⑭マン・レイMan Ray（写真家）
⑮サン・サーンスSt-Saëns（作曲家）
⑯サント・ブーヴSte-Beuve（批評家）
⑰ジーン・セバーグJean Sebergs（女優）
⑱スーティンSoutine（画家）
⑲トリスタン・ツァラTristan Tzara（詩人）
⑳ザッキンZadkine（彫刻家）

Quartier Ethnique à Paris

もうひとつのパリの顔
パリのエスニックタウン

パリを初めて訪れた人が驚くのは、行き交う人々の人種や民族の多様性だろう。フランスには19世紀以降、世界中から移民を受け入れてきた歴史がある。移民たちが多く住む町角は、まさにもうひとつの"パリの顔"。

もはや国民食!?
パリで味わうエスニック料理

パリに来たならやっぱり味わいたいのはフランス料理やかわいいスイーツ。でも毎日そんな食事が続いたなら、食べたくなるのがあっさりしたアジア料理。ベトナムがフランスの植民地だったことや、アフリカからの移民を大量に受け入れてきた歴史により、パリにはエスニック料理が食べられるレストランが数多くある。米粉麺に鶏や牛でだしを取ったスープのかかったベトナム料理「フォー」や北アフリカ料理「クスクス」(→P.273)はパリっ子にも愛されている。

各国料理レストラン→P.272

手頃な値段で栄養満点なクスクス(左) フォーには生のモヤシやミントなどが付いて旅行中の野菜不足解消にも(上)

盛大な春節祭が行われる
パリの2大チャイナタウン

13区のイヴリー大通りAv. d'Ivry周辺に、パリらしからぬ高層ビルが建ち並ぶ一帯がある。これらのビルは1960年代に管理職向けの高級住宅として建設されたが、その後オイルショックなどの不景気により賃貸住宅に変えられスラム化。折しも1975年、インドシナから大量の中国系難民がパリに流れ込み、借り手のなかったマンション群に住み着き、パリ最大のチャイナタウンが形成された(MAP 別冊P.5-3C)。

ここには100軒以上のレストランがあるが、ほとんどがベトナム、カンボジア料理。アジアの食材なら何でも揃うといわれるスーパー「陳氏商場(Tang Frèresタン・フレール)」(MAP 別冊P.5-3C 48, av. d'Ivry)にいると、ここがパリだということを忘れてしまいそうだ。

もうひとつのチャイナタウンは、パリ北東部のベルヴィルBelleville(MAP 別冊P.15-1CD)にある。移民の町としての歴史はこちらのほうが古く、中華レストランのほか、クスクスなどが食べられる北アフリカ系の店も多い。腹ごなしの散歩には、高台にある見晴らしのいいベルヴィル公園から、パリの眺めを楽しもう。

さらにディープな
その他の外国人街

北駅裏からメトロ④号線Château Rouge駅にかけての一帯は、アフリカ、アラブ系の移民が多く住む地区。メトロ駅を出るとそこはもうアフリカンワールド。アフリカ食料品の屋台やレストラン、カラフルなテキスタイルの店、アフリカンスタイルのヘアサロンが建ち並ぶ。

また、パリのインド人街は、10区のフォーブール・サン・ドニ通りRue de Fg. St-Denis周辺にある。アーケード商店街のパッサージュ・ブラディ(→P.51)には安くておいしいインド料理店がひしめいている。

4区のマレ地区にはユダヤ人が多く住み、ユダヤ教会やユダヤレストランが集まっている。

マレのユダヤ人街→P.138

赤や黄色の看板が目立つ13区の中華街(上) 中国の正月「春節祭」のパレードも開かれる(右)

リトル・インディアと呼ばれるパッサージュ・ブラディ(右) パッサージュの西側にはガラス屋根が付いている(上)

美術館ガイド

- 美術館巡りに役立つテクニック ……… P.180
- パリの名画でたどるミニ美術史 ……… P.184
- アーティスト、作品別、美術館早わかり帳 ……… P.185
- ミュージアムショップでおみやげショッピング ……… P.186

Musées

Photo：Musée de l'Orangerie

MUSEES DE PARIS

美術館巡りに役立つテクニック

パリはアートの宝庫だ。ルーヴル、オルセーなどの巨大美術館から、個人コレクションの小さな美術館、現在のアートシーンを見せてくれるユニークな画廊まで、たくさんのアートスポットがある。興味の赴くまま、感性に任せて巡るのも楽しいが、ちょっとしたコツをつかめば、充実した美術鑑賞ができるはず。

チケット購入は？

年齢割引の利用

さすが芸術教育に力を入れている国だけあって、ルーヴルをはじめパリの美術館のほとんどは18歳未満が無料。子供連れの家族で行ってもそれほど負担にならない。また、年齢割引（26歳未満、シニアなど）を設けている美術館も多い。年齢を証明するため、パスポートは携帯しておこう。
なお、EU在住の26歳未満は、フランスのすべての国立美術館が無料になるが、残念ながらこれはEU外の住民には適用されない。

便利なネット予約

ルーヴル美術館やオルセー美術館（仏語のみ）、ピカソ美術館などの美術館や企画展のチケットは、ウェブサイトから予約が可能。希望する日時、枚数を指定して申し込むと確認のメールが届く。指示に従ってURLにアクセスすると、チケットの印刷画面が表示される仕組み。手数料がかかる場合もある。

希望日時を選んで申し込むピカソ美術館のウェブサイト

窓口が混んでいたら

ルーヴルなど人気美術館では、いつでもチケット売り場に長蛇の列ができているが、券売機はガラガラにすいていることも。操作に不安があって窓口に並ぶ人が多いのかもしれないが、英語表示を選べるものが多いので、券売機も利用してみるといい。ただし、券売機はICチップ入りクレジットカードでのみ使える。

国立近代美術館の券売機。割引チケットは買えない。英語表示あり。対応クレジットカードはA J M V

無料の市立美術館

パリの市立美術館は常設展が基本的に無料。チケットを購入する必要はないが、同時に有料の企画展を開催していることも多く、窓口で常設展示を示す「permanente ペルマナント」、「collection コレクシオン」などと伝えて、無料チケットを発券してもらう必要がある場合や、寄付として€2～5求められることも。

常設展が無料のおもな美術館
プティ・パレ（パリ市立美術館）
市立近代美術館、ブールデル美術館
コニャック・ジェ美術館、ザッキン美術館

TRAVEL TIPS

美術館巡りのコツ

休館日を確認して

パリでは年中無休の美術館は少なく、月曜か火曜の休館が多い。お目当ての美術館がある場合は、スケジュールを立てる際に必ずチェックしておこう。

おもな美術館の休館日
- ルーヴル美術館：㊋
- オルセー美術館：㊊
- 国立近代美術館：㊋
- ピカソ美術館：㊊
- オランジュリー美術館：㊋

入場料無料の日曜も

誰でも気軽に芸術に触れられるよう、特定の曜日に無料開放している美術館がある。一部の美術館は、第1日曜が入場料無料になる。この日は「美術館の日」と決めてしまうのもいい。ただし、平日より混雑するのは覚悟のうえで。

第1日曜が無料のおもな美術館
オルセー美術館、国立近代美術館
ピカソ美術館、オランジュリー美術館
クリュニー美術館、ドラクロワ美術館

人気美術館は朝一番に

ルーヴル、オルセーといった美術館はとにかく超人気。すいている時間帯はなく、朝一番など早い時間に出かけるのがベター。午後から出かける場合も、時間に余裕をもったほうがいい。ミュージアム・パスを利用するのも一案（→P.183）。

ナイトミュージアムで静かに鑑賞

美術館のなかには、曜日によって開館時間を延長しているところがある。昼間は団体客で混雑している人気美術館も、夜なら比較的すいているので、ゆっくり作品と向き合うことができる。

夜もオープンしているおもな美術館
- ルーヴル美術館：㊌ ㊎ 第1㊏ 〜21:45
- オルセー美術館：㊍ 〜21:45
- 国立近代美術館：㊌ 〜23:00

©pyramide du Louvre, arch. I.M.Pei
イルミネーションが美しい夜のルーヴル美術館

閉館時間に注意

閉館時間は職員の帰る時間。ほとんどの美術館は、閉館30分〜1時間前にチケットの販売と入場を終了する。閉館の10〜15分前からは展示室を順次、閉め始めるところも。落ち着いて鑑賞したかったら、最低1時間は取りたい。

企画展も要チェック

パリは世界中からすばらしい作品が集まるアートの都。常設展示だけでも見応えがあって時間が足りないくらいだが、そのときだけしか観られない「企画展Exposition Temporaire」にも注目してみて。ルーヴル、オルセー、国立近代美術館をはじめ、ほとんどの主要美術館では、1年をとおして意欲的な展覧会を行っている。グラン・パレ国立ギャラリー、カルティエ現代美術財団など企画展専門の美術館もあり、アートファンのみならず幅広い層に人気がある。

グラン・パレ国立ギャラリーの企画展は毎回大きな話題に

企画展の情報収集
パリ到着後なら、『L'Officiel des Spectacles』などのタウン情報誌で。出発前に調べるなら、以下のウェブサイトが便利。

●パリ市観光案内所
URL www.parisinfo.com
英語で検索する場合、「GOING OUT」のタブから「Exhibitions in Paris」のページへ。

●メゾン・デ・ミュゼ・デュ・モンド
URL www.mmm-ginza.org
フランスを中心に世界の美術館、博物館を紹介する日本語サイト。展覧会などの最新情報が充実している。

フランスの美術館情報を日本語で得られる

美術館ガイド

美術館巡りに役立つテクニック

館内では…

フラッシュのほか自撮り棒での撮影も禁止の場合も

マナーを守って楽しく作品鑑賞

大声でしゃべらない、館内を走らない、などという基本的なことはもちろんだが、日本人のマナー違反でいちばん目立つのは写真撮影。写真撮影が認められている美術館でも、作品保護のためにも絶対にフラッシュをたかないこと。オートフラッシュがオフになっているか入館前に確かめておこう。

上着を預けて身軽に

美術館によってはクロークやコインロッカーを備えているところもある。とりわけ冬の館内は、暖房が効いて暑く感じられるほど。階段の上り下りも多いので、コートを預けておくと身軽に鑑賞できる。

ルーヴル美術館の無料コインロッカー。暗証番号を自分で設定するシステムになっている

ランチも美術館で

美術鑑賞の合間に利用したい、きちんとした食事を出すレストランのある美術館も多い(→P.266)。さすがグルメの国フランス、質、量ともに保証付き。しかも値段は手頃だ。ジャックマール・アンドレ美術館のように、すてきなサロン・ド・テ(ティールーム)を備えたところもある。

ジャックマール・アンドレ美術館はサロン・ド・テのみの利用も可能

手荷物は最小限に

入館する際、ほとんどの美術館で手荷物検査を受けなければならない。これは公共の場の安全を保つためのセキュリティチェックなので、指示に従おう。人気の美術館ではここですでに長蛇の列ができることもある。時間に余裕をもつのはもちろんのこと、持ち物を最小限にしておくことがベスト。美術館によって、持ち込みできる荷物の大きさや個数の指定があったり、「手さげ型のみ」など、かばんのタイプを限定するところもある。スムーズに入場するためにも、事前にチェックしておくといい。

手荷物検査への協力を呼びかける張り紙

ルーヴル美術館の手荷物制限は55×35×20(cm)

オーディオガイドを活用

美術館によっては、日本語のオーディオガイドが用意されていることも。膨大なコレクションのなかでも、見逃せない作品についてわかりやすく解説してくれるので、より楽しく鑑賞することができる。借りる際にパスポート(原本)が必要な場合もある。

ニンテンドー3DSを使ったルーヴル美術館のオーディオガイド(→P.188)

グッズをおみやげに

ほとんどの美術館はミュージアムショップを併設していて、絵はがきや展示品のカタログなどを販売しているのでチェックしてみよう(→P.186)。

『モナ・リザ』のグッズが並ぶルーヴル美術館内のショップ

パリ・ミュージアム・パス

ミュージアム・パス2日券。パリ・ヴィジット（→P.76）とセットになった「パリ・パスリブ」（→P.434）もある

美術館ガイド

パリ・ミュージアム・パスって？

「パリ・ミュージアム・パス Paris Museum Pass」は、パリと近郊の50以上の美術館などに入場できる便利なパス。ルーヴル、オルセーをはじめ、訪ねたい美術館の大部分がカバーされているほか、凱旋門やサント・シャペルなどの観光スポットでも利用できる。さらにパリ郊外にも有効で、ヴェルサイユ宮殿にもこのパスで入場できる。
URL www.parismuseumpass.fr

パスが買える場所は？

購入はパリ観光案内所、または主要美術館で。日本でも購入できるので、少しでも時間を節約したい人は買っておくといい。パスが使える美術館と史跡のリストはウェブサイトで確認を。パス購入時にもリストがもらえる。

パリで
パリ市内およびシャルル・ド・ゴール空港内の観光案内所（→P.96）、主要美術館、旅ステーション（→P.434）、フナック（シャンゼリゼ店、サン・ラザール店など）（→P.345）、キオスク・テアトル（→P.223）、カルーゼル・デュ・ルーヴル内（→P.349）のたばこ屋（La Civette du Carrousel）など。

日本で
販売価格はホームページを参照。
地球の歩き方オンラインチケットショップ
TEL (03)3553-6649
URL parts.arukikata.com/france
パリ・ミュージアム・パス ジャポン
TEL (03)6435-4614
URL parismuseumpass-japon.com

パスの使い方

パスは2日券（€52）、4日券（€66）、6日券（€78）の3種類がある。裏面に使用開始日を自分で記入し、美術館の入口で提示する。常設展のみ有効で、企画展には入場できないことが多い。

パスを無駄なく使うには
連続した期間に有効なので、2日券なら連続した2日間で使う。一度使用を開始すると中断できないので、休館日の多い⑪㊋を避けるのがベター。ストライキなど臨時休館の場合でも払い戻しはない。

TRAVEL TIPS 美術館巡りに役立つテクニック

パスが使える美術館＆観光スポット

1 建築・文化財博物館→P.214
2 ギメ美術館→P.214
3 凱旋門→P.102
4 ニシム・ド・カモンド美術館→P.217
5 贖罪教会
6 ギュスターヴ・モロー美術館→P.212
7 パレ・ド・ラ・デクーヴェルト
8 オランジュリー美術館→P.205
9 装飾芸術美術館→P.211
10 ルーヴル美術館→P.188
11 コンシェルジュリー→P.132
12 サント・シャペル→P.132
13 ノートルダム大聖堂※→P.128
14 科学・産業シティ→P.170
15 音楽博物館→P.170
16 技術工芸博物館
17 ユダヤ教芸術歴史博物館
18 国立近代美術館→P.202
19 ピカソ美術館→P.204
20 映画博物館→P.171
21 移民史博物館
22 ヴァンセンヌ城→P.174
23 ケ・ブランリー・ジャック・シラク美術館→P.207
24 アラブ世界研究所→P.149
25 アンヴァリッド→P.124
26 ロダン美術館→P.209
27 オルセー美術館→P.196
28 ドラクロワ美術館→P.213
29 クリュニー美術館→P.210
30 パンテオン→P.147

※修復工事が終了するまで閉鎖

パリ近郊にもヴェルサイユ宮殿（→P.392）など、使えるスポットがある

ざっくりおさらい
ルネッサンスから20世紀までパリの名画でたどるミニ美術史

知っておくと美術館巡りがより楽しくなる基本的な用語と歴史をご紹介。
パリの歴史（→P.60）と合わせて見れば、作品が生まれた背景も知ることができる。

美術様式と代表的な作品

1500年代

ルネッサンス
15～16世紀にイタリアから広まった芸術文化運動。人間性をたたえた古典美術への回帰、遠近法を駆使した手法が大きな特徴。

ダ・ヴィンチ作『聖母子と聖アンナ La Vierge à l'Enfant avec sainte Anne』（1503-1519頃、ルーヴル）

ボッティチェリ作『若い婦人に贈り物を捧げるヴィーナスと三美神 Vénus et les Trois Grâces offrant des présents à une jeune fille』（1483-1485頃、ルーヴル）

1600

バロック
均衡の取れた構図を「美」としたルネッサンス美術に対して、バランスよりも躍動感を大切にしたことから、ダイナミックな作品が次々と生まれた。

ルーベンスの連作『マリー・ド・メディシスの生涯 Vie de Marie de Médicis』（1622-1625、ルーヴル）

1700

ロココ
18世紀、ブルボン朝の宮廷から生まれた優美で享楽的な雰囲気をまとった美術様式。フラゴナール、ヴァトーなどが代表的な作家。

新古典主義
18世紀中頃から始まった古典回帰の様式。アングルを代表とする理想美、ダヴィッドなどの歴史画が有名。

ロマン主義
18世紀末より、静謐な新古典主義と対抗するように生まれた様式。ドラクロワ、ジェリコーなど、ドラマティックで臨場感のある表現を得意としている。

1800

アングル作『泉 La Source』（1856、オルセー）

ドラクロワ作『7月28日-民衆を導く自由の女神 Le 28 Juillet : La Liberté Guidant le peuple』（1830、ルーヴル）

写実主義
「理想化」を拒否し、対象を美化しないリアリズムに徹した。神話の人物ではなく現実の一般庶民をありのまま描いたクールベはその代表。

クールベ作『セーヌ河畔の娘たち Les Demoiselles des bords de la Seine (été)』（1857、プティ・パレ）

印象派
19世紀後半にフランスで起こった革新的な芸術運動。外光のもとで刻々と変化する色や形を描く手法は、当時の常識を覆し、現代絵画に通じる道筋を作った。

ルノワール作『ムーラン・ド・ラ・ギャレットの舞踏会 Bal du Moulin de la Galette』（1876、オルセー）

モネ作『日傘の女 Femme à l'ombrelle』（1886、オルセー）

ポスト印象派
「後期印象派」とも呼ばれる。印象派に続いて登場した、セザンヌ、ゴッホ、ゴーギャンを総称しているが、作風はまったく異なる。

ゴッホ作『自画像 Portrait de l'artiste』（1889、オルセー）

1900

エコール・ド・パリ
モディリアニ、藤田嗣治など、20世紀初頭、パリで活躍した外国人画家を中心としたグループ。モンパルナスを制作の場としていた。

モディリアニ作『青い目の女性 Femme aux yeux bleus』（1918頃、市立近代）

20世紀美術
複数の視点を同じ画面に収めた「キュビスム」（ピカソなど）、大胆な筆致で「野獣（フォーヴ）」に例えられた「フォーヴィスム」（マティスなど）といった具象にとどまらないさまざまな手法、様式が誕生した。

セザンヌ作『リンゴとオレンジ Pommes et oranges』（1899、オルセー）

2000

目指すあの絵はここにある！

美術館の都合により、時期によっては作品を展示していないこともあります

アーティスト、作品別、美術館早わかり帳（50音別）

アングル Jean-Auguste-Dominique Ingres (1780-1867)
　オダリスクUne Odalisque (1814、ルーヴル)

クールベ Gustave Courbet (1819-1877)
　画家のアトリエL'Atelier du peintre (1854-1855、オルセー)

ゴーギャン Paul Gauguin (1848-1903)
　美しきアンジェールLa belle Angèle (1889、オルセー)
　アレアレアArearea (1892、オルセー)

ゴッホ Vincent van Gogh (1853-1890)
　オヴェールの教会L'église d'Auvers-sur-Oise, vue du chevet (1890、オルセー)
　自画像Portrait de l'artiste (1889、オルセー)

シスレー Alfred Sisley (1839-1899)
　ポール・マルリーの洪水L'inondation à Port-Marly (1876、オルセー)

スーラ Georges Seurat (1859-1891)
　サーカスLe cirque (1890-1891、オルセー)

セザンヌ Paul Cézanne (1839-1906)
　水浴Baigneurs (1890頃、オルセー)
　トランプをする人々Les joueurs de cartes (1890-1895、オルセー)

ダヴィッド Jacques-Louis David (1748-1825)
　ナポレオン1世の戴冠式Le Sacre ou le Couronnement (1806-1807、ルーヴル)

ダ・ヴィンチ Léonard de Vinci (1452-1519)
　聖母子と聖アンナLa Vierge à l'Enfant avec sainte Anne (1503-1519頃、ルーヴル)
　モナ・リザPortrait de Lisa Gherardini, épouse de Francesco del Giocondo (La Joconde) (1503-1519頃、ルーヴル)

デュフィ Raoul Dufy (1877-1953)
　電気の妖精La Fée Electricité (1937、市立近代)

ドガ Edgar Degas (1834-1917)
　青い踊り子たちDanseuses bleues (1890、オルセー)
　カフェにてDans un café (1875-1876、オルセー)

ドラクロワ Eugène Delacroix (1798-1863)
　7月28日-民衆を導く自由の女神Le 28 Juillet: La Liberté Guidant le peuple (1830、ルーヴル)

ピカソ Pablo Picasso (1881-1973)
　読書する女La liseuse (1920、国立近代)
　ドラ・マールの肖像Portrait de Dora Maar (1937、ピカソ)

フェルメール Johannes Vermeer (1632-1675)
　レースを編む女La Dentellière (1669-1670頃、ルーヴル)

ボナール Pierre Bonnard (1867-1947)
　浴室の裸婦Nu dans le bain (1936、市立近代)

マティス Henri Matisse (1869-1954)
　赤いキュロットのオダリスクOdalisque à la culotte rouge (1924-1925頃、オランジュリー)
　豪奢Le Luxe I (1907、国立近代)

マネ Edouard Manet (1832-1883)
　オランピアOlympia (1863、オルセー)
　草上の昼食Le déjeuner sur l'herbe (1863、オルセー)

ミケランジェロ Michel-Ange (1475-1564)
　瀕死の奴隷Captif "l'Esclave mourant" (1513-1515、ルーヴル)

ミレー Jean-François Millet (1814-1875)
　落穂拾いDes glaneuses (1857、オルセー)
　晩鐘L'Angélus (1857-1859、オルセー)

モディリアニ Amedeo Modigliani (1884-1920)
　デディの肖像Portrait de Dédie (1918、国立近代)
　ポール・ギヨームの肖像Paul Guillaume, Novo Pilota (1915、オランジュリー)

モネ Claude Monet (1840-1926)
　印象、日の出Impression, Soleil levant (1872、マルモッタン)
　睡蓮Nymphéas (1914-1918、連作：オランジュリー)

モリゾ Berthe Morisot (1841-1895)
　ゆりかごLe berceau (1872、オルセー)

モロー Gustave Moreau (1826-1898)
　出現L'Apparition (不明、モロー)

ラ・トゥール Georges de La Tour (1593-1652)
　ダイヤのエースを持ついかさま師Le Tricheur à l'as de carreau (1635-1638頃、ルーヴル)

ラファエロ Raphaël (1483-1520)
　聖母子と幼き洗礼者聖ヨハネLa Vierge à l'Enfant avec le petit St-Jean-Baptiste (1507-1508頃、ルーヴル)

ルソー Henri Rousseau (1844-1910)
　戦争La Guerre (1894頃、オルセー)

ルノワール Auguste Renoir (1841-1919)
　ピアノに寄る少女たちJeunes filles au piano (1892、オルセー)
　ムーラン・ド・ラ・ギャレットの舞踏会Bal du Moulin de la Galette (1876、オルセー)

ロートレック Henri de Toulouse-Lautrec (1864-1901)
　踊るジャンヌ・アヴリルJane Avril dansant (1892頃、オルセー)

ロダン Auguste Rodin (1840-1917)
　地獄の門La Porte de l'Enfer (1880-1890頃ブロンズ：ロダン、1880-1917石膏原型：オルセー)
　接吻Le Baiser (1882頃、ロダン)

ゴーギャン作『アレアレア』

マネ作『草上の昼食』
© Musée d'Orsay, Paris, France / Bridgeman Art Library

ルソー作『戦争』

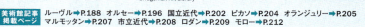

美術館記事掲載ページ　ルーヴル➡P.188　オルセー➡P.196　国立近代➡P.202　ピカソ➡P.204　オランジュリー➡P.205
マルモッタン➡P.207　市立近代➡P.208　ロダン➡P.209　モロー➡P.212

Museum Shop

※掲載商品は2020年1月現在のもの

オリジナルグッズも見つかる
ミュージアムショップでおみやげショッピング

パリの美術館では、ポストカードや展示品のカタログ以外にも、おみやげに買いたくなるようなグッズが充実している。作品鑑賞のあとはミュージアムショップへ！

ルーヴル美術館 →P.188、P.195

なんといってもダ・ヴィンチの『モナ・リザ』グッズがイチオシ！絵画に忠実なものからデフォルメされたイラストの物までたくさん見つかる。ショップだけの利用も可能。

『モナ・リザ』布バッグ €19.90

『モナ・リザ』ソックス 各€9.95

『サモトラケのニケ』ピンバッジ €3.90

『サモトラケのニケ』マグネット €4.50

ドラクロワ『民衆を導く自由の女神』マイクロファイバークロス €5.50

ドラクロワ『民衆を導く自由の女神』ジグソーパズル €11.50

『モナ・リザ』チョコレート €6.90

『モナ・リザ』バゲットキット €12.90
小麦粉と紙製の型がセットになってる

『モナ・リザ』リップクリーム €4.90
『モナ・リザ』の唇になれるかな〜？

『モナ・リザ』プラスチック皿 €6.90

「ルーヴル美術館」紅茶 €5
「パレ・デ・テ」（→P.333）とのコラボティー！

オランジュリー美術館 →P.205

モネの『睡蓮』グッズが豊富。モネやセザンヌのオーナメント人形も！

『睡蓮』クリアファイル €4.90

『睡蓮』チョコレート €9

『睡蓮』シール €1.95

『睡蓮』ボールペン €2.70

オーナメント人形 モネ(左)、セザンヌ(右) 各€13.90
睡蓮を持ったモネ人形

ピカソ美術館 →P.204

作品をモチーフにしたグッズのほか、ピカソが愛用していたボーダーシャツにちなんだものも。ショップだけの利用も可能。

「セント・ジェームス」（→P.302）とのコラボボーダー！

ボーダーシャツ €82

マグカップ
ピカソ『花束を持つ手』（左）、
『帽子の女性』（右）
各€15.90

シンプルで美しい線がピカソ！

ピカソ『鳩』
陶製プレート
€29

人形もピカソ風にシマシマ着てる！

オーナメント
パレット €9

オーナメント人形
パリジェンヌ（左）€13.90
アーティスト（右）€13

オルセー美術館 →P.196

入口を入った所と5階フロアにショップがある。印象派作品のグッズが人気。

ゴッホの力強い筆のタッチが迫力満点！

ゴッホ
『星月夜』
エコバッグ
€11.95

モネ『左を向いた日傘の女』
ノート €4.90

「オルセー美術館」
マグネット €7.90

モネ『アルジャントゥイユの
ひなげし』布バッグ
€19.90

モネ『アルジャントゥイユの
ひなげし』
マイクロファイバークロス
€5.50

モネ『睡蓮』
ソックス €9.95

ゴッホ『ローヌ川の星月夜』
布バッグ €19.90

大時計はオルセーの顔！

「オルセー美術館」
ノート €4.90

美術館ガイド

ミュージアムショップでおみやげショッピング

187

パリ3大美術館 ①
古代オリエント〜近世（18世紀）

21世紀もパリを代表する美術館であり続ける

ルーヴル美術館
★★★　MAP 別冊 P.13-2C、P.25-3D

Musée du Louvre

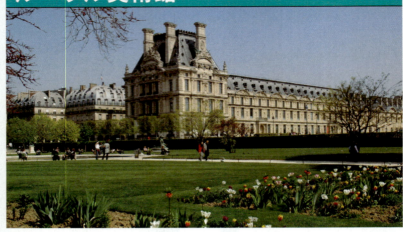

ルーヴル美術館
- M ①⑦Palais Royal Musée du Louvre
- 住 Musée du Louvre 1er
- 開 9:00〜18:00
  （㊌と第1㊎は〜21:45）
- 休 ㊋、1/1、5/1、12/25
- 料 ドラクロワ美術館（→P.213）との共通券（48時間以内）€15、18歳未満無料、第1㊐の18:00以降と7/14は無料、㊏の18:00以降は26歳未満無料
- музジアム・パス使用可
- URL www.louvre.fr
  （日本語あり）

※ウェブサイトからの予約がおすすめ（その場合は€17）。混雑時には予約必須になる場合も。ミュージアム・パス保有者はウェブサイトで時間指定することが必要。

12世紀以来、歴代国王の宮殿であったルーヴル宮が、美術館として初めて一般公開されたのは、フランス革命後の1793年のこと。歴代の国王のコレクションに、ナポレオン1世がイタリア遠征から持ち帰った「戦利品」が加わり、やがてその名は世界に知られるようになった。

1980年代より始まった大ルーヴル改造計画によって、ルーヴルは新しい時代を迎える。1989年、中庭中央にガラスのピラミッドが登場、今やパリを代表する景観となっている。また、2012年にはイスラム美術展示室が新設されるなど、ルーヴルは常に進化し続けている。

一度訪れたことがある人でも、再訪せずにはいられない美の宮殿。その所蔵作品はゆうに30万点を超え、主要作品を観て回るだけでも数日はかかる。あらかじめ目当ての作品の展示室をチェックしておくのが賢明だ。

Column Art

効率よく回るために

とにかく膨大なコレクションを誇るルーヴル美術館。できるだけ効率よく回るためのコツをいくつか紹介しよう。

①館内見取り図を入手する
ナポレオンホールの案内所で、まず館内見取り図をもらおう。日本語版もあり、ウェブサイトからダウンロードもできる。

②オーディオガイドを利用
ルーヴル美術館のオーディオガイドはニンテンドー3DSに内蔵されたもの。作品解説やインタラクティブマップ上に現在地が示され、広い館内で迷うこともない。レンタル料は€5。

③アプリを利用
スマートフォンがあれば、アプリ"Louvre : ma visite"（日本語あり）をダウンロードして使うのもおすすめ。イヤホンを持参しよう。

日本語で解説を聞けるニンテンドー3DS内蔵型のオーディオガイド。パスポートが必要

館内案内

見学の前に、ルーヴルの構造をつかんでおこう。

①主要入口は2ヵ所

ガラスのピラミッド
中庭にあるガラスのピラミッド。いつも長蛇の列ができている。この下がチケット売り場のあるナポレオンホール。
©pyramide du Louvre, arch. I.M. Pei

カルーゼル・デュ・ルーヴル
ルーヴルに隣接する地下ショッピングセンター「カルーゼル・デュ・ルーヴル」から入れる。ガラスのピラミッドよりすいていることが多い。

ルーヴル美術館の入口は上記ふたつ。パッサージュ・リシュリュー Passage Richelieuにも入口があるが（**MAP** 本誌P.191)、ここは特別会員専用。入場券やミュージアム・パスでは入れないので注意しよう。

②展示室へのアクセスポイントは「ナポレオンホール」

ガラスのピラミッドの真下にあるナポレオンホールは、展示室へのアクセスポイントとなっている。総合案内所やチケット売り場もここにある。ミュージアム・パス（→P.183)があれば、入場券を買う列に並ばなくて済む。

③展示室は3つのセクションで構成

ルーヴルの展示室は、コの字型になった建物が3つのセクションに分けられ、それぞれシュリー、リシュリュー、ドノンと名づけられている。
3つのセクションへは、いずれもナポレオンホールからアクセスする。

カルーゼル・デュ・ルーヴルへのアクセス

入口は3ヵ所ある。
1. メトロ駅 Ⓜ ① ⑦ Palais Royal Musée du Louvreに直結している
2. リヴォリ通り99番地に入口がある
3. カルーゼル凱旋門の横にある階段から

カルーゼル・デュ・ルーヴルからの入口はガラスの逆さピラミッドがあるホールにある

ナポレオンホールにある案内所で館内見取り図（→P.188）がもらえる

特定エリアのクローズ日に注意

日によって特定のエリアが閉まっていることがある。お目当ての作品がある場合はウェブサイトで展示室の開閉スケジュールを確認しておこう。英語なら「PLAN YOUR VISIT」のタブから「Hours, Admission & Directions」へ。その中の「Schedule of Room Closures」で確認できる。

美術館ガイド ルーヴル美術館

ルーヴル美術館、必見の三大作品
数多くの名作のなかでも、必見の作品はこちら。絶対見逃さないで！

1 モナ・リザ
La Joconde

世界で最も有名な絵のひとつ。レオナルド・ダ・ヴィンチ作。
→P.192

2 ミロのヴィーナス
Vénus de Milo

ギリシア彫刻の美しさが凝縮した作品。
→P.191

3 サモトラケのニケ
La Victoire de Samothrace

大規模な修復作業が完了し、さらに美しい姿に。
→P.193

パリ3大美術館

作品案内

半地階 Entresol

ルーヴル宮の歴史も観ることができる階。リシュリュー翼のふたつの中庭は彫刻展示室となっており、地下でありながら、ガラス屋根から自然光が差し込む開放的な空間で作品を鑑賞できる。

『マルリーの馬』
Chevaux de Marly (1745)
ギョーム・クストー1世作
彫刻展示スペースとなっている「マルリーの中庭」にある。原題は「馬丁に制される馬」。パリ郊外にルイ14世が建設したマルリー城の中庭に据えられたもので、18世紀末パリに運ばれた。ダイナミックな動きが臨場感いっぱいに表現されている

『聖ルイ王の洗礼盤』
Bassin dit < baptistère de Saint Louis >
(1320～1340) 作者不詳
装飾に覆われたタライで、イスラム美術の傑作といわれる。聖ルイ王(ルイ9世)によってフランスに持ち込まれたことからこの名前に。表面に彫り込まれた場面表現や文様が美しい

中世のルーヴル
Louvre médiéval
13世紀、ルーヴル宮がパリを守る要塞だった頃の壁と天守閣の一部が残されている。ルーヴルの大リニューアル時に発掘されたもの

貸し出し中の作品も
名作揃いの美術館だけに、作品が貸し出されることも多い。フランス東部のランスLens、アラブ首長国連邦のアブダビに分館があり、一部の作品はこちらに展示されている。
ルーヴル・ランス分館
URL www.louvrelens.fr
ルーヴル・アブダビ
URL www.louvreabudhabi.ae

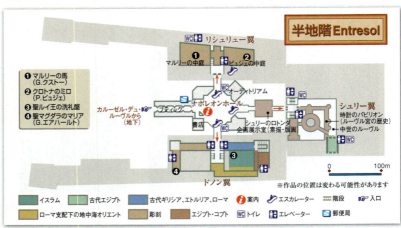

半地階 Entresol

① マルリーの馬 (G.クストー)
② クロトナのミロ (P.ピュジェ)
③ 聖ルイ王の洗礼盤
④ 聖マグダラのマリア (G.エアハールト)

※作品の位置は変わる可能性があります

凡例: イスラム／古代エジプト／古代ギリシア、エトルリア、ローマ／案内／エスカレーター／階段／入口／ローマ支配下の地中海オリエント／彫刻／エジプト・コプト／トイレ／エレベーター／郵便局

1階 Rez-de-chaussée

古代ギリシア、古代オリエントなど、1階は古代美術の宝庫。さらに16〜19世紀のミケランジェロ作品も加わり、彫刻で観るべきものが多い。歴史上の重要な史料も展示されている。

『翼の付いた雄牛』
Taureau androcéphale ailé（紀元前8世紀末）
作者不詳
「コルサバードの中庭」と呼ばれる展示室にある。メソポタミアの王サルゴン2世が紀元前706年に建てた宮殿にあったもので、堂々としたたたずまいは、敵を威嚇する効果ももっていた

『ハムラビ法典』
Code de Hammurabi
（紀元前1792〜1750 バビロン第1王朝時代）作者不詳
第6代王ハムラビが、太陽神シャムシュの前に立ち、法典を授与されている場面が刻まれている。その下には、「目には目を、歯には歯を」で名高い条文が見られる

『ミロのヴィーナス』
Vénus de Milo
（紀元前2世紀末）作者不詳
1820年、キクラデス諸島のミロス（ミロ）島で発見された。紀元前100年頃の作品とされ、「アフロディテ（ヴィーナス）」と呼ばれるのは、その裸体の美しさから。しかし、失われた腕や女神を象徴するものの不足、その仕草から多くの憶測が生まれ、今も謎に包まれている

『奴隷』 Captif（1513〜1515）
ミケランジェロ・ブオナルローティ作
2体からなる未完の彫像のひとつで「抵抗する奴隷」。教皇ユリウス2世の墓を装飾するために制作されたが、予算縮小で最初の案が流れ、さまざまな経緯を経てフランスに。高ぶる感情がにじみ出る肉体の描き方が見事。もう一体は『瀕死の奴隷』で官能性さえ感じさせる

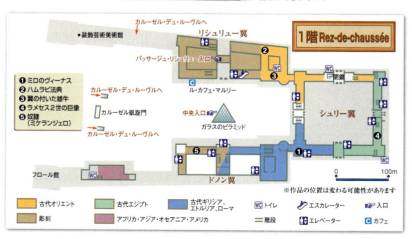

美術館ガイド ルーヴル美術館

2階 1er étage

『モナ・リザ』をはじめ、世界的に知られる名画が集まるのが2階。特にドノン翼は必見。『ナポレオン1世の戴冠式』、『カナの婚礼 Les Noces de Cana』など大作もあって見応え十分だ。

『聖母子と幼き洗礼者聖ヨハネ (美しき女庭師)』
La Vierge à l'Enfant avec le petit St-Jean-Baptiste (La Belle Jardinière)
(1507～1508頃)
ラファエロ・サンティ作
『モナ・リザ』と同じグランドギャラリーにある、ラファエロの名作。牧歌的な風景のなかで、聖母と幼子イエス(画面左)、洗礼者ヨハネ(右)が描かれている。ラファエロの膨大な作品のなかでも、慈愛に満ちた「聖母子像」はとりわけ人気が高い

提供：Artothek/アフロ

『モナ・リザ』を観るなら朝か夜がおすすめ
『モナ・リザ』や『ミロのヴィーナス』など有名作品を目当てにしている人は、とにかく朝一番に行くことをおすすめする。昼前になると館内は非常に混み合い、落ち着いて芸術鑑賞できる雰囲気ではなくなる。『モナ・リザ』の前などは何重もの人垣ができ、鑑賞時間は数十秒なんてこともある。団体客が少ない㈯㈮、第1㈯の夜間開館時間 (18:00～21:45) も狙い目。

『モナ・リザ』
La Joconde
(1503～1519頃)
レオナルド・ダ・ヴィンチ作
ダ・ヴィンチが生涯、手放さなかった作品のひとつで、晩年、フランソワ1世の招きによってフランスを訪れた際に持参し、そのままフランスの財産となった

『ナポレオン1世の戴冠式』
Le Sacre ou le Couronnement
(1806～1807) ダヴィッド作
1804年12月2日、パリのノートルダム大聖堂で行われたナポレオン1世の戴冠式の様子を描いた作品。場面では、ナポレオン自身が、皇妃ジョゼフィーヌに戴冠する様子が描かれ、その権力を誇示するためにさまざまな脚色が施されている。登場人物は150名を超えるなど、そのスケールは圧倒的

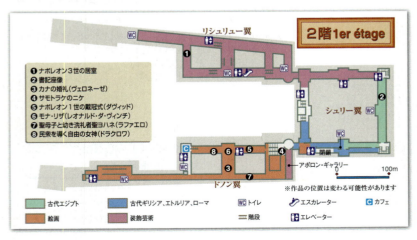

- ❶ ナポレオン3世の居室
- ❷ 書記座像
- ❸ カナの婚礼 (ヴェロネーゼ)
- ❹ サモトラケのニケ
- ❺ ナポレオン1世の戴冠式 (ダヴィッド)
- ❻ モナ・リザ (レオナルド・ダ・ヴィンチ)
- ❼ 聖母子と幼き洗礼者聖ヨハネ (ラファエロ)
- ❽ 民衆を導く自由の女神 (ドラクロワ)

※作品の位置は変わる可能性があります

『7月28日 ― 民衆を導く自由の女神』
Le 28 Juillet : La Liberté Guidant le peuple
（1830）ウジェーヌ・ドラクロワ作

三色旗を持って民衆を鼓舞しているのは、フランス共和国と自由を象徴する女性アイコン「マリアンヌ」。ドラマチックな構成、激しい動きは、ロマン主義の画家ドラクロワならでは

『サモトラケのニケ』
La Victoire de Samothrace
（紀元前190頃）作者不明

ドノン翼の1階と2階を結ぶ階段踊り場にあるギリシア彫刻。ニケとはギリシア神話に登場する勝利の女神のこと。船の船首に立つ女神の姿で立ち、海戦の勝利を記念した献上品と見られる。2015年には大規模な修復作業が完了し、輝きを取り戻した

『書記座像』Le scribe accroupi
（紀元前2600～2350）作者不詳

古代エジプト美術部門の代表作。左手でパピルスを持ち、右手には筆記用具があったと見られる。細やかな細工が施された目と、鮮やかな色の肌で、強烈なインパクトを残す作品

『ナポレオン3世の居室』
Appartements Napoléon Ⅲ（19世紀）

フランス最後の皇帝の座についたナポレオン3世が、居室として使ったルーヴルの部屋が公開されている。第二帝政時代の華やかな内装が見もの

美術館ガイド　ルーヴル美術館

Column Art　『モナ・リザ』の秘密

　世界で最も有名な絵といわれる『モナ・リザ』。その美しさだけでなく、多くの謎をもつことでも知られ、日々、彼女をひとめ見ようとルーヴルに足を運ぶ人は絶えない。

　見る角度によって表情の変わる『モナ・リザ』のほほ笑みは、謎のひとつとされ、長年、いくつもの研究がなされてきた。しかし、最新技術での解析により、複数の透明な色彩の層を重ねるスフマートというぼかしの手法によって生み出されていたことが判明。謎のひとつが解き明かされたのだった。

　絵のモデルについても多くの議論を呼んでいるが、イタリア、フィレンツェの織物商人の妻、リーザ・ゲラルディーニだと考えられている。日本では『モナ・リザ』と呼ばれるが、作品名は『フランチェスコ・デル・ジョコンドの妻、リーザ・ゲラルディーニの肖像Portrait de Lisa Gherardini, épouse de Francesco del Giocondo』という長いもの。フランスでは苗字をフランス語にした『ラ・ジョコンドLa Joconde』と呼ばれている。

捉えどころのないほほ笑み　提供：Artothek/アフロ

3階 2e étage

14〜19世紀のフランス絵画、フランドル、ドイツ、オランダ絵画の展示室がある。ここまで訪れる人は少なく、フェルメールの名画などをゆったりと見学できるのが魅力だ。

『ヴィルヌーヴ・レザヴィニョンのピエタ』
La Pietà de Villeneuve-lès-Avignon
(1455頃)
アンゲラン・カルトン作
「ピエタ」とは、十字架から降ろされたキリストの遺骸を抱く聖母マリアの悲しみを描いたもの。繊細な線描、緻密な構図など、15世紀プロヴァンス派の傑作といわれる作品

『レースを編む女』
La Dentellière
(1669〜1670頃)
ヨハネス・フェルメール作
日本でも人気の高いオランダの画家フェルメールの作品。室内の日常的場面が細やかに表現されている。縦24cm、横21cmと超ミニサイズだが、ルーヴルが所蔵する名作のひとつ

おなかがすいたら
ルーヴル館内には、「アンジェリーナ」などのカフェがある。ミュージアム・パスを持っていても、一度退館すると再入場できないので、館内でひと休みしよう。見学時間を決める際には、食事をどうするかも考慮したい。

① レースを編む女(J.フェルメール)
② 自画像(A.デューラー)
③ ヴィルヌーヴ・レザヴィニョンのピエタ
④ ダイヤのエースを持ついかさま師(G.ド・ラ・トゥール)
⑤ ガブリエル・デストレとその姉妹ビヤール公爵夫人とみなされる肖像(フォンテーヌブロー派)
⑥ マリー・ド・メディシスの生涯(ルーベンス)

※作品の位置は変わる可能性があります

絵画 / WCトイレ / 階段 / エスカレーター / エレベーター

『ダイヤのエースを持ついかさま師』
Le Tricheur à l'as de carreau
(1635〜1638頃)
ジョルジュ・ド・ラ・トゥール作
中央の女性が左のふたりと組んで、右端の男性をだまそうとしている。ジョルジュ・ド・ラ・トゥールは、光の効果で画面を劇的に見せるのが得意な画家。ここでも何かが起こりそうな気配が感じられる

『マリー・ド・メディシスの生涯』
Vie de Marie de Médicis
(1622〜1625)
ピーテル・パウル・ルーベンス作
アンリ4世の正妻であったマリー・ド・メディシスの生涯を描いた24枚の連作で、「ギャラリー・メディシス」一室を使って展示されている。バロックの巨匠、ルーベンスによって、これ以上ないほどドラマチックに脚色されている

『ガブリエル・デストレとその姉妹
ビヤール公爵夫人とみなされる肖像』
Portrait présumé de Gabrielle d'Estrées et de sa soeur la duchesse de Villars
(1594頃) 作者不詳
ガブリエル・デストレ(右)はアンリ4世の寵姫。その姉妹とされる女性が乳房をつまむ仕草は、ガブリエルが懐妊したことの象徴と解釈されている。16〜17世紀フォンテーヌブロー派の代表作

美術館ガイド

ルーヴル美術館

 Column Art　パリみやげも買えるブティック

ショッピングセンター「カルーゼル・デュ・ルーヴル」側の入口から入り、ナポレオンホールに向かう通路にルーヴルのブティックがある。ミュージアムグッズ(→P.186)のほかに、エッフェル塔の置物など、パリみやげとなる雑貨も売っているので、チェックしてみて。

195

パリ3大美術館② 近代(19世紀)

19世紀の美術宮殿に変身した終着駅

オルセー美術館

★★★　MAP 別冊 P.12-2〜3B、P.28-1A

Musée d'Orsay

オルセー美術館
- M ⑫Solférino
- ⓒ Musée d'Orsay
- 住 1, rue de la Légion d'Honneur 7e
- 開 9:30〜18:00
  （木〜21:45）
  （入場は閉館の1時間前まで）
- 休 ㊊、5/1、12/25
- 料 €14、
  18歳未満と第1㊐は無料、オランジュリー美術館（→P.205）との共通券€18、ロダン美術館（→P.209）との共通券€21
- Wi-Fi
- パス ミュージアム・パス使用可
- URL www.musee-orsay.fr

©Musée d'Orsay / Patrice Schmidt

オルセー美術館の入口
オルセー美術館の入口は、チケットのない人、ミュージアム・パスやチケットを持っている人で分かれている。チケットのない人は「A」のVisiteurs inidividuelsへ、ミュージアム・パスやチケットの保持者は「C」のEntrée réservéeの入口へ。

入場に長蛇の列ができることも

　ルーヴルと並び、パリを代表する美術館。1900年に建てられた駅の建築空間をそのまま利用し、1986年に開館した。造りのユニークさもさることながら、印象派を中心としたコレクションのすばらしさで高い人気を得ている。一部年代がずれることもあるが、原則的には1848年から1914年までの作品が展示され、ルーヴル、国立近代美術館と合わせて観ることで壮大な美術史の旅を体験できるのも魅力だ。
　2011年には、大規模な改装工事が終了し、作品本来の色彩やタッチがより明確に味わえるようになった。

館内案内

　入口を入った所にある案内所では、館内の見取図がもらえる。吹き抜けになった中央通路の両脇に展示室が並ぶ構造となっており、地上階（Niveau0）、2階（Niveau2）、5階（Niveau5）、さらに改装工事で加わったパヴィヨン・アモン（Pavillon Amont 時計塔内の展示スペース）に分かれて展示されている。

彫刻ギャラリーとなっている屋内テラス（左）
代表作が揃うゴッホの展示室（中）ⓒ Musée d'Orsay / Sophie Boegly
先駆的な作品である『草上の昼食』も展示されている。ガラス製のベンチは吉岡徳仁作（→P.201）（右）ⓒ Musée d'Orsay / Sophie Boegly

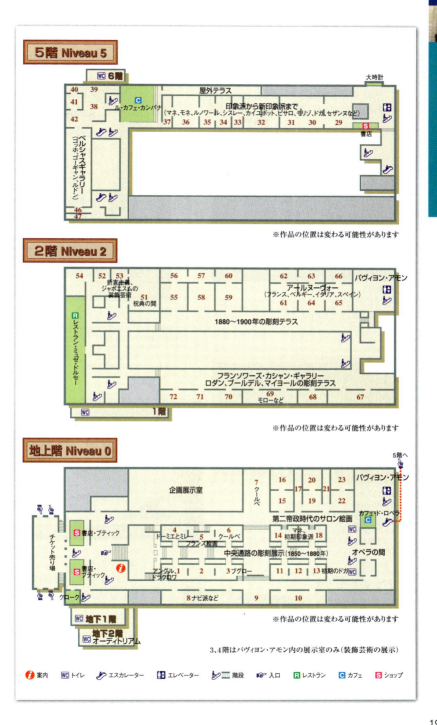

作品案内

地上階 Entresol

彫刻が展示された中央通路Allée Centrale des Sculpturesに下りてすぐ左側には企画展示室、またバルビゾン派、クールベ、初期印象派（マネ、モネなど）などの展示室がある。

© Musée d'Orsay, Paris, France / Bridgeman Art Library

『落穂拾い』
Des glaneuses（1857）ジャン・フランソワ・ミレー作
農民たちをモデルに、あるがままの姿を描いた、当時としては画期的な作品。自然と農村の暮らしにモチーフを求めたミレーたち画家グループは、パリ郊外のバルビゾン村（→P.409）で制作したことから「バルビゾン派」と呼ばれる

『泉』 La Source（1856）
ジャン・オーギュスト・ドミニク・アングル作
19世紀半ば、印象派が登場する直前、女性の理想美を描いた作品のひとつ。当時は、神話に登場する女神など、美化された架空の女性を題材とすることがほとんどだった。陶器を思わせるなめらかな肉体描写が特徴

© Musée d'Orsay, Paris, France / Bridgeman Art Library

『画家のアトリエ』
L'Atelier du peintre（1854〜1855）
ギュスターヴ・クールベ作
対象を美化することなく描いた写実主義の画家、クールベの代表作。中央で風景画を制作しているクールベを囲む人物が誰であるかを含め、謎に満ちた作品

『オランピア』
Olympia（1863）
エドゥアール・マネ作
モデルとなっているのは娼婦。裸婦像といえば、古典的なヴィーナス像を描くことが常識だった時代、娼婦を扱ったことでスキャンダルを巻き起こした。マネの作品はおもに5階にあるが、初期の作品が一部地上階に展示されている

オルセーの南側にある時計塔（パヴィヨン・アモン）内には、装飾芸術、絵画作品が展示されている。最上階では、かつての駅舎をしのばせる大時計のすき間から、美しいパリの町を眺めることができる。大時計は写真撮影スポットとしても人気！

2階 Niveau 2

「フランソワーズ・カシャン・ギャラリー」と名付けられたギャラリーには、ロダン、ブールデル、ポンポンなどの彫刻作品が展示されている。また、装飾品や家具などアールヌーヴォー作品の展示室も興味深い。

『ステュムパリデスの鳥を仕留めるヘラクレス』
Héraklès tue les oiseaux du lac Stymphale
（1909）アントワーヌ・ブールデル作
『弓を引くヘラクレス』の名称で知られる作品。力強い表現で高く評価され、ブロンズ版がさまざまな場所に置かれることになった

アールヌーヴォー Art Nouveau （19世紀末）
19世紀末の芸術運動から生まれた、アールヌーヴォー様式（→P.32）の家具などが展示されている。エミール・ガレやルネ・ラリックの装飾品、パリのメトロ駅入口をデザインしたエクトル・ギマールの家具などは観ておきたい

『シロクマ』
Ours blanc （1923-1933）
フランソワ・ポンポン作
19世紀、動物をリアルに造形する「アニマリエ」と呼ばれる芸術家のグループが登場、その流れを汲む彫刻家ポンポンの代表作。シンプルなフォルムで躍動感を表現している

5階 Niveau 5

マネ、モネ、ルノワールなど印象派の珠玉の作品群が、自然光を取り入れた空間に展示されている。2019年に新設されたベルシャス・ギャラリーでは、ゴッホ、ゴーギャンなど後期印象派の作品を観ることができる。

『オヴェールの教会』
L'église d'Auvers-sur-Oise, vue du chevet
（1890）フィンセント・ファン・ゴッホ作
ゴッホ終焉の地となったパリ近郊の町、オヴェール・シュル・オワーズ（→P.415）の教会。自殺の直前に描かれたもので、色彩やタッチに不安な内面性が感じられる

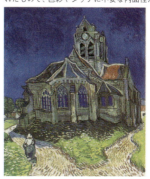

『自画像』Portrait de l'artiste （1889）
フィンセント・ファン・ゴッホ作
ゴッホは自画像をいくつも制作している。渦巻きのような背景と激しいタッチで、画家の心象風景が浮かび上がるかのよう

『美しきアンジェール』
La belle Angèle （1889）
ポール・ゴーギャン作
アルルでの共同生活を夢見たゴッホと決別し、ゴーギャンはブルターニュ地方の町ポン・タヴェンで制作する。この絵は、浮世絵から影響を受けた大胆な構図で、ポン・タヴェン時代の傑作のひとつ

美術館ガイド　オルセー美術館

パリ3大美術館

『草上の昼食』
Le déjeuner sur l'herbe
(1863)
エドゥアール・マネ作
当初のタイトルは『水浴』。ティツィアーノ、ラファエロの古典作品から想を得たものだが、着衣の男性と裸体の女性という構図、女性の挑発的な視線など、問題作として世間を騒がせた

『左を向いた日傘の女』
Femme à l'ombrelle tournée vers la gauche
(1886)
クロード・モネ作
モネの最初の妻カミーユをモデルに描かれた作品。「戸外の人物画の習作」とタイトルに加えられているが、その後、人物画を描くことは一切なくなる

『ムーラン・ド・ラ・ギャレットの舞踏会』
Bal du Moulin de la Galette
(1876)
オーギュスト・ルノワール作
ルノワールの代表作のひとつ。モンマルトルにあったダンスホール「ムーラン・ド・ラ・ギャレット」の様子を描いたもので、木漏れ日の表現は、それまでにないもので、大きなインパクトを与えた

『ルーアンの大聖堂』
La cathédrale de Rouen. Le portail et la tour Saint-Romain, effet du matin (1893)
クロード・モネ作
連作として描かれたもので、季節、時間、天候によって移り変わるほんの一瞬の様相を捉えている

200

『田舎のダンス』と『都会のダンス』
Danse à la campagne et Danse à la ville
(1883)

オーギュスト・ルノワール作
2作並べて展示されている。左はルノワールの妻となるアリーヌがモデルになった『田舎のダンス』、右はユトリロの母でもある画家シュザンヌ・ヴァラドンがモデルとなった『都会のダンス』。ドレスのシルエットや素材の違いを見るのもおもしろい

『14歳の踊り子』
Petite danseuse de 14 ans
(1865〜1881) エドガー・ドガ作
バレリーナをモデルにした絵で知られるドガだが、没後、そのアトリエから未発表の彫刻作品が多数見つかった。衣装を身につけたこの像は、そのなかで唯一「印象派展」に出品された作品

© Musée d'Orsay / Sophie Boegly

『首吊りの家』
La maison du pendu, Auvers-sur-Oise
(1873)
ポール・セザンヌ作
後期印象派の画家でありながら、その前衛的な構成力からピカソなど現代の画家に大きな影響を与えたセザンヌ。生涯のほとんどを南仏で過ごしたが、パリ時代の作品として最も有名なもののひとつ

美術館後のお楽しみは
オルセー美術館には、2階に豪華な内装のレストラン(→P.267)、5階には大時計裏のスペースを使った「ル・カフェ・カンパナ」がある。ブラジル出身のカンパナ兄弟が手がけた斬新な内装は、エミール・ガレとアールヌーヴォーからインスピレーションを受けて、幻想的な水中世界をイメージしたもの。

美術館ガイド

オルセー美術館

印象派ギャラリーに日本人の作品が

改装工事によって生まれ変わった印象派ギャラリーに、常設展示作品として加わったものがある。それは展示室に置かれたガラスのベンチ。吉岡徳仁の作品《Water Block》だ。まるで水の波紋を閉じ込めたかのような様相を見せるガラス。光の屈折によって表情を変える影。移ろいゆく光と水辺の風景を追い続けた印象派の作品に寄り添いながら、訪れる人に幸せな場所を提供している。

ルノワールの代表作のひとつ『ムーラン・ド・ラ・ギャレットの舞踏会』と《Water Block》
写真提供TOKUJIN YOSHIOKA INC

パリ3大美術館③ 近代〜現代

世界屈指の近代美術館
国立近代美術館
★★★　MAP別冊 P.13-2D、P.14-2A、P.26-2B
Musée National d'Art Moderne

国立近代美術館
- M ⑪Rambuteau
  ①④⑦⑪⑭Châtelet
  ①⑪Hôtel de Ville
- RER ④⑬⑭Châtelet Les Halles
- 住 Pl. Georges Pompidou 4e
- 開 11:00〜21:00
  (木は企画展のみ〜23:00)
- 休 火、5/1
- 料 €14、18〜25歳€11、18歳未満と第1⑨には無料
- バス ミュージアム・バス使用可
- URL www.centrepompidou.fr

国立近代美術館の展示スペース
5階 (Niveau4)
1960年以降現在までの作品
6階 (Niveau5)
20世紀初頭〜1960年の作品
7階 (Niveau6)
企画展示室

所蔵作品数は10万点以上。当然すべてを一度に展示することはできないため、年に数回作品の展示替えが行われる。目当ての作品があるなら、入館前に確認しておくといいだろう。

2020〜21年のおもな企画展
●マティス展
'20 5/13〜8/31
●ゲオルグ・バゼリッツ展
'20 10/19〜'21 1/8

国立近代美術館への入口は「MUSEE」の文字が目印

ポンピドゥー・センター（→P.134）の5、6、7階を占める国立近代美術館は、パリ三大美術館のひとつ。20世紀初頭から現在までの美術の展開を追うことができる。展示作品は、フォーヴィスム（マティス）からキュビスム（ピカソ、ブラック）、抽象派（カンディンスキー）、エコール・ド・パリ（モディリアニ、シャガール、藤田嗣治）、シュルレアリスム（ダリ、マグリット）、ポップアート（ウォーホル）、ヌーヴォー・レアリスム（イヴ・クライン）と続き、現在の造形美術活動にいたる。常設展のほか、企画展にも定評があり、話題を呼んでいる。

フォーヴィスム

フォーヴィスムは、野獣（フォーヴ）のように激しい色と筆使いによる、荒々しい作品が特徴だ。主導者であるマティスは、『豪奢I Le Luxe I』(1907)で、省略された描写、平面性を見せているが、やがて『模様のある背景の装飾的人体Figure décorative sur fond ornemental』(1925〜1926)のような作品を生み出す。この絵をよく見ると、壁の模様と床とが一体化し、裸婦は床に座っているようにも、宙に浮いているようにも見える。ルネッサンス以来の絵画は、奥行きをもたない2次元の平面の上に、3次元空間を再現しようと試みてきたのだが、マティスは逆に絵画の平面性を強調しているのだ。

キュビスム

ピカソを中心とするキュビスムの画家の絵では、立体（キューブ）が画面全体を支配している。ブラックの『果物とトランプのある静物Compotier et cartes』(1913)や、グリスの『朝食のあるテーブルLe petit déjeuner』(1915)を見ると、対象物は一つひとつさまざまな視点から見られ、抽象化されている。ピカソは初め、『女の胸像Buste de femme, Etude pour les Demoiselles d'Avignon』(1907)程度に人物を幾何学的形態のうちに捉えていたが、しだいにモデルが何なのかわからなくなるまで、その抽象化を進めることになる。

抽象派

ロシア生まれのカンディンスキーの作品『**白の上にⅡAuf WeissⅡ**』（1923）などを見ると、幾何学的表現が明確になり、シャープな線が主になっている。スイス人のクレーは『**リズミカルRhythmisches**』（1930）など、情緒的な美しい作品を残している。幾何学的抽象化は、さまざまな画家によって盛んに試みられたが、オランダ人のモンドリアンは、なかでも直線と三原色による最も単純化された形を求めた画家だ。

シュルレアリスム

抽象派とは違って、具体的なイメージを使いながら、現実にはあり得ない世界を抽出したのが、シュルレアリスムの画家たちだ。マグリットの『**赤いモデルLe modèle rouge**』（1935）をはじめ、エルンスト、タンギー、デ・キリコは、私たちを幻想的世界へと誘ってくれる。

大戦後の美術

第2次世界大戦後のヨーロッパの美術を見ると、デュビュッフェのように、ユーモアのセンスのなかにナチスの恐怖を内包した作品が目につく。

戦後のアメリカは、現代美術の一大拠点となったが、なかでもポロックは、激しいアクションで絵の具を垂らして描くという独自の技法（アクションペインティング）を生み出した。『**ナンバー26A 黒と白Number 26 A, Black and White**』（1948）など、混沌としたイメージが創造されている。

1960年代に入ると、大衆文化の普及にともない、日常社会を取り込んだいわゆるポップアートが出現。ウォーホルやリキテンシュタイン、オルデンバーグの作品には、消費文化の匂いと、ポップな軽快感が漂う。

1960年代のフランスで起こった、ポップアートに相当する芸術運動がヌーヴォー・レアリスム（新現実主義）。アルマンやティンゲリーは、日常の廃棄物を寄せ集めたオブジェ（アッサンブラージュ）に芸術的な意味を吹き込んだ。また、イヴ・クラインが自ら「インターナショナル・クライン・ブルー」と名づけた深い青は、地中海の空と海を思わせる。

開放的な空間のなかで、現代美術に触れることができる

デュビュッフェの三次元絵画『冬の庭』

美術館ガイド

国立近代美術館

 Column Art ／ 彫刻家ブランクーシのアトリエ

ポンピドゥー・センターの外側に、レンゾ・ピアノの設計による、彫刻家コンスタンティン・ブランクーシ（1876〜1957）のアトリエがある。ブランクーシは晩年、モンパルナスにアトリエを構えていたが、地区の整備計画のために取り壊されることが決まった。そこで彼はアトリエをそのまま再現公開することを条件として、全作品を国家に寄贈することを遺言として残した。『無限の柱』、『空間の鳥』など彼の代表作が並ぶアトリエは、生前の状態とほぼ同じ。アトリエの空間そのものがひとつの芸術作品のようだ。

アトリエ・ブランクーシ Atelier Brancusi
MAP 別冊P.26-2B
開 14:00〜18:00
休 ㊋、5/1
料 無料

作品が無造作に置かれたアトリエ

膨大なコレクションを生まれ変わった空間で ★★★ MAP 別冊 P.14-2～3B、P.27-1C
ピカソ美術館
Musée Picasso Paris

ピカソ美術館
- Ⓜ ⑧Chemin Vert
  ⑧St-Sébastien Froissart
  ①St-Paul
- 住 Hôtel Salé
  5, rue de Thorigny 3e
- 開 10:30～18:00
  (土・日・祝は9:30～)
  (入場は17:15まで)
- 休 月、1/1、5/1、12/25
- 料 €14、
  18歳未満と第1日は無料、
  パリ・ヴィジット所有者は
  €2.50割引(→P.76)
- バス ミュージアム・パス使用可
- URL www.
  museepicassoparis.fr

テラスでひと休み ©Yuji Ono

ミュージアムショップ
美術館の向かいにあり、美術館に入らなくても利用できるので、おみやげ探しにもおすすめ(→P.187)。
- 住 4, rue de Thorigny 3e
- 営 10:00～18:30
- 休 月、1/1、5/1、12/25

入り口は小さいが店内は思いのほか広い

「サレ館(塩の館)」という17世紀の館を改造して1985年に開館。2014年には約5年に及んだ改装工事が終了し、ピカソの誕生日である10月25日にリニューアルオープンした。約5000点(絵画約300点、彫刻約250点、3900点を超えるデッサンと版画など)の所蔵作品は、1973年にピカソが亡くなった後、相続税と引き換えに、遺族からフランス国家に寄贈されたもの。開館時の膨大な準備費用は、国とパリ市によって賄われ、貴重な作品の数々が世界中に散らばることなく、画家が長年暮らしたパリの地にとどまった。

2009年に開始された改修工事は、建築家のジャン・フランソワ・ボダンが担当。サレ館の歴史ある造りを生かしつつ、展示スペースを地下まで拡大。ピカソ自身が所蔵していたマティスやモディリアニの作品も、展示に加わった。コレクションの規模はもちろん、初期から晩年にいたるまで、ピカソの作品を一度に観ることができる場所として、美術ファンをひきつけている。

多彩なスタイルのピカソを味わおう

ピカソは、幾度も制作スタイルを変えたことで知られる。美術館には、1895年から1972年までの作品が、時代とテーマに沿って展示され、その変遷をたどるのもおもしろい。

代表的な作品を紹介しよう。まず「モノクロームの時代」、なかでも「青の時代」の代表作『自画像Autoportrait』(0.2室)。ナイーブな描写は、別の時代の自画像と比べると、劇的なスタイルの変化に驚くはず。アフリカ美術の影響を受けた時代を経て、続く「キュビスム」では、『ギターを弾く男Homme à la guitare』(0.6室)などが並び、ピカソワールドが全開だ。

数々の女性遍歴を重ねたピカソが描く女性像も魅力的だ。1.7室に展示された、ドラ・マールDora Maarやマリー・テレーズMarie Thèreseの肖像画は、鮮やかな色彩に釘づけになるはず。ほかに、マネの作品をもとにした『草上の昼食Le déjeuner sur l'herbe』(2.7室)や、彫刻作品の『ヤギLa Chèvre』(2.6室)、茶目っ気たっぷりの陶器なども。作品の数がとにかく多いので、見学に2時間はみておきたい。

17世紀の館にピカソの作品がゆったりと並べられる

マレ地区の静かな一角にそっとたたずむ　©Béatrice Hatala

モネの大作『睡蓮』に出合える
オランジュリー美術館
Musée de l'Orangerie

★★★　MAP 別冊 P.12-2B、P.24-3A

ここには、印象派の画家のなかでも、最も光の変化を追求したモネの大作『睡蓮Nymphéas』が8枚ある。第1次世界大戦の勝利を記念して、フランス国家に寄贈されたもので、80歳近いモネが白内障を克服して完成させた力作だ。オランジュリー美術館は、『睡蓮』のために、内部を改造して作品を待っていた。死後、一般に公開されることを、モネが望んだからだ。彼は、1926年に86歳でこの世を去るまで、最後の仕上げに力を尽くした。

17世紀、オレンジ（オランジュ）など柑橘類のための温室がここにあったことから「オランジュリー」と名づけられたという

このほか、146点の作品が展示されているが、これらは、画商ポール・ギヨームとその妻、彼女の2番目の夫ジャン・ヴァルテールによって寄贈されたもの。コレクションを作品数順に挙げると、ドラン、ルノワール、スーティン(20点以上)、セザンヌ、ピカソ、マティス、ユトリロ(10点以上)、アンリ・ルソー、ローランサン、モディリアニ(5点以上)、それにモネ、シスレー、ゴーギャン、ヴァン・ドンゲンが加わる。印象派からフォーヴィスム、キュビスムを経て1930年までのパリ派にいたるという、まさしく「芸術の都、パリ」時代の作品だ。

オランジュリー美術館
- M ①⑧⑫Concorde
- 住 Jardin des Tuileries 1er
- 開 9:00～18:00 (入場は17:15まで)
- 休 火、7/14の午前、5/1、12/25
- 料 €9、18歳未満と第1⽇は無料、オルセー美術館(→P.196)との共通券€18
- ミュージアム・パス使用可
- URL www.musee-orangerie.fr

2020～21年のおもな企画展
- ●ジョルジョ・キリコ展
  '20 4/1～7/13
- ●スーティン／デ・クーニング展
  '20 10/7～'21 1/25

モネの『睡蓮』
ふたつの楕円形からなる大広間の壁いっぱいに、8点の作品が掲げられている。2001年から6年間に及ぶ大改装工事により、「睡蓮の間」は天井から自然光の降り注ぐ空間に生まれ変わった。鑑賞者はあたかもモネのジヴェルニーの庭(→P.414)に招かれ、きらめく水辺を歩いているような気分になる。

『睡蓮』の原語タイトルは"Nymphéas"。サンスクリット語に語源をもつnénupharという仏語男性名詞を、モネが、ラテン・ギリシア語化した女性名詞に変えて、絵のタイトルにしたものだ。ナンフェアとはニンフ(ギリシア神話に登場する妖精)の意。特に水の精を表し、若く美しい女性や花嫁はよくニンフにたとえられる。スイレンの花そのものが東洋生まれで神秘的なのに加えて、この詩的なタイトルは、鑑賞者をさらに深遠な世界へと導いてくれる。

日差しが差し込む展示室(上)
モネの庭に迷い込んだような気分になれる、「睡蓮の間」(左)

芸術愛好家は必ずチェックしたい質の高い企画展 ★★ MAP 別冊 P.12-2A
グラン・パレ国立ギャラリー　Galeries Nationales du Grand Palais

グラン・パレ国立ギャラリー
M ①⑬Champs-Elysées Clemenceau
住 3, av. du Général Eisenhower 8e
URL www.grandpalais.fr
企画展開催時のみオープン。
開館時間、休館日、料金は展覧会によって異なる。混雑することが多いのでウェブサイトから時間指定予約券を買うことをおすすめする。
※2021年1月から改装工事で閉館予定。

2020年のおもな企画展
●黒と白：写真の美しさ展
'20 4/8～7/6

建物そのものがすでに美術品のようなたたずまい

グラン・パレは、1900年のパリ万国博のメイン会場として建てられた。シャンゼリゼ大通りとセーヌ川に挟まれた、緑の多い静かな一角にある。

イオニア様式の円柱が並ぶ正面には数々の彫刻が施され、いかにも美術の殿堂らしい格調高い雰囲気。また、鉄骨とガラス張りの丸屋根はセーヌ河畔からもひときわ目立ち、**アレクサンドル3世橋**（→P.30）とともに、19世紀末の時代の空気を伝えるモニュメントとなっている。

グラン・パレ内には、企画展専門の美術館であるグラン・パレ国立ギャラリーがあり、毎年4～5回の企画展を開催している。どの展覧会もフランスらしい独自の視点に基づいた興味深いものばかり。常設展とはひと味違う美術鑑賞をしたいとき、ぜひ出かけてみよう。

美術の逸品を秘めた小宮殿 ★★ MAP 別冊 P.12-2A
プティ・パレ（パリ市立美術館）　Petit Palais - Musée des Beaux-Arts de la Ville de Paris

プティ・パレ
M ①⑬Champs-Elysées Clemenceau
住 Av. Winston Churchill 8e
開 10:00～18:00
　（金は企画展のみ～21:00）
　（入場は閉館の45分前まで）
休 月、1/1、5/1、7/14、12/25
料 無料（企画展は有料）
URL www.petitpalais.paris.fr

中庭の回廊には雰囲気のいいカフェテリアもある

グラン・パレ（上記）と同様に1900年、万国博会場として建てられた。名前は「プティ（小さい）」でも、実際は立派な美の宮殿だ。入口を入って左の階段を上ると、広々としたホールが常設展示室になっている。明るい展示空間で作品を鑑賞することができる。モザイクを敷き詰めた床、天井のレリーフもまた見事だ。

展示品は、絵画・彫刻のみならず、七宝、タピストリーなど多岐にわたっている。絵画では、19世紀から20世紀初頭の作品に見応えがあるものが多い。モネの『**ラヴァクールの日没**Soleil couchant sur la Seine à Lavacourt, effet d'hiver』、セザンヌの『**水浴する3人の女たち**Trois baigneuses』など印象派の傑作も揃っている。

ジョルジュ・クレラン作『**サラ・ベルナールの肖像**Portrait de Sarah Bernhardt』、ガレのガラス工芸作品、ギマールの家具など、20世紀初頭のベル・エポックのパリを彷彿とさせる一連の展示もお見逃しなく。

19世紀末にタイムスリップしたよう

モネの代表作を所蔵する ★★ MAP 別冊 P.4-2A ／本誌 P.173
マルモッタン・モネ美術館
Musée Marmottan Monet

高級住宅地として名高い16区パッシーの先、ブーローニュの森に近い閑静な地区にある。美術史家ポール・マルモッタンの邸宅が、そのまま美術館になったものだ。マルモッタン夫妻によって集められたナポレオン時代の調度品や絵画のコレクションに加えて、後年、数々の印象派の作品が寄贈され、現在の形となった。とりわけ、モネの息子ミッシェルが遺贈した父親の作品群のおかげで、印象派ファンにとって見逃せない美術館となっている。

何といっても圧巻なのが、モネの展示室。印象派の曙を告げる『印象、日の出Impression, Soleil levant』（1872)をはじめ、『ルーアンの大聖堂Cathédrale de Rouen. Effet de soleil. Fin de journée』（1892) や『雪の中の列車Le train dans la neige. La locomotive』（1875)、そして、ジヴェルニーの庭(→P.414)で描かれた『睡蓮』や『太鼓橋』の連作など、初期から晩年までのモネの最も重要なコレクションが所蔵されている。モネを愛する人は必ず訪れたい美術館だ。

その他、ルノワール、シスレー、シニャックなどの作品があるほか、印象派随一の女性画家として近年再評価が著しいベルト・モリゾの作品を80点も所蔵している。

美術史家ポール・マルモッタンの邸宅がそのまま美術館に
© Musée Marmottan Monet Paris

マルモッタン・モネ美術館
M ⑨La Muette
M ©Boulainvilliers
住 2, rue Louis Boilly 16e
開 10:00～18:00
　(木は～21:00)
　(入館は閉館の30分前まで)
休 ⑨、1/1、5/1、12/25
料 €12、25歳未満の学生と18歳未満は€8.50
URL www.marmottan.fr

モネの絵画技法の変遷が手に取るようにわかる
©Yves Forestier

アジアやアフリカの美術を集めた個性派 ★★ MAP 別冊 P.11-2C
ケ・ブランリー・ジャック・シラク美術館
Musée du Quai Branly-Jacques Chirac

エッフェル塔に近いブランリー河岸（ケ・ブランリー）にある美術館。広大なスペースに、アフリカ、アジア、アメリカ、オセアニアの各地から集められた美術品が展示されている。コレクションの総数は30万点に上り、そのうち約3500点を展示。ピカソなど現代画家にも影響を与えた原始美術の魅力に触れることができる。

ガラスを多用した斬新な造りは、アラブ世界研究所などを設計したジャン・ヌーヴェルが手がけたもの。船を思わせる細長い建物の外側に突き出たカラフルなキューブなど、建築デザインの面でも関心を集めている。外壁に植栽を施した「垂直庭園」もユニーク。日没後は、庭園の光のインスタレーションが点灯し、とても美しい(→P.55)。

彫刻、装飾品など多岐にわたる展示

ケ・ブランリー・ジャック・シラク美術館
M ©Pont de l'Alma
住 37, quai Branly 7e
開 10:30～19:00
　(木は～22:00)
休 ⑨、5/1、12/25
料 €12、第1⑨は無料、パリ・ヴィジット所有者は30%割引(→P.76)
バス ミュージアム・パス使用可
URL www.quaibranly.fr

植物学者パトリック・ブランによる垂直庭園も見もの

カフェからはエッフェル塔が間近に見える

市立近代美術館
セーヌ河岸に建つモダンアートの殿堂 ★★ MAP 別冊 P.11-2C
Musée d'Art Moderne de la Ville de Paris

市立近代美術館
- M ⑨Iéna
- 住 11, av. du Président Wilson 16e
- 開 10:00～18:00
  （木は企画展のみ～22:00）
  （入場は閉館の45分前まで）
- 休 月、5/1、12/25
- 料 無料（企画展は有料）
- URL www.mam.paris.fr

20世紀を中心とした近代美術の宝庫

エッフェル塔を望むテラスはカフェになっている

エッフェル塔を間近に望むセーヌのほとりに建つ美術館。1937年の万国博開催時に建てられた「パレ・ド・トーキョー」の東棟を利用している。少数精鋭の魅力的なコレクションで知られる近・現代美術館となっており、キュビスム、フォーヴィスム、エコール・ド・パリの作品が展示されているほか、ユニークな企画展を行っている。

常設作品のなかでも必見はラウル・デュフィRaoul Dufyの『**電気の妖精**La Fée Electricité』。高さ10m、幅60mの巨大な作品で、250枚のパネルが壁を埋め尽くしている。1937年のパリ万国博の際、電気館の装飾画として描かれ、電気が誕生するまでの壮大な歴史を鮮やかな色彩で表現している。キュリー夫妻や発明家エジソンといった偉人たちも登場し、科学者たちへのオマージュともなっている。

ほかに、マティスの『ダンスLa Danse』、エッフェル塔をモチーフにした連作で有名なソニア＆ロベール・ドローネーの『**リズム**Rythmes n°1』も観ておきたい。

パレ・ド・トーキョー
自由な発想のアートギャラリー ★★ MAP 別冊 P.11-2C
Palais de Tokyo

パレ・ド・トーキョー
- M ⑨Iéna
- 住 13, av. du Président Wilson 16e
- 開 12:00～24:00
- 休 火、1/1、5/1、12/25
- 料 €12、18～25歳と学生と60歳以上€9、18歳未満無料
- URL www.palaisdetokyo.com

1937年のパリ万博時に建てられた「パレ・ド・トーキョー」の西棟にある、コンテンポラリーアートの展示スペース。2002年のオープン以来、ヨーロッパの先端的アートの中心地として人気を博している。このギャラリーのユニークなところは、あらゆる意味で境界線が引かれていないこと。広大なスペースには固定された仕切りがなく、アーティストたちは、空間を自由に使うことができる。美術、映像、音楽など、ジャンルにとらわれることもない。ヘッドホンで音楽を聴いたり、壁絵を描いたりと、見学者が体験し、参加できる企画も多い。

おしゃれなレストランやポップなデザインが楽しいカフェ、高感度なアート本やグッズが手に入る書店も併設している。いつ訪れても刺激に満ちた場所だ。

地上2階、地下2階の広大なスペースは、まさに現代アートの実験場

光をとらえて石は主張する ★★ MAP 別冊 P.12-3A
ロダン美術館
Musée Rodin

18世紀の邸宅「ビロン館」がそのまま美術館に

ロダンが1908年から1917年に亡くなるまでを過ごした館。現在は、ロダンの作品を一堂に集めた美術館として親しまれている。ロダンのアトリエの再現や、古代美術とロダンの作品を比較する展示室がある。

バラの名所としても知られる庭園に置かれた『考える人』

館内には、ロダンの初期の作品や、ドキッとするような『接吻Le Baiser』、両手を組み合わせた象徴的な『大聖堂La Cathédrale』など、多数展示されている。

庭園に置かれた大作、『地獄の門La Porte de l'Enfer』は未完成に終わったものだが、作品を構成するいくつかの影像は、その後それぞれ独立した作品となった。一番有名なのは、おなじみ『考える人Le Penseur』。

ロダンの弟子であり恋人であったカミーユ・クローデルの作品や、ロダンが収集したゴッホ、ルノワールの作品も展示。特にゴッホの『タンギー爺さんLe Père Tanguy』は見逃せない。

ロダンが使っていた当時の状態に再現されたアトリエ

ロダン美術館
- M ⑬Varenne
- 住 77, rue de Varenne 7e
- 開 10:00〜18:30（入場は17:30まで）
- 休 ㊊、1/1、5/1、12/25
- 料 €12、18〜25歳€9、オルセー美術館（→P.196）との共通券€21、18歳未満と10〜3月の第1㊐は無料
- バス ミュージアム・パス使用可
- URL www.musee-rodin.fr

ブールデルの魅力に触れるアトリエ美術館 ★★ MAP 別冊 P.18-2A
ブールデル美術館
Musée Bourdelle

ロダンと並ぶ近代彫刻の巨匠アントワーヌ・ブールデル。師ロダンを敬愛しながらも、早くからロダンの影響を離れ、建築的でモニュメンタルな作風を確立した。モンパルナスの静かな一角に、ブールデルが1885年から亡くなるまでの45年間を過ごしたアトリエ兼住居があり、現在はブールデル美術館として公開されている。

ブールデル美術館
- M ④⑥⑫⑬Montparnasse Bienvenüe
- 住 18, rue Antoine Bourdelle 15e
- 開 10:00〜18:00（入場は常設展は17:40まで、企画展は17:30まで）
- 休 ㊊、5/1
- 料 無料（企画展は有料）
- URL www.bourdelle.paris.fr

中庭に面した回廊や奥の広間には、代表作の『弓を射るヘラクレスHéraklès archer』など、神話をテーマにしたモニュメンタルな作品が展示されており、ダイナミックな表現に圧倒される。彫刻だけでなく、デッサンや絵画も多数展示され、興味深い。

ロダンやアナトール・フランスといった、同時代人の胸像も制作しているが、なかでも『ベートーヴェンの頭像Tête de Beethoven』は秀逸。唇をきりっと固く結び、音楽家の内面がにじみ出ているかのようだ。

『弓を射るヘラクレス』は力強い表現

古代ローマに出合い、中世の寓話に酔う　★★　MAP 別冊 P.19-1D、P.29-2D
クリュニー美術館
Musée de Cluny - Le monde médiéval

クリュニー美術館
- M ⑩Cluny La Sorbonne ④St-Michel
- ⓑⒸSt-Michel Notre-Dame
- 住 28, rue du Sommerard 5e
- 開 9:15〜17:45 （入場は17:15まで）
- 休 ⓧ、1/1、5/1、12/25
- 料 €5（企画展開催時は€9）、18歳未満と第1⽇は無料、日本語オーディオガイド €3
- バス ミュージアム・パス使用可
- URL www.musee-moyenage.fr

※2020年6月29日から2021年5月まで改装工事のため閉館予定。

豊富な中世美術のコレクション

ローマ時代の浴場跡にあるクリュニー美術館

　カルチェ・ラタンのにぎやかなサン・ミッシェル広場から、セーヌ川を背に、サン・ミッシェル大通りを歩いていくと、朽ち果てたローマ建築の遺跡が現れる。これは3世紀頃、セーヌの船主たちの同業組合によって建てられた公共浴場Les Thermesの跡。パリがはるか昔、ローマの要塞都市だったことを示す貴重な名残だ。かつては壮大だったローマ建築も、ローマ帝国の滅亡とともに破壊された。その後14世紀に、ブルゴーニュで勢力を誇っていたクリュニー大修道院長に買い取られ、近くの学校に通う修道僧のための館が建てられた。フランス革命後は、美術収集家の手に渡り、彼の死後、膨大な中世美術のコレクションとともに、国家が所有することとなった。これが、廃墟の奥にあるクリュニー美術館だ。

　21の展示室には、彫刻、レリーフ、調度品など、中世の美術品がぎっしり。別室には、ノートルダム大聖堂や、サン・ジェルマン・デ・プレ教会から移された彫刻なども展示されている。しばし、中世へとタイムスリップさせてくれる場所だ。

Column Art　不思議な魅力漂う『貴婦人と一角獣』

　クリュニー美術館に展示されているタピストリー『**貴婦人と一角獣**La Dame à la Licorne』。中部フランスの城館内で発見され、ジョルジュ・サンドの著作で取り上げられたことで広く知られるようになった。半円形の部屋には、同じテーマで6つのバリエーションをもつタピストリーが掲げられている。深紅の地色の上に織り込まれた優雅な貴婦人、そして彼女の両側にはライオンと一角獣。背景には、草花や動物がちりばめられ、まさに楽園の雰囲気。6帳のうち5帳は、人間の5つの感覚、「視覚」「聴覚」「味覚」「嗅覚」「触覚」を寓話的に表現したものだといわれている。残る1帳は、女性が首飾りを宝石箱にしまう、あるいは取り出そうとしている様子が描かれている。『私の唯一の望みにA mon seul désir』という題名がつけられ、その意味は謎に包まれたままだ。

『貴婦人と一角獣La Dame à la Licorne』（左）
© photo RMN / R.G.Ojeda / distributed by Sekai Bunka Photo　『私の唯一の望みに』（上）

ルーヴルの一角にある装飾・デザインの美術館 ★★ MAP 別冊 P.13-2C、P.25-3C
装飾芸術美術館
Musée des Arts Décoratifs

20世紀初頭に開館した歴史ある美術館。ルーヴル宮の一角に居を構え、装飾芸術全般にわたる作品を所蔵、展示している。約10年間にも及んだ大工事を経て、展示スペースはさらに拡張され、常設展だけでも6000m²を確保する。膨大な所蔵品のなかから厳選された約6000点のコレクションが、常時公開されている。

装飾芸術美術館
M ①⑦Palais Royal Musée du Louvre
住 107, rue de Rivoli 1er
開 11:00〜18:00
（木は企画展のみ〜21:00）
（入場は閉館の45分前まで）
休 ㊊、1/1、5/1、12/25
料 €14、26歳未満は無料、ニシム・ド・カモンド美術館（→P.217）との共通券 €20
バス ミュージアム・パス使用可
URL madparis.fr

天窓からの自然光を取り入れたギャラリー

女性に人気の装飾芸術美術館

展示室は、吹き抜けになったホールを取り囲むギャラリー沿いに並ぶ。中世、ルネッサンス期から、ルイ14世、マリー・アントワネットの生きた17〜18世紀、アールヌーヴォーとアールデコ、そして現代にいたるまでに区分され、時代を追って装飾芸術の歴史をたどることができる。展示品は、装身具、香水瓶といった小物から、ベッドや椅子といった家具まで、生活装飾に関するあらゆる品が揃う。また、宝石ギャラリーでは贅を尽くした宝飾品の数々が展示され、圧巻だ。時代ごとに調度品を使って再現した部屋では、当時の生活空間や流行を知ることができ、デザインに興味のある人なら見逃せない。特筆すべきは、これらの作品の大部分が、家具製造業や金銀細工業など、実在した製造業者からの寄贈や遺贈によるということだ。フランスに根づいた生活装飾文化の豊かさと、懐の深さを実感することができるだろう。

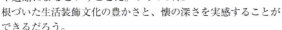
椅子のデザインの変遷

このほか、モードやテキスタイルに関する所蔵品だけでも15万点を数える。3世紀から現代にわたる服飾品や織物が揃うほか、ラクロワ、ディオール、サンローランといった、フランスを代表するクチュリエの作品も所有している。また、広告ポスターについては、フランスに初めてポスターが登場した18世紀中頃から現在にいたるまでの作品が約10万点。これらのコレクションは、テーマに応じ、期間を限定して企画展として一般公開される。興味のある人は、それぞれ会期を確認してから出かけるといいだろう。

装飾芸術協会のショップ
リヴォリ通りに面し、美術館に入らなくても利用できる。300m²のスペースにセンスのいい雑貨やインテリア用品がぎっしり。洗練されたおみやげを探す人におすすめ。
S サン・セット・リヴォリ
107 Rivoli
営 11:00〜18:30
（木は〜21:00）
休 ㊊

アールヌーヴォーの部屋の展示

美しい装丁を施したノートなどデザイン雑貨がいっぱい

夢の世界へのショートトリップ ★★ MAP 別冊 P.7-3C
ギュスターヴ・モロー美術館　Musée National Gustave Moreau

ギュスターヴ・モロー美術館
- Ⓜ ⑫Trinité d'Estienne d'Orves
- 住 14, rue de la Rochefoucauld 9e
- 開 10:00～18:00
- 休 ㊋、1/1、5/1、12/25
- 料 €7、18歳未満と第1㊐は無料
- バス ミュージアム・パス使用可
- URL musee-moreau.fr

モロー自身が青年時代から晩年まで住んだ家で、没後、彼の遺言によって、コレクションとともに国家に寄贈された。美術館の主要な部分をなしているのは、モローが晩年に建て増ししたアトリエの2階部分で、おもに大画面の作品が展示されている。殉教者の血に染まる百合を玉座にした聖母を描いた『**神秘の花**Fleur mystique』（1890）などが見もの。

らせん階段を上って3階へ。窓に面した壁には、幻想的な『**ソドムの天使**Les Anges de Sodome』（1872～1875）がかかっている。広間の中央と4階の窓の下には400枚ものデッサンを収めた可動パネル付き家具があり、興味深い。3階での必見作品は、『**踊るサロメ**Salomé dansant』（1876）と『**一角獣**Les Licornes』（1888）。極めて装飾性の高い作品だ。全面を覆うアラベスク模様。まるでカンバスの上に、ごく薄いレースをかぶせたかのように見える。

モローの神話画や聖書画の世界を思う存分堪能しよう。

©Musée Gustave Moreau, Paris, France / Bridgeman Art Library
モロー『出現 L'Apparition』

モローのアトリエ兼自宅がそのまま美術館に

パリで最も優雅な気分に浸れる ★★ MAP 別冊 P.6-3A
ジャックマール・アンドレ美術館　Musée Jacquemart-André

ジャックマール・アンドレ美術館
- Ⓜ ⑨St-Philippe du Roule ⑨St-Augustin ⑨⑬Miromesnil
- 住 158, bd. Haussmann 8e
- 開 10:00～18:00（企画展開催時の㊊は～20:30）（入場は閉館の30分前まで）
- 休 無休
- 料 €15、65歳以上€14、学生€12（常設展の日本語オーディオガイド付き）
- URL www.musee-jacquemart-andre.com

銀行家であったアンドレと、妻であり画家であったジャックマールの収集した美術品が、ルイ16世様式と第2帝政様式を採り入れた豪華極まりない彼らの邸宅に展示されている。おもに18世紀のフランス美術と、イタリアルネッサンスの美術を所蔵しているが、このすばらしい作品群が、決して大げさでなくさらっと陳列されているところに品のよさを感じる。

ルーベンスや、フラゴナール、ボッティチェリなどの絵画をはじめ、陶器、ティエポロのフレスコ画、ゴブラン織りのタピストリー、贅を尽くした調度品、さらに温室などといったスペースもあり、ふたりのプライベートルームまでも公開されている。驚くことに、ふたりが美術品を収集するために充てた年間の資金は、ルーヴル美術館のそれをはるかに上回るという。

夫婦のダイニングルームは、ティールームとなっている（→P.267）。タピストリーに囲まれ、ブルジョワの生活を想像しながら、幸せなひとときを過ごしたいものだ。

18世紀フランスの画家ナティエ作『マルキーズ・ダンタン』
©Musée Jacquemart-André

夫妻のコレクションが豪華な部屋に並ぶ

マレ地区の邸宅で観る18世紀美術コレクション
コニャック・ジェ美術館
★★ MAP 別冊 P.14-3A、P.27-2C
Musée Cognacq-Jay

　エルネスト・コニャックは、屋台商人から身を起こし、デパート「ラ・サマリテーヌ」（2005年閉店※）を創設した人物。彼とその妻ルイーズ・ジェが収集し市に寄贈したコレクションを展示するのがこの美術館。もとはパレ・ガルニエ近くにあったが、マレ地区の瀟洒な邸宅ドノン館(1575年建造)に移された。

　所蔵品は、すべて18世紀のヨーロッパ美術。当時の貴族の暮らしぶりをしのばせる優美なインテリアに囲まれ、パステル画の巨匠モーリス・カンタン・ド・ラ・トゥールの作品や、ブーシェ、フラゴナールなど、フランス・ロココを代表する画家たちのきらりと光る小品が並ぶ。ヴェネツィア景観画の第一人者、アントニオ・カナレットの作品も見逃せない。

マレ地区の瀟洒な館ドノン館を利用した美術館

コニャック・ジェ美術館
Ⓜ ①St-Paul
住 8, rue Elzévir 3e
開 10:00～18:00
　（入場は17:30まで）
休 ㊊、1/1、5/1、12/25
料 無料（企画展は有料）
URL www.museecognacqjay.paris.fr

パステル画の巨匠モーリス・カンタン・ド・ラ・トゥール作『Portrait de la Présidente de Rieux』（左）　18世紀のすばらしい家具調度や工芸品も必見（右）　©Musée Cognacq-Jay

※「ラ・サマリテーヌ」は新たな複合施設として生まれ変わるべく改修工事が進められている。（2020年4月現在）

ロマン派の巨匠のアトリエ
ドラクロワ美術館
★★ MAP 別冊 P.13-3C、P.28-2B
Musée National Eugène Delacroix

　サン・ジェルマン・デ・プレ教会脇のアベイ通りRue de l'Abbayeから、フュルスタンベール通りRue de Furstenbergに入った所。映画の舞台としても使われることの多い静かな一角にこの美術館はある。ドラクロワが晩年、サン・シュルピス教会の壁画（→P.144）制作のために移り住んだ家とアトリエを、一般に公開しているものだ。

　肖像など小作品のほか、モロッコ旅行で買い求めた品々、日記などが展示されている。また、彼と交流のあった女流作家ジョルジュ・サンドの肖像画も観られる。19世紀ロマン派の大御所ドラクロワが愛したアトリエや住まいの様子がうかがい知れて、ファンにはうれしいかぎり。

ドラクロワ美術館
Ⓜ ④St-Germain des Prés
住 6, rue de Furstenberg 6e
開 9:30～17:30
　（第1㊍は～21:00）
休 ㊋、1/1、5/1、12/25
料 €7、
　ルーヴル美術館（→P.188）との共通券（48時間以内）
　€15、
　第1㊐と7/14は無料
バス ミュージアム・パス使用可
URL www.musee-delacroix.fr

晩年の作品はここで制作された

ジョルジュ・サンドの肖像画も展示されている（左）　『砂漠のマドレーヌ』（右）

Eugène DELACROIX『Madeleine au désert』Huile sur toile. 1845 Paris, musée national Eugène Delacroix

東洋美術の貴重なコレクションが揃う ★★ MAP 別冊 P.11-2C
ギメ美術館　Musée National des Arts Asiatiques - Guimet

リヨンの実業家エミール・ギメ（1836～1918）のコレクションから発足した、ヨーロッパ屈指の東洋美術館。

美術館の創立の発端は、ギメの世界一周の旅に遡る。フランス文部省からの依頼で、世界の宗教を研究するために旅に出たギメは、持ち帰った数々の美術品、資料をもとに、リヨンに宗教美術館を造った。日本を訪れたのは1876年のこと。宗教画300点、宗教彫刻600点を持ち帰り、1879年にインド、中国での収集品と合わせてリヨンでコレクションを発表したという。1889年に、美術館はパリに移転した。現在、ギメ美術館は、ヨーロッパにおける東洋美術研究の中心となっている。

所蔵品はどれもすばらしいが、特にカンボジアのコレクションが充実しているほか、内戦で多くの美術品が失われたアフガニスタンの展示が興味深い。また、インド美術のコレクション（紀元前3～19世紀）では、『踊るシバ神Shiva Natarâja』（インド南東11世紀）のコズミックダンスは軽やかで、しかも優雅だ。中国陶磁器や日本、朝鮮の美術も展示されている。

日本の美術作品も数多く所蔵

ギメ美術館
Ⓜ ⑨Iéna
住 6, pl. d'Iéna 16e
開 10:00～18:00
　（入場は17:15まで）
休 ㊋、1/1、5/1、12/25
料 €8.50、
　18～25歳€6.50、
　18歳未満と第1㊐は無料
　（日本語オーディオガイド付き）
バス ミュージアム・パス使用可
URL www.guimet.fr

コレクションのなかでも人気の高い『踊るシバ神』

鋳造複製と模型でたどる建築の歴史 ★★ MAP 別冊 P.11-2C
建築・文化財博物館　Cité de l'Architecture et du Patrimoine

建築・文化財博物館
Ⓜ ⑥⑨Trocadéro
住 1, pl. du Trocadéro et du 11 Novembre 16e
開 11:00～19:00
　（㊍は～21:00）
　（入場は閉館の40分前まで）
休 ㊋、1/1、5/1、12/25
料 €8、18～25歳€6、
　18歳未満と第1㊐は無料
バス ミュージアム・パス使用可
URL www.citedelarchitecture.fr

2007年、シャイヨー宮内にできた博物館。「フランス歴史建造物美術館」に収められていた中世建築の鋳造複製コレクションに、近現代建築の模型が加わり、12世紀から現代までのフランス建築史上の傑作をすべて紹介する壮大な博物館となった。

ヴェズレーのサント・マドレーヌ・バジリカ聖堂など、実物大で再現され、複製であることを忘れてしまうほどの迫力。近現代建築のコーナーでは、ル・コルビュジエ作の集合住宅『ユニテ・ダビタシオンUnité d'Habitation』（フランスでは「シテ・ラデューズCité Radieuse（輝く都市）」とも呼ばれる）の部屋の一部の実物大模型が展示され、実際に内部空間を体験できる。

忠実に再現された中世建築の複製

貴重な建築や彫像を後世に伝えるために造られたもの

Le Corbusier

近代建築の父
ル・コルビュジエの作品巡り

2016年、ル・コルビュジエの作品がユネスコの世界遺産に登録された。パリには登録対象となった作品や彼が実際に住んだアトリエが残り、いくつかは公開されている。建築ファンならずともぜひ訪れて、その魅力に浸ってみたい。

絵を鑑賞するためのスロープが設置されたギャラリー（ラ・ロッシュ邸）

ラ・ロッシュ＝ジャンヌレ邸、ル・コルビュジエのアパルトマン・アトリエ

16区の閑静な住宅地、少し奥まった小道に面してル・コルビュジエが手がけた白亜の邸宅がある。手前にあるのがジャンヌレ邸で、現在ル・コルビュジエ財団の事務局として使われている。奥に建つのはル・コルビュジエの友人であったラウル・ラ・ロッシュの依頼で建てられた邸宅で、一般公開されている。高い吹き抜けになったエントランスホール、外光をたっぷりと取り込む連続窓。そして、美術コレクターでもあったラ・ロッシュの希望で設計されたギャラリーでは、緩やかなスロープが階上へと誘う。ル・コルビュジエが考えた「建築の散歩道」は、1923年に造られたとは思えないほどのモダンさだ。

その近くでは、1934〜1965年に彼自身が住み、アトリエとして使ったアパルトマンも公開されている。その空間作りの自由さには、誰もが魅了されることだろう。

ル・コルビュジエの代表作サヴォワ邸

ル・コルビュジエの提唱した「ピロティ、屋上庭園、自由な平面、水平連続窓、自由な立面」という近代建築の5原則を具現化したことで知られるのが、サヴォワ邸。実際に内部に身を置いてみると、その快適さ、美しさが実感できる。これは写真や図面だけでは決して味わえないもの。建築に興味のある人は必ず訪れてほしい場所だ。RERⒶ5線の終点Poissyまで行き、50番のバスでVilla Savoye下車。そこから徒歩5分ほど。

80年以上前の建築とは思えない、モダンかつ洗練されたデザインのサヴォワ邸

ラ・ロッシュ＝ジャンヌレ邸
Maison La Roche - Janneret
MAP 本誌P.168　Ⓜ ⑨Jasmin
住 10, square du Docteur Blanche 16e
　 （入口は55, rue du Docteur Blanche 16e）
開 ㊊〜㊎ 10:00〜12:30、13:30〜18:00
　 ㊏ 10:00〜18:00
休 ㊐の午前、㊋、㊗
料 €10、学生€5、ル・コルビュジエのアパルトマン・アトリエとの共通券€15
URL www.fondationlecorbusier.fr

ル・コルビュジエのアパルトマン・アトリエ
Appartement-Atelier de Le Corbusier
MAP 本誌P.168　Ⓜ ⑩Porte d'Auteuil
住 24, rue Nungesser et Coli 16e

開 ㊊㊋㊎ 14:00〜18:00
　 ㊏ 10:00〜13:00、13:30〜18:00
休 ㊌㊍㊐
料 €10、学生€5、
　 ラ・ロッシュ＝ジャンヌレ邸との共通券€15
URL www.fondationlecorbusier.fr

サヴォワ邸 Villa Savoye
MAP 地図外
RER Ⓐ5線 Poissyから50番のバス
住 82, rue de Villiers 78300 Poissy
開 10:00〜17:00（5〜8月は〜18:00）
　 （入場は閉館の20分前まで）
休 5/1、11/1、11/11、12/25〜1/1
料 €8、18歳未満無料
バス ミュージアム・バス使用可
URL www.villa-savoye.fr

美術館ガイド／ギメ美術館／建築・文化財博物館／ル・コルビュジエの作品巡り

緑の庭に誕生した新アートスポット
フォンダシオン・ルイ・ヴィトン
★★　MAP 本誌 P.173　Fondation Louis Vuitton

フォンダシオン・ルイ・ヴィトン
- M ①Les Sablons
- 住 8, av. du Mahatma Gandhi 16e
- 開 展覧会によって異なる
- 休 1/1、5/1、12/25、展覧会によって異なる
- 料 展覧会によって異なる
- URL www.fondationlouisvuitton.fr

シャトルバスでのアクセス
凱旋門のあるシャルル・ド・ゴール広場から専用シャトルバス（Navette）が約20分間隔で運行している。展覧会のチケット保有者のみ利用でき、ウェブサイトから予約も可能。
- 料 往復 €2

R ル・フランク Le Frank
- 営 12:00～19:00（夜は予約制）
- 休 ⑨
- 料 昼メニュー €28、€38
- URL www.restaurantlefrank.fr

森の緑とのコントラストが美しい
©Iwan Baan2014 ©Gehry Partners LLP

パリの西に広がるブーローニュの森にある、斬新なデザインの建築物。その名が示すように、LVMH（モエ・ヘネシー・ルイ・ヴィトン）が仕掛けた巨大ギャラリーだ。設計したのは、ビルバオのグッゲンハイム美術館や、パリのシネマテーク・フランセーズを手がけた建築家フランク・ゲーリー。3600枚ものガラスパネルを使った、ベールを思わせる屋根の下に11の展示室があり、コンテンポラリーアートを軸とした企画展を開催。新しいアートの発信地として注目を浴びている。併設のレストラン「ル・フランクLe Frank」は、パリ市内の星付きレストランのシェフが監修している。美術鑑賞のあとに訪れたい。

古きよきパリに出合える場所
モンマルトル美術館
★★　MAP 別冊 P.7-2C、P.31-1C　Musée de Montmartre

モンマルトル美術館
- M ⑫Lamarck Caulaincourt
- 住 12, rue Cortot 18e
- 開 10:00～18:00（4～9月は～19:00、7・8月の㊋は～22:00）（入場は閉館の45分前まで）
- 休 無休
- 料 €12、18～25歳の学生 €10、10～17歳 €7（日本語オーディオガイド付き）
- URL museedemontmartre.fr

光あふれるヴァラドンのアトリエ

17世紀に建てられたモンマルトル最古の邸宅で、1960年より美術館として使われている。1875～1877年にはルノワールが住み、代表作のひとつである『ムーラン・ド・ラ・ギャレット』もここで制作された。隣接する邸宅まで展示スペースがあり、ここに住んでいたシュザンヌ・ヴァラドンと息子ユトリロのアトリエが当時のままに復元されている。モンマルトルをテーマにした企画展も行っている。サロン・ド・テ「カフェ・ルノワール」では、夏はルノワールが『ぶらんこLa balançoire』を描いた中庭でお茶を楽しめる。

モードの歴史がわかる
イヴ・サン・ローラン美術館
★　MAP 別冊 P.11-2C　Musée Yves Saint Laurent

イヴ・サン・ローラン美術館
- M ⑨Alma Marceau
- 住 5, av. Marceau 16e
- 開 11:00～18:00（㊎は～21:00）（入場は閉館の45分前まで）
- 休 ㊊、1/1、5/1、12/25
- 料 €10、10～18歳と学生 €7
- URL museeyslparis.com（日本語あり）

2008年に亡くなった世界的ファッションデザイナー、イヴ・サン・ローランの業績を紹介する美術館。彼が手がけたドレスやアクセサリー、デッサンのほか、仕事場だったアトリエの再現など、見どころがいっぱい。貴重なコレクションとともにモードの歴史を肌で感じることができる。

間近でじっくり見ることができる美しいドレスの数々

フランス装飾芸術の神髄に触れる
ニシム・ド・カモンド美術館
Musée Nissim de Camondo

★ MAP 別冊 P.6-3A

8区のモンソー公園近くにある個人美術館。20世紀初頭の大金融業者モワーズ・ド・カモンド伯爵が、第1次世界大戦で戦死した息子ニシムを追悼するため、1935年、自邸とすべてのコレクションを装飾芸術協会に寄贈したものだ。

ヴェルサイユのプチ・トリアノンを模して建てられた邸宅内は、ルイ15世、ルイ16世様式の家具や絵画、タピストリー、陶磁器などの貴重な美術品で埋め尽くされている。フランス室内装飾芸術に興味のある人は必見。

18世紀の美術品で埋め尽くされた大書斎。当時の貴族の生活に思いをはせたい Photo L.S. Jaulmes

ニシム・ド・カモンド美術館
- M ②③Villiers
- 住 63, rue de Monceau 8e
- 開 10:00～17:30
- 休 ㊊㊋、1/1、5/1、12/25
- 料 €12、
  26歳未満は無料、
  装飾芸術美術館(→P.211)
  との共通券€20
- バス ミュージアム・パス使用可
- URL madparis.fr

現代アートのユニークな企画展に注目
カルティエ現代美術財団
Fondation Cartier pour l'art contemporain

★ MAP 別冊 P.19-3C

貴金属ブランドのカルティエが1984年に設立した現代美術財団。建物の設計を担当したのはジャン・ヌーヴェル。アルミニウムの枠とガラスによるファサードが美しい光の効果を生み出している。開館以来、世界の若手アーティストに作品発表の機会を提供してきた。村上隆をはじめ、ここで紹介されたことをきっかけに世界的アーティストとなった作家は少なくない。「ビートたけし展」(2010)、「森山大道 大道東京展」(2016)、「石上純也 Freeing Architecture展」(2018)などユニークな企画展は常に注目の的だ。

ひときわ目を引くガラス張りの建物

カルティエ現代美術財団
- M ④⑥Raspail
- 住 261, bd. Raspail 14e
- 開 11:00～20:00
  (㊋は～22:00)
- 休 ㊊
- 料 €10.50、
  学生と25歳未満と65歳以上は€7、
  ㊋は18歳未満無料
- URL www.fondationcartier.com

セーヴル磁器の逸品を集めた
セーヴル磁器博物館
Sèvres Cité de la Céramique

★ MAP 地図外

フランス・ロココを象徴する女性といえば、ポンパドゥール夫人。1758年、彼女が設立した王立セーヴル磁器工場は、現在にいたるまでフランス宮廷文化の美を伝え続けている。

セーヴル磁器は、"セーヴル・ブルー"に代表される鮮やかな色彩と、装飾性の高い形態、華麗な絵柄が特徴。現在の工場に併設されたこの美術館では、ポンパドゥール夫人やマリー・アントワネットらが愛用したセーヴル磁器の逸品と、フランス内外から集められた陶磁器コレクションを観ることができる。

フランス宮廷文化の美

セーヴル磁器博物館
- M ⑨Pont de Sèvres
  メトロ⑨号線の終点Pont de Sèvresから徒歩5分。またはトラムT2のMusée de Sèvres下車すぐ。
- 住 2, pl. de la Manufacture 92310 Sèvres
- 開 10:00～12:30
  13:30～18:00
- 休 ㊋、1/1、5/1、12/25
- 料 €7、
  18歳未満と第1㊐は無料
- バス ミュージアム・パス使用可
- URL www.sevres
  citeceramique.fr

現代写真を紹介する広大なスペース
ヨーロッパ写真美術館
★ MAP 別冊 P.14-3A, P.27-2C
Maison Européenne de la Photographie

18世紀の邸宅が現代写真の美術館に

ヨーロッパ写真美術館
- M ①St-Paul
- 住 5-7, rue de Fourcy 4e
- 開 11:00～20:00
  (困は～22:00、
  ⊕ 住は10:00～)
  (入場は閉館の30分前まで)
- 休 月火、1/1、5/1、
  12/25、展示替えの期間
- 料 €10、学生と26歳未満と60歳以上€6
- URL www.mep-fr.org

貴族の館や小さな美術館が点在するマレ地区の一角、18世紀の古い邸宅がモダンに改装され、現代写真の美術館となった。さまざまなメッセージをもった写真の数々が、シンプルな空間のなかに見事に溶け込んでいる。フランスは写真発祥の地だけあって、写真は芸術の重要なひとつのジャンル。見学者には熱心なファンも多い。写真の展示室のほか、1万点以上の写真集が収められた図書館やビデオテークも完備。常設展のほかに特別展も催されている。特に、隔年（偶数年）11月頃に開催される写真月間には、おもしろい企画展が期待できそうだ。

写真の表現世界をじっくり味わってみよう

現代写真専門のギャラリー
ジュ・ド・ポーム
★ MAP 別冊 P.12-2B, P.24-3A
Jeu de Paume

ジュ・ド・ポーム
- M ①⑧⑫Concorde
- 住 1, pl. de la Concorde 8e
- 開 11:00～19:00
  (炎は～21:00)
  (入場は閉館の30分前まで)
- 休 月、1/1、5/1、12/25
- 料 €10、学生と25歳未満と65歳以上€7.50、
  毎月最終炎は学生と26歳未満は無料
- URL www.jeudepaume.org

チュイルリー公園のコンコルド側、オランジュリー美術館とちょうど対になる形で建つジュ・ド・ポーム。1986年までは印象派美術館として多くの名作を展示していたが、コレクションがオルセー美術館に移されたため、1991年に現代アートの企画展専門美術館として再スタート。さらに2004年、写真専門のギャラリーに生まれ変わった。重厚な外観とはうって変わって、内部は開放的でモダンな造り。コンテンポラリーな作品を中心に、意欲的な企画展が開かれている。

"写真の殿堂"として注目されている

彫刻家のアトリエを再現
アンスティチュ・ジャコメッティ
★ MAP 別冊 P.18-3B
Institut Giacometti

アンスティチュ・ジャコメッティ
- M ④⑥Raspail
- 住 5, rue Victor Schoelcher 14e
- 開 10:00～18:00
- 休 月
- 料 €8.50、学生€5
- URL www.fondation-giacometti.fr

20世紀を代表するスイスの彫刻家アルベルト・ジャコメッティ。そのアトリエが2018年6月、彼がかつて住んでいたモンパルナスに再現された。装飾芸術家のポール・フォロがアトリエとしていたアールデコの建物を改装している。ジャコメッティのアトリエは、写真家ロベール・ドワノーらの写真を元に再現され、彼の死後、夫人によって保管されていたデッサンや壊れやすい石膏など、今まで公開されたことのない作品も展示されている。

当時のまま再現されたアトリエ
©Alberto Giacometti Estate / JASPAR, 2019

話題の企画展がめじろ押し

リュクサンブール美術館
★ MAP 別冊 P.19-1C、P.29-3C
Musée du Luxembourg

1750年に開館したフランスで最初の美術館。パリジャンの憩いの場、リュクサンブール公園の一角に建ち、質の高い企画展を年2回開催している。人気のある展覧会のときは長い行列ができることもあるので、日時指定入場券の予約をしておくほうがいい。オーディオガイドやスマートフォン用のアプリなども充実。

リュクサンブール美術館
- M: ⓑLuxembourg
- 住: 19, rue de Vaugirard 6e
- 開: 10:30〜19:00
  （季節、曜日により異なる）
- 休: 5/1、12/25、展示替えの期間
- 料: €13、
  16〜25歳€9、
  16歳未満無料
- URL: museeduluxembourg.fr

パリ市民に人気のリュクサンブール美術館

幻想的なダリ・ワールド

ダリ・パリ
★ MAP 別冊 P.7-2C、P.31-2C
Dalí Paris

モンマルトルのテルトル広場からすぐの所に、スペイン生まれのシュルレアリスム画家、サルヴァドール・ダリのギャラリーがある。1920年代の終わりにモンマルトルの住人になったダリは、パリでシュルレアリストらとの交流を深め、作品を生み出した。このギャラリーではフランスで最大級のダリのコレクションが展開されている。2018年には改装工事が終了し、リニューアルオープン。彫刻、版画、家具調度品などの作品が展示されている。広々とした空間に、ダリの夢幻的な世界が広がる。

ダリ・パリ
- M: ⑫Abbesses
- 住: 11, rue Poulbot 18e
- 開: 10:00〜18:30
  （入場は18:00まで）
- 休: 無休
- 料: €12、
  8〜26歳と学生€9
- URL: www.daliparis.com

ダリ・ワールドの広がる美術館

 美術館に関する読者投稿

パリでアートに目覚めた!?
パリ旅行の目的はスイーツ店巡りだった私。正直、美術館にはあまり興味がありませんでした。でも、やっぱり有名なところはおさえておこうとルーヴルに行ったら、よくわからないなりに感動！『モナ・リザ』だけ見られればいいやと思っていたのに、あっという間に2時間くらい経っちゃいました。"本物"に触れるってこういうこと？ アートに興味のない人も、せっかくパリに来たのなら、有名作品だけでも見る価値はあると実感しました。次のパリ旅行では美術館巡りしたいです。
（神奈川県　マドモワゼル　'19）

小さなミュゼもおすすめ
パリにはルーヴルやオルセー以外にも魅力的な美術館がたくさんあって、展示されている作品だけでなく、お庭や歴史ある建物自体も美しかったりするので、小さな美術館もおすすめです。カフェが併設されているところもあり、ミュージアムショップでポストカードを買って、コーヒーを飲みながら自分宛てに手紙を書く……そんなひとときもすてきですよ！ 思いっきりパリっぽい時間に浸れると思います。美術館に行くときは、たっぷりと時間をとるようにしたいですね。
（広島県　まほ　'19）

彫刻家のアトリエが美術館に
ザッキン美術館
★ MAP 別冊 P.19-2C
Musée Zadkine

- ザッキン美術館
- Ⓜ④Vavin ⒷPort Royal
- 100bis, rue d'Assas 6e
- 開 10:00〜18:00
  （入場は常設展17:40まで、企画展17:30まで）
- 休 ㈪、一部㈷
- 料 無料（企画展開催時は有料）
- URL www.zadkine.paris.fr

ベラルーシ（帝政ロシア領）生まれの彫刻家オシップ・ザッキン。彼が1928年から1967年に亡くなるまで使っていた住居兼アトリエが、没後、膨大な作品とともにパリ市に遺贈され、美術館として公開されるようになった。作品は、展示室だけでなく、緑に覆われた中庭にも置かれている。代表作である『破壊された都市のトルソーTorse de la Ville détruite』のほか、1本の木に複数の人物像を彫り込んだ『ブドウの収穫Les Vendanges』など、さまざまな素材を使った作品を観ることができる。

モンパルナスの静かな一角にある美術館

彫刻家の元モデルが開いた美術館
マイヨール美術館
★ MAP 別冊 P.28-2A
Musée Maillol

- マイヨール美術館
- Ⓜ⑫Rue du Bac
- 61, rue de Grenelle 7e
- 開 10:30〜18:30
  （㈮は〜20:30）
  （入場は閉館の30分前まで）
- 休 企画展開催期間以外
- 料 €13.50、65歳以上€12.50、学生€11.50
- URL www.museemaillol.com

ロダン以後の最も優れた彫刻家のひとり、マイヨールの重要作品を集めた美術館。彼の最晩年のモデルでありミューズであったディナ・ヴィエルニー（1919〜2009）が1995年に開いた。ふたりが出会ったのは、マイヨール75歳、ディナ15歳の時。以来ディナはモデルとして、ときにコレクターとして芸術家を支え続ける。大規模な改装工事を経て、現在は、現代美術を中心とした企画展専門のギャラリーとなっている。マイヨールの作品も最上階に常設展示されている。

地階にある「カフェ・デ・フレール・プレヴェールCafé des Frères Prévert」

おしゃれなグルネル通りに建つ

Column Art
アートの世界に浸れる「アトリエ・デ・リュミエール」

2018年4月、19世紀の鋳物工場を改装して作られた「アトリエ・デ・リュミエール」がオープン。140台ものプロジェクターを使って、壁や床の総面積3300m²、高さ10mの空間に巨大な映像が映し出される。音楽に合わせ、会場いっぱいに広がる絵画は大迫力。新たなアート体験ができると話題になっている。オンラインで要予約。

- アトリエ・デ・リュミエール
- Atelier des Lumières
- MAP 別冊P.15-2C
- Ⓜ⑨Voltaire ②③Père Lachaise
- 住 38, rue St-Maur 11e
- 開 10:00〜18:00
  （㈯㈰〜22:00、㈪〜19:00）
- 料 €15、65歳以上€14、学生€12
- URL www.atelier-lumieres.com（日本語あり）

'20 2/28〜'21 1/3のプログラム
● モネ、ルノワール…シャガール 地中海の旅

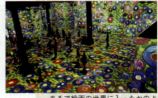
まるで絵画の世界に入ったかのような体験

エンターテインメント

パリ・オペラ座への招待 ……… P.224	ジャズクラブ／シャンソニエ ……… P.232
コンサートホール／劇場 ……… P.227	ナイトクラブ ……… P.235
映画館 ……… P.231	キャバレー／ナイトショー ……… P.236

Entertainment

Photo : Olympia

ENTERTAINMENT

エンターテインメント

パリにはふたつの顔がある。昼の顔と夜の顔だ。陽光を受けて輝いていた町並みが、すっぽりと闇に包まれると、今度は青白いイルミネーションが夜のパリを照らし出す。パリでは、夜8時を過ぎたら、大人の時間。昼間の汗をシャワーで流し、ときにはドレスアップして出かけよう。さあ、今宵はどちらへ？

多彩なパリのエンターテインメント

「パレ・ガルニエ」（→P.226）で世界最高のオペラ、バレエを楽しみたい

モダンかつ格調高い雰囲気の「オペラ・バスティーユ」（→P.226）

ジャズクラブで大人の夜を

パリのエンターテインメントといえば、まずオペラ、バレエ。日本ではチケット代が高くなかなか気軽に行けないオペラ、バレエも、パリでは身近な存在。最上のオプティマOptima席は日本円にして約3万円と決して安くはないが、3000円程度で観られる席もあるからファンには夢のようだ。ほかにも、クラシック、ジャズ、ロックなどのコンサートは毎日、町のどこかで開かれていて、さすが芸術が生活のなかに根づいている国、と感心させられる。教会や美術館、歴史的建造物など、ホール以外の場所で聴くコンサートも、ヨーロッパらしい雰囲気満点でおすすめだ。

パリならではの大人の楽しみ、「ムーラン・ルージュ」や「リド」など、一流キャバレーのナイトショーも一度は体験してみたい。

夕食のあと、ちょっと大人っぽく、ナイトクラブに繰り出すのもいい。パリの夜が最高に盛り上がるのは、深夜1時を過ぎてから。心ゆくまで楽しもう。

パリに来たら一度は行ってみたい「ムーラン・ルージュ」（→P.236）

インターネットでパリのイベント検索

ロフィシェル・デ・スペクタクル
URL www.offi.fr

パリ観光案内所のウェブサイト
URL www.parisinfo.com
英語で検索するなら「GOING OUT」のタブから「Shows In Paris」のページへ。

情報をキャッチするには

今、パリで何を観るか、何を聴くか、どこで踊れるか。パリの最新エンターテインメント情報の収集に欠かせないのが、イベント情報誌『ロフィシェル・デ・スペクタクル』（→P.435）。1週間の全映画館の上映プログラム、あらゆる種類のコンサート、芝居、スペクタクル、イベントを網羅している。フランス

語で書かれているので、読解には多少の慣れが必要だが、大事なのは演目、会場名、時刻だけなので何とかなるだろう。日付に関する単語は覚えておこう（→P.450）。

このほか、ホテルのレセプションや観光案内所（→P.96）に置いてある英語の無料情報誌や、イベントのチラシなども情報収集の役に立つ。

チケットを入手

インターネットで

国立オペラ座をはじめほとんどの劇場やコンサートホールでは、各公式サイトからオンライン予約が可能。お目当ての演目があって出発前に確実にチケットを取っておきたい場合は便利だ。チケット料金はクレジットカード決済で、€2～3の予約手数料がかかることがある。チケットは日本まで郵送してくれる場合もある。仏・英語が苦手な人には利用しにくいのが難点。

プレイガイドで

コンサートやライブのチケットは、「フナック」など大型メディアショップ内のプレイガイドを利用するのが一般的だ。また、パリには、「キオスク・テアトル」というプレイガイドがあり、演劇の当日チケットが半額で買える。何かフランス演劇を観てみたいという人は、まず半額チケットで試してみては？

電話で予約

コンサート、芝居の大半は、電話予約が可能だ。予約が取れたら、あとは開演時間までに窓口に行って料金を払い、チケットを受け取る。電話予約はフランス語ができないから不安、という人はホテルのコンシェルジュに頼んで電話してもらうといい。その際、€2～5程度のチップを。

劇場窓口で

チケットはもちろん窓口で直接買うこともできる。この場合、座席配置図を見ながら席を選べる。前売りは通常2週間前から。この2週間の間に売れ残ったぶんが、当日売りとなる。

パリのプレイガイド
フナックFnac
MAP 別冊P.23-2C
住 74, av. des Champs-Elysées 8e
営 10:00～22:30
（日）11:00～20:45）
このほか、サン・ラザール店（→P.345）、フォーロム・デ・アール店 MAP 別冊P.26-2A）、モンパルナス店 MAP 別P.18-1B）、テルヌ店 MAP 別冊P.22-1A）など、店舗多数。
URL www.fnac.com
（オンライン販売あり）

キオスク・テアトル
Kiosque Théatre
マドレーヌ広場（MAP 別冊P.24-2A）、モンパルナス駅前（MAP 別冊P.18-2B）、パリ観光案内所（パリ市庁舎→P.96）の3ヵ所。
営 12:30～14:30
（日は～15:45）
15:00～19:30
（パリ観光案内所は12:30～18:00）
休 ㊊、一部㊗
URL www.kiosqueculture.com

マドレーヌ広場にあるキオスク・テアトル

Column Information
腹が減っては夜遊びできぬ！？

芝居やコンサートは、19:00～20:00頃始まって、1時間30分～3時間かかるのが普通。ちょうど食事時間にかかってしまう。この日はレストランでフルコースというのはちょっとムリ。サンドイッチでも食べておなかをもたせて、芝居がはねてからあらためて遅い夜食le Souperを取るのがいいだろう。ブラッスリーやビストロのなかには、深夜1時まで営業している店がある。パレ・ガルニエ近くの「ル・グラン・カフェ・カピュシーヌ」（→P.259）のように24時間営業の店も。

先ほどまでの余韻に浸って傾けるワインは、ついグラスを何杯も重ねてしまうことだろう。
映画は、終映が24:00頃になるよう時間が組まれているので、普通に夕食を取ってから出かけても間に合う。週末は最終回の開始が24:00頃からという映画館もある。
ゆっくりとディナーを楽しみ、その後さらに夜をエンジョイしたいというあなたには、ジャズクラブ、ラウンジバー、あるいはそのハシゴといった楽しみ方も可能。
パリの夜は長い。心ゆくまでお楽しみを！

Opéra National de Paris

夢のような空間で本場のオペラを堪能しよう
パリ・オペラ座への招待

パリにはふたつの国立オペラ劇場がある。19世紀以来の歴史がある「パレ・ガルニエ」、1989年に完成した「オペラ・バスティーユ」。どちらも、世界トップクラスのオペラ、バレエを、驚くほど手頃な料金で観ることができる。

チケットを手に入れよう

オペラ座のシーズンは、9月上旬から翌年7月中旬まで。この時期にパリを訪れるならオペラ、バレエ鑑賞をスケジュールに入れてみては? プログラムはパリ・オペラ座のウェブサイトで確認できる。

お目当ての公演は、日本で予約しておくのがベスト。公演の2~4ヵ月前から、パリ・オペラ座のウェブサイトでオンライン予約が可能(発売日は公演により異なる)。チケットは公演の2週間前までの予約なら自宅まで郵送してくれるが、それ以降は現地窓口で受け取る。自宅で印刷することも可能。
● パリ・オペラ座
URL www.operadeparis.fr

チケット予約はパリ・オペラ座のウェブサイトで

言葉に自信がない場合は、海外チケットを取り扱う日本の旅行会社を利用するのも一案。
● ワールドチケットガイド
TEL (03)5775-4500
URL www.world-ticket.jp

チケットを現地で買う場合は、直接オペラ座のボックス・オフィスへ。各公演初日の1~2ヵ月前から発売される。座席表を見ながら好きな席が選べるが、人気の公演は完売になっていることが多い。

当日は遅くとも30分前に28歳未満と65歳以上を対象にした特別料金のチケットが販売される。また、バスティーユにかぎり、立見席(32席限定、€5)の当日券の販売もある。その他の

世界一美しいオペラハウスといわれるパレ・ガルニエ。幕の上がる前からもう夢の世界

エンターテインメント

パリ・オペラ座への招待

来日公演もあるが、やはり本場で観たい、パリ・オペラ座バレエ団の公演

2020-2021シーズンプログラム（抜粋）

パレ・ガルニエ

▼オペラ
- コジ・ファン・トゥッテ
  '20／6月19, 22, 25, 28日／7月1, 4, 7, 10, 13日
- タウリスのイフィゲニア
  '20／9月17, 20, 26, 29日／10月2, 8, 11, 13日
- 椿姫
  '20／11月24, 27日／12月1, 3, 7, 10, 14, 17, 20, 23日

▼バレエ
- シェヘラザード（シェルカウイ振付）ほか
  '20／10月26, 27, 28, 29, 30, 31日／11月2, 3, 4, 5, 6, 7, 10, 11, 12, 13, 14日
- ローラン・プティへのオマージュ
  '21／5月30日
  6月1, 2, 4, 5, 7, 8, 10, 11, 15, 16, 17, 18, 19, 20, 22, 23, 24, 25, 26日

オペラ・バスティーユ

▼オペラ
- リゴレット
  '20／6月2, 5, 9, 12, 15, 18, 21, 24, 27, 30日／7月3, 6, 9, 12日
- ラ・ボエーム
  '20／6月13, 16, 19, 22, 25, 28日／7月1, 2, 4, 5, 7, 8, 10, 11, 13日
- 愛の妙薬
  '20／9月8, 11, 13, 16, 19, 22, 25, 28日／10月1, 4日
- カルメン
  '20／9月12, 15, 18, 21, 24, 27, 30日／10月3, 6, 9, 17, 20, 23日／12月16, 19, 22, 25, 28, 31日
- ジークフリート
  '20／10月10, 14, 18／11月26／12月4日
- 神々の黄昏
  '20／11月3, 17, 21, 28, 12月6日
- ラインの黄金
  '20／11月23, 30日
- ワルキューレ
  '20／11月24, 12月2日
- 魔笛
  '21／1月12, 14, 17, 19, 22, 25, 29, 31日／2月3, 6, 11, 13, 16, 19, 22日
- アイーダ
  '21／2月9, 12, 15, 18, 21, 24, 27日／3月2, 6, 10, 13, 17, 20, 24, 27日

▼バレエ
- ラ・バヤデール
  '20／12月10, 11, 13, 15, 17, 18, 20, 21, 23, 24, 26, 27, 29, 30日／'21 1月1, 2日
- ノートルダム・ド・パリ
  '21／3月29, 30日
  4月1, 2, 4, 7, 8, 10, 11, 14, 16, 17, 19, 22, 23, 24, 26, 27, 28, 30日／5月2, 4, 5, 7日

席種は、事前のネット販売や窓口販売で完売になった場合、当日券はない。ただ、直前にキャンセルの戻りチケットが出ることも。並んでいると、行けなくなった人が売りに来る場合もあるので、最後まで諦めずにトライしよう。

憧れのオペラ座へ

　待ちに待った公演日。気になる服装だが、ドレスコードはないので、初日、ガラ公演以外なら正装の必要はなく、日本のオペラ、バレエ鑑賞と同じように考えていい。ドレスで着飾った人は意外に少なく、安い席ならジーンズ姿の人もいるほど。でもせっかくパリで観劇するのだから、劇場の雰囲気に合わせてほんの少しおしゃれをすると気持ちよく過ごせるだろう。

　開演に遅れると幕間まで入れないこともあるので、時間に余裕をもって入場したい。かさばる荷物はクロークに預けて。案内係にチケットを見せれば座席まで案内してくれ、当日の配役表を渡してくれる。この係員は公務員なのでチップは不要。

　幕間の休憩時間には、広大な劇場内を探検するのもよし、バーコーナーで紳士淑女に交じって優雅にシャンパングラスを傾けるのもよし。パリ・オペラ座ならではの豪華な雰囲気を思いおもいに楽しもう。

パレ・ガルニエの大階段

観劇の思い出に取っておきたいプログラムとチケット

225

Opéra National de Paris

荘厳なオペラ、バレエの殿堂
パレ・ガルニエ Palais Garnier

1875年に完成した壮麗なバロック様式の劇場。クラシックからコンテンポラリーまで幅広いレパートリーをもち、世界のバレエをリードするパリ・オペラ座バレエ団の公演が中心。豪華で重厚な雰囲気のなか、個性あふれるエトワール（トップダンサー）たちによって作り出される夢の世界に浸りたい。バロック・オペラの復刻上演など、オペラ公演も行われている。

なお、建築当時は社交の場としての役割のほうが大きかったため、舞台の見やすさはあまり配慮されていない。安い席だと舞台がまったく見えないこともあるので注意。

パレ・ガルニエ座席表

MAP 別冊P.13-1C、P.24-1B
M ③⑦⑧Opéra
住 Pl. de l'Opéra 9e
TEL 08.92.89.90.90
URL www.operadeparis.fr

詳細は公演ごとに異なるので、購入時に確認のこと

2020-2021料金例

公演内容	Optima	カテゴリー1	カテゴリー2	カテゴリー3	カテゴリー4	カテゴリー5	カテゴリー6
オペラ	€210	€190	€150	€90	€50	€25	€10
バレエ	€150	€125	€95	€65	€30	€12	€10
コンサート	€30	€25	€20	€18	€15	€10	€10

最新設備の中で斬新な演出のオペラを
オペラ・バスティーユ Opéra Bastille

地上7階、地下6階建て、2745席を有し、ハイテク設備と最高の音響を誇る巨大オペラ劇場。一番安い席からもきちんと見える設計になっている。毎シーズン発表される新演出のオペラには、世界中のオペラファンの熱い視線が集中。それだけにチケット争奪戦も熾烈だ。大がかりな舞台装置が必要なバレエ作品もここで上演される。

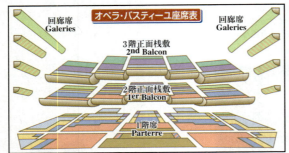
オペラ・バスティーユ座席表

MAP 別冊P.20-1B、P.27-2D
M ①⑤⑧Bastille
住 Pl. de la Bastille 12e
TEL 08.92.89.90.90
URL www.operadeparis.fr

詳細は公演ごとに異なるので、購入時に確認のこと

2020-2021料金例

公演内容	Optima	カテゴリー1	カテゴリー2	カテゴリー3	カテゴリー4	カテゴリー5	カテゴリー6	カテゴリー7
オペラ	€180	€150	€130	€115	€105	€85	€70	€50
バレエ	€150	€120	€110	€95	€75	€50	€35	€25
コンサート	€75	€65	€55	€50	€40	€28	€22	€20

Entertainment

コンサートホール／劇場

古典劇から前衛的な現代劇まで。さらに、オペラ、ダンス、オーケストラ、一流アーティストのリサイタル……と、パリの舞台芸術は百花繚乱。世界中から観客が集まるのでお目当ての公演は早めに予約を。オンライン予約が便利。

Théâtre

すべてにおいて最高品質のホール
Philharmonie
フィラルモニー
ラ・ヴィレット　MAP 別冊P.9-1D

ラ・ヴィレット公園（→P.170）の中にある、ジャン・ヌーヴェルによるホール。パリ管弦楽団の拠点となっており、大ホールは2400席。デザイン、人間工学、音響において最高品質を誇る。レストランやカフェも充実。

Ⓜ ⑤Porte de Pantin
🏠 221, av. Jean Jaurès 19e
☎ 01.44.84.44.84
URL philharmoniedeparis.fr
予約は劇場窓口（火〜金）12:00〜18:00、土・日 10:00〜18:00）で。オンライン予約も可能。

モーリス・ドニの天井画も必見
Théâtre des Champs-Elysées
シャンゼリゼ劇場
シャンゼリゼ界隈　MAP 別冊P.23-3D

1913年オープン。同年、バレエ・リュスにより世界初演されたストラヴィンスキーの『春の祭典』は、あまりの前衛性により大スキャンダルを巻き起こした。フランス国立管弦楽団や国内外のオーケストラ公演が行われるほか、オペラ上演も盛ん。

Ⓜ ⑨Alma Marceau ①⑨Franklin D. Roosevelt
🏠 15, av. Montaigne 8e
☎ 01.49.52.50.50
URL www.theatrechampselysees.fr
予約は電話（月〜金）11:00〜18:00、土14:30〜18:00）、または劇場窓口（月〜土）12:00〜19:00）で。オンライン予約も可能。

パリ市立のオペラ劇場
Théâtre Musical de Paris-Châtelet
パリ・シャトレ劇場
レ・アール　MAP 別冊P.26-2A

1862年オープンの名門オペラ劇場。オペラ、バレエ、ピアノリサイタル、ジャズやポップスのコンサートからミュージカルまで、多彩なプログラムを提供している。

Ⓜ ①④⑦⑪⑭Châtelet
🏠 2, rue Edouard Colonne 1er
☎ 01.40.28.28.40
URL www.chatelet.com
予約は劇場窓口（火〜金）16:00〜19:00、土 13:00〜19:00）で。オンライン予約も可能。

ピアノリサイタル中心のホール
Salle Gaveau
サル・ガヴォー
シャンゼリゼ界隈　MAP 別冊P.23-1D

シャンゼリゼ劇場、サル・プレイエルと並ぶコンサートホール御三家のひとつ。ピアノや室内楽にぴったりの小ホールで、出演者もえりすぐり。ロン・ティボー・クレスパン国際音楽コンクールの会場としても長く使われてきた。

Ⓜ ⑨⑬Miromesnil
🏠 45-47, rue de la Boétie 8e
☎ 01.49.53.05.07
URL www.sallegaveau.com
予約は電話または劇場窓口（月〜金）10:00〜18:00）で。オンライン予約も可能。

6000人収容のロックコンサート会場
Le Zénith
ル・ゼニット
ラ・ヴィレット　MAP 別冊P.9-1D

パリの北東部のラ・ヴィレット公園（→P.170）内にあるコンサートホール。国内外の人気ロックアーティストのコンサートが行われる。日本のラルク・アン・シエルやX Japanのパリ公演もここで行われた。

Ⓜ ⑤Porte de Pantin ⑦Porte de la Villette
🏠 211, av. Jean Jaurès 19e
URL www.le-zenith.com
「フナック」などのプレイガイド（→P.223）で販売。

歴史ある古典劇の殿堂
Comédie-Française
コメディ・フランセーズ

ルーヴル界隈　MAP 別冊P.25-2C

1680年にルイ14世の命でモリエールによって創設された劇団コメディ・フランセーズ。1799年から、ここパレ・ロワイヤルの一角を本拠地としている。おもにフランスの古典劇を中心に上演。ぜひ本物のフランス演劇を味わってみたい。

- Ⓜ ①⑦Palais Royal Musée du Louvre
- 🏠 Pl. Colette 1er
- ☎ 01.44.58.15.15
- URL www.comedie-francaise.fr

予約は電話（㊊〜㊏）11:00〜18:00）、または劇場窓口（シーズン中のみ毎日 11:00〜18:00）で。オンライン予約も可能。

話題の演劇、ダンス公演が観られる
Théâtre National de Chaillot
シャイヨー劇場

トロカデロ　MAP 別冊P.10-2B

古くは寺山修司率いる天井桟敷の『奴婢訓』の上演や、11代目市川海老蔵の襲名披露が行われるなど、日本演劇とも縁が深い劇場。ほかにも歴史に残る前衛的な作品を紹介してきた。現在もダンス、演劇の意欲的なプログラムが組まれている。

- Ⓜ ⑥⑨Trocadéro
- 🏠 1, pl. du Trocadéro 16e
- ☎ 01.53.65.30.00
- URL www.theatre-chaillot.fr

予約は電話または劇場窓口（㊊〜㊏ 11:00〜18:00、㊏ 14:30〜18:00）で。オンライン予約も可能。

話題の現代舞踊はここで
Théâtre de la Ville
パリ市立劇場

レ・アール　MAP 別冊P.26-2A

ヨーロッパを代表するコンテンポラリーダンスの殿堂。かつて女優サラ・ベルナールが本拠地にしていたことでも知られる。現在は、世界の著名振付家の活動の拠点となっている。年間会員が多く、人気公演はなかなか予約が取りにくい。

- Ⓜ ①④⑦⑪⑭Châtelet
- 🏠 2, pl. du Châtelet 4e
- ☎ 01.42.74.22.77
- URL www.theatredelaville-paris.com

※2021年9月まで改装工事のため閉館中。公演は他の劇場で上演する。

ヨーロッパの先鋭的な作品を上演
Théâtre de l'Odéon
オデオン座

サン・ジェルマン・デ・プレ　MAP 別冊P.29-3C

1782年にコメディ・フランセーズの劇場としてオープン。現在はコメディ・フランセーズから離れ、ヨーロッパと中東各国の劇団が上演している。パリで最も先鋭的なプログラムを組むと評判。演劇ファンは必ずチェックしたい。

- Ⓜ ④⑩Odéon
- 🏠 Pl. de l'Odéon 6e
- ☎ 01.44.85.40.40
- URL www.theatre-odeon.eu

予約は電話（㊗を除く㊊〜㊏ 11:00〜18:30）、または劇場窓口（㊗を除く㊊〜㊏ 11:00〜18:00）で。オンライン予約も可能。

パリでミュージカルを観るなら
Théâtre Mogador
モガドール劇場

サン・ラザール駅周辺　MAP 別冊P.6-3B

『レ・ミゼラブル』、『ライオン・キング』など、ブロードウェイミュージカルのフランス語版上演で知られた劇場。ほかにもマシュー・ボーンの『スワン・レイク』など、エンターテインメント性の高い演目を中心に上演している。

- Ⓜ ⒶAuber ⒺHaussmann St-Lazare Ⓜ ⑫Trinité d'Estienne d'Orves　🏠 25, rue de Mogador 9e
- ☎ 01.53.33.45.30　URL www.theatremogador.com

予約は電話（㊊〜㊎10:00〜19:00、㊏10:00〜20:30、㊐12:00〜19:00）、または劇場窓口（㊊12:00〜19:00、㊋〜㊎12:00〜20:30、㊏12:00〜21:00、㊐12:00〜16:30）で。オンライン予約も可能。

魅惑のフレンチサーカス
Cirque d'Hiver
シルク・ディヴェール

マレ　MAP 別冊P.14-2B

北マレの静かな界隈にたたずむサーカス小屋。北駅を設計したJ.I.イットルフの設計で1852年に建てられた。10月中旬から3月中旬にサーカス公演がある。空中ブランコに綱渡り、哀愁漂うクラウン芸のノスタルジックな世界を楽しみたい。

- Ⓜ ⑧Filles du Calvaire
- 🏠 110, rue Amelot 11e
- ☎ 01.47.00.28.81
- URL www.cirquedhiver.com

オンライン予約可能。

世界のパフォーミングアートを紹介
Théâtre de Gennevilliers
テアトル・ド・ジュヌヴィリエ
ジュヌヴィリエ　MAP 地図外

フランス現代演劇を代表する演出家ダニエル・ジャンヌトーが芸術監督を務める国立演劇センター。岡田利規氏いるチェルフィッチュ公演、平田オリザ作品のフランス語版上演など、世界の演劇を紹介している。

©Cyrille Weiner

Ⓜ ⑬Gabriel Péri
🏠 41, av. des Grésillons, 92230 Gennevilliers
☎ 01.41.32.26.26
URL www.theatre2gennevilliers.com
予約は電話または劇場窓口（火〜土 13:00〜19:00）で。オンライン予約も可能。

ピーター・ブルックの本拠地
Théâtre des Bouffes du Nord
ブッフ・デュ・ノール劇場
北駅・東駅周辺　MAP 別冊P.8-2A

パリの北部、10区のインド人街近くに建つ、雰囲気のある劇場。『マハバーラタ』などの話題作を演出した、イギリスの演出家ピーター・ブルックが本拠地として有名になった。演劇のほか、舞踊公演、クラシックのコンサートなども開かれている。

Ⓜ ②La Chapelle
🏠 37bis, bd. de la Chapelle 10e
☎ 01.46.07.34.50
URL www.bouffesdunord.com
予約は電話または劇場窓口（月〜金 17:00〜19:00、土 14:00〜19:00）で。オンライン予約も可能。

イヨネスコを50年以上もロングランしている
Théâtre de la Huchette
ユシェット座
カルチェ・ラタン　MAP 別冊P.26-3A、P.29-1D

カルチェ・ラタンの裏通りにあるわずか80席ほどの小劇場。イヨネスコの『禿の女歌手』と『授業』を、1957年からなんと半世紀もの間、ほぼ毎日上演している。今でも週末は満席になるというから驚きだ。

Ⓜ ④St-Michel
🏠 23, rue de la Huchette 5e
☎ 01.43.26.38.99
URL www.theatre-huchette.com
予約は電話または劇場窓口（月 13:30〜19:00、火〜金 16:00〜22:30、土 15:00〜22:30）で。オンライン予約も可能。

ヴァンセンヌの森の中の小劇場
Théâtre du Soleil
テアトル・デュ・ソレイユ
ヴァンセンヌの森　MAP 本誌P.174

ヴァンセンヌの森にある古い爆薬庫（カルトゥシュリー）を改造した小劇場。フランス人女性演出家、アリアーヌ・ムヌーシュキン率いる「太陽劇団」の本拠地。ほかにいくつかの劇団のアトリエがある。

Ⓜ ①Château de Vincennes
🏠 Cartoucherie 12e
☎ 01.43.74.24.08
URL www.theatre-du-soleil.fr
予約は電話（毎日 11:00〜18:00）で。メトロ駅から劇場へは、公演時間に合わせて無料バスが出る。

ルノー工場跡地に誕生した音楽の総合施設
La Seine Musicale
ラ・セーヌ・ミュージカル
ブーローニュ・ビヤンクール　MAP 地図外

©Laurent Blossier

2017年、セーヌ川の中州にあるセガン島に音楽複合施設「ラ・セーヌ・ミュージカル」が誕生。日本人建築家、坂茂氏が設計を手がけ、クラシック音楽専用のホールや最大6000人を収容できる大ホールがある。バレエやミュージカルなどの公演も行われる。

Ⓜ ⑨Pont de Sèvres
🏠 Ile Seguin 92100 Boulogne-Billancourt
☎ 01.74.34.53.53
URL www.laseinemusicale.com
予約は電話（火〜土 11:00〜19:00）で。オンライン予約も可能。

Column Pause Café

パリで聴くクラシック

パリ管弦楽団Orchestre de Parisは、名実ともにフランスを代表するオーケストラ。ラ・ヴィレット公園内のフィラルモニー（→P.227）を本拠地としている。そのほか、在パリのオーケストラとしては、**フランス国立管弦楽団**Orchestre National de France、**フランス放送フィルハーモニー管弦楽団**Orchestre Philharmonique de Radio France、**コンセール・ラムルー管弦楽団**Orchestre Lamoureuxなどがある。

エンターテインメント

劇場

Sur les traces de Chopin

パリ音楽散歩①
ショパンの足跡をたどって

ピアノの詩人ショパン。ポーランドに生まれながらも、生涯の多くの時間をパリで過ごし、この町で最期を迎えた。故国への思いを胸に抱きながら、数々の名曲を誕生させた作曲家の足跡をたどってみよう。

故国を離れてフランスへ

1810年、ポーランドの小さな村で生まれたショパンは、ワルシャワ音楽院で学んだ後、20歳でウィーンに旅立つ。ところがその直後、当時ポーランドを分割支配していたロシアに対してワルシャワ市民が蜂起、結局鎮圧され降伏するという事件が起きる。ショパンはこの後、再び故国に戻ることはなかった。

パリでの生活を始めたのは、1831年9月のこと。ポワソニエール通り27番地（MAP 別冊P.13-1D）に1年間住み、サル・プレイエルで初演奏も行った。やがて、リストの紹介で作家ジョルジュ・サンドと出会ったことが、ショパンの音楽人生を大きく変えることになる。強くひかれ合ったふたりは、冬はパリ、夏はサンドの別荘があるノアンで過ごすようになった。当時の住まいはオルレアン広場9番地（MAP 別冊P.7-3C）。同じ広場の奥、5番地にはサンドが住んでいた。サンドの庇護のもと、自由な創作活動の場を得たショパンは、『マズルカ』をはじめ、次々と作品を世に送り出す。ところが1847年、ふたりの関係は終わりを告げる。深く傷ついたショパンは創作意欲を失ったうえ、健康状態も悪化の一途をたどった。

ヴァンドーム広場12番地（MAP 別冊P.24-2B）は、1849年10月17日にショパンが結核で亡くなった場所。ペール・ラシェーズ墓地（→P.176）

ペール・ラシェーズ墓地にあるショパンの墓（左）ショパンが息を引き取ったヴァンドーム広場12番地（現宝石店ショーメ）（上）

に埋葬されたが、心臓だけは、彼自身の希望で、ワルシャワの聖十字架教会に納められた。

小さな記念館「サロン・ショパン」

19世紀、パリに亡命したポーランド人たちはサン・ルイ島にあるランベール館にたびたび集い、ショパンも演奏を行っていた。同じ島内にある「ポーランド歴史文学協会」には、ショパンの遺品を展示する「サロン・ショパン」があるほか、コンサートも開かれている。

このほか、音楽博物館（→P.170）にはショパンのピアノがあり、ファンならぜひ訪れたい。

ポーランド歴史文学協会（ショパン記念館）
Société Historique et Littéraire Polonaise
MAP 別冊P.27-3C　M ⑦Pont Marie
住 6, quai d'Orléans 4e
開 14:15～18:00
休 月火日、一部祝、8月、12月下旬～1月上旬
料 €5、60歳以上€3、18歳未満と学生無料
URL www.bibliotheque-polonaise-paris-shlp.fr

肖像画、楽譜、遺髪など、ショパンゆかりの品々が展示されたポーランド歴史文学協会の「サロン・ショパン」

ドラクロワが描いた肖像画の複製。隣にはジョルジュ・サンドが描かれていたが、別れた後、作品も分割された（左上）　協会に寄贈されたプレイエル社のピアノ（左下）　直筆楽譜のコピーも見ることができる（オリジナルは協会が保管）（上）

Entertainment

映画館

Cinéma

パリは映画天国。パリ市内だけで100軒近い映画館がある。ロードショーがメインのシネコンのほか、再上映や監督特集を組む個性派映画館も多い。平日でも最終上映は22時台なので、夕食後にふらりと訪れることもできる。

運河沿いのシネコン2館
MK2 Quai de Seine & Quai de Loire
MK2ケ・ド・セーヌ&ケ・ド・ロワール

サン・マルタン運河　MAP 別冊P.8-2B

パリのシネコンチェーンのなかでもアート系の映画を多く上映するMK2。夜景の美しいナイトスポットとして人気のラ・ヴィレット貯水池沿いに、2館が向かい合って建つ。「ケ・ド・ロワール」は、映画関連書籍とDVDの品揃えが豊富な書店を併設。

Ⓜ ②⑤⑦Stalingrad ②⑤Jaurès
住 14, quai de la Seine 19e／7, quai de la Loire 19e
料 一般€11.90、午前の上映€7.90、3D上映はそれぞれ＋€3
URL www.mk2.com

『アメリ』の舞台にもなった
Cinéma Studio 28
シネマ・ステュディオ・ヴァンテュイット

モンマルトル　MAP 別冊P.30-2B

前衛的な映画を上映するアート系の映画館として1928年に開館。ジャン・コクトーやルイス・ブニュエルらが足しげく通ったという。昨今では映画『アメリ』の撮影場所として話題に。「金曜の夜、アメリはときどき映画に行く」その映画館がここ。

Ⓜ ②Blanche ⑫Abbesses
住 10, rue Tholozé 18e
TEL 01.46.06.36.07
料 一般€9.50、学生€8
URL www.cinema-studio28.fr

映画愛好家は必ずチェック
Cinémathèque Française
シネマテーク・フランセーズ

ベルシー　MAP 別冊P.21-3C

ベルシー地区にある国立の映画資料館。保存されている映画は、なんと4万本以上。3つの上映ホールがあり、監督特集、俳優特集、特定の国特集など、テーマ別にプログラムが組まれている。日本では観られない作品も多い。

Ⓜ ⑥⑭Bercy
住 51, rue de Bercy 12e
TEL 01.71.19.33.33
料 一般€7、26歳未満€5.50、18歳未満€4
URL www.cinematheque.fr

パリを代表する名画座
Cinéma du Panthéon
シネマ・デュ・パンテオン

カルチェ・ラタン　MAP 別冊P.29-3D

1907年にオープンした、パリ最古の映画館のひとつ。上映作品はアート系の新作が中心で、作家や映画監督を招いてのディスカッションもよく行われている。この界隈には名画座が多く、いつ訪れても世界中の名作、佳作に出合えるはず。

RER ⑧Luxembourg
住 13, rue Victor Cousin 5e
TEL 01.40.46.01.21
料 一般€8.50、学生と65歳以上€6.50
URL www.whynotproductions.fr/pantheon
2階にあるサロン・ド・テ「ル・サロン・デュ・パンテオン」も人気（→P.289）

Column Cinéma

パリのタウン情報誌でシネマ情報を収集するには

映画情報は町角のキオスクで売っている情報誌『ロフィシェル・デ・スペクタクル』（→P.435）を買うと便利。「Cinéma」ページにその週にパリで上映される映画が全部載っている。表記はフランス語だけだが、慣れればなんとか解読できるだろう。気をつけたいのは、外国映画はフランス語に吹き替えられる場合が多いこと。「v.o.」（オリジナル版フランス語字幕付き）、「v.f.」（フランス語吹き替え版）の表示に注意しよう。

はみだし　映画ファンはフォーロム・デ・アール内の「フォーロム・デジマージュ Forum des Images」のプログラムも要チェック。MAP 別冊P.26-2A　料 一般€6.50、25歳未満と60歳以上€5.50　URL www.forumdesimages.fr

Entertainment

ジャズクラブ／シャンソニエ

第2次世界大戦後、ヨーロッパにおけるジャズの中心地となったパリ。今も多くのジャズクラブがあり、毎晩のように世界のトップアーティストが演奏している。昔懐かしいシャンソンを聴きたくなったら「シャンソニエ」に行こう。

Club de Jazz Chansonnier

老若男女問わず大人気
Duc des Lombards
デューク・デ・ロンバール

レ・アール　MAP 別冊P.26-2A

若者から熟年まで幅広い年齢層のジャズファンが集う老舗ジャズクラブ。仕事帰りにビールを飲みながら気軽にジャズを楽しむ客が多い。

- Ⓜ ①④⑦⑪⑭Châtelet
- 🏠 42, rue des Lombards 1er
- ☎ 01.42.33.22.88
- URL ducdeslombards.com

オンライン予約可能。

パリ最古のジャズクラブ
Caveau de la Huchette
カヴォー・ド・ラ・ユシェット

カルチェ・ラタン　MAP 別冊P.29-1D

カルチェ・ラタンのど真ん中にある。1947年の開業以来、多くの有名ミュージシャンを迎えてきた。ジャンルはモダンジャズからロックまでと幅広く、ダンスもできるので、あらゆるタイプの客が集まっている。観光客の姿も多い。

- Ⓜ ④St-Michel
- 🏠 5, rue de la Huchette 5e
- ☎ 01.43.26.65.05
- 営 21:00〜
- 料 ㈰〜㈭€13、㈷の前日と㈮㈯€15、25歳未満の学生€10
- URL www.caveaudelahuchette.fr

ジャズファンは必ずチェックしたい有名店
New Morning
ニュー・モーニング

北駅・東駅周辺　MAP 別冊P.14-1A

10区の狭い通りに建ち、外観はガレージのようだが、1981年のオープン以来数々の大物アーティストが演奏してきた有名店。満席になることが多いのでなるべく予約をしてから出かけたい。

- Ⓜ ④Château d'Eau
- 🏠 7-9, rue des Petites Ecuries 10e
- URL www.newmorning.com

オンライン予約可能。

ピカソやユトリロも通ったシャンソニエ
Au Lapin Agile
オ・ラパン・アジル

モンマルトル　MAP 別冊P.31-1C

モンマルトルの有名なシャンソン酒場。その昔、売れない画家たちが通い詰めたことでも知られる。『バラ色の人生』や『オー・シャンゼリゼ』など、おなじみの曲も演奏されるので、観光客も楽しめる。皆で歌って盛り上がろう。予約がおすすめ。

- Ⓜ ⑫Lamarck Caulaincourt
- 🏠 22, rue des Saules 18e
- ☎ 01.46.06.85.87
- 営 21:00〜翌1:00　休 ㈪
- 料 1ドリンク込み€28、26歳未満の学生€20（㈯㈷除く）
- URL au-lapin-agile.com

Column Information

ピンクの壁がかわいい「オ・ラパン・アジル」

投稿

「オ・ラパン・アジル」でシャンソンを聴きたかったのですが夜に時間がとれず……。諦められなくて、昼間行ってみました。すると、なんてかわいい建物！ ピンクの壁にグリーンの窓枠、店名のウサギが描かれた看板も！ 次回はシャンソンを聴きたいです。

（東京都　水色うさぎ　'19）

Chanson française à Paris

パリ音楽散歩②
シャンソンで巡るパリ

『バラ色の人生』で知られるシャンソン歌手エディット・ピアフと、スキャンダラスな行動で社会を挑発したセルジュ・ゲンズブール。対照的なふたりの曲を思い浮かべつつ、ゆかりの地を巡ってみよう。

ピアフが生まれた20区のベルヴィルには、パリの町を見渡せる公園がある（上）　『バラ色の人生』はピアフの代表曲のひとつ（左）　ペール・ラシェーズ墓地に眠る（右）

下町生まれのピアフ

メトロに乗車していると、アコーディオンを持ったミュージシャンが乗り込んできて、演奏を始めることがある。よく歌われるのが『パダム・パダム』というピアフの曲。モンマルトルにあるシャンソニエ「オ・ラパン・アジル」（→P.232）でも、ピアフの代表曲は定番だ。

そんな国民的歌手は、1915年12月19日、下町情緒漂うベルヴィルで生まれた（MAP 別冊P.15-1D 住72, rue de Belleville 20e）。父は曲芸師、母は流しの歌手。幼い頃から父と放浪し、大道芸人として暮らしたピアフが世に出るきっかけをつかんだのは20歳のとき。エトワール（シャルル・ド・ゴール広場）近くで歌っていて、キャバレー経営者の目にとまり、ピアフ（雀の俗語）の名でデビュー。その後、本名を付け加えてエディット・ピアフと名乗り、ミュージックホールに出演、大人気を得る。さらにコクトーが彼女のために書き下ろした『美しき薄情者』をブッフ・パリジャン座で演じ、大成功を収めた。1944年には、ムーラン・ルージュ出演中、イヴ・モンタンを見出し、数年間、恋人関係となる。

1949年に事故死した愛人のボクサー、マルセル・セルダンをしのび、『愛の讃歌』をサル・プレイエルで歌い、オランピア劇場でもリサイタルを開いた。1953年以降は16区で暮らし、1962年に再婚したが、翌1963年10月10日、旅先のグラースで死去。ペール・ラシェーズ墓地（→P.176）に埋葬された。

カリスマ的アーティスト、ゲンズブール

死後20年以上を経た今も根強い人気があるゲンズブール。ユダヤ人移民の両親をもつパリ生まれで、歌手デビューしたのは1958年。メトロ11号線、ポルト・デ・リラ駅で終日切符を切り続ける改札係を歌った『リラの門の切符切り』で一躍有名に。自ら歌うだけでなく、フランス・ギャルなど女性歌手に楽曲を提供し、数々のヒットを記録した。性的な意味を含ませたスキャンダラスな歌詞や華やかな女性関係がクローズアップされることが多いが、楽曲の音楽性は高く、コアなファンが多い。3人目のパートナー、ジェーン・バーキンとの間に生まれた娘は女優シャルロット・ゲンズブールだ。

1991年に死去。モンパルナス墓地（→P.177）の墓は、彼の曲にちなんだメトロの切符やメッセージで埋められ、訪れるファンの熱い思いが伝わってくる。

2010年に誕生したセルジュ・ゲンズブール公園（MAP 別冊P.5-1D）（上）　モンパルナス墓地にある墓はファンからの供え物でいっぱい（左）

落書きで埋め尽くされたゲンズブールの家（MAP 別冊P.28-1B）

はみだし！　ピアフの遺品やゆかりの品を展示する「ピアフ記念館Musée Edith Piaf」（MAP別冊P.15-2C 住5, rue Crespin du Gast 11e ☎01.43.55.52.72）は予約したうえで訪問可能。

Comment profiter de la soirée parisienne?

普段着のパリを楽しもう
「パリの夜」の遊び方

観光客向けのエンターテインメントもいいけれど、最新エリアでパリっ子ならではのナイトライフを体験してみてはいかが？ はやりのカクテルバーで「アペロ」のあとは、旬のクラブもチェック。最先端スポットでも、敷居はそれほど高くないお店ばかり。すてきな音楽と喧騒が混じり合う、旬なパリの夜を気軽に楽しもう！

パリっ子流のナイトライフ、まずカクテルバーからスタートしてみよう。アペロ＝アペリティフ（食前酒）はディナー前の19:00頃から、仲間たちと集まるのが定番だ。

人気のカクテルバーに繰り出そう

近年スタイリッシュなカクテルバーが増加中のパリ。2007年に誕生した「エクスペリメンタル・カクテル・クラブ」の成功を皮切りに、今ではマレ地区をはじめ若者がにぎわうエリアにホットなカクテルバーが続々と登場している。北マレのタコス料理店内奥にある隠れ家バー「カンデラリア」や、タパス料理が評判の「マリー・セレスト」などは、平日の夜でもなかなかのにぎわい。また「シェリー・バット」は、こだわりのオリジナルレシピによるカクテルを提案する本格派バーとして名高い。

ピガール南のナイトスポットに注目！

ピガールの南側、通称「So-Pi」はクラブやバーなどのナイトスポットが今最も充実する注目エリア。デザインホテル「グラン・ピガール」のレトロ・シックなバーに落ち着くもよし。そのあとは、豪奢な貴族の館を改装したクラブ「カルメン」に繰り出してみては？

エクスペリメンタル・カクテル・クラブ
Experimental Cocktail Club
MAP 別冊P.26-1A
住 37, rue St-Sauveur 2e
URL www.experimentalgroup.com

カンデラリア Candelaria
MAP 別冊P.27-1C
住 52, rue de Saintonge 3e
URL www.quixotic-projects.com/candelaria

マリー・セレスト Marie Celeste
MAP 別冊P.27-1C
住 1, rue Commines 3e
URL www.quixotic-projects.com/venue/mary-celeste

シェリー・バット Sherry Butt
MAP 別冊P.27-2D
住 20, rue Beautreillis 4e
URL www.sherrybuttparis.com

グラン・ピガール Grand Pigalle
MAP 別冊P.31-3C
住 29, rue Victor Massé 9e
URL fr.grandpigalle.com

カルメン Carmen
MAP 別冊P.30-3B
住 34, rue Duperré 9e
URL www.le-carmen.fr

瀟洒な外観のホテル「グラン・ピガール」（右）館内のバーは落ち着いた大人の雰囲気（左上）正統派のバーカウンターが迎えてくれる（左下）
Photo:Kristenpelou

Entertainment
ナイトクラブ

パリ市内で最先端の音楽が楽しめる、おすすめナイトスポットをご紹介。大型ディスコからロック系のライブが評判の老舗、ユニークなクラブまで。コンセプトも客層もさまざまな人気アドレスをピックアップ！

Clubbing

有名キャバレー併設の大型クラブ
La Machine du Moulin Rouge
ラ・マシーン・デュ・ムーラン・ルージュ
モンマルトル　MAP 別冊P.30-2B

前身はビートルズも演奏したという伝説のクラブ「ロコ」。2010年にムーラン・ルージュの傘下に入ったが、エレクトロ系を中心に充実した音楽プログラムを変わらず提供する。コンサートホールとダンスフロア、バーの3つのスペースがある。

- Ⓜ ②Blanche
- 🏠 90, bd. de Clichy 18e
- ☎ 01.53.41.88.89
- 🕐 ㊏㊐ 24:00〜翌6:00（そのほかの日はイベントによって異なる）
- 💴 イベントによって異なる
- 🌐 www.lamachinedumoulinrouge.com

若者に人気のロック系クラブ
Bus Palladium
ビュス・パラディオム
モンマルトル　MAP 別冊P.30-3B

10区がブレイクする前に脚光を浴びた、ピガール南側の9区にある老舗クラブ。近年はロック色の強いエレクトロ音楽を前面に出し、若年層のクラブ好きに特に人気が高い。4フロアで構成され、タパスが楽しめるレストランも人気。

- Ⓜ ②⑫Pigalle
- 🏠 6, rue Pierre Fontaine 9e
- ☎ 01.45.26.80.35
- 🕐 イベントによって異なる
- 💴 イベントによって異なる
- 🌐 www.buspalladium.com

ラ・ヴィレット貯水池のクラブスペース
La Rotonde Stalingrad
ラ・ロトンド・スタリングラード
サン・マルタン運河　MAP 別冊P.8-2B

ラ・ヴィレット貯水池に面した18世紀の歴史的建造物「ラ・ロトンド」を改装したイベント・カフェ・レストラン。クラブイベントは、おもに金・土曜の夜、施設内の「Mini Club」で。さまざまなジャンルの音楽が楽しめる。

- Ⓜ ②⑤⑦Stalingrad ②⑤Jaurès
- 🏠 6-8, pl. de la Bataille de Stalingrad 19e
- ☎ 01.80.48.33.40
- 🕐 ㊏㊐ 24:00〜翌6:00
- 💴 €6
- 🌐 larotondestalingrad.com

Column Information
オペラと美食を満喫

オペラ鑑賞というと正装してオペラ座で音楽に集中するイメージだが、音楽と美食の出合いを楽しめる場として誕生した「ベル・カント・パリ」では、本格フランス料理のフルコースとオペラを一緒に楽しめる。さっきまで料理を運んでいたエプロン姿のサービス係が歌い出す。彼らは皆プロのオペラ歌手。すぐそばで生歌を聴けるので、迫力満点。歌われる楽曲は毎日変わるが、親しみやすい曲が中心なので、オペラに詳しくなくても心配無用。『椿姫』の「乾杯の歌」は必ず歌われるので、勉強していくのがおすすめ。ウェブサイトで要予約。

◆ベル・カント・パリ
Bel Canto Paris

生歌と美食に酔いしれよう

- Ⓜ ⑦Pont Marie
- MAP 別冊P.26-3B
- 🏠 72, quai de l'Hôtel de Ville 4e
- ☎ 01.42.78.30.18
- 🕐 19:30〜（予約は21:00まで30分間隔で）
- 休 無休
- 💴 €87（飲み物別）
- 🌐 lebelcanto.com

レストランがステージに

Entertainment

キャバレー／ナイトショー

パリならではの夜の楽しみとして一度は体験してみたい一流キャバレーでのナイトショー。えり抜きの美男美女ダンサーによる華やかなレビューは、洗練された芸術として、カップルでも女性だけでも楽しめる。

Cabaret

1889年創業の世界で一番有名なキャバレー
Moulin Rouge
ムーラン・ルージュ

モンマルトル　MAP 別冊P.30-2B

モンマルトルの丘の麓の「赤い風車（ムーラン・ルージュ）」。プロポーション抜群のダンサーたちが繰り広げる豪華絢爛な世界を楽しもう。フィナーレを飾るのは大迫力のフレンチ・カンカン。その見事なアクロバット、健康的なお色気に圧倒される。

M ②Blanche　住 82, bd. de Clichy 18e
TEL 01.53.09.82.82　営 ディナーショー（19:00～）€190～、ドリンクショー（21:00～）€122～、（23:00～）€115～　URL www.moulinrouge.fr
日本での予約　ムーランルージュ ジャポン
TEL (03) 6435-4561
URL moulin-rouge-japon.com（日本語）

「芸術」と呼ぶにふさわしいパフォーマンス
Crazy Horse
クレイジー・ホース

シャンゼリゼ　MAP 別冊P.23-3C

シャンゼリゼ通りに近い有名なキャバレー。女性ダンサーの肉体美には定評がある。音と光による演出と、粒揃いのダンサーたちが作り上げる洗練された舞台を楽しみたい。ほかのキャバレーに比べ小さいが、そのぶんステージに近いのが魅力。

M ⑨Alma Marceau
住 12, av. George V 8e　TEL 01.47.23.32.32
営 20:30～、23:00～（土）19:00～、21:30～、24:00～）
料 シャンパン付きショー€170～、ショーのみ（日・火）€87～
URL www.lecrazyhorseparis.com　オンライン予約可能。

ダイナミックなスペクタクルショー
Lido
リド

シャンゼリゼ　MAP 別冊P.23-2C

シャンゼリゼ大通りの伝説のキャバレー。シルク・ド・ソレイユも手がけたフランコ・ドラゴンによる、まばゆく、きらびやかなショーは観客を圧倒させる。リド伝統のエッセンスは残しつつ、パリをたたえる壮大なスケールのレビューが楽しめる。
©Gregory Mairet

M ①George V
住 116bis, av. des Champs-Elysées 8e
TEL 01.40.76.56.10
料 ディナーショー（19:00～）€130～300、シャンパン付きショー（21:00～）€85～115、（23:00～）€85～165　URL www.lido.fr/jp（日本語）
日本での予約　リド予約センター　TEL (03) 5615-8069

左岸の老舗キャバレー
Paradis Latin
パラディ・ラタン

カルチェ・ラタン　MAP 別冊P.20-1A

1889年、エッフェル塔が完成した年に開業した老舗のキャバレー。フレンチ・カンカン発祥の店といわれる。健康的で明るいフレンチ・カンカンはもちろんのこと、男性ダンサーによる空中ブランコのショーなど、観客を飽きさせない。

M ⑩Cardinal Lemoine
住 28, rue du Cardinal Lemoine 5e
TEL 01.43.25.28.28
料 ディナーショー（19:30～）€140、€160、€180、€200、ショーのみ（21:30～）€70
URL www.paradislatin.com
オンライン予約可能。

📋 Column Information

**予約は？　服装は？
一流キャバレーに行くなら**

このページで紹介した一流店は原則的に予約が必要。出発前に各店のウェブサイトから予約しておくか、前日までに電話予約をしておこう（英語OK）。「ムーラン・ルージュ」と「リド」は日本の代理店で予約が可能。

服装は正装が必要とされているが、ジーンズとスニーカー以外ならまず大丈夫。夜遅くホテルに帰るのが不安という人は、ホテル送迎付きのツアーに参加するのも一案だろう（→P.89）。

レストランガイド

レストランを楽しむテクニック ……… P.238	フランス地方料理 ……… P.257
高級レストランの楽しみ方 ……… P.240	パリらしいレストラン ……… P.258
1週間お食事プラン ……… P.242	ブラッスリー ……… P.259
フランス料理 メニューの見方 ……… P.244	予算別レストラン ……… P.260
チーズの楽しみ方 ……… P.246	大人気ビストロ ……… P.263
ワインの楽しみ方 ……… P.247	ミュゼのレストラン、サロン・ド・テ ……… P.266
フランス料理単語帳 ……… P.248	カジュアルレストラン ……… P.268
フランス料理おすすめレストラン ……… P.252	各国料理レストラン ……… P.272
高級レストラン ……… P.254	日本料理レストラン ……… P.274
ミシュラン星付きレストラン ……… P.255	おすすめワインバー ……… P.276
有名シェフのセカンドレストラン ……… P.256	

Restaurants

Photo : Le Procope

RESTAURANT

レストランを楽しむテクニック

食べることは旅の楽しみのひとつ。今夜は何を食べようかと考えるとき、昼間の観光の疲れもどこかに飛んでいって、新たな期待と好奇心でいっぱいになる。パリはこの期待に100%応えてくれる町だ。美食の都という名にふさわしい、うっとりするような料理の数々を旅の思い出に加えよう。

レストランQ&A

Q 予約は必要？
A 星付きレストランは予約が必須だ。3つ星レストランともなると、世界中から予約が殺到するので、なるべく早めに予約しよう。予約は基本的に電話だが、ウェブサイトから予約できる店もある。前日に予約の再確認が必要な場合もあるので、予約の際に確認を。また、気軽な店であっても、人気店や席数の少ない店なら予約を入れると安心だ。席を確保するという意味で、当日であっても、行く直前であっても、時間と人数を先に伝えておけばスムーズに入店できる。

Q 予約なしで入るコツは？
A 予約なしで行く場合、開店ちょうどの時間に行けば、入れる可能性が高い。レストランの一般的な営業時間は、昼12:00～14:00、夜19:30～23:00（本書では、調査でラストオーダーの時間として回答を得られたところは、L.O.と表記）だが、パリで店が混み始めるのは、昼は13:00～、夜は20:00を過ぎてから。ノンストップで営業しているブラッスリーなどは、時間をずらせばおおむね入れる。

Q たばこは吸ってもいい？
A フランスでは公共の閉じられた空間での喫煙が禁止されている。レストランやカフェは特例的に喫煙所の設置を認められているが、基本的に店内は禁煙（テラスや中庭など屋外席では喫煙可能）。たばこを吸いたい人は、食後にテラス席のあるカフェなどに場所を変えてからにしよう。食事中に喫煙のために席を外すのはマナー違反なのですすめられない。

カフェでも喫煙できるのはテラス席だけ

Q チップはどうする？
A フランスでの飲食代金はサービス料が含まれているので、チップは義務ではない。ただし高級店では、食事代の5～10％を目安に、紙幣でチップを置く習慣が残っている。大衆的な店ではおつりの小銭を残す程度でOK。

レストランやカフェでの支払いはテーブルで

Q シェアしたいときは何と言う？
A ひとりひとり皿が原則のフランス料理。でも、前菜のサラダなど、注文時にシェアしたいことを伝えればOKな店もある。「À partager, s'il vous plaît. シェアでお願いします」と言ってみよう。

店選びのコツ

店のタイプと予算から

食事をする店は、旅のプランや予算に合わせて選ぶといい。

[高級レストラン]

ミシュラン3つ星クラスのレストラン。予算は昼€50～100、夜€100以上。料理からサービスまで、すべてを最高レベルで味わえる。

[中級レストラン]

一般的なフレンチのレストラン。予算は€40～80。ドレスコードなど気にすることなく、十分雰囲気を味わえる。

[ビストロ]

伝統料理を手頃な値段で味わいたければ、庶民的なビストロBistrotへ。予算は€40以下。テーブルのクロスは布でなく紙、メニューは手書きと気取らない雰囲気。

[ブラッスリー]
短時間で軽く済ませたいときは、ノンストップ営業のブラッスリーBrasserieが便利。もとはアルザス料理を出すビアホールを指したが、今はさまざまな料理と飲み物を楽しめる。

グルメガイドを参考に

おいしいレストラン選びのバイブルとして知られる『ミシュランMichelin』。毎年、厳密な調査のもとで格付けが行われ、その評価に世界中のグルメが注目している。購入は主要洋書店やAmazonなどのオンライン書店で。

『パリとその周辺』(€15.90)のほか『フランス』もある

実際に店を見て

ガイドブックに載っている場合、扉にその表紙を張っている店もあるので、ひとつの目安になるだろう。その年の最新ガイドであるかがポイントだ。また、ほとんどのレストランが店頭にメニューを掲示している。フランスでは内容と値段をじっくり検討して店を決めるのが一般的だ。

『ミシュラン』の星付きレストラン

『ミシュラン』で星を得るか失うかは、レストランの運命を決定するといってもいいほど。2020年版で3つ星と認定されたパリの店は以下の10店だ。

[3つ星レストラン]
- アラン・デュカス・オ・プラザ・アテネ Alain Ducasse au Plaza Athénée (MAP 別冊P.23-3D)
- アレノ・パリ Alléno Paris (P.254)
- ランブロワジー L'Ambroisie (MAP 別冊P.27-2D)
- アルページュ Arpège (MAP 別冊P.12-3A)
- ル・サンク Le Cinq (MAP 別冊P.23-3C)
- エピキュール Epicure (P.254)
- ケイ Kei (MAP 別冊P.13-2D)
- ピエール・ガニェール Pierre Gagnaire (MAP 別冊P.22-2B)
- ル・プレ・カトラン Le Pré Catelan (MAP 本誌P.173-B)
- レストラン・ギ・サヴォワ Restaurant Guy Savoy (P.254)

そのほか2つ星は17店、1つ星は92店ある。

[おもな2つ星レストラン]
- ラトリエ・ド・ジョエル・ロブション L'Atelier de Joël Robuchon (P.255)
- ル・グラン・レストラン Le Grand Restaurant (P.254)
- ル・ムーリス アラン・デュカス Le Meurice - Alain Ducasse (P.254)

[おもな1つ星レストラン]
- レストラン・アクラム Restaurant Akrame (P.255)
- コベア Cobéa (P.255)
- レ・クリマ Les Climats (P.255)
- ラ・ダム・ド・ピック La Dame de Pic (P.256)
- ドミニク・ブシェ Dominique Bouchet (P.255)
- エチュード Etude (P.260)
- フレデリック・シモナン Frédéric Simonin (P.255)
- トゥール・ダルジャン Tour d'Argent (P.254)

はみだし！ 「ミシュラン」の2020年版で小林圭シェフのレストラン「ケイKei」が日本人初となる3つ星を獲得。日本人シェフたちのますますの活躍が期待されている。URL www.restaurant-kei.fr（日本語あり）

SAVOIR-VIVRE AU RESTAURANT

高級レストランの楽しみ方

せっかくパリに来たのだから、憧れの星付きレストランにも行ってみたいもの。パリの高級レストランは、日本の老舗料理店のように「一見(いちげん)さんお断り」ということはなく、誰にでも広く門戸を開いている。ちょっとしたマナーを知っていれば、楽しいひとときを過ごせるはずだ。

1 レストランに行くまで

星付きレストランに行くなら予約が必要。そのうえで、前日に予約の再確認をしよう。男性はネクタイ着用が基本。女性は自由に考えていいが、同行する男性に釣り合った品のある服装が理想。

予約について ➡ P.238

2つ星以上のレストランなら、タクシーで乗りつけるのがスマートだ

2 入店して席に着くまで

まずはあいさつ。「Bonjour(ボンジュール)こんにちは」あるいは「Bonsoir(ボンソワール)こんばんは」を忘れずに。席はすでに決まっているので、名前を言えば案内してくれる。給仕が先に椅子を引いてくれたほうが上席なので、カップルの場合は女性を、男性同士、女性同士なら招かれたほうが先に着席する。

勝手に席に着かないこと。給仕のリードに従おう

3 料理を注文する

席に着くとアペリティフ（食前酒）をすすめられ、メニューも同時に渡される。アペリティフをいただきながら、メニューを吟味しよう。フレンチレストランの料理名には凝ったものが多く、すべてを理解するためにはかなりの語学力が必要だ。でも、星付きレストランのスタッフなら英語が話せるので心配はいらない。わからないことがあれば何でも相談してみよう。

メニューの見方 ➡ P.244

アペリティフは何を頼めばいい？ ➡ シャンパンやキール（白ワインとカシスのリキュールのカクテル）が一般的。アルコールに弱い人は"ノンアルコール sans alcool(サンザルコール)"を頼むといい。

4 ワインを注文する

料理の注文が終わると、ソムリエがワインリストを持ってくる。自信があれば自分で選べばいいが、そうでなければソムリエに希望条件を伝えて選んでもらうのがいちばん。アルコールに弱い人は無理にワインを頼む必要はない。ミネラルウォーターを注文しよう（→P.242）。水の銘柄にこだわりがなければ、炭酸なしplate(プラット)か炭

---

240 | はみだし！ | 高級レストランの場合ドレスコードが気になるところだが、実際は本当にフォーマルな格好という人はめったにいない。男性はジャケットとネクタイ、女性は"きちんとした"格好であれば失敗はないだろう。

酸入りgazeuseを指定するだけでいい。
　ワインのテイスティングはカップルの場合は男性、そうでなければ招待した人がする。注文どおりのワインかどうか確かめるだけの儀式なのだから緊張することはない。ひと口飲んで「C'est bon.（またはGood）」と言えば、全員のグラスにワインが注がれる。高級レストランではソムリエか給仕が様子を見てサービスしてくれるので、客が自分でワインを注ぐということはない。客同士で注ぎ合うことも避けよう。

ワインの楽しみ方 ➡ P.247

ワインを注いでもらうときはグラスを持たないこと

5　料理を楽しむ

　さあ、いよいよ料理が運ばれてきた。基本的なマナーは日本と同じ。料理だけでなく、レストラン全体の雰囲気をまるごと楽しもう！
　本場のフランス料理は想像以上に量が多い。主菜も半ばにさしかかった頃にはすでにおなかいっぱいになっているかもしれない。全部食べきれないときは英語ででも「とても

グラスをカチンと鳴らすのはマナー違反。持ち上げるだけにして

ナイフとフォークを揃えておけば"終わりました"という合図になる

おいしかったけれど、おなかがいっぱい」と言って下げてもらえばよい。だからといってデザートを注文するのをためらうことはない。デザートは別腹、それは給仕人もわきまえている。

6　チーズとデザート　　チーズの楽しみ方 ➡ P.246

　主菜の皿が下げられると、チーズをすすめに来る。ワインは残しておくか、なくなっていたらチーズに合うものを追加してもいい。すでにおなかいっぱいという人はチーズを飛ばしてデザートに進んでかまわない。
　デザートが済んだところでコーヒーを注文する。デザートとコーヒーが一緒のテーブルに載ることはない。もちろん紅茶やハーブティーでもいいし、必要なければ何も頼まなくていい。

チーズはどれだけ頼んでも同料金。いろいろな種類を少しずつ試すといい

7　お勘定

　すっかり満足したところで、「L'addition, s'il vous plaît. お勘定お願いします」と頼む。勘定書を受け取ったら、招待者が内容を確認して、着席のままクレジットカードで払うのがフランス式。なお、フランスではレストランの料金にはサービス料が含まれているので、チップは義務ではない。高級店で渡す場合は、食事の5〜10%でキリのいい金額を紙幣で渡すとスマートだ。

パリ初心者さん向け 1週間お食事プラン

おいしいものが食べたい！
でも、パリのレストランって高級店ばかり？
予約が必要なの？
どんな店に行ったらいい？ などなど
不安が尽きない初心者も多いのでは。
1週間のお食事プランでイメージをつかんでみよう。

1日目（木曜日） パリ夕方到着

【夕食】到着直後、パリ初日から複雑なメニューと格闘するのは避けたいなら、**カジュアル店**（→P.268）、**チェーン店**（→P.272）に行くのもいい。気軽な雰囲気で、緊張せずに旅の疲れを癒やせる。

2日目（金曜日） 観光中心の1日

【朝食】観光プランを確認しながらホテルの朝食室で。ホテルの朝食は「パン、コーヒーまたは紅茶、ジュース」といった簡単なものが一般的（→P.356）。

【昼食】朝から歩いて、12時前にはおなかペコペコ。**大人気ビストロ**（→P.263）でも、オープンと同時に行けば入れることが多い。お昼時、混み出すのは12:30～13:00頃、夜なら20:30頃。その前なら入りやすい。

ランチが気に入ったら、ディナーでリピートしても

【夕食】お昼にボリューム満点のビストロ料理を食べた日の夜は、**ワインバー**（→P.276）の一品料理とワインで軽めはいかが？

3日目（土曜日） 美術館巡り

【昼食】美術鑑賞の合間にランチ。**ミュゼにあるレストラン**（→P.266）は、豪華でおしゃれな内装なのに、観光客が多い場所柄、気後れせずに入りやすいのが魅力だ。

オルセー美術館のレストランはゴージャス気分を味わえる

【お茶】**優雅なサロン・ド・テ**（→P.288）で甘いお菓子を食べながら、本物のアートに出合った興奮を語り合いたい。

【夕食】実は、パリで食べる**エスニック料理**はレベルが高い。もはやフランスの国民料理といってもいいくらいのクスクス、野菜たっぷりのタジン（→P.273）も、パリで食べてみたいもののひとつ。

● コースの組み立て方を覚えよう
ブラッスリーやカジュアルなチェーン店などでは1品での食事もOKだが、フランス料理は数品でコース仕立てにするのが基本だ。前菜（Entrée アントレ）、メイン（Plat プラ）、デザート（Dessert デセール）を組み合わせる。
- 前菜＋メイン＋デザート
- 前菜＋メイン
- メイン＋デザート

● 初心者はまず「ムニュmenu」に注目！
「ムニュ」は、セットメニューのこと。品数と内容によって料金が決まっているので（追加料金が必要なものもある）、観光客にもわかりやすく、おすすめ。あらかじめ提示された料理のなかから選べばいい。

● 行きたい店が満席だったら
予約がないと入れないようなら、その場で翌日以降の予約をするといい。たいてい英語も通じるし、電話予約より簡単！

● 手書きの黒板メニューもコワくない!?
フランス語で書かれた黒板メニューしかない店でも、メニュー構成は基本と同じ（→P.244）。店のスタッフは英語を話す人も多いので、コミュニケーションを取りながら、オーダー自体も楽しみたい。（→P.264）

● 水道水とミネラルウオーター
レストランでミネラルウオーターを頼むと有料だが、庶民的な店なら無料の水道水（carafe d'eau カラフ・ドー）を頼んでもまったく問題ない。

水道水はcarafe d'eau（カラフ・ドー）

高級レストランの場合はミネラルウオーターを頼むこと。
- 炭酸なし（plate プラット）
エビアンEvian、ヴィッテルVittelなど
- 炭酸入り（gazeuse ガズーズ）
ペリエPerrier、バドワBadoitなど

4日目（日曜日） 日曜日のパリ

【昼食】 最近人気なのが**週末ブランチ**。食事時間が長めに設定され、朝食セットよりも充実した内容が好評だ。カフェやサロン・ド・テ（→P.284）をチェックしてみよう。

【夕食】 日曜日もオープンしている年中無休の**ブラッスリー**（→P.259）は、営業時間が長いのがうれしい。24時間店なら食事時間がズレてしまったときも安心して利用できる。

5日目（月曜日） ゆったりペースでのんびり

【朝食】 気に入った**カフェでゆっくり朝食**を取るのもパリらしい時間だ（→P.281）。たいていのカフェで朝食セットを出している。

【昼食】 おいしい**パンとお総菜を買って**、公園で食べるのもピクニック気分で楽しい。バゲット・コンクール優勝店（→P.38）のバゲットもぜひ試してみたい。

【夕食】 冬のパリで食べたいのが**生ガキ**（→P.259）。そのほかのシーズンなら**海の幸の盛り合わせ**で豪華気分を味わうのもいい。

6日目（火曜日） ショッピング三昧

【昼食】 ショッピングの合間に立ち寄るのに便利なのが、**デパートのレストラン**（→P.271）。カジュアルなレストランやカフェテリアが利用価値大！

【夕食】 フレンチが続いたなと思ったら、食べ慣れた**中華**（→P.273）や**和食**（→P.274）で胃を休めても。

7日目（水曜日） 帰国前日

【夕食】 ちょっとおしゃれしてパリ最後のディナーを。**高級レストラン、星付きレストラン**（→P.254）では、直前に予約確認が必要になることもあるが、ホテルのコンシェルジュにお願いしておけば対応してもらえる。

日曜営業のレストランが多い界隈

休む店が多い日曜に覚えておくと便利なのが、メトロのサン・ミッシェル駅（MAP 別冊P.29-1D）周辺。サン・ミッシェル広場から続く小さな脇道、Rue de la HuchetteやRue X. Privasに、レストランがびっしりと連なっている。アラブやトルコ、ギリシア料理の店が多く、学生や観光客でにぎわっている。そのほか、シャンゼリゼ大通り、チャイナタウン（中華街）も（→P.178）。

食事メニューが充実しているカフェはランチ利用もおすすめ

お総菜を買うなら

お総菜は、スーパーマーケット「モノプリ」（→P.350）や、「ストレー」（→P.319）など有名店で買うのもおすすめ。チーズ（→P.328）、デザート（→P.310）、ワイン（→P.329）も買えば、フルコース！バターやオリーブオイルにこだわっても。

ランチだけでなくホテルの部屋での夕食にもいい

高級店の予約

早めの予約が望ましいが、パリ到着後に予約するなら、ホテルのフロントスタッフにお願いするのもいい。パリ初日に依頼しておきたい。高級レストランの楽しみ方、ドレスコードについてはP.240も参考に。

 レストランでの会話

[読み方]
（日本語　フランス語）

予約をお願いします	[ユンヌ レゼルヴァシオン スィル ヴ プレ] Une réservation, s'il vous plaît.
明日19時、3人でお願いします	[ドゥマン ア ディズヌヴール プール トロワ ペルソンヌ] Demain, à 19 heures, pour 3 personnes.
予約した鈴木です	[ジェ レゼルヴェ オ ノン ドゥ スズキ] J'ai réservé au nom de Suzuki.
日本語（英語）のメニューはありますか？	[アヴェ ヴ デ カルト アン ジャポネ アン アングレ] Avez-vous des cartes en japonais (en anglais)?
おすすめ料理はどれですか？	[ケ ス ク ヴ ルコマンデ] Qu'est-ce que vous recommandez ?
（メニューを指さして）これにします	[ジュ プラン サ] Je prends ça.
水道水をください	[ユンヌ カラフ ドー スィル ヴ プレ] Une carafe d'eau, s'il vous plaît.
グラスワインはありますか？	[エ ス ク ジュ プ アヴォワール アン ヴェール ドゥ ヴァン] Est-ce que je peux avoir un verre de vin ?
とてもおいしかったです	[セテ トレ ボン] C'était très bon.
お勘定お願いします	[ラディシオン スィル ヴ プレ] L'addition, s'il vous plaît.

à la carte / menu
フランス料理 メニューの見方

渡されたメニューを開いてみたものの、並んだフランス語がまったくわからないという人も多いだろう。でも、一見難しそうに見えるメニューだが、全体の構成自体はどの店も同じ。ア・ラ・カルトのなかから選んで自分でコースを組み立ててもいいし、あらかじめおすすめ料理で構成されたムニュ（セットメニュー）があれば、内容と料金から自分に合ったものを選べばいい。ムニュはお得な料金設定になっている。ここでは基本的なメニューの構成と単語を紹介しよう。

à la carte
ア・ラ・カルト（一品料理）

Les Entrées 前菜

- *Foie Gras de Canard* 18.00 €
  フォワグラ
- *Pâté de Campagne* 10.00 €
  田舎風パテ
- *Tartare de Saumon* 12.00 €
  サーモンのタルタル
- *Escargots* (les 12) 15.00 €
  エスカルゴ（12個）
- *Saumon Fumé* 15.00 €
  スモークサーモン
- *Huîtres* (les 12) 25.00 €
  生ガキ（12個）
- *Soupe de Poissons* 8.50 €
  魚介スープ
- *Terrine de Maison* 9.50 €
  自家製テリーヌ

Les Poissons 魚料理

- *Sole Meunière* 19.00 €
  舌ビラメのムニエル
- *Turbot Poêlé* 17.50 €
  ヒラメのポワレ
- *Pavé de Thon* 16.50 €
  マグロのパヴェ
- *Daurade Grillée* 15.50 €
  タイのグリル
- *Bouillabaisse* 25.00 €
  ブイヤベース
- *St-Jacques Poêlées aux Herbes* 20.00 €
  ホタテの香草焼き

244

Point-1 「ア・ラ・カルト」で選ぶ
フランス料理は「前菜＋メイン＋デザート」のコース仕立てにするのが基本。「ア・ラ・カルト（一品料理）」でコースを組み立てる場合は、各カテゴリーから選んでいく。コースの構成はおなかのすき具合に合わせて決めればいい。
- ●前菜＋メイン2品（肉と魚）＋デザート＝4品
- ●前菜＋メイン1品（肉か魚）＋デザート＝3品
- ●前菜＋メイン1品＝2品
- ●メイン1品＋デザート＝2品

Point-2 「Menu」で選ぶ
ムニュとは、前菜、メイン、デザート（またはチーズ）のセットメニュー（定食）のこと。あらかじめ決められた料理のなかから選べばいい。セット料金が決まっており、一品料理を個別に注文するよりもお得な設定になっている。
- ●Menu rapide　お急ぎムニュ
- ●Menu dégustation　シェフ特選ムニュ
- ●Menu gastronomique　美食家向けのムニュ
- ●Formule　簡略化されたムニュ（本日の一皿＋デザートなど）

レストランガイド　メニューの見方

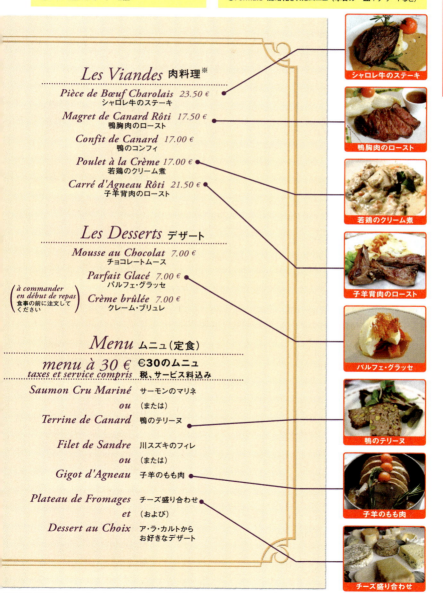

Les Viandes 肉料理※

- Pièce de Bœuf Charolais　23.50 €　シャロレ牛のステーキ
- Magret de Canard Rôti　17.50 €　鴨胸肉のロースト
- Confit de Canard　17.00 €　鴨のコンフィ
- Poulet à la Crème　17.00 €　若鶏のクリーム煮
- Carré d'Agneau Rôti　21.50 €　子羊背肉のロースト

Les Desserts デザート

- Mousse au Chocolat　7.00 €　チョコレートムース
- Parfait Glacé　7.00 €　パルフェ・グラッセ
- Crème brûlée　7.00 €　クレーム・ブリュレ

(à commander en début de repas　食事の前に注文してください)

Menu ムニュ（定食）

menu à 30 €　€30のムニュ
taxes et service compris　税、サービス料込み

- Saumon Cru Mariné　サーモンのマリネ
- ou　（または）
- Terrine de Canard　鴨のテリーヌ
- Filet de Sandre　川スズキのフィレ
- ou　（または）
- Gigot d'Agneau　子羊のもも肉
- Plateau de Fromages　チーズ盛り合わせ
- et　（および）
- Dessert au Choix　ア・ラ・カルトからお好きなデザート

※肉の焼き加減（cuissonキュイッソン）のフランス語を覚えておこう。レア= bleuブル、ミディアム・レア=saignantセニャン、ミディアム= à pointア・ポワン、ウェルダン=bien cuitビヤン・キュイ

チーズの切り方

カマンベールやブリ、青カビチーズは外側と内側で熟成の度合いが違うので、平均して味わえるよう中心から三角形に切っていく。シェーヴルなど円筒形のチーズは筒切りに。コンテなどハードタイプのものは内も外も平均的に熟成するので、端から薄くスライスしていく。

チーズの楽しみ方

フランスでは、チーズは日本の漬物と同じように、毎日のテーブルになくてはならないもの。種類は300～400にも上り、毎日違ったチーズを食べても、1年で全種類味わうのは難しいが、せっかくフランスに来たのなら、少しずつでも味わってみたい。

チーズとワインのマリアージュ

チーズの種類と、相性のいいワインを紹介しよう。もしも、主菜でワインをすっかり飲み干してしまっていたら、新たに追加注文してほしい（▶以下は組み合わせたいワイン）。

白カビタイプ

日本でもおなじみのカマンベールCamembert、ブリBrieなど。マイルドで食べやすく、そのクリーミーな舌触りは最高。熟れ頃になると香りが強くなり、濃厚な味わいに。

▶コート・デュ・ローヌCôtes du Rhôneなどのミディアムボディの赤ワイン

青カビタイプ

世界三大青カビチーズのひとつで、フランスの青カビチーズのなかでも最も有名なのがロックフォールRoquefort。クセが強く、ピリッとした刺激がある。

▶スパイシーなゲヴュルツトラミネールGewürztraminer（白）、甘口の貴腐ワインのソーテルヌSauternes（白）

ウォッシュタイプ

外側を洗って熟成させてある。リヴァロLivarot、ポン・レヴェックPont l'Évêqueなど。クセのある匂いとは裏腹に、中はクリーミーでまろやかな味。

▶ブルゴーニュやボルドーなどフルボディの赤、またはムルソーMeursault（白）

シェーヴルタイプ

ヤギの乳で作られるチーズ。カベクーCabécou、サント・モールSte-Maureなど。若いうちはクリーミーでねっとりしているが、熟成が進むとコクのある味わいとなる。

▶ロワール産の軽めの赤か白

ハードタイプ

サン・ネクテールSt-Nectaire、トムTomme、コンテComté、カンタルCantalといった硬質のチーズ。

▶フルーティな赤か辛口の白

はみだし！ チーズ用語：secセック（＝ハード）、demi-secドゥミ・セック（＝セミハード）、lavéラヴェ（＝ウォッシュ）、affinéアフィネ（＝熟成）、fraisフレ（＝フレッシュ）、brebisブルビ（＝羊乳）、bleuブルー（＝青カビタイプ）

ワインの楽しみ方

フランス語ではワインと料理の組み合わせを"マリアージュ（結婚）"と呼び、相性のいい組み合わせは"ボン・マリアージュ（よい結婚）"と表現するほど。

ワインと料理の合わせ方

◆サラダ
フレッシュな白が無難。ワインはドレッシングの酢と相性がよくない。

◆海の幸
辛口の白またはシャンパン。柔らかなブーケのSancerre（サンセール）、力強いほうがよければChablis（シャブリ）もいい。Muscadet（ミュスカデ）との相性もいい。

◆魚料理
一般的には辛口の白。でも、大事なのは魚自体よりもソース。強い香りのソースには、個性の強いワインを。例えば、Pouilly Fumé（プイィ フュメ）、Hermitage（エルミタージュ）の白。また、繊細な味の魚にはバランスの取れたMontrachet（モンラッシェ）、Meursault（ムルソ）の白など。

◆肉料理
鶏、豚、子牛、ウサギといった淡白な肉は、辛口の白からアルザス、ボージョレなど、軽いものなら何でも合う。牛、羊など赤い肉になると、相性がいいのはMédoc（メドック）やPauillac（ポイヤック）などボルドーの赤。また、鴨には南西部のCahors（カオール）がよく合う。野ウサギやイノシシといったジビエ（野禽類）には、力強いChâteauneuf du Pape（シャトーヌフ デュ パプ）もいい。

◆チーズ→P.246も参照
一般的には赤だが、ぴったりするのは同じ地方産のワイン。

◆デザート
甘口でアルコール度の高いワイン。Sauternes（ソーテルヌ）やPorto（ポルト）、Pineau des Charentes（ピノ デ シャラント）などがいい。

フランスワインの産地と種類
- ボルドー Bordeaux
  コクのある赤が中心
- ブルゴーニュ Bourgogne
  赤白ともに力強い高級ワイン
- アルザス Alsace
  フルーティな白ワイン
- シャンパーニュ Champagne
  発泡性の高級ワイン
- ロワール Loire
  さわやかな白ワインやロゼ
- コート・デュ・ローヌ Côtes du Rhône
  良質な赤ワイン。白もある
- ボージョレ Beaujolais
  ボージョレ・ヌーヴォーで一躍有名になった軽めのワイン
- 貴腐ワイン
  ある種のカビが付いたブドウから造った白ワイン。甘く、アルコール度が高い。ボルドー地方のソーテルヌが有名

庶民的なレストランでワインを少し飲みたいときは
グラスワインVerre de Vinか、柄の付いた陶器（ピシェ）やガラス瓶（カラフ）に入ったハウスワインVins de Maisonを頼むといい。量で注文する。
- 50cℓ ＝ 500mℓ
  「アン・ドゥミ un demi」
- 25cℓ ＝ 250mℓ
  「アン・キャール un quart」

ワインのテイスティング
テイスティングは、「デギュスタシオンdégustation」。ソムリエがまずラベルを見せ、注文したものかどうか確認をする。それから栓を抜き、ワインを注いで試飲させる。飲んでみて、特に問題がなければ、"Oui ウイ"とか"C'est bon.セ ボン"と言えばいい。その後ワインは各自のグラスに注がれる。

レストランガイド

チーズの楽しみ方／ワインの楽しみ方

フランスワインの種類

A.O.C.（原産地統制名称ワイン）
「Appellation d'origine controlée」の略で、特別に指定された区域でできる特定の種類のブドウで造られ、醸造の過程まで厳しくコントロールして熟成されたワイン。Mis en bouteille au Châteauはシャトー元詰めでボルドーにかぎる。Mis en bouteille à la Propriété もしくはDomaineは自園所有醸造家元詰め。EUの規定に従い、A.O.P.（Appellation d'origine protégée）と表示されているものもある。

IGP（地理的表示保護ワイン）
「Indication géographique protégée」の略で、かつては「Vins de Pays」の表示が使われていた。生産地域やブドウの種類に規定があるが、A.O.C.より緩やか。原産地にこだわらず質の高いワインを造る生産者も増えており、なかには高価なものもある。

Vins de table（テーブルワイン）
原産地の表示が必要なく、ブドウ品種などの規定に縛られず、自由に造られたワイン。

A.O.C.ワインのラベル
① ビンテージ（収穫年）
② マルゴー地区（マルゴー村産ということ。「シャトー・マルゴー」と混同しないように）
③ A.O.C.の名称を表示
④ 自園所有醸造家元詰め

このほかに"Grands Crus Classés（グラン・クリュ・クラッセ）"などとあれば、かなりいいワイン。

247

フランス料理 単語帳

最近では、英語のメニューを置く店が多くなり、さらに日本語のメニューのある店も増えた。とはいうものの、下町のビストロはもちろんのこと、フランス語のメニューしかない店のほうが圧倒的に多いのは事実。ただでさえ料理名は難解なのに、黒板に手書きされたものは、達筆過ぎて判読できないものばかりで、アルファベットさえ読み取れない。あ〜困った。ここはソース名や調理方法まで書かれたメニュー全部を読み取ろうなどとは思わずに、素材など肝心なところだけでもおさえてみよう。

ABC 料理名

（フランス語［読み方］日本語）

前菜	consommé	［コンソメ］	コンソメ
Entrées	escargot	［エスカルゴ］	エスカルゴ
［アントレ］	foie gras d'oie maison	［フォワ グラ ドワ メゾン］	自家製のガチョウのフォワグラ
	hareng de la Baltique	［アラング ドゥ ラ バルティーク］	バルト海産のニシン（酢漬けなど）
	ratatouille	［ラタトゥイユ］	ニース風の野菜のトマト煮込み
	rillettes	［リエット］	豚などの肉のペースト
	saumon fumé	［ソーモン フュメ］	スモークサーモン
	terrine maison	［テリーヌ メゾン］	自家製テリーヌ
	terrine de poisson	［テリーヌ ドゥ ポワソン］	魚のテリーヌ
	velouté	［ヴルーテ］	とろみのあるポタージュ
魚料理	bouillabaisse	［ブイヤベス］	ブイヤベース
Poissons	quenelle	［クネル］	リヨン名物の魚・鶏のすり身料理
［ポワソン］	raviolis de homard	［ラヴィオリ ドゥ オマール］	オマールのラビオリ
	sole meunière	［ソル ムニエール］	舌ビラメのムニエル
肉料理	andouillette	［アンドゥイエット］	臓物を詰めたソーセージ
Viandes	cassoulet	［カスレ］	白インゲンと鴨の煮込み料理
［ヴィヤンド］	blanquette	［ブランケット］	牛、子羊、鶏を使ったクリーム煮
	bœuf bourguignon	［ブッフ ブルギニョン］	牛肉の赤ワイン煮込み
	canard à l'orange	［カナール ア ロランジュ］	鴨のオレンジソース
	confit de canard	［コンフィ ドゥ カナール］	鴨もも肉の脂漬け
	navarin	［ナヴァラン］	羊肉の赤ワイン煮込み
	pot-au-feu	［ポト フ］	肉と野菜の煮込み
	steak frites	［ステーク フリット］	フレンチフライ付きステーキ
	steak tartare	［ステーク タルタル］	生肉（牛、馬）のたたき。卵黄、玉ネギ、ケッパーを混ぜて食べる
野菜（付け合わせ）	crudités	［クリュディテ］	生野菜のサラダ
Légumes	haricot vert	［アリコ ヴェール］	サヤインゲン
［レギューム］	salade verte	［サラド ヴェルト］	グリーンサラダ
デザート	baba	［ババ］	ラム酒などシロップに漬けたケーキ
Desserts	bavarois	［バヴァロワ］	ババロア
［デセール］	crème caramel	［クレーム カラメル］	プリン
	glace	［グラス］	アイスクリーム
	millefeuille	［ミルフイユ］	ミルフィーユ
	mousse au chocolat	［ムース オ ショコラ］	チョコレートムース
	œufs à la neige	［ウ ア ラ ネージュ］	砂糖を加えたメレンゲをカスタードソースに浮かべたもの。イル・フロッタントともいう
	profiteroles	［プロフィットロール］	小さいシューに熱いチョコレートソースをかけたもの
	sorbet	［ソルベ］	シャーベット
	soufflé	［スフレ］	スフレ
	tarte aux pommes	［タルト オ ポム］	リンゴのタルト

材料・調理方法など（アルファベット順）

（フランス語［読み方］日本語）

A
abats	［アバ］	内臓
abricot	［アブリコ］	アンズ
agneau	［アニョー］	子羊
agneau de lait	［アニョードゥレ］	乳飲み子羊
ail	［アイユ］	ニンニク
airelle	［エレル］	クランベリー
à la maison	［アラメゾン］	自家製
à la paysanne	［アラペイザンヌ］	田舎風
à la provençale	［アラプロヴァンサル］	プロヴァンス風の
amande	［アマンド］	アーモンド
ananas	［アナナ］	パイナップル
anchois	［アンショワ］	アンチョビ
anguille	［アンギーユ］	ウナギ
anis	［アニス］	アニス
artichaut	［アルティショー］	アーティチョーク
asperge	［アスペルジュ］	アスパラガス
aubergine	［オベルジーヌ］	ナス
avocat	［アヴォカ］	アボカド

B
banane	［バナーヌ］	バナナ
bar	［バール］	スズキ
basilic	［バズィリク］	バジリコ
beignet	［ベニェ］	衣をつけて揚げたもの
beurre	［ブール］	バター
bisque	［ビスク］	（エビの）ポタージュ
blanquette	［ブランケット］	ホワイトシチュー
bœuf	［ブッフ］	牛肉
boudin	［ブーダン］	豚の血入りソーセージ
braisé	［ブレゼ］	ワインやだし汁でゆっくり蒸し煮すること
brie	［ブリ］	ブリ・チーズ
brochet	［ブロシェ］	カワカマス
brochette	［ブロシェット］	串焼き
brocoli	［ブロコリ］	ブロッコリー

C
cabillaud	［カビヨー］	タラ
caille	［カイユ］	ウズラ
camembert	［カマンベール］	カマンベール
canard	［カナール］	鴨
caneton	［カヌトン］	子鴨
canette	［カネット］	ひな鴨
carotte	［カロット］	ニンジン
cassis	［カスィス］	カシス（黒スグリ）
caviar	［カヴィアール］	キャビア
céleri	［セルリ］	セロリ
cèpe	［セープ］	セップ茸
cerise	［スリーズ］	サクランボ
cervelle	［セルヴェル］	脳みそ
champignon	［シャンピニョン］	マッシュルーム
chaud	［ショー］	温製の
chèvre	［シェーヴル］	ヤギ
chevreuil	［シュブルイユ］	子鹿
chicorée	［シコレ］	チコリ
chocolat	［ショコラ］	チョコレート
chou	［シュー］	キャベツ
choux à la crème	［シューアラクレーム］	シュークリーム
ciboulette	［スィブレット］	アサツキ
citron	［スィトロン］	レモン
citron vert	［スィトロンヴェール］	ライム
cœur	［クール］	心臓
concombre	［コンコンブル］	キュウリ
confit	［コンフィ］	低温の油で火を通したもの
confit	［コンフィ］	洋酒や砂糖、ヴィネガーに漬けた果実
coq	［コック］	雄鶏
coquille St-Jacques	［コキーユサンジャック］	帆立貝
côte	［コート］	背肉、骨付き肉
courgette	［クルジェット］	ズッキーニ
crabe	［クラブ］	カニ
crème anglaise	［クレームアングレーズ］	カスタードソース
crème pâtissière	［クレームパティスィエール］	カスタードクリーム
crêpe	［クレープ］	クレープ
cresson	［クレッソン］	クレソン
crevette	［クルヴェット］	小エビ
cru	［クリュ］	生の
crustacés	［クリュスタセ］	甲殻類
cuisse	［キュイス］	鶏やカエルのもも肉

D
daurade	［ドラード］	タイ
dinde	［ダンド］	雌七面鳥
duxelles	［デュクセル］	マッシュルーム、エシャロットをバターで炒め、クリームを加えたもの

E
échalote	［エシャロット］	エシャロット
éclair	［エクレール］	エクレア
écrevisse	［エクルヴィス］	淡水ザリガニ
émincé	［エマンセ］	肉などの薄切り（エスカロープよりも薄い）
en croûte	［アンクルート］	パイ皮包み焼き
endive	［アンディーヴ］	チコリ
entrecôte	［アントルコート］	牛の背肉
épaule	［エポール］	肩肉
épinard	［エピナール］	ほうれん草
escalope	［エスカロープ］	薄切り肉
escargot	［エスカルゴ］	カタツムリ
espuma	［エスプーマ］	泡状にしたもの
estragon	［エストラゴン］	エストラゴン
étuvée	［エチュヴェ］	蒸し煮した

F
faisan	［フェザン］	キジ
farci	［ファルスィ］	詰め物
faux-filet	［フォーフィレ］	ロース肉
fenouil	［フヌイユ］	フェンネル

フランス料理 単語帳

F
figue	[フィグ]	イチジク
filet	[フィレ]	ヒレ肉、魚のおろし身
foie	[フォワ]	肝臓
foie gras	[フォワ グラ]	フォワグラ
fraise	[フレーズ]	イチゴ
framboise	[フランボワーズ]	木イチゴ
fricassée	[フリカッセ]	炒めてからフォン(だし)で煮込んだもの
frites	[フリット]	フライドポテト
friture	[フリチュール]	揚げ物、フライ
froid	[フロワ]	冷製の
fruits de mer	[フリュイ ドゥ メール]	海の幸
fumée	[フュメ]	薫製にした

G
garni	[ガルニ]	付け合わせた
gâteau	[ガトー]	ケーキ、菓子
gelée	[ジュレ]	ゼリー
gésier	[ジェズィエ]	砂肝
gibier	[ジビエ]	野禽類
gigot	[ジゴ]	羊のもも肉
girolle	[ジロル]	ジロール茸
glace	[グラス]	アイスクリーム
gratiné	[グラティネ]	グラタンにした
grenade	[グルナード]	ザクロ
grenouille	[グルヌイユ]	カエル
grillé	[グリエ]	グリル、網焼きした
grondin	[グロンダン]	ホウボウ
groseille	[グロゼイユ]	スグリ

H
haché	[アシェ]	細かく刻んだ
haricot blanc	[アリコ ブラン]	白インゲン豆
haricot vert	[アリコ ヴェール]	サヤインゲン
herbes	[エルブ]	香草(ハーブ)
hollandaise	[オランデーズ]	卵黄で作る温かい乳化ソース
homard	[オマール]	オマールエビ
huître	[ユイットル]	カキ

J
jambon	[ジャンボン]	ハム
julienne	[ジュリエンヌ]	千切り

K
ketchup	[ケチャップ]	ケチャップ

L
laitue	[レテュ]	レタス
langouste	[ラングスト]	伊勢エビ
langoustine	[ラングスティーヌ]	手長エビ
langue	[ラング]	舌
lapin	[ラパン]	ウサギ
lard	[ラール]	豚脂
laurier	[ローリエ]	ローリエ
lentille	[ランティーユ]	レンズ豆
lieu	[リュー]	タラ
lièvre	[リエーヴル]	野ウサギ
lotte	[ロット]	アンコウ
loup	[ルー]	スズキ

M
magret	[マグレ]	鴨やガチョウの胸肉
maïs	[マイス]	トウモロコシ
mandarine	[マンダリーヌ]	ミカン
mange-tout	[マンジュ トゥ]	キヌサヤ

mangue	[マング]	マンゴー
maquereau	[マクロー]	サバ
marinée	[マリネ]	マリネした
marron	[マロン]	栗
mayonnaise	[マイヨネーズ]	マヨネーズ
médaillon	[メダイヨン]	円形厚切り
menthe	[マント]	ミント
meringue	[ムラング]	メレンゲ
meunière	[ムニエール]	粉をつけてバターでソテーする調理法
miel	[ミエル]	ハチミツ
mijoter	[ミジョテ]	ことこと煮る
moelle	[ムワール]	骨髄
morille	[モリーユ]	モリーユ茸
morue	[モリュ]	タラ
moule	[ムル]	ムール貝
mousse	[ムース]	すり身やピューレを泡立てたクリームや卵白でふっくらさせたもの
mousseline	[ムスリーヌ]	泡立てて軽さを出したもの
moutarde	[ムタルド]	マスタード
muscat	[ミュスカ]	マスカット
myrtille	[ミルティーユ]	ブルーベリー

N
navet	[ナヴェ]	カブ
noisette	[ノワゼット]	ヘーゼルナッツ
noix	[ノワ]	クルミ
noix de coco	[ノワ ドゥ ココ]	ココナッツ
noix de St-Jacques	[ノワ ドゥ サン ジャック]	ホタテ貝
nouilles	[ヌイユ]	麺

O
œuf	[ウフ]	卵
œuf au plat	[ウフ オ プラ]	目玉焼き
œuf dur	[ウフ デュール]	固ゆで卵
œuf mollet	[ウフ モレ]	半熟卵
œuf poché	[ウフ ポシェ]	ポーチドエッグ
oie	[オワ]	ガチョウ
oignon	[オニョン]	玉ネギ
olive	[オリーヴ]	オリーブ
orange	[オランジュ]	オレンジ
ormeau	[オルモー]	アワビ
oursin	[ウルサン]	ウニ

P
palourde	[パルルド]	アサリ、ハマグリ
pamplemousse	[パンプルムース]	グレープフルーツ
pané	[パネ]	パン粉をつけた
papillote	[パピヨット]	紙包み焼き
pâté	[パテ]	肉や魚のすり身を型でオーヴン焼きしたもの
pavé	[パヴェ]	四角に切った肉や魚
pêche	[ペッシュ]	桃
petit pois	[プティ ポワ]	グリーンピース
petit salé	[プティ サレ]	塩豚
pigeon	[ピジョン]	鳩
pigeonneau	[ピジョノー]	子鳩
piment	[ピマン]	唐辛子

pintade	[パンタッド]	ホロホロ鳥
pistache	[ピスタッシュ]	ピスタチオ
poché	[ポシェ]	水やブイヨンでゆでた
poêlé	[ポワレ]	蒸し焼き
poire	[ポワール]	洋梨
poireau	[ポワロー]	冬ネギ
poivre	[ポワーヴル]	こしょう
poivre vert	[ポワーヴル ヴェール]	グリーンペッパー
poivron	[ポワヴロン]	ピーマン
pomme	[ポム]	リンゴ
pomme de terre	[ポム ドゥ テール]	ジャガイモ
porc	[ポール]	豚肉
potiron	[ポティロン]	カボチャ
poularde	[プーラルド]	肥育鶏
poule	[プル]	鶏肉
poulet	[プレ]	若鶏
poulpe	[プルプ]	タコ
prune	[プリュヌ]	プラム
pruneau	[プリュノー]	干しプラム
R radis	[ラディ]	大根
ragoût	[ラグ]	煮込み
raie	[レ]	エイ
raisin	[レザン]	ブドウ
ravigote	[ラヴィゴット]	フレンチドレッシングに玉ネギ、ピクルス、パセリなどを入れたもの
ris de veau	[リ ドゥ ヴォー]	子牛の胸腺肉
riz	[リ]	米
rognon	[ロニョン]	腎臓
romarin	[ロマラン]	ローズマリー
romsteck	[ロムステック]	（牛の）ランプ肉
roquefort	[ロックフォール]	羊のブルーチーズ
rôti	[ロティ]	焼く、ローストにする
rouget	[ルジェ]	ヒメジ
S sabayon	[サバイヨン]	卵黄とバターのソース
sandre	[サンドル]	川スズキ
sanglier	[サングリエ]	イノシシ
sardine	[サルディン]	イワシ
sarrasin	[サラザン]	ソバ粉
sauce ailloli	[ソース アイヨリ]	ニンニク入りマヨネーズ
sauce américaine	[ソース アメリケーヌ]	殻ごとのオマールエビのソース
sauce au vin blanc	[ソース オ ヴァン ブラン]	白ワインのソース
sauce béchamel	[ソース ベシャメル]	ホワイトソース
sauce beurre blanc	[ソース ブール ブラン]	白ワインとバターのソース
sauce nantua	[ソース ナンチュア]	エビの殻をつぶして作ったソース
sauce périgueux	[ソース ペリグー]	トリュフ入りソース
saucisson	[ソシソン]	ソーセージ

sauge	[ソージュ]	セージ
saumon	[ソーモン]	サーモン、サケ
sauté	[ソテ]	炒めたもの
seiche	[セーシュ]	甲イカ
sel	[セル]	塩
selle	[セル]	鞍下肉
sésame	[セザム]	ゴマ
soja	[ソジャ]	大豆
sole	[ソル]	舌ビラメ
st-pierre	[サン ピエール]	マトウダイ
sucre	[シュクル]	砂糖
suprême	[シュプレム]	鶏などの胸肉
T terrine	[テリーヌ]	テリーヌ型で作ったパテ
tête	[テート]	頭
thon	[トン]	マグロ
thym	[タン]	タイム
tiède	[ティエド]	半温製
tomate	[トマト]	トマト
tournedos	[トゥルヌド]	脂身を回りに巻きつけ糸でしばって焼いた牛のヒレ肉
tripe	[トリップ]	牛、子牛の胃袋
truffe	[トリュフ]	トリュフ
truite	[トリュイット]	マス
turbot	[チュルボ]	ヒラメ
V vapeur	[ヴァプール]	蒸すこと
veau	[ヴォー]	子牛
vichyssoise	[ヴィシソワーズ]	ジャガイモのピューレで作った冷たいスープ
vinaigre	[ヴィネグル]	酢
vinaigrette	[ヴィネグレット]	ビネグレット（ドレッシング）
volaille	[ヴォライユ]	家禽・鶏肉

用語・区分語

réservation	[レゼルヴァシオン]	予約
spécialité	[スペシャリテ]	名物料理
carte	[カルト]	メニュー
menu	[ムニュ]	セットコース
à la carte	[ア ラ カルト]	一品料理
amuse	[アミューズ]	先付け
petite entrée	[プティタントレ]	軽い前菜
entrée	[アントレ]	前菜
hors-d'œuvre	[オードゥーヴル]	前菜
potage	[ポタージュ]	スープ
plat principal	[プラプランシパル]	メインディッシュ
poissons	[ポワソン]	魚料理
poissons et crustacés	[ポワソン エ クリュスタセ]	魚介料理
viandes	[ヴィヤンド]	肉料理
grillade	[グリヤード]	グリル料理
plat du jour	[プラ デュ ジュール]	本日の一品
fromage	[フロマージュ]	チーズ
petits fours	[プティフール]	小口菓子
dessert	[デセール]	デザート

レストランガイド フランス料理単語帳

フランス料理　おすすめレストラン

Pierre Sang
ピエール・サング
人気シェフの料理を大テーブルで
バスティーユ界隈　MAP 別冊 P.14-2B

料理はその日の仕入れやシェフのアイデアによって変わる
©Pierre Sang

テレビの料理番組で人気を集めたシェフ、ピエール・サング・ボワイエが開いたレストラン。韓国系フランス人であるシェフは、時には自らのルーツである韓国の味覚とフランス料理を融合したオリジナルレシピを創案。コース料理は内容が前もって知らされない完全おまかせスタイルだ。料理は本格派だが、内装は長いカウンターテーブルとオープンキッチンというカジュアルな雰囲気。クリエイティブな料理を、気軽にリーズナブルな値段で味わえるのがうれしい。

M ⑤⑨ Oberkampf　住 55, rue Oberkampf 11e
TEL 09.67.31.96.80
営 12:00〜14:30 (L.O.)、夜は 19:00〜と 21:30〜の2回のサービス
休 7月下旬〜8月上旬、年末
料 昼ムニュ €20、€25、€35、夜ムニュ €39
CC MV　予約 望ましい
URL pierresang.com

Le Procope
ル・プロコープ
作家たちが集った伝説の店
サン・ジェルマン・デ・プレ　MAP 別冊 P.29-2C

1686年、シチリア島出身のプロコピオによって開かれた歴史ある店。創業当初はコーヒーを飲ませる店だったため、現存する「パリ最古のカフェ」として知られている。ゴージャスな内装と流行を先取りしたメニューで創業時より話題を集めた店で、18世紀には作家やジャーナリストたちが集った。現在は、18世紀の内装を再現したレストランとして営業しており、タルタルステーキなどの定番料理からコック・オ・ヴァン（鶏のワイン煮込み）など伝統のレシピに基づいたものまで楽しめる。

ナポレオンハットも飾られ歴史博物館のよう

M ④⑩ Odéon　住 13, rue de l'Ancienne Comédie 6e
TEL 01.40.46.79.00
営 12:00〜24:00（木金土〜翌1:00）　休 無休
料 昼ムニュ（月〜金）€21.90、€28.90、夜ムニュ €31.50、€38.50
CC AJMV　予約 望ましい
日 Wi-Fi　URL www.procope.com

Bouillon Chartier Montparnasse
ブイヨン・シャルティエ・モンパルナス
大人気ビストロの新アドレス
モンパルナス　MAP 別冊 P.18-2B

リーズナブルな値段で伝統的なビストロ料理を楽しめる人気店「ブイヨン・シャルティエ」（→P.258）。20世紀初頭、モンパルナスにも店舗があったが、人手に渡り閉店。その店が、100年以上の時を経て、再び同じ場所でよみがえった。アールヌーヴォー様式の美しい内装も修復され、当時のざわめきが聞こえてきそう。野菜のポタージュが €1 というお財布に優しい値段もうれしい限り。

行列ができるので開店直後が狙い目。夜も早めの時間に

M ④⑥⑫⑬ Montparnasse Bienvenüe
住 59, bd. du Montparnasse 6e　TEL 01.45.49.19.00
営 11:30〜24:00　休 無休
料 ムニュ €18.10、ア・ラ・カルト予算 €15
CC ADMV　予約 不可　英 Wi-Fi
URL www.bouillon-chartier.com

Huguette
ユゲット
カジュアルな海鮮タパスバー

サン・ジェルマン・デ・プレ　MAP 別冊 P.29-2C

　パリでは、魚介料理を得意とするレストランの数は少なく、高級なイメージが定着している。そんななか、この店は海の幸をタパス感覚で気軽に味わえる貴重な存在だ。生ガキはもちろん、小魚のフライといったおつまみ風一品料理もあり、いろいろな種類をシェアしながら楽しめる。約10種類あるグラスワインは€5.20〜8.50と手頃。朝から深夜までノンストップで営業しているのもうれしい。

揚げたてのフライを白ワインとともに　©Michel Tréhet

Ⓜ ⑩ Mabillon 住 81, rue de Seine 6e
℡ 01.43.25.00.28 営 8:00〜翌 2:00（食事は 12:00〜23:30） 休 12/24の夜、12/25 料 昼ムニュ€19、€23、ア・ラ・カルト予算€30〜45
CC AMV 予約 望ましい、④⑧は必須 Wi-Fi
URL www.huguette-bistro.com

Lazare
ラザール
サン・ラザール駅の美食スポット

オペラ地区　MAP 別冊 P.6-3B

　3つ星レストラン「エピキュール」（→P.254）のシェフ、エリック・フレションが2013年、サン・ラザール駅構内にオープンしたカジュアルレストラン。朝食、ランチ、ティータイム、アペリティフ、ディナーと、用途に応じて利用できる。料理は、サバの白ワイン煮と洋ワサビソース、トマト風味のエスカルゴ、フォワグラと牛ヒレ肉のポワレにトリュフ風味のピュレなど、伝統料理に高級素材を組み合わせたもの。人気店なので予約は早めに。ランチの場合、予約が取れなかったら14:00頃に行くのがおすすめ。

「パリ・ドーヴィル」という名のデザート（右）も人気

Ⓜ ③⑫⑬⑭ St-Lazare
住 Parvis de la Gare St-Lazare, Rue Intérieure 8e
℡ 01.44.90.80.80
営 7:00〜24:00（ランチ 11:45〜） 休 12/25
料 ア・ラ・カルト予約€45 CC AJV
予約 望ましい 英 Wi-Fi URL lazare-paris.fr

レストランガイド

フランス料理　おすすめレストラン

Le P'tit Canon
ル・プティ・カノン
伝統料理とワインを気軽に

パリ北西部　MAP 別冊 P.6-2A

赤い庇に赤白のテーブルクロスがパリらしい雰囲気　©Geraldine Martens

　古いホテル・レストランを改装して2019年8月に開店。フォワグラ、インゲンのサラダ、豚肉と豆を煮込んだカスレ、鴨肉とマッシュポテトを重ねたアッシュ・パルマンティエなどフランスの伝統料理が味わえる。魚料理に北欧風サーモンマリネ「グラヴラックス」、タイ風ソースのマグロのステーキなどもあり、幅広い客層でにぎわっている。デザートのクレーム・ブリュレ、リンゴのタルト・タタンもおいしい。ワインのほかビール、アルマニャックやコニャックなどの食後酒も豊富に揃う。

Ⓜ ②③ Villiers
住 36, rue Legendre 17e ℡ 01.47.63.63.87
営 12:00〜14:30（カフェ 10:00〜）、19:00〜22:30 休 ⑪、一部㊗
料 昼ムニュ（平日）€18、夜ムニュ€20、ア・ラ・カルト予算€30〜
予約 望ましい 英 Wi-Fi URL leptitcanonparis.fr

おしゃれして行きたい 高級レストラン

世界中のグルメが認めるパリの高級レストラン。超一流の味とサービスの神髄を心ゆくまで味わいたい。

変わらぬ美食を提供し続ける
Restaurant Guy Savoy
レストラン・ギ・サヴォワ
サン・ジェルマン・デ・プレ　MAP 別冊P.29-1C

©Laurence MOUTON

セーヌ川に面した造幣局（モネ・ド・パリ）にあり、18世紀に建てられた由緒ある建造物を改装した店内はそれぞれ趣の異なる個室に分かれている。伝統とモダンが調和した優雅な雰囲気のなかで、世界最高級の美食を堪能したい。

- Ⓜ ⑦Pont Neuf 住 Monnaie de Paris - 11, quai de Conti 6e ℡ 01.43.80.40.61
- 営 12:00～14:00、19:00～22:30
- 休 ⊕⊖日、祝日、夏に数週間、年末
- 料 昼ムニュ€250、夜ムニュ€478、ア・ラ・カルト予算約€300 CC ADJMV 予約 必須 日 Wi-Fi
- URL www.guysavoy.com（日本語あり）

料理、雰囲気とも最高級
Epicure
エピキュール
シャンゼリゼ界隈　MAP 別冊P.12-1A

パラスの称号をもつ最高級ホテル「ル・ブリストル・パリ」内にあるミシュランの3つ星レストラン。シェフのエリック・フレションがこだわりぬいた、新鮮な食材を用いた繊細で芸術的な料理が楽しめる。窓越しに眺める庭園もすばらしい。

- Ⓜ ⑨⑬Miromesnil ⑨St-Philippe du Roule
- 住 112, rue du Fg. St-Honoré 8e
- ℡ 01.53.43.43.40 営 12:00～14:00、19:30～21:30 (L.O.) 休 無休 料 昼ムニュ€185、夜ムニュ€380 CC ADJMV 予約 必須 英 Wi-Fi
- URL www.oetkercollection.com/hotels/le-bristol-paris

新シェフを迎えた18世紀創業のレストラン
Alléno Paris
アレノ・パリ
シャンゼリゼ界隈　MAP 別冊P.12-2A

©Philippe Vaurès

スターシェフ、ヤニック・アレノが自身の名を冠してリニューアルオープンしたレストラン。2015年からミシュラン3つ星を維持している。19世紀後半に再建された豪華な館で、伝統に現代的なひねりを加えた料理を味わいたい。

- Ⓜ ①⑬Champs-Elysées Clemenceau
- 住 Pavillon Ledoyen - 8, av. Dutuit 8e
- ℡ 01.53.05.10.00
- 営 12:30～14:00（㊍㊎のみ）、19:30～22:00
- 休 ㊋㊌ 料 ムニュ€380
- CC AMV 予約 必須
- URL www.yannick-alleno.com

独立後も2つ星をキープした人気シェフ
Le Grand Restaurant
ル・グラン・レストラン
シャンゼリゼ界隈　MAP 別冊P.12-1A

©Khanh Renaud

7区で2つ星レストランのシェフをしていたジャン・フランソワ・ピエージュがシャンゼリゼ大通りの近くに店をオープン。25席というこぢんまりした空間で、ミジョテ・モデルヌ（現代の煮込み）と題した最新調理法の料理がいただける。

- Ⓜ ①⑧⑫Concorde ⑧⑫⑭Madeleine
- 住 7, rue d'Aguesseau 8e ℡ 01.53.05.00.00
- 営 12:30～13:30、19:30～21:30 (L.O.)
- 休 ⊕日、12/23～12/25
- 料 昼ムニュ€116～、夜ムニュ€306～
- CC AMV 予約 必須
- URL www.jeanfrancoispiege-legrandrestaurant.com

リュクスな空間で味わう最高のフレンチ
le Meurice Alain Ducasse
ル・ムーリス アラン・デュカス
ルーヴル界隈　MAP 別冊P.24-3B

©pmonetta- Panoramique

パラスホテル「ル・ムーリス」内の2つ星レストラン。フレンチの巨匠アラン・デュカスが監修し、食材の力をシンプルに的確に引き出した料理を提案している。内装はヴェルサイユ宮殿からインスピレーションを受けており、豪奢でロマンティック。

- Ⓜ ①Tuileries
- 住 228, rue de Rivoli 1er ℡ 01.44.58.10.55
- 営 12:30～14:00 (L.O.)、19:30～22:00 (L.O.)
- 休 ⊕日、1/1、2月に2週間、8月
- 料 昼ムニュ€110～、夜ムニュ€380
- CC ADJMV 予約 必須 英 Wi-Fi
- URL www.alainducasse-meurice.com

セーヌの眺めと鴨料理を堪能
Tour d'Argent
トゥール・ダルジャン
カルチェ・ラタン　MAP 別冊P.27-3C

©Hirama

創業1582年、数々のセレブリティを迎えてきた名店。昭和天皇も皇太子時代に食された鴨料理をはじめ、現代的センスを加えた伝統料理を味わえる。シテ島を望む最高のロケーションにあり、目と舌の両方でパリを満喫できる場所だ。

- Ⓜ ⑦Pont Marie ⑩Cardinal Lemoine
- 住 15, quai de la Tournelle 5e ℡ 01.43.54.23.31
- 営 12:00～13:30、19:00～21:30
- 休 ㊊日、8月に3週間
- 料 昼ムニュ€105、夜ムニュ€290、€340
- CC AMV 予約 必須 英 Wi-Fi
- URL tourdargent.com

一度は行ってみたい ミシュラン星付きレストラン

お手軽な料金とモダンな雰囲気の2つ星、1つ星店は、星付きレストランデビューにおすすめ。

独創的な料理をおまかせで
Cobéa
コベア
モンパルナス　MAP 別冊P.18-3B

シックな1つ星レストラン。ランチコースを除いて、4〜8品のデギュスタシオン（おまかせコース）のみで、メニューにはウナギとビーツ、ノルマンディー産ホタテ貝、ブルターニュ産のタラ、子牛の胸腺肉など食材のみが記されている。

- ⑬Gaîté　住 11, rue Raymond Losserand 14e
- TEL 01.43.20.21.39
- 営 12:15〜13:15 (L.O.)、19:15〜21:15 (L.O.)
- 休 ⊕ ⊕ ㊗、8月、クリスマスに1週間
- 料 昼ムニュ€55、夜ムニュ€90
- CC AMV　予約 必須　英 Wi-Fi
- URL cobea.fr（日本語あり）

赤と黒のハイパーモダン空間
L'Atelier de Joël Robuchon
ラトリエ・ド・ジョエル・ロブション
サン・ジェルマン・デ・プレ　MAP 別冊P.28-1A

2つ星を獲得しているジョエル・ロブションのレストラン。料理はどれも小ポーションで組み合わせが自由となっている。内装は世界中のホテルを手がけるピエール・イヴ・ロションが担当。カウンター席のみで厨房の迫力を間近に感じられる。

- ⑫Rue du Bac
- 住 5, rue de Montalembert 7e
- TEL 01.42.22.56.56
- 営 11:30〜15:30、18:30〜24:00　休 無休
- 料 昼ムニュ€189、ア・ラ・カルト予算€100〜150
- CC AMV　予約 望ましい　英 Wi-Fi
- URL atelier-robuchon-saint-germain.com

東京銀座の人気フレンチ DB TOKYOの本家
Dominique Bouchet
ドミニク・ブシェ
シャンゼリゼ界隈　MAP 別冊P.6-3A

フレンチの要であるソースをむやみにしながらバターを極力控えた繊細な味わい深さが魅力。2007年以来1つ星を維持して、7年前からは原口昌吉シェフが厨房を仕切っている。シンプル＆モダンの空間と気さくなサービスに安心して入れる店だ。

- ⑨⑬Miromesnil
- 住 11, rue Treilhard 8e　TEL 01.45.61.09.46
- 営 12:00〜14:00 (L.O.)、19:30〜21:30 (L.O.)
- 休 ⊕ ⊕ ㊗、8月に3週間
- 料 昼ムニュ€58〜、夜ムニュ€128〜
- CC AJMV　予約 望ましい　Wi-Fi
- URL www.dominique-bouchet.com

開放的な空間と内装も魅力的
Les Climats
レ・クリマ
サン・ジェルマン・デ・プレ　MAP 別冊P.28-1A

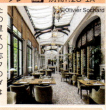

©Olivier Sockard

1905年に建てられたアールヌーヴォー風の装飾が印象的な1つ星店。中庭や温室風のスペースもあり、パリの真ん中にいることを忘れそうな雰囲気に。フランスの伝統に世界の風味を取り入れたモダンな料理で、ワインはブルゴーニュ専門。

- ⑫Rue du Bac　⑬©Musée d'Orsay
- 住 41, rue de Lille 7e　TEL 01.58.62.10.08
- 営 12:15〜14:15 (L.O.)、19:00〜21:15 (L.O.)
- 休 ⊕、1月に2週間、8月に3週間
- 料 昼ムニュ€49、夜ムニュ€130
- CC AMV　予約 望ましい　英 Wi-Fi
- URL lesclimats.fr

日仏の食材が見事に調和
Frédéric Simonin
フレデリック・シモナン
シャンゼリゼ界隈　MAP 別冊P.22-1A

ジョエル・ロブションのレストランでシェフを務めたフレデリック・シモナンが、2010年に独立開業した店。翌年にはミシュラン1つ星を獲得した。フランスの旬の素材に、日本の野菜や香辛料などを取り入れた、繊細でモダンな料理が味わえる。

- ②Ternes
- 住 25, rue Bayen 17e　TEL 01.45.74.74.74
- 営 12:00〜14:00 (L.O.)、19:30〜22:00 (L.O.)
- 休 ⊕ ⊕、8月に3週間
- 料 昼ムニュ€55、夜ムニュ€148
- CC AMV　予約 望ましい　英 Wi-Fi
- URL www.fredericsimonin.com

注目の若手シェフの独創的な料理
Restaurant Akrame
レストラン・アクラム
マドレーヌ界隈　MAP 別冊P.24-1A

©E Katerina GT Photography

スペインの「エル・ブリ」などで経験を積んだ後、開業から3年で1つ星を獲得。繊細な感性をもったシェフ、アクラム・ベナラルは、肉と魚を融合したり、竹炭や藁を使ったりと、驚きに満ちた料理を創造。盛りつけも芸術作品のよう。

- ⑧⑫⑭Madeleine
- 住 7, rue Tronchet 8e　TEL 01.40.67.11.16
- 営 12:00〜13:30 (L.O.)、19:30〜21:30 (L.O.)
- 休 ⊕ ⊕、8月に15日間
- 料 昼ムニュ€75、夜ムニュ€160
- CC ADJMV　予約 望ましい　英 Wi-Fi
- URL www.akrame.com

レストランガイド　フランス料理　高級レストラン／ミシュラン星付きレストラン

有名シェフのセカンドレストラン

一流の味を手軽に楽しめる、有名シェフや高級レストランのセカンド店も見逃せない。

美しき野菜料理にうっとり
Clover Green
クローヴァー・グリーン
サン・ジェルマン・デ・プレ　MAP 別冊P.28-2A

パリの高級ホテル「ホテル・ドゥ・クリヨン」のレストランでシェフを務めた後、独立開業し、現在は2つ星レストラン「ル・グラン・レストラン」（→P.254）を営むジャン＝フランソワ・ピエージュが、夫人とともに手がけたレストラン。シンプルに見えながら、素材を生かすために考えぬかれた料理が美しい器に盛りつけられてくる。客室と厨房が一体になっていて料理人の仕事ぶりを間近で見ることができる。

- M ⑫ Rue du Bac ④ St-Germain des Prés
- 住 5, rue Perronet 7e
- TEL 01.75.50.00.05
- 営 12:15 ～ 13:45 (L.O.)、19:00 ～ 22:15 (L.O.)
- 休 ⑰ ⑮
- 料 昼ムニュ€37、€47、夜ムニュ€58、€68
- CC A M V
- 予 望ましい
- URL www.clover-paris.com

独創的で美しいプレゼンテーションの料理

ブルゴーニュの名店の味をパリで
Loiseau Rive Gauche
ロワゾー・リヴ・ゴーシュ
アンヴァリッド周辺　MAP 別冊P.12-2A

ブルゴーニュ地方の名店「ロワゾー」グループが手がけるパリ店のひとつで、国民議会のすぐ裏にある。洗練された空間で、シェフ、オマール・ディアブのシンプルながら野菜の風味を生かした料理や、ソースを使った伝統的な一品が楽しめる。

- M ⑫ Assemblée Nationale ⑧⑬ ⑬ Invalides
- 住 5, rue de Bourgogne 7e　TEL 01.45.51.79.42
- 営 12:00 ～ 14:30 (L.O.)、19:30 ～ 22:00 (L.O.)
- 休 ⑰ ⑮
- 料 昼ムニュ€45、夜ムニュ€75
- CC A M V 予 望ましい 英 Wi-Fi
- URL www.bernard-loiseau.com

豪快に肉料理を食べたいときに
Atelier Vivanda
アトリエ・ヴィヴァンダ
サン・ジェルマン・デ・プレ　MAP 別冊P.28-3A

肉好きならぜひ行きたいのが「レストラン・アクラム」（→P.255）のシェフ、アクラム・ベナラルのセカンド店。ブラックアンガス牛のほかにイベリコ豚もチョイス可能。ジャガイモのガレットなど5種類から選べる付け合わせはお代わり自由だ。

- M ⑩⑫ Sèvres Babylone
- 住 20, rue du Cherche Midi 6e
- TEL 01.45.44.50.44
- 営 12:00 ～ 15:00、19:30 ～ 22:30　休 ⑰ ⑮
- 料 昼ムニュ€26、€30、肉料理一品€26 ～ 30
- CC A M V 予 望ましい 英 Wi-Fi
- URL www.ateliervivanda.com

優雅なテラス席もおすすめ
Le Mini Palais
ル・ミニ・パレ
シャンゼリゼ界隈　MAP 別冊P.12-2A

国立ギャラリーが入ったグラン・パレ（→P.206）の一角にあるレストラン。3つ星レストラン「エピキュール」（→P.254）のシェフ、エリック・フレションがプロデュースする「シンプルかつ上質」な料理を手頃な値段で味わえる。

- M ①⑬ Champs-Élysées Clemenceau
- 住 3, av. Winston Churchill 8e　TEL 01.42.56.42.42
- 営 10:00 ～ 翌1:00 (ランチ12:00 ～ 15:00 L.O.、ディナー19:00 ～ 23:00 L.O.)　休 12/24の夜
- 料 昼ムニュ€29、ア・ラ・カルト予算約€60
- CC A M V 予 望ましい 英
- URL www.minipalais.com

3つ星女性シェフがパリに進出
La Dame de Pic
ラ・ダム・ド・ピック
ルーヴル界隈　MAP 別冊P.13-2C

フランス南東部ヴァランスで3つ星レストランを営むアンヌ・ソフィー・ピックのパリ店。香りをテーマにした料理はコースのみ。ニンジンとオレンジ花水、ビーツとコーヒーといった味と香りを組み合わせた繊細で驚きのある料理が味わえる。

- M ① Louvre Rivoli
- 住 20, rue du Louvre 1er　TEL 01.42.60.40.40
- 営 12:00 ～ 13:30、19:00 ～ 21:30
- 休 無休
- 料 ムニュ€69 (平日昼のみ)、€119、€149
- CC A J M V 予 望ましい 英 Wi-Fi
- URL www.anne-sophie-pic.com

パリで味わうフランス地方料理

個性豊かな地方の数だけバリエーションがあるフランス料理。パリにはそんな地方料理の店が揃っている。

リヨン料理
Chez Marcel
シェ・マルセル
モンパルナス MAP 別冊P.18-2B

古い絵画や銅鍋が壁を飾る昔ながらのビストロ。スペシャリテは「クネルのソース・ナンチュア」、「セルヴェラ（ソーセージ）」などのリヨンの伝統料理。そのほか時間をかけてこってりと煮込んだ「コック・オ・ヴァン（鶏の赤ワイン煮）」など、定番のビストロ料理のレシピを守り続けるのは、シェフのエリックさん。どの料理も素材の旬と生産者にこだわる本格派だが、良心的な値段設定で、常連客の心をがっちりつかんでいる。

- ④ Vavin ⑫ Notre-Dame des Champs
- 7, rue Stanislas 6e
- 01.45.48.29.94
- 12:00 ～ 14:00、19:30 ～ 22:00
- ㊏㊐、1/1、5/1、12/25、8月に10日間、年末
- 昼ムニュ€23、ア・ラ・カルト予算€40 ～ 50
- CC MV
- 予望ましい 英 Wi-Fi
- chezmarcel.cool

レトロな雰囲気の店内でリヨン料理を

オーヴェルニュ料理
Ambassade d'Auvergne
アンバサード・ドーヴェルニュ
レ・アール MAP 別冊P.26-1B

オーヴェルニュ地方の料理を食べられるレストラン。名物のアリゴは、ゆでたジャガイモにチーズ、ニンニク、バターを合わせた郷土料理。客の目の前で糸を引かせながら、アツアツを取り分けてくれるパフォーマンスが楽しいので試してみたい。

© david grimbert

- ⑪ Rambuteau
- 22, rue du Grenier St-Lazare 3e
- 01.42.72.31.22 12:00 ～ 14:00 (L.O.)、19:30 (㊎ ～ ㊐ 19:00) ～ 22:00 (L.O.、㊏ ～ 22:30 L.O.、㊐ ～ 21:30 L.O.) 無休 昼ムニュ€22.50、夜ムニュ€35 CC MV 予望ましい 英 Wi-Fi
- ambassade-auvergne.fr

南西料理
Chez Papa
シェ・パパ
オペラ地区 MAP 別冊P.13-1D

パリ市内に10店舗ある南西地方の料理がおいしいレストラン。フォワグラや鴨料理のほか、エスカルゴやボリュームのあるサラダも人気。アットホームな雰囲気のなか、仲間とワイワイ食事をするのが楽しい店だ。おなかをすかせて行きたい。

- ⑧⑨ Grands Boulevards
- 153, rue Montmartre 2e 01.40.13.07.31
- 12:00 ～ 15:00 (L.O.)、18:00 ～ 23:00 (L.O.)
- ㊐、1/1、12/24、12/25、12/31
- 昼ムニュ€13.50、夜ムニュ€29.50
- CC AMV 予望ましい 英 Wi-Fi
- www.chez-papa.com

Column Information
カフェでも食べられる「地方料理」

地方料理は専門のレストランだけでなく、カフェやブラッスリーでも食べることができる。なかにはすっかりポピュラーになって、定番メニューのひとつとなっているものも。代表的な料理を紹介しよう。

ニース風サラダ
Salade Niçoise
野菜、ツナ、オリーブ、ゆで卵が入ったボリュームたっぷりのサラダ。南仏のニース料理だが、今では全国で食べられる

シュークルート
Choucroute
ザワークラウト（発酵キャベツ）をソーセージなどと煮たアルザス料理。ブラッスリーの定番メニューともなっている

鴨のコンフィ
Confit de canard
脂漬けにした鴨のもも肉をカリっと焼き上げた南西部の料理。ビストロのメニューにもよく登場する定番料理

ブッフ・ブルギニョン
Bœuf bourguignon
牛肉をワインで煮込んだブルゴーニュ料理。「ポリドール」(→P.265)では、たっぷりのマッシュポテトが添えられている

思い出に残る パリらしいレストラン

映画の舞台になったレストランや、古い歴史をもつ店での食事は、それだけですてきなパリの思い出に！

伝説のホテルがレストランに
Hôtel du Nord
オテル・デュ・ノール

サン・マルタン運河　MAP 別冊P.14-1B

マルセル・カルネ監督の映画『北ホテル』(1938)の舞台となったホテルを改装したカフェレストラン。入ってすぐのカウンターがある一角は、レトロな内装でまとめられ、1930年代の古きよきパリの空気が漂う。奥は少し高級感をもたせたダイニングスペースとなっている。夏ならサン・マルタン運河を眺められるテラス席がおすすめ。食事時間以外はカフェとして営業しているので、散策途中のひと休みにも利用可能だ。

- Ⓜ ⑤ Jacques Bonsergent
- 住 102, quai de Jemmapes 10e
- TEL 01.40.40.78.78
- 営 12:00～15:00、19:30～23:00（土日）12:00～16:00、19:00～22:30）
- 休 無休
- 料 昼ムニュ€15.50、€19.50、ア・ラ・カルト予算約€35
- CC AMV　予約 望ましい　英　Wi-Fi
- URL www.hoteldunord.org

天気のいい日はテラス席でゆったり過ごして

旅情を誘う豪華レストラン
Le Train Bleu
ル・トラン・ブルー

リヨン駅　MAP 別冊P.21-2C

シャンデリアが輝きフレスコ画が飾られた店内は、歴史的建造物にも指定されており、19世紀の空気が伝わってくる。駅構内にあるので、列車や行き交う人々のざわめきを身近に感じながら、映画のワンシーンに入り込んだ気分になれる。

- Ⓜ ⑭ RER ⒶGare de Lyon
- 住 Pl. Louis Armand 12e（リヨン駅構内）
- TEL 01.43.43.09.06
- 営 11:30～14:30 (L.O.)、19:00～22:30 (L.O.)
- 休 無休　料 ムニュ€65、€110
- CC ADJMV　予約 望ましい　日　Wi-Fi
- URL www.le-train-bleu.com

エスカルゴの専門店
L'Escargot Montorgueil
レスカルゴ・モントルグイユ

レ・アール　MAP 別冊P.26-1A

フランス料理で何が浮かぶかというと「エスカルゴ」と答える人は多い。通常はニンニクバターを殻に詰めてオーブンで焼くのだが、このレストランでは、バリエーション豊かなエスカルゴ料理を食べさせてくれる。初めての人も試してみたい。

- Ⓜ ④Etienne Marcel
- 住 38, rue Montorgueil 1er
- TEL 01.42.36.83.51
- 営 12:00～23:00　休 無休
- 料 昼ムニュ€17.50、ア・ラ・カルト予算約€60
- CC AV　予約 望ましい　英　Wi-Fi
- URL escargotmontorgueil.com

古きよきパリの面影が残る
Bouillon Chartier
ブイヨン・シャルティエ

オペラ地区　MAP 別冊P.13-1D

1896年創業の大衆レストラン。店内は創業当時から変わらないという。前菜€1～7.50、メイン€6.50からのリーズナブルな料金が人気で夜は長蛇の列に。19:00前には入れない。混んできたらどんどん相席になるのも大衆食堂ならではの楽しみ。

- Ⓜ ⑧⑨Grands Boulevards
- 住 7, rue du Fg. Montmartre 9e
- TEL 01.47.70.86.29　営 11:30～24:00　休 無休
- 料 ア・ラ・カルト予算約€15
- CC ADMV　予約 不可　英　Wi-Fi
- URL www.bouillon-chartier.com
- <その他>→P.252

Column Information

おいしい店がいっぱい！モントルグイユ通り

投稿　「レスカルゴ・モントルグイユ」でエスカルゴ料理を堪能したあと、周辺を散策しました。レストランのあるモントルグイユ通りは、ほかにもおいしそうなレストランやお菓子の店が集まっていて、またおなかがすいてしまいました。

（山梨県　しゅるりー　'19）

ブラッスリー

ビアホールを意味する「ブラッスリーBrasserie」。アールヌーヴォー調の内装の店が多く、ベルエポックの雰囲気を楽しめる。

映画の舞台ともなった老舗
Brasserie Lipp
ブラッスリー・リップ
サン・ジェルマン・デ・プレ　MAP 別冊P.28-2B

1880年創業の老舗で、イヴ・モンタン主演の映画『ギャルソン!』(1983)の撮影にも使われた。この店を愛したヘミングウェイは、原稿料が入ると必ず足を運んだという。歴史が刻まれた内装など、老舗ならではの雰囲気を味わいたい。

- M ④St-Germain des Prés
- 住 151, bd. St-Germain 6e
- TEL 01.45.48.53.91
- 営 9:00〜翌0:45　休 12/25
- 料 ア・ラ・カルト予算約€50
- CC ADJMV
- URL www.brasserielipp.fr（日本語あり）

フランス流豚足料理を
Au Pied de Cochon
オ・ピエ・ド・コション
レ・アール　MAP 別冊P.13-2D

「ピエ・ド・コション」とは豚の足の意。テーブルの脚やドアノブまで豚の足をデザインしてあり、愛らしい。3階まである広々とした店内は明るく活気に満ちている。名物の豚足料理や、パリいちと評判のオニオングラタンスープを試したい。

- M ④Les Halles
- 住 6, rue Coquillière 1er
- TEL 01.40.13.77.00
- 営 24時間　休 無休　料 昼ムニュ€19.90、オニオングラタンスープ€9.50、豚足のグリル€22.50、ア・ラ・カルト予算€45〜50
- CC AMV　予約 ⊕⊕は望ましい　Wi-Fi
- URL www.pieddecochon.com（日本語あり）

パレ・ガルニエでの観劇後に訪れたい
Le Grand Café Capucines
ル・グラン・カフェ・カピュシーヌ
オペラ地区　MAP 別冊P.24-1B

パレ・ガルニエ近く、カピュシーヌ大通りに面したブラッスリー。24時間営業で常ににぎわっている。ステンドグラスの天井、アールヌーヴォーのインテリアがとても美しく、雰囲気たっぷり。豪華なシーフードの盛り合わせやエスカルゴ料理を。

- M ③⑦⑧Opéra
- 住 4, bd. des Capucines 9e　TEL 01.43.12.19.00
- 営 24時間　休 無休
- 料 昼ムニュ€19.50、夜ムニュ€29.50、ア・ラ・カルト予算約€50
- CC ADJMV　予約 望ましい　日　Wi-Fi
- URL www.legrandcafe.com（日本語あり）

アルザス料理
Brasserie l'Alsace
ブラッスリー・ラルザス
シャンゼリゼ大通り　MAP 別冊P.23-2D

1968年創業、24時間営業のアルザス料理店。時間を気にせず利用できるのが便利。アルザス地方の名物シュークルートをキリッと冷えたアルザスの白ワインとともに味わいたい。シャンゼリゼ大通りの歩道上にはテラス席も設置されている。

- M ①⑨Franklin D. Roosevelt
- 住 39, av. des Champs-Élysées 8e
- TEL 01.53.93.97.00
- 営 24時間　休 無休
- 料 ムニュ€19.90、€26.90、シュークルート€23
- CC AMV　予約 望ましい　英　Wi-Fi
- URL www.restaurantalsace.com（日本語あり）

Column Information

冬のパリで生ガキ三昧しよう!

冬グルメの決定版といえば、新鮮な生ガキ。カキや魚介類を食べるなら、ブラッスリーや専門店で冷えた白ワインとともに味わいたい。

◆ル・カバノン・ド・レカイエ Le Cabanon de l'Ecailler
大西洋岸の契約生産者から直送される風味豊かなカキを屋台感覚で気軽に味わえる店。
- MAP 別冊P.18-3B
- 住 14, pl. Constantin Brancusi 14e
- TEL 01.43.20.52.17　営 12:00〜14:30、19:00〜22:00　休 ⑪⑧、1/1、5/1、12/25、8月
- 料 昼ムニュ€19.80、生ガキ6個€12　CC MV　Wi-Fi

◆ラ・カバヌ・ア・ユイットル La Cabane à Huîtres
毎週大西洋岸のアルカションから運ばれるカキは、ワインのようにテロワールを感じる豊かな味わい。
- MAP 別冊P.18-2A　住 4, rue Antoine Bourdelle 15e
- TEL 01.45.49.47.27　営 12:00〜15:00、19:00〜23:00　休 ⑪⑧、7/14〜8/31
- 料 生ガキ12個+フォワグラまたは鴨肉またはスモークサーモン€23.90〜30.90　予約 望ましい
- URL cabane-a-huitres.fr（日本語あり）

◆レキューム・サントノレ L'Ecume St-Honoré
魚屋さんにあるオイスターバー。新鮮なカキを手頃な値段で食べることができる。
- MAP 別冊P.24-2B　住 6, rue du Marché St-Honoré 1er　TEL 01.42.61.93.87　営 11:00〜19:00（㊎⊕〜22:00）　休 ⑪⑧、1/1、5/1、12/25、7月中旬〜8月中旬
- 料 生ガキ6個+ワイン€15.90　CC MV
- 予約 望ましい　日　URL www.ecume-saint-honore.fr

はみだし♪　カキはフランス語で「ユイットル huître」、カキの殻をむく人は「エカイエ écailler」。品書きに記されているNo.はカキの大きさを示していて、数字が小さいほど身が大きい。

予算別レストラン

ディナー（ムニュまたはア・ラ・カルトで飲み物別）の予算別に、「€€€：51ユーロ～」「€€：30～50ユーロ」の表示でご紹介。

パリで肉料理を食べるならココ

Le Severo
ル・セヴェロ

€€€／モンパルナス　MAP 別冊P.18-3B

3つ星レストランにも卸している有名な肉屋「ユーゴ・デノワイエ」から仕入れる肉を使い、その品質とおいしさで評判のレストラン。黒板メニューには、さまざまな部位のステーキが10種類ほど。"Dry aged"と書かれた8ヵ月以上熟成した肉もあり、凝縮したうま味を味わえる。前菜は季節のサラダのほか、テリーヌやブルターニュ産の臓物ソーセージ「アンドゥイユ」もおすすめだ。

- Ⓜ ④ Mouton Duvernet ⑬ Pernety
- 住 8, rue des Plantes 14e
- TEL 01.45.40.40.91
- 営 12:00 ~ 14:00、19:30 ~ 21:30（L.O.）
- 休 ⊕・⊕・㊗、2月と復活祭と11月に各1週間、夏に3週間
- 料 ア・ラ・カルト予算€50～
- CC J M V　予約 望ましい　Wi-Fi
- URL www.lesevero.fr

肉モードの日はぜひここへ！

高級ホテルのパノラマレストラン

L'Oiseau Blanc
ロワゾー・ブラン

€€€／シャンゼリゼ界隈　MAP 別冊P.22-3B

凱旋門近くにある高級ホテル「ペニンシュラ」の最上階にあるレストラン。大きなガラス窓いっぱいに広がるパリの美景を眺めながら、M.O.F.シェフ、クリストフ・ラウーが腕を振るモダンなフランス料理を楽しむことができる。

© The Peninsula Paris

- Ⓜ ①②⑥ RER Ⓐ Charles de Gaulle Etoile
- 住 19, av. Kléber 16e　TEL 01.58.12.67.30
- 営 12:00 ~ 14:30、19:00 ~ 22:30　休 無休
- 料 昼ムニュ€75、夜ムニュ€128、€150
- CC A D J M V　予約 望ましい　英　Wi-Fi
- URL www.peninsula.com/ja/paris/hotel-fine-dining/french-rooftop-loiseau-blanc（日本語）

グルメなパリジャンに愛される店

Le Sot l'y Laisse
ル・ソ・リ・レス

€€€／東部　MAP 別冊P.15-3D

東京の「メゾン・ポール・ボキューズ」で料理長を務めた土井原英治さんが2011年にオープン。店名は鶏の股関節のあたりにある肉の名称。希少部位を使ったスペシャリテはもちろん、季節の素材を的確な火入れで仕上げた料理はどれもすばらしい。

- Ⓜ ② Alexandre Dumas
- 住 70, rue Alexandre Dumas 11e
- TEL 01.40.09.79.20　営 12:00 ~ 13:30（L.O.）、19:30 ~ 21:30（L.O.）　休 ㊊の昼、⊕の昼、⊕、一部㊗、2月に数日間、8月に3週間、クリスマスに数日間
- 料 昼ムニュ€22、€28、夜ア・ラ・カルト予算€60～70　CC M V　予約 必須　Wi-Fi

✎ Column Information

美食と美景を楽しめるパノラミックレストラン

「ロワゾー・ブラン」（上記）のように、眺望も楽しめるレストランはこちら。パリの風景と美食のマリアージュを味わってみて。

- ル・ジュール・ヴェルヌ（→P.120）：エッフェル塔からパリを見下ろしながら食事できる。
- ル・シエル・ド・パリ（→P.154）：モンパルナス・タワーからの眺めを満喫。
- トゥール・ダルジャン（→P.254）：セーヌ川とシテ島の美しい風景が眼下に。
- レゾンブル（→P.266）：エッフェル塔を見上げる場所に。

素材が鮮明に生きた料理

Etude
エチュード

€€€／シャンゼリゼ界隈　MAP 別冊P.11-2C

「アガペ」などの名店を経て2013年に、山岸啓介シェフがオープンした店。素材への理解が深く伝わってくる料理を昼夜ともにおまかせで楽しめる。2018年のミシュランで1つ星を獲得した。ブルゴーニュを中心にワインの品揃えも充実。

©Patrice Jacq...

- Ⓜ ⑥ Boissière
- 住 14, rue du Bouquet de Longchamp 16e
- TEL 01.45.05.11.41
- 営 12:30 ~ 14:00（L.O.）、20:00 ~ 21:30（L.O.）
- 休 ⊕の昼、㊊、12/24、12/25、8月に3週間
- 料 昼ムニュ€45、夜ムニュ€80、€130　CC A M V
- 予約 必須　Wi-Fi　URL restaurant-etude.fr

レストランガイド

フランス料理 予算別レストラン

ていねいに仕上げた優しい料理
H. Kitchen
アッシュ・キッチン
€€€／サン・ジェルマン・デ・プレ　MAP 別冊P.18-1A

フランスで経験を積んだ北口英範シェフが、2012年にオープンした店。長期間熟成させた牛肉をはじめとする厳選食材に、ユズや味噌といった和の素材も隠し味に使ったていねいな料理が評判だ。リーズナブルな価格のランチがうれしい。

- Ⓜ ⑩⑬Duroc
- 住 18, rue Mayet 6e　℡ 01.45.66.51.57
- 営 12:00～14:00 (L.O.)、19:30～22:00 (L.O.)
- 休 ⓐ ㊗
- 料 昼ムニュ€28、ア・ラ・カルト予約€55
- CC AMV　予約 望ましい
- URL www.hkitchen.fr（日本語あり）

ボリューム十分の伝統料理
Kigawa
キガワ
€€€／モンパルナス　MAP 別冊P.18-3B

リヨン駅近くのレストランで経験を積んだオーナーシェフ紀川倫広さんが独立、2011年にオープンした。フランスの伝統にこだわる紀川さんが作るのは、奇をてらうことのない、正統派のフランス料理。おなかをすかせて行きたい店だ。

- Ⓜ ⑬Pernety ④Mouton Duvernet
- 住 186, rue du Château 14e　℡ 01.43.35.31.61
- 営 12:30～13:30 (L.O.)、19:30～21:00 (L.O.)
- 休 ⓑ、夏に3週間
- 料 昼ムニュ€40～、夜ムニュ€75～
- CC AMV　予約 必須
- URL kigawa.fr（日本語あり）

ブランド鶏専門レストラン
Le Coq Rico
ル・コク・リコ
€€€／モンマルトル　MAP 別冊P.31-2C

3人以上で行くなら頼みたいのが鶏の丸焼き。とりわけフランスのブランド鶏として名高いブレスの鶏は、なかなかまるごと食べる機会がないので、ぜひ試してみたい。季節のキノコ炒め、新鮮卵のオムレツなどサイドメニューも充実。

- Ⓜ ⑫Lamarck Caulaincourt
- 住 98, rue Lepic 18e　℡ 01.42.59.82.89
- 営 12:00～14:30、19:00～22:30　休 1/1
- 料 昼ムニュ€24、本日の一皿€18、夜ムニュ€63、ブレス鶏のロースト€120　CC ADMV
- 予約 望ましい　英　Wi-Fi
- URL lecoqrico.com

クリエイティブな魚料理を
Clamato
クラマト
€€€／バスティーユ界隈　MAP 別冊P.15-3C

1つ星レストラン「セプティム」が経営している魚料理のレストラン。ボラのセビチェ（マリネ）にコリアンダーとフランボワーズを合わせるなど、洗練された料理を楽しめる。予約不可なので開店と同時に行けば入れる可能性が高い。

- Ⓜ ⑨Charonne
- 住 80, rue de Charonne 11e　℡ 01.43.72.74.53
- 営 12:00～14:15 (L.O.)、19:00～23:00 (L.O.、㊏ 12:00～23:00)　休 8月
- 料 ア・ラ・カルト予約€50
- CC DJMV　予約 不可　英　Wi-Fi
- URL clamato-charonne.fr

Column Information
パリでもレストランはネット予約で

レストランは予約しておいたほうが安心。でも、言葉の問題もあり、電話で予約するのは不安、という人も多いはず。そんなときに役立つのが、予約サイト「The Fork（フランス語版はラ・フルシェットLa Fourchette」。探したい地区を入力すれば、候補店が出てくるので、選択すればいい。お得な割引クーポン付きのこともあるので、チェックしよう。
URL www.thefork.com

アプリ版は「The Fork」をアプリストアで検索。位置情報から近くのレストランも探してくれる。

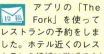
アプリの「The Fork」を使ってレストランの予約をしました。ホテル近くのレストランを候補に挙げてくれるので、選ぶのが簡単。おすすめですよ。
（北海道　Loveオイスター　'19)

予算別レストラン

※ディナー（ムニュまたはア・ラ・カルトで飲み物別）の予算が「€€€：51ユーロ～」、「€€：30～50ユーロ」

駅前の本格派ワインビストロ
Le Petit Sommelier
ル・プティ・ソムリエ
€€／モンパルナス　MAP 別冊P.18-2B

一見、どこにでもある普通のブラッスリー。ところが、ワインリストを開けてその充実度にびっくり。フランス産を中心に、ボトル約800種類、グラス25種類のワインが揃う。ノンストップで営業しているので、夕刻、ハムなどをつまみにグラスで楽しむのもいいし、ブッフ・ブルギニョン（牛肉の赤ワイン煮込み）や、シャロレ牛のタルタルステーキなどのビストロ料理で、ディナーを取ることも可能だ。

- M ④⑥⑫⑬ Montparnasse Bienvenüe
- 住 49, av. du Maine 14e
- TEL 01.43.20.95.66
- 営 8:00～23:00
- 休 ⑧、1/1、5/1、12/24、12/25、12/31、8/15の週
- 料 ムニュ€39
- CC AMV　予約 望ましい　英　Wi-Fi
- URL www.lepetitsommelier-paris.fr（日本語あり）

ココット鍋で出てくるブッフ・ブルギニョン

カエル料理に舌鼓
Roger la Grenouille
ロジェ・ラ・グルヌイユ
€€／サン・ジェルマン・デ・プレ　MAP 別冊P.29-2C

カエル料理専門店。店名のグルヌイユとはカエルのことだ。ニンニクとバジル風味やクリームソース煮込みなどいろいろあるが、淡泊な肉なのでどれも食べやすく仕上がっている。油で揚げた天ぷらは衣がふわっとしておいしい。

© Angia Vaudron

- M ④St-Michel ④⑩Odéon
- 住 26-28, rue des Grands Augustins 6e
- TEL 01.56.24.24.34
- 営 12:00～13:45（L.O.）、19:00～22:30（L.O.）
- 休 ®の昼、⑧　料 ア・ラ・カルト予約€40
- CC AMV　予約 望ましい　英　Wi-Fi
- URL www.roger-la-grenouille.com

プロヴァンス料理を気軽に楽しめる
Auberge Flora
オーベルジュ・フローラ
€€／バスティーユ　MAP 別冊P.27-1D

女性シェフのフローラ・ミクラが開いたホテル＆レストラン。フォワグラ、ズッキーニやトマトのファルシ、テリーヌソーセージなど、南仏出身のシェフのプロヴァンス流タパスが楽しめる。いろいろ頼んでシェアするのもおすすめ。

- M ⑤Bréguet Sabin ⑤Richard Lenoir
- 住 44, bd. Richard Lenoir 11e　TEL 01.47.00.52.77
- 営 12:00～15:00、19:00～22:30（L.O.）
- 休 12/25　料 昼ムニュ€12、€19、€23、夜ムニュ€35、タパス€4～18
- CC MV　予約 望ましい　英
- URL www.aubergeflora.fr

フォワグラと鴨料理をリーズナブルに
Domaine de Lintillac
ドメーヌ・ド・ランティヤック
€€／オペラ地区　MAP 別冊P.25-1C

フォワグラ、鴨料理を気軽に楽しめる人気店。各テーブルにトースターが置かれ、パンを焼きながらフォワグラやテリーヌを味わえるのがうれしい。地元のビジネスマン、家族連れに人気があり、開店すぐに満席になることも。予約がおすすめ。

- M ③Quatre Septembre ③Bourse ③⑦⑧Opéra
- 住 10, rue St-Augustin 2e　TEL 01.40.20.96.27
- 営 12:00～14:00（L.O.）、19:00～22:00（L.O.）
- 休 1/1、5/1、12/25
- 料 昼ムニュ€17.50、€20、夜ムニュ€42
- CC AJMV　予約 望ましい　日　Wi-Fi
- URL www.lintillac-paris.com

アツアツポトフを召し上がれ
Le Roi du Pot au Feu
ル・ロワ・デュ・ポトフ
€€／マドレーヌ界隈　MAP 別冊P.24-1A

肉と野菜をじっくりと煮込んだ伝統的な家庭料理ポトフの専門店。マスタードを付けて食べるとおいしい。前菜には具材のエキスが溶け込んだブイヨン（コンソメスープ）を。予約を受けないので、開店と同時に入るか、昼時を避けたほうがいい。

- M ⑧⑫⑭Madeleine
- 住 34, rue Vignon 9e
- TEL 01.47.42.37.10
- 営 12:00～22:30　休 ⑧、1/1、8月、12/24の夜、12/25、12/31の夜
- 料 ポトフ€22、ア・ラ・カルト予約€35
- CC AMV　予約 不可　日

何度でも通いたい 大人気ビストロ

伝統料理を庶民的な雰囲気のなかで楽しめるビストロ。最近は、高級店から独立したシェフがビストロをオープンすることも多い。

よみがえった名ビストロ
Chez la Vieille
シェ・ラ・ヴィエイユ
ルーヴル界隈　MAP 別冊P.13-2D

レ・アールにまだ中央市場があった頃、女性オーナーシェフ、アドリエンヌが切り盛りし、多くの人に愛された歴史的ビストロを、2016年、米仏で活躍中のアメリカ人シェフ、ダニエル・ローズが購入。新たな店としてよみがえらせた。1階は予約不可のカウンター式、2階はレストランとなっている。昔からの名物にアレンジを加えた、ニシンとジャガイモのオイル漬けやブランケット（子牛の煮込み）を味わいたい。

- Ⓜ ①Louvre Rivoli
- 住 1, rue Bailleul 1er
- TEL 01.42.60.15.78
- 営 12:00〜13:45（L.O.）、18:00〜22:15（L.O.）
- 休 ⑥ⓂⒹ
- 料 ア・ラ・カルト予約約€45
- CC A M V　予 望ましい（1階は不可）　英　Wi-Fi
- URL www.chezlavieille.fr

旧店の内装の一部を残した店内 ⓒHEIDINGER Jean-Marie

老舗で味わう伝統の味
La Fontaine de Mars
ラ・フォンテーヌ・ド・マルス
エッフェル塔界隈　MAP 別冊P.11-3D

1908年創業。赤と白のテーブルクロスなど、これぞパリのビストロという雰囲気。料理も、子牛のブランケット（クリーム煮）やカスレ、日曜のみの鶏肉のローストなど、伝統のある味を守り続けている。天気がいい日は静かなテラス席がおすすめ。

- Ⓜ ⑧Ecole Militaire
- 住 129, rue St-Dominique 7e　TEL 01.47.05.46.44
- 営 12:00〜14:50（L.O.）、19:00〜22:50（L.O.）
- 休 1/1、12/24、12/25、12/31
- 料 ア・ラ・カルト予約約€55
- CC A M V　予 望ましい　英　Wi-Fi
- URL www.fontainedemars.com

味、雰囲気ともにパリらしさ満点
Fish la Boissonnerie
フィッシュ・ラ・ボワッソヌリー
サン・ジェルマン・デ・プレ　MAP 別冊P.29-2C

市場街にほど近い人気ビストロ。かつて魚屋だったことから店名がついているが、魚料理のほか肉料理やサラダまで、幅広い料理が気軽に味わえる。ワインショップを経営するオーナーが選んだワイン、石窯で焼いた自家製フォカッチャも自慢。

- Ⓜ ⑩Mabillon ④St-Germain des Prés
- 住 69, rue de Seine 6e　TEL 01.43.54.34.69
- 営 12:30〜14:00（L.O.）、19:00〜21:00（L.O.）
- 休 年末年始
- 料 ア・ラ・カルト予算€30〜45
- CC M V　予 望ましい　英　Wi-Fi
- URL www.fishlaboissonnerie.com

常連になって毎日通いたくなる店
Le Bistrot Paul Bert
ル・ビストロ・ポール・ベール
バスティーユ界隈　MAP 別冊P.21-1D

カウンターではオーナーのベルトラン・オボワノさんを囲む常連客たち。パリのビストロを代表するこの店は、いつも活気に満ちている。席に着くと運ばれる黒板がメニュー。定番のステーキ、シーズンになると登場するジビエ料理も絶品だ。

- Ⓜ ⑧Faidherbe Chaligny
- 住 18, rue Paul Bert 11e
- TEL 01.43.72.24.01
- 営 12:00〜14:00、19:30〜23:00
- 休 ⑥Ⓜ、1/1、12/25
- 料 昼ムニュ€22、€41、夜ムニュ€41
- CC M V　予 望ましい　英

ボリューム満点のビストロ料理
Astier
アスティエ
レピュブリック周辺　MAP 別冊P.14-2B

1956年創業のパリらしいビストロ。燻製ニシンの酢漬けやレンズ豆のポタージュ、ポトフなど、伝統料理が楽しめる。チーズ好きならぜひ注文したいのが、籠いっぱいにチーズを載せた「プラトー・ド・フロマージュ」。おいしいチーズが食べ放題！

- Ⓜ ③Parmentier
- 住 44, rue Jean Pierre Timbaud 11e
- TEL 01.43.57.16.35　営 12:15〜14:15（⑥ 12:30〜）、19:00〜22:30（⑥〜23:00）
- 休 1/1、12/24、12/25　昼ムニュ€25、夜ムニュ€36、€46　CC M V　予 望ましい　英　Wi-Fi
- URL www.restaurant-astier.com

レストランガイド　フランス料理　予算別レストラン／大人気ビストロ

何度でも通いたい 大人気ビストロ

マレでアットホームなランチ
Camille
カミーユ
マレ/フラン・ブルジョワ通り　MAP 本誌P.298

ブティックが軒を連ねるマレ地区のフラン・ブルジョワ通りで、赤い庇が目印。フォワグラ、ポトフ、ステーキとフライドポテトといった家庭的な料理を気軽に、ノンストップで注文できる。入りやすいので散策やショッピングの途中に便利。

- Ⓜ ①St-Paul
- 🏠 24, rue des Francs Bourgeois 3e
- ☎ 01.42.72.20.50
- 🕐 7:30〜23:30（日）9:30〜、食事は12:00〜）
- 休 祝、12/24の夜
- 💴 昼ムニュ€25（土日€26）、ア・ラ・カルト予算€30〜
- CC AJMV　予約 望ましい　英

伝統を守り続けるビストロ
Chez Monsieur
シェ・ムッシュー
マドレーヌ界隈　MAP 別冊P.24-2A

花模様の美しいタイルの床や古いカウンターなど、1940年代の創業時のレトロな面影が残るビストロ。オニオングラタンスープ、子牛のブランケット（クリーム煮込み）、舌ビラメのムニエルなど、フランスの伝統料理の王道が揃っている。

- Ⓜ ⑧⑫⑭Madeleine
- 🏠 11, rue du Chevalier de St-Georges 8e
- ☎ 01.42.60.14.36
- 🕐 12:00〜14:30、19:00〜22:30
- 休 7・8月の土日、1月に1週間
- 💴 ア・ラ・カルト予算€60〜70、子牛のブランケット€28
- CC AJMV　予約 望ましい　英　URL www.chezmonsieur.fr

 黒板メニューの読み方

ビストロでは印刷された冊子メニューがなく、黒板に日替わり料理を書いているところも多い。手書きのフランス語は、一見解読不可能にも思えるが、基本的な構成はどこも同じ（メニューの見方→P.244）。仕組みを覚えればオーダーも意外と簡単にできる。

料理単語→P.248

組み合わせ方
前菜 Entrée
メイン Plat
デザート Dessert
- ●前菜＋メイン＋デザート
- ●前菜＋メイン
- ●メイン＋デザート
- ●メイン＋グラスワイン＋カフェ・グルマン

メイン
豚足 Pied de porc
子羊の鞍下肉　Selle d'Agneau
メカジキ Espadon
牛の背肉 Entrecôte
など

単品で頼んだときの値段

前菜
サーモンのタルタル　Tartare de saumon
テリーヌ Terrine
スープ Soupe
フォワグラ Foie gras
サラダ Salade
など

デザート
コンテチーズ Comté
リンゴのサブレ　Sablé aux pommes
チョコレートのクネル（円筒形にまとめたもの）　Quenelles chocolat
など

レストラン、ビストロ、カフェで食事をするときは、パンは頼まなくても無料で提供される。もちろんお代わりも可能。気さくなビストロではミネラルウオーターではなく水道水を頼んでも問題ない（→P.242）

食後のコーヒーは別に頼むのが普通でセットメニューに入っていることはない。小さなデザートとコーヒーがセットになったカフェ・グルマンCafé Gourmandを置く店もあるので、少し甘味が欲しい人におすすめ

レストランガイド　フランス料理　大人気ビストロ

伝統料理からカジュアルまで
Aux Prés
オ・プレ
サン・ジェルマン・デ・プレ　MAP 別冊P.28-2B

©Charlotte Lindet

11区にパティスリー（→P.320）も構える人気シェフ、シリル・リニャックがオーナーのビストロ。伝統料理のほか、ハンバーガーやホット・ドッグなど軽めの一皿も食べられる。デザートにはパン・ペルデュ（フレンチトースト）もおすすめ。

- ④St-Sulpice
- 27, rue du Dragon 6e　TEL 01.45.48.29.68
- 営 12:00～14:30、19:00～23:00
- 休 無休
- 料 ア・ラ・カルト予算約€60
- CC AJV　予約 望ましい　英　Wi-Fi
- URL www.restaurantauxpres.com

ノンストップ営業の人気ビストロ
La Cantine du Troquet Dupleix
ラ・カンティーヌ・デュ・トロケ・デュプレックス
エッフェル塔界隈　MAP 別冊P.17-1C

バスク料理が人気のビストロの支店。カフェのように利用できるほか正午からは時間を問わず食事が注文できるので便利。豚肉や子羊肉からマテ貝やタイ、チーズまで、バスク地方を中心とする食材を使った料理は、量もたっぷりで食べ応えあり。

- ⑥Dupleix
- 53, bd. de Grenelle 15e　TEL 01.45.75.98.00
- 営 7:00～翌2:00（ランチ12:00～15:00 L.O、ディナー19:00～22:45 L.O.）
- 休 1/1、12/24、12/25、12/31
- 料 ア・ラ・カルト予算約€45　CC MV　予約 不可　Wi-Fi
- URL www.lacantinedutroquet.com

19世紀から続く老舗ビストロ
Polidor
ポリドール
サン・ジェルマン・デ・プレ　MAP 別冊P.29-2C

1845年創業、ユゴーやヘミングウェイ、ランボーらが通っていた老舗。ブッフ・ブルギニョン（牛肉の赤ワイン煮込み）、子牛のブランケット（クリーム煮込み）など伝統料理を味わえる。映画『ミッドナイト・イン・パリ』（2011）の撮影でも使われた。

- ④⑩Odéon　41, rue Monsieur le Prince 6e
- 01.43.26.95.34
- 営 12:00～14:30、19:00～24:00（⑧～23:00）
- 休
- 料 ムニュ€22、ブッフ・ブルギニョン€13.20
- CC MV　予約 望ましい　英
- URL www.polidor.com

ノスタルジックな雰囲気が残る店
Le Casse Noix
ル・カス・ノワ
エッフェル塔界隈　MAP 別冊P.11-3C

人気店「ラ・レガラード」出身のピエール・オリヴィエ・ルノルマンによるビストロ。さわやかなレモン風味のホタテのマリネから、牛ほお肉のポトフといったボリューム感のある一品まで、フランス料理の伝統の素材と味を気軽に楽しめる。

- ⑥Dupleix　56, rue de la Fédération 15e
- TEL 01.45.66.09.01
- 営 12:00～14:30（L.O.）、19:00～22:30（L.O.）
- 休 土⑧、一部㊗、8月に3週間、年末に2週間
- 料 昼ムニュ€22、夜ムニュ€35
- CC ADJMV　予約 望ましい　英
- URL www.le-cassenoix.fr（日本語あり）

Column Information
料理も雰囲気もお気に入り「ラ・カンティーヌ・デュ・トロケ・デュプレックス」

投稿　活気のある店で、忙しくても常に笑顔のスタッフが印象的でした。千切りにした豚耳をカリっと焼き上げた料理や、マテ貝の鉄板焼きがおいしかったです。何度も通いたくなるお店ですよ。
（新潟県　おれいゆ　'19）

Column Information
「ポリドール」の雰囲気にワクワク！

投稿　初めてのパリ旅行。レストランよりもビストロに憧れていた私が行ってみたのは「ポリドール」。予約していなかったのでドキドキしましたが、開店直後はすんなり入れました。テーブルには赤いチェックのペーパーが敷かれ、鏡に書かれた手書きのメニューなど、ノスタルジックな雰囲気満点！ ビストロ巡りがしたいねと、友人と盛り上がりました。また行ってみたいです。
（北海道　ミントグラス　'19）

観光の合間に立ち寄りたい
ミュゼのレストラン、サロン・ド・テ

パリには魅力的なレストランを備えた美術館も多い。
モダンでスタイリッシュなレストランから、
美術作品が飾られたサロン・ド・テまで、芸術鑑賞と合わせて訪れたい。

レゾンブル Les Ombres

ケ・ブランリー・ジャック・シラク美術館（→P.207）の敷地内にある。天井までガラス張りになった窓の向こうには、エッフェル塔がそびえる。レゾンブルとは「影」のこと。その名が示すように、エッフェル塔の影をイメージした黒い直線が、インテリアや皿のデザインにあしらわれている。料理は美術館の展示内容に合わせたスペシャリテも用意される。夏の午後はテラス席が作られ、エッフェル塔をより近くに感じながら飲み物を楽しめる。美術館に入らなくても利用でき、休館日もオープンしている。

MAP 別冊 P.11-2C　R) © Pont de l'Alma
住 27, quai Branly 7e　TEL 01.47.53.68.00
営 12:00 ～ 14:15、19:00 ～ 22:30
（夏の 14:15 ～ 19:00 はテラス席がオープン）
休 12/24 の夜
料 昼ムニュ €46、夜ムニュ €74、€104
CC AJMV　予約 望ましい　英
URL www.lesombres-restaurant.com

日差しが降り注ぐ昼間も、エッフェル塔がライトアップされるディナータイムも、どちらもいい雰囲気

カフェ・ド・ロム Café de l'Homme

シャイヨー宮、人類博物館（→P.123）内のレストランは、エッフェル塔が目の前に見えるという絶好のロケーション。料理は1つ星レストランのシェフ、フレデリック・ヴァルドンが監修していて、フランスの伝統料理を洗練されたスタイルで提案している。週末の午後はサラダやサンドイッチなど軽食も用意されている。

人類博物館にあるシックなレストラン
© Pierre Monetta

MAP 別冊 P.10-2B　M ⑥⑨ Trocadéro
住 17, pl. du Trocadéro 16e　TEL 01.44.05.30.15
営 12:00 ～ 14:30（L.O.、土・日 ～ 16:45 L.O.）、
19:00 ～ 22:30（L.O.）
休 1/1　料 ア・ラ・カルト予約 €65　CC AJDMV
予約 望ましい　英　Wi-Fi　URL www.cafedelhomme.com

店内から見るエッフェル塔は迫力満点
© Pierre Monetta

クリスタル・ルーム・バカラ
Cristal Room Baccarat

ギャラリーミュージアム バカラ（→P.107）内にある華麗なレストラン。グラス類はもちろんバカラのクリスタルという豪華さだ。2017年にリニューアルし、内装をジャック・グランジュが手がけ、新シェフにはマチュー・メシェリが就任した。バーコーナーでカクテルを楽しむこともできる。

MAP 別冊 P.22-3B　M ⑨ Iéna ⑥ Boissière
住 11, pl. des Etats-Unis 16e　TEL 01.40.22.11.10
営 12:00 ～ 14:45、19:30 ～ 21:45　休 日
料 昼ムニュ €29、€39、ア・ラ・カルト予約 €65
CC AMV　予約 望ましい　英　Wi-Fi
URL www.cristalroom.com

豪華なシャンデリアとカラフルな家具を取り合わせた内装
® Yann Deret

ムッシュー・ブルー Monsieur Bleu

パレ・ド・トーキョー（→P.208）内にあるレストラン。自由なアートスポットとして人気のパレ・ド・トーキョーだけあって、アート好きのおしゃれな人たちが集まる。天井の高さが9mもあるゆったりとした空間で、本格フレンチと20種類ほどあるカクテルが楽しめる。

- **MAP** 別冊 P.11-2C　**M** ⑨ Iéna ⑨ Alma Marceau
- **住** 20, av. de New York 16e
- **TEL** 01.47.20.90.47
- **営** 12:00～翌 02:00（ランチ⑰～㊎ 12:00～14:30、㊏㊐ ブランチ 12:00～16:00、ディナー㊐～㊌ 19:00～23:00、㊍～㊏ ～23:30）
- **休** 8月に2週間
- **料** 昼ムニュ €27、€35、ア・ラ・カルト予約約 €80
- **CC** AMV　**予約** 望ましい　**英**　**Wi-Fi**
- **URL** monsieurbleu.com

セーヌ川とエッフェル塔が眺められるテラスは特等席だ。夜景の美しさも格別
© Adrien Dirand

ル・カフェ・ジャックマール・アンドレ Le Café Jacquemart-André

ジャックマール・アンドレ美術館（→P.212）のサロン・ド・テ。ジャックマール夫妻のダイニングだった場所は、美術品が飾られた優雅なティールームとして人気が高い。観光客だけでなく、ランチタイムのキッシュや日曜のブランチ目当ての地元マダムも多いので、常に混んでいる。開店と同時に訪れるようにしたい。

- **MAP** 別冊 P.6-3A
- **M** ⑨ St-Philippe du Roule
- **住** 158, bd. Haussmann 8e
- **TEL** 01.45.62.16.31
- **営** 11:45～17:30（L.O.、㊐ ～18:30 L.O.、㊏㊐ 11:00～）
- **休** 無休
- **料** 紅茶 €5.30、ケーキ €7.40～9.80、ムニュ €19.80、€25、㊐のブランチ（11:00～14:30）€29.50
- **CC** MV　**予約** 不可　**英**　**Wi-Fi**
- **URL** www.musee-jacquemart-andre.com

サロン・ド・テだけに通う常連客も多い。すばらしい絵画に囲まれて贅沢なお茶の時間を

レストラン・ミュゼ・ドルセー Restaurant Musée d'Orsay

オルセー美術館（→P.196）の2階にあるレストラン。「オルセー駅」として建設された1900年当時、併設されたホテルのダイニングだった場所だ。艶やかな天井画に彩られた内装は、宮殿の大広間を思わせる豪華さ。料理も本格的で、名作鑑賞の合間に、贅沢なひとときを過ごすことができる。

- **MAP** 別冊 P.28-1A
- **M** ⑫ Solférino **RER** Ⓒ Musée d'Orsay
- **住** 1, rue de la Légion d'Honneur 7e
- **TEL** 01.45.49.47.03
- **営** ランチ 11:45～14:30、サロン・ド・テ 11:45～17:30、ディナー（㊍のみ）19:00～21:00
- **休** ㊊、5/1、12/25
- **料** 昼ムニュ €24.50、€31、夜ムニュ €49、€63（美術館の入場券付き）
- **CC** AJMV　**予約** ㊍の夜のみ可　**英**　**Wi-Fi**
- **URL** www.musee-orsay.fr

気軽に優雅なひとときを楽しめるのは美術館内のレストランならでは

レストランガイド

フランス料理　ミュゼのレストラン、サロン・ド・テ

ひとりでも入りやすい
カジュアルレストラン

"おひとり様"がフラリと入るのにぴったりなカジュアル店をご紹介。予約を取らないところも多いので、当日の気分で選びやすい。

人気セレクトショップ内にある
La Cantine de Merci
ラ・カンティーヌ・ド・メルシー

北マレ　MAP 別冊P.27-1C

北マレのセレクトショップ「メルシー」(→P.303)の店内にあるレストラン。オープンキッチンの開放的な空間で、日替わりのサラダ、スープ、キッシュなど、野菜中心のヘルシーメニューを楽しめる。お昼時にはすぐ満席になるのでお早めに。店内にはこのほか、ライブラリー風の「ユーズド・ブック・カフェ」と映画をテーマにした「シネマ・カフェ」があり、いずれも軽い食事を取ることができる。

- Ⓜ ⑧ St-Sébastien Froissart
- 🏠 111, bd. Beaumarchais 3e
- ☎ 01.42.77.00.33
- 🕐 12:00～15:00(土～15:30)
- 休 ⑪、5/1、12/25
- 💰 スープ€9、サラダ€12～18、野菜タルト€14、リゾット€17
- CC AMV　予望ましい　英　Wi-Fi
- URL www.merci-merci.com

旅行中の野菜不足も一気に解消！

今日は「肉モード」という日はここへ
Le Relais de l'Entrecôte
ル・ルレ・ド・ラントルコート

モンパルナス　MAP 別冊P.18-2B

メインのメニューは1種類、「クルミ入りサラダ+リブロースステーキ+ポテトフライ」のみというステーキの専門店。秘伝のソースを添えたステーキは軟らかくておいしい。2回に分けてサービスされるからボリュームも十分。デザートは種類豊富にある。

- Ⓜ ④Vavin　🏠 101, bd. du Montparnasse 6e
- ☎ 01.46.33.82.82
- 🕐 12:00～14:30 (L.O.)、(日)(祝)～14:45 L.O.)、19:00～23:30 (L.O.)　休 復活祭の休暇、5/1、5/8、12/24、12/31　💰 ステーキセット€26.50
- CC MV　予 グループのみ可　英　Wi-Fi
- URL www.relaisentrecote.fr

Column Information

ソースがおいしかった「ル・ルレ・ド・ラントルコート」

投稿　店の前に行列ができていたので、一緒に並んで入ってみました。シンプルなサラダ、特製ソース付きのステーキも美味でした。フランス語や英語で書かれたメニューから料理を選ぶのが面倒、と思った人におすすめです。
(石川県　サッチ　'19)

パリでは珍しい食べ放題
B.O.U.L.O.M
ブロム

モンマルトル　MAP 別冊P.7-1C

「ア・ノスト」(→P.271)のオーナーが開いたパン屋併設のレストラン。店名は「食事ができるパン屋」という仏語の略だ。前菜、メイン、チーズ、デザートがすべて食べ放題で、ワインなど飲み物は別料金。おいしい料理を好きなだけ食べられる。

- Ⓜ ⑫Jules Joffrin ⑬Guy Môquet
- 🏠 181, rue Ordener 18e　☎ 01.46.06.64.20
- 🕐 12:00～14:30、(土)(日)(祝)～11:30～15:00)、19:30～22:30　休 無休　💰 昼ビュッフェ€29、夜ビュッフェ€39、(土)(日)(祝)のブランチ€43、皿に残すと€2/100gのペナルティあり　CC MV　Wi-Fi
- URL www.boulom.net

「居酒屋」スタイルでノンストップ営業
Freddy's
フレディーズ

サン・ジェルマン・デ・プレ　MAP 別冊P.29-2C

「フィッシュ・ラ・ボワソヌリー」(→P.263)の向かいにある同経営のタパスバーで2015年にオープン。長いカウンターの中からは炭火焼きの香ばしい香り。黒板には旬の素材を使ったつまみが並ぶ。好きな時間に寄れるのも魅力だ。

- Ⓜ ⑩Mabillon
- 🏠 54, rue de Seine 6e　☎ なし
- 🕐 12:00～24:00
- 休 1/1、12/31
- 💰 ア・ラ・カルト予約€30
- CC MV　予 不可　英　Wi-Fi

レストランガイド

フランス料理 カジュアルレストラン

サンドイッチも大人気

Le Petit Vendôme
ル・プティ・ヴァンドーム

オペラ地区　MAP 別冊P.24-2B

パリの中心地にありながら庶民的な雰囲気が残る店。素朴な伝統料理を出すランチはあっという間に常連客で満席に。「ジュリアン」のパンを使うサンドイッチはテイクアウト客で行列ができるほどだ。午後はハムの盛り合わせなど軽食も。

- M ③⑦⑧Opéra ⑧⑫⑭Madeleine
- 住 8, rue des Capucines 2e　TEL 01.42.61.05.88
- 営 8:00～翌2:00（⊕ 8:30～16:30）
  （ランチ12:00～15:00、ディナー18:30～23:15）
- 休 ⊖、一部㊗
- 料 昼ムニュ€17、€22、ア・ラ・カルト予算€28～35
- CC MV　予約 望ましい　英　Wi-Fi

素材にこだわるギリシアサンド

Filakia
フィラキア

レ・アール　MAP 別冊P.13-2D

ギリシアのカジュアルフード「スブラキ（肉の串焼き）」のピタパンサンドが人気の店。野菜もたっぷり入っているので、バランスのとれた食事が気軽にとれる。カリッと香ばしいフリット（ポテトフライ）もおいしいので、セットがおすすめ。

- M ③Sentier ④Etienne Marcel
- 住 9, rue Mandar 2e　TEL 01.42.21.42.88
- 営 11:30～15:00、18:30～22:30（L.O.、⊕ 11:30～22:30）
- 料 ムニュ€12～、スブラキ€8～
- CC MV　予約 不可　Wi-Fi
- URL www.filakia.fr

かわいい看板犬がお出迎え

Le Bouledogue
ル・ブルドッグ

レ・アール／ランビュトー通り　MAP 別冊P.26-1B／本誌P.334

1996年のオープン以来、店名の由来となったブルドッグが代々看板犬を務めるカフェレストラン。著名人もよく訪れる店で、昔ながらのビストロの趣が残る。ポトフ、鴨のコンフィなど、伝統料理の味には定評があり、ボリュームもたっぷり。

- M ⑪Rambuteau
- 住 20, rue Rambuteau 3e　TEL 01.40.27.90.90
- 営 12:00～15:30 (L.O.)、19:00～23:30 (L.O.)
- 休 ⊖、2月に2週間、8月に3週間
- 料 ア・ラ・カルト予算約€40
- CC AMV　予約 望ましい　Wi-Fi
- URL www.lebouledogue.fr

おしゃれなファストフード店

FTG
フレンチー・トゥ・ゴー

レ・アール周辺　MAP 別冊P.13-2D

レストラン、ワインバーも展開する「フレンチー」のファストフード店。朝は朝食セットやエッグベネディクト、ランチはオマールを贅沢に使ったサンドイッチやフィッシュ＆チップスなど、ハイクオリティの軽食を提供している。

© Virginie Garnier

- M ③Sentier
- 住 9, rue du Nil 2e　TEL 01.42.21.96.92
- 営 8:30～17:00
- 休 1/1～1/3、12/25、12/26
- 料 朝食セット€7～14、昼ムニュ€18～29、オマールサンドイッチ€23
- CC AMV　予約 不可　英　Wi-Fi
- URL www.frenchie-ftg.com

カフェ価格で楽しめる愛情料理

L'Auberge Café
ローベルジュ・カフェ

レ・アール　MAP 別冊P.26-2A

晶子（しょうこ）さん、レイモンさん夫妻の店。昼は晶子さんが作る愛情とボリュームたっぷりのランチ、夜は良質な肉や魚を使った料理が味わえる。食事時間以外は、飲み物と自慢のデザートを。不定期だがジャズの生演奏を楽しめる日もある。

- M ⑦Pont Neuf ①④⑦⑪⑭Châtelet
- 住 4, rue Bertin Poirée 1er
- TEL 01.43.29.01.22
- 営 12:00～15:00 (L.O.)、18:00～21:00 (L.O.)
- 休 ⊖の夜、1/1、12/25
- 料 昼ムニュ€13.50、€18、夜ムニュ€25、€30
- CC MV　予約 夜は望ましい

Column Information

イートインのあるパンのチェーン店

「ポール」や「ブリオッシュ・ドレ」といったパンのチェーン店もおすすめ。イートインスペースがある店舗もある。シャンゼリゼ大通りなど人が集まるエリアや国鉄駅構内にあり、気軽に利用できる。

2店が並ぶシャンゼリゼ大通り店（MAP P.23-2C）

- ◆ ポール Paul　URL www.paul.fr
- ◆ ブリオッシュ・ドレ Brioche Dorée
  URL www.briochedoree.fr

はみだし！ ファストフード店やテイクアウトができる店に行くと、「持ち帰り？　店内で食べる？」と聞かれる。店内で食べるなら「シュル・プラス sur place」、持ち帰りは「ア・アンポルテ à emporter」。ぜひ覚えておこう。

ひとりでも入りやすい カジュアルレストラン

市場の中にある穴場的レストラン
L'Estaminet des Enfants Rouges
レスタミネ・デザンファン・ルージュ

北マレ　MAP 別冊P.27-1C

パリで最も歴史があるとされるアンファン・ルージュの市場（→P.46）の一角にある小さなレストラン。料理は、生産者にこだわった豚肉加工品の盛り合わせ、ブーダン・ノワール（豚の血のソーセージ）、パンに具を載せたタルティーヌが人気だ。

M ⑧Filles du Calvaire
住 39, rue de Bretagne 3e　TEL 01.42.72.28.12
営 9:00～23:00（日）～15:30）
休 火水木、1/1、12/25
料 昼ムニュ€19、€25、一品料理€13～15
CC AMV　予約 ㊐の昼は望ましい　英　Wi-Fi

オーガニックデリの人気店
Rose Bakery
ローズ・ベーカリー

モンマルトル／マルティール通り　MAP 別冊P.7-3C／本誌P.335

イギリス人オーナーのローズさんが作る、お総菜とお菓子が評判の店。ヘルシー指向のパリジェンヌでにぎわっている。ノンストップ営業で気軽に利用できるのがうれしい。隣にはテイクアウト専門店があり、キッシュやケーキが人気。

M ⑫Notre-Dame de Lorette
住 46, rue des Martyrs 9e　TEL 01.42.82.12.80
営 8:00～18:30　休 1/1、12/25
料 オムレツ€10、キッシュ€8.50、スープ€8.50、サラダ€7～19
CC AMV　予約 不可
URL www.rosebakery.fr

食のセレクトショップに併設
Maison Plisson
メゾン・プリソン

北マレ　MAP 別冊P.27-1D

©JP BALTEL

ファッション業界出身のデルフィーヌ・プリソンさんがオープンした食料品店に併設のカフェレストラン。季節の野菜たっぷりのサラダやスープ、新鮮な食材を使った料理を気軽に楽しめる。天気のいい日はテラス席がおすすめ。

M ⑧St-Sébastien Froissart
住 93, bd. Beaumarchais 3e　TEL 01.71.18.19.09
営 8:30～21:00（日 9:30～、㊎ 9:30～20:00）
休 1/1、5/1、12/25
料 ムニュ€24　CC MV　予約 不可　英
URL www.lamaisonplisson.com
〈その他〉→P.332

ピタパンサンドが人気
Miznon
ミズノン

マレ　MAP 別冊P.27-2C

イスラエルの有名シェフがパリにオープンしたピタパンサンドの店。スパイスが効いた子羊や白身魚のピタパンサンドのほか、まるごと豪快にグリルしたカリフラワーも知る人ぞ知る人気商品。テイクアウト、イートインどちらも可能。

M ①St-Paul
住 22, rue des Ecouffes 4e　TEL 01.42.74.83.58
営 12:00～23:00（㊎～16:00）
休 ㊏、ユダヤの祭日
料 ピタパンサンド€5.60、大€11.50、カリフラワーのグリル€6.50
CC AMV　予約 不可　英　Wi-Fi

ガレットの香ばしい香りにうっとり
Ty Breiz
ティ・ブレイズ

モンパルナス　MAP 別冊P.18-2A

ブルターニュ産の新鮮なバターを使ったガレットがおいしい人気のクレープ店。メニューには具のバリエーションがずらり。チーズや卵を使ったシンプルなものから、スモークサーモンが入ったノルウェー風までいずれもボリュームもたっぷり。

M ⑥⑫Pasteur
住 52, bd. de Vaugirard 15e　TEL 01.43.20.83.72
営 11:00～15:00、18:00～23:00
休 1/1、12/24の夜、12/25、12/31の夜
料 ガレット€4.50～、クレープ€4.30～
CC MV　予約 望ましい　英　Wi-Fi

「クレープ通り」の人気店
Crêperie de Josselin
クレープリー・ド・ジョスラン

モンパルナス　MAP 別冊P.18-2B

クレープリーがいくつも並ぶモンパルナス通りで、最も人気がある店。ランチタイムは混み合うので、少し時間をずらして行くといい。卵やチーズが入った塩味のクレープとデザートクレープを1品ずつ頼むのがおすすめ。シードルと合わせて。

M ⑥Edgar Quinet
住 67, rue du Montparnasse 14e
TEL 01.43.20.93.50　営 11:30～23:00
休 ㊊ ㊋、2月に2週間、8月に3週間
料 昼ムニュ€14、ガレット€9.80～12、クレープ€5～
CC MV　予約 不可　日

気軽なスタイルが人気のタパスバー
A Noste
ア・ノスト
オペラ地区 MAP 別冊P.25-1C

オーナーシェフであるジュリアン・ドゥブエが南西部出身であることから、バスクの素材を使った一品料理が充実している。ほかにタイ風ソースを使ったエキゾチックなタパスも。気さくな雰囲気のため、皆でわいわい食事を楽しめる。

- ③Bourse
- 6bis, rue du 4 Septembre 2e
- 01.47.03.91.91
- 12:00〜23:00
- 5/1〜5/9、12/22〜1/2
- タパス€8〜25、昼ムニュ€25、夜ムニュ€47
- CC MV 予約 望ましい 英 Wi-Fi
- www.a-noste.com

贅沢素材のロールサンド
Homer Lobster
オメール・ロブスター
レ・アール／ランビュトー通り MAP 別冊P.26-2B／本誌P.334

©Kim Garell

アメリカ生まれのロブスターサンドの専門店がパリにも登場した。ブリオッシュ生地のパンに挟む具は、ロブスター、カニ、エビのなかから選べる。自家製マヨネーズもしくはレモンバターで和えたロールサンドは高級感たっぷり。

- ⑪Rambuteau
- 21, rue Rambuteau 4e
- なし
- 12:00〜23:00
- 無休
- ムニュ€22、ロブスターロール€18
- www.homerlobster.com

ベルギー発のベーカリーカフェ
Le Pain Quotidien
ル・パン・コティディアン
マレ MAP 別冊P.26-2B

長いテーブルに仲よく並んでワイワイにぎやかに食事を楽しむ相席スタイルが特徴。タルティーヌ（オープンサンド）や具だくさんのサラダ、スープは地元客にも大人気。テーブルのジャムを自由に塗って食べることのできる朝食セットもおすすめ。

- ①⑪Hôtel de Ville 18-20, rue des Archives 4e 01.44.54.03.07 8:00〜21:00
- 5/1、5/8、12/25 昼ムニュ€14.60、タルティーヌ€10.30〜13.10、キッシュ€13.50 CC AJMV
- 予約 不可 英 Wi-Fi URL www.lepainquotidien.fr
- ＜その他＞
- MAP 本誌P.335 54, rue des Martyrs 9e

洗練されたタルティーヌ
Comptoir Poilâne
コントワール・ポワラーヌ
サン・ジェルマン・デ・プレ MAP 別冊P.28-3A

©Poilâne

人気パン屋「ポワラーヌ」（→P.327）の隣にあるレストラン。「ポワラーヌ」の田舎パンを使ったタルティーヌ（オープンサンド）が食べられる。食事用からデザート用までバリエーションが豊富。買い物の途中に軽く食べたいときなどに便利だ。

- ④St-Sulpice
- 8, rue du Cherche Midi 6e 01.45.48.45.69
- 8:30〜19:00（⑧ 9:30〜15:30） 8月
- タルティーヌ€11.50〜13.20、サラダセット€10.50〜14、スープセット€8〜10
- CC AJMV
- www.poilane.com

毎月変わる具材が楽しみ
Picto
ピクト
オペラ地区 MAP 別冊P.7-3D

©guillaume et laurie

旬の野菜や厳選された素材を使い、注文を受けてから作るサンドイッチの店。子羊をやわらかく煮込んだナヴァランを挟んだシェフ特製サンドなど、こだわりの具材が好評。コーヒーは「クチューム」（→P.287）の本格コーヒーを楽しめる。

- ⑦Cadet
- 68, rue La Fayette 9e なし
- 10:00〜20:00
- ⑧ ㊗、8/10〜8/20
- ムニュ€9、サンドイッチ€6
- CC VM 予約 不可 英 Wi-Fi
- www.picto.paris

自然派セルフチェーン
Exki
エクスキ
オペラ地区 MAP 別冊P.24-1B

ベルギー生まれのオーガニックカフェ。パン、キッシュ、スープ、サラダなどオーガニック素材を使った軽食がズラリ。パンが付くスープでランチを済ませるパリジェンヌも多い。デザートも種類豊富なので午後のひと休みにも。テイクアウト可。

- ③⑦⑧Opéra ⑦⑨Chaussée d'Antin La Fayette
- 22, rue de la Chaussée d'Antin 9e
- 01.44.83.09.01 8:00〜21:00（⊕ 10:00〜、⑧ 11:30〜18:00） 1/1、5/1、12/25
- キッシュ€5.70、サンドイッチ＋サラダ＋飲み物€8.90、テイクアウトは€0.50引き
- CC AJMV 予約 不可 英 URL www.exki.com

はみだし！ 食事を簡単に済ませたいときなどに便利なのがデパート内のセルフ・サービス・レストラン。「ギャラリー・ラファイエット」（→P.346）、「ル・ベーアッシュヴェー・マレ」（→P.348）などにある。

各国料理レストラン

フレンチにちょっと飽きたら、フランス以外の国の料理はいかが？
食べ慣れた中華などホッとする味にも出合える。

並んでも食べたいフォー
Song Heng
ソン・ヘン

ベトナム料理／レ・アール　MAP 別冊P.26-1B

技術工芸博物館近くの路地に面した、パリで最も古いといわれる建物の1階にある。人気があるのですぐ満席になってしまう。開店の少し前に着いておくと安心だ。メニューはフォーとボブン（肉、ピーナッツ、揚げ春巻きが入った汁なし麺）の2種類。あっさりとした日本人好みの味だが、麺、具ともに量はしっかり。別皿で付く生のモヤシとミントをたっぷりのせて味わおう。薬味の青唐辛子は辛いので、入れ過ぎないよう注意。

- ③⑪ Arts et Métiers
- 3, rue Volta 3e
- 01.42.78.31.70
- 11:30〜15:30
- ⑪、一部㊗、8月
- フォー、ボブンとも大€8.90、小€8
- MV　予約 不可

ヘルシーな料理で野菜不足も
解消されそう

カジュアルイタリアンならここ！
Fuxia
フクシア

イタリア料理／オペラ地区　MAP 別冊P.24-2B

パリ市内に10店舗あるイタリアンのチェーン店。「パリのパスタはゆで過ぎ」という定説を覆す本格イタリアンが気軽に食べられる。リゾットやパスタひと皿でもOKなのがうれしい。前菜盛り合わせやサラダとアペリティフを楽しむのもおすすめ。

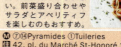

- ⑦⑭Pyramides ①Tuileries
- 42, pl. du Marché St-Honoré 1er
- 01.42.61.45.46
- 12:00〜23:00（㊌〜㊏〜23:30）
- 1/1、12/24の夜、12/25、12/31
- ムニュ €15、€22
- MV　予約 不可　英　Wi-Fi　URL www.fuxia.fr

ヘルシーなレバノン料理
Noura Opéra
ヌラ・オペラ

レバノン料理／オペラ地区　MAP 別冊P.24-1B

パリのレバノン料理レストランの先駆け的存在の店。パリ市内に数店舗あるうちオペラ店は明るくカジュアルな雰囲気で、お昼時にはビジネスマンも多い。前菜の盛り合わせプレートは軽めのランチにおすすめ。テイクアウトコーナーもある。

- ③⑦⑧ Opéra
- 29, bd. des Italiens 2e　TEL 01.53.43.00.53
- 11:00〜24:00　無休
- 昼ムニュ€14.90、€19.90、6種類の前菜の盛り合わせ€13.50、夜ア・ラ・カルト予算約€30
- ADJMV　予約 望ましい　英　Wi-Fi
- URL www.noura.com

Column Information

ムール貝の専門店「レオン・ド・ブリュッセル」

ベルギー名物のムール貝専門レストランチェーン。ココット鍋いっぱいのムール貝が楽しめる。定番のワイン蒸し、オーブン焼きなどメニューの種類も豊富で、昼から深夜までノンストップ営業。

◆レオン・ド・ブリュッセル Léon de Bruxelles
URL www.leon-de-bruxelles.fr

シャンゼリゼ店　MAP 別冊P.23-2C
- 63, av. des Champs-Elysées 8e
- 01.42.25.96.16
- 11:45〜24:00（㊎㊏㊗〜翌1:00）　無休
- ムニュ€15.90〜21.90　AJMV　英　Wi-Fi

オペラ店　MAP 別冊P.24-1B
- 30, bd. des Italiens 9e　01.42.46.36.15

モンパルナス店　MAP 別冊P.18-2B
- 82bis, bd. du Montparnasse 14e
- 01.43.21.66.62

サン・ジェルマン店　MAP 別冊P.29-2C
- 131, bd. St-Germain 6e　01.43.26.45.95

バスティーユ店　MAP 別冊P.27-2D
- 3, bd. Beaumarchais 4e　01.42.71.75.55

レピュブリック店
MAP 別冊P.14-2B
- 8, pl. de la République 11e
- 01.43.38.28.69

たっぷりのムール貝も
食べきれてしまう

体に優しい四川&広東料理
Ebis
えびす

中華料理／ルーヴル界隈　MAP 別冊P.25-2C

油を抑えた優しい味わいの料理が自慢の中華レストラン。新鮮な海鮮類、牛肉の炒め物などがおすすめ。フランスワインも充実している。シェフの奥さんをはじめ、日本人スタッフがいるので、好みや体調に合わせたメニューの相談もできる。

- M ⑦⑭Pyramides ①Tuileries
- 住 19, rue St-Roch 1er
- TEL 01.42.61.05.90
- 営 12:00～14:30、19:00～22:30
- 休 ㈫の昼、㈰、1/1、12/25、8月に3週間
- 料 昼ムニュ€14～、夜ムニュ€35～
- CC AJMV　予約 昼は不可、夜は望ましい　日

Column Information

カルーゼル・デュ・ルーヴルのフードコート

カルーゼル・デュ・ルーヴル（→P.349）にあるフードコートは、各店で料理を購入して共有スペースで食べるシステム。カジュアルフレンチからイタリアン、スペイン、モロッコ、アジア、地中海料理まであり、気楽に利用できる。飲み物だけでひと休みするのにも使えて便利。

特製のから揚げがおいしい
Han Lim
韓林

韓国料理／カルチェ・ラタン　MAP 別冊P.19-2D

ムフタール通り界隈にあり、市場散策後のランチに便利な店。チヂミやプルコギ、チャプチェ（春雨炒め）といった定番韓国料理はもちろん、特製鶏のから揚げも大人気。ニンニクの風味が効いていて、ネギ入りソースとの相性も抜群。

- M ⑦Place Monge
- 住 6, rue Blainville 5e　TEL 01.43.54.62.74
- 営 12:00～14:15 (L.O.)、19:00～22:15 (L.O.)
- 休 ㈫の昼、一部㈷、8月に3週間
- 料 昼ムニュ€14、鶏のから揚げ€13.80、ア・ラ・カルト予算€25～30　CC MV　予約 望ましい　英 Wi-Fi
- URL hanlim.fr

タピオカティーが人気
Zenzoo
ゼンジュー

台湾料理／オペラ地区　MAP 別冊P.25-1C

おいしい台湾家庭料理がリーズナブルな値段で味わえる店。鶏、豚、牛肉のそれぞれの味を生かした料理は、しっかりとした味つけで、どんどんご飯が進む。野菜もたっぷりでヘルシーだ。大粒のタピオカがゴロゴロと入ったミルクティーも人気。

- M ⑦⑭Pyramides
- 住 13, rue Chabanais 2e　TEL 01.42.96.27.28
- 営 12:00～18:30 (L.O.)
- 休 ㈰、8月に2週間、12月下旬～1月上旬に2週間
- 料 一品料理€8.50～15.50、タピオカティー€5～6
- CC JMV　予約 不可　Wi-Fi
- URL www.zen-zoo.com

クスクスを食べるなら
Zerda Café
ゼルダ・カフェ

北アフリカ料理／レピュブリック界隈　MAP 別冊P.14-1A

1946年創業のクスクスレストラン。『フィガロスコープ』のクスクスコンクールで1位を獲得したこともある。ボリューム満点のクスクスは、野菜のうま味がたっぷり溶け込んだスープがサラリとした仕上がりでおいしい。タジンもおすすめ。

- M ④⑧⑨Strasbourg St-Denis
- 住 15, rue René Boulanger 10e
- TEL 01.42.00.25.15　営 12:00～14:30 (L.O.)、19:00～23:00 (L.O.)　休 ㈪の昼、㈯の昼、㈰、1/1、8月　料 クスクス€18.90～23.50、タジン€15.90～23　CC AJMV　予約 夜は望ましい
- 英 Wi-Fi　URL zerdacafe.fr

Column Information

パリで味わうエスニックフード

パリで一度は食べてみたいのが、「クスクスCouscous」「タジンTajine」など北アフリカ料理。クスクスは、デュラム小麦粉から作られた粒状のスムールsemouleに、野菜スープや肉、ヒヨコ豆、薬味などをかけて食べる。タジンは、肉と野菜を円錐形のタジン鍋で蒸し煮したもの。食材の凝縮したうま味をそのまま味わえる。

レストランガイド　各国料理レストラン

はみだし！お醤油の味が恋しくなったときは中華街に行ってみるのもいい。13区のチャイナタウン（→P.178）では、ベトナム系、カンボジア系、タイ系など各種の店が並んでいる。日曜も営業している店が多く、値段も手頃だ。

日本料理レストラン

寿司や天ぷらからラーメンまで、日本食はフランス人にも大人気。箸を器用に使うパリジャンと並んで食べる和食もオツなもの。

パリジャンに人気の日本の味
Zen 善
ルーヴル界隈　MAP 別冊P.25-2C

気軽に食べられる日本食が評判の店。餃子、カレー、とんかつ、丼物、寿司など多彩なメニューが勢揃いし、さながら「味の名店街」だ。昼は開店と同時に席が埋まるほどだ。夜は居酒屋風となり、天ぷらなど一品料理が充実している。

- Ⓜ ⑦⑭Pyramides
- 🏠 8, rue de l'Echelle 1er　☎ 01.42.61.93.99
- 🕐 12:00～14:30 (L.O.、土日〜15:00 L.O.)、19:00～22:30 (L.O.)
- 休 8月に3週間
- 料 昼ムニュ€20～、夜ムニュ€35～
- CC AJMV　予約 昼は不可、夜は望ましい　日
- URL www.restaurantzenparis.fr

新鮮素材の串揚げを白ワインで
Shu 修
カルチェ・ラタン　MAP 別冊P.29-2D

シェフの鶏飼修(おさむ)さんが腕を振るう、串揚げ専門店。フォワグラなど濃厚なフランスの素材も軽やかに仕上げ、グルメなパリっ子たちを魅了している。季節の素材を使った一品料理も美味。正面の扉は小さいので見逃さないようご注意を。

- Ⓜ ④St-Michel ④⑩Odéon
- 🏠 8, rue Suger 6e　☎ 01.46.34.25.88
- 🕐 18:30～22:30
- 休 日、1/1、12/25、復活祭に1週間、8月に2週間
- 料 ムニュ€42、€52　CC AMV
- 予約 望ましい　日　Wi-Fi
- URL restaurant-shu.com

『ミシュラン』にも掲載
Sanukiya さぬき家
ルーヴル界隈　MAP 別冊P.25-2C

北海道産のうどん粉、香川県産の醤油を使用したコシの強い本格うどんが評判の店。温・冷うどんからぶっかけ、ざるなど種類豊富でトッピングもいろいろある。鶏ごぼうご飯、揚げ物、卵焼きが付く定食セットは18:00まで注文可能だ。

- Ⓜ ⑦⑭Pyramides
- 🏠 9, rue d'Argenteuil 1er
- ☎ 01.42.60.52.61
- 🕐 11:30～22:00 (L.O.)
- 休 第2火、祝、8月に3週間
- 料 昼ムニュ€14～、うどん€9～20、丼€14～20
- CC JMV　予約 不可　日

エッフェル塔近くで絶品塩ラーメンを
Ryukishin Eiffel 龍旗信
エッフェル塔界隈　MAP 別冊P.11-3D

2019年11月、塩ラーメン専門店「龍旗信」がパリに2店舗目をオープン。あっさりとしたなかに深いコクがあるスープで、鴨と鶏の2種類のチャーシューもおいしい。トッピングの味玉、餃子や鶏の唐揚げなどのおつまみもパリジャンに人気だ。

- Ⓜ ⑧Ecole Militaire
- 🏠 20, rue de l'Exposition 7e　☎ 01.45.51.90.81
- 🕐 12:00～14:30 (L.O.)、19:00～22:00
- 休 日祝　料 ラーメン€16～18、つけ麺€18、味玉トッピング€2、ラーメン+餃子または鶏の唐揚げセット€21　CC AMV　日
- <その他> MAP P.25-2C　59, rue de Richelieu 2e

Column Information　ラーメンが恋しくなったら

もはや日本人のソウルフードといっても過言ではないラーメン。日本を離れて数日たつと、なぜか食べたくなってしまう食べ物No.1だ。オペラ大通り近くのサンタンヌ通りRue Ste-Anneとその周辺にはラーメン店が数多くあるので、ラーメンだけでなくチャーハンや餃子など日本の味が恋しくなったら行ってみよう。

◆どさん子 Dosanko

- MAP 別冊P.25-2C
- 🏠 40, rue Ste-Anne 2e
- ☎ 01.42.61.11.59
- 🕐 11:30～22:30 (L.O.)
- 休 無休　料 ラーメン€10～
- CC AMV　日

◆北海道 Hokkaido

- MAP 別冊P.25-1C
- 🏠 14, rue Chabanais 2e
- ☎ 01.42.60.50.95
- 🕐 11:30～22:15 (L.O.)
- 休 12/25の夜、12/31の夜
- 料 ラーメン€9～
- CC JMV　Wi-Fi

◆なりたけ Naritake

- MAP 別冊P.25-2C
- 🏠 31, rue des Petits Champs 1er
- 🕐 11:30～22:00
- 休 1/1、5/1、12/25、12/31
- 料 ラーメン€11.50～
- CC MV　日

レストランガイド
日本料理レストラン

パリで本格お好み焼き
Aki アキ
オペラ地区　MAP 別冊P.25-2C

フランス人にも人気の大阪風お好み焼きの店。豚玉、イカ玉、豚キムチ、海老チーズなど7種類があり、さらにお好み焼きセットは、豚玉に味噌汁とサラダが付いてボリュームもたっぷり。焼きソバや丼、ソバ、つまみ類もある。営業時間も長いので便利。

- M ⑦⑭Pyramides
- 住 11bis, rue Ste-Anne 1er　TEL 01.42.97.54.27
- 営 11:30～22:45
- 休 ㊐、1/1、12/25
- 料 ムニュ€13.50～、お好み焼き€11～
- CC MV（€15～）　予約 不可　日本語メニュー
- URL www.akirestaurant.fr

女性シェフの心配りが感じられる
Chez Miki シェ・ミキ
オペラ地区　MAP 別冊P.25-1C

2007年にシェフの三木綾子さんがオープンしたレストラン。前菜2品、メイン1品、ご飯、吸い物、デザートで€15のランチが好評だ。フォワグラと大根の照り焼きやイワシのマリネ、カボチャのコロッケなど、ていねいに作られた味わいにほっとする。

- M ③Quatre Septembre ⑦⑭Pyramides　住 5, rue de Louvois 2e　TEL 01.42.96.04.88　営 12:00～14:30 (L.O.)、19:00～22:30 (L.O.)　休 ㊊の夜、㊐の昼、㊗の昼　料 昼ムニュ€15、一品料理€15～
- CC AMV　予約 昼は不可、夜は望ましい　日本語　Wi-Fi
- ＜その他＞ 2号店「柚子Yuzu」
- MAP 別冊P.12-3B　住 33, rue Bellechasse 7e

揚げたてをいただく幸せ
Tonkatsu Tombo とんかつ とんぼ
モンパルナス　MAP 別冊P.18-2B

モンパルナス駅の近く、昼時ともなると界隈で働く人たちですぐ満席になる人気店。ジューシーなロースかつ、ブロックのまま揚げるヒレかつのほか、イベリコ豚のとんかつもある。突き出し、小うどん、ご飯が付く定食がお得でおすすめ。

- M ④⑥⑫⑬Montparnasse Bienvenüe
- 住 14, rue de l'Arrivée 15e
- TEL 01.42.22.61.83
- 営 12:00～14:30、19:00～22:00 (L.O.)
- 休 ㊐㊗
- 料 昼ムニュ€12.50～、とんかつ単品€13.50～
- CC V　予約 ㊊～㊍の夜のみ可　日本語

日仏の架け橋
MEDIACAFE メディアカフェ
サン・マルタン運河界隈　MAP 別冊P.14-1A

2018年9月、「エスパス・ジャポン」（→P.435）内にオープン。ていねいに手作りされたおにぎりやお総菜など家庭の味が好評で、近所のサラリーマンもランチに訪れる。おにぎり2個€3など良心的な値段設定もうれしい。テイクアウトのお弁当も。

- M ⑤Jacques Bonsergent
- 住 12, rue de Nancy 10e　TEL 01.47.00.77.47
- 営 13:00～19:00（㊏ ～18:00）
- 休 ㊐㊗
- 料 おにぎり+小鉢セット€6、€9、お総菜€3、日本茶€3、アイスコーヒー€3.80
- CC MV　予約 不可　日本語　Wi-Fi
- URL www.espacejapon.com/espace-cafe

Column Information
日本の食料品を買うなら

日本食が食べたいけれどレストランに行くほどでもなく、ちょっとしたお総菜や日本食品があれば……というときに便利な、オペラ地区の店を紹介しよう。

◆ **京子 Kioko**
食料品、食材が充実していて、パリ在住の日本人に特に親しまれている店。
- MAP 別冊P.25-2C
- 住 46, rue des Petites Champs 2e
- TEL 01.42.61.33.65
- 営 10:00～20:00（㊊ 11:00～19:00）
- 休 ㊐㊗
- CC JMV
- URL www.kioko.fr

◆ **十時や Juji-ya**
パリのお弁当店の草分け的存在の店。から揚げ弁当、丼、おにぎりが人気。
- MAP 別冊P.25-2C
- 住 46, rue Ste-Anne 2e
- TEL 01.42.86.02.22
- 営 11:30～22:00
- 休 1/1、12/25　CC AJMV

海外旅行に行くと日本食が恋しくなる私。なるべく日本の食料品を持っていくようにしているのですが、初めてのパリ旅行にまいあがっていて、今回は忘れてしまいました。行きの飛行機内で知り合ったパリの日本人におすすめしてもらったのが「京子」。おなじみの食品がたくさんあって感激！ もちろんお値段はお高めですが安心できました。
（東京都　匿名希望　'19）

おすすめワインバー

Le Barav
ル・バラヴ
持ち込みもできる気さくなバー

`レピュブリック広場界隈` `MAP` 別冊 P.14-2B

日によって変わるグラスワインはボルドーなど「地方」で選ぶ

ワインバーを意味する「バーラ・ヴァンBar à Vin」を略したというシンプルな店名にふさわしく、純粋にワインとつまみを楽しめる店だ。イベリコ豚のハム、シェーヴルチーズのサラダなどのつまみ、ワインとも手頃な価格なのもうれしい。隣接したワインショップで好きな1本を選び、持ち込むことも可能（持ち込み料が必要）。ブラインドテイスティングも行っていて、地方、ブドウの品種、アペラシオン（原産地）の3つを当てられたらそのワイン1本が無料に。ワイン好きなら挑戦してみては？

Ⓜ ③⑤⑧⑨⑪ République
住 6, rue Charles François Dupuis 3e
℡ 01.48.04.57.59
営 17:00 ～ 24:00（土 12:00 ～）
休 ⑧、8月に15日間
料 グラスワイン€4 ～ 7、一品料理€5 ～ 15
CC M/V 予約 不可
URL www.lebarav.fr

Le Rubis
ル・リュビ
朝から深夜までノンストップ

`オペラ地区` `MAP` 別冊 P.24-2B

パリジェンヌに人気のブティックが立ち並ぶサントノレ通りとマルシェ・サントノレ広場の間という流行の場所にありながら、「庶民的な」という雰囲気が板についているワインバー。狭い店内のカウンターや、外の樽のテーブルでは、仕事帰りや仕事途中に一杯やってる常連客の姿が絶えない。いつも地元客で混み合っているが、観光客も気さくに迎え入れてくれるので安心して入ってみよう。お昼時も2階席は意外とすいていて、穴場ともいえる。ボリューム満点の気取らない料理を楽しんで。

店頭に並べたワイン樽が目印

Ⓜ ① Tuileries 住 10, rue du Marché St-Honoré 1er
℡ 01.42.61.03.34
営 7:00 ～ 翌 2:00（土 9:00 ～、ランチ 12:00 ～ 15:00 L.O.、ディナー 19:00 ～ 23:00 L.O.）
休 ⑧、5/1、8/1 ～ 8/15、12/24、12/31
料 グラスワイン€4 ～ 6、一品料理€15.50 ～ 24.50
CC M/V 予約 望ましい

Vingt Vins d'Art
ヴァン・ヴァン・ダール
アートとワインを楽しむ店

`マレ` `MAP` 別冊 P.27-2C

観光客でにぎわうマレ地区に2012年にオープンした日本人オーナーのワインバー。自然派を中心に手頃な価格のワインが充実し、グラスワインも揃っている。壁の絵が毎月変わるギャラリーでもあり、コンサートやイベントなども開催される。アートフルな空間で、ナチュラルワインと素材にこだわった料理を楽しめる。おすすめワインなどを日本語で相談できるのがうれしい。

6時間煮込んだラムとナスのカレーなど料理も充実

Ⓜ ① St-Paul 住 16, rue de Jouy 4e
℡ 09.80.31.52.04 / 06.70.90.33.64
営 18:00 ～ 22:00（L.O.）、土・⑧はランチあり 12:00 ～ 14:30（L.O.）
休 1/1、12/24、12/25
料 グラスワイン€5 ～ 10、ア・ラ・カルト料理€7 ～
CC A/M/V 予約 望ましい 日 Wi-Fi

ワインバー

自然派ワインが人気
ル・ヴェール・ヴォレ
Le Verre Volé

サン・マルタン運河界隈　MAP 別冊P.14-1B

厳選されたビオワインが揃う人気店。壁一面に並んだワインと、常に満席という客たちのにぎわいから、熱気あふれる下町のワイン屋の雰囲気を味わえる。おいしいと評判の料理は、日本人シェフによる和のエッセンスが入ったフレンチだ。

- M ⑤Jacques Bonsergent
- 住 67, rue de Lancry 10e
- TEL 01.48.03.17.34
- 営 12:30～14:00、19:30～22:30(L.O.)
- 休 1/1、12/24の夜、12/25、12/31の夜
- 料 グラスワイン€6.50～、昼ムニュ€19、€22、ア・ラ・カルト予算約€26　CC M V
- 予約 望ましい　英　URL www.leverrevole.fr

こだわりのワインがたくさん
レ・パピーユ
Les Papilles

カルチェ・ラタン　MAP 別冊P.19-2C

壁の棚にワインがびっしりと並ぶ店内には、こぢんまりとしたテーブル席が整然とセッティングされている。オーナーこだわりのワインセレクションを心ゆくまで楽しみたい。おつまみや食事も充実している。ワインだけでなく食材の販売も。

- M ⑩Luxembourg
- 住 30, rue Gay Lussac 5e
- TEL 01.43.25.20.79
- 営 12:00～13:45(L.O.)、19:00～21:45(L.O.)
- 休 ⑪、8月、クリスマス～年始
- 料 グラスワイン€4.80～8.50、昼ムニュ€28、夜ムニュ€38、一品料理約€22～32　CC A M V
- 予約 望ましい　Wi-Fi　URL www.lespapillesparis.fr

装い新たに再オープン
エクリューズ
Ecluse

オペラ地区　MAP 別冊P.24-2B

ボルドーワインの品揃えで知られた「レクリューズL'Ecluse」が2017年に「エクリューズ」としてリニューアル。店内もよりシックな内装に生まれ変わった。250種ものワインが揃い、50種あるグラスワインも€6から楽しめるのがうれしい。

- M ⑦⑭Pyramides ①Tuileries
- 住 34, pl. du Marché St-Honoré 1er
- TEL 01.42.96.10.18　営 12:00～24:00(食事15:00～18:00、⑯16:00～20:00)　休 ⑪ ⑧ ⑲
- 料 グラスワイン€6～、一品料理€15～25
- CC A D J M V　予約 望ましい　Wi-Fi
- URL lecluse.paris

本とワインのマリアージュ
ラ・ベル・オルタンス
La Belle Hortense

マレ　MAP 別冊P.26-2B

フランス人作家ジャック・ルーボーの本のタイトルを店名にもつ、本屋とバーとギャラリーが一緒になった新コンセプトのワインバー。カウンター付近は常連客で混み合うが、奥にはアート作品が飾られたギャラリー兼書斎のような部屋がある。

- M ①St-Paul ①⑪Hôtel de Ville
- 住 31, rue Vieille du Temple 4e
- TEL 01.48.04.71.60
- 営 13:00～翌2:00　休 無休
- 料 グラスワイン€4～9.50、一品料理€13～
- CC M V　予約 不可　英
- URL www.cafeine.com/belle-hortense

日本人経営のホッとできる店
サロン・ド・カフェ・マックイーン
Salon de Café Mc Queen

ルーヴル界隈　MAP 別冊P.25-2C

大阪出身の後藤さんが経営するワイン居酒屋。ローヌやロワール地方のワインがグラスで楽しめる。枝豆鶏そぼろ丼、豚の角煮、ローストビーフなど一品料理も充実。メロンソーダや抹茶ラテ、パフェといったカフェメニューもパリジャンに人気だ。

- M ①Palais Royal Musée du Louvre
- 住 16, rue Molière 1er　TEL 01.42.61.54.67
- 営 12:00～14:30、カフェタイム14:30～18:30、18:30～22:00　休 ⑪、一部⑧
- 料 グラスワイン€7～、昼ムニュ€12.80～、夜ムニュ€15～　CC M V　予約 望ましい　日　Wi-Fi

Column Information

ワインバーで頼みたい定番おつまみ

一般的なワインバーでは夜は冷製のおつまみしかないというところも多い。たいていの店にあるのが「チーズfromage」や「シャルキュトリーcharcuterie」だ。シャルキュトリーとは、おもに豚肉や豚の内臓から作ったハム、サラミ、ソーセージ、テリーヌなどの加工食品のこと。しっかりとした味でワインによく合う。

レストランガイド｜ワインバー

ワインバー

有名ワインショップのバー
Chez Nicolas
シェ・ニコラ
マドレーヌ広場　MAP 別冊P.24-2A

フランス全土に多くの店舗を展開しているワインの大チェーン店「ニコラ」。マドレーヌ広場店にはレストランバーが併設されている。買い物の途中に立ち寄りやすいので昼時は混み合う。1階のブティックで買ったワインを＋€4で楽しむこともも可能。

M ⑧⑫⑭Madeleine
住 31, pl. de la Madeleine 8e　TEL 01.44.51.90.22
営 12:00～20:00（ランチ12:00～14:50 L.O.）
休 ⑪、1/1、5/1、12/25
料 グラスワイン€3～30、昼メニュー€22、一品料理€18～36　CC AMV　予約 望ましい　Wi-Fi
URL nicolasmadeleine.over-blog.com/LeBAV

クラシックなワインビストロ
La Robe et le Palais
ラ・ローブ・エ・ル・パレ
レ・アール　MAP 別冊P.26-2A

ワインは白か赤かどちらかの希望を伝えると、料理に合った銘柄をセレクトしてくれる。店内にはブドウに関するグッズが飾られ、ワインの木箱を使ったテーブルなど、雰囲気も抜群。鴨料理やポトフなどおいしいビストロメニューが揃っている。

M ①④⑦⑪⑭Châtelet
住 13, rue des Lavandières Ste-Opportune 1er
TEL 01.45.08.07.41
営 12:00～14:25（L.O.）、19:00～22:55（L.O.）
休 ⑪の昼　料 グラスワイン€6～12（夜は€9～）、昼メニュー€21、€23.50、夜メニュー€74
CC MV　予約 望ましい　Wi-Fi　URL larobeetlepalais.fr

量り売りワインが珍しい
Le Baron Rouge
ル・バロン・ルージュ
リヨン駅周辺　MAP 別冊P.21-1C

活気あるアリーグルの市場（→P.46）の近くにあり、市場での買い物や仕事帰りの人たちが立ち寄る人気店。外に置かれたテーブル代わりの台も立ち飲み客でにぎわう。9～4月の⑥限定で生カキも楽しめる。量り売りのワインを買いに来る客も。

M ⑧Ledru Rollin　住 1, rue Théophile Roussel 12e
TEL 01.43.43.14.32　営 10:00～14:00、17:00～22:00（⑥ 10:00～22:00、⑪ 10:00～16:00）
休 ⑪の昼、1/1、8/15前後に3日間、12/25　料 グラスワイン€1.50～5、シャルキュトリーまたはチーズの盛り合わせ€5～18、9～4月⑥ ⑪の生カキ6個€7.50～15　CC MV（€20～）　URL lebaronrouge.net

気軽に立ち寄れる雰囲気が魅力
Juvéniles
ジュヴェニル
ルーヴル界隈　MAP 別冊P.25-2C

オーナーのティム・ジョンストンはオリジナルワインの販売もしている。店内が見えるガラス扉は、気軽に開けやすい雰囲気だ。ワインに合う料理メニューも評判。グラスワインとコーヒーが付く昼のムニュがリーズナブルでうれしい。

M ⑦⑭Pyramides
住 47, rue de Richelieu 1er　TEL 01.42.97.46.49
営 12:00～14:15（L.O.）、19:00～22:15（L.O.）
休 ⑪ ⑥、8月に3週間、クリスマスに10日間
料 グラスワイン€4.50～12、昼メニュー€18、夜メニュー€32、一品料理€20～30　CC AMV
予約 望ましい　英　URL www.juvenileswinebar.com

モンマルトルの隠れた名店
Aux Négociants
オ・ネゴシアン
モンマルトル　MAP 別冊P.31-1D

モンマルトルの庶民的な界隈にある、「古きよき時代のワインバー」といった雰囲気。オーナー夫妻のあたたかなもてなしの気持ちが満ちている。自家製のテリーヌや素朴でボリューム満点の家庭料理を目当てに、近所の人たちが通うような店。

M ⑫Château Rouge
住 27, rue Lambert 18e
TEL 01.46.06.15.11
営 12:30～14:30、20:00～22:30
休 ⑥ ⑪、1/1、5/1、12/25、8月
料 グラスワイン€4～5、一品料理€15
CC MV　予約 望ましい

買い物の途中で立ち寄りたい
Chai 33
シェ・トラント・トロワ
ベルシー　MAP 別冊P.21-3D

ベルシー・ヴィラージュ内にある巨大ワインバー。店名の「chai」とはワインの貯蔵庫のこと。膨大な数のワインが陳列されたカーヴは、まるで森のようだ。レストラン、バー、ショップのフロアがあり、買い物ついでに試飲と食事ができる。

M ⑭Cour St-Emilion　住 33, cour St-Emilion 12e
TEL 01.53.44.01.01　営 8:00（⑥ ⑪ 8:30～）～23:30（ランチ12:00～15:30）、ワインバー17:00～翌1:00（12:00～23:00）　休 1/1、12/24、12/25　料 グラスワイン€5～16、昼メニュー€26.50～29、夜メニュー€23、€28　CC AMV
予約 望ましい　Wi-Fi　URL www.chai33.com

カフェガイド

カフェを楽しむテクニック ……… P.280
カフェの定番メニュー ……… P.282
おすすめカフェ ……… P.284
おすすめサロン・ド・テ ……… P.288

Cafés

Photo : Le Café Marly

CAFE ET SALON DE THE

カフェを楽しむテクニック

17世紀末、オデオンに1軒のカフェが誕生した。以来、上流の人々の社交場として、学生、画家たちの議論の場として、カフェはパリジャンの生活に欠かせないものとなった。コーヒーを飲むだけでなく、食事やアルコールを楽しんだり、1日中時間を問わず何度でも足を運びたい場所だ。

カフェの基本ルール

注文の仕方

カウンターなら、直接バーの店員に「Un café, s'il vous plaît. コーヒー（エスプレッソ）お願いします」と言えばいい。
テーブルの場合は、店員が注文を聞きにくるまで待つ。呼ぶときは、手を挙げて「S'il vous plaît.」または「Monsieur」と声をかける。

ノンストップで早朝から深夜まで営業

カフェの営業時間は、一般的に7:30頃から深夜まで。昼休みはなく、ノンストップで営業している。クロック・ムッシューなどの軽食は、どの時間帯でも食べることができる。

値段の目安

コーヒー（エスプレッソ）1杯の平均的な値段は€2〜3。中心部を外れればもう少し安くなるが、観光地にあるカフェや有名店などでは多少高くなり、€4〜6。カフェ・クレームやショコラ・ショーは€4〜5.50、そのほかの飲み物はもう少し高くなる。サロン・ド・テでの紅茶の相場は、ポットサービスで€6ほど。

席によって変わる料金

カフェでは、係が席まで案内するということはなく、どこに座ろうと自由。席の種類は、一般的なカフェの場合「カウンター comptoir」、「店内席 salle」と「テラス terrasse」の3種類。カウンターでの立ち飲みのほうが、テーブル席より€0.50くらい安くなる。店内席とテラス席は同額のことが多い。

お勘定はテーブル担当の店員に

会計はテーブルで済ませるのが原則。さらに、カフェの店員はそれぞれ担当のテーブルが決まっているので、基本的に注文を取りに来た人に支払う。ほかの人に声をかけても無視される可能性があるので、担当の店員の顔を覚えておこう。
支払うタイミングに決まりはない。伝票が置かれていなければ、担当の店員に「L'addition, s'il vous plaît. お勘定お願いします」と言って催促する。急ぐときは、飲み物を持ってきたときその場で払ってしまおう。

先に払うと、支払い済みのしるしにレシートを破ってくれることも

カフェを使いこなす

朝食をカフェで

カフェでは11:00頃まで「プティ・デジュネPetit Déjeuner（朝食）」のセットを用意している。クロワッサンやタルティーヌ（バゲットを半分に切ってバターとジャムを塗ったもの）とコーヒーといった簡単なものから、卵料理を選べるボリュームたっぷりのセットまで楽しめる。

ランチタイムにはテーブルの多くが食事用に

リーズナブルな値段で楽しめるランチスポットでもあるカフェ。12:00前から14:30くらいまで、一部のテーブルにクロス代わりのペーパーシートが敷かれ、ナイフとフォークがセッティングされる。この時間帯は、コーヒーだけだと入れないこともあるので注意しよう。

たばこが吸える席は？

カフェ店内の喫煙は、法律で禁止されており、屋外になるテラス席のみ喫煙が可能。"コーヒーとたばこは切っても切れない仲"という人も、テラス席以外では吸えないので注意。

チップは必要？

飲食代金にはサービス料が含まれているので、チップを支払う必要はない。ただ、おつりの小銭を残すことはよくある。

紅茶を飲みたければサロン・ド・テへ

カフェで紅茶を頼むと、ほぼ100%お湯を添えたティーバッグが出てくる。紅茶党なら、リーフティーがポットでサービスされるサロン・ド・テがおすすめ。

「ハッピーアワー」でお得にアペロ

夕方から夜の早い時間にかけて、ドリンクが割安になる「ハッピーアワー」。パリのカフェでも導入している店があり、アペロ（アペリティフ＝食前酒）をお得な値段で楽しめる。

カフェガイド｜カフェを楽しむテクニック

カフェの定番メニュー

観光や買い物途中のコーヒーブレイクだけでなく、朝、昼、夜の食事、時間外の軽食にも利用できるカフェ。
「カフェの定番」の飲み物と食べ物を紹介しよう。カフェでのメニュー選びに役立てて。

ドリンク

温かい飲み物

カフェ・エクスプレス
Café Express
「アン・カフェUn café」といえば、エスプレッソのこと。大きなカップで欲しければ「グラン・カフェgrand café」。薄めのコーヒーをたっぷり飲みたいときは、お湯で薄めた「カフェ・アロンジェcafé allongé」を。

カフェ・ノワゼット
Café Noisette
エスプレッソに泡立てたミルクを少し入れたもの。冷たい牛乳の入ったポットが添えられることもある。

カフェ・クレーム
Café Crème
エスプレッソに泡立てたミルクをたっぷり入れたもの。メニューに「カフェ・オ・レcafé au lait」とは書かれていないので注意しよう。

テ *Thé*
紅茶。ミルクティーは「テ・オ・レthé au lait」、レモンティーは「テ・オ・シトロンthé au citron」。ハーブティーは「アンフュジョンinfusion」。

ショコラ・ショー
Chocolat Chaud
ホット・チョコレート（ココア）のこと。濃厚で甘く、フランスでは人気の飲み物。寒さの厳しい冬には格別。

冷たい飲み物 / 夏のカフェを彩ります

マンタロー
Menthe à l'Eau
ミントシロップを水で薄めたもの。甘いソーダ割りは「ディアボロ・マントdiabolo menthe」。

シトロン・プレッセ
Citron Pressé
搾りたてのレモン汁に好みで水と砂糖を加えて飲む。オレンジ果汁なら「オランジュ・プレッセorange pressée」。

カフェガイド

カフェの定番メニュー

お酒

ヴェール・ド・ヴァン Verre de Vin
グラスワイン。赤はヴァン・ルージュ、白はヴァン・ブラン。グラスシャンパンは「クープ・ド・シャンパーニュcoupe de champagne」という。

ビエール Bière
ビール。小ジョッキは「アン・ドゥミ」と注文する。生ビールは「プレッシオンpression」。

モナコ Monaco
ビールにグレナディンシロップを加えた赤いカクテル。

パナシェ Panaché
ビールのレモネード割り。ビールの苦味が抑えられて、さわやかな飲み心地。

ヴァン・ショー Vin Chaud
ホットワイン。甘味がつけてあり、飲みやすく、冬の寒い日にぴったり。シナモンが添えられる。

フード

サラダ Salade
ゆで卵やアンチョビが入った「ニース風サラダsalade niçoise」、フォワグラが入った「ランド風サラダsalade landais」などいろいろな種類がある。

キッシュ Quiche
サクサクしたタルトにホウレンソウ、ベーコンなどの具を詰め、卵の生地を流して焼く。サラダが添えられていることが多い。

クロック・ムッシュー Croque Monsieur
パンにハムとチーズを挟み、上にグリュイエールチーズをのせて焼いたもの。目玉焼きをのせると「クロック・マダムcroque madame」。

オムレット Omelette
オムレツは軽食の人気メニュー。チーズ、ハム、ジャガイモ、キノコなど、中に入れる具の種類も豊富。

タルティーヌ Tartine
同じ単語でふたつの意味がある。ひとつは野菜やチーズ、ハム、サーモンなどバリエーション豊富な具をのせたオープンサンド（左）。もうひとつは朝食の一品。バゲットを半分に切って、バター、ジャムを塗ったもの（上）。

おすすめカフェ

Ten Belles
テン・ベルス
コーヒー好きが集まる小さなオアシス

サン・マルタン運河界隈　MAP 別冊 P.14-1B

小さいけれど居心地のよいカフェ空間。2階席もある。マグカップで飲むフィルターコーヒーのほかお菓子もおいしい

パリでは、数年前からコーヒーの質にこだわるローターカフェが急増中。サン・マルタン運河にほど近いこの店もそのひとつ。オーナーのひとり、トマ・ルゥさんが共同で立ち上げたベルヴィル焙煎所から届けられる日替わりの豆を使い、エスプレッソはもちろんフィルターコーヒーも味わえる。カプチーノには「ベイユヴェール」のミルクを使うこだわりにも注目したい。オーガニックカフェ「ローズ・ベーカリー」(→P.270) 出身のイギリス人パティシエが作るスコーンやケイクも大人気だ。

Ⓜ ⑤ Jacques Bonsergent
🏠 10, rue de la Grange aux Belles 10e
☎ 09.83.08.86.69
🕘 8:30 〜 18:00（土・日 9:00 〜 18:30）
休 クリスマスに1週間
料 コーヒー€2.50、スコーン2個€4、ケイク€4、サンドイッチ€7.50
CC MV　URL tenbelles.com

Shakespeare and Company Café
シェイクスピア・アンド・カンパニー・カフェ
コーヒーを片手に読書タイム

カルチェ・ラタン　MAP 別冊 P.29-1D

学生街として知られるカルチェ・ラタンの中心にある老舗有名書店「シェイクスピア・アンド・カンパニー」が隣にオープンしたカフェ。焙煎に定評のある「ロミLomi」の香り高いコーヒーのほか、ケイクや軽食メニューも充実している。店内は広くないので、自然と相席風になり、カジュアルで親密な空気に心地よく包まれる。ノートルダム大聖堂の堂々とした姿が目の前に広がる窓際のカウンターは、「本とコーヒー」が似合う特等席だ。オリジナルの布製バッグはおみやげにもぴったり。

天気のいい日はテラス席でおしゃべりを楽しんで

Ⓜ ④ St-Michel　Ⓒ St-Michel Notre-Dame
🏠 37, rue de la Bûcherie 5e　☎ 01.43.25.95.95
🕘 9:30 〜 19:00　休 5/1、12/25
料 コーヒー€2.50、ケイク€2.50 〜 5、朝食セット€4.50 〜 10、昼ムニュ€8.50 〜 12
CC AJMV　英　URL shakespeareandcompany.com

Café Marlette
カフェ・マルレット
ケーキミックス専門店のカフェ

モンマルトル／マルティール通り　MAP 別冊 P.31-3C／本誌 P.335

マルレットは、誰でも失敗なく作れるケーキミックスのブランド。その粉を実際に使って作ったお菓子を出すカフェとして2014年にオープンしたのがここ。フォンダン・オ・ショコラ、フィナンシエなどのほか、精製していない砂糖Rapaduraを使ったグルテンフリーのケーキなど、100％ナチュラルな素材を使ったスイーツを楽しめる。気に入ったら、ミックスを購入して手作りに挑戦しても。

ケーキはもちろん食事メニューも人気

Ⓜ ②⑫ Pigalle
🏠 51, rue des Martyrs 9e　☎ 01.48.74.89.73
🕘 8:30 〜 19:00　休 1/1、12/25
料 コーヒー€2、ケイク€3.50 〜 6.90、朝食セット€12.50、昼ムニュ€13.50
CC ADMV　英　予不可　URL www.marlette.fr

Les Deux Magots
レ・ドゥー・マゴ
店の歴史を見てきた中国人形

サン・ジェルマン・デ・プレ　MAP 別冊 P.28-2B

　サン・ジェルマン・デ・プレ教会の向かいにある左岸を代表するカフェのひとつ。店名の「レ・ドゥー・マゴ」とは、ふたつの人形のこと。このカフェの創業は19世紀に遡るが、それまでは中国の絹を扱う店だった。店内に飾られていた中国人形がそのまま店名の由来となった。多くの作家たちに愛された文学カフェでもあり、80年以上続く独自の文学賞「ドゥー・マゴ賞」を毎年選出していることでも知られる。

「ピエール・エルメ」のケーキも楽しめるのがうれしい

Ⓜ ④ St-Germain des Prés
住 6, pl. St-Germain des Prés 6e　℡ 01.45.48.55.25
営 7:30～翌 1:00　休 無休
料 コーヒー€4.80、ケーキ€12～16、朝食セット€12～26、昼ムニュ（平日）€34
CC A D J M V　英　Wi-Fi　URL www.lesdeuxmagots.fr

L'Arbre à Café
ラルブル・ア・カフェ
こだわりの自家焙煎コーヒーが堪能できる

レピュブリック周辺　MAP 別冊 P.15-2C

　星付きレストランや著名なパティシエたちも使っている自家焙煎コーヒーのメーカー。オベルカンフ通りにある2号店はカフェのスペースが充実。希少なグランクリュ豆のエスプレッソやブレンドや、水出しコーヒー「コールドブリュー」、カフェ・グラッセ（アイスコーヒー）、カプチーノ、変わりダネではコーヒーの果肉を乾燥させたカスカラのお茶や、独自に開発したコーヒーの花や葉のお茶など、コーヒーの奥深い世界を楽しめる。カップや水の違いによるエスプレッソの飲み比べセットもぜひ試してみたい。

緑に囲まれた店内。豆やカップを買うこともできる

Ⓜ ③ Parmentier
住 61, rue Oberkampf 11e　℡ 01.88.33.91.71
営 10:00～20:00　（土・日 9:00～19:00）
休 月 祝、夏に数日間　料 コーヒー€3～、カフェ・グラッセ€4、エスプレッソの飲み比べセット€8
CC A M V　URL www.larbreacafe.com

KB Coffee Roasters
カーベー・コーヒー・ロースターズ
グルメストリートで本格コーヒー

モンマルトル／マルティール通り　MAP 別冊 P.31-3C／本誌 P.335

カジュアルな雰囲気で人気のカフェ。ラテアートが美しい「フラット・ホワイト」も試してみて

　スイーツやグルメ食材の店が集まるマルティール通り（→P.335）の中ほどにあるカフェ。KBとは「クーカ・ブーラ」の略。オーストラリアの鳥の名前の略で、オーナーがオーストラリアに住んでいたことからつけられた。豆にこだわったコーヒーが自慢で、エスプレッソ多めのオーストラリア版カフェ・ラテ「フラット・ホワイト」のほか、サンドイッチ、ケーキ類もおいしい。ナチュラルな雰囲気の内装も魅力。平日はPC持参でコーヒーを楽しむ人も多い。

Ⓜ ②⑫ Pigalle
住 62, rue des Martyrs（53, av. Trudaine）9e
℡ なし　営 7:45～18:30　（土・日 9:00～）
休 クリスマス休暇　料 コーヒー€2.50、フラット・ホワイト€4、ケーキ€2.50～5.50、朝食セット€5～15、昼ムニュ€6～15
CC M V　英　Wi-Fi 平日のみ
URL www.kbcafeshop.com

カフェガイド　おすすめカフェ

カフェ

サルトルの書斎にもなった
Café de Flore
カフェ・ド・フロール
サン・ジェルマン・デ・プレ　MAP 別冊P.28-2B

1950年代には、このカフェと「レ・ドゥー・マゴ」（→P.285）で、当時の文化人たちが哲学論に花を咲かせていた（→P.151）。創業は1860年代、今でも文学者や芸術家に愛されるパリ左岸の代表的なカフェだ。2階でカップなどグッズも買える。

- Ⓜ ④St-Germain des Prés
- 🏠 172, bd. St-Germain 6e　☎ 01.45.48.55.26
- 🕐 7:30～翌1:30　休 無休
- 💴 コーヒー€4.90、ケーキ€7～15、ショコラ・ショー€7.80、紅茶€6.90、オムレツ€12
- CC A/D/J/M/V　予約 不可　英　Wi-Fi
- URL cafedeflore.fr

ルーヴル美術館の一角にある
Le Café Marly
ル・カフェ・マルリー
ルーヴル界隈　MAP 別冊P.25-3D

ルーヴル美術館、リシュリュー翼1～2階にある、ファッションモデルや業界人をはじめ、パリの若手文化人が集まる人気カフェ。ガラスのピラミッドが眺められるテラス席は特に雰囲気がいい。週末の夜ともなるととても混むので、予約がおすすめ。

- Ⓜ ①⑦Palais Royal Musée du Louvre
- 🏠 93, rue de Rivoli 1er　☎ 01.49.26.06.60
- 🕐 8:00～翌2:00（冬～翌1:00）　休 無休
- 💴 コーヒー€5、朝食セット€19、クロック・ムッシュー€19、オムレツ€15
- CC A/M/V　英　Wi-Fi
- URL cafe-marly.com

かつてダンス場も兼ねていた
La Rotonde
ラ・ロトンド
モンパルナス　MAP 別冊P.18-2B

1903年に開業して以来、ほかのモンパルナスのカフェと同様、多くの文化人、芸術家が集まり、夜な夜な芸術論に興じた。このカフェのある建物の一室で、フランスを代表する女流作家シモーヌ・ド・ボーヴォワールは生まれた。歴史ある一店。

- Ⓜ ④Vavin
- 🏠 105, bd. du Montparnasse 6e
- ☎ 01.43.26.48.26
- 🕐 7:30～翌2:00　休 無休
- 💴 コーヒー€3.50　CC A/J/M/V　日　Wi-Fi
- URL menuonline.fr/la-rotonde-montparnasse（日本語あり）

コクトーも常連だった
Le Select
ル・セレクト
モンパルナス　MAP 別冊P.18-2B

モンパルナスのカフェ文化の中心的存在。芸術家やボヘミアンっぽい人が多く集まる「大人」の雰囲気をもつカフェだ。テラスの明るい雰囲気と、奥のテーブルやカウンター周りのダークでアンニュイな雰囲気の違いに趣を感じる。

- Ⓜ ④Vavin
- 🏠 99, bd. du Montparnasse 6e
- ☎ 01.45.48.38.24
- 🕐 7:00～翌2:00（金・土・～翌3:00）　休 無休
- 💴 コーヒー€3.40、昼ムニュ（平日）€23.70
- CC A/M/V　英　Wi-Fi
- URL www.leselectmontparnasse.fr（日本語あり）

ブランチが大人気
Le Fumoir
ル・フュモワール
ルーヴル界隈　MAP 別冊P.13-2C

ルーヴル美術館のすぐ近く、本格的な料理が楽しめるカフェ。壁一面に本が並ぶ書斎風の奥の部屋が居心地よく、おしゃれなパリジャンたちで常ににぎわっている。パンがおいしい日曜のブランチは、大満足の内容で人気が高い。

- Ⓜ ①Louvre Rivoli　🏠 6, rue de l'Amiral Coligny 1er
- ☎ 01.42.92.00.24　🕐 11:00～翌1:00（㊍㊎㊏～翌2:00、ランチ12～14:45 L.O.、ディナー19:30～22:45 L.O.）　休 1/1、12/24、12/25
- 💴 コーヒー€3、昼ムニュ€26、€30、夜ムニュ€36、€40、㊐のブランチ€30
- CC M/V　Wi-Fi　URL lefumoir.com

おいしいカフェ飯が人気
Les Philosophes
レ・フィロゾフ
マレ　MAP 別冊P.27-2C

テラス席に人があふれているマレ地区で最も活気あるカフェのひとつ。気取らない雰囲気とおいしい料理が、この界隈のおしゃれなパリジャンたちの心をつかんでいる。1日中、食事メニューを頼めるので、ランチタイムを逃してしまった時も便利。

- Ⓜ ①St-Paul　①⑪Hôtel de Ville
- 🏠 28, rue Vieille du Temple 4e
- ☎ 01.48.87.49.64
- 🕐 9:00～翌1:15（L.O.）　休 無休
- 💴 コーヒー€2.50、ムニュ€20～、ブランチ€21
- CC M/V
- URL www.cafeine.com/philosophes

カフェガイド

カフェ

人気映画ロケ地
Café des Deux Moulins
カフェ・デ・ドゥー・ムーラン
モンマルトル　MAP 別冊P.30-2B

大ヒットした映画『アメリ』（2001）の舞台となったのが下町風情の残るノスタルジックエリア、モンマルトル。ヒロインのアメリが働いていた場所として知られるのがこのカフェだ。スペシャリテはもちろんアメリの大好物クレーム・ブリュレ。

M ②Blanche
住 15, rue Lepic 18e　TEL 01.42.54.90.50
営 7:00〜23:30 (L.O.)　休 無休
料 コーヒー€2.70（カウンター€1.20）、ムニュ€29.90、クレーム・ブリュレ€9.90、クレーム・ブリュレ＋飲み物＋ポラロイド写真のセット€19.90
CC AJMV　英　Wi-Fi　URL cafedesdeuxmoulins.fr

著名人も姿を現す下町カフェ
Café Charbon
カフェ・シャルボン
レピュブリック周辺　MAP 別冊P.15-2C

オベルカンフ通りに面したカフェ。高い天井、磨き込まれたカウンター、モザイクタイルの床、照明、手書きの黒板メニューなどの一つひとつが、趣のあるカフェの心地よい空気感をつくり出している。昼から深夜までノンストップで食事が取れる。

M ③Parmentier　住 109, rue Oberkampf 11e
TEL 01.43.57.55.13　営 8:00〜翌1:00　休 12/24の夜、12/25　料 コーヒー€2.20（カウンター€1）、カプチーノ€5、朝食セット€8.50、€10.50、一品料理€10、㊐のブランチ（12:00〜16:00）€22
CC DMV（€10〜）　英　Wi-Fi
URL www.lecafecharbon.fr

アカデミックな雰囲気に浸って
Les Editeurs
レゼディトゥール
サン・ジェルマン・デ・プレ　MAP 別冊P.29-2C

「編集者」という店名のとおり、壁一面に本がぎっしりと並ぶライブラリーのようなカフェ。夏は広い通りに面したテラスも人気で、冷たい飲み物のメニューが充実しているのがうれしい。昼から深夜までノンストップで食事が取れる。

M ④⑩Odéon　住 4, Carrefour de l'Odéon 6e
TEL 01.43.26.67.76　営 8:00〜翌1:00 (L.O.)
休 12/24の夜　料 コーヒー€3、ケーキ€7.50〜11、朝食セット€3.90、€9.90、€14.90、ムニュ€22.60、€27.80、㊏㊐のブランチ（11:00〜17:00）€26　CC AMV　英　Wi-Fi
URL www.lesedituers.fr

 Column Information

サン・ジェルマン・デ・プレのお気に入りカフェ

本棚になっている壁に囲まれたカフェ「レゼディトゥール」は本好きさんにおすすめ。作家さんと編集者の打ち合わせにぴったりな雰囲気（？）を勝手に感じたりして！ 大きな時計が飾られたコーナーの席がお気に入りです。

（千葉県　エトワール　'19）

パリで本格派のコーヒーを
Coutume
クチューム
サン・ジェルマン・デ・プレ　MAP 別冊P.18-1A

アントワーヌ・ネティアンとトム・クラークさんが開いた自家焙煎の本格カフェ。サイフォン式やフィルター式、水出しのコーヒーを味わうことができる。エチオピアなどの小さな農園から輸入する豆のコーヒーを最高の状態で提供している。

M ⑬St-François Xavier ⑩Vaneau
住 47, rue de Babylone 7e
TEL 01.45.51.50.47
営 8:30〜17:30　休 12/1、12/31
料 コーヒー€2.50〜9、ケーキ€3〜7、朝食セット€5〜、昼ムニュ€17、㊏㊐のブランチ€28
CC MV　英　URL coutumecafe.com

バスティーユ界隈の元気カフェ
Pause Café
ポーズ・カフェ
バスティーユ界隈　MAP 別冊P.15-3C

映画『猫が行方不明』（1996）に登場したことで知られる。ビジネスマンからクリエイターまで幅広い層の人たちが集う。天気のいい日は広い店内もテラスもぎっしり満席になる。朝早くから夜遅くまで地元の憩いの場として大活躍のカフェだ。

M ⑧Ledru Rollin
住 41, rue de Charonne 11e　TEL 01.48.06.80.33
営 7:30〜翌2:00（㊐ 9:00〜20:00）
休 12/24の夜、12/25、12/31の夜
料 コーヒー€2.20（カウンター€1）、本日の一皿€12〜14.50、ブランチ€23
CC AMV　Wi-Fi

おすすめサロン・ド・テ

Ladurée Champs-Elysées
ラデュレ・シャンゼリゼ店
老舗パティスリーのサロン・ド・テ

`シャンゼリゼ大通り` `MAP 別冊 P.23-2C`

通りに行列ができるほど人気のシャンゼリゼ店。マカロンや人気スイーツで甘い時間を。隣接するル・バー（右）は隠れ家的雰囲気

1862年創業、マカロンで知られる老舗パティスリー。パリ市内に数店舗あるうち、サロン・ド・テ＆レストランを備えている店も。なかでもシャンゼリゼ大通りに面したこの店は、朝早くから夜遅くまでオープンし、ロケーションも最高。隣接して（入口は13, rue Lincoln）大人の雰囲気を備えた「ル・バー（Le Bar）」もある。ケーキの内容をグラススイーツにアレンジした「ヴェリーヌ」や、マカロン付きのカクテル「カクテル・マカロン」など限定メニューを試したい。

M ① George V 住 75, av. des Champs-Elysées 8e TEL 01.40.75.08.75 営 7:30～23:00（土）8:30～、㊊㊗～翌 0:30）休 無休 料 紅茶€6.90～8.80、ケーキ€7～ CC AJMV
英 Wi-Fi URL www.laduree.fr（日本語あり）
＜その他＞
MAP 別冊 P.24-2A 16-18, rue Royale 8e
MAP 別冊 P.28-1B 21, rue Bonaparte 6e

Sept Cinq
セット・サンク
「メイド・イン・パリ」に囲まれてティータイム

`レ・アール` `MAP 別冊 P.26-2A`

「セット・サンク（75）」とは、パリの郵便番号からとったもの。その店名が示すように、パリとイル・ド・フランスで作られたものを中心に集めたセレクトショップを、オーナーのオドレイさんとロアナさんがオープン。その一部がサロン・ド・テとなり、心地よい空間を提供している。おすすめはしっとりとした食感のスコーン。ショッピングセンター「フォーロム・デ・アール」（→P.349）の一角にあるので、ショッピングの合間に立ち寄るのにも便利だ。

共同オーナーのオドレイさん（左）とシェフのポリーヌさん（右）

M ④ Les Halles ABD Châtelet Les Halles
住 26, rue Berger 1er TEL 09.83.00.44.01
営 11:00～19:30 休 1/1、5/1、8/15、12/25
料 紅茶€5、ケーキ€3～6、ケーキセット€9、昼メニュ（平日）€12.50～16.50、㊏㊐のブランチ€25
CC AJMV Wi-Fi URL www.sept-cinq.com

Café Pouchkine
カフェ・プーシキン
マドレーヌ広場の新アドレス

`マドレーヌ広場` `MAP 別冊 P.24-2A`

モスクワに本店がある「カフェ・プーシキン」が、フランス人シェフとともに考案したパティスリーや料理を提案するパティスリー＆レストラン。2017年にマドレーヌ広場にオープンした。18～19世紀のロシアをイメージした華やかな店内に、はちみつやチーズといったロシアの素材を使ったモダンで独創的なパティスリーやマカロン、チョコレート、焼き菓子、ロシアの伝統的なヴィエノワズリーまでが並ぶ。

©Gilles Trillard

「マトリョーシカ」といった季節限定品も要チェック

M ⑧⑫⑭ Madeleine
住 16, pl. de la Madeleine 8e TEL 01.53.43.81.60
営 7:30～22:00（㊐㊗ 9:00～）休 無休
料 紅茶€7.90、ケーキ€12、昼メニュ€38、€45
CC AJMV 英 Wi-Fi URL cafe-pouchkine.fr

サロン・ド・テ

老舗サロン・ド・テ
Angelina
アンジェリーナ
ルーヴル界隈　MAP 別冊P.24-3B

1903年創業、モンブラン、ショコラ・ショー（ココア）で知られる老舗店。その濃厚ながら上品な味わいを、ココ・シャネルなど多くの著名人が通った優雅なインテリアの本店で堪能したい。食事メニューもあるのでランチ利用にも便利。

- M ①Tuileries
- 住 226, rue de Rivoli 1er　TEL 01.42.60.82.00
- 営 7:30〜19:00（金）〜19:30、（土）（日）8:30〜19:30）
- 休 無休　料 紅茶€7.50、モンブラン€9.40、ショコラ・ショー€8.20、朝食セット€20〜、ムニュ€49〜
- CC AJMV　Wi-Fi　URL www.angelina-paris.fr
- ＜その他＞
- MAP 本誌P.336　108, rue du Bac 7e

クラシックなお菓子をお茶とともに
Sébastien Gaudard
セバスチャン・ゴダール
ルーヴル界隈　MAP 別冊P.25-3C

「クラシックへの回帰」を提唱するセバスチャン・ゴダールがマルティール通り店（→P.318）に続いてオープン。2階にはサロン・ド・テがあり、スペシャリテのパティスリーをゴダールが厳選した上質なフレーバーティーとともに味わえる。

©Michael Adelo

- M ①Tuileries
- 住 1, rue des Pyramides 1er　TEL 01.71.18.24.70
- 営 10:00〜19:00、ショップは10:00〜19:30（日）〜19:00）　休 無休
- 料 紅茶€7.50、ケーキ€7.20〜
- CC MV（€10〜）　Wi-Fi
- URL www.sebastiengaudard.com

英国調のサロン・ド・テ
Miss Marple
ミス・マープル
エッフェル塔界隈　MAP 別冊P.11-3D

セレクトショップ「メルシー」（→P.303）創業者のひとり、マリー・フランス・コーエンさんが開いたサロン・ド・テ。英国テイストを加味した心地よい空間で、スコーンやケーキを楽しめる。野菜たっぷりのランチ、日曜のブランチも人気が高い。

©Stephanie Cohen

- M ⑧La Tour Maubourg
- 住 16, av. de la Motte Picquet 7e
- TEL 01.45.50.14.27
- 営 12:00〜19:00（日）10:00〜、（日）11:00〜17:00）
- 休 （月）、8月に3週間、年末年始に1週間
- 料 紅茶€6、ケーキ€9、（日）のブランチ€35
- CC AV　Wi-Fi　URL www.missmarpleparis.com

お菓子も食事も楽しめる
Les Artizans
レザルティザン
レ・アール　MAP 別冊P.26-1A

2016年にオープンしたビストロ兼パティスリーというユニークなスタイルの店。1階のサロン・ド・テで、シェフ・パティシエのマチュー・マンダールが作るお菓子を楽しめる。夜遅までの営業もうれしい。週末は朝食セットも食べられる。

- M ④Les Halles
- 住 30, rue de Montorgueil 1er
- TEL 01.40.28.44.74
- 営 12:00〜23:00（土）（日）10:00〜）　休 1/1、12/25
- 料 紅茶€4.90、ケーキ€7.90、昼ムニュ（平日）€19、（日）の朝食セット€6.50　CC MV　英
- URL lesartizans.fr

映画ファンなら行ってみたい
Le Salon du Panthéon
ル・サロン・デュ・パンテオン
カルチェ・ラタン　MAP 別冊P.29-3D

パンテオン近くの小さな映画館の2階にある。プロデュースしたのはカトリーヌ・ドヌーヴで、ゆったりとした空間に彼女自身がセレクトしたソファなどが置かれ、まるで女優のプライベートサロンに招かれたかのよう。映画を観なくても利用可能。

- M ⑩Cluny La Sorbonne　RER ⑧Luxembourg
- 住 13, rue Victor Cousin 5e
- TEL 01.56.24.88.80
- 営 12:30〜19:00　休 （土）（日）（祝）、7〜8月に3週間
- 料 紅茶€6、ケーキ€7、本日の一皿€17
- CC MV　予 ランチは望ましい　Wi-Fi
- URL www.whynotproductions.fr/pantheon

オリジナル マリー・アントワネット ティーが味わえる
NINA'S Marie-Antoinette
ニナス・マリー・アントワネット
オペラ地区　MAP 別冊P.24-2B

1672年創業。ヴェルサイユ宮殿「王の菜園」のバラや果実からフレーバーを作る唯一の紅茶ブランド。マリー・アントワネットの胸像や直筆の手紙など、フランスの歴史を感じさせる内装にも注目して。散策の途中にホッとひと息つくのにおすすめ。

- M ③⑦⑧Opéra　⑦⑭Pyramides
- 住 29, rue Danielle Casanova 1er
- TEL 01.55.04.80.55
- 営 12:00〜19:00（日）（祝）
- 料 紅茶€15、マリー・アントワネットの紅茶とケーキのセット€23　CC JMV　英
- URL www.ninasparis.com（日本語あり）

カフェガイド / サロン・ド・テ

サロン・ド・テ

シテ島の小さなサロン・ド・テ
Le Petit Plateau
ル・プティ・プラトー

シテ島　MAP 別冊P.26-3B

ノートルダム大聖堂のすぐ近くにある小さな店。テーブルにしている足踏みミシンやランプなど、アンティークの調度品がさりげなく使われ、落ち着いた雰囲気が地元の常連客に愛され続けている。手作りのケーキとキッシュが優しい味。

- Ⓜ ⑦Pont Marie
- 住 1, quai aux Fleurs 4e　☎ 01.44.07.61.86
- 営 10:00〜22:00
- 休 無休
- 料 紅茶€5、ケーキ€8〜、朝食セット€16、昼ムニュ€19〜
- CC AMV　英　Wi-Fi

エッフェル塔を眺めながらお茶を
Carette
カレット

トロカデロ　MAP 別冊P.10-2B

エッフェル塔の眺めがいいトロカデロ広場に面した老舗店。高級住宅地の16区に住むマダムに愛される上品な雰囲気だ。お菓子のおいしいパティスリーとしても知られ、ショーケースにはケーキやマカロンが並ぶ。ヴォージュ広場店もある。

- Ⓜ ⑥⑨Trocadéro　4, pl. du Trocadéro 16e
- ☎ 01.47.27.98.85　営 7:00〜23:30(土&日 7:30〜)
- 休 無休　料 紅茶€8.70〜9.70、エクレア€8.40〜、モンブラン€8.90、ケーキセット€19.50(€10〜)　日　Wi-Fi　URL paris-carette.fr　CC AMV
- <その他>
- MAP 別冊P.27-2D　 25, pl. des Vosges 3e

気鋭のシェフが作るスイーツに舌鼓
KL Pâtisserie Paris
カ・エル・パティスリー・パリ

パリ北西部　MAP 別冊P.4-1B

KLとはシェフ、ケヴィン・ラコットのイニシャル。高級レストランで経験を積み、26歳でシェフ・パティシエの座に就いた才能の持ち主だ。季節のフルーツを使ったタルトやミルフイユなどのほか、ヴィエノワズリーも評判がよく、朝食もおすすめ。

©Benoît Martin

- Ⓜ ③Wagram
- 住 78, av. de Villiers 17e　☎ 01.45.71.64.84
- 営 9:00〜19:30(土 9:30〜、日 9:30〜18:30)
- 休 8/10〜8/25
- 料 紅茶€6、ケーキ€4〜7、朝食セット€10、€17
- CC MV　Wi-Fi　URL www.klpatisserie.com

焼き菓子がおいしい和み系サロン
L'Heure Gourmande
ルール・グルマンド

サン・ジェルマン・デ・プレ　MAP 別冊P.29-1C

パッサージュ・ドーフィヌという中庭風の小道に面した静かなサロン・ド・テ。鉄瓶でサーブされるたっぷりのお茶とともに、タルトなどシンプルな焼き菓子を楽しんで。優しい光が差し込む空間は心地よく、豊かな気持ちで過ごすことができる。

- Ⓜ ④⑩Odéon
- 住 22, Passage Dauphine 6e
- ☎ 01.46.34.00.40
- 営 11:30〜19:00(日 〜15:00)
- 休 1/1、5/1、7月の日、8月の土&日
- 料 紅茶€6〜7、ケーキ€4.60〜8、ブランチ(11:30〜17:00) €28　Wi-Fi

英国式サロン・ド・テ
The Tea Caddy
ザ・ティー・キャディー

カルチェ・ラタン　MAP 別冊P.19-1D

1928年創業、ノートルダム大聖堂近くの老舗サロン・ド・テ。小さな店内は常に混み合っているが、静かで落ち着いた雰囲気。たっぷりのクリームが添えられたスコーンやアップルパイなどを、香り高い紅茶とともに楽しみたい。

- Ⓜ ④St-Michel
- 住 14, rue St-Julien le Pauvre 5e
- ☎ 01.43.54.15.56
- 営 11:00〜19:00　休 無休
- 料 紅茶€6.10〜、ケーキ€6.20〜、昼ムニュ€29.95
- CC MV　英　Wi-Fi

パンもお菓子もおいしい
Bread & Roses
ブレッド・アンド・ロージズ

マドレーヌ界隈　MAP 別冊P.12-1B

6区にある人気ティーサロンの2号店。キッシュやケーキは味にもボリュームにも大満足。ランチやお茶に、幅広く利用でき、サンドイッチ以外はすべてテイクアウト可能。コンコルド広場に近く、観光の途中や買い物帰りにも便利。

- Ⓜ ⑧⑫⑭Madeleine ①⑧⑫Concorde
- 住 25, rue Boissy d'Anglas 8e　☎ 01.47.42.40.00
- 営 8:00〜20:00(土 10:00〜)　休 日、祝の月、1/1、12/25
- 料 紅茶€6.50、ケーキ€7.50〜12
- CC AMV　英　Wi-Fi　URL www.breadandroses.fr

ショッピング ガイド

ショッピングに役立つテクニック ……… P.292	スイーツ ……… P.316
有名ファッションブランド ……… P.296	チョコレート ……… P.322
人気ショッピングストリート ……… P.298	パン ……… P.326
フラン・ブルジョワ通り ……… P.298	チーズ ……… P.328
サントノレ通り ……… P.299	ワイン ……… P.329
サン・シュルピス通り ……… P.299	食料品 ……… P.330
ショッピングに役立つフランス語 ……… P.300	グルメストリートで美味散歩！ ……… P.334
ファッション ……… P.302	ランビュトー通り ……… P.334
フレグランス、コスメ ……… P.307	マルティール通り ……… P.335
	バック通り ……… P.336
パリの幸せスイーツ ……… P.310	サン・ドミニク通り ……… P.337
定番スイーツセレクション ……… P.310	雑貨、インテリア用品 ……… P.338
大人気チョコレートセレクション ……… P.312	趣味、実用、専門店 ……… P.342
新オープンの店をチェック！ ……… P.314	デパート、ショッピングセンター ……… P.346
	スーパーマーケット ……… P.350

Shopping

Photo : Merci

SHOPPING

ショッピングに役立つテクニック

モードの発信地、パリにやってきた！ 思いきってブランド品を買うもよし、パリならではのお気に入りを探すもよし。流行のエリアでウインドーショッピングするだけでも、十分にパリのエスプリを満喫できるはず。

ショップの基本情報

営業時間

一般的には19:00には店じまい、日曜はお休み。祝日も休む店が多い。ただ、最近デパートなど一部の大型店で日曜営業が導入され、観光客にも便利になってきた。日曜に買い物がしたいときは、シャンゼリゼ大通りやマレ地区の中心部、また年中無休のショッピング街「フォーロム・デ・アール」(→P.349)、「カルーゼル・デュ・ルーヴル」(→P.349)も覚えておくといい。

Horaires d'Ouverture
営業時間
du Lundi　月曜から
au Samedi　土曜まで
Le Dimanche　毎週日曜

DU LUNDI AU SAMEDI 9H00-21H00
LE DIMANCHE 9H00-20H00

営業時間の表示がわかると便利
(曜日の仏語→P.450)

クレジットカード

パリはたいていの店でクレジットカードが使える。一般の店では、VISAかマスターを持っていれば比較的安心だ。カードが使えないのはたばこ屋や小さな食料品店など。最低利用金額が決まっている店もある。デパートや大型チェーン店では、パスポートの提示を求められることがある（原本が必要）。本来はすべての店で必要な確認なのだが、一般の店ではそれほど徹底されていない。ICチップ入りのカードを使う場合はPIN（暗証番号）の入力が必要になるので、番号を覚えておくこと。
また、自分のカードの利用限度額、利用可能残高を確認しておこう。一時的に限度額を引き上げてもらえる場合もあるので、カード発行金融機関に問い合わせを。

使用可能なカードの種類は店頭のステッカーなどで確認

免税について

フランスではEU圏外からの旅行者がひとつの店で1日に€175.01以上（店によって異なる）の買い物をすると、12～18.6%の間接税（TVA 付加価値税）の還付を受けられる。買い物をし、条件を満たしていたら、免税書類の作成を依頼しよう(→P.436)。

免税手続きは「Tax Free」の表示がある店で

ショップにも「バカンス」

パリでのバーゲンは年2回と決まっていて(→P.293)、そのバーゲン後の2月中旬～3月初旬、8月に長い休みを取る店も多い。冬と夏のバカンス期間には気をつけよう。そのほかフランスの祝祭日(→P.10)にも注意が必要。キリスト教関係の祝日が多くあり、すべての祝日を休む店もあれば、一部の祝日のみ休業とする店もある。年によって変わる移動祝祭日もある。
旅行日程が決まり、行きたい店もはっきりしていたら、臨時休業などないか直接問い合わせておくと確実だ。ウェブサイトに載っているメールアドレスから質問してみるといい（英語可）。クリスマスや年末年始も確認してから行けば安心だ。

店頭に張られた「冬休みCongés d'Hiver」のお知らせ

はみだし！ クレジットカードは読み取り機の不具合で使えない場合もあるので、ある程度のユーロ現金は必要。€50、€100など高額紙幣は受け付けてもらえないことがあり、小額紙幣を用意しておきたい。

買い物のコツとマナー

モンテーニュ大通り

バーゲンを賢く利用

パリのバーゲンセールは、1月上旬～2月中旬と6月中旬～7月の年2回実施される。フランス語で「ソルドSoldes」と呼ばれるこのバーゲン期間には30～50％オフになるので、「服はソルドでしか買わない」というパリジェンヌも多い。早い者勝ちなのでスタートと同時に行くのもいいが、その後どんどん値下がりするので、出遅れて逆にいいこともある。買い物をとことん楽しみたい人はソルドに合わせてスケジュールを組むのもいい。

お目当てのショップがあるなら、ソルドのスケジュールを問い合わせておこう

フランス語であいさつを

お店に入ったら「ボンジュール Bonjour（こんにちは）」とあいさつしよう。どの店でも、あいさつのひと言は最低限のマナー。「ハロー Hello」と英語で言ってもいいが、あいさつくらいはフランス語で言いたいもの（→P.448）。
店を出るときは、買い物した、しないにかかわらず「メルスィ Merci（ありがとう）」あるいは「オ・ルヴォワール Au revoir（さようなら）」とあいさつを。店内を物色し何も言わずに店を出るのはエチケット違反だ。

商品を見るときは

高級ブティックなどでは、客が商品に勝手に手を触れることは非常に嫌がられる。「プヴェ・ヴ・ム・モントレ・サ Pouvez-vous me montrer ça?（これを見せていただけますか）」と店員さんに頼んで取ってもらうこと。
何を買うのか決めずに店に入り、「ク・デジレ・ヴ Que désirez-vous?（何かお探しですか）」などと尋ねられたら、「エ・ス・ク・ジュ・プ・ルギャルデ・スィル・ヴ・プレ Est-ce que je peux regarder, s'il vous plaît?（ちょっと見てもいいですか）」と言えばいい。

ブランドの紙袋はスリの標的

高級ブランド店で買い物をして、大きな袋を持ったままメトロに乗れば、スリの格好の標的になる。すぐに目立たない袋に入れ替えるか、タクシーでホテルへ一度戻ったほうがいい。

必需品＆便利品

エコバッグ

環境汚染対策が進むフランス。2016年からはスーパーマーケットや小売店でのレジ袋など使い捨てのプラスチック袋の使用が禁止となった。日用品の買い物はもちろん、おみやげショッピングや蚤の市でも活躍するエコバッグは今や必需品。おしゃれな布バッグを用意しているブティックも多いので、そのままおみやげにしても喜ばれる。

保冷用品

パリならではのグルメな食料品は人気が高い定番みやげ。なかでも種類豊富なチーズに加えて、最近ではバターを購入する人が急増している。要冷蔵の乳製品をおみやげにするなら、保冷剤＆保冷バッグがあると便利だ。密閉容器もあれば匂い移りの対策にもなる。

チーズは店でパック処理してもらおう

ショッピングガイド

ショッピングに役立つテクニック

時計とジュエリーの本場で自分にご褒美を

パリで時計とジュエリーを買おう

世界中の著名人やセレブリティも通う人気店

LAPAIX (ラ ペ)
安心堂パリ

パリで人気のモデルが揃う
ロレックス

安心堂はヨーロッパ唯一のロレックスの日系正規販売店。パリで人気のモデルを手に入れよう。

日本未入荷モデルや限定モデルも見つかる
フランク・ミュラー

定番モデルの他、日本未入荷のモデルやパリ限定商品など、レア・アイテムが見つかる。

女性を輝かせるジュエリー
ポメラート

ジュエリー業界に"プレタポルテ"という革新を起こし、最先端のジュエリーを発信し続けるモダンジュエリーブランド。カラーストーンを贅沢に使用しながら、ファッションの一部として楽しめるデザインが大人気。

パリジェンヌ永遠の憧れ
エルメス

パリ市内最大の免税率で賢く、お得にエルメスウォッチを手に入れよう。豊富な品揃えの中からお気に入りの一本を選びたい。

パリ最大級の免税率
16.38%で
お買物ができます！

マネージャーの
村中さん

※パリでは10%〜12%の免税率のお店が一般的だが、安心堂パリでは16.38%とパリ最大級の免税率でお買い物ができるのも魅力。

上）ブティックはティファニー、ブルガリ、カルティエ本店等の高級ブランドが軒を連ねるラペ通りの8番地に位置する。
右）道行く人が思わず足を止める全面彫刻ガラスのエントランス。

「世界で最も華麗な通り」と賞されるラペ通りに店を構える安心堂は世界中のセレブリティが集まる人気の名門店。ロレックスやフランク・ミュラー、エルメス、ウブロ、ゼニス等、人気ブランドの正規代理店。パリで流行のおしゃれなジュエリーも揃っている。くつろいだ雰囲気の中で、親切な日本人スタッフに相談でき、現地価格からさらに、16.38%の免税でお得なショッピングが楽しめる。

世界最高峰のクロノグラフ
ゼニス
クロノグラフの傑作「エル・プリメロ」に代表され、数々の賞を受賞する人気ブランド。

世界中のセレブ御用達
ウブロ

世界中の著名人や芸能人に愛用される「ウブロ」。定番アイテムから、パリや世界中のファッション関係者、デザイナーにも人気のモデルをチェックしよう。

社長の大村さん

ロレックスがプロデュース
チューダー

ロレックスがプロデュースするブランド。高品質とデザインの豊富さで世界中にファンが多く、ベッカムやレディー・ガガも愛用。

高級スイス時計の名門
ユリス・ナルダン

創業170年を誇り高級時計界を牽引するマニファクチュール。こだわりの一本が見つかる。

正規代理店なので 保証や アフター・サービス も万全！
日本にご帰国後も安心です

フレンチジュエリー

ロレックス公認時計師の
アーチューさん

ヨーロッパの映画女優やモデルたちの御用達という、ジュエリーのコレクションも必見。

LAPAIX
ANSHINDO PARIS

🏠 8 rue de la Paix 75002 Paris　📞 +33 (0)1 40 20 07 65 (日本語)
Ⓜ ③⑦⑧ Opéra　🕐 11:00-19:00　休 日曜

http://paris.anshindo.net

GRANDE MARQUE

有名ファッションブランド

世界のモードの先端をいくパリには、フランスを代表する高級ブランドはもちろん、世界各国の有名店が集結している。パリ旅行の大きな目的のひとつが「有名ブランド本店でのショッピング！」という人も多い。せっかくパリに来たのだから、憧れのフレンチブランドで思いっきりショッピングを楽しもう。

高級フレンチブランド

ルイ・ヴィトン
Louis Vuitton
- URL fr.louisvuitton.com
- TEL 09.77.40.40.77

[シャンゼリゼ本店]
- MAP 別冊P.23-2C
- 住 101, av. des Champs-Elysées 8e

[モンテーニュ店]
- MAP 別冊P.23-3D
- 住 22, av. Montaigne 8e

[サン・ジェルマン・デ・プレ店]
- MAP 別冊P.28-2B
- 住 170, bd. St-Germain 6e

シャネル
Chanel
- URL www.chanel.com

[本店]
- MAP 別冊P.24-2A
- 住 31, rue Cambon 1er
- TEL 01.44.50.66.00

[モンテーニュ店]
- MAP 別冊P.23-3D
- 住 42, av. Montaigne 8e
- TEL 01.40.70.82.00

[フォーブール・サントノレ店]
- MAP 別冊P.12-1B
- 住 21, rue du Fg. St-Honoré 8e
- TEL 01.53.05.98.95

エルメス
Hermès
- URL www.hermes.com

[フォーブール・サントノレ本店]
- MAP 別冊P.12-1B
- 住 24, rue du Fg. St-Honoré 8e
- TEL 01.40.17.46.00

[ジョルジュ・サンク店]
- MAP 別冊P.23-2C
- 住 42, av. George V 8e
- TEL 01.47.20.48.51

[セーヴル店]
- MAP 別冊P.28-3A
- 住 17, rue de Sèvres 6e
- TEL 01.42.22.80.83

セリーヌ
Céline
- URL www.celine.com

[モンテーニュ本店]
- MAP 別冊P.23-2D
- 住 53, av. Montaigne 8e
- TEL 01.40.70.07.03

[グルネル店]
- MAP 別冊P.28-2A
- 住 16, rue de Grenelle 7e
- TEL 01.55.80.14.99

ディオール
Dior
- URL www.dior.com

[モンテーニュ本店]
- MAP 別冊P.23-3D
- 住 30-32, av. Montaigne 8e

[ロワイヤル店]
- MAP 別冊P.24-2A
- 住 25, rue Royale 8e
- TEL 01.53.05.51.61

パリの2大ブランドストリート

パリにはブランド店が集中している通りがふたつある。ブランド店をはしごしたい人におすすめなのが、「モンテーニュ大通りAvenue Montaigne」(MAP 別冊P.23-2D〜3D)と「フォーブール・サントノレ通りRue du Faubourg St-Honoré」(MAP 別冊P.12-1A〜1B、P.24-2A)。この2大ストリートを中心に、そのほかのアドレスも回れば、ブランドショッピング計画は万全！

ニナ・リッチ
Nina Ricci
🔗 www.ninaricci.com

［モンテーニュ本店］
🗺 別冊P.23-3D
📍 39, av. Montaigne 8e
📞 01.83.97.72.12

サン・ローラン
St-Laurant
🔗 www.ysl.com

［フォーブール・サントノレ店］
🗺 別冊P.12-1B
📍 38, rue du Fg. St-Honoré 8e
📞 01.42.65.74.59

［サン・シュルピス店］
🗺 別冊P.28-2B／本誌P.299
📍 6, pl. St-Sulpice 6e
📞 01.43.29.43.00

［モンテーニュ店］
🗺 別冊P.23-2D
📍 53, av. Montaigne 8e
📞 01.53.83.84.53

［サントノレ店］
🗺 本誌P.299
📍 213, rue St-Honoré 1er
📞 01.76.70.90.00

カルティエ
Cartier
🔗 www.cartier.com

［本店］
🗺 別冊P.24-1B
📍 13, rue de la Paix 2e
📞 01.58.18.23.00

［フォーブール・サントノレ店］
🗺 別冊P.12-1B
📍 17, rue du Fg. St-Honoré 8e
📞 01.58.18.00.88

［シャンゼリゼ店］
🗺 別冊P.22-2B
📍 154, av. des Champs-Elysées 8e
📞 01.40.74.01.27

ジバンシー
Givenchy
🔗 www.givenchy.com

［モンテーニュ店］
🗺 別冊P.23-3D
📍 36, av. Montaigne 8e
📞 01.44.43.99.90

［フォーブール・サントノレ店］
🗺 別冊P.12-1B
📍 28, rue du Fg. St-Honoré 8e
📞 01.42.68.31.00

ランバン
Lanvin
🔗 www.lanvin.com

［フォーブール・サントノレ店］
🗺 別冊P.12-1B
📍 22, rue du Fg. St-Honoré 8e
（レディス）
📞 01.44.71.31.73
📍 15, rue du Fg. St-Honoré 8e
（メンズ）
📞 01.44.71.31.25

ロンシャン
Longchamp
🔗 www.longchamp.com

［サントノレ本店］
🗺 別冊P.24-2A／本誌P.299
📍 404, rue St-Honoré 1er
📞 01.43.16.00.16

人気ヨーロピアンブランド

プラダ Prada
🔗 www.prada.com
🗺 別冊P.23-3D　📍 10, av. Montaigne 8e　📞 01.53.23.99.40
🗺 別冊P.24-2A　📍 6, rue du Fg. St-Honoré 8e　📞 01.58.18.63.30
🗺 別冊P.28-2A　📍 7, rue de Grenelle 6e　📞 01.45.48.53.14

グッチ Gucci
🔗 www.gucci.com
🗺 別冊P.23-2D　📍 60, av. Montaigne 8e　📞 01.56.69.80.80
🗺 別冊P.24-2A　📍 2, rue du Fg. St-Honoré 8e　📞 01.44.94.14.70

マックス・マーラ Max Mara
🔗 jp.maxmara.com
🗺 別冊P.23-3D　📍 31, av. Montaigne 8e　📞 01.47.20.61.13
🗺 別冊P.24-2A／本誌P.299　📍 408-410, rue St-Honoré 8e　📞 01.42.61.75.67

ロエベ Loewe
🔗 www.loewe.com
🗺 別冊P.23-2D　📍 46, av. Montaigne 8e　📞 01.53.57.92.50

SHOPPING STREET à Paris

人気ショッピングストリート

たとえお目当てのブランドがなくても、ぶらぶら歩きながらウインドーディスプレイを見るのもお買い物の楽しさ。パリには個性あふれる店がひしめく魅力的なストリートがいくつもある。なかでも気ままなショッピングにぴったりな通りを紹介しよう。各店の情報は掲載ページでチェックして。

フラン・ブルジョワ通り
Ⓜ ①St-Paul
[マレ MAP 別冊P.14-3AB、P.27-2C]

若者が集まるマレ地区の中心的通り。フレンチカジュアルブランドの支店、セレクトショップ、アクセサリーや靴、アート小物のショップが豊富。周辺の小さな通りも見逃せない。マレ地区には、すてきなカフェが多いのでひと休みも楽しい。

Rue des Francs Bourgeois

Column Information

歴史散歩もショッピングも楽しめる「フラン・ブルジョワ通り」

フラン・ブルジョワ通りは、貴族の館（→P.137）が数多く残るマレ地区にある。趣のあるマレ地区散歩の途中でショッピングもできるとあって、観光客にも人気が高い。日曜も営業している店が多いので、特に日曜は狭い通りに人があふれてにぎわう。落ち着いて買い物をしたいなら、平日がおすすめだ。

サントノレ通り

Ⓜ ①Tuileries
[ルーヴル界隈 MAP 別冊P.12-1B～P.13-2C、P.24-2AB～P.25-2C]

ファッションブランドから雑貨、人気チョコレート店まで建ち並ぶ。カジュアル感と高級感がほどよくミックスしたショッピング通り。ロワイヤル通りを越えて西側は、高級ブランドが並ぶフォーブール・サントノレ通り(→P.296)とつながる。

サン・シュルピス通り

Ⓜ ④St-Sulpice ⑩Mabillon
[サン・ジェルマン・デ・プレ MAP 別冊P.19-1C、P.28-2B～P.29-2C]

サン・シュルピス教会の脇、隠間的な場所にこぢんまりと位置する短い通り。リーズナブルでありながら上品なショップが多い。同じ雰囲気の、インテリアや家庭用品の専門店も揃う。

使ってみよう！ ショッピングに役立つフランス語

コスモポリタンなパリでは、有名ブランドのブティックであればほとんどの店で英語が通じる。しかし、あなたは今パリにいて、憧れのパリジャンに交じって買い物を楽しんでいる。この機会を利用して、英語に少しでもフランス語を加えて話をしてみたいもの。店の人も一生懸命聞いてくれるに違いない。

ABC 買い物に関する単語

（日本語　フランス語　[読み方]）

[店の種類]

日本語	フランス語	[読み方]
店	magasin/boutique	[マガザン / ブティック]
デパート	grand magasin	[グラン マガザン]
スーパーマーケット	supermarché	[シュペルマルシェ]
仕立て屋	tailleur	[タイユール]
皮革製品店	maroquinerie	[マロキヌリー]
靴屋	magasin de chaussures	[マガザン ドゥ ショシュール]
おもちゃ屋	magasin de jouets	[マガザン ドゥ ジュエ]
おみやげ屋	magasin de souvenirs	[マガザン ドゥ スーヴニール]
菓子屋	pâtisserie	[パティスリー]
パン屋	boulangerie	[ブーランジュリー]
総菜屋	traiteur	[トレトゥール]
免税店	magasin hors-taxe	[マガザン オール タクス]

[衣服] vêtement [ヴェットマン]

日本語	フランス語	[読み方]
サイズ	taille	[タイユ]
大きさ	mesure	[ムジュール]
ブラウス(女性用)	chemisier	[シュミジエ]
ワイシャツ(男性用)	chemise	[シュミーズ]
セーター	pull-over	[ピュロヴェール]
ポロシャツ	polo	[ポロ]
Tシャツ	T-shirt	[テー シャルツ]
ジーンズ	jeans	[ジーン]
ドレス／ワンピース	robe	[ローブ]
コート	manteau	[マントー]
レインコート	imperméable	[アンペルメアブル]
スカーフ／マフラー	foulard	[フラール]
靴下	chaussettes	[ショセット]
女性用靴下	bas	[バ]
ストッキング	collant	[コラン]
スーツ	costume / ensemble	[コスチュム] [アンサンブル]
上着	veste	[ヴェスト]
ベスト	gilet	[ジレ]
ネクタイ	cravate	[クラヴァット]
スカート	jupe	[ジュプ]
ズボン	pantalon	[パンタロン]
ベルト	ceinture	[サンチュール]
帽子	chapeau	[シャポー]
下着	sous-vêtement	[スー ヴェットマン]
ブラジャー	soutien-gorge	[スティアン ゴルジュ]
ハンカチ	mouchoir	[ムショワール]
靴	chaussures	[ショシュール]
ブーツ	bottes	[ボット]
ハンドバッグ	sac à main	[サッカ マン]
財布	portefeuille	[ポルトフイユ]

[薬局／化粧品屋] pharmacie / parfumerie [ファルマシー / パルフュムリー]

日本語	フランス語	[読み方]
かみそり	rasoir	[ラゾワール]
くし	peigne	[ペーニュ]

日本語	フランス語	[読み方]
シャンプー	shampooing	[シャンポワン]
石鹸	savon	[サヴォン]
歯ブラシ	brosse à dents	[ブロス ア ダン]
歯磨き粉	pâte dentifrice	[パット ダンティフリス]
ティッシュ	kleenex	[クリネックス]
ヘアトニック	lotion capillaire	[ロション キャピレール]
化粧品	produits de beauté	[プロデュイ ドゥ ボーテ]
オー・デ・コロン	eau de cologne	[オー ドゥ コローニュ]
香水	parfum	[パルファン]
口紅	rouge à lèvres	[ルージュ ア レーヴル]
ほお紅	rouge à joues	[ルージュ ア ジュ]
ファンデーション	fond de teint	[フォン ドゥ タン]
アイシャドー	fard à paupières	[ファーラ ポピエール]
マニキュア	vernis à ongles	[ヴェルニ ア オングル]

[宝石店] bijouterie [ビジュトリー]

日本語	フランス語	[読み方]
指輪	bague	[バーグ]
ネックレス	collier	[コリエ]
ブレスレット	bracelet	[ブラスレ]
ブローチ	broche	[ブロシュ]
ペンダント	pendentif	[パンダンティフ]
イヤリング	boucles d'oreilles	[ブクル ドレイユ]
宝石	bijou	[ビジュー]
サンゴ	corail	[コライュ]
真珠	perle	[ペルル]
誕生石	pierre de naissance	[ピエール ドゥ ネサンス]
プラチナ	platine	[プラティヌ]
銀	argent	[アルジャン]
金	or	[オール]
純金	or pur	[オール ピュール]
真ちゅう	laiton	[レトン]
アクセサリー	accessoires	[アクセソワール]

[文房具／本屋／キオスク] papeterie / librairie / kiosque [パペトリー / リブレリー / キオスク]

日本語	フランス語	[読み方]
鉛筆	crayon	[クレヨン]
ペン	stylo	[スティロ]
手帳	carnet	[カルネ]
便せん	papier à lettres	[パピエ ラ レットル]
封筒	enveloppe	[アンヴロップ]
本	livre	[リーヴル]
地図	carte / plan	[カルト / プラン]
レコード	disque	[ディスク]
CD	CD	[セーデー]
雑誌	magazine	[マガジヌ]
新聞	journal	[ジュルナル]
たばこ	cigarette	[シガレット]
ライター	briquet	[ブリケ]

300

【素材／タイプ】 matière /genre [マティエール／ジャンル]

日本語	フランス語	読み方
綿	coton	[コトン]
絹	soie	[ソワ]
麻	lin	[ラン]
毛	laine	[レィヌ]
革	cuir	[キュイール]
スエード	daim	[ダン]
厚い	épais(se)	[エペ(ス)]
薄い	fin / fine	[ファン／フィヌ]
高い	haut(e)	[オー(ト)]
低い	bas(se)	[バ(ス)]
明るい	clair(e)	[クレール]
暗い	foncé(e)	[フォンセ]

【その他の用語】

流行の	à la mode	[ア ラ モード]
最新の	dernier modèle	[デルニエ モデール]
伝統的な	traditionel(le)	[トラディショネル]
人気の	populaire	[ポピュレール]
試着する	essayer	[エセィエ]
購入する	acheter	[アシュテ]
取り換える	échanger	[エシャンジェ]
値引きする	baisser le prix	[ベッセ ル プリ]
贈り物	cadeau	[カドー]
包む	emballer	[アンバレ]
現金で	en liquide	[アン リキッド]
クレジットカード	carte de crédit	[カルト ドゥ クレディ]
説明書	brochure explicative	[ブロシュール エクスプリカティヴ]
見本	échantillon	[エシャンティヨン]
領収書	reçu	[ルシュ]

よく使うフレーズ

（日本語　フランス語[読み方]）

日本語	フランス語	読み方
何かおすすめの物はありますか？	Voulez-vous me recommander quelque chose ?	[ヴレ ヴ ム ルコマンデ ケルク ショーズ]
これを見せていただけますか？	Pouvez-vous me montrer ça ?	[プヴェ ヴ ム モントレ サ]
ちょっと見ているだけです。	Je regarde simplement.	[ジュ ルギャルド サンプルマン]
試着してみていいですか？	Pourrais-je essayer ceci ?	[プレ ジュ エセィエ スシ]
これに決めます。	Je prends ceci.	[ジュ プラン スシ]
もう少し大きい（小さい）のはありますか？	Avez-vous le même modèle, mais plus grand / petit ?	[アヴェ ヴ ル メーム モデール メ プリュ グラン／プティ]
高過ぎます。	C'est trop cher.	[セ トロ シェール]
いくらですか？	C'est combien ?	[セ コンビャン]
このカードが使えますか？	Est-ce que vous acceptez cette carte de crédit ?	[エ ス ク ヴ ザクセプテ セット カルト ドゥ クレディ]
免税書類を作成していただけますか？	Pourriez-vous remplir les papiers de la détaxe ?	[プリエ ヴ ランプリール レ パピエ ドゥ ラ デタックス]
別々に包んでくれますか？	Pouvez-vous les emballer séparément ?	[プヴェ ヴ レ ザンバレ セパレマン]

色・柄 （　）は女性形

白	blanc(he)	[ブラン(シュ)]
黒	noir	[ノワール]
赤	rouge	[ルージュ]
青	bleu(e)	[ブルー]
黄	jaune	[ジョーヌ]
緑	vert(e)	[ヴェール(ト)]
紫	violet(te)	[ヴィオレット]
橙	orange	[オランジュ]
水色	bleu clair	[ブルークレール]
ピンク	rose	[ローズ]
ベージュ	beige	[ベージュ]
茶	marron	[マロン]
生成り	écru(e)	[エクリュ]
グレー	gris(e)	[グリ(ーズ)]
金	or	[オール]
銀	argent	[アルジャン]
チェック	à carreaux	[ア カロー]
水玉	à pois	[ア ポワ]
縞	rayé(e)	[レイエ]
無地	uni(e)	[ユニ]

サイズ表

洋服／女性

フランス	34	36	38	40	42	44
日本（号）	5	7	9	11	13	15

靴／女性

フランス	36	36.5	37	37.5	38	38.5
日本（cm）	23	23.5	24	24.5	25	25.5

靴／男性

フランス	41.5	42	42.5	43	43.5	44
日本（cm）	25.5	26	26.5	27	27.5	28

ショッピングガイド

ショッピングに役立つフランス語

ファッション　おすすめショップ

Repetto
レペット
バレリーナシューズで大人気
`靴／オペラ地区` `MAP 別冊 P.24-1B`

オペラ店にある「ラトリエ・レペット」では、ベース素材や色を選んでセミオーダーすることができる

1947年創業、2017年に70周年を迎えた「レペット」は、世界的振付家ローラン・プティの母親であるローズ・レペットが始めたバレエ用品の老舗。プロ用の商品だけでなく、通常の靴やバッグも扱っており、なかでも人気なのは「サンドリヨンCendrillon」と呼ばれるタウン用のバレリーナシューズ。レペットの靴を愛した女優ブリジット・バルドーのために開発されたもので、シンプルで飽きないデザインとカラーの豊富さで、ファンの多い定番商品となっている。

M ③⑦⑧ Opéra
住 22, rue de la Paix 2e　TEL 01.44.71.83.12
営 9:30〜19:30　(⽇ 11:00〜19:00)
休 1/1、5/1、12/25　CC AJMV
URL www.repetto.fr（日本語あり）
＜その他＞
MAP 本誌 P.298
住 51, rue des Franc Bourgeois 4e

Saint James
セント・ジェームス
カラフルなボーダーシャツ
`洋服／マドレーヌ界隈` `MAP 別冊 P.24-1A`

ロゴマークに描かれているモン・サン・ミッシェルの近くにある町、サン・ジャムで1889年に創業したマリンルックの代名詞ともいえるブランド。クラシックなモデル「ギルドGuildo」は、ボートネックで長袖、厚みのある上質なコットン100％。首回りや袖先が白い「ナヴァルNaval」も人気がある。白に青という定番の組み合わせだけでなく、水色や赤、グリーン、ピンクなど色の選択肢も幅広い。長袖も半袖も季節を問わず1年中活躍してくれるので、タイプ・色違いで揃えている人も多い。

しっかりとした生地が頼もしく感じられるギルドは定番中の定番。何度洗濯しても型崩れしないのがうれしい

M ⑧⑫⑭ Madeleine　住 5, rue Tronchet 8e
TEL 01.42.66.19.40　営 10:00〜19:00 (⽇ 14:00〜18:00)
休 1/1、復活祭の休暇、5/1、7/14、8/15、11/1、12/25　CC AJMV　URL www.saint-james.com/fr
＜その他＞
MAP 別冊 P.28-2B　住 66, rue de Rennes 6e

Ekyog
エキヨグ
デザインも人気のオーガニック服
`洋服／フラン・ブルジョワ通り` `MAP 本誌 P.298`

フランス中に店舗がある、エコとトレンドが共存したデザインが人気のオーガニック・クローズのブランド。オーガニックのコットンやウール、リネン、シルクのほか、プラスチックをリサイクルしたポリエステル、環境に配慮して加工されたレザーなどを使っている。トップスからボトム、ワンピースのほか、子供服や水着、スカーフやマフラー、ベルトといったファッション小物まで幅広く揃う。

歴史的建造物に指定されている古い建物のフラン・ブルジョワ店

M ① St-Paul
住 23, rue des Francs Bourgeois 4e
TEL 01.42.78.22.60
営 11:00〜19:30　(⽇ 11:30〜)
休 1/1、5/1、12/25　CC DJMV
URL www.ekyog.com

Merci
メルシー
衣食住のすべてにこだわる

セレクトショップ／北マレ　MAP 別冊 P.27-1C

　2019年に10周年を迎え、北マレのおしゃれ＆カルチャーの中心的存在となっている有名店。3フロアある広大なスペースにファッション、雑貨、文房具からキッチンツール、ガーデン用品、インテリア家具まで多くのアイテムが揃う。地上階のイベントスペースは、毎回のテーマごとに商品やレイアウトがガラリと変わり、常に新しい発見があって楽しい。カフェやレストラン（→P.268）もあり、1日中にぎわっている。

エントランスの中庭に置かれた赤い車が目印

M ⑧ St-Sébastien Froissart
住 111, bd. Beaumarchais 3e
TEL 01.42.77.00.33
営 10:00 〜 19:30　休 ①、1/1、12/25
CC A J M V　Wi-Fi
URL www.merci-merci.com

Centre Commercial
サントル・コメルシアル
主張のあるおしゃれカジュアル

セレクトショップ／サン・マルタン運河界隈　MAP 別冊 P.14-1B

　スニーカーブランドの「ヴェジャVeja」のオーナーがオープンしたセレクトショップ。セレクトの基準は「環境に優しくかつデザイン的に優れたもの」。オーガニックコットンを使ってブラジルで生産するなど、自然の素材やフェアトレードにもこだわっている。レディスもメンズもシンプルで長く愛用できるものが多く、帽子や靴などユニセックスなデザインの小物も豊富なので、一緒にショッピングを楽しみたいカップルにおすすめ。

もちろん「ヴェジャ」のスニーカーも

M ⑤ Jacques Bonsergent
住 2, rue de Marseille 10e　TEL 01.42.02.26.08
営 11:00 〜 20:00
　（①13:00 〜 19:30、②14:00 〜 19:00）
休 無休　CC A M V　Wi-Fi
URL www.centrecommercial.cc
＜その他＞
MAP 別冊 P.28-2B　住 9, rue Madame 6e

ショッピングガイド　ファッション　おすすめショップ

Sessùn
セッスン
都会的なフレンチ・カジュアル

洋服／バスティーユ界隈　MAP 別冊 P.15-3C

バスティーユ近くのシャロンヌ店。木の家具を配した広々した空間

　南仏出身のデザイナー、エマ・フランソワさんが手がけるブランドで、パリに数店の路面店を構える人気店。インスピレーションの源は、世界中を旅して出会った文化やアート。トレンドのなかに伝統的なテキスタイルやプリント、上質でナチュラルな素材を取り入れている。シンプルなラインにこだわりのディテール、やわらかな色使いと、都会的かつ現代的でありながら、懐かしさが感じられるデザインが特徴。甘くなり過ぎない大人のカジュアル・スタイルが見つかる。

M ⑧ Ledru Rollin　住 34, rue de Charonne 11e
TEL 01.48.06.55.66
営 11:00 〜 19:00（休 ⑤ 〜 19:30）
休 ①、5/1、8/15、8月に2週間
CC A J M V　Wi-Fi　URL fr.sessun.com
＜その他＞
MAP 本誌 P.298
住 45, rue des Francs Bourgeois 4e

303

ファッション

パリジェンヌ御用達のブティック
Maje
マージュ

洋服／フラン・ブルジョワ通り　MAP 本誌P.298

パリジェンヌに圧倒的な人気を誇る。甘い雰囲気と大人っぽさが同居するデザインが魅力で、定番アイテムからおしゃれ着、オフィス向きまで、幅広く使えるアイテムが揃う。エレガントかつキュートなデザインのアクセサリー、子供服もおすすめ。

- Ⓜ ①St-Paul　🏠 12, rue des Francs Bourgeois 3e
- ☏ 01.43.56.57.22
- 営 10:30～20:00（土日 10:00～）
- 休 1/1、12/25　CC A J M V
- URL fr.maje.com
- ＜その他＞
- MAP 別冊P.23-2D　🏠 35, av. des Champs-Elysées 8e
- MAP 本誌P.299　🏠 267, rue St-Honoré 1er

パリ、フランスを代表するブランド
Comptoir des Cotonniers
コントワー・デ・コトニエ

洋服／フラン・ブルジョワ通り　MAP 本誌P.298

パリ市内に数多くの店舗がある人気ブランド。いいものを長く着る、色や柄で遊び、自分なりのベーシックをもつ……そんなパリのエッセンスの詰まったアイテムが日本人にもぴったり。着こなしのバリエーションが広がるデザインが人気だ。

- Ⓜ ①St-Paul　🏠 33, rue des Francs Bourgeois 4e
- ☏ 01.42.76.95.33　営 11:00～20:00（月～19:30）
- 休 1/1、5/1、12/25　CC A D J M V
- URL www.comptoirdescotonniers.com
- ＜その他＞
- MAP 本誌P.299　🏠 12, pl. St-Sulpice 6e
- MAP 本誌P.299　🏠 342, rue St-Honoré 1er

上質の普段着を求めるなら
Zadig & Voltaire
ザディグ・エ・ヴォルテール

洋服／フラン・ブルジョワ通り　MAP 本誌P.298

カシミヤやシルクなどの高級素材を使った、エレガントな普段着が揃っている。シンプルなデザインながら、一度着てみるとその着心地のよさを実感できると評判が高い。メンズや子供服まで揃うので、カップルやファミリーで愛用する人も多い。

- Ⓜ ①St-Paul　🏠 42, rue des Francs Bourgeois 3e
- ☏ 01.44.54.00.60
- 営 11:00～20:00（日～19:30）
- 休 1/1、5/1、12/25　CC A J M V
- URL www.zadig-et-voltaire.com（日本語あり）
- ＜その他＞
- MAP 本誌P.299　🏠 1, rue du Vieux Colombier 6e

上品なフレンチカジュアル
agnès b.
アニエス・ベー

洋服／サン・ジェルマン・デ・プレ　MAP 別冊P.28-2B／本誌P.299

フレンチカジュアルといえば、このブランド。細めの幅が上品なボーダーシャツやスウェット素材のカーディガンなどの定番アイテムをはじめ、流行にとらわれない色や柄モチーフが魅力。シンプルなデザインなのでコーディネートも楽しみたい。

- Ⓜ ④St-Sulpice　🏠 6, rue du Vieux Colombier 6e
- ☏ 01.44.39.02.60
- 営 10:00～19:30（土～20:00）
- 休 日、1/1、5/1、12/25　CC A M V　Wi-Fi
- URL www.agnesb.com（日本語あり）
- ＜その他・メンズ＞
- MAP 本誌P.299　🏠 10-12, rue du Vieux Colombier 6e

日常に取り入れたいカジュアルブランド
Cotélac
コテラック

洋服／サン・シュルピス通り　MAP 別冊P.29-2C／本誌P.299

"現代女性のための、個性的で、ほんの少しボヘミアンなスタイル"がコンセプト。きれいなシルエット、明るく淡い色合い、懐かしいプリントなど、カジュアルにも、フェミニンにもアレンジができて、毎日のコーディネートに加えたい洋服が揃う。

- Ⓜ ④St-Sulpice ⑩Mabillon
- 🏠 30, rue St-Sulpice 6e　☏ 01.42.88.09.13
- 営 10:00～19:00
- 休 日　CC A D J M V
- URL www.cotelac.fr
- ＜その他＞
- MAP 本誌P.299　🏠 284, rue St-Honoré 1er

「ベンシモン」のコンセプトストア
Home Autour du Monde
ホーム・オトゥール・デュ・モンド

洋服／フラン・ブルジョワ通り　MAP 本誌P.298

フレンチカジュアルのブランド「ベンシモンBensimon」がファッションからインテリア、雑貨までトータルで提案するコンセプトストア。くたっとした風合いと、ナチュラルで美しい色の定番スニーカーは色違いで欲しくなる。

- Ⓜ ①St-Paul
- 🏠 8, rue des Francs Bourgeois 3e
- ☏ 01.42.77.06.08
- 営 10:30～19:00（日 13:00～）
- 休 1/1、5/1、12/25
- CC A D J M V
- URL www.bensimon.com

ショッピングガイド ファッション

シンプル&キュートな人気ブランド
Sandro
サンドロ
洋服／フラン・ブルジョワ通り　MAP 本誌P.298

流行をきっちりおさえたラインと、キュートな淡い色使いのデザインに加え、価格も控えめなので、年齢を問わず人気があるブランド。刺繍やレースを使ったカジュアルかつ女性らしいトップスは色も幅広く、重ね着するのが楽しい。

- M ①St-Paul 住 47, rue des Francs Bourgeois 4e
- TEL 01.49.96.56.55
- 営 11:00〜20:00
- 休 1/1、12/25　CC A M V
- URL www.sandro-paris.com
- <その他>
- MAP 本誌P.299 住 269, rue St-Honoré 1er

キュートランジェリーの決定版
Fifi Chachnil
フィフィ・シャシュニル
ランジェリー／サン・ジェルマン・デ・プレ　MAP 別冊P.28-2A

鮮やかで甘いピンク色にあふれたかわいいブティック。一歩店内に入ると、ロマンティックなランジェリーの数々に夢中になってしまうのは、デザイナー、フィフィの魔法だ。思いきりスイートな気分に浸れるランジェリーにうっとり。

- M ④St-Sulpice ⑩⑫Sèvres Babylone
- 住 34, rue de Grenelle 7e
- TEL 01.42.22.08.23
- 営 11:00〜19:00
- 休 ⑧、8/15の週
- CC A D J M V
- URL fifichachnil.paris

中世の館に夢の世界が広がる
Bonpoint
ボンポワン
子供服／サン・ジェルマン・デ・プレ　MAP 別冊P.29-2C／本誌P.299

中世の館を改造して開いたラグジュアリーな子供服ブランドのコンセプトショップ。中庭を取り囲むように配置された部屋は、それぞれ雰囲気の異なるディスプレイになっていて見て歩くだけでも楽しい。子供部屋のインテリアのにもなる。

- M ④⑩Odéon ⑩Mabillon
- 住 6, rue de Tournon 6e　TEL 01.40.51.98.20
- 営 10:00〜19:00
- 休 ⑧　CC A J M V
- URL www.bonpoint.jp（日本語）
- <その他>
- MAP 本誌P.299 住 320, rue St-Honoré 1er

自分らしい帽子をセミオーダー
La Cerise sur le Chapeau
ラ・スリーズ・シュル・ル・シャポー
帽子／サン・ジェルマン・デ・プレ　MAP 別冊P.28-3A

自分の好みの形、素材、色、リボンを選んで帽子をセミオーダーできる。店内のサンプルを参考に、自分に似合う形と色を探していくのが楽しい。予約なしで受付可能。仕上げに1〜24時間かかるため平日の早い時間のオーダーがおすすめ。

- M ⑩⑫Sèvres Babylone
- 住 44-46, rue du Cherche Midi 6e
- TEL 01.45.49.90.53
- 営 11:00〜19:00　休 ⑧ ㊗
- 料 フエルトタイプ€190〜230、麦わらタイプ€170〜210　CC A M V
- URL www.lacerisesurlechapeau.com（日本語あり）

迷うほどのカラーバリエーション
Hervé Chapelier
エルヴェ・シャプリエ
バッグ／サン・ジェルマン・デ・プレ　MAP 別冊P.28-2B／本誌P.299

カラフルな色使いのトートバッグやポーチでおなじみのブランド。色の組み合わせ、形、サイズのバリエーションが豊富なので、いくつも欲しくなってしまう。日本では手に入らないタイプを見つけたい。パリジェンヌを気取れる必須アイテム。

- M ④St-Sulpice ④St-Germain des Prés 住 1, rue du Vieux Colombier 6e　TEL 01.44.07.06.50　営 10:15〜19:00（④〜19:15、㊊11:00〜）　休 ⑧（営業期あり）、1/1、5/1、12/25
- CC A J M V　Wi-Fi　URL www.hervechapelier.com（日本語あり）
- <その他>
- MAP 本誌P.299 住 390, rue St-Honoré 1er
- MAP 本誌P.299 住 229, rue St-Honoré 1er

驚きの軽量トート
Jack Gomme
ジャック・ゴム
バッグ／北マレ　MAP 別冊P.27-1C

ふたりのデザイナー、ソフィとポールが始めたブランド。使い勝手のいい大きなトートは、丈夫なうえに、驚くほど軽い素材で作られている。カジュアルでクールな装いが好きな大人にぴったり。ふたりの顔のイラストが入ったユニークな柄のものも。

- M ⑧St-Sébastien Froissart
- 住 16, rue St-Claude 3e　TEL 01.42.78.73.45
- 営 11:00〜14:00、15:00〜19:00
- 休 ⑧ ㊗、8月に2週間　CC A M V　Wi-Fi
- URL www.jackgomme.com
- <その他>
- MAP 別冊P.18-2B 住 13, rue Bréa 6e

ファッション

パリで安心して時計が買える店
Lapaix - Anshindo Paris
ラペ - 安心堂パリ

時計／オペラ地区　MAP 別冊P.24-2B

ロレックス、フランクミュラー、ウブロ、エルメスなどの正規代理店。パリの人気モデルや限定シリーズが豊富に揃い、パリ最大級の免税率16.38%で購入できる。日本人スタッフが常駐し、日本にも店舗があるため帰国後のサポートも万全。

- ③⑦⑧Opéra
- 8, rue de la Paix 2e
- TEL 01.40.20.07.65
- 11:00～19:00
- 休 ⑤
- CC ADJMV
- URL paris.anshindo.net

人気ブランドのコンセプトショップ
Les Néréides
レ・ネレイド

アクセサリー／レ・アール　MAP 別冊P.26-1A

南仏のニースで始まった人気アクセサリーブランド。半貴石を使ったビジュー・ファンタジーは、花や植物のモチーフを中心としたデザインで、ディテールの細かさに定評がある。セカンドラインのポップな「N2」の商品も揃っている。

- ④Etienne Marcel ③④Réaumur Sébastopol
- 5, rue du Bourg l'Abbé 3e　TEL 01.80.50.51.11
- 9:30～18:30（金～18:00）
- 休 ⑤ ㊗、12/24
- CC AJMV
- URL www.lesnereides.com
- ＜その他＞
- MAP 本誌P.298　住 30, rue Sévigné 4e

デザイン性の高さが魅力
Satellite
サテリット

アクセサリー／フラン・ブルジョワ通り　MAP 本誌P.298

ビーズやラインストーンをたくさん使ったゴージャスなエスニックタイプから、甘くて優しい色合いの可憐なものまで、幅広いデザインのアクセサリーが揃う。シンプルな洋服とコーディネートして、ポイントになるようなものが見つかる。

- ①St-Paul　住 23, rue des Francs Bourgeois 4e
- TEL 01.40.29.45.77　10:30～19:30
- 休 1/1、5/1、12/25
- CC ADJMV
- URL www.satelliteparis-boutique.com
- ＜その他＞
- MAP 本誌P.299　住 314, rue St-Honoré 1er
- MAP 本誌P.299　住 10, rue du Vieux Colombier 6e

ロマンティックな夢の世界
Nadine Delépine
ナディーヌ・ドゥレピーヌ

アクセサリー／サン・ジェルマン・デ・プレ　MAP 別冊P.28-2B／本誌P.299

デザイナーのナディーヌさんのこだわりがあふれる手作りのアクセサリーは、繊細で愛らしいものばかり。花柄のプリントやパステルな色使いのバッグと合わせて揃えたくなる。ウインドーには個性的な人形が飾られ、夢の世界へと誘ってくれる。

- ⑩Mabillon
- 14, rue Princesse 6e
- TEL 01.40.51.81.10
- 11:00～19:00（7/25～8/31 月～木 14:00～、金 ± 12:00～）　休 ⑤、5/1、7/14
- CC AJMV Wi-Fi
- URL www.nadinedelepine.com

Column Information

ピアスをイヤリングにしてもらいました

パリではアクセサリー店に行くのが楽しみでした。ピアスホールを開けていないのでイヤリングが欲しかったのですが、ディスプレイされているのはピアスばかり。残念に思って眺めていると、私の様子を見ていたスタッフの方が「イヤリングのクリップを付けることもできますよ」と声をかけてくれました。気に入ったデザインのピアスがあったら、イヤリングにできるか聞いてみるといいですよ。
（秋田県　葵　'19）

Column Information

アクセサリーに関するフランス語

日本語　フランス語　[読み方]

日本語	フランス語	[読み方]
アクセサリー	Bijou	[ビジュー]
ネックレス	Collier	[コリエ]
指輪	Bague	[バーグ]
ブレスレット	Bracelet	[ブラスレ]
ブローチ	Broche	[ブロッシュ]
イヤリング	Boucles d'Oreilles	[ブックル ドレイユ]
ピアス	Boucles d'Oreilles Percés	[ブックル ドレイユ ペルセ]
ペンダント	Pendentif	[パンダンティフ]

フレグランス、コスメ おすすめショップ

Yves Rocher
イヴ・ロシェ
植物由来のスキンケア

`コスメ／オペラ地区` MAP 別冊 P.24-1A

地上階はフェイスとボディ、コスメ、2階はヘアとメンズ、香水と分かれている。スパにはふたりで同時にケアが受けられる部屋もある

自社農園で栽培したオーガニック植物を中心とした植物由来のスキンケア製品が揃う。フランス国内に600店舗を構えているが、パリのオスマン大通り店は1969年にオープンした歴史ある1号店で、2015年に450m²の広さをもつコンセプトストアとしてリニューアル。フェイシャルやボディ、ヘアケア、香水、化粧品など、値段も手頃なアイテムがずらりと並び、地下は予約制のスパになっている。自社農園で栽培されたフルーツで作ったジャムやハチミツ、ジュースもある。

M ③⑨ Havre Caumartin
住 43, bd. Haussmann 9e
TEL 01.47.42.30.39
営 10:00 ～ 20:00
休 ⑧、1/1、5/1、12/25
CC JMV Wi-Fi
URL www.yves-rocher.fr

Diptyque
ディプティック
香り高いキャンドルの癒やし

`アロマキャンドル／カルチェ・ラタン` MAP 別冊 P.20-1A

1961年創業、香りのキャンドルの老舗ブランド。花や果物、スパイスなどの香りを調合したアロマキャンドルが50種類以上も揃う。ガラスのグラスと、グラフィカルな文字が美しいラベルはデザイン性も高く、インテリア小物としてもおしゃれで人気が高い。上品な香りと柔らかな光に包まれて、ゆったりとした気分を楽しもう。創業50周年を迎えた2011年に登場した「サン・ジェルマン34シリーズ」には、キャンドルのほかにオー・ド・トワレ、ルームスプレー、石鹸などがある。

昔からのファンが多い老舗店

M ⑩ Maubert Mutualité 住 34, bd. St-Germain 5e
TEL 01.43.26.77.44 営 10:00 ～ 19:00 休 ⑧（12月は営業）、1/1、5/1 CC AJMV URL www.diptyqueparis.com
＜その他＞
MAP 本誌 P.298 住 8, rue des Francs Bourgeois 3e
MAP 本誌 P.299 住 330-332, rue St-Honoré 1er

Fragonard
フラゴナール
南仏の香りが広がる

`香水／オペラ地区` MAP 別冊 P.24-1A

香水の産地として知られる、コート・ダジュール地方の町グラースにある香水工場の直営ブティック。2015年に香水博物館（→P.116）の隣にオープンしたオスマン店は、ファサードのクラシックな木彫の装飾が印象的だ。香水から化粧品、インテリア雑貨、ファッションまで、南仏の生活美学を体現したようなフラゴナールの世界が息づいている。香水博物館に併設した店舗もある。

香水以外にインテリア小物、雑貨、洋服も人気

M ③⑦⑧ Opéra RER Ⓐ Auber 住 5, rue Boudreau 9e
TEL 01.40.06.10.10 営 10:00 ～ 20:00（⑧ 11:00 ～ 19:00）
休 1/1、5/1、12/25 CC AJMV URL www.fragonard.com
MAP 別冊 P.28-2A 住 196, bd. St-Germain 7e
MAP 本誌 P.299 住 207, rue St-Honoré 1er
MAP 本誌 P.298 住 51, rue des Francs Bourgeois 4e

307

フレグランス、コスメ

南仏生まれの人気ブランド
L'Occitane
ロクシタン

フレグランス／レ・アール　MAP 別冊P.26-2B

すべての製品をローズやラベンダー、オリーブなど天然素材で作る、プロヴァンス生まれの癒やし系コスメブランド。ミニサイズの練り香水やハンドクリーム、石鹸などは、おみやげにも最適。日常生活に南仏の香りを取り入れて。

M ①⑪Hôtel de Ville　住 84, rue de Rivoli 4e
TEL 01.42.78.74.01　営 10:30〜20:00（日 11:30〜14:00、15:00〜19:00）
休 1/1、5/1、12/25　CC AJMV
URL www.loccitane.com（日本語あり）
＜その他＞
MAP 別冊P.26-3B　住 1, rue d'Arcole 4e

インテリアフレグランスが充実
Estéban
エステバン

フレグランス／フラン・ブルジョワ　本誌P.298

「香りとアートの融合」というコンセプトが光る南仏生まれのフレグランスブランド。フレグランスオイルのほか、ろうそく、お香、バス用品、オー・ド・トワレなどシチュエーションに合わせた香り選びを楽しめる。パッケージデザインもおしゃれ。

M ①St-Paul　住 32, rue des Francs Bourgeois 3e
TEL 01.57.40.92.23
営 11:00〜14:00（祝 12:30〜）、14:30〜19:30（土 ®はノンストップ）
休 1/1、5/1、12/25
CC AMV　URL www.esteban.fr
＜その他＞
MAP 別冊P.28-2B　住 49, rue de Rennes 6e

デパート内で気軽にネイルケア
The Nail Kitchen
ザ・ネイル・キッチン

ネイル／マレ　MAP 別冊P.26-2B

ナチュラルでシンプルなパリ流ネイルが体験できるサロン。85％が天然素材由来のマニキュア「Kure Bazaar」の商品で、ネイルケア、マッサージ、カラーリングをしてくれる。観光の合間にネイル＆ハンドケアできるのがうれしい。

M ①⑪Hôtel de Ville
住 52, rue de Rivoli 4e (Le BHV Marais内→P.348)
TEL 06.50.29.21.51
営 9:30〜20:00（土 〜20:30、日 11:00〜）
休 無休　料 マニキュア（40分）€32、ネイル＆ハンドケア（55分）€45　CC AMV　Wi-Fi
URL thenailkitchen.fr

センス抜群のレトロなコスメ店
Officine Universelle Buly
オフィシーヌ・ユニヴェルセル・ビュリー

コスメ／サン・ジェルマン・デ・プレ　MAP 別冊P.28-1B

19世紀初めに創業した香水店を現代に復刻させたコスメショップ。昔の薬局を思わせるインテリアの中に、天然素材と最新技術を融合したスキンケア用品、アルコール不使用の香水、石鹸、キャンドルなどが並ぶ。パッケージデザインもレトロ。

M ④St-Germain des Prés
住 6, rue Bonaparte 6e　TEL 01.43.29.02.50
営 10:30〜19:00
休 1/1、5/1、12/25
CC ADJMV　URL www.buly1803.com（日本語あり）
＜その他＞
MAP 別冊P.27-1C　住 45, rue de Saintonge 3e

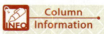
Column Information

自分だけのオリジナル香水を作る

高級ブランドの香水もいいけれど、自分だけのオリジナル香水を作ってみたい人には、マレにある「ル・ステュディオ・デ・パルファン」がおすすめ。自分のイメージを伝えて好きな香りを選んだら、調香師がバランスを調えて仕上げてくれる。世界でひとつだけの香水のできあがりだ。スタッフは英語を話すので安心。

◆ル・ステュディオ・デ・パルファン
　Le Studio des Parfums
MAP 別冊P.26-2B　住 23, rue du Bourg Tibourg 4e
料 30ml €95〜、50ml €140〜
URL studiodesparfums-paris.fr
ウェブサイトから要予約

Column Information

「シティファルマ」でのコスメ購入の心得!?

「シティファルマ」（→P.309）へ行くなら朝イチがおすすめです。最初、観光してから夕方くらいに行ったら、店内は本当に混雑していて、おまけに品物も少なくなっていて……。動きやすいように荷物を少なくして朝イチに行く作戦に変更したら大成功。欲しい物をメモして来て、スタッフに聞きながら買いました。商品もたくさんあるので、前もってリスト化したほうがいいですよ。

（千葉県　ナナ　'19）

Produits de beauté

まとめ買いもおまかせ！
ドラッグストアでおみやげコスメ

パリジェンヌたちが普段使いのコスメを買うのはどこ？
リーズナブルな値段のものを求めるなら、ドラッグストアに行ってみよう。

大人気の激安店

パリジェンヌに人気の店。サン・ジェルマン・デ・プレで日常コスメを買うなら絶対ココ！と、太鼓判を押されているのが「シティファルマ」。店内は籠を持って歩き回るのが困難なほど混雑している。

◆シティファルマ **Citypharma**
MAP 別冊P.28-2B／本誌P.299
M ④St-Germain des Prés ⑩Mabillon
住 26, rue du Four 6e　TEL 01.46.33.20.81
営 8:30～21:00（土 9:00～）
休 ㊗ CC AJMV
URL pharmacie-citypharma.fr

格安ドラッグストアならカルチェ・ラタンにある「ファルマシー・モンジュ」も人気。店舗が大きく、商品を選びやすい。

◆ファルマシー・モンジュ **Pharmacie Monge**
MAP 別冊P.20-2A　M ⑦Place Monge
住 1, pl. Monge 5e　TEL 01.43.31.39.44
営 8:00～21:00　休 ㊐（一部営業）、一部㊗
CC MV　URL www.pharmacie-monge.fr

そのほかのおすすめ店

ビオ製品が充実し、安心・安全品質のものが見つかるチェーン店やスーパーマーケットも。

◆モノプリ **Monoprix** →P.350

◆パラショップ **Parashop**
MAP 別冊P.25-2C　M ⑦⑭Pyramides
住 20, av. de l'Opéra 1er　TEL 01.42.96.21.23
営 9:30～19:30　休 ㊐、1/1、5/1、12/25
CC AJMV　URL www.parashop.com

◆マドモワゼル・ビオ **Mademoiselle bio**
MAP 別冊P.27-2D　M ①⑤⑧Bastille
住 31, rue St-Antoine 4e　TEL 01.48.87.87.50
営 10:00～19:30（㊐～14:00）　休 無休
CC JDMV　URL www.mademoiselle-bio.com

拭き取るメイク落とし
「Bioderma」250ml €6.99

リップクリーム左から
「Avène」€2.99
「Bioderma」€1.99
「Nuxe」€3.49
「Uriage」€3.49

アルガンオイル
「Melvita」（左）€11.99
「Natessance」（右）€9.90

ロバミルク石鹸
「Cosmo Naturel」€3.49

シティファルマ

保湿クリーム
「Akane」€20.49

ハンドクリーム
（小サイズ）
「Nuxe」（左・中）各€3.99
「Caudalie」（右）€1.99

フローラルウォーター
「Laino」（右）€2.10～3.10
「Sanoflore」（左）€6.95

マルセイユ石鹸
「Marius Fabre」€1.90

コンニャクスポンジ
「Akane」€5.49

モノプリ

リップクリーム
「Monoprix」€1.59

ローズウォーター
「Monoprix」€5.99

石鹸
「Monoprix」€2.99

ハンドクリーム「Monoprix」
（左）€2.19（中）€1.99
（右）€3.99

アルガンオイル
「Monoprix」€5.29

覚えておきたいコスメ単語

ケア	soin	［ソワン］
乾燥肌	peau sèche	［ポー・セッシュ］
敏感肌	peau sensible	［ポー・サンシブル］
脂性肌	peau grasse	［ポー・グラス］
化粧水	lotion	［ローション］
美容液	sérum	［セロム］
メイク落とし	démaquillant	［デマキヤン］
保湿クリーム	crème hydratante	［クレーム・イドラタント］
ハンドクリーム	crème pour les mains	［クレーム・プール・レ・マン］
リップクリーム	baume pour les lèvres	［ボーム・プール・レ・レーヴル］

ショッピングガイド　フレグランス、コスメ

309

絶対食べたい定番スイーツから

みんな恋する パリの幸せ

ハイレベルなパティスリーやショコラトリーが集まるパリはスイーツファンにとって、まさにパラダイス。この町でしか味わえない、お気に入りを見つけてみて。

定番スイーツセレクション

時代を超えて長く愛される「定番」のお菓子。パリで食べておきたいベーシックなお菓子を一挙ご紹介。

マカロン / Macaron

アーモンド粉をベースにした生地を丸く焼き、クリームを挟んだものが「マカロン・パリジャン」

マカロンローズにローズ風味のクリーム、ライチ、フランボワーズを挟んだマカロンケーキ「イスパハン」。€7.50 J

エクレア / Eclair

長細い生地にクリームを詰めたシュー菓子の代表格。中のクリームと同じ風味のフォンダン（砂糖衣）をかけるのがお約束

パッションフルーツのエクレアなど、華やかなデコレーションがトレンド。€6〜 I

シーズンごとにフレーバーの組み合わせが替わるマカロンも。€1.80 G

▶おみやげにも

▶華やかに飾って

チョコレートの名店ならではの濃厚かつなめらかなクリームがたっぷり。€6 K

シュークリーム / Chou à la Crème

「シュー」とはキャベツのこと。キャベツの形をしたシューの皮にクリームを詰めたものがシュークリーム

▶パリ色のシュー！

ベレー帽をかぶったような砂糖衣がかわいらしいシュークリーム。€1.90 F

パリ・ブレスト / Paris Brest

半分に切ったシュー生地にクリームを挟んだもの。パリ〜ブレスト間の自転車レースから生まれたことからリング形が基本

▶クリームたっぷり

香ばしいプラリネクリームを挟んだシュークリーム形パリ・ブレスト。€6.90 L

香ばしいプラリネクリームを挟み、ローストしたアーモンドと粉砂糖で飾った伝統のパリ・ブレスト。€5.30 B

新ショップ情報まで

スイーツ

タルト
Tarte

クッキー生地の型に季節のフルーツやクリームなどのフィリングを詰めたお菓子

マスカルポーネクリームにバニラの香りを効かせた「アンフィニマン・ヴァニーユ」。€8.30 **J**

ミルフイユ
Millefeuille

薄く焼いた生地を3層にし、間にクリームを挟んだお菓子

さくさくの食感が味わえるミルフイユ。€9 **H**

鮮度も大切

おしゃれ系

定番菓子の「タルト・シトロン」がスタイリッシュに変身！€6〜 **M**

モンブラン
Mont Blanc

アルプス山脈最高峰の名前から取った、栗のクリームを使ったお菓子

軽いメレンゲと栗のクリームを使ったカップ入りのモンブラン。€6.50 **A**

サントノレ
St-Honoré

小さなシューを積み重ねて、たっぷりのクリームでまとめるお菓子

ふわふわムース入り

濃厚なマロンクリームでメレンゲと生クリームを包んだ伝統のモンブラン。€7 **E**

エレガントな装い

クリームをドレスのようにまとった「サントノレ」。€6.70 **C**

白いバニラ風味のクリームで栗のムースとメレンゲを覆ったモンブラン。€5.80 **D**

SHOP LIST

- **A** ジル・マルシャル →P.317
- **B** セバスチャン・ゴダール →P.318
- **C** ラデュレ →P.288
- **D** カレット →P.290
- **E** アンジェリーナ →P.289
- **F** オデット →P.320
- **G** パン・ド・シュクル →P.319
- **H** ジャック・ジュナン →P.322
- **I** レクレール・ド・ジェニー・カフェ →P.320
- **J** ピエール・エルメ →P.319
- **K** ラ・メゾン・デュ・ショコラ →P.324
- **L** カール・マルレッティ →P.319
- **M** ラ・パティスリー・シリル・リニャック →P.320

Coordination：Chiaki Mitomi

大人気チョコレートセレクション

大人から子供まで、一番親しまれているスイーツといえばチョコレート。
名ショコラティエたちが作る逸品ショコラをじっくり味わってみて。

シャンパンにも合う！

ボンボン・ショコラ
Bonbon Chocolat

ひと口サイズのチョコレート。中にはガナッシュやナッツのペーストが入っている。スパイスやフルーツで香り付けしたものも多い。

香ばしいアーモンド入り

伝統的な「ロシェ（ナッツ入りのボンボン・ショコラ）」。ミルクチョコレートとダークチョコレートの2種ある。32個入り €44 **A**

キャラメルがとろ〜り溶け出すドーム型のチョコ「ドゥミ・スフェール」。9個入り €24 **A**

ベネズエラ産のカカオを使った本格派チョコレート「グラン・クリュ」。16個入り €18.60 **B**

伝統製法で作られたプラリネなど、安定したおいしさのボンボン・ショコラ。6個入り €9.50、14個入り €18 **C**

キャラメル専門店だけあり、溶け出すキャラメルは甘味をしっかり主張している。4個入り €7.50 **E**

フルーツやハーブなど、素材の新鮮さが伝わってくるボンボン。特にミントは鮮烈な味わい。9個入り €12 **D**

保存性のよいメタリックケース入り

ブルターニュ地方に本店があり、ソバなどその土地らしいフレーバーが見つかる。7個入り €7.77 **F**

ボックスはデザインを選べます

板チョコ
Tablette chocolat

カカオの産地別ショコラなど、ボンボン・ショコラに負けないくらい多彩なバリエーションを楽しめる。日持ちがよいのも魅力。

キャラメルをベースに、パッションフルーツの風味を加えた板チョコ。
€9.90 **E**

カカオの産地別ミニサイズの板チョコを積み上げた「ピラミッド」。カラフルでおみやげにおすすめ。ミニ・ピラミッド・デ・トロピック €5、ラ・ピラミッド・デ・トロピック €19.50 **G**

パッケージもおしゃれ

隣接する工房でカカオ豆の焙煎から手がけるビーン・トゥ・バーの高級ショコラ。板チョコ €6～14 **H**

ピンクペッパー、コリアンダーなどのスパイスをチョコでコーティングしたもの。煮込み料理に隠し味として入れても。お酒にも合う。
5本セット €19.50 **I**

その他のチョコレート
Chocolat divers

ボンボン・ショコラ、板チョコのほかにも、個性豊かなチョコレートがいっぱい。

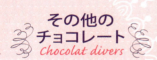

試験管形の容器に入ってます！

花びら状のチョコレートが詰まった「ペタル・ド・ショコラ」。クラシックなデザインの缶も魅力的。€16 **K**

アーモンドとヘーゼルナッツのプラリネを、刻みアーモンド入りのチョコレートで包んだ「ブシェット・オ・プラリネ」。
€20.50 **J**

SHOP LIST

- **A** パトリック・ロジェ →P.324
- **B** ジャン・ポール・エヴァン →P.324
- **C** ラ・メゾン・デュ・ショコラ →P.324
- **D** ジャック・ジュナン →P.322
- **E** キャラメル・パリ →P.316
- **F** アンリ・ルルー →P.325
- **G** フランソワ・プラリュ →P.324
- **H** ル・ショコラ・アラン・デュカス・マニュファクチュール・ア・パリ →P.322
- **I** アン・ディマンシュ・ア・パリ →P.325
- **J** ア・ラ・メール・ド・ファミーユ →P.324
- **K** ボワシエ →P.319

Nouveau!
新オープンの店をチェック!

毎年新しいパティスリーがオープンするパリ。なかでも気になる話題の店を紹介しよう。

Text : Chiaki Mitomi

パリスイーツのトレンドは?

1. 高級ホテルのスイーツがより身近に。レストランのパティシエが作るスイーツの一般販売を始めた「ル・ムーリス」に続き、「ホテル・ド・クリヨン」もテイクアウトをスタート。「ル・ブリストル・パリ」もチョコの販売を開始。
2. スダチや煎茶、日本酒、酒粕など和の素材がこれまで以上に使われるように。
3. カカオ豆の焙煎から関わる「ビーン・トゥー・バー」を手がけるショコラトリーが少しずつ増えている。
4. 人工着色料を使わず、素材の色を生かして仕上げる傾向に。

ヴィエノワズリーも大好評
フィリップ・コンティチーニ ガトー・デモーション
Philippe Conticini Gâteaux d'émotions

2019年12月Open!

フランスを代表するパティシエ、フィリップ・コンティチーニが手がける2号店。7区にある1号店と同じ生菓子やサブレのほか、パンやヴィエノワズリーも登場。フランス中央に位置するオーヴェルニュ地方の小麦粉を使ったバゲットやライ麦粉の丸パン「トゥルト」、ヘーゼルナッツ&チーズ&レーズン入りパン、クロワッサンやパン・オ・ショコラなどが並ぶ。さらに、日本のバウムクーヘンから着想を得て開発したという「ルレ・ド・フィリップ Roulé de Philippe」もスペシャリテだ。

MAP 別冊P.10-3A Ⓜ ⑨ La Muette
住 42, rue de l'Annonciation 16e
TEL 01.56.40.01.22 営 8:00〜20:00(日〜14:00)
休 (月、一部の祝、8月に1週間) MV URL philippeconticini.fr

イートインがあり、コーヒーやジュースとともにパティスリーを味わえる。「ルレ・ド・フィリップ」(写真右)はチョコレート、抹茶など2〜3種類ある

© Lola Antonetti

© Anna Konevskaya

独創的なデザインのスイーツ
オリヴィエ・ステリー
Olivier Stehly

2019年4月Open!

オリヴィエ・ステリーは星付きレストランや「ラデュレ」などで経験を積んだパティシエ。花型のチョコレートを飾ったフルーツのタルト、穴が空いたチーズをかたどったチーズケーキ、棒アイスのようなムースなど、伝統的な味や組み合わせも形やデザインを工夫してモダンに表現している。店内はカフェになっており、販売しているケーキやマカロンなどがイートインできるほか、サンドイッチやパンケーキを揃えた朝食やブランチ、ドリンクとセットでティータイムも楽しめる。

MAP 別冊P.26-2A Châtelet
Ⓜ ①④⑦⑪⑭ Châtelet
ⒶⒷⒹ Châtelet Les Halles
住 4, rue des Innocents 1er
TEL 01.71.28.93.33
営 6:30〜19:00(土) 7:00〜、
(日) 7:00〜18:00)
休 無休
CC MV
URL www.olivierstehly.com

チョコレート菓子「サン・ドマンゴ」やムースをホワイトチョコレートで包んだ棒状の生菓子などが並ぶ。ゆったりとしたソファ席も

©Olivier Stehly

マレ地区散策途中に寄りたい
ブラック・ラ・パティスリー
Brach-La Pâtisserie

ヴォージュ広場にオープンした5つ星ホテル「クール・デ・ヴォージュ」のカフェ内のショップ。パティスリーを手がけているのは、ダロワイヨの元パティシエで、パリ郊外に店舗兼アトリエを構えるM.O.F.（フランス最優秀職人）のヤン・ブリス。モンブランやオレンジフラワーウオーター風味のミルフイユ、季節のフルーツを使ったタルトなど、伝統菓子を軽やかに美しく仕上げた菓子が並ぶ。店内のほか広場が望めるアーケードにあるテラス席で味わうこともできる。

●2019年10月 Open!

©G. De Laubier

- MAP 別冊P.27-2C
- M ①Saint Paul, ⑧Chemin Vert
- 住 19, pl.des Vosges 4e (ホテルCour des Vosges内)
- TEL 01.42.50.30.30 (ホテル代表)
- 営 7:00〜20:00 (夏期は延長の可能性あり)
- 休 無休 CC AMV
- URL courdesvosges.com/salon-de-the-patisserie-place-des-vosges-marais

グリーンアップルを使った鮮やかな菓子（写真左）は冬限定の「ポムポム」。ブリスが開発した方法でクリームを絞ったタルト「トゥルビヨン」（写真上）も看板商品。落ち着いた雰囲気のティールームで楽しめる

大人気シェフの新たな挑戦
セドリック・グロレ・オペラ
Cédric Grolet Opéra

●2019年11月 Open!

名門ホテル「ル・ムーリス」のシェフ・パティシエ、セドリック・グロレが、ホテル内のパティスリー（→P.317）に続いて開いたパティスリー＆パン屋。午前はクロワッサンなどヴィエノワズリー、11:00からパティスリー、12:00からサンドイッチ、14:30からおやつ、16:00からバゲットやライ麦入りなどのパンと、時間ごとに商品が変わる。2階のカフェではアボカド・トーストなど朝食や軽食も用意されている。

- MAP 別冊P.24-2B M ③⑦⑧Opéra
- 住 35, av. de l'Opéra 2e
- TEL 01.83.95.21.02 営 8:30〜19:00
- 休 ⑲ , 1/1〜1/5, 5/1〜5/3, 8/2〜8/24, 12/25 CC AMV

グロレは最も注目を浴びる人気パティシエ。商品は売り切れと同時に終了するため、朝はオープン待ちの行列が。花のようなパティスリーも人気

©Pierre Monetta

リヨンの名店がパリに進出
ベルナション
Bernachon

●2019年10月 Open!

1953年に創業したリヨンの人気ショコラトリーが、百貨店「ル・ボン・マルシェ」の近くにパリ支店をオープン。11種のカカオ豆をブレンドした独自のチョコレートがベースになっている約25種のボンボン・ショコラ、約20種の板チョコ、チョコレートとヘーゼルナッツのペースト「ベルナショック」など、リヨンの工房で作られた商品が揃う。

- MAP 別冊P.18-1A M ⑩Duroc, Vaneau
- 住 127, rue de Sèvres 6e TEL 01.88.33.79.59
- 営 10:00〜19:00 休 ⑲ ㊗, 7/25〜8/17
- CC AMV URL www.bernachon.com

©Matthieu Cellard

スペシャリテは、ノルマンディー産生クリームのガナッシュが入った「パレドール」。板チョコも壁にずらりと陳列されている

スイーツ おすすめショップ

Yann Couvreur
ヤン・クヴルール
作りたてのお菓子をデザート感覚で

レピュブリック広場界隈　MAP 別冊 P.14-1B

©LaurentDupont

©Laurent Fau

クヴルールさんのお菓子はノスタルジーを感じさせる。クイニ・アマンの生地を薄く切って層にしたミルフイユ

©Laurent Fau

パリの5つ星ホテル「プランス・ド・ガル」でシェフパティシエとして活躍したヤン・クヴルール。日常生活に溶け込んだパティスリーを作りたいという気持ちから、イートインのあるカジュアルな雰囲気の店をオープン。お菓子は郊外のアトリエでベースを作り、店頭で最後の仕上げをするので、フレッシュな味わいが保たれている。なかでもレストラン時代からのスペシャリテ、ミルフイユは注文を受けてから作るテイクアウト不可の味。その他ケーキ類も充実している。

Ⓜ ⑪ Goncourt
🏠 137, av. Parmentier 10e　☎ なし
🕗 8:00 〜 20:00
休 無休
CC MⅤ　Wi-Fi
URL yanncouvreur.com
<その他>
MAP 別冊 P.27-2C　住 23bis, rue des Rosiers 4e

---

86 Champs
キャトルヴァン・シス・シャン
ピエール・エルメとロクシタンのコラボが実現！

シャンゼリゼ大通り　MAP 別冊 P.23-2C

2017年、「ピエール・エルメ」(→P.319)のサロン・ド・テ兼ショップが、コスメブランド「ロクシタン」(→P.308)とのコラボレーションでシャンゼリゼ大通りに誕生した。扇状のショーケースにテイクアウト用のマカロンや生菓子がずらりと並んでいる。奥のサロン・ド・テでは「イスパハン」「モガドール」といった人気菓子を再構成したミルフイユやパフェ、ドリンクなど、サロン・ド・テならではのメニューが味わえる。パティシエが目の前で準備してくれるのがうれしい。「ロクシタン」とのコラボ香水をイメージした限定マカロンも要チェック。

サロン・ド・テには「イスパハン・ラテ」も
©Matthien Salvaing

Ⓜ ① George V
🏠 86, av. des Champs-Elysées 8e
☎ 01.70.38.77.38
🕗 10:00 〜 24:30
休 無休　CC AJMV
URL www.86champs.com

Karamel Paris
キャラメル・パリ
キャラメルベースのスイーツを展開

サン・ドミニク通り　MAP 別冊 P.12-2A ／本誌 P.337

©Julien Hesry Photographie

グルメな店が多いことで注目されているサン・ドミニク通り(→P.337)にある。店名どおり、どのお菓子もキャラメルをベースにしていることが特徴。とろりとした甘さ、心地よい苦みや塩味、カリカリ感など、キャラメルの多彩な味と食感を提案している。サロン・ド・テを併設しており、ヴィエノワズリーで朝食を取ったり、イートイン限定のフレンチトーストを味わったりといった楽しみ方もできる。

店構え、パッケージなどデザインにもこだわりが

Ⓜ ⑧⑬ Ⓒ Invalides
🏠 67, rue St-Dominique 7e
☎ 01.71.93.02.94
🕗 10:00 〜 19:30 (日 〜 19:00)
休 ⑲、1/1、5/1、12/25　CC AJMV　Wi-Fi
URL karamelparis.com

Le Macaron Ladurée
ル・マカロン・ラデュレ
まるごとマカロンづくしの店

ルーヴル界隈 **MAP** 別冊 P.24-2B ／本誌 P.299

マカロンの代名詞ともいわれる大人気店「ラデュレ」(→P.288)のマカロン専門店。バニラやコーヒーなどの定番から、シェフパティシエールのクレール・アイッツレールさんが生みだす独創的な味までずらり並ぶ。季節のフレーバーは他店舗より1週間早く先行販売され、この店でしか買えないボックスもあるなどマカロン好きなら見逃せない。マカロンに名前を描いてくれるサービスも！

マカロンはパステルカラーの箱に詰め合わせてもらえる

- ① Tuileries
- 14, rue de Castiglione 1er
- 01.42.60.86.92
- 10:00 ～ 19:00
- 無休 CC A D I J M V
- URL www.laduree.fr

Le Meurice Cédric Grolet
ル・ムーリス・セドリック・グロレ
芸術品レベルの美しいお菓子

ルーヴル界隈 **MAP** 別冊 P.24-3B

チュイルリー公園近くにある名門ホテル「ムーリス」の主任パティシエであり、数々の世界的な賞に輝くスターシェフ、セドリック・グロレ。従来、レストランでしか味わえなかった彼のお菓子を、2018年、一般向けに販売開始。当初は店の前に長蛇の列ができ、1〜2時間待ちとなるほど、大きな話題となった。スペシャリテは、3週間おきに内容を変える「フルーツの彫刻」。フルーツのクリームやジュレをチョコレートで包んだもので、ため息が出るほど美しい。繊細で日本への持ち帰りは不可能。並んでも買いたい逸品だ。

今最も注目されているパティシエのひとり、セドリック・グロレ

- ① Tuileries
- 6, rue de Castiglione 1er
- なし
- 12:00 ～ 14:30（商品がなくなるまで）
- ㊡
- CC M V

Gilles Marchal
ジル・マルシャル
こまやかさが伝わる上質のお菓子

モンマルトル **MAP** 別冊 P.31-2C

ジルさんのセンスが光るパティスリーは種類も豊富

「ラ・メゾン・デュ・ショコラ」のシェフパティシエとして活躍したジル・マルシャルさんがオープン。ガラス張りの明るい店内に美しいお菓子がずらりと並ぶ。オペラやモンブランなどリッチなテイストのパティスリー、多彩なフレーバーを揃えたケイク、バニラが香るクリーム入りシュケットなど、いずれも繊細な味わいに魅了されるはず。ジアン焼の型に入った高級感のあるマドレーヌや手つみフルーツのジャムなど、特別なおみやげを見つけたいときにもおすすめだ。

- ⑫ Abbesses
- 9, rue Ravignan 18e
- 01.85.34.73.30
- 8:00 ～ 20:00（㊐ ～ 19:00、8月は変更あり）
- ㊡
- CC M V
- URL gillesmarchal.com

ショッピングガイド　スイーツ

スイーツ おすすめショップ

Sébastien Gaudard
セバスチャン・ゴダール
「伝統菓子のルネッサンス」を目指す

`マルティール通り` `MAP 別冊 P.7-3C／本誌 P.335`

マルティール通りのランドマーク的存在ともいえる人気店
© Michael Adelo

「フォション」のシェフパティシエを務めるなど華やかな経歴で「パティスリー界の貴公子」と呼ばれたセバスチャン・ゴダールの店。自ら内装にも関わったというこだわりの店内には、正統派の菓子が昔ながらの形でガラスケースに並ぶ。かつてはカラフルで斬新なもので注目を集めていたが、「今作りたいのはシンプルな伝統菓子」という思いが高く評価されている。板チョコも人気。サロン・ド・テが併設されたチュイルリー店(→P.289)ではティータイムも楽しめる。

- M ⑫ Notre-Dame de Lorette
- 住 22, rue des Martyrs 9e
- TEL 01.71.18.24.70
- 営 10:00～20:00
  (⊕ 9:00～、⊕ 9:00～19:00)
- 休 無休
- CC MV (€10～)
- URL www.sebastiengaudard.com

Fou de Pâtisserie
フー・ド・パティスリー
スイーツの逸品セレクトショップ

`レ・アール` `MAP 別冊 P.26-1A`

フォーロム・デ・アールからすぐ、老舗パティスリー、エスカルゴ専門店などが集まるグルメストリート、モントルグイユ通りにある。同名のパティスリー専門誌が運営するセレクトショップで、小さい店ながら、ショーケースには厳選されたスイーツの逸品が並び、その美しさにうっとりすること間違いなし。「ピエール・エルメ」(→P.319)、「シリル・リニャック」(→P.320)、などパリを代表する名店のほか、「ファブリス・ジロット」など地方のパティスリーのお菓子も扱っていて、食べ比べもショッピングもここで済ませられる。

有名店のお菓子を取り合わせて買うことができる

- M ④ Les Halles
- 住 45, rue Montorgueil 2e TEL 01.40.41.00.61
- 営 11:00～20:00 (⊕ ⊕ 10:00～)
- 休 1/1、5/1
- CC AMV
- URL www.foudepatisserieboutique.fr
- <その他>
- MAP 本誌 P.335 ☞ 36, rue des Martyrs 9e

Patisserie Michalak
パティスリー・ミシャラク
スターパティシエの2号店

`マレ` `MAP 別冊 P.26-2B`

パラス・ホテル「プラザ・アテネ」の元シェフパティシエ、クリストフ・ミシャラクの2号店。1号店でも販売しているカップ入りの菓子「コスミック」などに加えて、塩バターのキャラメルクリーム入りのシュー菓子「ルリジューズ」、8人用の伝統菓子（ミルフイユ、レモンのタルト、パリ・ブレスト、ババなど）も揃えている。ロックのイメージで仕上げられた個性的な形やデザインにも注目。板チョコやキャラメル、オリーブとチョコレートを組み合わせたクッキー、パン用ペーストなどは、おみやげにもぴったり。

Photo :
© Christophe Michalak

キャラメルが効いた「ルリジューズ」

- M ①⑪ Hôtel de Ville
- 住 16, rue de la Verrerie 4e TEL 01.40.27.90.13
- 営 12:00～19:30 (⊕ ～20:00)
- 休 1/1、12/25
- CC AMV Wi-Fi
- URL www.christophemichalak.com
- <その他>
- MAP 本誌 P.299 ☞ 8, rue du Vieux Colombier 6e

スイーツ

続々と新規店をオープン
Pierre Hermé
ピエール・エルメ
サン・ジェルマン・デ・プレ MAP 別冊P.28-2B／本誌P.299

カリスマパティシエ、ピエール・エルメの店。バラのマカロンとローズクリーム、ライチ、フランボワーズを使ったバラ色のケーキ「イスパハンIspahan」が定番。シャンゼリゼ大通りの「86 Champs」(→P.316)やカフェも新オープンしている。

- Ⓜ ④St-Sulpice 住 72, rue Bonaparte 6e
- TEL 01.43.54.47.77 営 10:00〜19:00
- 休 無休 CC AJMV URL www.pierreherme.com
- <その他>
- MAP 別冊P.24-3A 住 4, rue Cambon 1er
- MAP 別冊P.24-2B 住 39, av. de l'Opéra 2e
- カフェ MAP 本誌P.299 住 61, rue Bonaparte 6e

素材の組み合わせが斬新
Pain de Sucre
パン・ド・シュクル
レ・アール／ランビュトー通り MAP 別冊P.26-1B／本誌P.334

3つ星レストラン「ピエール・ガニェール」から独立したナタリー・ロベールさんとディディエ・マトレーさん。ふたりが作るお菓子は、ハーブやスパイス、花を巧みに使い、彩り豊かで創意に満ちたもの。上品な味わいに仕上げている。

- Ⓜ ⑪Rambuteau
- 住 14, rue Rambuteau 3e
- TEL 01.45.74.68.92
- 営 10:00〜20:00
- 休 火 水
- CC MV
- URL www.patisseriepaindesucre.com

パイ皮の食感が絶妙なミルフイユ
Carl Marletti
カール・マルレッティ
カルチェ・ラタン MAP 別冊P.19-2D

「カフェ・ド・ラ・ペ」のシェフパティシエだったカール・マルレッティさんが、当時からのパートナー、ジャン・ミッシェル・コバンさんと組んでオープンした店。エクレアなどクラシックな菓子と、繊細な感覚で仕上げたオリジナルの菓子が揃う。

- Ⓜ ⑦Censier Daubenton
- 住 51, rue Censier 5e
- TEL 01.43.31.68.12
- 営 10:00〜20:00 (日 祝 〜13:30)
- 休 月、8月に2週間
- CC AMV Wi-Fi
- URL www.carlmarletti.com

モンマルトルの人気店が左岸に進出
Arnaud Larher
アルノー・ラエール
サン・ジェルマン・デ・プレ MAP 別冊P.29-2C／本誌P.299

M.O.F.（フランス最優秀職人）の称号をもつアルノー・ラエールさんが、サン・ジェルマン・デ・プレ界隈に3店舗めをオープン。奥行きのあるモダンな空間に、パティスリーはもちろん、マカロン、チョコレート、焼き菓子などを幅広く揃えている。

- Ⓜ ⑩Mabillon 住 93, rue de Seine 6e
- TEL 01.43.29.38.15 営 10:00〜19:30 (金 土 〜20:00、日 〜18:00) 休 月、8月の火、一部祝
- CC AJMV URL www.arnaudlarher.com
- <その他>
- MAP 別冊P.30-1B 住 53, rue Caulaincourt 18e
- MAP 別冊P.30-1B 住 57, rue Damrémont 18e

シンプルベーシックの定番
Stohrer
ストレー
レ・アール MAP 別冊P.13-2D

ポーランドの菓子職人ストレーが1730年に開いた、老舗中の老舗パティスリー。ラム酒を利かせた「ババ・オ・ラム」、クリームがおいしい「ピュイ・ダムール」など、変わらない味が人々に愛され続けている。店舗は歴史的建造物に指定されている。

- Ⓜ ④Etienne Marcel
- 住 51, rue Montorgueil 2e
- TEL 01.42.33.38.20
- 営 7:30〜20:30
- 休 無休
- CC MV
- URL stohrer.fr

誰にあげても喜ばれる
Boissier
ボワシエ
サン・ジェルマン・デ・プレ／バック通り MAP 別冊P.12-3B／本誌P.336

1827年創業。レトロな味わいの丸缶に詰まった花びら状のチョコ「ペタル・ド・ショコラ」(→P.313)や、宝石のような小粒のボンボンで知られる名店。試食させてもらえるのでフレーバーを確かめながら選べるのがうれしい。パッケージも魅力的。

- Ⓜ ⑫Rue de Bac
- 住 77, rue du Bac 7e
- TEL 01.43.20.41.89
- 営 11:00〜19:00
- 休 月 日 祝
- CC AJMV
- URL maison-boissier.com

スイーツ

コロンとかわいいシュークリーム
Odette
オデット
カルチェ・ラタン MAP 別冊P.19-1D

創業者のフレデリックさんが、おばあちゃんの味を再現したいと開いたシュークリーム専門店。現在はフランチャイズ方式で店舗を増やしている。2階がサロン・ド・テになっていて、小ぶりでカラフルなシュークリームをコーヒーとともに味わえる。

- ④St-Michel ⑧⑥St-Michel Notre-Dame
- 77, rue Galande 5e
- 01.43.26.13.06
- 9:00～19:30
- 無休
- M V
- www.odette-paris.com

アート作品のようなエクレア
L'Eclair de Génie Café
レクレール・ド・ジェニー・カフェ
マレ MAP 別冊P.27-2C

「フォション」のシェフパティシエだったクリストフ・アダンがオープン。カラフルでクリエイティブなエクレアが人気の店。フォンダン（砂糖衣）とクリームにフルーツやナッツを使い、華やかなエクレアに仕上げている。カフェも併設している。

- ①St-Paul
- 14, rue Pavée 4e
- 01.42.77.85.11
- 11:00～19:30
- 1/1、5/1、12/25
- A D J M V
- leclairdegenie.com

女性ならではの繊細なスイーツ
Nanan
ナナン
バスティーユ界隈 MAP 別冊P.15-3C

3つ星店「ピエール・ガニェール」で出会った作家由希子さんとソフィー・ソヴァージュさんの店。アップルブロッサムの花を載せた「ポム」、オーベルニュ産の栗を使った「マロン・パッション」など、繊細なお菓子とヴィエノワズリーが並ぶ。

- ⑤⑧Bastille
- 38, rue Keller 11e
- 09.83.41.38.49
- 9:00～20:00（日～19:00）
- 月火、7月下旬～8月下旬
- M V（€12～） Wi-Fi

ボルドー名物カヌレを食べるなら
Lemoine
ルモワンヌ
エッフェル塔界隈／サン・ドミニク通り MAP 別冊P.11-2D／本誌P.337

ワインで知られるボルドーの名物菓子「カヌレ」の店。外はカリッと香ばしく、中はしっとり＆モッチリという食感のコントラストがやみつきになるおいしさ。大きさによって異なるが賞味期間が5～10日あるので、おみやげに持って帰りやすい。

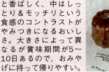

- ⑧La Tour Maubourg
- 74, rue St-Dominique 7e
- 01.45.51.38.14
- 9:00～20:00
- 無休
- A V

人気料理人のパティスリー
La Pâtisserie Cyril Lignac
ラ・パティスリー・シリル・リニャック
バスティーユ界隈 MAP 別冊P.21-1D

人気料理人シリル・リニャックが、「フォション」の元シェフパティシエ、ブノワ・クヴランを迎えてオープン。エクレア、ミルフイユなど、伝統菓子にちょっとしたアレンジを加えたものが人気。デザイン性が優れていることでも定評がある。

©Julia Pianetti

- ⑧Faidherbe Chaligny ⑨Charonne
- 24, rue Paul Bert 11e 01.55.87.21.40
- 7:00～20:00（日～19:00）
- 無休 A V
- www.gourmand-croquant.com
- 〈その他〉
- MAP 別冊P.23-3C 2, rue de Chaillot 16e

北部の町リールの老舗がパリに
Méert
メール
マレ MAP 別冊P.27-1C

ノール地方の町リールで250年の歴史をもつパティスリーのパリ店。スペシャリテはバニラ味の「ゴーフル」（→P.43）。1枚から買える。生地のしっとり感とクリームのシャリシャリ感の絶妙なハーモニーを味わいたい。レトロな内装もすてき。

- ①St-Paul
- 16, rue Elzévir 3e 01.49.96.56.90
- 10:30～13:00、14:00～19:30（日 11:00～18:30）、1/1、5/1、12/25 A M V
- www.meert.fr
- 〈その他〉
- MAP 別冊P.29-1C 3, rue Jacques Callot 6e

軽い口当たりのメレンゲ菓子
Aux Merveilleux de Fred
オ・メルヴェイユ・ド・フレッド
エッフェル塔周辺／サン・ドミニク通り　MAP 別冊P.11-3D／本誌P.337

さくさくに焼いたメレンゲにクリームをたっぷり塗って、削ったチョコレートをかけたお菓子がスペシャリテ。チョコレート、キャラメル、チェリーなどのフレーバーがあり、ふわふわ感がやみつきになる。ラム酒が効いたゴーフルもおすすめ。

- Ⓜ ⑧La Tour Maubourg
- 🏠 94, rue St-Dominique 7e
- ☎ 01.47.53.91.34
- 営 7:30～20:00（日 ～19:00）
- 休 ㊊、7/14～8/15
- CC MV
- URL www.auxmerveilleux.com

種類豊富なアイスクリーム
Le Bac à Glaces
ル・バック・ア・グラス
サン・ジェルマン・デ・プレ／バック通り　MAP 別冊P.28-3A／本誌P.336

デパート「ル・ボン・マルシェ」に近く、買い物帰りの人や地元客に愛される店。オリジナリティーのある60ものフレーバーが楽しめる。サロン・ド・テではアイスクリームとシャーベットのなかから6種類を盛り合わせた「パレット」がおすすめ。

- Ⓜ ⑩⑫Sèvres Babylon
- 🏠 109, rue du Bac 7e
- ☎ 01.45.48.87.65
- 営 10:30～19:30（日 11:30～）、サロン・ド・テ 10:30～19:00
- 休 1/1、12/25
- 料 シングル€3.50、ダブル€5
- CC MV　Wi-Fi
- URL www.bacaglaces.com

サン・ルイ島の有名店
Berthillon
ベルティヨン
サン・ルイ島　MAP 別冊P.27-3C

サン・ルイ島で行列を見かけたら、この店だと思っていいほどの有名アイスクリーム店。フルーツやチョコレートなど豊富なフレーバーが揃い、なかでもバニラは絶品だ。併設のサロン・ド・テで優雅にひと休みするのもおすすめ。

- Ⓜ ⑦Pont Marie
- 🏠 29-31, rue St-Louis en l'Ile 4e
- ☎ 01.43.54.31.61　営 10:00～20:00
- 休 ㊋、1/1、12/25、学校休暇期間、7/23～8/29
- 料 シングル€3、ダブル€5、フランボワーズ・メルバ（サロン・ド・テ）€14　CC MV（€10～）
- URL www.berthillon.fr

名シェフの極上アイスクリーム
Une Glace à Paris
ユンヌ・グラス・ア・パリ
マレ　MAP 別冊P.26-2B

©&sens

アイスクリーム部門のM.O.F.（フランス最優秀職人）の称号をもつ、エマニュエル・リヨンさんと、ピエール・エルメなどで経験を積んだオリヴィエ・メナールさんの店。繊細な味わいに魅了される。アイスクリームを使ったケーキもおいしい。

- Ⓜ ①⑪Hôtel de Ville
- 🏠 15, rue Ste-Croix de la Bretonnerie 4e
- ☎ 01.49.96.98.33
- 営 13:00～20:00（季節、曜日によって異なる）
- 休 ㊊ ㊋（季節によって異なる）
- 料 シングル€3.90、ダブル€5.60　CC JMV
- URL uneglaceaparis.fr

ABC 覚えておきたいアイスクリームに関するフランス語

（フランス語［読み方］日本語）

フランス語	［読み方］	日本語
Glace	［グラス］	アイスクリーム
Sorbet	［ソルベ］	シャーベット
Cornet	［コルネ］	コーン
Gobelet	［ゴブレ］	カップ
Simple	［サンプル］	シングル
Double	［ドゥブル］	ダブル
Triple	［トリプル］	トリプル
Parfum	［パルファン］	フレーバー
Vanille	［ヴァニーユ］	バニラ
Fraise	［フレーズ］	ストロベリー
Cerise	［スリーズ］	チェリー
Cassis	［カシス］	黒スグリ
Framboise	［フランボワーズ］	ラズベリー
Chocolat	［ショコラ］	ショコラ
Abricot	［アブリコ］	アプリコット
Poire	［ポワール］	洋梨
Pêche	［ペッシュ］	桃
Figue	［フィグ］	イチジク
Pistache	［ピスタッシュ］	ピスタチオ
Nois de coco	［ノワ・ド・ココ］	ココナッツ
Citron	［シトロン］	レモン

あなたはカップ派？コーン派？

ショッピングガイド　スイーツ

チョコレート　おすすめショップ

Le Chocolat des Français
ル・ショコラ・デ・フランセ
美味でアートなチョコレート

オペラ地区　MAP 別冊 P.24-2B

フランスやパリを象徴するモチーフを描いた遊び心あふれるデザイン。本物志向の味と品質にも注目して

グラフィックデザイナーやストリートアートのアーティストが手がけるパッケージが人気のチョコレートブランド。オーガニックの板チョコのほか、ナッツのペースト入りのバー、チョコレートで包んだナッツやサブレ、チョコレートパウダーなど、すべてフランス国内で製作。カカオ豆はエクアドルとペルー産、塩はカマルグとゲランド、砂糖は北フランス産と、材料と味にもこだわっている。アーティストが装飾した壁にポップでカラフルなチョコレートが並んで、ギャラリーのようなショップだ。

- M ③⑦⑧ Opéra
- 住 39, av. de l'Opéra 2e
- TEL 01.40.13.01.50
- 営 10:00～20:00
- 休 無休
- CC A J V
- URL www.lechocolatdesfrancais.fr

Jacques Genin
ジャック・ジュナン
繊細な香りのショコラ

北マレ　MAP 別冊 P.14-2B

「ラ・メゾン・デュ・ショコラ」のシェフ・パティシエだったジャック・ジュナンのショコラトリー。17世紀の建物を2年がかりで改装した店内には、約30種類のボンボン・ショコラが並んでいる。スタイリッシュなメタリックケースはチョコの品質を保つために考案されたオリジナル製品。おみやげがワンランクUPするのがうれしい。チョコレートのほか、なめらかな口溶けのキャラメルもファンが多い逸品。果実味たっぷりのパート・ド・フリュイ（フルーツゼリー）も忘れずに試したい。

繊細なチョコレートから素材の新鮮さが伝わってくる

- M ⑧ Filles du Calvaire　住 133, rue de Turenne 3e
- TEL 01.45.77.29.01　営 11:00～19:00
- 休 1/1、8/15、12/25　CC A M V　Wi-Fi
- URL www.jacquesgenin.fr
- ＜その他＞
- MAP 別冊 P.12-3B／本誌 P.336　住 27, rue de Varenne 7e

Le Chocolat Alain Ducasse Manufacture à Paris
ル・ショコラ・アラン・デュカス マニュファクチュール・ア・パリ
フランス料理の巨匠がプロデュース

バスティーユ界隈　MAP 別冊 P.14-3B

世界的なグランシェフ、アラン・デュカスが初めてプロデュースしたショコラティエ。バスティーユ広場からすぐ、広大な敷地の大部分を占めるのは、カカオ豆の焙煎から熟成、チョコの仕上げにいたるまで、すべての機能を備えた工房だ。アートディレクションと味の決定を行うのはデュカス自身。大量生産ではない、本物のショコラをご賞味あれ。

メイド・イン・パリのショコラを召し上がれ！

- M ①⑤⑧ Bastille　住 40, rue de la Roquette 11e
- TEL 01.48.05.82.86　営 10:30～19:00
- 休 ⑧ ⑥　CC A D J M V
- URL www.lechocolat-alainducasse.com

Chocolat Bonnat
ショコラ・ボナ
チョコレートの名店がパリに進出
シャンゼリゼ界隈　MAP 別冊 P.23-1C

1884年にフランス南東の町ヴォワロンで創業、レトロなパッケージも人気の「ショコラ・ボナ」が、パリに路面店をオープン。最高級のカカオ豆を発掘し、焙煎から行っている板チョコは、単一産地の希少なカカオ豆で作る「グラン・クリュ」をはじめ、ビターやミルク、ナッツ入りやコーヒー風味など40種以上。さまざまな味を試してみたいなら小さな円盤状の「パレ」がおすすめ。

板チョコのほか、日本未発売のボンボンも

Ⓜ ①②⑥ⓃⒶ Charles de Gaulle Etoile　Ⓜ ② Ternes
住 189, rue du Fg. St-Honoré 8e
TEL 01.45.61.02.58
営 11:00 〜 19:00
休 ㊊ ㊐ ㊗、7/26 〜 8/25（'20）　CC J M V
URL bonnat-chocolatier.com

Hugo & Victor
ユーゴ・エ・ヴィクトール
おいしくて美しいチョコレート
サン・ジェルマン・デ・プレ　MAP 別冊 P.28-2A

3つ星レストラン「ギ・サヴォワ」の元シェフパティシエ、ユーグ・プジェさんが提案するパティスリー。中からやわらかいキャラメルやフルーツペーストが流れ出すドーム形チョコレート「スフェール」が人気だ。黒い手帳をモチーフにしたボックスは高級感があり、男性へのプレゼントにもおすすめ。バニラやプラリネといった定番の味のほか、季節のフルーツを使った新作のエクレアやタルト、マカロンが発表されるのを楽しみにしているファンが多い。パリでナンバーワンに選ばれたフィナンシエもある。

外観も店内も黒を基調にしたシックな店構え

Ⓜ ⑩⑫ Sèvres Babylon
住 40, bd. Raspail 7e
TEL 01.44.39.97.73
営 10:00 〜 19:00（㊎ 〜 20:00、㊏ 9:30 〜 20:00）
休 無休　CC A J M V　Wi-Fi
URL hugovictor.com

Les Trois Chocolats
レ・トロワ・ショコラ
代々受け継がれたチョコ作りへの思い
マレ　MAP 別冊 P.27-2C

佐野恵美子さん。店名に「3代」の意味を込めた

博多にある老舗「チョコレートショップ」の3代目佐野恵美子さんがパリで経験を積んだ後、自らの店をオープン。藍色を基調とした店内には多彩なフレーバーのボンボン・ショコラが並ぶ。なかには山椒、きな粉など日本の食材を使っていながら、思いがけない味わいに驚くことも。「マッチャ・キャラメル」、「ユズ・フロマージュ」など和のテイストを入れつつ、ていねいに仕上げたパティスリー、季節によって変わるケイクもおいしい。マレのお気に入りアドレスに加えたいお店だ。

Ⓜ ① St-Paul
住 45, rue St-Paul 4e
TEL 01.44.61.28.65
営 11:00 〜 20:00
休 一部㊗
CC A M V
URL les-trois-chocolats-paris.com（日本語あり）

チョコレート

ゴールドの壁に高級感が漂う
Jean-Paul Hévin
ジャン・ポール・エヴァン

サントノレ通り　MAP 別冊P.24-2B／本誌P.299

サントノレ通りから少し奥に入った場所にある有名店。黄金に輝く店内に並ぶ上質のカカオを使った甘さ控えめのチョコレートは絶品。ボンボン・ショコラからケーキ、マカロンまで揃う。日本の「NHK」の名が付けられたチョコはパリ限定の味。

- M ①Tuileries　住 231, rue St-Honoré côté cour 1er
- TEL 01.55.35.35.96　営 10:00～19:30　休 ⑪ ⑮ 祝、8月　CC AJMV　URL www.jeanpaulhevin.com
- URL www.jph-japon.co.jp（日本語）
- <その他>
- MAP 別冊P.13-2C　住 108, rue St-Honoré 1er
- MAP 別冊P.27-1C　住 41, rue de Bretagne 3e

季節のエクレアも試してみたい
La Maison du Chocolat
ラ・メゾン・デュ・ショコラ

シャンゼリゼ界隈　MAP 別冊P.23-2C

40年の歴史を誇る、チョコレートの代名詞ともなっている名店。ナッツの香ばしさを生かしたプラリネやシャンパーニュ風味のトリュフのほか、タルトやエクレア、マカロンも根強い人気を誇る。旬の素材を使った季節限定の味にも注目。

- M ①⑨Franklin D. Roosevelt
- 住 52, rue François 1er 8e
- TEL 01.47.23.38.25
- 営 10:00～20:00
- 休 ⑪
- CC ADJMV
- URL www.lamaisonduchocolat.fr（日本語あり）

サロン・デュ・ショコラの常連
Franck Kestener
フランク・ケストナー

サン・ジェルマン・デ・プレ　MAP 別冊P.29-3D

フランス東部のロレーヌ地方出身、20代でM.O.F.（フランス最優秀職人）の称号を得て、「ロレーヌ(地方)の若き天才」と呼ばれたフランク・ケストナーのパリ店。スペシャリテは、ミラベルのジュレとプラリネを合わせた「ベル・ド・ロレーヌ」。

- M ⑩Luxembourg
- 住 7, rue Gay Lussac 5e
- TEL 01.43.26.40.91
- 営 10:00～20:00（⑪ ⑮ 11:00～19:00）
- 休 8月
- CC AMV
- URL www.franck-kestener.com

創造性あふれるショコラ
Patrick Roger
パトリック・ロジェ

マドレーヌ広場　MAP 別冊P.24-2A

M.O.F.（フランス最優秀職人）の称号をもつパトリック・ロジェのチョコレートは、ユズやバーベナ、レモンとバジルなど、個性が強いスパイスやフルーツの組み合わせが特徴。季節や行事ごとにショーウインドーを飾るチョコレートの彫刻も必見。

© Luc Boegly

- M ⑧⑫⑭Madeleine
- 住 3, pl. de la Madeleine 8e　TEL 09.67.08.24.47
- 営 10:30～19:30　休 無休　CC MV
- URL www.patrickroger.com（日本語あり）
- <その他>
- MAP 本誌P.299　住 2-4, pl. St-Sulpice 6e
- MAP 本誌P.334　住 43, rue des Archives 3e

チョコ本来の味わいを大切にする
François Pralus
フランソワ・プラリュ

レ・アール／ランビュトー通り　MAP 別冊P.26-2B／本誌P.334

ロワール県ロアンヌに本店があるショコラトリーのパリ店。カカオの栽培から関わった高い品質の板チョコが人気。産地別の板チョコセット「ピラミッド」はおみやげに最適。砂糖がけしたアーモンド入りのブリオッシュ「プラリリューヌ」も名物。

- M ⑪Rambuteau
- 住 35, rue Rambuteau 4e
- TEL 01.57.40.84.55
- 営 10:00～20:00（⑪ ～19:00）
- 休 1/1、12/25
- CC ADJMV
- URL www.chocolats-pralus.com（日本語あり）

250年以上続く由緒あるお菓子屋さん
A la Mère de Famille
ア・ラ・メール・ド・ファミーユ

レ・アール／ランビュトー通り　MAP 別冊P.26-2B／本誌P.334

1761年創業の老舗コンフィズリー（伝統菓子の店）。パリ市内に11店舗あるうち、ここランビュトー店は2015年にオープンした。自社ブランドのチョコレートのほか、プロヴァンス地方のカリソンやヌガーなど甘いお菓子がズラリと並ぶ。

- M ⑪Rambuteau
- 住 23, rue Rambuteau 4e　TEL 01.42.72.46.01
- 営 10:00～20:00（⑪ ～19:30）
- 休 無休　CC AMV
- URL www.lameredefamille.com
- <その他>
- MAP 別冊P.13-1D　住 35, rue du Fg. Montmartre 9e

ショッピングガイド / チョコレート

ショコラの彫刻家
Jean-Charles Rochoux
ジャン・シャルル・ロシュー
サン・ジェルマン・デ・プレ　MAP 別冊P.28-3A

実力派ショコラティエの店。ボンボン・ショコラのほか、約20種類ある板チョコも人気だ。入ると迎えてくれるショコラ製の動物たち、週末のみ販売するフレッシュフルーツ入り板チョコなど、おいしいだけでなく夢のあるショコラをどうぞ。

- ⑫Rennes
- 16, rue d'Assas 6e
- 01.42.84.29.45
- 10:30～19:00 (⑧ 13:30～19:30)
- ⑧ ㊗
- M V
- www.jcrochoux.com

料理とチョコのマリアージュも提案
Un Dimanche à Pari
アン・ディマンシュ・ア・パリ
サン・ジェルマン・デ・プレ　MAP 別冊P.29-2C

石畳の路地にたたずむ、ショコラをテーマにしたコンセプトストア。ピンクペッパーなどスパイスをチョコレートでコーティングした粒チョコは料理にも使え、おみやげに最適。サロン・ド・テも併設し、お菓子だけでなく料理も味わえる。

- ④⑩Odéon
- 4-6-8, cour du Commerce St-André 6e
- 01.56.81.18.18
- 11:00～22:00
- 12/25
- A J M V　Wi-Fi
- www.un-dimanche-a-paris.com

季節限定チョコもチェック
Chapon
シャポン
サン・ジェルマン・デ・プレ／バック通り　MAP 別冊P.12-3B／本誌P.336

どこかノスタルジックな雰囲気のパッケージ。バレンタイン、復活祭、クリスマスといった行事に合わせて作られる限定チョコもデザインが凝っていて人気が高い。アイスクリームのように食べ歩きができるチョコレートムースもおすすめだ。

- ⑫Rue du Bac
- 69, rue du Bac 7e　01.42.22.95.98
- 10:00～20:00
- 無休
- J M V
- www.chocolat-chapon.com（日本語あり）
- ＜その他＞
- 本誌P.299　34, rue de St-Sulpice 6e

チョコとキャラメル、ふたつの甘い誘惑
Henri Le Roux
アンリ・ルルー
サン・ジェルマン・デ・プレ　MAP 別冊P.28-2B

ブルターニュ地方のキブロンに本店がある塩バターキャラメルの名店。チョコレートとキャラメルのふたつの売り場を設け、豊富な品揃えと老舗ならではのおいしさで、スイーツファンを虜にしている。芸術作品のような一粒一粒を大切に味わいたい。

- ⑩Mabillon　1, rue de Bourbon le Château 6e
- 01.82.28.49.80　11:00～14:00、15:00～19:00　㊎㊏はノンストップ　1/1、5/1、8/15、12/25　A J M V　www.chocolatleroux.com
- ＜その他＞
- 別冊P.11-2D　52, rue St-Dominique 7e
- 本誌P.335　24, rue des Martyrs 9e

Column Information
新製品をチェックするなら「サロン・デュ・ショコラ」へ

毎年10月下旬に5日間（'20は10/21～25）開催される「サロン・デュ・ショコラ」は、老舗ショップからカカオ生産者まで集結する、ファンには見逃せないチョコの祭典だ。プロフェッショナルな見本市であると同時に、チョコレートを楽しむためのイベントでもあり、チョコを使った作品の展示やファッションショーなど、イベントも盛りだくさん。甘い香りに満たされた会場で、その魅力を存分に味わいたい。

場所はポルト・ド・ヴェルサイユにあるパリ国際見本市会場。その年のテーマに合わせた企画もあるので、ウェブサイトでプログラムをチェックしておこう。

- 別冊P.16-3B
- ⑫Porte de Versailles
- 10:00～19:00（週末は混雑するので平日午前中がおすすめ）
- '19の料金 €15
- www.salon-du-chocolat.com

チョコレートを使ったドレスの展示も
©Salon du Chocolat 2018

ポルト・ド・ヴェルサイユにある会場

パン

★パンに関する記事はここにも！ ➡ P.36

独自の製法で深い風味をもたせたパン
Boulangerie BO
ブーランジュリー・ボー

リヨン駅周辺　MAP 別冊P.21-1C

共同経営者のブノワさんとオリヴィエさん、ふたりのイニシャルから「ボーBO」と名づけられたブーランジュリーは、2014年のオープン後、多くの人から愛される人気店に。ハード系のパンのバリエーションが豊富で、なかでも評判なのは独自の焼き方によってスモーキーな香りが立ち上る「パン・フュメ」。山型に焼いたブリオッシュ、フランボワーズ風味のクロワッサンなどヴィエノワズリー、タルト類もおいしい。

- Ⓜ ⑧ Ledru Rollin
- 🏠 85bis, rue de Charenton 12e
- ☎ 01.43.07.75.21
- 営 7:00～20:00
- 休 ㊌、8月に3週間
- CC Ⓥ

東京の高級レストランでのパティシエ経験をもつオリヴィエさん

人気シェフがプロデュース
La Boulangerie Thierry Marx
ラ・ブーランジュリー・ティエリー・マルクス

シャンゼリゼ界隈　MAP 別冊P.6-3A

高級ホテル「マンダリン・オリエンタル・パリ」内の2つ星レストランでシェフを務めるティエリー・マルクスのブーランジュリー。ビオの小麦粉を使った田舎パン、食パンで具材を巻いたロールサンド「ブレッドマキ」も人気がある。

- Ⓜ ⑨ St-Augustin
- 🏠 51, rue de Laborde 8e
- ☎ 01.45.22.95.20
- 営 7:30～20:00
- 休 ㊐
- CC ⒶⒹⒿⓂⓋ　Wi-Fi
- URL www.thierrymarxbakery.fr

伝統製法で引き出す深い味わい
Du Pain et des Idées
デュ・パン・エ・デジデ

サン・マルタン運河界隈　MAP 別冊P.14-1B

19世紀の建物をそのまま利用した店で、パンのディスプレイも見応えがある。皮の厚さと身のしっとり感がくせになる「パン・デザミ」、オレンジ花水で香りづけした「ムーナ」、ピスタチオ風味の「エスカルゴ」など、毎日通いたくなるおいしさ。

- Ⓜ ⑤ Jacques Bonsergent
- 🏠 34, rue Yves Toudic 10e
- ☎ 01.42.40.44.52
- 営 7:00～19:30
- 休 ㊏㊐㊗、7/18～8/24（'20）、クリスマスに数日間
- CC ⒹⒿⓂⓋ
- URL dupainetdesidees.com

週末は1800本も売れるバゲット
Le Grenier à Pain Abbesses
ル・グルニエ・ア・パン・アベス

モンマルトル　MAP 別冊P.30-2B

バゲット・コンクール（→P.38）で2010年、2015年（→P.39）の2度にわたりグランプリに輝いた実力店。20時間かけて生地を発酵させ、小麦のうま味と甘味を引き出したバゲットは、皮はパリパリ、なかはもちもちの理想的な焼き上がりだ。

- Ⓜ ⑫ Abbesses
- 🏠 38, rue des Abbesses 18e
- ☎ 01.46.06.41.81
- 営 7:00～20:00
- 休 ㊋㊌
- CC ⓂⓋ
- URL legrenierapain.com

タルトやケーキもおいしいパン屋
Arnaud Delmontel
アルノー・デルモンテル

モンマルトル／マルティール通り　MAP 別冊P.7-3C／本誌P.335

2007年のバゲット・コンクール（→P.38）のグランプリ店。「ラ・ルネッサンス」と名づけられた、ゲランドの塩入りのバゲットも食べてみたい。2016年にはビオ（オーガニック）のパンのコンクールで2位に入賞している。パンのほかケーキやお惣菜も。

- Ⓜ ⑫ Notre-Dame de Lorette
- 🏠 39, rue des Martyrs 9e
- ☎ 01.48.78.29.33
- 営 7:00～20:30
- 休 ㊋、1/1
- CC ⓂⓋ
- URL www.arnaud-delmontel.com

ショッピングガイド / パン

カフェ付きパン屋
Benoît Castel Sorbier
ブノワ・カステル・ソルビエ
パリ東部 MAP 別冊P.15-1D

人気パティシエが開いたカフェ＆パン屋。パンケーキ、フレンチトースト、自家製ヨーグルト、サンドイッチ、看板商品の生クリームのタルトなどを揃え、すべて着色料や添加物は不使用。20世紀初頭の内装も魅力的だ。パリ市内に3店舗ある。

©Claire Seppecher

- ②Ménilmontant
- 11, rue Sorbier 20e
- 01.42.62.31.20 7:30～20:00(土 8:00～、日 8:00～18:00) ㊡ ㊊、1/1、5/1、12/25
- CC A M V Wi-Fi URL benoitcastel.com
<その他>
- MAP 別冊P.15-2C 72, rue Jean Pierre Timbaud 11e
- MAP 別冊P.5-2D 150, rue de Ménilmontant 20e

オーガニックの米粉パン専門店
Chambelland
シャンベラン
レピュブリック周辺 MAP 別冊P.15-2C

小麦粉ではなく米粉をメインに使ったパン屋。フランスとイタリアで栽培されたオーガニックのジャポニカ米を自社製粉所でひいている。平たくて大きいサイズで焼いた「パン・デュ・ヴィラージュ」が看板商品で、米粉らしいもちっとした食感。

©Aldo Sperber

- ③Parmentier
- 14, rue Ternaux 11e
- 01.43.55.07.30
- 8:00～20:00(日 ～18:00)
- ㊡ ㊊、1/1、5/1、12/25
- CC A M V Wi-Fi
- URL chambelland.com（日本語あり）

人気急上昇の注目店
Utopie
ユトピー
レピュブリック周辺 MAP 別冊P.14-2B

元パティシエのふたりが2014年にオープン。伝統パンはもちろん、オリジナリティあふれるパンが人気で、例えばバゲットは、シリアル入りやカレーで風味付けしたゴマ入りなど多彩。週末には黒炭入りなどの限定パンも登場する。

- ⑤⑨Oberkampf
- 20, rue Jean Pierre Timbaud 11e
- 09.82.50.74.48
- 7:00～20:00
- ㊡ ㊊
- CC M V

お菓子のようなヴィエノワズリー
Des Gâteaux et du Pain
デ・ガトー・エ・デュ・パン
モンパルナス MAP 別冊P.18-2A

黒を基調としたスタイリッシュな空間に、整然と並ぶパンの数々。オーナーシェフ、クレール・ダモンさんの女性らしい繊細さ、センスが光るヴィエノワズリーをぜひ試したい。季節に応じてアレンジを替えるショソン（リンゴのパン）も人気だ。

- ⑥⑫Pasteur
- 63, bd. Pasteur 15e 06.98.95.33.18
- 9:00～20:00(日 ～18:00)
- ㊡ ㊋、1/1、12/25、8月 CC A M V
- URL www.desgateauxetdupain.com
<その他>
- MAP 本誌P.336 89, rue du Bac 7e

コンクール受賞の常連ブーランジュリー
Régis Colin
レジス・コラン
レ・アール周辺 MAP 別冊P.13-2D

イル・ド・フランス地方のバゲット・コンクールなど、数々の受賞歴をもつレジス・コランさんの店。夏と冬でバターの種類を替えるというこだわりのクロワッサンやパン・オ・ショコラは、生地のサクサク感とバターの風味が絶品。

- ④Etienne Marcel
- 53, rue Montmartre 2e
- 01.42.36.02.80
- 6:30～20:00
- ㊡ ㊏ ㊐、8月
- CC M V（€20～）

田舎パンが人気の超有名店
Poilâne
ポワラーヌ
北マレ MAP 別冊P.27-1C

1932年創業の老舗パン屋。天然酵母、ゲランドの塩、薪の窯で特徴ある味わいに仕上げられた丸くて大きい「ミッシュ Miche」がスペシャリテ。日持ちがいいのでおみやげにもぴったり。パンのほか素朴なサブレ（→P.43）も隠れた名品でファンが多い。

©Poilâne®

- ⑧Filles du Calvaire
- 38, rue Debelleyme 3e 01.44.61.83.39
- 7:00～20:30(日 ～18:00) ㊡ ㊊ CC A J M V
- URL www.poilane.com
<その他>
- MAP 別冊P.28-3A 8, rue du Cherche Midi 6e
- MAP 別冊P.17-1C 49, bd. de Grenelle 15e

327

チーズ

チーズをおみやげに持ち帰る場合は、チーズは機内持ち込み制限品なので、預け入れ荷物に入れること。

チーズ熟成士、マダム久田の厳選チーズを！
Salon du Fromage Hisada
サロン・デュ・フロマージュ・ヒサダ

オペラ地区　MAP 別冊P.25-2C

日本のチーズ専門店「チーズ王国」が開いたパリ店。清潔感あふれる空間に、フランス産を中心に約70種類のチーズが揃う。日本人スタッフが常駐しているので、じっくり相談できる。おみやげ用には特殊パックのサービスも（有料）。2階はチーズやチーズ料理を楽しめるカフェになっており、チーズセミナーも開かれる（→P.52）。テイクアウト用のチーズ盛り合わせプレートやチーズサンドを買って公園で食べるのもおすすめ。

- M ⑦⑭ Pyramides
- 住 47, rue de Richelieu 1er
- TEL 01.42.60.78.48
- 営 11:00 ～ 20:00
- 休 ㊗ ㊐
- CC A J M V （€20 ～）
- URL www.hisada.fr（日本語あり）

カフェではチーズプレートなど厳選チーズを楽しめる

高級レストランでも出されるチーズ
Quatrehomme
キャトルオム

サン・ジェルマン・デ・プレ　MAP 別冊P.18-1A

M.O.F.（フランス最優秀職人）の称号を得、レストランのシェフたちからの信頼を得ている熟成士マダム・キャトルオムの店。農家から直接仕入れ、自家カーヴで熟成させたチーズが並ぶ。海外から買いに来る客も多く、チーズ好きなら訪れたい店。

- M ⑩ Vaneau
- 住 62, rue de Sèvres 7e
- TEL 01.47.34.33.45
- 営 9:00 ～ 19:45
- 休 ㊗ ㊐、1/1、1/2、5/1、8/15、12/25、12/26
- CC A M V
- URL www.quatrehomme.fr

上質のチーズとバターが揃う
Marie-Anne Cantin
マリー・アン・カンタン

エッフェル塔界隈　MAP 別冊P.11-3D

人気の食材店が多いメトロEcole Militaire駅界隈。なかでもマリー・アン・カンタンのチーズの質のよさは折り紙付き。地下にはカーヴがあり、熟成した食べ頃のチーズを順番に店頭に並べるというこだわり。有名レストランからの注文も多い。

- M ⑧ Ecole Militaire
- 住 12, rue du Champ de Mars 7e
- TEL 01.45.50.43.94
- 営 8:30 ～ 19:30（㊗ 14:00 ～、㊐ ～ 13:00）
- 休 無休
- CC A M V
- URL www.cantin.fr

Column Information

パリで食べたい・買いたい乳製品

チーズ、バターをおみやげに

乳製品がとびきりおいしいフランス。とりわけチーズとバターは、おみやげとしても人気だ。買うとき、持って帰るときに注意したいことを紹介しよう。まずバターを買うとき気をつけたいのは、有塩（ドゥミ・セルdemi sel）と無塩（ドゥー）の2種類あること。両方買って、パンや料理によって使い分けるのもいいだろう。

チーズはさまざまな種類があるが、持って帰りやすいのはコンテなどのハード系か、ケースに入ったカマンベール。型くずれしにくいもの、匂いが強過ぎないものがおすすめです。

「エシレEchiré」「ベイユヴェールBeillevaire」「ボルディエBordier」「イジニーIsigny」などが人気のあるバターブランド

おみやげに買って帰るときは

チーズやバターは液体扱いとなり、機内持ち込みができない。必ず預け荷物にすること。購入の際、店によっては真空パック（スー・ヴィッドsous vide）にしてもらえる。ホテルに冷蔵庫がない場合は、旅ステーション（→P.434）の冷蔵・冷凍保管サービスを利用するのもいい。

ワイン

ブルゴーニュワインの専門店
Ambassade de Bourgogne
アンバサード・ド・ブルゴーニュ
サン・ジェルマン・デ・プレ　MAP 別冊P.29-2C

パリで唯一のブルゴーニュワイン専門店。経営しているのは日仏カップル。日本人スタッフもいるので（来店日時をメールで連絡するのがおすすめ）、相談にのってくれる。予算、好みなどを伝えよう。小規模だが質の高いドメーヌが多いブルゴーニュのワイン。希少価値の高い造り手のワインなど、豊富な種類を取り揃えているのは専門店ならでは。免税手続きのほか日本への宅配も受け付けている。ワインバーコーナーもある。

- M ④⑩ Odéon
- 住 6, rue de l'Odéon 6e
- TEL 01.43.54.80.04
- 営 10:00 ～ 24:00（㊗ 17:00 ～、㊐ 12:00 ～、8月は開店時間が異なる）
- 休 1/1、12/25
- CC A J M V　Wi-Fi
- E-mail adbjpn@gmail.com（日本語専用）
- URL www.adbvin.com/jp（日本語）

手頃なものから高級ビンテージワインまで揃う

パッサージュの中の老舗ワインショップ
Legrand Filles et Fils
ルグラン・フィーユ・エ・フィス
オペラ地区　MAP 別冊P.25-2D

美しいパッサージュ、ギャルリー・ヴィヴィエンヌ内の老舗ワイン店。ボルドーやブルゴーニュの有名ワインから、珍しい地酒までが良心的な値段で手に入る。ワイン宅配便の手配も可能。ワインバー（12:00～）も併設されている。

- M ③Bourse　住 7-11, galerie Vivienne 2e（1, rue de la Banque）　TEL 01.42.60.07.12　営 10:30～19:30（㊎㊏ 10:00～、㊍㊐㊏のワインバー～22:00）　休 ㊐、8月の㊐、8月に1週間、1/1、5/1、12/25
- CC A J M V　E-mail emi@caves-legrand.com（佐藤恵美さんが㊋～㊏ 12:00～18:00に勤務。来店の際はメールで予約を）　URL www.caves-legrand.com

まるでワインのデパート
Lavinia
ラヴィニア
マドレーヌ界隈　MAP 別冊P.24-2A

フランス産のワインだけでも約3000種、そのほか世界中のワインが約2000種揃う。本やグッズを扱うコーナーのほか、ワインバーもあり、まさに「ワインのデパート」だ。専用のプリペイドカードを使って、気軽に試飲できるシステムも。

- M ⑧⑫⑭Madeleine
- 住 3, bd. de la Madeleine 1er
- TEL 01.42.97.20.20
- 営 10:00～20:30
- 休 ㊐ ㊗
- CC A D J M V　Wi-Fi
- URL www.lavinia.fr

フランス各地の自然派ワインが揃う
La Cave des Papilles
ラ・カーヴ・デ・パピーユ
ダンフェール・ロシュロー　MAP 別冊P.18-3B

ジュラ、ロワールなどフランス各地のワインを幅広く揃え、その8割が自然派というラインアップの店。珍しい自然派のビールが置いてあることも。日本では入手しづらいワインが多く、この店を通じて輸入しているレストランもあるという。

- M ④⑥ RER ⑧Denfert Rochereau
- 住 35, rue Daguerre 14e
- TEL 01.43.20.05.74
- 営 10:00～13:30、15:30～20:30
- 休 ㊊の午前、㊐の午後、㊗
- CC A M V
- URL www.lacavedespapilles.com

シャンパンがより楽しめる専門店
Arlaux Champagne
アルロー・シャンパーニュ
サントノレ通り　MAP 別冊P.24-2B／本誌P.299

1826年からシャンパンを造っている「アルロー」がシャンパンの魅力を広めたいとオープン。ピノ・ムニエとピノ・ノワール品種を中心にした自社製品をはじめ、シャンパーニュ地方の銘菓、アンティークを含むシャンパングラスなどを扱っている。

- M ①Tuileries
- 住 350, rue St-Honoré 1er
- TEL 01.47.07.43.08
- 営 11:00～19:00
- 休 ㊐ ㊗、8月に15日間
- CC A D J M V
- URL www.arlaux.fr

　「ニコラNicolas」はフランス全土に多くの店舗を展開するワインの大チェーン店。マドレーヌ広場店はワインバー「シェ・ニコラ」（→P.278）も併設している。URL www.nicolas.com

食料品

マドレーヌ広場（MAP 別冊P.24-2A）は、食料品店のはしごにぴったり。マドレーヌ教会の周りにグルメ御用達の店が連なっている。

マスタードの老舗
Maille
マイユ

マスタード／マドレーヌ広場　MAP 別冊P.24-2A

1747年創業、ディジョンのマスタードとして知られる老舗ブランド。スーパーマーケットでも瓶入りのものが気軽に手に入るが、路面店では、その場で陶器のポットに詰めてくれるフレッシュマスタードが買える。ポットのサイズは125g、250g、500gの3種類あり、125gで€21〜。特にトリュフやセップ茸など季節限定で出るフレーバーは見逃せない。専用スプーンなどグッズも揃っている。

- Ⓜ ⑧⑫⑭ Madeleine
- 住 6, pl. de la Madeleine 8e
- TEL 01.40.15.06.00
- 営 10:00 〜 19:00 （㊐ 11:00 〜 18:00）
- 休 1/1、12/25
- CC A J M V
- URL fr.maille.com（日本語あり）

フレッシュマスタードは専用サーバーから注いでくれる

芳香に包まれたスパイスの館
Epices Roellinger
エピス・ロランジェ

スパイス／オペラ地区　MAP 別冊P.25-2C

ブルターニュ地方カンカルのレストランを3つ星に輝かせた名シェフ、オリヴィエ・ロランジェ。「スパイスの魔術師」と呼ばれた彼が厳選したスパイス専門店がパリにオープン。さまざまな種類のスパイス、バニラビーンズなど、驚きの品揃え。

- Ⓜ ⑦⑭ Pyramides
- 住 51bis, rue Ste-Anne 2e
- TEL 01.42.60.46.88
- 営 10:00 〜 19:00
- 休 ㊊ ㊋ ㊍
- CC A V
- URL www.epices-roellinger.com

グッズも揃うオリーブオイル専門店
Oliviers & Co.
オリヴィエ・アンド・コー

オリーブオイル／マレ　MAP 本誌P.298

パリ市内に数店舗のほか、フランス国内外に店を構えるオリーブオイル専門店。棚にずらりと並んだ多種のオリーブオイルは、かわいらしい小瓶入りもあって、おみやげに最適。オイルのほか、オリーブを使ったコスメなどもある。

- Ⓜ ①St-Paul　住 60, rue Vieille du Temple 3e
- TEL 01.42.74.38.40　営 11:00 〜 13:30 （㊐ 12:30 〜、㊏ 10:30 〜、㊊ 11:30 〜）、14:30 〜 19:30 （㊐ 〜 19:00）　休 1/1、7/14、8/15、12/25
- CC J M V　URL www.oliviers-co.com
- ＜その他＞
- MAP 別冊P.26-3B　住 81, rue St-Louis en l'Isle 4e

トリュフ専門店
La Maison de la Truffe
ラ・メゾン・ド・ラ・トリュフ

トリュフ／マドレーヌ広場　MAP 別冊P.24-2A

高級食材の代名詞ともいえるトリュフの専門店。店内には芳醇で贅沢な香りが漂う。トリュフそのものは高価過ぎるという人でも購入しやすいトリュフ入りの塩やオイルなども揃っている。併設のレストランでは、トリュフ尽くしの料理が味わえる。

- Ⓜ ⑧⑫⑭ Madeleine
- 住 19, pl. de la Madeleine 8e
- TEL 01.42.65.53.22
- 営 10:00 〜 22:30
- 休 ㊐、1/1、12/25
- CC A D J M V　Wi-Fi
- URL www.maison-de-la-truffe.com

パリで最も古いキャビア専門店
Petrossian
ペトロシアン

キャビア／エッフェル塔界隈　MAP 別冊P.11-2D

1920年創業の老舗キャビア専門店。希少価値の高い「ベルーガ」から「アルヴェルタ」など比較的手頃なものまで揃う。ひと口大に固めた「キャビアキューブ」やシート状にした「パピエルス」などユニークなアレンジ商品もある。

- Ⓜ ⑧⑬ RER Ⓒ Invalides
- 住 18, bd. de la Tour Maubourg 7e
- TEL 01.44.11.32.22
- 営 9:30 〜 20:00
- 休 ㊐、1/1、12/25
- CC A M V　Wi-Fi
- URL www.petrossian.fr

グルメ御用達ブランド
Fauchon
フォション
食料品／マドレーヌ広場　MAP 別冊P.24-2A

アップルティーで人気が定着した日本でもおなじみのブランド。紅茶はもちろん、フォワグラなど高級食材からジャムやお菓子まで、グルメをうならせる品が揃っている。マドレーヌ広場には30番地の店舗のほかに、24番地にお総菜やパン、イートインスペースがある店舗、11番地に紅茶とハーブティーの専門店、同じく11番地にはホテル「フォション・ロテル・パリ」のカフェがあり、フォションの世界に浸ることができる。

- M ⑧⑫⑭ Madeleine
- 住 30, pl. de la Madeleine 8e
- TEL 01.70.39.38.00
- 営 10:00～20:30
- 休 日 祝
- CC A D J M V
- URL www.fauchon.com

ホテル1階の「ル・グラン・カフェ・フォション」も人気(右)

Column Information
「フォション」の紅茶＆ハーブティー専門店

マドレーヌ広場にある「フォション」のホテルの並びに紅茶とハーブティーの専門店がオープンしていた。すでにブレンドされている4種類のハーブティーからベースを選び、そこにハーブを2種追加してブレンドしてくれるサービスも。次に行ったら試してみたい！　　（東京都　沙羅　'20）

バリエーション豊富なハチミツ
Miel Factory
ミエル・ファクトリー
ハチミツ／マレ　MAP 本誌P.298

世界を旅したオーナーが、各地で出合ったハチミツの魅力を多くの人と分かち合いたいとオープン。フランス産のほか、メキシコ産のアボカド、イエメン産のナツメなど珍しいハチミツもある。料理に合わせたりして楽しみ方を広げてみては。

- M ①⑭ St-Paul
- 住 28, rue de Sévigné 4e
- TEL 01.44.93.92.72
- 営 11:00～19:30（金 14:00～、日 14:00～19:00）
- 休 8/10～8/30
- CC A D J M V
- URL www.miel-factory.com

一流のシェフたちを顧客にもつ
Da Rosa
ダ・ローザ
食料品／サン・ジェルマン・デ・プレ　MAP 別冊P.29-2C

オーナーのダ・ローザ氏が選び抜いた珠玉の品々が並ぶ高級食材店。オリーブオイルなどのほか、貴腐ワイン「ソーテルヌ」漬けのレーズンチョコ（→P.43）がおみやげに人気。ジャック・ガルシアが手がけた内装も美しい。レストランもある。

- M ⑩ Mabillon
- 住 62, rue de Seine 6e
- TEL 01.40.51.00.09
- 営 10:00～23:30
- 休 12/25
- CC A J M V　Wi-Fi
- URL www.darosa.fr

メイド・イン・パリのジャム
La Confiturerie
ラ・コンフィチュルリ
ジャム／リヨン駅周辺　MAP 別冊P.21-1C

フランスで栽培されたフルーツで作ったジャムのほか、野菜やスパイス、オリーブオイルなどを使ったオリジナルレシピのジャムで人気。有名シェフとコラボレーションしたものも。工房が併設されているので、ジャム作りを見ることもできる。

- M ①⑭ RER A D Gare de Lyon
- 住 17, av. Daumesnil 12e
- TEL 01.44.68.28.81
- 営 11:30～19:00（土 日 11:00～）
- 休 月 祝、8月に2週間
- CC A M V　Wi-Fi
- URL www.confiture-parisienne.com

331

食料品

店名は「ジャムの部屋」
La Chambre aux Confitures
ラ・シャンブル・オ・コンフィチュール

ジャム／マルティール通り　MAP 別冊P.7-3C／本誌P.335

ジャムを愛するオーナーのリズさんが、本当に質のよいものをと始めた専門店。職人たちによる、無添加の手作りジャムは、大量生産では出せない豊かな味わい。試食させてもらえるので、気になる味は試してみて。かわいいスプーンもある。

- Ⓜ⑫Notre-Dame de Lorette
- 🏠 9, rue des Martyrs 9e
- ☎ 01.71.73.43.77
- 🕐 11:00～14:30、15:30～19:30（土）10:00～14:00、14:30～19:30、（日）10:00～14:00）
- 休 8月に3週間
- URL lachambreauxconfitures.com　CC MV
- ＜その他＞
- MAP 本誌P.298　🏠 60, rue Vieille du Temple 3e

食のセレクトショップ
Maison Plisson
メゾン・プリソン

食料品／オペラ地区　MAP 別冊P.24-2B

北マレの人気食料品店「メゾン・プリソン」（→P.270）がマルシェ・サントノレに2号店をオープン。厳選された食材とオリジナル商品が、明るく清潔な店内に整然と並ぶ。バッグやカップなどのグッズもかわいい。レストランも併設している。

- Ⓜ⑦⑭Pyramides ①Tuileries
- 🏠 35, pl. du Marché St-Honoré 1er
- ☎ 01.83.97.96.96
- 🕐 8:30～21:00（月）9:30～、（日）夏の終わり～23:00）
- 休 1/1、5/1、12/25　CC MV
- URL www.lamaisonplisson.com
- ＜その他＞→P.270

風味豊かなオリーブオイル
Maison Brémond 1830
メゾン・ブレモン1830

オリーブオイル／サン・ジェルマン・デ・プレ　MAP 別冊P.29-2C

エクス・アン・プロヴァンスで創業したプロヴァンス食材の店を、ロクシタンの創業者、オリヴィエ・ボーサンが受け継ぎ、新たなブランドとして再構築した店。南仏産のオリーブオイルやスパイスなど上質の食材を販売している。

- Ⓜ④⑩Odéon
- 🏠 8, cour du Commerce St-André 6e
- ☎ 01.43.26.79.72
- 🕐 11:00～20:00（日 ～18:30）
- 休 1/1、5/1、12/25
- CC AJMV
- URL www.mb-1830.com

オイルサーディンの老舗の直営店
Conserverie la Belle Iloise
コンセルヴリー・ラ・ベル・イロワーズ

魚の缶詰／サン・ジェルマン・デ・プレ　MAP 別冊P.29-2C

ブルターニュ地方で生まれた缶詰の老舗メーカー。大西洋で水揚げされた新鮮な魚介を使い、伝統的な製法で加工している。ハーブやスパイスを使ったバリエーションの豊富さ、ノスタルジックなデザインで人気のブランドだ。試食コーナーも。

- Ⓜ④⑩Odéon ⑩Mabillon
- 🏠 7, rue de l'Ancienne Comédie 6e
- ☎ 01.43.26.17.73
- 🕐 9:30～20:30（日 ～20:00）
- 休 無休
- CC MV
- URL www.labelleiloise.fr

Column Information
デパートの食料品館、スーパーマーケットもチェック！

デパートは幅広い品揃え

食料品をおみやげに買うなら、デパートの食料品館もおすすめ。手頃な値段のお菓子から、贈り物に最適な高級品まで幅広く揃っているのが魅力だ。

定評のあるギャラリー・ラファイエット「グルメ」（→P.346）、オープンしたばかりのプランタン「プランタン・デュ・グー」（→P.347）、ル・ボン・マルシェ「ラ・グランド・エピスリー・ド・パリ」（→P.348）

メイド・イン・フランスにこだわった品揃えの「プランタン・デュ・グー」

など、どのデパートも食料品フロアに力を入れている。美しいパッケージのものも多く、見ているだけでも楽しい。

「ラ・グランド・エピスリー・ド・パリ」の2号店がパッシーにオープン

バラマキみやげをスーパーで

スーパーマーケット（→P.350）はバラマキみやげの宝庫！　パリっ子たちが普段のおやつに買っているプチプラお菓子や、料理で使う定番の調味料などが見つかる。パリっぽいパッケージのものもあるので、おみやげにすると喜ばれる。

はまる人増えてます！
フランス紅茶をおみやげに

Thé Français

カフェで飲むエスプレッソなど、コーヒーのイメージが強いパリだが、最近紅茶の人気が上昇中。その魅力とは？

香水のように香りをブレンド

紅茶というとイギリスを思い出す人が多いだろう。確かにフランスでは、どちらかというとコーヒーのほうがよく飲まれているが、実はルイ14世の時代から飲まれており、その付き合いは意外と長い。

もっともイギリスの紅茶とちょっと違うのは、香りをブレンドした「フレーバーティー（テ・パフュメ）」が好まれること。花、果物、スパイスなど、実にさまざまな香りが、プロのブレンダーによって、まるで香水のように調合される。緑茶にバニラの香り付けをしたものなど、日本人にはちょっぴり抵抗のあるものもあるが、慣れればいろいろな香りの組み合わせを試してみたくなる。

パッケージがおしゃれなのもフランス紅茶の魅力。高級感があり、飲み終わったあともとっておきたくなるものが多い。比較的手頃な値段で、しかも軽いので、おみやげにも最適だ。おすすめの紅茶専門店をいくつか紹介しよう。デパートのグルメ館でも購入可能だ。

種類豊富なフレーバーのなかから、好きな香り、好きな味わいを見つけるのも楽しみのひとつ

◆ダマン・フレール Dammann Frère

17世紀からの歴史をもつ老舗ブランド。ヴォージュ広場に面した店は、黒を基調とした内装も魅力的だ。果物や花を使ったフレーバーティーのバリエーションが豊富で、テスターで香りが確認できるものも。

MAP 別冊P.27-2D
住 15, pl. des Vosges 4e　TEL 01.44.54.04.88
営 10:30〜19:30（土・日 10:00〜20:00）
休 1/1、1/2、12/25
CC AMV　Wi-Fi　URL www.dammann.fr
＜その他＞
MAP 別冊P.26-2A　住 24, av. Victoria 1er

◆マリアージュ・フレール Mariage Frères

日本でも有名な老舗ブランド。高級ダージリンから、オリジナルブレンド、フレーバーティーまで種類豊富な紅茶が揃っている。優雅なサロン・ド・テも人気が高い。

MAP 別冊P.26-2B
住 30, rue du Bourg Tibourg 4e
TEL 01.42.72.28.11　営 10:30〜19:30
休 12/25　CC ADJMV
URL www.mariagefreres.com（日本語あり）
＜その他＞
MAP 別冊P.24-2A　住 17, pl. de la Madeleine 8e

◆パレ・デ・テ Palais des Thés

量産のお茶が出回ることに危機感を抱いた専門家と愛好者により、パリで創業。お茶の鮮度や品質にこだわり、風味を損なわないよう注意が払われている。

MAP 本誌P.298
住 64, rue Vieille du Temple 3e
TEL 01.48.87.80.60
営 10:00〜20:00
休 1/1、5/1、12/25　CC AMV
URL www.palaisdesthes.com
＜その他＞
MAP 本誌P.335　住 13, rue des Martyrs 9e

◆クスミ・ティー Kusmi Tea

1867年、ロシアで茶商クスミチョフによって創設されたブランド。スモーキーな香りが特徴的な紅茶で、クラシックな絵柄のパッケージも人気。

MAP 別冊P.25-2C
住 33, av. de l'Opéra 2e
TEL 01.42.65.23.56
営 10:00〜20:00（日 11:00〜）
休 1/1、12/25　CC AJMV
URL www.kusmitea.com

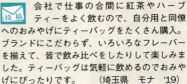

投稿　会社で仕事の合間に紅茶やハーブティーをよく飲むので、自分用と同僚へのおみやげにティーバッグをたくさん購入。ブランドにこだわらず、いろいろなフレーバーを揃えて、皆で飲み比べをしたりして楽しみました。ティーバッグは気軽に飲めるのでおみやげにぴったりです。　（埼玉県　モナ　'19）

スイーツ散歩を楽しめる
バック通り
RUE DU BAC

MAP 別冊 P.12-3B、P.18-1B

デパートのグルメ館「ラ・グランド・エピスリー・ド・パリ」から北に延びるバック通りに、スイーツの店が増殖中！ 新たなグルメスポットとして注目される「ボーパッサージュ」の入口も。

デザインがかわいい「シャポン」のチョコ

RUE DU BAC

● シャポン（チョコレート）

花びらの形をした美しいチョコ

グルネル通り Rue de Grenelle
バック通り Rue du Bac

● ボワシエ（スイーツ）

ボーパッサージュ
Beaupassage
2018年に誕生したグルメスポット。3つの通りに囲まれた静かなプロムナードで、3つ星シェフのヤニック・アレノ、パティシエのピエール・エルメなど、そうそうたる料理界の巨人たちの店が並ぶ。

入口は3ヵ所ある。
53-57, rue Grenelle 7e
83-85, rue du Bac 7e
14, bd. Raspail 7e
URL beaupassage.fr

アート作品が置かれたグルネル通り側の入口

人気パティシエ、コンティチーニのセンスが光るスイーツ

ヴァレンヌ通り Rue de Varenne

● ボーパッサージュ

フィリップ・コンティチーニ ガトー・デモーション（スイーツ）

● ジャック・ジュナン（チョコレート）
● デ・ガトー・エ・デュ・パン（パン、スイーツ）

スパイスを巧みに使ったマンゴーとキャラメルのサントノレ

チョコはもちろん、果実味たっぷりのパート・デ・フリュイもチェック

バック通り Rue du Bac

● アンジェリーナ（スイーツ）

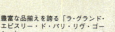

定番のモンブラン以外にもかわいいスイーツが

● ル・バック・ア・グラス（アイスクリーム）

地元で長く愛されているフルーティなアイス

豊富な品揃えを誇る「ラ・グランド・エピスリー・ド・パリ・リヴ・ゴーシュ」

バビロン通り Rue de Babylone

● ル・ボン・マルシェ・リヴ・ゴーシュ（デパート）

ラ・グランド・エピスリー・ド・パリ・リヴ・ゴーシュ（「ル・ボン・マルシェ・リヴ・ゴーシュ」の食料品館）

Ⓜ SEVRES BABYLONE

セーヴル通り Rue de Sèvres

おすすめグルメスポット バック通り

シャポン→P.325
ボワシエ→P.319
ボーパッサージュ→上記
ジャック・ジュナン→P.322
デ・ガトー・エ・デュ・パン→P.327
ル・バック・ア・グラス→P.321
アンジェリーナ→P.289
ル・ボン・マルシェ・リヴ・ゴーシュ→P.348
ラ・グランド・エピスリー・ド・パリ・リヴ・ゴーシュ→P.348
フィリップ・コンティチーニ ガトー・デモーション
Philippe Conticini Gâteaux d'émotions URL philippeconticini.fr

次は何を食べようかな

7ᵉ ARR. RUE SAINT DOMINIQUE

バリエーションに富んだグルメ通り
サン・ドミニク通り
RUE ST-DOMINIQUE

MAP 別冊 P.11-3D、P.12-2A

アンヴァリッドからエッフェル塔の足元、シャン・ド・マルス公園まで続く長い通り。2つ星レストランからパティスリーまで多彩なグルメスポットが並び、散策が楽しい。

エッフェル塔の眺めも楽しめる!

もっちりとした食感の「カヌレ」は散策のお供にぴったり

イートインコーナーもあるブーランジュリー

オ・メルヴェイユ・ド・フレッド（メレンゲ）

クリームをのせたふわふわのメレンゲ菓子

ル・ムーラン・ド・ラ・ヴィエルジュ（パン）

アンリ・ルルー（チョコレート）

ルモワンヌ（スイーツ）

ボスケ大通り Av. Bosquet

サン・ドミニク通り Rue St-Dominique

サダハル・アオキ（スイーツ）

シルヴェストル（レストラン）

トゥール・モーブール大通り Bd. de la Tour Maubourg

キャラメル・パリ（スイーツ）

ファベール通り Rue Fabert

LA TOUR MAUBOURG Ⓜ

モット・ピケ通り Av. de la Motte Picquet

ラ・フォンテーヌ・ド・マルス（レストラン）

オバマ大統領がプライベートで食事したこともあるビストロの名店

おすすめグルメスポット
サン・ドミニク通り

- キャラメル・パリ（スイーツ）→P.316
- アンリ・ルルー（チョコレート）→P.325
- ルモワンヌ（スイーツ）→P.320
- オ・メルヴェイユ・ド・フレッド→P.321
- ラ・フォンテーヌ・ド・マルス→P.263
- サダハル・アオキ Sadaharu Aoki
  URL www.sadaharuaoki.com

塩バターキャラメルで有名な店だが、チョコも絶品!

スイーツからヴィエノワズリーまで、すべてキャラメルをベースにしている

ショッピングガイド

グルメストリートで美味散歩！ バック通り／サン・ドミニク通り／マドレーヌ広場

MAP 別冊 P.24-2A

食通好みのおみやげならマドレーヌ広場へ

パレ・ガルニエからほど近いマドレーヌ広場は、キャビア、トリュフなど高級食材の店や、マスタード、紅茶などフランスらしい専門店が並ぶグルメな広場。ぐるっと回って、おいしいおみやげを見つけよう。

トリュフオイル

フレッシュマスタードはいかが？

フレーバーの種類が豊富な「マイユ」のマスタード

おすすめグルメスポット

- パトリック・ロジェ→P.324
- ニコラ→P.329
- フォション→P.331
- ラ・メゾン・ド・ラ・トリュフ→P.330
- マイユ→P.330

337

雑貨、インテリア用品　おすすめショップ

Empreintes
アンプラント
オンリーワンの「作品」が買える
`北マレ` `MAP` 別冊 P.27-1C

1000点にのぼる作品が展示販売されている

　2016年にオープンした工芸品のコンセプトストア。かつてファンタジージュエリーのアトリエだった建物を改修、3つのフロアで販売されているのは、フランス工芸家組合に所属するクリエイターたちの作品だ。まるで美術作品が並ぶギャラリーのように見えるが、すべて「商品」で、実際に触れて確かめることができる。アクセサリーなど、まさにオンリーワンでありながら、€80程度からと手の届く価格なのもうれしい。カフェもあり、タルティーヌなど軽い食事も楽しめる。

Ⓜ ③⑪ Arts et Métiers ⑧ Filles du Calvaire
🏠 5, rue de Picardie 3e
☎ 01.40.09.53.80
🕐 11:00 〜 19:00
休 ⑦ ⑧ ㊗、8月
CC A M V
URL www.empreintes-paris.com

Fleux
フルックス
4店舗のはしごが楽しい
`マレ` `MAP` 別冊 P.26-2B

　同じ通りに4店舗を構え、ヨーロッパを中心とした約600ブランドの3000アイテムを取り揃えたマレ地区で人気の雑貨店。洗練された北欧風の家具やインテリア用品、シンプルでモダンなデザインの食器が充実した店舗、ガーデニング用品が揃う店舗など、店舗によって商品が異なるのではしごするのも楽しい。パリをモチーフにしたグッズ、ホームリネン、料理を楽しくしてくれそうなアイデアグッズなども豊富なので、自分用にもプレゼント用にも、お気に入りが見つかるはず。

フランスらしいデザインはおみやげに最適

Ⓜ ①⑪ Hôtel de Ville ⑪ Rambuteau
🏠 39/40/43/52, rue Ste-Croix de la Bretonnerie 4e
☎ 01.42.78.27.20
🕐 11:00 〜 20:00
休 1/1、12/25
CC A M V
URL www.fleux.com

Les Parisettes
レ・パリゼット
洗練されたデザインのパリグッズ
`南西部` `MAP` 別冊 P.17-2C

　パリやフランスにちなんだグッズが勢揃い。フランス製のキッチンタオルやエプロン、ノートルダム大聖堂が飛び出すカード、メトロの路線図を描いたマグカップやプレートなど、パリらしさが感じられる雑貨は見ていて飽きない。エッフェル塔やパリの地図をモチーフにしたノートや鉛筆、スノードームといったオリジナル商品もあり、淡い色使いとユーモアのあるデザインが人気だ。

イラストレーターと組んで作るオリジナルグッズも

Ⓜ ⑧ Commerce
🏠 10, rue Gramme 15e
☎ 01.75.43.23.65
🕐 10:00 〜 19:00
休 ⑦の午前、⑧、㊗、8/1 〜 8/20
CC A D J M V Wi-Fi
URL lesparisettes.com

Paris est Toujours Paris
パリ・エ・トゥジュール・パリ
本格ベレー帽が人気のおみやげショップ

`オペラ地区` `MAP` 別冊 P.13-1D

　パッサージュ・ジュフロワ（→P.50）内にある「パリはいつもパリ」という店名が楽しいお店。エッフェル塔や『星の王子さま』モチーフの雑貨などのおみやげ品のほか、「セント・ジェームス」のボーダーシャツ、ジアンのお皿などもある。そのなかでも老舗ベレーブランド「ロレールLaulhère」のベレー帽がいちばん人気。色の選び方、かぶり方などをていねいに教えてくれるので、ぜひ試してみたい。

日本各地の旅行経験があるオーナーのセバスチャンさん

Ⓜ ⑧⑨ Grands Boulevards
🏠 47, passage Jouffroy 9e
☎ 09.84.36.73.69
🕐 10:00～19:00
休 5/1
CC A M V

Maison Sarah Lavoine
メゾン・サラ・ラヴォワンヌ
上質なライフスタイルを提案

`オペラ地区` `MAP` 別冊 P.25-2D

　人気インテリアデザイナー、サラ・ラヴォワンヌが2016年末にヴィクトワール広場にオープンしたコンセプトストア。まるでサラの自宅に招かれたように感じる空間デザインで、リビングやベッドルーム、キッチン、ダイニングなど、それぞれのスペースすべてがサラによって演出されている。

インテリアのアイデアがぎっしり詰まった贅沢な店内は、時間を忘れてくつろげるだろう。オリジナルデザインのインテリア雑貨や家具のほか、サラ自身がセレクトした雑貨小物も揃う。

サラが提案するライフスタイルをまるごと体感できる

Ⓜ ③ Bourse ⑦⑭ Pyramides
🏠 6, pl. des Victoires 2e
☎ 01.40.13.75.75
🕐 10:00～19:00
休 ⑪、1/1、12/25、夏に2週間　CC A M V
URL www.maisonsarahlavoine.com

Bring France Home
ブリング・フランス・ホーム
小さな店内にフランスが詰まってる

`マレ` `MAP` 別冊 P.27-2D

外観も店内もトリコロールカラーがあふれる

　100％メイド・イン・フランスの物を取り扱うかわいい雑貨店。店内にはフランスらしさ全開のトリコロールカラーの商品がたくさん！ 青白赤に塗られたエッフェル塔などキャッチーな置物は、部屋にひとつ飾るだけでパリっぽさを演出してくれるのでおすすめ。古いフランス硬貨に穴をあけてアレンジした手作りキーホルダーなど珍しいものも見つかる。パリ柄のトルション（布巾）も人気だ。オーナーは明るいふたりのマダム。満面の笑顔で迎えてくれるのもうれしい。

Ⓜ ① St-Paul ①⑤⑧ Bastille
🏠 3, rue de Birague 4e
☎ 09.81.64.91.09
🕐 11:00～19:00
休 無休
CC M V
Wi-Fi
URL bringfrancehome.com

雑貨、インテリア用品

ロマンティックでレトロな雑貨
Les Fleurs
レ・フルール
バスティーユ界隈　MAP 別冊P.15-3C

店内にはクッションやバッグ、アクセサリー、食器など、ロマンティックでガーリーなアイテムがずらり。オーナーが発掘したヨーロッパやアメリカの若手クリエイターの作品もある。近くにある2号店にはヴィンテージ家具やインテリア雑貨が揃う。

- Ⓜ ①⑤⑧Bastille
- 住 6, passage Josset 11e　TEL なし
- 営 11:30～19:30
- 休 ㊊、8月中旬に数日間
- CC MV　URL www.boutiquelesfleurs.com
- ＜その他＞
- MAP 別冊 P.21-1C　住 5, rue Trousseau 11e

カラフル＆デザインフルな世界観
Pylones
ピローヌ
サン・ルイ島　MAP 別冊P.27-3C

ひとめ見たら忘れられないポップで明るい雑貨があふれる店。カラフルなイラストが描かれたグッズはほかでは見つからないような個性的なデザインで人気。指輪など手作りのガラスのアクセサリーも。2店舗並んでいるので、どちらもチェックして。

- Ⓜ ⑦Pont Marie
- 住 57, rue St-Louis en l'Ile 4e
- TEL 01.46.34.05.02
- 営 11:00～19:00
- 休 1/1、5/1、12/25
- CC AJMV
- URL www.pylones.com

美しくて機能的な雑貨
La Trésorerie
ラ・トレゾルリー
レピュブリック広場界隈　MAP 別冊P.14-1A

食器からデザイナー家具、バス用品、掃除用具まで、機能的で美しい、日々の暮らしを楽しくするアイテムが勢揃い。歴史のあるメーカーや自然素材が優先的にセレクトされている。スウェーデンのオープンサンドが味わえるカフェも併設している。

- Ⓜ ⑤Jacques Bonsergent ③⑤⑧⑨⑪République
- 住 11, rue du Château d'Eau 10e
- TEL 01.40.40.20.46
- 営 11:00～19:30
- 休 ㊊㊐、一部㊗、カフェは8月に約3週間
- CC AMV　Wi-Fi
- URL www.latresorerie.fr

愛くるしい天使に囲まれて
La Boutique des Anges
ラ・ブティック・デザンジュ
モンマルトル　MAP 別冊P.31-2C

パリでも珍しい、「天使のお店」という名の天使グッズの専門店。店内にあるものすべてが天使モチーフばかり。オリジナルのアクセサリーのほか、壁飾りや置物、ランプ、オルゴールなど、世界中から集められた品々が飾られている。

- Ⓜ ⑫Abbesses
- 住 2, rue Yvonne le Tac 18e
- TEL 01.42.57.74.38
- 営 11:00～19:30
- 休 9/28（'20）、12/25
- CC ADJMV
- URL www.boutiquedesanges.fr

キュートな製菓グッズと雑貨の店
Chez Bogato
シェ・ボガト
モンパルナス　MAP 別冊P.18-3B

もとはデザインの仕事をしていたアナイス・オルメールさんが開いた、オーダーメイド菓子と雑貨の店。店内にはおしゃれな製菓グッズや雑貨で埋め尽くされ、まるでお菓子の国のよう。ヨーロピアンアンティストの抜き型など、おみやげにおすすめ。

- Ⓜ ④Mouton Duvernet
- 住 7, rue Liancourt 14e
- TEL 01.40.47.03.51
- 営 11:00～19:00
- 休 ㊊㊐
- CC V
- URL chezbogato.fr

ポップでキッチュな雑貨の宝庫
Antoine et Lili
アントワーヌ・エ・リリ
サン・マルタン運河　MAP 別冊P.14-1B

サン・マルタン運河沿いに、イエロー、ピンク、グリーンの外壁の3店舗が並び、この界隈のランドマーク的な存在。イエローの店は店内がショッキングピンクに塗られた雑貨店で、エスニック調、オリエンタル調の小物であふれている。

- Ⓜ ⑤Jacques Bonsergent
- 住 95, quai de Valmy 10e
- TEL 01.40.37.34.86
- 営 10:30～19:30（㊏ 10:00～20:00、㊐ 11:00～19:00）
- 休 1/1、5/1、12/25　CC AMV
- URL fr.antoineetlili.com

Articles pour votre cuisine

パリらしいキッチン雑貨が欲しい!
本格調理器具から手頃なキッチン用品まで

グルメな町パリならではのキッチン用品、しゃれたテーブルウエアは、自分用にもプレゼントにもぴったり。

本格調理器具

メトロのLes Halles駅近くのモンマルトル通りRue Montmartre (MAP別冊P.13-2D) 沿いに3軒、少し離れて1軒の調理器具の専門店がある。必要なものを求めて、各店をはしごしている人も。プロの料理人、パティシエはもちろん、料理好きな地元客まで、商品を選ぶ視線は真剣だ。

◆ ア・シモン A. Simon
1884年創業。カップやグラス、ナイフなどのキッチン用品、調理器具、製菓道具が揃う。
住 48, rue Montmartre 2e
TEL 01.42.33.71.65
営 9:00～19:00 (土 10:00～)
休 日、8/15、12/25 CC M V

◆ モラ Mora
1814年創業。焼き菓子の型など製菓用品が充実しているので、お菓子作りが好きな人は要チェック。
住 13, rue Montmartre 1er
TEL 01.45.08.19.24
営 9:00～18:15
(土 10:00～13:00、13:45～18:30)
休 日 祝 CC A J M V Wi-Fi
URL mora.fr

◆ ラ・ボヴィダ La Bovida
3階まであり、バー用品の階、鍋、ココット、オーブン皿などの階に分かれていて見やすい。
住 36, rue Montmartre 1er
TEL 01.42.36.09.99
営 9:30～19:00
(金 ～19:30、土 10:00～19:30)
休 日 CC A M V URL www.labovida.com

◆ ウ・ドイルラン E. Dehillerin
1820年創業。実用的で本格派の調理器具が揃っている。まるで倉庫のような雰囲気がおもしろい。
住 18-20, rue Coquillière 1er
TEL 01.42.36.53.13
営 9:00～19:00 (月 9:00～12:30、14:00～18:00、土 9:00～18:00)
休 日 CC A D M V
URL www.edehillerin.fr

家庭用キッチン用品

カジュアルな食器、かわいいデザインのキッチン雑貨を探すなら、気軽なチェーン店もおすすめ。

◆ ラ・ヴェセルリー La Vaisselerie
店頭に並べられたお値打ち品が目印。パリ市内に2店舗ある。使いやすく、手頃な値段のキッチン雑貨の宝庫。
営 10:00～19:00
休 日、1/1、5/1、12/25
CC A J M V URL www.lavaisselerie.fr

＜レンヌ店＞
MAP 別冊P.28-3B
住 85, rue de Rennes 6e TEL 01.42.22.61.49

＜マレ店＞
MAP 別冊P.27-2C
住 92, rue St-Antoine 4e TEL 01.42.72.76.66

ショッピングガイド

雑貨、インテリア用品

丸いチーズ保存用のプラスチックケース €3

ラ・ヴェセルリー

ヌテラナイフ €7
チーズナイフ €4.50
トマトナイフ €8
チーズ＆ネズミの柄のバターナイフ €7

バゲット型のフルーツピックセット €12

エスカルゴ皿 €6
エッフェル塔形の塩入れ €8

パン切りナイフと台のセット €20

341

趣味、実用、専門店　おすすめショップ

Ultramod
ウルトラモッド
貴重な貝ボタンが充実

| 手芸／オペラ地区 | MAP 別冊 P.25-1C |

リボンは1mから買えるので少しずつ集めるのもいい。ハンドメイド好きにはたまらない店内

歴史を感じさせる重厚な店内に、色や素材が異なるリボンのディスプレイが美しい手芸店。アンティークボタンも充実していて、一つひとつがキラキラ輝いている。ボタンひとつで服の表情が変わるので、じっくり時間をかけて選ぶ人が多い。女性だけでなくムッシューが上着持参でボタンを選ぶ姿も。同じ通りの向かい側（3番地）にある帽子材料店を見たい場合は、手芸店のスタッフに声をかけて開けてもらうといい。日本人スタッフが勤務しているので、日本語での相談ができるのがうれしい。

- Ⓜ ③ Quatre Septembre
- 住 4, rue de Choiseul 2e
- TEL 01.42.96.98.30
- 営 10:00 ～ 18:00
- 休 土・日・祝
- CC M | V

L'Ecritoire
レクリトワール
パリから手紙を送るなら

| 文房具／レ・アール | MAP 別冊 P.26-2A |

1975年創業、ポンピドゥー・センター近くの教会前の小道にあるかわいい文房具店。優しいマダムが迎えてくれるあたたかな雰囲気にファンが多い。店内にはアイデアあふれるオリジナル製品が並び、正3角形や正6角形、細長い形など変わった形の封筒も見つかる。

この店に入れば筆不精な人も、手紙を出したくなるから不思議だ。種類豊富なおもしろ封筒を使って、パリのエッセンスが感じられる手紙を出してみよう。エッフェル塔モチーフのキラキラシールもおすすめ。

オリジナルの変形封筒が人気

- Ⓜ ①⑪ Hôtel de Ville ①④⑦⑪⑭ Châtelet
- 住 61, rue St-Martin 4e
- TEL 01.42.78.01.18
- 営 11:00 ～ 19:00（日 15:00 ～ 18:00）
- 休 無休　CC J | M | V
- URL lecritoireparis.com

Le Petit Prince Store Paris
ル・プティ・プランス・ストア・パリ
『星の王子さま』公式ショップ

| キャラクターグッズ／サン・ジェルマン・デ・プレ | MAP 別冊 P.29-2C |

全世界で愛され続けているサンテグジュペリの名作『星の王子さま』。パリにある唯一の公式ショップには、ノートやペンなどの文房具、お皿やカップといった食器、ぬいぐるみ、ポストカードなど約300点の『星の王子さま』グッズが揃っている。精巧なフィギュアは、いろいろな表情の王子さまがあり、いくつも集めたくなってしまうほど。物語を朗読したフランス語のCDなどもある。

スノードームやポーチ（→P.42）なども

- Ⓜ ④⑩ Odéon ⑩ Mabillon
- 住 8, rue Grégoire de Tours 6e
- TEL 09.86.46.74.09
- 営 11:00 ～ 19:00（日 13:00 ～）
- 休 1/1、12/25　CC A | D | M | V
- URL www.lepetitprince.com

Un Savon de Marseille à Paris
アン・サヴォン・ド・マルセイユ・ア・パリ
肌がしっとりスベスベになる上質石鹸

`石鹸／マレ` `MAP` 別冊 P.26-2B

　南仏マルセイユの名がついた「マルセイユ石鹸 Savon de Marseille」は、良質なオリーブオイル72％と天然素材のみで作られた高級石鹸。そんなマルセイユ石鹸のほか、果物や植物の成分配合のカラフルな香り石鹸、人気のアルガンオイル入り、デリケート肌にも安心のロバミルク入りなどなど、石鹸で埋め尽くされた専門店。かわいいバラの花など形もいろいろ。

一度使うとリピートしたくなるマルセイユ石鹸

- ①⑪ Hôtel de Ville
- 77, rue de la Verrerie 4e
- 01.42.71.40.21
- 11:00 〜 19:45
- 1/1、12/25
- CC A J M V

Au Nom de la Rose
オ・ノン・ド・ラ・ローズ
ロマンティックなバラ専門店

`花／カルチェ・ラタン` `MAP` 別冊 P.19-1D

　「バラの名前」という名のバラ専門のチェーン店。店頭には、カラフルな花が無造作に投げ入れられたバケツやミニブーケが並び、周りには色とりどりの花びらがふんだんに撒かれている。そのさりげなく美しいディスプレイに思わず立ち止まってしまうこと間違いなし。数本買って、ホテルの部屋に飾るのもおすすめ。パリらしい優雅な滞在を演出するのにぴったりだ。花以外にも、バラを使ったチョコレート、紅茶、ジャムなどの食料品、ろうそく、フレグランスなども扱っている。

絵の具のパレットのような鮮やかさ

- ⑩ Maubert Mutualité
- 47, bd. St-Germain 5e
- 01.40.51.02.02
- 9:00 〜 21:00（月）（火）（水）9:30 〜 14:00、15:00 〜 20:30、（日）9:00 〜 14:00、15:00 〜 18:00）
- 無休 CC A M V
- www.aunomdelarose.fr

Pain d'Epices
パン・デピス
夢いっぱいのミニチュアグッズ

`おもちゃ／オペラ地区` `MAP` 別冊 P.13-1C

ショーウインドーには手の込んだドールハウスが（左）　子供だけでなく大人もひきつけるノスタルジックな木馬（右）

　パッサージュ・ジュフロワ（→P.50）の一角にたたずむおもちゃ屋さん。店頭に置かれた木馬が目印だ。幼少時代の甘酸っぱい夢を思い出させてくれるようなドールハウス用の精巧なパーツやミニチュアグッズがたくさん揃い、大人たちをも夢中にさせている。一つひとつ手に取って見ていると時間を忘れそう。おままごとセットやレトロな文房具なども見つかるので、おみやげ探しもできる。クマのぬいぐるみと人形のコレクションスペースには、レアものもあるので見逃せない。

- ⑧⑨ Grands Boulevards
- 29, passage Jouffroy 9e
- 01.47.70.08.68
- 10:00 〜 19:00（月）12:30 〜、（日）12:30 〜 18:00）
- 1/1、5/1、12/25
- CC A D J M V
- www.paindepices.fr

趣味、実用、専門店

レトロな文房具がお出迎え
Mélodies Graphiques
メロディ・グラフィック

文房具／マレ　MAP 別冊P.26-3B

鉛筆と小人のユニークな看板が文房具好きをひきつけてやまない老舗店。昔ながらのペン先やインクがウインドーに並ぶ。アンティーク調のレターセットやマーブル柄の万年筆、繊細なデザインのブックマーカーなど、上質でおしゃれなものが見つかる。

- M ①St-Paul ⑪Hôtel de Ville
- 住 10, rue du Pont Louis Philippe 4e
- TEL 01.42.74.57.68
- 営 11:00〜19:00 (月)(日) 14:00〜18:00
- 休 1/1、夏に数日間
- CC A M V　Wi-Fi

記念切手が充実
Le Carré d'Encre
ル・カレ・ダンクル

文房具／オペラ地区　MAP 別冊P.24-1A

フランスの郵便局「ラ・ポストLa Poste」の直営ブティック。封筒、便せん、ペン、カードなど手紙に関するアイテムが充実しているほか、かわいいシールやノートなど文房具が幅広く揃う。店内がゆったりしているので記念切手もじっくり選べる。

- M ③⑨Havre Caumartin
- 住 13bis, rue des Mathurins 9e
- TEL 01.86.21.02.29
- 営 10:00〜19:00
- 休 (日)(祝)
- CC M V
- URL www.lecarredencre.fr

老舗ろうそく店
Cire Trudon
シール・トリュドン

ろうそく／サン・ジェルマン・デ・プレ　MAP 別冊P.29-2C／本誌P.299

1643年創業のろうそくの老舗。サン・シュルピス教会近くにあり、もともとは祭壇用のろうそくを売っていた店だ。今ではオーソドックスなものから、水に浮かべて楽しむ花形ろうそくまで幅広く扱っていて、センスのいいものが見つかる。

- M ④⑩Odéon ⑩Mabillon
- 住 78, rue de Seine 6e
- TEL 01.43.26.46.50
- 営 10:00〜19:00 (月) 11:00〜)
- 休 (日)(祝)
- CC A J M V
- URL trudon.com

ヨーロッパテイストのおもちゃがいっぱい
Si Tu Veux
シ・チュ・ヴ

おもちゃ／オペラ地区　MAP 別冊P.25-1D

美しいパッサージュとして知られるギャルリー・ヴィヴィエンヌ(→P.49)内にあるおもちゃ屋さん。入口では、トレードマークのかわいいクマの看板が迎えてくれる。店内には、子供が安心してゆっくりと商品を選べるような雰囲気が漂っている。

- M ③Bourse
- 住 68, Galerie Vivienne 2e
- TEL 01.42.60.59.97
- 営 10:30〜19:00
- 休 (日)(祝)、8月
- CC M V
- URL situveuxjouer.com

Column Information
こんなおみやげいかが？

トリコロールグッズ

「フランスらしいもの」として思い浮かぶものに、フランス国旗に使われている青白赤のトリコロールカラー(→P.106)があるだろう。国民議会のブティックではトリコロールカラーのグッズや、フランスのシンボルである雄鶏(→P.106)が描かれた雑貨が見つかるので、行ってみては？

◆ 国民議会のブティック
Boutique de l'Assemblée Nationale
- MAP 別冊P.12-2A　住 7, rue Aristide Briand 7e
- 営 10:00〜19:00 (土) 〜18:00)　休 (日)
- URL boutique.assemblee-nationale.fr

リボン€1.70(左)
ピンバッジ€4.80(中)
鉛筆€1(右)

エッグスタンド€4.50

パリの地図

「フナック」(→P.345)などで年度が入っている現地版の地図(€5)を記念に買うのもおすすめ。見開きページで区ごとに載っているタイプは実際の使い勝手もいい。

ショッピングガイド

趣味、実用、専門店

キャラクターグッズが勢揃い
Pixi & Cie
ピクシー・エ・シー

キャラクターグッズ／サン・ジェルマン・デ・プレ　MAP 別冊P.28-1B

『星の王子さま』や『タンタン』『ベカシーヌ』『バーバパパ』といったフランスでおなじみのキャラクターの小物で埋め尽くされたショップ。2階はギャラリーになっていて、小さなフィギュアがそれぞれの世界を作り出しているので、忘れずに訪れたい。

- M ④St-Germain des Prés ⑩Mabillon
- 住 6, rue de l'Echaudé 6e
- TEL 01.46.33.88.88
- 営 11:00～19:00
- 休 月 日 祝、8/1～8/21
- CC A M V
- URL www.pixietcie.com

手作り派のための人気店
La Droguerie
ラ・ドログリー

手芸／レ・アール　MAP 別冊P.13-2D

1975年創業の人気手芸店。種類豊富なビーズやボタン、リボン、毛糸などが揃う。スタッフと相談しながらじっくり買い物する人が多い。セーターやアクセサリーなど、作品見本が飾られているので、材料や色の組み合わせなど参考になる。

- M ④Les Halles
- 住 9-11, rue du Jour 1er
- TEL 01.45.08.93.27
- 営 10:00～19:00
- 休 日 祝
- CC A M V
- URL www.ladroguerie.com

絵本の森に迷い込んで
Chantelivre
シャントリーヴル

本／サン・ジェルマン・デ・プレ　MAP 別冊P.28-3A

デパート「ル・ボン・マルシェ」近くにある児童書専門店。広い店内に絵本や図鑑など子供向けの本がズラリと並び、昔ながらの名作から話題の最新作まで揃っている。お目当ての本があるなら、知識豊富なスタッフに聞くのがいちばん。

- M ⑩⑫Sèvres Babylone
- 住 13, rue de Sèvres 6e
- TEL 01.45.48.87.90
- 営 10:30～19:30（月 13:00～）
- 休 日
- CC M V
- URL www.chantelivre.com（日本語あり）

日本の本屋さん
Junku
ジュンク堂書店

本／オペラ地区　MAP 別冊P.25-2C

日本の「ジュンク堂書店」のパリ支店。日本の書籍や日本に関連したフランス語の本などがある。地下にはマンガがあり、日本語版、フランス語版ともに数多く揃っている。また、オヴニー（→P.435）などの日本語の情報誌も置いてある。

- M ⑦⑭Pyramides
- 住 18, rue des Pyramides 1er
- TEL 01.42.60.89.12
- 営 10:00～20:00
- 休 日 祝
- CC A D J M V
- URL www.junku.fr

Column Information

日本のマンガ 大人気！

マンガでフランス語の勉強も!?

パリでは日本のアニメやマンガが大人気。フランス語に書き換えられたフランス語版がたくさん出ているので、おみやげにいかが？ フランス語を流暢に話すおなじみの日本のキャラクターたちがおもしろいだろう。フランス語の勉強にもなる。「ジュンク堂書店」（上記）や、フランス全土に展開する大手ブックチェーンの「フナック」などで見つかる。「フナック」では「Mangas（マ

パリっ子も大好きなマンガ

ンガ）」「Shojo（少女）」「Shonen（少年）」などと日本語のローマ字表記で表示されているので探しやすい。

◆フナック Fnac
MAP 別冊P.6-3B
- 住 109, rue St-Lazare 9e（Passage du Havre内）
- TEL 08.92.35.04.05　営 10:00～20:00（木 金 ～20:30、日 11:00～19:00）　URL www.fnac.com
- ＜その他＞→P.223

おすすめデパート

Galeries Lafayette Paris Haussmann
ギャラリー・ラファイエット パリ・オスマン
フランスの「今」が揃うモードの発信地

`オペラ地区` `MAP` 別冊 P.24-1A

2012年に100周年を迎えた美しいクーポール（丸天井）

パリの中心部に位置し、売り場総面積7万m²を誇る百貨店。リーズナブルなものからラグジュアリーな商品まで、3500を超えるブランドが集まる。

1912年建造のネオビザンチン様式のクーポール（丸天井）がある本館をはじめ、紳士館、メゾン＆グルメ館の3館には、モード、高級宝飾品、コスメ、インテリア雑貨、キッチン用品、世界のグルメ食材が揃っている。

一流ブランドが勢揃いする本館、その地下1階には世界最大級の婦人靴売り場があり、手頃な価格のギャラリー・ラファイエットのプライベートブランドから、クリエイター、ラグジュアリーまで幅広いブランドを展開している。地上階ではバッグなどの革製品、宝飾品、時計、アクセサリーを取り扱う。1階は高級ジュエリーをはじめクリエイターズやラグジュアリーブランドが出店。1、2、3階は婦人服、4階の独自のコンセプトを用いたランジェリーコーナーには、幅広いラインアップのランジェリーが揃う。

紳士館ではフランス国内外の有名ブランドやクリエイターの流行ファッションやリーズナブルな商品を3フロアにわたり幅広く展開。地上階にはイル・ド・フランス観光案内所のカウンターがあり、買い物の合間に観光の相談ができる。パリ・ミュージアム・パスも購入可能。

そして楽しいライフスタイルを演出するメゾン＆グルメ館。パリの最高級のグルメスポットのひとつといわれる「グルメ」は地下1階と地上階にある。有名パティスリーやショコラティエなど人気店が多数入り、世界中からセレクトされた食材が並ぶ。営業時間が長いのでおみやげ選びにも便利だ。1階には、ワイン、スピリッツ、シャンパンを提案する「ラ・カーヴ」がある。キッチン用品やインテリアなど生活に関するアイテムを扱う「メゾン」は、1、2、3階にて展開。

3館には合わせて約20ものカフェやレストランがあり、ショッピングの合間に気軽に利用できる。また、定期ファッションショーを開催しているパリで唯一の場所。最先端のパリモードを体験してみるのも楽しい。本館屋上のテラスは、パレ・ガルニエや凱旋門など有名モニュメントを一望できるスポットとして人気がある。

ギャラリー・ラファイエット パリ・オスマンにて、1日の買い物合計金額が€175.01以上の場合、12%が免税になる免税書類を作成している。条件など詳細は店頭にて確認のこと。

2019年にはシャンゼリゼ店がオープンし、新しい買い物スポットとして話題になっている。

クリエイターやラグジュアリーブランドが揃う本館

有名パティシエのスイーツやフランス国内外の高級食材が揃うグルメ

Ⓜ ⑦⑨ Chaussée d'Antin-La Fayette
🏠 40, bd. Haussmann 9e ☎ 01.42.82.36.40
🕐 本館、紳士館、メゾン館
9:30 ～ 20:30（日）11:00 ～ 20:00）
休（特別営業日あり）CC AJMV Wi-Fi

バーゲン情報など最新情報は日本語オフィシャルサイトで確認できる。ファッションショーやマカロン教室、ワイン教室（英語）などイベント情報も。
URL haussmann.galerieslafayette.com/ja/

<グルメ> 🕐 8:30 ～ 21:30（日）11:00 ～ 20:00）
休（特別営業日あり）

<ギャラリー・ラファイエット・シャンゼリゼ>
MAP 別冊 P.23-2D 🏠 60, av. des Champs-Elysées 8e
🕐 10:30 ～ 21:00（金土日 ～ 22:00）
URL www.galerieslafayettechampselysees.com

Printemps Haussmann
プランタン・オスマン本店
常に新しさを演出する

`オペラ地区` `MAP` 別冊 P.24-1A

1865年創業。2015年に150周年を迎え、常に世界にトレンドを発信し続けるプランタン百貨店。オスマン本店は、ウイメンズストア、メンズストア、ビューティ・ホーム・キッズストアの3館からなる。

ウイメンズストアには一流ブランド店から若手クリエイター物まで揃い、幅広い年齢層に対応している。4階の「ル・マーケット」は旬で勢いのあるブランドを集めたセレクトコーナーで、新しいトレンドを提案する場となっている。

ビューティ・ホーム・キッズストアでは、人気インテリアデザイナーのサラ・ラヴォワンヌが内装デザインを担当したリビング、キッチン、ベッドルームの3フロアが好評。そのほか、新しいブランドも積極的に取り入れているという香水のフロア、パッケージがかわいいコスメが見つかる#BEAUTYSTAなど、訪れるたびに発見があるような楽しさが演出されている。

2018年には、メンズストアの7・8階にグルメフロア「プランタン・デュ・グー Printemps du Goût」が誕生し、注目を集めた。メイド・イン・フランスをコンセプトに、7階がエピスリー（食料品）、8階が生鮮食品＆レストランのフロアに分かれている。7階のエピスリーでは、ブラインドテイスティングによって選び抜かれた食料品が並び、おみやげショッピングに最適だ。イートインスペースでのひと休みもできる。8階には、1つ星シェフのアクラムが監修するレストランも入り、デパートの気軽さと一流の味を兼ね備えた新たなグルメスポットとなっている。

免税書類の作成は自分で機械（日本語表示あり）を操作して行う。ウイメンズグランドフロアの免税カウンターが便利。

そのほか、ルーヴル美術館地下「カルーゼル・デュ・ルーヴル」（→P.349）内にある「プランタン・デュ・ルーヴル Printemps du Louvre」では、バッグをメインに、コスメ、時計宝飾品、革小物のハイブランドが揃っている。

メンズストア最上階にオープンしたレストラン「ペリュッシュ Perruche」には、眺めのいい屋上テラス席も

2018年に登場したプランタン・デュ・グー。7階のエピスリーには食料品がズラリ

2019年に誕生したウイメンズストアの「ル・マーケット」

Ⓜ ③⑨ Havre Caumartin
Ⓐ Auber Ⓔ Haussmann St-Lazare
住 64, bd. Haussmann 9e
TEL 01.42.82.50.00
営 9:35～20:00（木）～20:45、（日）11:00～19:00、（祝）10:00～）
休 一部祝 CC ADJMV Wi-Fi
URL www.printempsfrance.com

＜プランタン・デュ・ルーヴル＞
MAP 別冊 P.25-3D
住 99, rue de Rivoli 1er TEL 01.76.77.41.00
営 10:00～20:00 休 無休

ショッピングガイド　デパート

おすすめデパート、ショッピングセンター

Le Bon Marché Rive Gauche
ル・ボン・マルシェ・リヴ・ゴーシュ
世界で一番古い歴史をもつ

サン・ジェルマン・デ・プレ　MAP 別冊 P.28-3A／本誌 P.336

ワンフロアごとに時間をかけて見て回りたい食料品館の2号店（上・右）

1852年創業の老舗中の老舗デパート。地元客中心なので、どの時間帯に行っても比較的商品をゆったりと見ることができる。隣接する食料品館「ラ・グランド・エピスリー・ド・パリ・リヴ・ゴーシュ La Grande Epicerie de Paris Rive Gauche」には、パッケージのかわいいフランス中の食料品が揃っている。観光客にも人気があり1日中混雑している。

2017年には食料品館の2号店、「ラ・グランド・エピスリー・ド・パリ・リヴ・ドロワト La Grande Epicerie de Paris Rive Droite」がパッシー地区にオープン（MAP 別冊P.10-3A）。地下1階から地上3階まで4フロアあり、「食のデパート」と呼ぶにふさわしい大型店舗だ。

地元客に愛される老舗デパート

食料品館は観光客にも人気が高い

M ⑩⑫ Sèvres Babylone
住 24, rue de Sèvres 7e　TEL 01.44.39.80.00
営 10:00 〜 20:00（木〜 21:00、日 11:00 〜）
休 無休　CC A M V
URL www.24s.com/fr-fr/le-bon-marche

<ラ・グランド・エピスリー・ド・パリ・リヴ・ゴーシュ>
住 38, rue de Sèvres 7e　TEL 01.44.39.81.00
営 8:30 〜 21:00（日 10:00 〜 20:00）
URL www.lagrandeepicerie.com/fr/accueil-jp（日本語）

<ラ・グランド・エピスリー・ド・パリ・リヴ・ドロワト>
住 80, rue de Passy 16e　TEL 01.44.14.38.00
営 8:30 〜 21:00　休 日
URL www.lagrandeepicerie.com/fr/accueil-jp（日本語）

Le BHV Marais
ル・ベーアッシュヴェー・マレ
モードから大工用品まで揃う

マレ　MAP 別冊 P.26-2B

©Studio Cuicui

「BHV」とは「Bazar de l'Hôtel de Ville」の略で、市庁舎前のバザール（市場）といった意味。1856年創業、DIY用の大工用品と生活雑貨に特化したホームセンターのような「手作り派御用達店」として親しまれてきた。2008年の「メンズ館 Homme」オープン後は、日用品だけでなくモードにも力を入れるようになり、2013年には現在の店名に改名して全面リニューアル。ファッションブランドやコスメが充実し、幅広い層にアピールする総合デパートになった。一方、ペンキや壁紙、タイル、電気の部品、ねじ、釘などこまごまとした道具、パーツが豊富で、「手作り派」のニーズにも応え続けている。

明るいエントランス（上）
メンズ館など別館も充実（右）

M ①⑪ Hôtel de Ville
住 52, rue de Rivoli 4e　TEL 09.77.40.14.00
営 9:30 〜 20:00（土〜 20:30、日 11:00 〜）
休 無休　CC A J M V　Wi-Fi　URL www.bhv.fr

ショッピングセンター、ショッピング街

パリ中心地のショッピングセンター
Forum des Halles
フォーラム・デ・アール
レ・アール　MAP 別冊P.26-2A

かつて「パリの胃袋」と呼ばれていた中央市場があった場所に建設された巨大ショッピングセンター(→P.135)。ファッション、生活雑貨、インテリア、家電など幅広いジャンルの店が揃う。メトロ、RER駅と直結しているので、アクセスもいい。

- M ④Les Halles RER ⒶⒷⒹChâtelet Les Halles
- 住 101, Porte Berger 1er
- TEL 01.44.76.96.56
- 営 9:00～20:00 (⊕ 10:00～)、映画館9:00～23:00
- 休 無休　CC 店舗によって異なる　Wi-Fi
- URL fr.westfield.com/forumdeshalles

メトロからのアクセスが便利
Carrousel du Louvre
カルーゼル・デュ・ルーヴル
ルーヴル　MAP 別冊P.25-3D

ルーヴル美術館の地下に広がるショッピング街。リヴォリ通りに面した入口とガラスのピラミッドの入口のほか、メトロの駅からもアクセスできる。地下フロアに個性的なブティックが集まり、気軽に利用できるフードコート(→P.273)も便利。

- M ①⑦Palais Royal Musée du Louvre
- 住 99, rue de Rivoli 1er　TEL 01.43.16.47.10
- 営 10:00～20:00 (⊗ 11:00～19:00、店舗によって異なる)、フードコート11:30～20:30 (⊗ ～16:30、店舗によって異なる)
- 休 無休　CC 店舗によって異なる　Wi-Fi
- URL www.carrouseldulouvre.com

れんが造りの倉庫を利用した
Bercy Village
ベルシー・ヴィラージュ
ベルシー　MAP 別冊P.21-3D

かつてワインを貯蔵するための倉庫街だった場所にショッピング街「ベルシー・ヴィラージュ」がある。石畳の上には今も鉄道のレール跡が残り、その両脇に、趣ある古いれんが造りの建物を利用したブティックやレストランが建ち並ぶ。

- M ⑭Cour St-Emilion
- 住 Cour St-Emilion 12e
- 営 10:00～20:00 (店舗によって異なる)、レストラン11:00～翌2:00 (店舗によって異なる)
- 休 無休 (店舗によって異なる)、レストランは無休
- CC 店舗によって異なる
- URL www.bercyvillage.com

国鉄駅のショッピングモール
St-Lazare Paris
サン・ラザール・パリ
オペラ地区　MAP 別冊P.6-3B

大規模工事を経て2012年に生まれ変わった国鉄サン・ラザール駅にあるショッピングモール。ファッションブティックからインテリア・雑貨店、スーパーマーケットまで、3フロアに約80店が出店している。雨の日の買い物にも立ち寄りやすい。

- M ③⑫⑬⑭St-Lazare
- 住 Gare St-Lazare (1, cour de Rome) 8e
- TEL 01.53.42.12.54
- 営 7:30～20:00 (⊕ 9:00～、⊕ 10:00～19:00)
- 休 5/1、12/25
- CC 店舗によって異なる
- URL st-lazare-paris.klepierre.fr

巨大なガラスのビル
Publicis Drugstore
ピュブリシス・ドラッグストア
複合ビル／シャンゼリゼ　MAP 別冊P.22-2B

シャンゼリゼのランドマークとしてすっかり定着したガラスのビル。世界の雑誌が揃うキオスクや薬局のほか、「ピエール・エルメ」のマカロン＆チョコレート専門ショップも。年中無休で深夜まで営業しているので覚えておくと便利な場所だ。

- M ①②⑥ RER Charles de Gaulle Etoile
- 住 133, av. des Champs-Elysées 8e
- TEL 01.44.43.75.07
- 営 8:00～翌2:00 (⊕ ⊕ 10:00～)
- 休 無休
- CC 店舗によって異なる
- URL www.publicisdrugstore.com

セーヌ川沿いのショッピングスポット
Beaugrenelle
ボーグルネル
エッフェル塔界隈　MAP 別冊P.16-1B

セーヌ川沿いに建つ巨大ショッピングセンター。ファッションブランドが並ぶ「Magnetic」、映画館やレストランが入った「Panoramic」、郵便局など公共施設がある「City」と、テーマ別に3つの建物に分かれている。

- M ⑩Charles Michels
- 住 12, rue Linois 15e (Magnetic)
- TEL 01.53.95.24.00
- 営 10:00～20:30 (⊕ 11:00～19:00)、レストラン10:00～24:00 (⊕ 11:00～)
- 休 無休　CC 店舗によって異なる　Wi-Fi
- URL www.beaugrenelle-paris.com

Supermarché

日用品からおみやげまで
スーパーマーケットでお買い物

パリにはスーパーマーケットが点在しているので、日用品を買うには困らない。お総菜を買ったり、ミネラルウオーターを仕入れたり、観光客にも便利な存在だ。手頃な値段のおみやげ探しにも一度は行ってみたい。

モノプリ Monoprix

パリの主要地区なら必ず見つかるといっても過言ではない大手チェーンが「モノプリ」だ。食料品から雑貨まで、ひととおり何でも揃う。ロゴが入ったオリジナル商品は安くてかわいいものが多いので、おみやげにしてもいい。店舗によって取り扱い商品、値段に違いがあるので、気に入ったものに出合ったら、その店舗で買っておくほうがいいだろう。

◆シャンゼリゼ店
2018年10月、リニューアルオープンしたシャンゼリゼ店。シャンゼリゼ大通りに面した建物の地上階、半地下階、地下階の3フロアからなる。半地下階にはおみやげにぴったりなパリグッズやお菓子が充実しているので要チェック。Boétie通り側に隣接する建物には食料品フロアが別にある。
MAP P.23-2D
M ①⑨ Franklin D. Roosevelt
住 52, av. des Champs-Elysées 8e
(109, rue de la Boétie 8e)
TEL 01.53.77.65.65
営 9:00 ～ 23:59 （日 10:00 ～）

「Souvenirsおみやげ」コーナーができた半地下階にはサンドイッチなど軽食もある

◆オペラ店
オペラ大通りにあり、観光の途中で利用しやすい。
MAP P.25-2C M ⑦⑭ Pyramides
住 23, av. de l'Opéra 1er TEL 01.42.61.78.08
営 9:00 ～ 22:00 （日 10:00 ～ 20:00）

◆そのほかのモノプリアドレス
店舗によって多少異なるが、営業時間は 9:00 ～ 21:00 が基本。日曜営業（時間は短縮）の店舗も増えている。

◆レピュブリック店
MAP 別冊 P.14-2A 住 164, rue du Temple 3e

◆サン・ポール店
MAP 別冊 P.27-2C 住 71, rue St-Antoine 4e

◆サン・ジェルマン・デ・プレ店
MAP 別冊 P.28-2B 住 52, rue de Rennes 6e

◆サン・ミッシェル店
MAP 別冊 P.29-2D 住 24, bd. St-Michel 6e

◆コーマルタン店
MAP 別冊 P.12-1B 住 47, rue Joubert 9e

◆リシュリュー・ドルウオー店
MAP 別冊 P.25-1C 住 24, bd. des Italiens 9e

量り売りの野菜・果物の買い方

野菜や果物を備えつけの紙袋に入れる。計量マシンに載せ、選んだ物のボタンを押す

値段が印字されたシールが出てくるので、自分で袋に張る

※レジで店員が量ってくれる店もある

商品の値段がわからないとき

壁に備え付けられているこの機械にバーコード部分を読み取らせると、値段が表示される

レジで

レジでは、自分で台の上に商品を並べる

自分の商品の後ろにバーを置いて、次の人の商品と区別する

レジを通した商品は自分で袋詰めにする

※レジ袋は紙製で有料なので、汚れに強く丈夫なナイロン製のエコバッグがあると便利

自分で精算するセルフレジも。バーコード部分を自分で読み取らせる

シャンゼリゼ店&オペラ店で見つけたおみやげ

ショッピングガイド／スーパーマーケット

エッフェル塔形の
ガラス瓶入り
オリーブオイル
€9.99

「モノプリ」ブランドの
ハーブティー €1.29

マロンクリームは
ヨーグルトや焼き菓子に添えて
小缶4個セット€3.99

「アルベールメネス」のスパイスは容器が美しい。エシャロットのドライフレーク
€4.59

布バッグ
€9

エッフェル塔形の
キャンディ
€3.99

「モノプリ」のオリジナルエコバッグ。無地もあるが柄物が人気
€1.50〜3（柄、店舗によって異なる）

パリらしい柄の紙ナプキン
各€2.99

南仏カマルグ産の塩
€3.49

パリの香り！
オー・ド・
パルファン
€8.90

「ボンヌママン」のジャム。
370gの瓶
€1.45〜2.69

「レクレール・ド・
ジェニー」の板チョコ
各€4.89

ヘーゼルナッツを
ベースにしたチョコレート風味の
ペースト、ヌテラ
220g €2.09

モン・サン・ミッシェルの名店
「ラ・メール・プラール」のサブレ €1.59〜1.99

ゲランド産の塩
€3.99

「ボンヌママン」のマドレーヌ
€3.29

351

ホテルガイド

ホテル滞在に役立つテクニック …… P.354
高級および大型ホテル …… P.360
おすすめホテル …… P.362
ユースアコモデーション …… P.378
B&B …… P.380
アパルトマン …… P.382

Hôtels

Photo：Hôtel des Ecloes

HOTELS

ホテル滞在に役立つテクニック

一夜の夢を見させてくれる豪華なホテル、芸術家たちも逗留した歴史あるホテル、映画で見たような裏通りの質素な安宿……。心に残るホテルに出合えれば、パリでの滞在が何倍も楽しくなるはず。パリに常宿をもって、ふらっと気の向いたときにパリに来られるようになったら、あなたはもうパリ通だ。

基本情報

星による格付け

フランスのホテルは政府の評価基準によって6段階（1つ星～5つ星と5つ星の最高位パラスPalace）にランク分けされている。ただし、これはあくまでホテルの施設に対する評価が中心。例えば、シャワー、バス付きの部屋の割合、エレベーターの有無、ロビーの面積など。雰囲気やインテリアのセンス、スタッフ対応の気持ちよさなどは、星の数では判断できない。また、料金も必ずしも星の数に比例するとはかぎらないので、旅の予算と目的に合わせて、納得のいくホテルを選ぼう。

ホテルのタイプ

パリには客室数30程度のホテルが多い。いわゆる"プチホテル"だ（下記はみだし）。家庭的で簡素なホテルから、一流デザイナーが内装を手がけたラグジュアリーなホテルまで、雰囲気も値段もいろいろ。パリらしさを味わいたい人に最適。近代的な設備を重視するなら、高級・大型ホテル（→P.360）が使いやすいだろう。物価の高いパリにあって、価格重視の人はユースアコモデーション（→P.378）も一案。

TRAVEL TIPS

浴室はシャワーだけということもあるので、どうしても浴槽を希望する人は予約時に「アヴェック・ベニョワール avec baignoire（浴槽付き）」とリクエストしよう。

愛煙家、ご用心

フランスでは公共の閉じられた場所での喫煙が法律により禁じられており、守らなかった場合罰金の対象になりうる。ホテルは例外的に喫煙所の設置ができるが、設置基準が厳しいこともあり、全館禁煙の施設が増えているのが実情。バルコニーのある部屋や、中庭では吸えることもあるので、愛煙家は予約の際に確認しよう。

ダブルルームが主流

フランスのホテルでは、ひとりで泊まる場合も、ダブルルームのシングルユースとなることが多く、価格差もわずか。また、ふたりで泊まる場合、特にリクエストをしないとダブルベッドになることが多いので、ツインルーム（ベッド2台）希望の場合はきちんと伝えよう。3人以上のグループやファミリーは、エキストラベッドをリクエストしよう。コネクティングルームのあるホテルもある。地価の高いパリのこと、部屋の広さはあまり期待できない。12～14m²のダブルルームでは（8畳は約13m²）、大きなスーツケースをふたつ同時に広げられないということもよくある。

はみだし！ "プチホテル"というカテゴリーがあるわけではなく、比較的小規模な個人経営のホテルで、インテリアなどにこだわりのあるホテルを指すようだ。フランスでは、「Hôtel de charme（魅力的なホテル）」と呼ぶことが多い。

予約について

オフィシャルサイトから

泊まってみたいホテルを見つけたら、まずはオフィシャルサイトを検索してみよう。英語や日本語のページを設けているホテルも多い。サイト内の予約フォームを使い、宿泊希望日、人数を入力すれば、空き状況や料金が提示されるので、簡単に予約可能だ。ホテルによっては、ブッキングサイトで予約する場合の料金を提示して、直接予約することでよりお得になることを強調していることも。さまざまな割引プランがあるので、チェックしてみよう。

なお、本書掲載のホテルで、「割引 読者」と記載のある場合は、直接予約の場合のみ読者サービスを受けられる。利用の際はP.358を提示しよう。

ブッキングサイトを利用する

インターネットの予約サイトや、トリップアドバイザーなどのクチコミサイトを利用してみるのもひとつの方法。日本語で情報が収集できるほか、サイトからの予約で、特典が得られることも。ただし、キャンセルポリシー（キャンセル料金に関わる要件）を、注意深く読んだうえで予約をしよう。

TRAVEL TIPS

個人旅行の強い味方
「地球の歩き方海外ホテル予約サイト」
「地球の歩き方」のホテル予約サイトでは、世界のホテルが予約できて便利。
URL hotels.arukikata.com

デポジットが必要なことも

予約の際には、デポジット（保証）として、クレジットカードの情報が必要になる。カード番号を知らせておいて、無断で予約をキャンセルすると、1泊分が引き落とされるので注意。またホテルによっては、料金の一部を前払い、残りを現地で精算ということも。予約の際に、どのようなシステムになっているか、確認しよう。

宿泊代は部屋単位

フランスのホテルの宿泊代は、ひとり当たりの代金ではなく、一般的に1室当たりの代金が表示される。朝食代は宿泊代と別のことが多い。また、旅行者個人に現地で滞在税Taxe de séjourが課せられる（18歳未満には適用されない）。税額は星の数によって異なるが、パリの場合、ひとり1泊当たり€1～5。

8月は狙い目!?

日本で多くの人たちが夏休みを取る8月。パリのホテルは繁忙期のピークを過ぎて、少し空き始める時期となる。話題のホテルに泊まってみたい人、どうしても泊まりたいこだわりのホテルがある人は、8月に予約してみるのも一案。

一方、予約が取りにくくなるのはファッションウイークとも呼ばれるパリコレの期間。1月下旬、3月上旬、6月下旬～7月上旬、9月下旬～10月上旬のパリ滞在は早めに宿の手配を。

ホテルでの過ごし方

チェックイン

eメールやファクスなどで予約している場合は、フロントでホテルからの返事を見せるだけでOK。予約事務所などをとおして予約した場合は、予約確認書やバウチャーを提示する。宿泊カードに記入を求められることもある。
到着時間をあらかじめ告げていない場合、18:00を過ぎてもチェックインしないと、キャンセルとみなされて、予約を取り消されてしまうことがある。遅くなるとき、また予定の時間を大幅に過ぎて到着するときは、必ず連絡を入れよう。

外出するとき

外出するときは、通常、鍵をレセプションに預けることになっている(カードキーの場合を除く)が、夜間にレセプションが閉まるようなホテルでは、チェックアウトまで自分で持つ場合もある。オートロック式になっていることが多いので、鍵を持たずに部屋の外に出て、閉め出されることのないよう注意しよう。
ホテルの室内に、現金、パスポートなどの貴重品を置いたまま外出しないこと。室内で盗難に遭っても、ホテル側は一切責任を取ってくれない。貴重品は携帯するか、レセプションのセーフティボックスに預けるようにしよう。

TRAVEL TIPS

ホテルに戻るのが夜遅くなる場合
夜間にレセプションが閉まるホテルでは、玄関のドアを開けるためのコード番号を教えてくれるか、ドアの合鍵を渡してくれる。コード番号を忘れたり、鍵をなくしたりすると、ホテルに入れなくなってしまうことも!

朝食はコンチネンタル

高級・大型ホテルなどでは、ビュッフェ式の朝食もあるが、たいていはパンとコーヒーまたは紅茶だけの簡単なもの。朝食は別料金になっている場合がほとんどなので、ホテルの朝食を断って、外のお気に入りのカフェで食べるのもいい。

チップは必要?

どんなカテゴリーのホテルでも、部屋の清掃とベッドメークは基本的に毎日してくれる。いわゆる枕銭といわれるチップは通常必要なく、ベッドサイドに置いてもそのままのことが多い。レセプションで特別な頼み事をした場合などには、内容に応じて€2~5程度を渡そう。決まったルールはないので、なじみの薄い日本人には難しいが、あくまでスマートに。

インターネット

フランスでのインターネット接続は、Wi-Fi(ウィフィ)と呼ばれる無線LAN接続が主流になっている。最近はほとんどのホテルがWi-Fiを無料で提供している(→P.439)。接続するときにパスコードが必要になる場合もあるので、フロントに確認しよう。タブレットを貸し出してくれるホテルもある。

ロビーに宿泊客が自由に使えるインターネットコーナーがあるホテルも

356

バスルームとアメニティ

日本のホテルでは標準装備されている歯ブラシ。フランスのホテルではまったくといっていいほど見かけない。バスタオルと、石鹸もしくは全身用ボディシャンプーのみというのがアメニティの定番。必要なものは日本から持っていくか、現地のスーパーなどで調達しよう。

ロマンティックなバスタブでゆったり

一方、中・高級ホテルでは、フラゴナールやロクシタンなど、フランスらしいブランドのアメニティが用意されていることも。スパ、ハマム（蒸し風呂）では水着が必要なので忘れずに。

浴室にシャワーカーテンがある場合は、浴槽の内側に入れて使用する。外に

機能的なバスルーム

出しておくと、浴室の床が水浸しになってしまうので気をつけよう。連泊する場合、使用済みのタオル類は、丸めてバスタブの中か浴室の床に置いておけば、「取り替えてください」というメッセージになる。エコロジーのため、タオル掛けにかけて再使用を促すホテルも増えている。

英語は通じる

母国語を大切にするあまり、かつては英語の通じない国と思われていたフランス。今では観光客が多く訪れるところでは、ほとんどの場合英語で対応してくれるようになった。ホテルにおいては、レセプションスタッフの外国語能力も、星の格付けで規定されている。2つ星以上のホテルで、フランス語以外のヨーロッパ公用語での対応が可能。多くの場合英語が通じるので安心して。

チェックアウト

チェックアウト時には、精算書の内容に間違いがないかよく確認しよう。未使用のものが記載されていたり、宿泊費が最初の話とは違っていた場合などは、その場で交渉すること。帰国後に気づいてクレームをつけても、返金はまずないと考えよう。

チェックアウト後、パリ出発まで時間があって、観光などをしたい場合は、レセプションで大きな荷物を預かってもらうこともできるので相談してみよう。

Column Information　ホテルライフ、持っていくと便利なもの

日本のホテルには当然備えられているものが、パリのホテルでは見つからないことも。快適なホテルライフのために、日本から持っていくと便利なものをまとめてみよう。

①スリッパ
当然ながら客室内は土足。備え付けのスリッパはないので、持っていくと便利。

②ポケットティッシュ
ティッシュペーパーが備えられているのは中・高級ホテルのみ。現地でも買えるが、日本よりずっと値段が高いので、ポケットティッシュを多めに持っていきたい。

③旅行用電気ケトル
3つ星クラスのホテルでも、備えているとは限らない。旅行用のコンパクトなものも売られており、温かい飲み物でほっとひと息つくことができる。

④紙皿、割り箸、ワインオープナー
スーパーや市場で惣菜や果物を買って、お部屋ディナーを楽しみたいときに。プラスチックの使い捨て食器類は排除される傾向にあるため、割り箸がおすすめ。

はみだし！ 浴室で洗濯をしたときには、浴室にヒーターがあれば乾かせるが、窓やベランダには干さないのがパリのマナー。景観を守るという観点から、通りに面した窓の手すりなどに干すことは禁止されている。

覚えておきたいホテルに関するフランス語

（フランス語[読み方]日本語）

chambre	[シャンブル]	部屋
un lit	[アン リ]	シングルベッド（1台）
deux lits	[ドゥー リ]	ツイン（ベッド2台）
un grand lit	[アン グラン リ]	ダブルベッド
salle de bain	[サル ドゥ バン]	バスルーム
douche	[ドゥーシュ]	シャワー
baignoire	[ベニョワール]	浴槽
petit déjeuner	[プティ デジュネ]	朝食
rez-de-chaussée	[レ ドゥ ショセ]	（日本式）1階
premier étage	[プルミエレタージュ]	（日本式）2階
ascenseur	[アサンスール]	エレベーター
lumière / lampe	[リュミエール / ランプ]	電灯
chauffage	[ショファージュ]	暖房
climatisation	[クリマティザシオン]	エアコン、冷暖房
clé / clef	[クレ]	鍵
sèche-cheveux	[セシュ シュヴー]	ドライヤー
coffre-fort	[コフル フォール]	セーフティボックス
espace (non)fumeur	[エスパス（ノン）ヒュムール]	喫（禁）煙場所

[読み方]
（日本語　フランス語）

シングル（ツイン）の部屋に2泊したいのですが	[ジュ ヴドレ ユンヌ シャンブル サンプル （ドゥー リ）] Je voudrais une chambre simple (deux lits) [プール ドゥー ニュイ スィル ヴ プレ] pour deux nuits, s'il vous plaît.
山田の名前で予約しています	[ジェ レゼルヴェ オ ノン ドゥ ヤマダ] J'ai réservé au nom de Yamada.
遅くとも20時頃までに着きます	[ジャリヴレ ヴェール ヴァントゥール オ プリュ タール] J'arriverai vers 20 heures au plus tard.
電話がかけられません	[ル テレフォンヌ ヌ マルシュ パ] Le téléphone ne marche pas.
お湯が出ません	[イルニヤ パ ドー ショード] Il n'y a pas d'eau chaude.
部屋を替えてほしいのですが	[ジュ ヴドレ シャンジェ ドゥ シャンブル] Je voudrais changer de chambre.
鍵を部屋に置き忘れました	[ジェ ウブリエ ラ クレ ダン マ シャンブル] J'ai oublié la clé dans ma chambre.
荷物を16時まで預かってください	[ガルデ モン バガージュ ジュスカ セズール スィル ヴ プレ] Gardez mon bagage jusqu'à 16 heures, s'il vous plaît.
タクシーを呼んでもらえませんか？	[プリエ ヴ マプレ アン タクスィ スィル ヴ プレ] Pourriez-vous m'appeler un taxi, s'il vous plaît?

 Column Information 本書の読者割引について

編集部では掲載したホテルに対して、本書持参の旅行者に宿泊費の割引をお願いしています。同意を得たホテルには、「読者」と明示してあります。読者割引をご利用の際は、予約時に割引の適用が受けられるかどうかを再度確認し、チェックイン時に右記の仏文を提示してください。なお、この割引は時期により適用されなかったり、予告なく廃止されることがあります。また、予約事務所をとおして予約した場合や、インターネットの予約サイトで予約した場合は適用されません。

Nous vous remercions beaucoup pour la réduction / les services que vous nous avez proposés pour nos lecteurs, par la suite de notre questionnaire effectué entre janvier et mars 2020. Veuillez en faire bénéficier à nos lecteurs présentant ce guide, s'il vous plaît.
Editeurs de Globe-Trotter Travel Guidebook

2020年1〜3月に行ったデータ調査の際には、読者割引／サービスのお返事をありがとうございました。このガイドブックを提示する読者に、それらのサービスをお願いいたします。（地球の歩き方 編集部）

楽しく滞在するために
ホテルでのお悩み相談

Conseils pour un bon séjour

観光よりも長い時間を過ごすホテル。日本と異なるシステムなど、理解しておけば、より快適に過ごせるはず。

フライトが着くのが早朝。
ホテルには入れる？

夜便で早朝パリに到着するフライトだと、8:00くらいにはホテルに着いてしまう。チェックインはまだできないが、荷物はレセプションで預かってもらえる。また、追加料金で早めにチェックインできるプランを提供しているホテルもあるので、問い合わせてみよう。

フライトが遅れた！
予約は大丈夫？

予約サイトを通し、クレジットカードで決済済みなら、キャンセルされることはない。ただ、料金を払っていなくて大幅に遅れた場合は、空港を出る前に電話を1本入れておくと安心だ。

ホテル代を前払いしたのに
まだ支払いが残っている？

ブッキングサイトなどを利用し、料金はクレジットカードで事前決済してあっても、実はまだ「滞在税」(→P.355)の支払いが残っている。チェックイン時に支払いを求められることが多い。ホテルのランクによって異なり、宿泊客一人ひとりにかかってくるので、予想外の出費になることも。

インターネットがなかなかつながらない

朝など時間帯によっては、多くの人がアクセスするため、一時的にインターネットがつながりにくくなるときも。常時ストレスなくつなげていたい人は、海外用モバイルWi-Fiルーターをレンタルするのもいい。

また、スマホやタブレットが故障や盗難など使えなくなった場合に備えて、ホテルに宿泊客用のパソコンがあるか確認しておくのもおすすめ。

部屋から外部に電話ができない。
壊れているの？

普通はゼロ発信で外部へ直通通話ができるが、ホテルによっては回線がロックされていることがある。レセプションに直通電話をしたい旨を伝えればすぐに開通してくれる。1分後には通話可能になっているはず。

洗面所にドライヤーがない！
持ってこなかったのに、どうすれば？

部屋に備え付けのドライヤーがないときは、レセプションで貸してもらえる場合が多い。€5程度のデポジットを支払うことも。ドライヤーの有無は、髪を洗う前に確認しよう。

部屋は4階。
なのにエレベーターがない！

フランス政府の基準で定められたエレベーター (ascenseur アサンスール) の設置義務は、2つ星ホテルは5階建て以上、3つ星ホテルは4階建て以上、4つ星ホテルは3階建て以上、5つ星ホテルは2階建て以上。ホテルの星の数と階数によっては、エレベーターがない場合もある。心配な人は予約の際にエレベーターの有無も確認しておこう。

1階ボタンを押したのに
エレベーターがフロントに着かない

エレベーターの1階ボタンを押したのに、違う階に停まった……。フランスに初めて来た人がよくやる間違い。日本でいう1階は、フランスでは地上階rez-de-chaussée レドゥショセ という（フランス式1階は、日本式の2階になる）。日本式1階に行くときは、「0」または「R」のボタンを押そう。(建物の階数表示→P.99)

ホテルの廊下が真っ暗！
停電してる!?

3つ星以下のホテルでは、誰もいないときは廊下が真っ暗ということがある。ミニュトリという照明装置で、一定時間が経つと自動的に明かりが消える仕組みになっているのだ。小さな明かりが点灯しているスイッチが壁にあるので、これを押せば電灯がつく。

高級および大型ホテル

ここではビジネスやツアーで多く利用される高級または大型ホテルを紹介しよう。どれも立地、設備ともに文句なし、パリでも高く評価されているホテルだ。これらのホテルは個人で予約するより、ホテル指定のツアーに参加するほうが割安で泊まれるケースも多い。

●表の見方
料金欄はダブルの最低料金が「€」€100以下、「€€」€101〜200、「€€€」€201〜300、「€€€€」€301以上
クレジットカードはほぼすべてのホテルで A D J M V 使用可。

ホテル名	住所・電話	料金	
シャングリ・ラ・ホテル・パリ Shangri-La Hotel Paris ★★★★★ Palace URL www.shangri-la.com（日本語あり）	MAP 別冊P.11-2C 住 10, av. d'Iéna 16e TEL 01.53.67.19.98	€€€€	
パーク・ハイアット・パリ・ヴァンドーム Park Hyatt Paris-Vendôme ★★★★★ Palace URL www.hyatt.com（日本語あり）	MAP 別冊P.24-2B 住 5, rue de la Paix 2e TEL 01.58.71.12.34	€€€€	
フォー・シーズンズ・ホテル・ ジョルジュ・サンク Four Seasons Hotel George V ★★★★★ Palace URL www.fourseasons.com（日本語あり）	MAP 別冊P.23-3C 住 31, av. George V 8e TEL 01.49.52.70.00	€€€€	
プラザ・アテネ Plaza Athénée ★★★★★ Palace URL www.dorchestercollection.com	MAP 別冊P.23-3D 住 25, av. Montaigne 8e TEL 01.53.67.66.65	€€€€	
マンダリン・オリエンタル・パリ Mandarin Oriental Paris ★★★★★ Palace URL www.mandarinoriental.co.jp（日本語）	MAP 別冊P.24-2B 住 251, rue St-Honoré 1er TEL 01.70.98.78.88	€€€€	
ラ・レゼルヴ La Réserve ★★★★★ Palace URL www.lareserve-paris.com	MAP 別冊P.12-1A 住 42, av. Gabriel 8e TEL 01.58.36.60.60	€€€€	
ル・ブリストル・パリ Le Bristol Paris ★★★★★ Palace URL www.oetkercollection.com	MAP 別冊P.12-1A 住 112, rue du Fg. St-Honoré 8e TEL 01.53.43.43.00	€€€€	
ル・ムーリス Le Meurice ★★★★★ Palace URL www.dorchestercollection.com	MAP 別冊P.24-3B 住 228, rue de Rivoli 1er TEL 01.44.58.10.10	€€€€	
ル・ロワイヤル・モンソー・ ラッフルズ・パリ Le Royal Monceau Raffles Paris ★★★★★ Palace URL www.leroyalmonceau.com	MAP 別冊P.22-1B 住 37, av. Hoche 8e TEL 01.42.99.88.00	€€€€	
ソフィテル・ル・スクリーブ・ パリ・オペラ Sofitel le Scribe Paris Opéra ★★★★ URL www.hotel-scribe.com	MAP 別冊P.24-1B 住 1, rue Scribe 9e TEL 01.44.71.24.24	€€€	
ル・フーケッツ Le Fouquet's ★★★★★ URL www.hotelsbarriere.com	MAP 別冊P.23-2C 住 46, av. George V 8e TEL 01.40.69.60.00 FAX 01.40.69.60.05	€€€€	

その他の高級／大型ホテル

ホテル名	住所・電話	料金
オテル・ド・クリヨン Hôtel de Crillon ★★★★★ Palace	MAP 別冊P.24-3A 住 10, pl. de la Concorde 8e TEL 01.44.71.15.00	€€€€
インターコンチネンタル・パリ・ル・グラン Intercontinental Paris Le Grand ★★★★★	MAP 別冊P.24-1B 住 2, rue Scribe 9e TEL 01.40.07.32.32	€€€€
オテル・デュ・コレクショヌール Hôtel du Collectionneur ★★★★★	MAP 別冊P.4-1B 住 51-57, rue de Courcelles 8e TEL 01.58.36.67.00	€€€
マリオット・シャンゼリゼ Marriott Champs-Elysées ★★★★★	MAP 別冊P.23-2C 住 70, av. des Champs-Elysées 8e TEL 01.53.93.55.00 Free 0120-925-659（日本）	€€€
ラディソン・ブルー・シャンゼリゼ・パリ Radisson Blu Champs-Elysées Paris ★★★★	MAP 別冊P.22-2B 住 78bis, av. Marceau 8e TEL 01.53.23.43.43	€€€
ラファエル Raphael ★★★★★	MAP 別冊P.23-2B 住 17, av. Kléber 16e TEL 01.53.64.32.10	€€€
リッツ・パリ Ritz Paris ★★★★★	MAP 別冊P.24-2B 住 15, pl. Vendôme 1er TEL 01.43.16.30.30	€€€€
ルネッサンス・パリ・ヴァンドーム Renaissance Paris Vendôme ★★★★★	MAP 別冊P.24-2B 住 4, rue du Mont Thabor 1er TEL 01.40.20.20.00 Free 0120-925-659（日本）	€€€
レジナ Régina ★★★★★	MAP 別冊P.25-3C 住 2, pl. des Pyramides 1er TEL 01.42.60.31.10	€€€€
カリフォルニア・パリ・シャンゼリゼ California Paris Champs-Elysée ★★★★	MAP 別冊P.23-2C 住 16, rue de Berri 8e TEL 01.43.59.93.00	€€
ザ・ウエスティン・パリ・ヴァンドーム The Westin Paris Vendôme ★★★★	MAP 別冊P.24-3B 住 3, rue de Castiglione 1er TEL 01.44.77.11.11 Free 0120-925-659（日本）	€€€€
サン・ジェームス・アルバニー St-James Albany ★★★★	MAP 別冊P.24-3B 住 202, rue de Rivoli 1er TEL 01.44.58.43.21	€€€
ハイアット・リージェンシー・パリ・エトワール Hyatt Regency Paris Etoile ★★★★	MAP 別冊P.4-1A 住 3, pl. du Général Kœnig 17e TEL 01.40.68.12.34	€€€
パリ・マリオット・オペラ・アンバサドール Paris Marriott Opéra Ambassador ★★★★	MAP 別冊P.13-1C 住 16, bd. Haussmann 9e TEL 01.44.83.40.40 Free 0120-925-659（日本）	€€€
プルマン・パリ・サントル・ベルシー Pullman Paris Centre-Bercy ★★★★	MAP 別冊P.21-3D 住 1, rue de Libourne 12e TEL 01.44.67.34.00 FAX 01.44.67.34.75	€€

大型チェーンホテルという選択

チェーンホテルというと、どこか味気なく殺風景な光景を思い浮かべてしまう人も多いはず。しかし割安な価格や安定した機能面など、メリットも多い。

例えば、オール・アコー・ライブ・リミットレス（旧アコーホテルズ）は、フランスを代表する大型ホテルチェーン。施設や料金体系によってブランド分けされており、物件数も多く、選択範囲が広いのが魅力だ。

このほかにも**キリヤード**など、パリの中心から少し離れるものの、€100前後で泊まれる部屋が多いホテルもある。いずれも各社のブランドイメージに合わせて厳しく管理されているので、安心できる。用途に合わせて使い分けてみて。

赤い看板が目印のイビス

オール・アコー・ライブ・リミットレス
All-Accor Live Limitless URL all.accor.com

キリヤード Kyriad URL www.kyriad.com

◆ホテル例

ノボテル・パリ・ガール・ド・リヨン
Novotel Paris Gare de Lyon 4★
MAP 別冊P.21-2C 住 2, rue Hector Malot 12e
URL all.accor.com/hotel/1735/index.ja.shtml

メルキュール・パリ・ノートルダム・サン・ジェルマン・デ・プレ
Mercure Paris Notre-Dame St-Germain des Prés 4★
MAP 別冊P.29-2D 住 20, rue du Sommerard 5e
URL all.accor.com/hotel/9685/index.ja.shtml

イビス・パリ・アヴニュー・ディタリー・トレズィエーム
Ibis Paris Avenue d'Italie 13ème 3★
MAP 別冊P.5-3C 住 15bis, av. d'Italie 13e
URL all.accor.com/hotel/5543/index.ja.shtml

キリヤード・ベルシー・ヴィラージュ
Kyriad Bercy Village 3★
MAP 別冊P.21-3D 住 17, rue Baron le Roy 12e
URL www.bercykyriad.com

おすすめホテル

Le Cinq Codet ★★★★★
ル・サンク・コデ
モダンな5つ星ホテル

`エッフェル塔界隈` `MAP` 別冊 P.11-3D

　閑静な住宅街の一角に建つ、中規模ホテル。1930年代建設のこの建物は、かつてはフランステレコム（大手電気通信会社）の事業所だった。建物の美しい曲線と大きな窓は、このホテルのシンボルともいえる。夕暮れ時にはライトアップされ、近未来的な雰囲気に。館内には400点ものアート作品がちりばめられ、モダンなインテリアとよくマッチしている。なかには天井高5.5mの贅沢な部屋もある。ハマムやジャクージを備えたスパも充実。アンヴァリッドとシャン・ド・マルス公園の間にあり、エッフェル塔まで散歩できるのも魅力。

大きな窓と高い天井。現代建築の利点を生かした客室は18〜83m²、29タイプある。アンヴァリッドやエッフェル塔を眺めることのできる客室も

レストランでは国際色豊かな料理を味わえる
©JPREROVSKY

Ⓜ ⑧ Ecole Militaire
住 5, rue Louis Codet 7e
℡ 01.53.85.15.60
料 Ⓢ Ⓦ €243〜1850　朝込み
CC ADJMV
室 67室　Wi-Fi
URL lecinqcodet.com

Le Roch Hôtel & SPA ★★★★★
ル・ロック・オテル・エ・スパ
ショッピングするなら最高の立地

`ルーヴル界隈` `MAP` 別冊 P.25-2C

星付きシェフによる季節ごとの料理を味わえるレストランも人気

　サントノレ通り（→P.299）から、一本入った静かなエリアにあるホテル。気鋭のインテリアデザイナー、サラ・ラヴォワンヌが手がけた内装がパリジャンの注目を集めている。ブルーグリーンを基調としたモダンな内装は深海を連想させ、きらびやかなファッションストリートから戻るといっそう安らぎを感じる。客室のアメニティはパリ発のコスメブランド「コダージュ」で揃い、エステも受けられる。プール、フィットネスルーム、スパも併設し、ラグジュアリーな滞在を楽しもう。プールの奥に隠されたハマムもおすすめなので、水着は忘れずに。バーレストランは中庭に続き、天気がよければテラスでくつろぐこともできる。

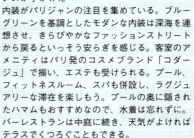

客室の調度品はもちろん、マッサージ付きのスパ、プール、アメニティまで高級感あり

Ⓜ ⑦⑭ Pyramides
住 28, rue St-Roch 1er
℡ 01.70.83.00.00
料 Ⓢ €350〜1200 Ⓦ €375〜1225　朝€37
CC ADJMV
室 37室　Wi-Fi
URL www.leroch-hotel.com（日本語あり）

Nolinski Paris ★★★★★
ノリンスキ・パリ
パリの中心で優雅な滞在

`オペラ地区`　MAP 別冊 P.25-2C

おしゃれなブラッスリーは人気のため予約がおすすめ

オペラ大通りに面した入口(左)
キャンドルのともる地下のスパ。サウナを備えたプールもある(上)

　ルーヴル美術館、パレ・ガルニエが徒歩圏内という理想的な立地にあるホテル。メトロの駅からもすぐで、オペラ大通りに面しているが、防音がしっかりとされ、快適に過ごせる。ふんだんに使われた大理石が、磨き抜かれた真鍮や重厚感のあるファブリックで彩られ、界隈のクラシックな雰囲気とマッチしている。地下にはスキンケアブランド「ラ・コリーヌ」のスパが入っているので、旅の疲れも癒えるだろう。スタッフの気配りも細やかで、心からくつろぐことができる。

- Ⓜ ⑦⑭ Pyramides
- 住 16, av. de l'Opéra 1er
- TEL 01.42.86.10.10
- 料 SW €430〜2500　€25
- CC AJMV
- 室 45室　Wi-Fi
- URL nolinskiparis.com

Adèle & Jules ★★★★
アデル・エ・ジュール
オペラ地区の静かなオアシス

`オペラ地区`　MAP 別冊 P.13-1D

　パッサージュ・ジュフロワ近くのホテルが集まる一画に建つ、2棟からなるホテル。大通りから一本入った隠れ家のような立地でとても静か。居心地のよさを追求したデザインで、友人の家に招かれたようなほっとする雰囲気がある。家族経営のあたたかなもてなしの精神がモットーで、70年代レトロを感じる内装ともマッチしている。オネスティーバーを併設しており、夕方にはお茶と軽食のサービスがある。オペラ座まで徒歩圏内と立地面でも観光の拠点として優秀だ。フィットネスルーム、バリアフリールーム完備。

アデル館とジュール館の2棟に分かれているが、内装は同じコンセプトだ(上)
ホテルの前は私道なので、大通りの喧騒は感じない(下)

レトロな色合いのラウンジ(左)　朝食室(右)

- Ⓜ ⑧⑨ Grands Boulevards
- 住 2-4bis, Cité Rougemont 9e
- TEL 01.48.24.60.70
- FAX 01.48.01.00.64
- 料 SW €180〜440　€15
- CC AJMV
- 室 60室　Wi-Fi
- 割 読者5%（直接予約の場合のみ→ P.7）
- URL www.hoteladelejules.com

363

おすすめホテル

Hôtel des Grands Boulevards ★★★★
オテル・デ・グラン・ブルヴァール
レストランも人気、注目のホテル

`オペラ地区`　MAP 別冊 P.13-1D

©Karel Balas

©Karel Balas

©Karel Balas

カクテルバー（左）　人気のイタリアンレストランは予約がおすすめ。サイトから予約ができる（右）

　パレ・ガルニエ、レピュブリック広場から徒歩約20分で、買い物や観光に便利な立地。デコレーションは、18世紀パリの優雅な装飾をアーバンテイストでまとめ、オリジナリティが光る。天蓋付きのベッドや大理石に、素朴なリネンや田舎風の家具が配置された客室は印象的だ。心地よさにも心配りがあり、各部屋にはトイレタリーグッズ、エスプレッソマシンを完備。ミニバーにはオリジナルカクテルが用意されている。

- M ⑧⑨ Grands Boulevards
- 住 17, bd. Poissonnière 2e
- TEL 01.85.73.33.33
- 料 S €169～499　W €189～519　€19
- CC AMV　室 50室　※　Wi-Fi
- 朝 読者10％（直接予約の場合のみ→P.7）
- URL fr.grandsboulevardshotel.com

R de Paris ★★★★
エール・ド・パリ
シンプルで上質な空間

`モンマルトル周辺`　MAP 別冊 P.30-3A

　オペラ地区のデパート街から徒歩約10分、モンマルトル界隈との中間に位置するホテル。瀟洒なブティックのような外観は、通りを歩いていてもぱっと目を引く。客室は最新の設備で、余分な装飾を排して上質な素材感にこだわった内装だ、どこまでもエレガントだ。バリアフリーな造りで、すべての人が安心して泊まれる空間を提供している。コンシェルジュサービスも充実、旅の相談にのってくれる。

ミニマルなエントランス（左）　落ち着いた朝食室（右）

- M ⑬ Liège
- 住 41, rue de Clichy 9e
- TEL 01.40.82.36.20　FAX 01.53.16.34.29
- 料 S W €169～720　€18
- CC AMV　室 40室　※　Wi-Fi
- URL www.hotelrdeparis.com（日本語あり）

SNOB ★★★★
スノッブ
抜群の立地でハイソな気分を味わう

`マレ`　MAP 別冊 P.26-2A

　フォーロム・デ・アールとポンピドゥー・センターの間に建ち、立地は抜群だ。レトロモダンな照明や壁紙、異国情緒あふれるインテリアをシックなカラーリングでまとめた客室が自慢。洗練されているが、気取った雰囲気はない。デザインコンセプトは「永遠のヴァカンスを旅するパリジェンヌ」というだけに、夢のような滞在を演出してくれるだろう。

アールデコ調の美しく機能的な内装

- M ⑪ Rambuteau　④ Les Halles
- ⒶⒷⒸ Châtelet Les Halles
- 住 84-86, rue St-Denis 1er
- TEL 01.40.26.96.60
- 料 S €159～439　W €179～449　€12
- CC AMV　室 24室　※　Wi-Fi
- URL snobhotelparis.com

Monge ★★★★
モンジュ
南国イメージの内装でリラックス

`カルチェ・ラタン` `MAP` 別冊 P.20-2A

　ローマ時代の遺跡、リュテス闘技場跡のすぐ隣に位置する。館内は熱帯の動植物と冒険旅行をイメージしてデザインされ、徒歩5分の距離にある国立自然史博物館を連想させる。バスアメニティは「ロクシタン」のフルセットが全室に。エステ付きのマッサージルーム、個室のハマムも備え、美容パッケージプランが女性に人気の宿。バリアフリールーム完備。

落ち着いて過ごせるラウンジ（左）　シャワールーム（右）

- Ⓜ ⑩ Cardinal Lemoine
- 🏠 55, rue Monge 5e
- ☎ 01.43.54.55.55
- 💴 ⓈⓌ€218〜380　●€20
- 💳 ＡＤＪＭＶ　🛏 30室　❄　Wi-Fi
- URL www.hotelmonge.com

Exquis ★★★
エクスキ
アートな空間を楽しむ

`パリ東部` `MAP` 別冊 P.15-3C

　数々のブティックホテルを手がけるデザイナー、ジュリー・ゴトロンが、8人のアーティストと作り上げたホテル。やはり特筆すべきはその内装だ。赤や黄色といったビタミンカラーに、オリジナルのアート作品が躍る。家具は蚤の市で掘り出された一点物。ときに足踏みミシンがテーブルの役目をしていたりする。もちろんサービスその他の機能は3つ星が保証済み。

色があふれるサロン（左）　大胆に目を引く外観（右）

- Ⓜ ⑨ Charonne ⑧ Ledru Rollin
- 🏠 71, rue de Charonne 11e
- ☎ 01.56.06.95.13
- 💴 ⓈⓌ€71〜437　●€14
- 💳 ＡＤＭＶ　🛏 42室　❄　Wi-Fi
- URL hotelexquisparis.com（日本語あり）

34B ★★★
トラント・キャトル・ベ
ショッピングにも観光にも

`オペラ地区` `MAP` 別冊 P.13-1D

©Hotel 34B - Astotel par J.-B. Clevenot pour Astotel, Paris.

ロビーには三角の天窓（左）　内装のいたるところにトリコロールが（右）
©Hotel 34B - Astotel par J.-B. Clevenot pour Astotel, Paris.

　パレ・ガルニエ、パッサージュ・ジュフロワ近くのカジュアルなホテル。メトロ駅まで徒歩約3分、ギャラリー・ラファイエット、パレ・ガルニエも徒歩圏内の好立地だ。客室は清潔感のあるトリコロール配色で、パッサージュのような天窓のついたロビーなど「フランスらしさ」を感じる内装が楽しい。ベッドは長さ2mと少し大きめのサイズで、ゆっくりと体を休めることができる。午後にはバーでお茶と軽食のサービスがある。

- Ⓜ ⑧⑨ Grands Boulevards
- 🏠 34, rue Bergère 9e
- ☎ 01.47.70.34.34
- 💴 ⓈⓌ€110〜270　●€8
- 💳 ＡＪＭＶ　🛏 128室　❄　Wi-Fi
- URL ja.astotel.com（日本語）

ホテルガイド／おすすめホテル

シャンゼリゼ界隈

華やかなパリを象徴するエリア。凱旋門近くに空港間を結ぶル・ビュス・ディレクト（→P.72）が発着し、交通至便。町並みは整然として、パリは初めてという人にもわかりやすい。場所柄高級ホテルが多いが、凱旋門北側の17区には手頃な料金のホテルもある。

シャンゼリゼを遊び尽くしたいときに
Elysées Régencia ★★★★
エリゼ・レジャンシア
シャンゼリゼ界隈　MAP 別冊P.22-3B

シャンゼリゼ大通り近く。キャバレーのリド（→P.236）など、界隈でナイトライフを楽しむのにも便利。青、ピンク、ラベンダーといったテーマカラーでまとめられた客室は色によって雰囲気ががらりと変わるので予約時にリクエストしてみて。

- Ⓜ ①George V
- 住 41, av. Marceau 16e
- ℡ 01.47.20.42.65
- 料 Ⓢ€155〜377 Ⓦ€165〜395　⊝€19
- CC [ADJMV]　室 43室　※ Wi-Fi
- 割引 読者10%（直接予約の場合のみ→P.7）
- URL www.regencia.com

優雅な気分で
Chambiges Elysées ★★★★
シャンビジュ・エリゼ
シャンゼリゼ界隈　MAP 別冊P.23-3D

シャンゼリゼ大通りにもモンテーニュ大通りにも近く、ショッピングを楽しめる。館内はクラシックスタイルの内装やファブリックでまとめられ、優雅でロマンチックな雰囲気だ。朝食は緑に囲まれた中庭でとれ、春から夏は特に気持ちがいい。

- Ⓜ ⑨Alma Marceau
- 住 8, rue Chambiges 8e
- ℡ 01.44.31.83.83　FAX 01.40.70.95.51
- 料 ⓈⓌ€250〜410　⊝€16
- CC [AJMV]　室 34室　※ Wi-Fi
- 割引 読者朝食無料（直接予約の場合のみ→P.7）
- URL www.hotelchambiges.com（日本語あり）

使い勝手のいいホテル
Tilsitt Etoile ★★★
ティジ・エトワール
シャンゼリゼ界隈　MAP 別冊P.22-1A

凱旋門までは徒歩約5分。各部屋にパリの写真が飾られスタイリッシュにまとまっている。客室にドライヤー、電気ポットがあり、バスアメニティは「ロクシタン」。清潔感や機能性を優先する人にとっては、コストパフォーマンスのよい宿。

- Ⓜ ②Ternes ①②⑥ ⒶCharles de Gaulle Etoile
- 住 23, rue Brey 17e
- ℡ 01.43.80.39.71
- 料 Ⓢ€99〜220 Ⓦ€109〜325　⊝€13
- CC [ADJMV]　室 38室　※ Wi-Fi
- URL www.tilsitt.com

シャンゼリゼ界隈に気軽に泊まるなら
Etoile Park ★★★
エトワール・パーク
シャンゼリゼ界隈　MAP 別冊P.22-1A

エトワール広場まで徒歩数分という立地ながら比較的リーズナブルな価格。ル・ビュス・ディレクトの発着所も近い。客室は広くはないが、ベランダから凱旋門の見える部屋もあい。朝食には「ポール」のパンや「クスミティー」のお茶が並ぶ。

- Ⓜ ①②⑥ ⒶCharles de Gaulle Etoile
- 住 10, av. Mac Mahon 17e
- ℡ 01.42.67.69.63
- 料 Ⓢ€99〜220 Ⓦ€109〜275　⊝€13
- CC [ADJMV]　室 28室　※ Wi-Fi
- 割引 読者10%（直接予約の場合のみ→P.7）
- URL www.etoileparkhotel.com

シャンゼリゼのお手頃ホテル
Princesse Caroline ★★★
プランセス・カロリーヌ
シャンゼリゼ界隈　MAP 別冊P.22-1A

シャンゼリゼ界隈では珍しくリーズナブルな価格のホテル。凱旋門からすぐ、ル・ビュス・ディレクトの発着所にも近く、観光にも移動にも便利なロケーションが魅力だ。部屋はこぢんまりとしているがエレガントで洗練された雰囲気。

- Ⓜ ①②⑥ ⒶCharles de Gaulle Etoile
- 住 1bis, rue Troyon 17e　℡ 01.58.05.30.00
- 料 ⓈⓌ€110〜219　⊝€15
- CC [AMV]　室 53室　※ Wi-Fi
- 割引 読者€5割引（オンライン予約時に割引コード「WBACK」を入力。直接予約の場合のみ→P.7）
- URL www.hotelprincessecaroline.fr

ルーヴル〜オペラ地区、マドレーヌ

右岸きっての繁華街。日本食レストランも多く、パリ初心者にも安心できるエリア。空港間を結ぶロワシーバス（→P.72）の発着所は、パレ・ガルニエのすぐ横だ。観劇や美術館巡りに時間を使いたい人に最適だ。

エレガントなパリ右岸を満喫
Thérèse ★★★★
テレーズ
ルーヴル界隈　MAP 別冊P.25-2C

扉を開けると、ふとデザイン工房を訪れたかのような錯覚に陥る。新進気鋭のデザイナーによる内装は、素材にこだわり、ビンテージ感あふれるテイスト。パレ・ロワイヤルから徒歩数分、右岸で最も贅沢といっていい場所にある。

- Ⓜ ⑦⑭Pyramides
- 住 5-7, rue Thérèse 1er
- TEL 01.42.96.10.01　FAX 01.42.96.15.22
- 料 Ⓢ Ⓦ €135〜420　●€17
- CC AⒹJMV　室 40室　🚿　Wi-Fi
- URL www.hoteltherese.com

リラクセーションが充実
Square Louvois ★★★★
スクエア・ルーヴォワ
オペラ地区　MAP 別冊P.25-1C

19世紀初め、この界隈は華やかな社交の中心地だった。それにちなんで、ノーブル＆モダンとフレンチクラシックの融合をコンセプトにしたシックなホテル。フィットネスルーム、リラクセーションプログラムで疲れた体をリフレッシュしよう。

- Ⓜ ③Quatre Septembre
- 住 12, rue de Louvois 2e　TEL 01.86.95.02.02
- 料 Ⓢ €180〜380　Ⓦ €200〜540　●€20
- CC AJMV　室 50室　🚿　Wi-Fi
- 割 読者15％（オンライン予約時に割引コード「GLOBETROTTER」を入力。直接予約の場合のみ→P.7）
- URL www.hotel-louvois-paris.com

あたたかいもてなしに癒やされる
Cordélia ★★★
コーデリア
マドレーヌ　MAP 別冊P.24-1A

マドレーヌ教会北側にあり、デパート街にもすぐ。暖炉と書棚のあるサロンは思わず長居したくなる。夜眠る前のひとときをバーコーナーでゆったりと過ごすのもいい。スタッフは皆明るく親切で、女性ひとり旅の客が多いのもうなずける。

- Ⓜ ⑧⑫⑭Madeleine　③⑨Havre Caumartin
- 住 11, rue de Greffulhe 8e
- TEL 01.42.65.42.40　FAX 01.42.65.11.81
- 料 Ⓢ €270〜280　Ⓦ €280〜300　●€16
- CC AⒹJMV　室 30室　🚿　Wi-Fi
- 割 読者15％（直接予約の場合のみ→P.7）
- URL www.cordelia-paris-hotel.com

サン・ラザール駅のすぐそば
Charing Cross ★★★
シャリング・クロス
オペラ地区　MAP 別冊P.12-1B

サン・ラザール駅から徒歩数分の交通至便のホテル。ひときわ明るいサロンでスタッフが気持ちよく迎えてくれる。支配人のダヴィッドさんの奥様は日本人。言葉の不安な人に心強い。客室はシンプルだが機能的で明るい色調でまとまっている。

- Ⓜ ③⑫⑬⑭St-Lazare
- 住 39, rue Pasquier 8e
- TEL 01.43.87.41.04　FAX 01.42.93.70.45
- 料 Ⓢ €140〜195　Ⓦ €170〜225　●€12
- CC AMV　室 31室　🚿　Wi-Fi
- 割 読者15％（直接予約の場合のみ→P.7）
- URL www.charingcrosshotel.com

パリの中心でリーズナブルに過ごすなら
St-Roch ★★
サン・ロック
ルーヴル界隈　MAP 別冊P.25-2C

サン・ロック教会そばの家庭的なホテル。サントノレ通りやヴァンドーム広場はすぐなので、ショッピングを楽しみたい女性客に人気。パレ・ガルニエ、ルーヴル美術館は徒歩圏内だ。パリのど真ん中でリーズナブルかつ安全に過ごしたい人に。

- Ⓜ ①Tuileries　⑦⑭Pyramides
- 住 25, rue St-Roch 1er
- TEL 01.42.60.17.91
- 料 Ⓢ €125〜155　Ⓦ €155〜165　●€11
- CC AJMV　室 22室　🚿　Wi-Fi
- 割 読者10％（3泊以上。直接予約の場合のみ→P.7）
- URL www.hotelsaintroch-paris.com

サン・ルイ島〜マレ、バスティーユ

歴史深い町並みのなかに、若手クリエイターのショップやアトリエが並ぶホットなマレ地区を内包するエリア。新旧のパリの魅力を存分に味わいたい人におすすめ。コンセプトのはっきりしたこだわりのホテルが多い。

パリで最も美しい広場にたたずむ
Le Pavillon de la Reine ★★★★★
ル・パヴィヨン・ド・ラ・レーヌ
マレ　MAP 別冊P.27-2D

ヴォージュ広場に建つ優美なホテル。白亜の館は、「王妃の館」と名づけられ、かつてのルイ13世妃アンヌ・ドートリッシュが婚礼の際に滞在したことに由来する。館内は17世紀の造りを生かしつつもモダンに改装され、どこまでもエレガント。

- Ⓜ ①St-Paul
- 🏠 28, pl. des Vosges 3e
- ☎ 01.40.29.19.19
- 料 Ⓢ Ⓦ €350〜2860　🍴€30
- CC ADJMV　室 56室　❌ Wi-Fi
- URL www.pavillon-de-la-reine.com（日本語あり）

セーヌに浮かぶ豪華船のような
Hôtel du Jeu de Paume ★★★★
オテル・デュ・ジュ・ド・ポーム
サン・ルイ島　MAP 別冊P.27-3C

魅力的なプチホテルが集まるサン・ルイ島のなかでもいちばんの高級ホテル。もともとは17世紀のジュ・ド・ポーム（テニスのような球技）の競技場だった建物。古い造りとモダンなセンスが見事に調和し、居心地のよい空間を造り上げている。

- Ⓜ ⑦Pont Marie ④Cité ①St-Paul
- 🏠 54, rue St-Louis en l'Île 4e
- ☎ 01.43.26.14.18
- 料 Ⓢ €150〜255 Ⓦ €260〜360　🍴€18
- CC AMV　室 30室　❌ Wi-Fi
- URL www.jeudepaumehotel.com（日本語あり）

女性のひとり旅にも
Jeanne d'Arc ★★★
ジャンヌ・ダルク
マレ　MAP 別冊P.27-2C

マレ地区の中心に位置し、ヴォージュ広場やユダヤ人街にほど近いロケーション。客室はシンプルだが近代的に改装済み。木の床や調度品が置かれ、ほっと和ませてくれる空間。毎朝地元のパン屋から届けられる、焼きたてのパンの朝食も楽しみだ。

- Ⓜ ①St-Paul
- 🏠 3, rue de Jarente 4e
- ☎ 01.48.87.62.11
- 料 Ⓢ €89〜299 Ⓦ €109〜310　🍴€12
- CC ADMV　室 34室　Wi-Fi
- 割 読者5%（直接予約の場合のみ→P.7）
- URL hoteljeannedarc.com（日本語あり）

バスティーユ広場もマレ地区も近い
Bastille de Launay ★★★
バスティーユ・ド・ロネ
バスティーユ　MAP 別冊P.27-1D

最寄りのメトロ駅まで徒歩3分。おしゃれなショップやカフェが並ぶ話題のエリア、北マレやオベルカンフへも徒歩圏内だ。客室はポップで明るい雰囲気で、スーペリアツインにはバスタブも完備。JSTV（日本語チャンネル）も観られる。

- Ⓜ ⑧Chemin Vert ⑤Bréguet Sabin
- 🏠 42, rue Amelot 11e
- ☎ 01.47.00.88.11　FAX 01.47.00.24.90
- 料 Ⓢ €150〜260 Ⓦ €180〜330　🍴€14
- CC AJMV　室 35室　❌ Wi-Fi
- 割 読者15%（直接予約の場合のみ→P.7）
- URL bastilledelaunay.com

17世紀の貴族の館
Hôtel de la Bretonnerie ★★★
オテル・ド・ラ・ブルトヌリー
マレ　MAP 別冊P.26-2B

観光にもショッピングにも便利な立地。17世紀の貴族の館を改装したホテルで、そこかしこに残るむき出しの木の梁が、その面影を伝えている。内装もロマンティックな中世風で、館内に一歩入ればタイムスリップしたような気持ちに。

- Ⓜ ①⑪Hôtel de Ville
- 🏠 22, rue Ste-Croix de la Bretonnerie 4e
- ☎ 01.48.87.77.63
- 料 Ⓢ Ⓦ €119〜220　🍴€5
- CC AMV　室 30室　Wi-Fi
- 割 読者朝食1人無料（直接予約の場合のみ→P.7）
- URL www.hotelparismaraisbretonnerie.com

カルチェ・ラタン

セーヌ左岸を南北に走るサン・ミッシェル大通りから東は、活気ある学生街。教育施設や博物館などが建ち並び、文化の香りが色濃い。サン・ジェルマン・デ・プレやシテ島も散歩圏内の便利な立地。学生街とはいえ、安いホテルを見つけるのは難しくなってきた。

モダンなスパ施設でリラックス
La Lanterne ★★★★
ラ・ランテルヌ
カルチェ・ラタン　MAP 別冊P.19-1D

ランテルヌとはフランス語で街灯のこと。館内に配された街灯の白黒写真は、モダンな内装にノスタルジックなエッセンスを加えている。ジェット水流のプールやハマム、高性能シャワー室を完備。1日の疲れを癒やしてくれそうだ。

- ⑩Maubert Mutualité
- 12, rue de la Montagne Ste-Geneviève 5e
- 01.53.19.88.39
- ⓈⒸ€190〜350 ⓌⒸ€200〜400 ⓆⒸ€17
- CC AMV　室42室　※　Wi-Fi
- 割引 読者10%（直接予約の場合のみ→P.7）
- URL www.hotel-la-lanterne.com

家族旅行にも優しい
Excelsior Latin ★★★
エクセルシオール・ラタン
カルチェ・ラタン　MAP 別冊P.29-3D

ソルボンヌ大学とリュクサンブール公園の間の、静かな通りにあるホテル。18世紀の建物はよく手入れされ、パリらしく魅力的だ。比較的部屋数が多く、ひとり旅から家族旅行まで対応可能。ゆったりした5人部屋があるのもパリでは珍しい。

- ⑩Cluny La Sorbonne ㉃ⒷLuxembourg
- 20, rue Cujas 5e
- 01.46.34.79.50
- ⓈⓌ€132〜　ⓆⒸ€10
- CC AMV　室64室　※　Wi-Fi
- URL www.excelsior-paris-hotel.com

オアシスのような庭が魅力
Hôtel des Grandes Ecoles ★★★
オテル・デ・グランゼコール
カルチェ・ラタン　MAP 別冊P.19-2D

入口の門をくぐると緑いっぱいの庭が広がり、町の喧騒を忘れさせる穏やかな時間が流れている。部屋はこぢんまりとしているが温かみがあり、田舎のコテージでバカンスを過ごしているような気分になる。客室に電気ポットあり。

©Nicolas Anetson

- ⑩Cardinal Lemoine ⑦Place Monge
- 75, rue du Cardinal Lemoine 5e
- 01.43.26.79.23
- ⓈⒸ€99〜449 ⓌⒸ€99〜489　ⓆⒸ€9
- CC AⓋ　室51室　Wi-Fi
- URL www.hotel-grandes-ecoles.com

学生街ど真ん中のデザインホテル
Design Sorbonne ★★★
デザイン・ソルボンヌ
カルチェ・ラタン　MAP 別冊P.29-3D

古くからソルボンヌ前の家庭的なホテルとして親しまれてきたが、近年全面改装され、最新設備を備えたデザインホテルに生まれ変わった。客室にはiMacまたはMac miniが置かれ、インターネットや音楽を自由に楽しむことができる。

- ⒷLuxembourg ⑩Cluny La Sorbonne
- 6, rue Victor Cousin 5e　☎01.43.54.58.08
- ⓈⒸ€99〜300 ⓌⒸ€14
- CC ADJMV　室38室　※　Wi-Fi
- 割引 読者5%（オンライン予約時に割引コード「VIPHPRG」を入力。直接予約の場合のみ→P.7）
- URL www.hotelsorbonne.com

クリュニー美術館そばの静かなホテル
Collège de France ★★
コレージュ・ド・フランス
カルチェ・ラタン　MAP 別冊P.19-1D

クリュニー美術館にほど近く、カルチェ・ラタンでも静かな通りにある6階建てのホテル。客層も比較的年齢層が高く落ち着いた雰囲気。2017年に改装済みで客室は日当たりがよく清潔に整えられている。ロビーに宿泊客用のパソコンあり。

- ⑩Maubert Mutualité ⑩Cluny La Sorbonne
- 7, rue Thénard 5e
- 01.43.26.78.36
- ⓈⓌ€81〜280　ⓆⒸ€10
- CC AMV　室29室　Wi-Fi
- URL www.hotel-collegedefrance.com（日本語あり）

ホテルガイド　サン・ルイ島〜マレ、バスティーユ／カルチェ・ラタン

サン・ジェルマン・デ・プレ

セーヌ左岸、6区から7区にかけては、最新モード、アートの発信地。レストランやショップ巡りにも飽くことがない。ホテルも個性的でおしゃれなプチホテルが多い。パリのエスプリを感じるには最適のエリアだが、手頃な料金のホテルを見つけるのは至難のワザ。

アンティーク家具に囲まれて
Saint Paul Rive Gauche ★★★★
サン・ポール・リヴ・ゴーシュ
サン・ジェルマン・デ・プレ　MAP 別冊P.29-3D

リュクサンブール公園に近く、サン・ミッシェル大通りを渡るとすぐソルボンヌ。学生が行き交い、界隈には画廊や出版社も多くある。建物は17世紀の館を改装したもので、客室ごとにデザインが異なる贅沢なつくりに。2018年に改装済み。

M ④⑩Odéon　住 43, rue Monsieur le Prince 6e
TEL 01.43.26.98.64　FAX 01.46.34.58.60
料 S€160〜286 W€186〜386　€16
CC AJMV　室 31室　休 無 Wi-Fi
割 読者15%（オンライン予約時に割引コード「GLOBET81」を入力。直接予約の場合のみ→P.7）
URL www.hotelsaintpaulparis.com（日本語あり）

プチホテルの醍醐味
Millésime ★★★★
ミレジム
サン・ジェルマン・デ・プレ　MAP 別冊P.28-1B

サン・ジェルマン・デ・プレ教会近く、骨董屋通りとして知られるジャコブ通りには、エレガントなプチホテルが多いが、ここもそのひとつ。緑に囲まれた中庭の見えるラウンジはほっとひと息つくのにぴったり。部屋にはティーセットもある。

M ④St-Germain des Prés
住 15, rue Jacob 6e
TEL 01.44.07.97.97
料 S W €199〜595　€18
CC AMV　室 20室　休 無 Wi-Fi
割 読者10%（直接予約の場合のみ→P.7）
URL www.millesimehotel.com（日本語あり）

パリジェンヌの家に泊まるような
Signature St-Germain des Prés ★★★★
シニャチュール・サン・ジェルマン・デ・プレ
サン・ジェルマン・デ・プレ　MAP 別冊P.28-3A

デパート「ル・ボン・マルシェ」に近く、界隈の人気ショッピングストリートまでも徒歩数分という立地。客室は明るくモダンで、どこまでも快適。若き経営者デルフィーヌさんは日本滞在の経験もあり、日本びいきのスタッフも多い。

M ⑩⑫Sèvres Babylone
住 5, rue Chomel 7e
TEL 01.45.48.35.53
料 S€185〜230 W€200〜410　込み
CC AMV　室 26室　休 無 Wi-Fi
URL www.signature-saintgermain.com

スタッフの気配りがうれしい
Hôtel de Seine ★★★
オテル・ド・セーヌ
サン・ジェルマン・デ・プレ　MAP 別冊P.29-2C

小さなギャラリーが並ぶセーヌ通りに建つプチホテル。市場街のビュシ通りはすぐ、セーヌ河岸へも徒歩5分ほど。アンティーク家具に囲まれたかわいらしい部屋、親切なスタッフと治安のよさもあり、女性のひとり旅におすすめのホテル。

M ⑩Mabillon ④⑩Odéon
住 52, rue de Seine 6e
TEL 01.46.34.22.80　FAX 01.46.34.04.74
料 S€159〜229 W€159〜309　€15
CC AMV　室 30室　休 無 Wi-Fi
URL www.hoteldeseine.com（日本語あり）

サン・ジェルマンで快適な滞在
Left Bank Saint Germain ★★★
レフト・バンク・サン・ジェルマン
サン・ジェルマン・デ・プレ　MAP 別冊P.29-2C

映画館やカフェ、ショップが並ぶオデオン広場に近く、隣は歴史的なカフェレストランの「ル・プロコープ」。アンティーク調のインテリアが配された落ち着いた雰囲気で、ノートルダム大聖堂が見える客室も。ロビーに宿泊客用のパソコンあり。

M ④⑩Odéon
住 9, rue de l'Ancienne Comédie 6e
TEL 01.43.54.01.70　FAX 01.43.26.17.14
料 S W €120〜240　€12
CC AMV　室 31室　休 無 Wi-Fi
割 読者朝食無料（直接予約の場合のみ→P.7）
URL www.hotelleftbank.com（日本語あり）

センスのいいファブリック
La Perle ★★★
ラ・ペルル
サン・ジェルマン・デ・プレ　MAP 別冊P.28-2B

サン・シュルピス教会からほど近く、ルーヴル美術館も徒歩圏内。天気のよい日には中庭で朝食を取ることができる。1階のバーも雰囲気がよくおすすめだ。4人まで泊まれる部屋もあるので、グループや家族で利用するのもいい。

- ④St-Germain des Prés
- 14, rue des Canettes 6e
- 01.43.29.10.10　FAX 01.46.34.51.04
- S €120～240　€13
- CC AMV　38室　Wi-Fi
- 朝 読者朝食無料（直接予約の場合のみ→P.7）
- URL www.hotel-paris-laperle.com（日本語あり）

ロマンティックなプチホテル
Dauphine St-Germain ★★★
ドフィーヌ・サン・ジェルマン
サン・ジェルマン・デ・プレ　MAP 別冊P.29-1C

あたたかな色調でまとめられた内装が印象的で、壁紙やカーテンの柄がかわいらしい。バスルームが広めなのもうれしい。ビュッフェスタイルの朝食も絶品。観光スポットも近く、周辺にはレストランも多いので食事に困ることもない。

- ④⑩Odéon
- 36, rue Dauphine 6e
- 01.56.81.10.10　FAX 01.43.26.49.09
- S €99～299 W €109～310　€12
- CC ADMV　30室　Wi-Fi
- 朝 読者5%（直接予約の場合のみ→P.7）
- URL dauphine-st-germain.com（日本語あり）

これぞ正統派"パリのプチホテル"
Hôtel des Marronniers ★★★
オテル・デ・マロニエ
サン・ジェルマン・デ・プレ　MAP 別冊P.28-1B

パリのプチホテルブームのはしりのような存在で、今も根強い人気がある。ジャコブ通りの21番地の少し奥まった所が入口。チャーミングで清潔感あふれる客室はとても居心地がいい。緑豊かな庭のサロン・ド・テもあり、23:30まで利用できる。

- ④St-Germain des Prés
- 21, rue Jacob 6e
- 01.43.25.30.60　FAX 01.40.46.83.56
- S €139～229 W €159～269　€15
- CC AMV　36室　Wi-Fi
- URL hoteldesmarronniers.com

リーズナブルに左岸を楽しむ
Le Clément ★★
ル・クレモン
サン・ジェルマン・デ・プレ　MAP 別冊P.29-2C

周囲にはおしゃれなカフェやビストロが多く、流行のブティックが並ぶサン・シュルピス通りにも近いので、ショッピングを楽しみたい女性客に特に人気がある。比較的リーズナブルな料金で左岸の雰囲気を満喫できるおすすめホテル。

- ⑩Mabillon ④⑩Odéon
- 6, rue Clément 6e
- 01.43.26.53.60　FAX 01.44.07.06.83
- S W €146～189　€14
- CC AJMV　33室　Wi-Fi
- URL hotelclementparis.com（日本語あり）

コストパフォーマンスに優れる
Welcome ★★
ウエルカム
サン・ジェルマン・デ・プレ　MAP 別冊P.29-2C

サン・ジェルマン・デ・プレ教会のすぐ近く。部屋はあたたかみのある色調でまとめられている。何よりこの好立地にして、コストパフォーマンス抜群だ。近くには食材店やレストランがひしめき合うビュシの市場の活気が感じられる。

- ⑩Mabillon ④⑩Odéon
- 66, rue de Seine 6e
- 01.46.34.24.80　FAX 01.40.46.81.59
- S €85～159 W €109～219　€11
- CC MV　29室　Wi-Fi
- URL hotelwelcomeparis.com

シンプルだけどかわいらしい部屋
Grand Hôtel des Balcons ★★
グラントテル・デ・バルコン
サン・ジェルマン・デ・プレ　MAP 別冊P.29-2C

19世紀の建物を改装したアールヌーヴォー風の内装がすてきなホテル。交通至便で治安の面でも安心な立地、清潔でかわいらしい客室……と好条件が揃うので、女性ひとり旅に特におすすめ。1階には車椅子対応の客室を用意している。

- ④⑩Odéon
- 3, rue Casimir Delavigne 6e
- 01.46.34.78.50　FAX 01.46.34.06.27
- S €115～160 W €160～250　€12
- CC MV　49室　Wi-Fi
- 朝 読者朝食1回無料（直接予約の場合のみ→P.7）
- URL www.balcons.com（日本語あり）

エッフェル塔界隈

願わくばエッフェル塔の見える部屋を……そんな希望のある人は、まずはこのエリアを当たってみよう。ル・ビュス・ディレクト（→P.72）の発着場所もあり、空港からのアクセスもいい。7区、15区は官庁街や住宅街が広がり、パリ市民の日常に触れることができる。

空港バスの停留所至近
Pullman Paris Tour Eiffel ★★★★
プルマン・パリ・トゥール・エッフェル
エッフェル塔界隈　MAP 別冊P.11-3C

©Abaca Press/Boris Zuliani

エッフェル塔に近く、ル・ビュス・ディレクトの停留所からもすぐ。旧「ヒルトン・パリ」を改装しビジネスホテルとしてデザインを一新。430室中、半数は庭園を望む部屋となっており、見晴らしがいい。塔の見える部屋もあるのでリクエストを。

M ④Champ de Mars Tour Eiffel　M ⑥Bir Hakeim
住 18, av. de Suffren 15e
TEL 01.44.38.56.00　FAX 01.44.38.56.10
料 S W €255〜525　◯ €29
CC ADJMV　室 430室　🚭　Wi-Fi
URL all.accor.com/hotel/7229/index.ja.shtml（日本語）

エッフェル塔近くのホテル
La Comtesse ★★★★
ラ・コンテス
エッフェル塔界隈　MAP 別冊P.11-3D

見え方に違いはあるがほぼ全室からエッフェル塔を眺めることができる。館内のデザインコンセプトは18世紀の文学サロン。クラシックなインテリアで飾られているが、設備は近代的。客室は明るくシンプルで機能性を重視している。

M ⑧Ecole Militaire
住 29, av. de Tourville 7e
TEL 01.45.51.29.29
料 S W €152〜953　◯ €19
CC AMV　室 40室　🚭　Wi-Fi
URL comtesse-hotel.com

スタイリッシュで手頃
Eiffel Turenne ★★★
エッフェル・テュレンヌ
エッフェル塔界隈　MAP 別冊P.11-3D

エッフェル塔へ徒歩圏内という立地はもちろん、3つ星ながらも必要十分な設備とホスピタリティで評価が高い。客室は広くはないが、スタイリッシュで清潔だ。エアコン、電気ポット、簡単なバスアメニティが装備されている。

M ⑧Ecole Militaire
住 20, av. de Tourville 7e
TEL 01.47.05.99.92
料 S W €60〜405　◯ €12
CC AMV　室 34室　🚭　Wi-Fi
URL www.hoteleiffelturenne.com

あたたかな家族に迎えられるような
Hôtel de Londres Eiffel ★★★
オテル・ド・ロンドル・エッフェル
エッフェル塔界隈　MAP 別冊P.11-3D

19世紀エッフェル塔の建設時、職工たちの住まいだったというホテル。その歴史を受け継ぎながら、家族経営のあたたかなサービスをモットーにしている。客室には作家や詩人の名がつけられ、上品で落ち着いた空気に満ちている。

M ⑧Ecole Militaire
住 1, rue Augereau 7e
TEL 01.45.51.63.02
料 S €150〜260 W €160〜380　◯ €14
CC AMV　室 30室　🚭　Wi-Fi
朝 読者朝食無料（直接予約の場合のみ→P.7）
URL www.hotel-paris-londres-eiffel.com

セーヌ河岸のお手頃ホテル
Eiffel Seine ★★★
エッフェル・セーヌ
エッフェル塔界隈　MAP 別冊P.10-3B

メトロ駅すぐ、パリ日本文化会館の裏側に建ち、ル・ビュス・ディレクトの停留所にも近いという立地。全室に電気ポットとお茶のセットを用意している。セーヌ川を望む部屋もあり、中州に降りて白鳥の小径を散歩するのにもいい。

M ⑥Bir Hakeim
住 3, bd. de Grenelle 15e
TEL 01.45.78.14.81
料 S W €110〜390　◯ €12
CC AMV　室 45室　🚭　Wi-Fi
URL www.hoteleiffelseineparis.com

モンパルナス

落ち着いた、左岸らしい雰囲気が残るエリア。ラスパイユ大通り周辺にはしゃれたプチホテルも見つかる。モン・サン・ミッシェルへの玄関口である国鉄モンパルナス駅近くには、ル・ビュス・ディレクト（→P.72）の発着所があり、旅の拠点としても便利。

ヴァヴァン交差点すぐ
Raspail Montparnasse ★★★
ラスパイユ・モンパルナス
モンパルナス　MAP 別冊P.18-2B

20世紀初頭、画家や作家のたまり場であった老舗カフェの集まるヴァヴァン交差点近く。リュクサンブール公園へは徒歩約10分で、散策も楽しめる。館内はアールデコ調で整えられ、清潔。どの年代にも好まれる、落ち着いた宿だ。

- M ④Vavin
- 住 203, bd. Raspail 14e
- TEL 01.43.20.62.86
- 料 S€129〜295 W€149〜295　€13
- CC AJMV　室 38室　※　Wi-Fi
- 割引 読者10%（直接予約の場合のみ→P.7）
- URL www.hotelraspailmontparnasse.com（日本語あり）

おしゃれなブティック風ホテル
Jardin le Bréa ★★★
ジャルダン・ル・ブレア
モンパルナス　MAP 別冊P.18-2B

洗練されたブティックのような入口が印象的なホテル。客室の壁紙やファブリック類はイギリスのデザイナーズ・ギルド社のものだ。周辺にはセンスのいい雑貨店や洋服店があり、パリらしいおしゃれな滞在を求める人におすすめ。

- M ④Vavin ④⑥⑫⑬Montparnasse Bienvenüe
- 住 14, rue Bréa 6e
- TEL 01.43.25.44.41　FAX 01.44.07.19.25
- 料 S€109〜229 W€119〜249　€14
- CC AMV　室 23室　※　Wi-Fi
- URL www.hoteljardinlebrea.com

パリジェンヌのイラストが踊る
La Parizienne ★★★
ラ・パリジェンヌ
モンパルナス　MAP 別冊P.18-2B

メトロ駅から徒歩約5分。イラストレーター、マルタ・フォンファラの描くユーモラスな「パリジェンヌの日常」が、コージーな空間を飾っている。カラフルな館内は清潔で快適。客室には電気ポットあり、アメニティは「ニュクス」で揃えている。

- M ⑫Falguière
- 住 33, bd. du Montparnasse 6e
- TEL 01.45.48.75.64
- 料 SW€69〜289　€15
- CC AMV　室 28室　※　Wi-Fi
- URL hotel-laparizienne.com（日本語あり）

ポエティックなホテル
Apostrophe ★★★
アポストロフ
モンパルナス　MAP 別冊P.19-2C

リュクサンブール公園から約500mの所にある、小さいながらも個性が光るデザインホテル。内装は詩をコンセプトにしており、ひと部屋ごとにそれぞれテーマがある。手の込んだ意匠が美しい。ジャクージ付きバスタブのある部屋もある。

- M ④Vavin
- 住 3, rue de Chevreuse 6e
- TEL 01.56.54.31.31
- 料 S€99〜290 W€99〜353　€12
- CC AMV　室 16室　※　Wi-Fi
- 割引 読者10%（直接予約の場合のみ→P.7）
- URL www.apostrophe-hotel.com

駅やスーパー近くの安価な宿
Odessa Montparnasse ★★
オデッサ・モンパルナス
モンパルナス　MAP 別冊P.18-2B

国鉄モンパルナス駅に近く、メトロ駅すぐの、にぎやかな界隈に建つお手頃なホテル。クレープリーなど飲食店やスーパーが並ぶ商業地区で、水・土曜はエドガー・キネ大通り沿いに朝市が立つ。館内は改装済みで十分に快適。スタッフも親切。

- M ⑥Edgar Quinet ④⑥⑫⑬Montparnasse Bienvenüe
- 住 28, rue d'Odessa 14e
- TEL 01.43.20.64.78　FAX 01.42.79.90.71
- 料 S€95〜125 W€105〜155　€9
- CC MV　室 41室　※　Wi-Fi　割引 読者5%（直接予約の場合のみ→P.7）
- URL www.hotel-odessa.com

モンマルトル

下町の雰囲気が残る庶民的なエリア。シンプルで手頃な2〜3つ星ホテルが点在している。飾らない普段着のパリを味わいたい人には最適だが、どちらかというとリピーター向き。歓楽街に近く、ナイトライフも楽しめるが、十分気をつけて出かけよう。

パリの秘密を探しに
Secret de Paris ★★★★
スクレ・ド・パリ
モンマルトル　MAP 別冊P.30-3A

モンマルトルの丘の麓、クリシー広場近くにたたずむアート系ホテル。客室は、ムーラン・ルージュ、エッフェル塔など、パリの名所をテーマにデザインされ、部屋にいながらにして、パリの町を散策しているような気分にしてくれる。

- ⑬Liège
- 2, rue de Parme 9e
- 01.53.16.33.33
- ⑤⑩€170〜　●€18
- A J M V　29室　Wi-Fi
- www.hotel-design-secret-de-paris.com

パリを一望するテラスが自慢
Terrass" ★★★★
テラス
モンマルトル　MAP 別冊P.30-2B

モンマルトル墓地の隣に建つ、創業100年を超える老舗。全面改装されており、スパやトレーニングルームといった設備が充実した。内装はモダン&シンプル。最上階と屋上テラスには眺めのいいレストランがあり、朝食時に利用できる。

- ②Blanche ⑫Abbesses
- 12-14, rue Joseph de Maistre 18e
- 01.46.06.72.85
- ⑤⑩€165〜300　●€25
- A D J M V
- 92室　Wi-Fi
- www.terrass-hotel.com

夜遊び派におすすめ
Joke ★★★
ジョーク
モンマルトル　MAP 別冊P.30-3B

©Hotel Joke - Astotel par J.-B. Clevenot et G. Grasset pour Astotel, Paris.

ムーラン・ルージュから徒歩約5分。いわゆる夜遊びエリアにあるが、ホテルの中は打って変わってソフトなカラーリングで、子供部屋のような小物が配置されたかわいい雰囲気。午後から夜にかけて、フリードリンクと軽食のサービスがある。

- ②Blanche
- 69, rue Blanche 9e
- 01.40.40.71.71
- ⑤⑩€100〜270　●€8
- A J M V
- 44室　Wi-Fi
- www.astotel.com（日本語あり）

モンマルトル近くの経済的ホテル
Montmartre Clignancourt ★
モンマルトル・クリニャンクール
モンマルトル　MAP 別冊P.31-2D

メトロのAnvers駅から徒歩約5分、モンマルトルの丘の麓に建つホテル。サクレ・クール聖堂へは歩いて10分ほどなので、まだ観光客が少ない朝に散策がてら出かけるのもいい。近隣には、有数の生地の専門店街、サン・ピエール市場も。

- ②Anvers ④Barbès-Rochechouart
- 4, rue de Clignancourt 18e
- 01.46.06.27.46
- ⑤€59〜109 ⑩€69〜119　●€8
- M V　31室　Wi-Fi
- 読者5%（直接予約の場合のみ→P.7）
- www.hotelmontmartreclignancourt.com

リーズナブルにモンマルトルを楽しむ
Sofia ★
ソフィア
モンマルトル　MAP 別冊P.31-2D

下町情緒を味わうことができる界隈。サクレ・クール聖堂までは歩いて10分ほど。客室はいたってシンプルだが清潔。エレベーターはないものの、それ以外の不便は特に感じない。ミニキッチンの付いたステュディオは、グループにおすすめ。

- ②Anvers ④Barbès-Rochechouart
- 21, rue de Sofia 18e
- 09.67.14.51.60
- ⑤€69〜119 ⑩€79〜129　●€8
- M V　24室　Wi-Fi
- 読者5%（直接予約の場合のみ→P.7）
- www.hotel-sofia-paris.com

そのほかのエリア

観光スポットから少し離れたエリアには個性的なホテルが見つかる。同じ星の数でもパリの中心エリアのホテルよりリーズナブルでもある。最寄りのメトロ駅から遠くない立地を選べば滞在しやすく、国鉄駅周辺のホテルは地方へのアクセスに便利。

パリ唯一のシャトーホテル
Saint James Paris ★★★★★
サン・ジェームズ・パリ
ブーローニュの森周辺　MAP 別冊P.10-1A

©Saint James Paris

凱旋門から車で5分、ブーローニュの森にほど近い閑静な住宅街にたたずむ、パリ唯一のシャトーホテル。重厚な門をくぐると、噴水の向こうにナポレオン3世様式の美しい館が現れる。雰囲気のいい図書館風のバーでくつろぐのもおすすめ。

- ②Porte Dauphine
- 5, pl. du Chancelier Adenauer 16e
- 01.44.05.81.81　FAX 01.44.05.81.82
- ⑤W€400〜1730　€36
- CC ADJMV　49室　Wi-Fi
- www.saint-james-paris.com

贅沢な大人の滞在に
Bachaumont ★★★★
バショモン
レ・アール周辺　MAP 別冊P.13-2D

1920年代に栄えたレ・アール界隈のシンボル的ホテル。アールデコ調の内装は、洗練された雰囲気のなかにもほっとできる余白がある。スタンダードな客室でも比較的ゆったりとして、バスローブやスリッパも完備。バリアフリールームあり。

- ③Sentier
- 18, rue Bachaumont 2e
- 01.81.66.47.00
- ⑤W€200〜700　€25
- CC ADMV
- 49室　Wi-Fi
- www.hotelbachaumont.com

織布工場がホテルに
Fabric ★★★★
ファブリック
レピュブリック界隈　MAP 別冊P.15-2C

19世紀は職人街だったこの一帯は、おしゃれなカフェやバーが集まる夜遊びスポットとして若者に人気。マレにも近い。名前のとおりかつては織布工場だった。客室はカラフルなテキスタイルで彩られている。ハマム、フィットネスルームも完備。

- ⑨St-Ambroise
- 31, rue de la Folie Méricourt 11e
- 01.43.57.27.00
- ⑤W€200〜380　€18
- CC AMV
- 33室　Wi-Fi
- www.hotelfabric.com

シネマの世界に浸る
123 Sébastopol ★★★★
サン・ヴァン・トロワ・セバストポール
レピュブリック界隈　MAP 別冊P.14-2A

©G. Grasset pour Astotel, Paris

映画の世界をコンセプトにしたデザインホテル。一歩足を踏み入れると、ポスターやポップコーンマシーン、映写機など、遊び心をくすぐる仕掛けがいっぱい。各室、映画のワンシーンの壁紙が張られ、すっきりとまとめられている。

- ③④Réaumur-Sébastopol
- 123, bd. de Sébastopol 2e
- 01.40.39.61.23
- ⑤W€160〜360　€10
- CC AJMV
- 63室　Wi-Fi
- www.astotel.com（日本語あり）

リヨン駅すぐのホテル
Palym ★★★
パリム
リヨン駅　MAP 別冊P.21-1C

リヨン駅から徒歩約3分、空港バスの発着所からもすぐの所にある。客室は小さめだが、シンプルにまとめられ、掃除も行き届いていて清潔。スタッフの対応も親切。ビジネス客の利用も多く、実用性は高い。バリアフリールームあり。

- ①④ RER ④Gare de Lyon
- 4, rue Emile Gilbert 12e
- 01.43.43.24.48
- ⑤W€69〜161　€10
- CC AJMV
- 51室　Wi-Fi
- www.paris-hotel-palym.com（日本語あり）

375

女性のひとり旅にも
Hôtel du Temps ★★★★
オテル・デュ・タン

北駅・東駅周辺　MAP 別冊P.7-3D

落ち着いた界隈でパリの日常を感じるエリア。メトロ駅の沿線にはパレ・ガルニエ、ルーヴル美術館がある。ネオレトロな装飾と白を基調にした清潔感のある客室は女性に人気。エレベーターやバスタブは改装済み。夜はラウンジでカクテルを。

- Ⓜ ⑦Poissonnière
- 🏠 11, rue de Montholon 9e
- ☎ 01.47.70.37.16
- 💴 Ⓢ€120〜145 Ⓦ€160〜195　🍴€10
- 💳 ＡＭＶ　🛏 23室　❋　Wi-Fi
- URL hotel-du-temps.fr

蛇口の工房がおしゃれなホテルに
Le Robinet d'Or ★★★
ル・ロビネ・ドール

北駅・東駅周辺　MAP 別冊P.8-3B

東駅まで徒歩約10分。若者に人気のサン・マルタン運河界隈を散策するにはいい立地だ。1930年代には蛇口の工房だった建物を、下町らしい雰囲気を残しつつモダンに改装している。入口上部にある大きな蛇口のオブジェが目印だ。

- Ⓜ ④⑤⑦Gare de l'Est ⑦Château Landon
- 🏠 17, rue Robert Blache 10e
- ☎ 01.44.65.14.50
- 💴 Ⓢ€119〜320 Ⓦ€129〜354　🍴€12
- 💳 ＡＭＶ　🛏 22室　❋　Wi-Fi
- URL www.lerobinetdor.com

パッシーエリアを満喫
Passy Eiffel ★★★
パッシー・エッフェル

パッシー　MAP 別冊P.10-3B

パリを代表する高級住宅街パッシーにある上品なホテル。周辺にはブランドブティックのほか、カフェやレストラン、食料品店などが多く便利。エッフェル塔は、セーヌ川を挟んですぐ。エッフェル塔の見える部屋をぜひリクエストしたい。

- Ⓜ ⑥Passy
- 🏠 10, rue de Passy 16e
- ☎ 01.45.25.55.66　FAX 01.42.88.89.88
- 💴 Ⓢ€95〜282 Ⓦ€98〜342　🍴€14
- 💳 ＡＤＪＭＶ　🛏 49室　❋　Wi-Fi
- 割 読者10%（直接予約の場合のみ→P.7）
- URL www.passyeiffel.com（日本語あり）

クリーンでユニークなホテル
Le Citizen ★★★
ル・シティズン

サン・マルタン運河　MAP 別冊P.14-1B

メトロ駅からは徒歩約7分、にぎやかなサン・マルタン運河沿いに建つ。2018年に改装し、より快適なホテルに変身。6人までの家族向けの部屋やバリアフリールームもある。朝食もおいしいと評判。1階にはレストランもある。

- Ⓜ ⑤Jacques Bonsergent
- 🏠 96, quai de Jemmapes 10e
- ☎ 01.83.62.55.50
- 💴 Ⓢ€109〜199 Ⓦ€179〜299　🍴込み
- 💳 ＡＭＶ
- 🛏 12室　❋　Wi-Fi
- URL lecitizenhotel.com

スタルクの遊び心いっぱい
Mama Shelter ★★
ママ・シェルター

東部　MAP 別冊P.5-2D

フィリップ・スタルクによる内装デザインは、黒を基調にアニメやストリートアートをちりばめて意表をつく。館内のレストランやバーは、パリっ子たちがこぞって押し寄せる人気スポットだ。エコサート認証のアメニティにもこだわりあり。

©Mama Shelter

- Ⓜ ③Gambetta ③Porte de Bagnolet
- 🏠 109, rue de Bagnolet 20e
- ☎ 01.43.48.48.48
- 💴 Ⓢ€119〜 Ⓦ€129〜　🍴€18
- 💳 ＡＭＶ
- 🛏 170室　❋　Wi-Fi
- URL www.mamashelter.com

ドミトリーもある複合宿泊施設
Les Piaules
レ・ピヨール

東部　MAP 別冊P.15-1C

コスモポリタンなベルヴィル界隈に建つモダンな宿泊施設。浴席の付いたシングル／ダブルルームと、4〜8人用のドミトリーからなる。パブリックエリアのバーは、リーズナブルな値段で食事を提供。地元食材にこだわるなど、意識も高い。

- Ⓜ ②Couronnes ②⑪Belleville
- 🏠 59, bd. de Belleville 11e
- ☎ 01.43.55.09.97
- 💴 ⓈⓌ€129〜、ドミトリー1人€29〜　🍴€3〜
- 💳 ＭＶ　🛏 34室　❋　Wi-Fi
- URL www.lespiaules.com

Diner dans le chambre

スーパーマーケットで楽しく買い出し
ホテルでお部屋ごはん

レストランでの食事が続いたり、
少し軽めの夕食を取りたくなったら、
テイクアウトを利用して、ホテルの部屋で食べるのもアリ！
スーパーマーケットで普段のお買い物気分も味わえる。

テイクアウトで楽しむ夕食例

パリでは外食費がかかりがちだが、スーパーマーケット（→P.350）で買えば食費の節約にもなる。サラダやチーズ、お総菜などを買ってホテルの部屋でくつろぎながら食べるのも思い出になるだろう。ワインも買って宅飲み感覚を楽しもう。

クラコット（上 €1.83）の上に買ったものを乗せて食べてもおいしい

「Président」の
カマンベールチーズ
145g €1.71

田舎風テリーヌと
鴨のムース2種類セット
€1.79

シーザーサラダ
€3.05

キャロット・ラペ
（ニンジンのサラダ）と
タブレ（クスクスサラダ）
€2.16

ボルドーの赤ワイン
250ml €1.94

スクリューキャップのミニボトルはワインオープナーがなくても気軽に飲める

ティラミス
€1

持っていくと便利なもの

紙皿：食事にもデザートにも使える。直径18cmが使い勝手がいい。

割り箸：プラスチック製のフォークは廃止される方向に。箸があると便利。

ワインオープナー：機内に持ち込めないのでスーツケースに入れて。

旅行用ケトル：お湯が沸かせると、お茶だけでなくスープやカップ麺にも使える。

※この日の夕食は…… 合計 €13.48

そのほかのおすすめ

フランス版カップヌードル！
鶏の照焼き風味（左） ピリ辛味（右）
各€1.99

お茶やカップ麺にはクセのない水を使いたい
Cristaline（左）1.5ℓ €0.20
Source des Pins（右）1.5ℓ €0.30

キッチン付きホテルなら（→P.382）
電子レンジが使えるので、肉料理も！
ローストチキン1ピース＆ポテト（左）€5.99
ローストチキン2ピース（右）€5.99

AUBERGE DE JEUNESSE

ユースアコモデーション

パリにはユースアコモデーションがたくさんある。ホテル代の高いパリで、なるべく節約したい人にはうれしい。世界中からやってきた若者と知り合いになれるだろう。4〜8人のドミトリー形式が普通だが、なかにはシングルやツインの部屋を備えたユースもあり、相部屋に抵抗のある人も利用しやすい。

国際ユースホステル会員証の取得方法
国際ユースホステルグループのユースに泊まるには会員証が必要。日本国内のユースホステルまたは入会案内所で受け付けているほか、郵送、インターネットでも申し込みも可能。現地で宿泊時に入会することもできる。

● 日本ユースホステル協会
URL www.jyh.or.jp

「イヴ・ロベール」の清潔なドミトリー ©Serge-Detalle

マレ地区の美しい建物を利用した「MIJEフルシー」のホステル
©alikaphoto-mije.com

● その他のパリのユースアコモ
● オーベルジュ・ド・ジュネス・アドヴニア
Auberge de Jeunesse Adveniat
URL adveniat-paris.org

● サントル・アンテルナシオナル・ド・セジュール・ド・パリ
Centre International de Séjour de Paris (CISP)
URL www.cisp.fr

おすすめユースアコモ

国際ユースホステル
Auberge de Jeunesse

パリには、国際ユースホステルグループFUAJのユースが3軒ある。ドミトリーは比較的広くてきれいなので、ユース初心者におすすめだ。3軒すべてに個室もある。国際ユースホステルの会員証が必要(新規2000円、継続1500円)。

予約は専用のウェブサイトからできる。デポジットとして宿泊料の6%(施設によって異なることがある)をクレジットカードで支払い、到着時に残りの宿泊料を現地通貨で支払う。すべての施設が年中無休で、受付は24時間オープンしている。

MIJEのホステル Auberge de Jeunesse MIJE Paris

マレ地区に3軒のホステルをもつ、MIJEパリ。いずれもパリの中心に位置しながら静かでいい環境にある。17世紀の建物を利用していて、美しい中庭や部屋の内装など、ユースアコモとは思えない落ち着いた雰囲気。個室もあるので、若者グループから高齢者まで幅広い層が利用している。MIJEの会員登録が必要(年会費€3)。

予約はウェブサイトまたは代表電話へ。空き状況によって各ホステルへ振り分けられる。受付は全館24時間オープン。

国際ユースホステル(全館共通)
料 朝食・シーツ代込み
CC 館によって異なる
URL www.fuaj.org
URL www.hihostels.com (予約)

● ジュール・フェリー Jules Ferry
MAP 別冊 P.14-2B
※ 2020年4月現在、工事のため閉館中。

● イヴ・ロベール Yves Robert
MAP 別冊 P.8-2B
M ② La Chapelle ⑫ Marx Dormoy
住 20, Esplanade Nathalie Sarraute 18e
TEL 01.40.38.87.90
料 S€62 W€70
ドミトリー1人€34〜

● ル・ダルタニャン Le d'Artagnan
MAP 別冊 P.5-2D
M ③ Porte de Bagnolet
住 80, rue Vitruve 20e
TEL 01.40.32.34.56
料 S W€70
ドミトリー1人€20〜

MIJE(全館共通)
TEL 01.42.74.23.45
料 朝食・シーツ代込み
S€75 W€85
ドミトリー(4〜10人)1人€36
CC MV
URL www.mije.com

● フォコニエ Fauconnier
MAP 別冊 P.27-2C
M ① St-Paul ⑦ Pont Marie
住 11, rue du Fauconnier 4e

● モービュイッソン Maubuisson
MAP 別冊 P.26-2A
M ①⑪ Hôtel de Ville
住 12, rue des Barres 4e

● フルシー Fourcy
MAP 別冊 P.27-2C
M ① St-Paul ⑦ Pont Marie
住 6, rue de Fourcy 4e

サン・クリストファーズ・イン St-Christopher's Inn

ヨーロッパの主要10都市に展開するイギリス系ホステルグループ。

カナルはラ・ヴィレット貯水池に面して建つ物流倉庫を改装したモダンなホステル。1階のバー、クラブが若者に人気。

ガール・デュ・ノールはパリ北駅正面に建ち、立地は抜群。シングルルームあり。どちらも、ドミトリーは最大12人。24時間オープン。女性専用ドミトリーあり。会員証不要。

サン・クリストファーズ・イン（全館共通）
- 料 朝食、シーツ代込み
- CC AMV
- URL www.st-christophers.co.uk

●カナル Canal
- MAP 別冊 P.9-2C
- M ⑦ Crimée ⑤ Laumière
- 住 159, rue de Crimée 19e
- TEL 01.40.34.34.40
- 料 ドミトリー1人€21.80〜

●ガール・デュ・ノール Gare du Nord
- MAP 別冊 P.8-3A
- M ④⑤ RER ⓑⒹ Gare du Nord
- 住 5, rue de Dunkerque 10e
- TEL 01.70.08.52.22
- 料 ドミトリー1人€23.80〜

ラ・ヴィレット貯水池に面したモダンなホステル「サン・クリストファーズ・イン・カナル」

ジェネレーター・パリ Generator Paris

サン・マルタン運河近くにある、高級路線のホステル。キッチンはなく、代わりにバーとレストランを併設している。個室はテラス付きのツインもあり、ホテルと同じ感覚で利用できる。バスタブ付き、4人までの個室もある。東駅、北駅からは徒歩約15分。24時間オープン。女性専用ドミトリーあり。会員証不要。

- MAP 別冊 P.8-3B
- M ② Colonel Fabien
- 住 9-11, pl. du Colonel Fabien 10e
- TEL 01.70.98.84.00
- 料 シーツ代込み ◎€7.50
  Ⓢ Ⓦ €70〜
  ドミトリー1人€20〜
- CC AMV
- URL staygenerator.com

「ジェネレーター・パリ」のフロント

BVJのホステル
Bureau des Voyages de la Jeunesse

近代的でインターナショナルな雰囲気のホステル。シャンゼリゼのほかに、ルーヴル（MAP 別冊 P.25-2D）など3ヵ所にあり、立地条件が抜群だ。年齢制限は厳密には設けず、若い旅行者となじむことのできる人なら誰でも利用できるとのこと。24時間オープン。

BVJ（全館共通）
- 料 朝食・シーツ代込み
  Ⓢ Ⓦ €90
  ドミトリー1人€19〜49
- CC 館によって異なる
- URL www.bvjhostelparis.com

●シャンゼリゼ Champs-Elysées
- MAP 別冊 P.4-1B
- M ② Courcelles
- 住 12, rue Léon Jost 17e
- TEL 01.42.67.20.40

「BVJシャンゼリゼ」のモダンなドミトリー

 Column Information ／ ユースアコモ利用の際の注意点

貴重品の管理に注意
ドミトリーでは貴重品は決して部屋に置いたままにしないように。シャワーやトイレでちょっと部屋を出るときにも貴重品を持って。

日中は部屋に入れない
11:00〜16:00頃は、清掃のため部屋に入れないことが多い。荷物はロッカーに入れるか、掃除のじゃまにならないよう整理整頓してベッドの上に置いておこう。

男女同室のユースもある
欧米では家族でユースアコモを利用する人が多いため、ドミトリーが男女同室のところもある。気になる人は事前によく確認を。

共同シャワーのスマートな使い方
着替えや貴重品を入れるビニール製のバッグやビーチサンダルは必需品。時間帯によってはお湯が出にくくなることもあるので、利用前に、水圧やお湯の温度を確認して。

BED&BREAKFAST

B&B

フランス人の普段の生活に触れてみたいなら、フランス語で「シャンブル・ドットChambres d'Hôtes」と呼ばれる一般家庭でのホームステイはいかが？家庭料理を教えてくれたり、パリの観光案内をしてくれたりと、普通の滞在では味わえないような楽しい思い出ができるかもしれない。

B&B紹介センター

パリのB&Bは表向きに看板を出しているわけではなく、紹介センターを通じて宿泊を申し込むようになっている。最近はほとんどのホストファミリーが英語を話すので、フランス語を話せなくても心配はいらない。

アルコーヴ・エ・アガプ／ベッド・アンド・ブレックファスト・イン・パリ Alcôve & Agapes, bed-and-breakfast-in-Paris

高級ホテルに勝るとも劣らないおしゃれな部屋。朝食も充実
©www.bed-and-breakfast-in-paris.com

アルコーヴ・エ・アガプのB&Bの一例。貴族の館のように豪華なお宅も
©www.bed-and-breakfast-in-paris.com

パリでは老舗の部類に入るB&B紹介センター。パリ市内に約100軒の契約家庭のリストをもっている。どのB&Bも、高級アパルトマンの一室やアーティストのアトリエなど、個性的でオーセンティックなパリの魅力を味わえるものばかり。申し込みはウェブサイト内の予約フォームから（英語あり）。日本人には、日本びいきで日本人の客との文化交流を楽しみにしているホストを優先的に紹介してくれる。夕食の提供が必要だったり、フランス語やフランス料理のレッスン、パリ観光案内など、特別なことを希望する場合は、その旨相談してみるといい。

B&Bの仲介サイトAirbnb

旅慣れた人の間で話題のB&BマッチングサイトAirbnb（エア・ビー・アンド・ビー）」。部屋を貸すオーナーと、宿泊する旅行者がお互いにレビューをし合い、その口コミ評価を共有するコミュニティサイトだ。一般家庭に間借りする部屋もあるが、いわゆる貸しアパルトマン形式も多く、ここで紹介するB&Bとは趣旨が異なる物件も多い。セキュリティ面などの重要な判断の多くを自己責任に委ねられるので、必ずしもおすすめはできない。口コミは誰でも閲覧できるので参考になる。
URL www.airbnb.jp

TEL 06.99.44.75.75
料 物件によって異なる
朝食＋滞在税込み
SW €95～／泊
宿泊は2～3泊が望ましい
URL www.bed-and-breakfast-in-paris.com

パリに家族ができたよう
©www.bed-and-breakfast-in-paris.com

ミーティング・ザ・フレンチ Meeting the French

「ミーティング・ザ・フレンチ」は、パリを観光で訪れる外国人にフランスの文化や生活をより深く理解してもらおうという目的で設立された組織。フランス人一般家庭宅での B&B 滞在、職人アトリエ見学、ファッション・芸術・ガストロノミーツアーなど、さまざまなプログラムを提供し、リピーターを中心に人気を集めている。

B&B 登録家庭は、パリ中心街から庶民的な暮らしが見られる郊外の住宅街まで115軒。立地がよく、パリらしさが存分に味わえる家庭が厳選されている。家庭によっては、追加料金で料理教室を開いたり、**Table d'Hôtes**（夕食）を提供してくれるところもある。例えば、19区に部屋をもつトデア夫妻のB&Bでは、料理好きなムッシュが、繊細かつ豪快な家庭料理を作ってくれる。ムッシュの料理教室は男性客にも大人気。

19区のトデア夫妻はあたたかいもてなしと料理のおいしさで評判が高い

B&Bを利用しない場合も、一般家庭に招かれての食事会プログラムがあり、ツアーの自由時間を利用して"ちょっとだけ家庭訪問"が可能。料理教室や職人工房見学などのプログラムだけに参加することもできる。

ミーティング・ザ・フレンチのB&Bや各種プログラムの申し込みに際しては日本語のサポートが受けられるので安心だ。

ミーティング・ザ・フレンチのさまざまなプログラム

チョコレート専門店ツアー（2時間1人€65）など、さまざまなガイドツアーを行っている（→P.93）。日本語ガイド、アシスタントを付けることも可能。

「ミーティング・ザ・フレンチ」登録B&Bの一例。おしゃれなベッドルームに心のこもった朝食

料 物件によって異なる
　朝食＋滞在税込み
　1名 €68〜／泊
　宿泊は2泊以上
✉ contact@meetingthefrench.com
URL www.meetingthefrench.com
2020年7月現在、予約業務を休止している

Column Information　体験談　B&Bに滞在しました

勉強中のフランス語を試してみたくて、B&Bに泊まってみました。最初はちゃんと通じるかどうか不安でしたが、話好きなマダムのおかげで、ブロークンでもしゃべってみようという意欲がわいてきました。5日間の滞在で飛躍的に上達したとは言えませんが、少し自信がもてるようになりました。なにより、観光だけでは得られない貴重な体験ができて、次回もB&Bに泊まりたいと計画中です。　　　（福岡県　ぱるれ　'19）

家族旅行だったので、ゆったりと過ごせる場所をと思い、Airbnbを選びました。安くあがって満足でしたが、実際利用してみて、旅慣れた人向きかなと感じました。観光地からはずれた住宅地のこともあるし、何か問題が起きたとき、オーナーとやりとりできるだけの英語力は必要です。クリアできれば、利用価値大だと思います。
（神奈川県　浜ジェンヌ　'19）

APPARTEMENT

アパルトマン

単なる旅行では味わえない、「暮らすような滞在」を気軽に実現するのが、キッチンや食器が完備された、アパルトマン（アパート）形式のホテル。数人でシェアすればけっこう割安になるし、外食の高いパリで食事代を節約することもできる。マルシェの量り売りで買い出しをして、料理に挑戦してみても。

パリの高級マンション暮らし気分が味わえる「アダージオ・アパートホテル・パリ・サントル・トゥール・エッフェル」

アダージオ・アパートホテル
URL www.adagio-city.com
●アダージオ・アパートホテル・パリ・サントル・トゥール・エッフェル
MAP 別冊P.16-1B
住 14, rue du Théâtre 15e

シタディヌ
URL www.citadines.com
●シタディヌ・レ・アール
MAP 別冊P.26-2A
住 4, rue des Innocents 1er
●シタディヌ・サン・ジェルマン・デ・プレ
MAP 別冊P.29-1C
住 53ter, quai des Grands Augustins 6e

アパートメントホテル

契約などの面倒な手続きなしに、ちょっとだけ"パリ暮らし"気分を味わいたいなら、レセプションがあり、ホテルにチェックインするのと同じような感覚でキッチン付きの部屋が借りられる「アパートメントホテルHôtel Appartement」がおすすめ。フランスでは「レジデンスホテルRésidence Hôtelière」と呼ばれることが多い。1泊からでも宿泊可能で、6泊以上の長期滞在なら割引になるところもある。

アダージオ・アパートホテル Adagio Aparthotel

パリ市内に12軒展開しているアパートメントホテルのチェーン。エアコン、フル装備のキッチン、薄型テレビ、直通電話、無料Wi-Fiが完備され、高級マンション暮らしのような快適さだ。清掃、朝食はリクエストに応じて提供している。

シタディヌ Citadines

フランス全土に展開するアパートメントホテルの大型チェーン。パリ市内には計14軒ある。どのホテルにも、家具、電話（部屋直通）、無料Wi-Fi、テレビ、そしてキッチンには食器や調理器具まで、生活に必要な物がすべて揃っている。

Column Information ／ 気軽に体験"パリ暮らし"

地元の人に交じってマルシェで買い出し

買い出しに行くならぜひ訪れてみたいのが、町なかのマルシェ（→P.46）。チーズ、お総菜からケーキまで、何でも量り売りで好きな量だけ買えるので、気軽にチャレンジできる。お店の人とのやりとりを楽しめるのもマルシェの魅力のひとつ。言葉がわからなくても、興味を示せば納得するまで試食させてくれるはず。

マルシェでの買い物を楽しもう

料理をしてみよう

特に料理好きでなくても、パリの豊富で新鮮な食材を前にすれば、料理を楽しみたい気持ちが湧いてくること間違いなし。マルシェで買った野菜を使って簡単なサラダや煮込み料理をするだけで"パリ暮らし"気分！

設備の整ったキッチン付きアパートメントホテル

料理にチャレンジ！

はみだし／フランスの洗濯機はお湯で洗うので、布の種類や水温でコースを決める。旅行中の下着やタオルなら木綿が主なので、「40℃」「Coton（木綿）」で洗うとよい。洗剤は最初に入れる。日本より時間がかなりかかるのでご注意を。

中・長期滞在におすすめの短期アパルトマン

1週間以上の滞在なら、パリの人々が普通に暮らすアパルトマンもいい。ホテルと違って、鍵の受け渡し、ゴミ出し、アパートならではのトラブル（ブレーカーが落ちた、お湯が出ない）があるが、日本語で問い合わせできる斡旋会社を選べば、心強い。

mitsuibuilding france
27番地サン・ルイ・アン・リル通りほか23物件

全室改装され、明るく静か。治安のよい地域なので快適に暮らせる。楽器の演奏も可。ほかにシテ島、サン・ルイ島、パッシー、マレなどに計24の物件あり。6ヵ月以上の滞在から相談にのってもらえる。

MAP 別冊 P.27-3C M ⑦ Pont Marie
住 27, rue St-Louis en l'Ile 4e
TEL 06.22.20.10.96（日本語可・携帯）
料 €950／月 CC 不可
E-mail infoparis@mitsuibldg.com
URL www.mitsuibuilding.com（日本語）

静かな環境で快適なパリ生活を満喫できる「27番地 サン・ルイ・アン・リル通り」

アパルトマン探しに役立つウェブサイト

パリの日本語情報紙のウェブサイト
●オヴニーOVNI
バカンス前などは短期貸し物件の個人情報が多くなる。
URL ovninavi.com

日本で申し込める短期アパルトマン斡旋会社
●三井ビル株式会社
URL www.mitsuibuilding.com
●パリ・ヴ・ゼーム
URL www.parisva.fr（日本語）

「パリ・ヴ・ゼーム」の16区Fochの一室からの眺め

パリ・ヴ・ゼーム Paris Vous Aime

　俳優や著名人が多く住むことで知られるパリの高級住宅地、7区と16区に全11室のアパルトマンを提供。リーズナブルな料金で、快適なパリ暮らしが体験できる。問い合わせから予約、現地でのチェックインまで日本人スタッフが対応。全室美しい眺望があり、接続無料のWi-Fiも完備。さらに全室中央暖房＋給湯で冬も暖かく、お湯は限りなく使える。大型8人乗り、安全運転で親切な一律€55の専属空港送迎タクシーも予約手配可。宿泊数による段階的な料金割引と中長期滞在割引料金も。

TEL 06.62.43.11.22（パリ、日本語）
TEL 090-1058-4511（東京リエゾン）
料 7区 Université 6室（MAP 別冊 P.11-2D）
　€70 〜／泊
　16区 Foch 4室（MAP 別冊 P.10-1A）
　€100 〜／泊
　16区 Victor Hugo 1室（MAP 別冊 P.10-1B）
　€100 〜／泊
　各種割引制度あり
CC A D J M V　E-Mail info@parisva.fr
URL www.parisva.fr（日本語）

「セジュール・ア・パリ」のゆったりとしたアパルトマン

セジュール・ア・パリ Séjour à Paris

　パリ中心部の観光やショッピングに便利な地区に約24の物件をもち、3泊から長期滞在用物件を取り扱っている。各種チケット、レストラン予約サービス（一部有料）あり。

TEL （03）5775-2032
　（セジュール・ア・パリ予約代理店リージェンシーグループ）
料 1〜2人用スタジオ1泊€110〜
　長期割引、直前割引など各種割引制度あり　CC M V
E-Mail info@kurasutabi.net
URL www.kurasutabi.net（日本語）

アソシアシオン・シューベルシアード
Association Schubertiade

　普段は個展の会場などに使われている部屋を、使用しない期間、宿泊用に貸し出している。
　物件詳細はウェブサイトに写真付きで掲載されていてわかりやすい。

TEL 01.42.51.51.92
　（受付はパリ時間 10:00 〜 21:00）
料 1名1泊€85〜（物件によって異なる）
CC 不可（現地で現金にて支払い）
E-Mail ikuyotakahashi@gmail.com（日本語）
URL schubertiade.web.fc2.com（日本語）

Column Information
快適なアパルトマン滞在のための注意ポイント

ご近所に配慮を
　日本でも同じことだが、集合住宅は周囲に生活音が響きやすい。特に100年以上も前に建てられたアパルトマンが珍しくないパリ、防音設備など整っているはずもない。夜遅くの洗濯機や掃除機の使用を控えるのはもちろんのこと、テレビなどの音量にも気を配って。

ロックアウトに注意……
　アパルトマンの扉はオートロック式のところが多い。ちょっと外に出るときも必ず鍵を持って。また、外路扉の暗証番号を忘れると、建物に入れなくなる。出かけるときは念のためメモを持ち歩こう。

お風呂のお湯にはかぎりがある
　パリのアパルトマンではタンク式の給湯システムが一般的。つまり、使えるお湯の量が決まっているのだ。日本にいる感覚で湯船になみなみとお湯を張り、シャワーを流し放題にしたりすると、あっという間に足りなくなる。台所や洗濯にも同じタンクのお湯が使われることをお忘れなく。

ゴミ出しのルール
　ゴミは建物内のゴミ収集所に置かれたボックスへ。たいていはふたの付いた大型のゴミ箱が数個置かれている。分別はアパルトマンのルールに従おう。ゴミを出す日時に特に決まりはない。ただし、瓶や缶を夜遅くに捨てるのは騒音となるので控えよう。

洗濯物は室内に
　ホテルと違って、シーツやタオルの洗濯も自分でするのがアパルトマン滞在だ。備えつけの洗濯機に乾燥機能が付いていることもあるが、ない場合でも、外に干すのは御法度。パリ市民のルールなので、気をつけよう。

パリから行く近郊への旅

- パリ近郊の町への交通 ……… P.388
- ヴェルサイユ宮殿 ……… P.392
- パリ近郊の城館巡り ……… P.399
- モン・サン・ミッシェル ……… P.400
- ランス ……… P.407
- フォンテーヌブロー ……… P.408
- バルビゾン ……… P.409
- シャンティイ ……… P.410
- サン・ジェルマン・アン・レー ……… P.412
- シャルトル ……… P.413
- ジヴェルニー ……… P.414
- オヴェール・シュル・オワーズ ……… P.415
- ロワールの古城巡り ……… P.416
- ディズニーランド・リゾート・パリ ……… P.418

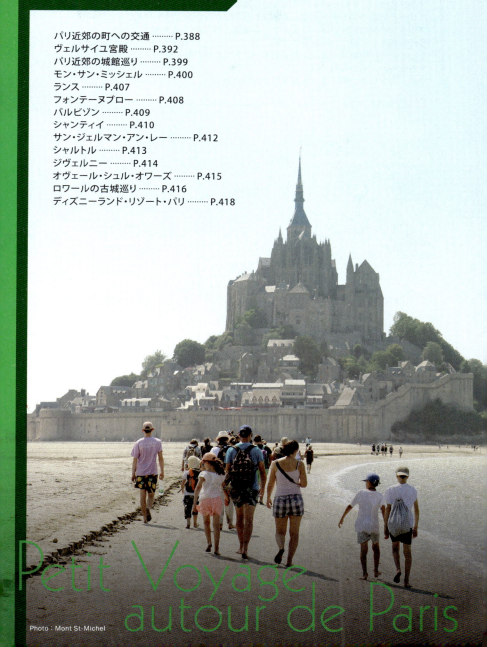

Petit Voyage autour de Paris

Photo : Mont St-Michel

PETIT VOYAGE AUTOUR DE PARIS

パリから行く近郊への旅

フランスはパリを除けばすべて田舎といってもいい。
パリから列車で30分も行けば、郊外はもうのどかな田園そのものだ。
ブルボン王朝の栄光の跡、ヴェルサイユ宮殿をはじめ、
歴代の王たちに愛された宮殿や古城、
そして近代に印象派の画家たちがモチーフとした風景が
今も往時と変わらぬ姿で残っている。
さあ、もうひとつのフランスを見つけに出かけよう。

世 パリ近郊のユネスコ世界遺産　URL www.unesco.or.jp

ジヴェルニーの
モネの家

ジヴェルニー
Giverny
1:05 ▶ P.414

セーヌ川
La Seine

一度は訪れてみたい世界遺産
モン・サン・ミッシェル

モン・サン・ミッシェル
Mont St-Michel
3:20 ▶ P.400

世 モン・サン・ミッシェルと
その湾（1979年登録）

ブルトゥイユ城
Château de Breteuil
0:50 ▶ P.399

シャルトル
Chartres
1:10 ▶ P.413

世 シャルトル大聖堂
（1979年登録）

シャンボール
Chambord
2:30 ▶ P.417

ブロワ
Blois
2:00 ▶ P.416

レンヌ
Rennes

トゥール
Tours
1:15 ▶ P.416

世 シュリー・シュル・ロワールと
シャロンヌ間のロワール渓谷
（2000年登録）

アンボワーズ
Amboise
2:00 ▶ P.417

シュノンソー城

シュノンソー
Chenonceaux
1:50 ▶ P.416

パリ近郊の町への交通

パリの国鉄駅

パリには「パリ」という駅はなく、7つの国鉄駅が点在している。行き先によって発着駅が異なるので、まずは目的地への列車がどの駅から出発するのかを確認しよう。

モネの作品のモデルともなったサン・ラザール駅

サン・ラザール駅 Gare St-Lazare MAP 別冊P.6-3B

パリで最も古い駅で、ジヴェルニーなどノルマンディー地方への列車が発着する。Transilienの発着も多い駅で、ヴェルサイユに行く際も利用できる。

リヨン駅 Gare de Lyon MAP 別冊P.21-2C

大きな時計塔が目印の駅。南仏への玄関口で、フォンテーヌブローなどの近郊と結ぶTransilienも発着する。駅構内にはレストラン「ル・トラン・ブルー」(→P.258)がある。

モンパルナス駅 Gare Montparnasse
MAP 別冊P.18-2A

フランス西部への玄関口。モン・サン・ミッシェルに行く際は、この駅からTGVを利用する。ロワール古城の拠点となるトゥールへのTGVも発着する。

オステルリッツ駅 Gare d'Austerlitz
MAP 別冊P.20-2B

フランス中南部へ向かう列車が発着する駅。ここから出るトゥール行きのTERを利用して、アンボワーズ城、ブロワ城を訪れることも可能。

役立つウェブサイト
SNCF URL en.oui.sncf
（英語版フランス全土の列車の時刻検索）
Transilien URL www.transilien.com
（イル・ド・フランス内の列車の時刻検索）

北駅 Gare du Nord MAP 別冊P.8-3A

文字通り北への玄関口。ロンドンと結ぶユーロスターやベルギーと結ぶタリスの車両が並び、国際的な雰囲気のある駅だ。シャンティ、オヴェール・シュル・オワーズなどの近郊と結ぶ列車も発着。

東駅 Gare de l'Est MAP 別冊P.8-3A

フランス東部と結ぶ列車の発着駅。ランスのあるシャンパーニュ地方、ドイツと国境を接するアルザス地方もTGVなら日帰り圏内。

パリ・ベルシー・ブルゴーニュ・ペイ・ドーヴェルニュ駅
Gare de Paris Bercy-Bourgogne-Pays d'Auvergne
MAP 別冊P.21-2D

パリの駅のなかで最も歴史が浅い。近郊と結ぶ便はなく、フランス中部にあるブルゴーニュ地方、オーヴェルニュ地方への列車が発着。

パリから行く近郊への旅

パリ近郊の町への交通

高速郊外鉄道RER、Transilienでパリ郊外へ

パリ郊外の町は、中心部から放射状に延びる高速郊外鉄道「RERエール・ウー・エール」、もしくはイル・ド・フランス地方圏内を走る普通列車「Transilienトランシリアン」を利用して、気軽に訪れることができる。

RERは、パリ市内のみでの利用ならばメトロと同じように利用できるが、郊外に出る際は、「乗り越し精算」ができないので注意。パリ市内から乗って、行き先までの切符を持たないまま検札のコントロールに合うと、罰金の対象になる。必ず行き先までの切符を買ってから乗車すること。

Transilienは国鉄が運行する近郊列車。国鉄駅もしくは一部RERの駅に発着する。ヴェルサイユ、フォンテーヌブローなど郊外の町に行く際に。切符はTransilienの表示がある券売機で。

RER路線図→MAP 別冊P.32〜33
RERの利用の仕方→P.80
国鉄の利用の仕方→P.390

ホームが明るくリニューアルされたRERのホーム(上)
パリからイル・ド・フランスへ行くTransilien(下)

RER、Transilien(1〜5ゾーン内)で行ける町と見どころ

ヴェルサイユ (P.392)
ブルトゥイユ城 (P.399)
フォンテーヌブロー (P.408)
サン・ジェルマン・アン・レー (P.412)
ディズニーランド・リゾート・パリ (P.418)

オヴェール・シュル・オワーズはゾーン外

交通パスで郊外にも行ける

パリ市内〜近郊の交通機関の利用範囲と料金は、5つのゾーンで分けられており、町によっては交通パス(パリ・ヴィジット、モビリス、ナヴィゴ→P.76)で行ける所もある。プランに合わせて交通パスを購入すればお得になることも。

役立つウェブサイト

RATP URL www.ratp.fr (パリ交通公団のサイト)
Transilien URL www.transilien.com

Column Information 近郊の町へ　読者の体験投稿

Transilienでオヴェール・シュル・オワーズ(→P.415)に行きました。ゴッホの墓があることで有名ですが、ほかにもセザンヌなど画家ゆかりの場所がたくさんあります。観光局でもらったマップを見ながら散策したら、隣駅のシャポンヴァルChaponvalからパリに帰るのが効率的です。
(愛知県　よーた　'19)

サン・ジェルマン・アン・レー(→P.412)に行こうと思ってRER Ⓐ

案内板で停車駅のチェックは怠らずに

線に乗ったのですが、いつまでたっても着かない！　路線図を見たら、途中で分岐していることに気づき、引き返すことに。RERに乗るときは停車駅の確認を！
(群馬県　ユーリン　'19)

はみだし： 「覚えておきたい交通に関するフランス語」(→P.81)のほか、駅や切符売り場では、「Banlieue バンリュー(郊外)」も知っておくと役立つだろう。

フランス国鉄SNCFで近郊の町へ

パリ近郊の町へ行くSNCFの列車は、イル・ド・フランス地方圏内を走る普通列車「Transilienトランシリアン」（→P.389）のほかに、イル・ド・フランス地方圏外を走る普通列車「TERテー・ウー・エール」、急行列車「Intercitéアンテルシテ」がある。シャンティイやシャルトルへはTERで、ジヴェルニーへはTERもしくはIntercitéで行くことができる。

TGVが運行していない地方都市間を走るIntercité

TGVで小さな旅

フランスが誇る高速列車「TGVテー・ジェー・ヴェー」を利用すれば日帰り圏がより広くなる。ロワール古城巡りの起点となるトゥールまではモンパルナス駅から約1時間20分、モン・サン・ミッシェルへは、モンパルナス駅から1時間30分〜2時間のレンヌへ行き、そこからバスを乗り継いで行くことができる。

車体に描かれた地方名やマークが特徴的なTER

日本で座席の予約をするには

TGVと一部のIntercitéは予約が必要（TERは不要）。人気路線やバカンスシーズンは混雑が予想されるので、利用日が決まったら早めに切符の手配をしよう。

●SNCFのウェブサイトで予約

一般的に3ヵ月前から予約が可能だ。ウェブサイトで予約した場合、切符の受け取り方法は次のなかから選ぶ。
1. 日本でeチケットをプリント
2. 現地の券売機で受け取る（予約番号とオンライン決済に使ったクレジットカードが必要）。券売機で受け取るにはICチップ入りのクレジットカードを使うこと（券売機での受け取りができないクレジットカードを使った場合は、窓口に申し出る）。
3. スマートフォンのアプリで保存。URL en.oui.sncf

●日本の旅行代理店に依頼

ライセンスをもった日本の旅行代理店に頼んで予約、発券してもらうこともできる。手数料が必要。

フランスの地方の旅に欠かせない存在のTGV

TGVの新ブランド「イヌイ inOui」

ウェブサイトで時刻検索

SNCFのウェブサイトで、乗車駅（From）、降車駅（To）、日付（Date）を入れると、その日の列車（TGV、TER、Intercités）やバス（Car）の時刻がわかる。列車番号のほか、途中の停車駅もわかるので便利。URL en.sncf.com

<列車時刻検索例>

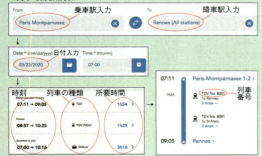

SNCFのアプリ

スマートフォンにインストールしたアプリで時刻検索や予約を行うことも可能。英語表示があり、料金も提示される。ただし、事前のユーザー登録が必要だ。

はみだし！ 鉄道版LCCともいえる格安TGVのサービス「ウィゴーOUIGO」。破格の安さで人気だが、チケットはオンライン販売のみで、日本発行のクレジットカードでは購入できないので注意。

現地で切符を買う

切符の購入は駅構内にある「Boutique Grandes Lignes」などと書かれた切符売り場で。日時、行き先、わかれば列車番号、人数、1等、2等の別を伝えると、発券してくれる。切符が発券されたら内容を確認すること。最近は券売機での購入が推奨され、窓口の数も減っている。急ぐときは券売機を利用しよう。

券売機のフランス語

acheter un billet　切符を買う
echanger un billet　切符を交換する
retier un billet　すでに予約した切符を引き取る
annuler un billet　購入した切符をキャンセルする
saisir (reference dossier, code)
　　　　　　　　（予約番号、暗証番号を）入力する

券売機

駅によっては券売機しかないこともある。券売機はユニオンジャックを選択すると英語表示になるので、銀行のATMのように一画面ごとに必要事項（乗車駅、下車駅、日時、1等か2等かなど）を選択していってください。支払いは、ICチップ付きのクレジットカード（M V）のみ。

TGVなど長距離路線「Grandes Lignes」の券売機（左）では、切符の購入のほか、交換、キャンセル、オンライン予約した切符の引き取りができる。「TER」の切符の購入は青い券売機で（右）

列車の乗り方

切符を入手したら駅構内の各所に掲げられた時刻案内板で番線Voieを確認する。発車の約20分前になるまで表示されないので乗り場が確認できたら移動は速やかに。

自動改札のある駅では、切符またはeチケットのバーコードを読み取らせて改札を通過。地方の駅など、自動改札がない駅では、ホームの手前に設置された「刻印機Composteur」で切符に刻印する（eチケットのプリントは不要）。これを怠ると、車内検札のときに罰金を課せられる。

なお、TGV、および予約の必要なIntercitéは、スムーズに定刻発車できるよう、発車予定時刻の2分前にドアが閉まる。締め切られたあとは乗車できないので注意しよう。

自動改札では切符またはeチケットのバーコードを読み取らせる

刻印機に切符を差し入れると刻印される（左）
TERの小さい切符の場合は左端に寄せる（右）

列車に乗ったら

座席指定の列車に乗り込んだら、切符に記された車両番号の指定座席を探そう。スーツケースなど重い荷物を置くスペースは、車両と車両の間などにある。

車内販売のサービスはないが、TGVにはバー車両が連結されており、軽食や飲み物を買うことができる。ただ、サンドイッチなどはかなり高くつくので、事前に買っておくのがおすすめ。

列車に乗る前に確認しよう

列車の編成
TGVなどは列車の編成が表示されるので車両の位置の見当をつけることができる。

車両の表示
車体に書かれた1等・2等の区別、ディスプレイ表示で行き先、車両番号を確認できる。乗る前にはしっかりチェック。

人気2大スポット①

フランス絶対王政のシンボル
ヴェルサイユ宮殿 Château de Versailles

観光ツアーのお決まりコースだが、フランスのみならず、ヨーロッパの黄金時代を象徴するこの宮殿は、やはり一生に一度は訪れたい場所だ。宮殿、ドメーヌ・ド・トリアノン、庭園をすべて見るには丸1日かかると考えよう。

ヴェルサイユの❶
Office de Tourisme
住 2bis, av. de Paris
☎ 01.39.24.88.88
開 4～10月　8:30～19:00
　（⑨は9:30～18:00）
　11～3月　8:30～17:30
　（⑨は11:00～17:00）
休 1/1、5/1、12/25
URL www.versailles-tourisme.com

ヴェルサイユ宮殿
開 4～10月　9:00～18:30
　11～3月　9:00～17:30
　（入場は閉館の30分前まで）
休 ⑨、1/1、5/1、12/25、公式行事のある日
料 €18（日本語オーディオガイド付き）、18歳未満無料、11～3月の第1⑨無料
バス ミュージアム・パス使用可
　（→P.183）
URL www.chateauversailles.fr

「有史以来、最も大きく、最も豪華な宮殿を！」という若き太陽王、ルイ14世のひと声で、ヴェルサイユ宮殿の建設が始まったのは、1661年のこと。以後1世紀にわたって、この宮殿は、名実ともにフランスの政治、文化、芸術の中心となる。

パリから20kmも離れた、木も水もない不毛の地に、森を造りセーヌ川の流れを変えるといった自然の大改造。ありとあらゆる装飾を施し、贅の限りを尽くした宮殿。それは単なる王の住まいではなく、王の絶対的権力を示すための舞台装置でなければならなかった。この途方もないプロジェクトの中心となったのが、建築家のルイ・ル・ヴォー、画家のシャルル・ル・ブラン、造園家のアンドレ・ル・ノートルだ。

ル・ヴォーは、もとはルイ13世の狩猟小屋にすぎなかった簡素な館を包み込むように、壮大なスケールをもつ石造建造物を建て、**王と王妃の大居室群**Grands Appartementsの設計に着手した。彼の死後はジュール・アルドゥアン・マンサールが引き継ぎ、庭園側のテラスを**鏡の回廊**Galerie des Glacesに改装

access
パリから列車で行く方法は次の3とおり。
[1] ⓂⒸ5線の終点ヴェルサイユ・シャトー・リヴ・ゴーシュVersailles Château Rive Gauche駅下車（パリ市内のRERⒸ線の各駅から30～40分）。宮殿まで徒歩約10分。
[2] Transilienで国鉄モンパルナス駅から、ヴェルサイユ・シャンティエVersailles Chantiers駅下車（所要15～30分）。宮殿まで徒歩約25分。
[3] Transilienで国鉄サン・ラザール駅から、ヴェルサイユ・リヴ・ドロワトVersailles-Rive Droite駅下車（所要約40分）。宮殿まで徒歩約20分。

Ⓜ⑨号線Pont de Sèvres駅から171番のバスで20～40分。Château de Versailles下車。宮殿の前に停まる。路線が異なるバスもあるので行き先を必ず確認すること。
エッフェル塔近く～宮殿を結ぶ2階建てバスもある。1日1～2便。往復€25。URL www.versaillesexpress.com

はみだし！ 宮殿、ドメーヌ・ド・トリアノンがセットになった1日パスポートもある。宮殿の切符売り場のほか、宮殿のウェブサイトからも購入できる。€20、大噴水ショーまたは音楽の庭園付き€27

した。壁画や天井画から家具調度にいたるまで装飾全体の指揮を取ったル・ブランは、当時最高の画家たちとともに、太陽王好みの豪奢な内装を造り上げた。

　続くルイ15世、ルイ16世の治世下でも、それぞれの趣味を反映した改装がなされるが、1789年のフランス革命によって、ヴェルサイユ宮殿は権力の中枢としての役割を終える。その後、ナポレオンによる修復を経て、ルイ・フィリップ王によって"フランスのすべての栄光にささぐ"歴史博物館に生まれ変わった。

　人気があるため、切符を買うために長蛇の列ができる。パリ・ミュージアム・パス(→P.183)や1日パスポート(→P.392はみだし）を事前に購入しておけば、並ぶ必要がない。ただし、シーズン中は宮殿の入口にも行列ができることもあるのでご注意を。

ヴェルサイユ宮殿の歴史

1624	ルイ13世が狩猟のための小館を建設
1661	ルイ14世が親政を開始。宮殿の拡大に着手
1682	宮廷と政府がヴェルサイユへ移る
1684	鏡の回廊完成
1710	礼拝堂完成
1715	ルイ14世死去
1722	ルイ15世、ヴェルサイユを再び政府とする
1770	ルイ16世とマリー・アントワネットの婚礼
1789	フランス革命勃発。ヴェルサイユが群衆に襲撃され、王と王妃はヴェルサイユを去る
1833	ルイ・フィリップ王が歴史博物館に改装
1919	鏡の回廊にて、第1次世界大戦を終結させるヴェルサイユ条約が調印される
1979	ヴェルサイユ宮殿と庭園が世界遺産に登録

宮殿の改修工事

2020年4月現在、ヴェルサイユ宮殿では改修工事が行われている。工事中でも入場はできるが、多少鑑賞範囲が制限されることを覚悟しておこう。工事中の部屋はウェブサイトで確認できる。

パリから行く近郊への旅

ヴェルサイユ宮殿

バロック様式の宮殿を映し出す水庭

はみだし！ ヴェルサイユ・リヴ・ドロワト駅から宮殿に向かう途中にある、ノートルダム・マルシェ広場Pl. du Marché Notre-Dameで開かれる市場は、規模も大きく観光客も楽しめる。ぜひ足を運んでみてね。

ヴェルサイユ宮殿

宮殿は広大で迷路のように部屋が入り組んでいるが、入口で日本語案内図をもらい、順路に従って進めば決して迷うことはない。じっくり見ても2時間程度で回れるだろう。

王妃の寝室 Chambre de la Reine
王妃はこの部屋で大半の時間を過ごし、人々の訪問を受けた。いわゆる"公開出産"が行われたのもここ。

王妃の大居室群 Grand Appartement de la Reine
南花壇に面した王妃の大居室群は、ルイ14世妃以来、歴代の王妃に使用された。

戴冠の間 Salle du Sacre
J.L.ダヴィッド作『ナポレオン1世の戴冠式Sacre de L'Empereur Napoléon 1er』が飾られている。

鏡の回廊 Galerie des Glaces
357枚の鏡で装飾された豪華絢爛たる回廊。王族の結婚式の際の舞踏会場など華やかな祝典の舞台となった。

王の寝室 Chambre du Roi
王の執務室であり、君主制の聖域でもあるのがこの寝室。ルイ14世は1715年9月1日にここで息を引き取った。

王の大居室群 Grand Appartement du Roi
シャルル・ル・ブランの指揮により壮麗な装飾が施された7室からなる大居室群。日中は誰でも自由に入ることができ、ときには王の姿を見ることもできた。

↑庭園へ

正面

オペラ劇場 Opéra Royal
1770年、ルイ16世とマリー・アントワネットの結婚式を機に完成。仮面舞踏会などさまざまな祝宴に利用されてきた。

戦闘の回廊 Galerie des Batailles
1837年、ルイ・フィリップ王によりヴェルサイユ宮殿が博物館として改修された際に造られた回廊。フランス史上の重要な戦闘を描いた絵画が集められている。

王の中庭 Cour Royal
宮殿の北棟と南棟をつなぐ中庭。入口には、10万枚もの金箔を使った「王の門」が復元されている。

礼拝堂 Chapelle Royale
ジュール・アルドゥアン・マンサール設計で、1710年に完成した。ゴシック様式とバロック様式が調和した独特の美しさをもつ。

ヘラクレスの間 Salon d'Hercule
王の大居室群の最初の部屋で、巨大な天井には、フランソワ・ルモワンヌによる『ヘラクレスの栄光』が描かれている。

※見取図は建物の2階部分を示す(オペラ劇場、礼拝堂、王の中庭除く)

庭園　　Jardin

ルイ14世は宮殿の建設中、毎日のように工事現場を見て回り、不十分な所、気に入らない所は直接指示を与え、細部まで直させるほどだったという。なかでも庭園はそんな彼の自慢の作品で、『ヴェルサイユ庭園案内の手引き』と題したノートの中に、来客を連れて庭園を観賞させるにはこれがいちばん、という道順を書き残している（下地図）。

フランス式庭園の最高傑作といわれるこの庭園を設計したのは、「王の庭師にして庭師の王」と称される天才造園家ル・ノートル。広大な庭園の向こうには、これまた広大な運河があり、とても2〜3時間で回りきれるものではない。自転車を借りるのも一案だ。宮殿の閉館後も庭園は開いているので、ゆっくり見学したい。

水と音楽のスペクタクル

ルイ14世時代、庭園ではさまざまな趣向を凝らした余興が毎日のように開かれていた。それを再現するのが、**大噴水ショー** Grandes Eaux Musicalesという水と音楽のスペクタクル。噴水のからくりは300年以上前とまったく同じ。数ヵ所の大貯水池から全長30kmの配管をとおしてサイフォン式の原理を用いた水の圧力を利用するものだ。夏には、音楽にイルミネーションと花火を合わせた**夜の大噴水ショー** Grandes Eaux Nocturnesが行われる。また、4〜10月には**音楽の庭園** Jardins Musicauxが開催され、一般公開されていない庭園内の木立などを見学できる。

水と音楽が織りなす祝祭の世界

パリから行く近郊への旅

ヴェルサイユ宮殿

庭園
- 開 4〜10月　8:00〜20:30
  11〜3月　8:00〜18:00
- 休 無休（悪天候時を除く）
- 料 無料（大噴水ショー、音楽の庭園開催日を除く）

装飾模様が美しい花壇

レンタサイクル
十字形の運河の頭に当たるところにレンタサイクルがある。子供用まで各種揃っている。借りるときにはパスポートが必要。

大噴水ショー
- 開 4/4〜11/1の⊕・⊕、5/19〜6/23の㊋
  9:00〜19:00
  （その他特定の開催日あり）
- 料 €11（ウェブサイトから購入€9.50)、学生と6〜17歳€9.50（ウェブサイトから購入€8)

夜の大噴水ショー
- 開 6/13〜9/19の⊕
  噴水　20:30〜22:45
  花火　22:50〜23:05
- 料 €30（ウェブサイトから購入€28)、学生と6〜17歳€26（ウェブサイトから購入€24)

音楽の庭園
- 開 4/7〜5/12と6/30〜10/27の㊋、4/3〜10/30の㊎
  9:00〜19:00
- 料 €10（ウェブサイトから購入€8.50)、学生と6〜17歳€9（ウェブサイトから購入€7.50)

はみだし！ 大噴水ショーや夜の大噴水ショー、音楽の庭園、そのほかのヴェルサイユ宮殿でのイベントのスケジュールの確認やチケットの購入はウェブサイトでできる。URL www.chateauversailles-spectacles.fr

ドメーヌ・ド・トリアノン　Domaine de Trianon

運河の北側に位置するドメーヌ・ド・トリアノンは、グラン・トリアノン、プティ・トリアノン、王妃の村里からなるエリア。きらびやかな宮殿とは対照的に、堅苦しい宮廷生活に疲れた王家の人々が息抜きをした場所だ。

グラン・トリアノン Grand Trianon

グラン・トリアノンは、ルイ14世が愛人のマントノン夫人と過ごすために建てさせたもの。ルイ14世の主席建築家マンサールの設計で1687年に完成した優美なイタリア風邸宅だ。バラ色の大理石でできた美しい列柱回廊は、

バラ色の大理石が美しいグラン・トリアノン

ルイ14世の発案で生まれたという。フランス革命でルイ14世時代の調度品はすべて失われたが、ナポレオン1世が使っていた頃の調度が保存されている。

プティ・トリアノン Petit Trianon

ヴェルサイユ宮殿に生きたあまたの女性たちのなかで最も有名な人物といえば、何といってもマリー・アントワネットだろう。プティ・トリアノンとその庭園には彼女の思い出がいっぱいに詰まっている。

プティ・トリアノンは、もともとはルイ15世の愛妾ポンパドゥール夫人の

新古典主義の傑作、プティ・トリアノン

ドメーヌ・ド・トリアノン
開 4〜10月　12:00〜18:30
　　11〜3月　12:00〜17:30
　　（入場は閉館の30分前まで）
休 ⑪、1/1、5/1、12/25、公式行事のある日
料 €12、18歳未満無料、11〜3月の第1⑪無料
バス ミュージアム・パス使用可
　　（→P.183）

ドメーヌ・ド・トリアノンへはプチトランが便利
宮殿からドメーヌ・ド・トリアノンは1.5km離れている。のんびり歩いていくのもいいが、途中下車も可能なプチトランに乗るのもいい。宮殿→グラン・トリアノン→プティ・トリアノン→大運河→宮殿と回る。
料 €8
URL www.train-versailles.
　　com（日本語あり）

 Column Information　マリー・アントワネットの生涯

中世から近代にかけてヨーロッパの広範囲に勢力を広げた名門ハプスブルク家で、女帝マリア・テレジアの末っ子として生まれたマリー・アントワネット。政略結婚により14歳でフランス王家に嫁ぎ、ルイ16妃となった。ルイ15世逝去によりフランス王妃となったが、窮屈な宮廷生活になじめず、プティ・トリアノンという自分だけの離宮で、お気に入りに囲まれて過ごすことを好むようになる。フェルセン伯との愛を育むなど、女性としての幸せにも目覚めていく。しかし、貧困にあえぐ国民の不満からフランス革命が勃発、時代に翻弄され最後は断頭台の露と消えた。

マリー・アントワネットお気に入りの画家だったヴィジェ・ルブランが描いた王妃と子供たち。派手に飾り付ける髪型を流行させるなど、ファッションリーダーとしての役割も果たしていた

ハープが置かれたお供の間（左）　明るく清純なイメージの王妃の寝室（右）

バラを持つマリー・アントワネットの肖像画

発案で建てられた城館で、1774年にルイ16世によりマリー・アントワネットに贈られた。堅苦しい宮廷のしきたりを嫌った彼女は、友人や家族だけで親密な時間を過ごすことができるこの別邸をこよなく愛したという。現在はマリー・アントワネットがヴェルサイユを去ったときの様子が再現され、宮殿本館とは正反対の軽やかで可憐な内装に彼女の繊細な趣味がよくわかる。

庭園の中には、演劇好きのマリー・アントワネットが造らせ、ときにはその舞台にも立った**王妃の劇場**Théâtre de la Reineがある。プティ・トリアノンの裏側には、人工の湖や小川、洞窟、見晴し台のあるイギリス式庭園。そこには、マリー・アントワネットと愛人フェルセンの密会の場所だった**愛の神殿**Temple de l'Amourがたたずむ。

川の中州に建つ愛の神殿

ひと休みするなら

広大なヴェルサイユ宮殿。歩き疲れてひと休みするなら宮殿本館内がおすすめ。名シェフ、アラン・デュカスによるレストラン「オール」では「王の菜園」の野菜を使った本格フランス料理が味わえる。また、モンブランで有名なサロン・ド・テ「アンジェリーナ」（→P.289）も宮殿本館内とプティ・トリアノンにある。

R オール Ore
🕘 9:00～18:30
　（11～3月は～17:30）
🌐 www.ducasse-chateauversailles.com

C アンジェリーナ Angelina
🕘 10:00～17:30（季節によって異なる）
　プティ・トリアノンは
　12:00～17:00（季節によって異なる）
🌐 angelina-paris.fr

アンジェリーナでランチも

『arucoフランス』で「ベルばら」の舞台を歩こう

さまざまな歴史的事件の舞台となったヴェルサイユ宮殿は、漫画、映画、ミュージカルなどで、幾度となく取り上げられている。なかでも時代を超えて愛されているのが『ベルサイユのばら』（池田理代子著）。1972年から約1年半にわたって連載された漫画で、後に宝塚歌劇団によって舞台化された。

映画では、実際に宮殿でロケを行ったソフィア・コッポラ監督の『マリー・アントワネット』（2006）、ルイ14世の宮廷楽長リュリと太陽王の関係を描いた『王は踊る』（2000）、庭園を舞台とした『ヴェルサイユの宮廷庭師』（2014）などがある。数々のドラマが生まれた宮殿を、書籍や映像でも楽しんでみては。

『arucoフランス』（地球の歩き方編集室編）では「"ベルばら"の名場面でたどるヴェルサイユ宮殿」として、漫画の名シーンとともに、舞台となった場所を紹介！

王妃の家

ファッションブランド「ディオール」の支援で、2018年に修復工事が完了し、ガイド付きツアー (仏語) での内部見学が可能になった。外観はわら葺き屋根の田舎家だが、内部は離宮プティ・トリアノンを思わせるエレガントな造りだ。所要約1時間30分。ウェブサイトで要予約。
€10

明るい黄色でまとめられた王妃の家のサロン

王妃の村里 Hameau de la Reine

さらに奥まった庭園の外れは、素朴なわら葺き農家を集めた王妃の村里。**王妃の家** Maison de la Reineや**水車小屋** Moulinからは、派手好きというイメージとはうらはらな、彼女の田園趣味がうかがえる。ここで彼女は子供たちと擬似農村生活を楽しんでいた。豪華絢爛の連続にうんざりした観光客にも、ほっとするようなやすらぎを与えてくれる場所だ。

マリー・アントワネットが愛した村里の一角にある王妃の家

Column Information: ヴェルサイユ宮殿で18世紀のプリンセス体験

マリー・アントワネットのようなドレスを身にまとって、鏡の回廊をしゃなりしゃなり歩く……。そんな夢も実現可能だ。

ヴェルサイユ宮殿では年に数回、コスチュームを身につけて参加するイベントを開催している。現地でドレスを借りて、プリンセスになりきってみよう。時間が合わない場合はイベントに参加しなくても、豪華な衣装を着てスタジオで写真撮影することもできる。

◆コスチューム着用のイベント
フェット・ギャラント Fête Galantes
バロックスタイルの衣装を身につけることが条件。開催日はウェブサイトで確認しよう。
URL www.chateauversailles-spectacles.fr

◆ドレスのレンタルとスタジオ撮影
コスチューム・エ・シャトー
Costumes & Châteaux
MAP P.393
住 1, pl. St-Louis TEL 01.71.41.07.95
料 衣装のレンタル€130〜、スタジオ撮影 写真2点選択€55、5点選択€75など各種。いずれも要予約 (英語可)。
URL www.costumes-et-chateaux.com

「フェット・ギャラント」(上)
深夜に開かれる「仮面舞踏会」(右)

衣装のレンタルと写真撮影は「コスチューム・エ・シャトー」で

Les Châteaux autour de Paris

王家の歴史を巡る旅に出よう
パリ近郊の城館巡り

ヴェルサイユ宮殿を筆頭に、パリ近郊には歴代の王たちを魅了した城館が数多く残り、往時の貴族文化が今でも息づいている。まさに歴代王権の歴史が凝縮された地方といえるだろう。

ルイ14世を嫉妬させた城館

　ヴォー・ル・ヴィコント城は、ルイ14世の財務卿だったニコラ・フーケの居城。建築はル・ヴォー、庭園はル・ノートル、室内装飾はル・ブランと、17世紀当時最高の芸術家たちによって造られ、あまりの豪華さゆえに、ルイ14世の不興を買ったほど。気の毒なことに、フーケは投獄され、2度と城に帰ることなく世を去った。

　王はその後、同じスタッフを使ってヴェルサイユ宮殿の建設に着手した。「有史以来、最も大きく、最も豪華な宮殿」のルーツは、ヴォー・ル・ヴィコント城にあったのだ。ル・ノートル作の見事なフランス庭園も見逃せない。

ヴォー・ル・ヴィコント城 Château de Vaux-le-Vicomte
🚉 パリ・東駅からTransilienで約35分のヴェルヌイユ・レタンVerneuil l'Etang駅下車。ここから15km。開館日には列車の発着時刻に合わせてシャトルバス（Châteaubus）が運行。パリシティヴィジョン（→P.89）のパリ発バスツアーもある。
🏠 77950 Maincy
📅 3/14～11/1（'20）の毎日10:00～19:00（5/2～10/3㊏～24:00）、11/21（'20）～1/3（'21）㊌㊐と学校休暇期間11:00～20:00（最終入場は閉館の1～2時間前まで） 休 上記以外の期間、1/1、12/25
💰 €16.90、学生€14.90、日本語オーディオガイド込み
🔗 vaux-le-vicomte.com（日本語あり）

フランス王家にまつわる芸術品の宝庫

　ブルトゥイユ城は16世紀の建造以来、ブルトゥイユ侯爵家が所有するプライベートシャトー。75haの美しい庭園の先には広大な森が広がり、かつて貴族たちが狩りや散策を楽しんだ光景が想像できる。17世紀にシャルル・ペローが逗留していたことから、「ペローの城」としても知られている。城内や庭園のそこかしこで、『長靴をはいた猫』、『赤ずきん』、『シンデレラ』などのペロー童話の登場人物たちに出会うことができる。

　城内には、フランス王家の遺品を含む18世紀のすばらしい調度品や絵画が展示されている。さらに、約50体もの歴史上の人物がろう人形となり、史実の1シーンを再現している。

ブルトゥイユ城 Château de Breteuil
🚉 RER B4線終点のサン・レミ・レ・シュヴルーズSt-Rémy-lès-Chevreuseで下車し、タクシーで約10分。4～10月の㊐㊗は1日4本バス（Baladobus）が運行（所要約15分、1日券€4）。
🏠 Allée du Château, 78460 Choisel
📅 14:30～17:30（㊐㊗と学校休暇期間および3/28～10/31（'20）の㊏は11:30～、庭園は毎日10:00～20:00）
休 無休
💰 城と庭園€17、庭園のみ€11
🔗 www.breteuil.fr

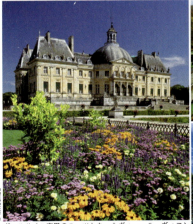

ヴェルサイユ宮殿のルーツとなったヴォー・ル・ヴィコント城（上、右上）　ペローの童話の登場人物たちと会えるブルトゥイユ城（右下）

人気2大スポット②

砂地にそそり立つ城塞のような修道院
モン・サン・ミッシェル
Mont St-Michel

修道院の起源は8世紀。聖オベールは、夢の中で大天使ミカエル（サン・ミッシェル）のお告げを聞いた。長期の難工事を経て完成したのがこの修道院。その後、聖地として多くの巡礼者をこの島に呼び寄せることとなった。

access

🚄🚌 パリ・モンパルナス駅からTGVでレンヌRennesまたはドル・ド・ブルターニュDol de Bretagneまで行き、モン・サン・ミッシェル行きのバスに乗り換える（下記）。パリからのバスツアーもある（→P.91）。

郵便番号50170

島へのアクセス

各方面から来たモン・サン・ミッシェル行きバスは、まず島から約2.5km離れた対岸のバスターミナルに到着する。そこから橋を渡る無料シャトルバスに乗ると、所要10分ほどで島の入口に到着する（→P.401）。橋の上を歩いて島に向かうこともでき、かつての巡礼者の気分を味わうにはとてもいい散歩道だ。ただし島までは30～40分ほどかかるので、日帰りの場合は時間配分に注意したい。

Column Information
パリからモン・サン・ミッシェルへ個人で行くには

パリからモン・サン・ミッシェルへは、レンヌまたはドル・ド・ブルターニュ経由で、TGVとバスを乗り継いで訪れることができる。下記は2019年12/15～2020年7/3の時刻表。時刻は変更される可能性があるので、最新情報はバス会社のウェブサイトで確認しよう。　URL keolis-armor.com

パリからモン・サン・ミッシェルへ

		月～土	月～土㊗	日	日㊗	毎日	月～土㊗	月～土㊗	日㊗	毎日
TGV	パリ・モンパルナス駅発	7:11	7:44	8:10	8:57	9:57	9:57	10:57	12:14	14:57
	レンヌ着		9:37	9:54		11:25		12:25	14:07	16:25
	ドル・ド・ブルターニュ着	9:39			11:02		12:13			
バス	レンヌ発 ※1		9:50	10:15		11:45		12:45	14:30	16:45
	ドル・ド・ブルターニュ発 ※2	9:50			11:15		12:25			
	モン・サン・ミッシェル着	10:20	11:00	11:25	11:45	12:55	13:55	15:40	17:55	

モン・サン・ミッシェルからパリへ

		毎日	月～土㊗	日㊗	毎日	日	毎日
バス	モン・サン・ミッシェル発	10:05	11:20	13:05	14:05	16:10	18:05
	レンヌ着	11:15	12:30	14:15	15:15		19:15
	ドル・ド・ブルターニュ着					16:45	
TGV	レンヌ発 ※1	11:35	12:52	14:35	15:35		19:37
	ドル・ド・ブルターニュ発 ※2					16:55	
	パリ・モンパルナス駅着	13:04	14:47	16:04	17:04	19:04	21:04

※1 レンヌ駅に隣接するバスターミナルGare Routière発。片道€15。
※2 ドル・ド・ブルターニュの駅舎を出てすぐのバス停発。片道€8。

バスの切符はTGVの切符購入時に合わせて買うか、乗車時に運転手から買う。レンヌではバスターミナルの窓口でも購入できる。

モン・サン・ミッシェルから10kmのポントルソン・モン・サン・ミッシェルPontorson-Mont St-Michel駅や、サン・マロSt-Malo駅、グランヴィルGranville駅からも直通バスが出る。

対岸からモン・サン・ミッシェルへのアクセスマップ

クエノン河口ダム Barrage
モン・サン・ミッシェルを遠望する絶好のスポット。夜景もおすすめ。

海に浮かぶ神秘の修道院モン・サン・ミッシェル。しかし近年は人工的な堤防のせいで湾内に砂が堆積し、完全な島となることがまれとなっていた。そこで、かつての景観を取り戻すために始めた復元工事が2015年に終了。新しいダム、対岸と島を結ぶ新しい橋が作られ、修道院が水に囲まれる本来の姿がよみがえった。

遊歩道
島を眺めながら歩ける心地よいプロムナード。

インフォメーション
- 開 9:00〜19:00（冬は短縮）
- 休 1/1、12/25
- URL www.bienvenueaumontsaintmichel.com（日本語あり）

無料WCあり（24時間利用可）。コインロッカーは閉鎖中。

対岸から島へのアクセス

[徒歩]
インフォメーションから島の入口まで約35分。ダムからは約25分。

[シャトルバス]
無料のシャトルバス（Navette）「ル・パスール Le Passeur」。運行は7:30〜24:00。インフォメーション前の停留所から約10分。ホテル・メルクール／スーパーマーケット前、ダムにも停留所がある。島側の停留所は橋の途中にあり、下りてから島の入口で少し歩く必要がある（2〜3分）。

[馬車]
2頭の馬が牽引する馬車「ラ・マランゴット La Maringote」。片道€6.10、4歳未満無料。インフォメーション前の乗り場から約25分。

パリから行く近郊への旅 モン・サン・ミッシェル

無料シャトルバス　有料馬車　徒歩

401

モン・サン・ミッシェルの ❶
Office de Tourisme
🏠 Grande Rue
☎ 02.33.60.14.30
🕐 7・8月 毎日 9:30～19:00
　復活祭～9月
　　㊊～㊏　　9:30～18:30
　　　　　　　9:30～12:30
　　　　　　 13:30～18:00
　3・10月
　　㊊～㊏　　9:30～18:00
　　　　　　（10月は～17:30）
　　　　　　　9:30～12:30
　　　　　　 13:30～17:30
　　　　　　（10月は～17:00）
　11～2月
　　㊊～㊏　10:00～17:00
　　　　　　 10:00～12:30
　　　　　　 13:30～17:00
🚫 10～3月の第3㊌の午前（3月は全日）、1/1、12/25
📶
URL www.ot-montsaintmichel.com

入口はとても小さいが人の出入りがあるのでわかる

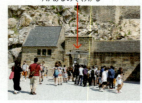

城壁の上は湾を眺めながら歩けるので気持ちがいい

グランド・リュ
Grande Rue

　島の入口から修道院へと続く、「グランド・リュ（大通り）」とは名ばかりの狭い参道。通りの両側には、特大オムレツが有名の「ラ・メール・プラール（→P.404）」をはじめ、ホテル、レストラン、みやげ物屋がぎっしり。朝早い時間から観光客で埋め尽くされて、歩くのもひと苦労だ。そんなときは、グランド・リュから脇道を上がり、城壁Rempartsの上を行くといい。修道院までは上り坂なので、比較的すいている城壁から行き、帰りはグランド・リュを下ってくるのも一案だ。

グランド・リュ沿いには、ノルマンディー名物のクレープを出す気軽なレストランもある

📝 **Column Information** ｜ 対岸ホテル街のスーパーマーケット

　対岸ホテル街には大きなスーパーマーケットがあり、飲み物や軽食を買いに来る観光客でいつもにぎわっている。バタークッキーや塩バターキャラメル、カルヴァドスなどの名産品も豊富に揃うほか、ノルマンディー生まれのボーダーシャツ「セント・ジェームスSt-James（フランス語ではサン・ジャム）」のコーナーもあるので、おみやげをまとめて買うのにも便利だ。サンドイッチなど軽食もある。

Ⓢ レ・ギャルリー・デュ・モン・サン・ミッシェル
　Les Galeries du Mont St-Michel
MAP 本誌P.401
🕐 8:00～22:00　🚫 1/1、12/25

グランド・リュを修道院へ向かって下から歩いていくと、左側に細い階段がある。みやげ物屋の間にひっそりと隠れているので見逃さないで！　大人ひとりがギリギリ通れる幅しかないが、ちゃんと通り抜けられるので入ってみよう。

また、修道院の麓に静かにたたずむサン・ピエール教会 Eglise Paroissiale St-Pierreにも立ち寄ってみたい。入口にはジャンヌ・ダルクの像が立ち、中に入ると大天使ミカエルが祀られている。グランド・リュの喧騒を逃れてホッとひと息つける穴場でもある。

この細い道を通るためにも荷物はコンパクトに

内部には美しいステンドグラスがあるサン・ピエール教会

Column Information

モン・サン・ミッシェルでとっておき体験！

大潮の日に孤島を体感

モン・サン・ミッシェルが完全に水に囲まれ、「孤島」となるのが「大潮」の日。大自然の神秘が創り出した絶景は、一生ものの思い出になるはず！　大潮の情報は観光局のウェブサイトで確認できる。「Horaire des marées」と書かれたカレンダーでチェックしよう。赤で示されているのが「大潮」の日だ。満潮は朝と夜の2回あり、時刻は日によって異なるので調べておこう。

URL www.ot-montsaintmichel.com/fr/horaire-marees/mont-saint-michel.htm

干潟はガイド付きでないと歩くことは禁止されているので、必ずツアーに参加して。水に浸かる場所もある（上）干潟を裸足で歩くのは気持ちがいい！（左）

干潟ウオーキング

潮の干満が激しいモン・サン・ミッシェルの湾一帯が世界遺産に登録されている。その広大な干潟を裸足で歩く、ガイド付きツアーがある。モン・サン・ミッシェルを裏側から眺められるのはツアーならではのレア体験だ。子供連れのファミリー参加も多く、老若男女楽しめる。意外と風が強く体が冷えることも。長袖の上着があると安心だ。日差しが強烈なので帽子、サングラスも忘れずに。

ガイドはフランス語だが、日本語で問い合わせ・申込みができるツアーもある。

モンサンミッシェル・コンシェルジュ・ツアーデスク
Mont Saint Michel Concierge Tourdesk
MAP 本誌P.401（レ・ギャラリー・デュ・モン・サン・ミッシェル内）
URL www.accent-aigu.com

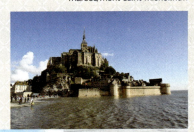

潮が満ちる速度は「馬の駆け足の速さ」ともいわれるほど速く、あっという間に海に取り囲まれる（上）島への橋も海に沈んでしばらくの間渡れなくなるので注意（下左）城壁から満ちてくる様子を眺めるのもおもしろい（下右）

島内散策

モン・サン・ミッシェルは周囲約1km、高さ約80mの小島。

入口は南側にあり、ここから一本道のグランド・リュをたどっていくと自然に修道院にたどり着く。

修道院見学後は、城壁の上を歩いて、島の周囲に広がる広大な砂の海を眺めるのもいいだろう。

散策のヒント-1

島の入口から修道院へは真っすぐ歩けば20分ほどで着く。修道院内の見学は1時間～1時間30分ほどで可能。見学後は城壁を1周したり(所要約30分)、遅めのランチを楽しんだり、おみやげを探したり……。帰りのバスの時刻に合わせて時間配分を考えよう。

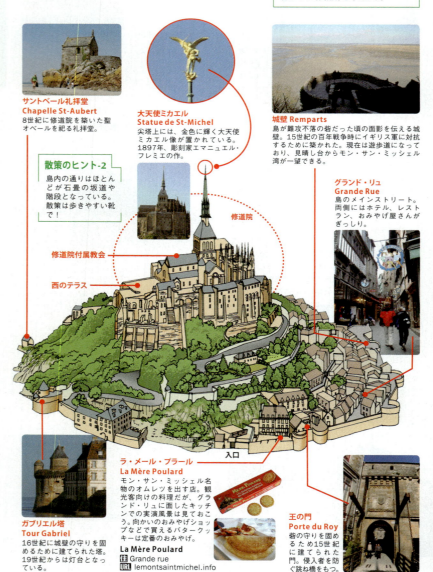

サントベール礼拝堂 / Chapelle St-Aubert
8世紀に修道院を築いた聖オベールを祀る礼拝堂。

大天使ミカエル / Statue de St-Michel
尖塔上には、金色に輝く大天使ミカエル像が置かれている。1897年、彫刻家エマニュエル・フレミエの作。

城壁 Remparts
島が難攻不落の砦だった頃の面影を伝える城壁。15世紀の百年戦争時にイギリス軍に対抗するために築かれた。現在は遊歩道になっており、見晴らし台からモン・サン・ミッシェル湾が一望できる。

散策のヒント-2

島内の通りはほとんどが石畳の坂道や階段となっている。散策は歩きやすい靴で!

グランド・リュ / Grande Rue
島のメインストリート。両側にはホテル、レストラン、おみやげ屋さんがぎっしり。

修道院
修道院付属教会
西のテラス
入口

ガブリエル塔 / Tour Gabriel
16世紀に城壁の守りを固めるために建てられた塔。19世紀からは灯台となっている。

ラ・メール・プラール / La Mère Poulard
モン・サン・ミッシェル名物のオムレツを出す店。観光客向けの料理だが、グランド・リュに面したキッチンでの実演風景は見ておこう。向かいのおみやげショップなどで買えるバタークッキーは定番のおみやげ。
La Mère Poulard
住 Grande rue
URL lemontsaintmichel.info

王の門 / Porte du Roy
砦の守りを固めるため15世紀に建てられた門。侵入者を防ぐ跳ね橋をもつ。

404

修道院見学

島と一体化してそびえ立つ修道院。966年に建築が始まり、数世紀にわたって増改築を繰り返してきた。そのためさまざまな建築様式が混在した独特の造りとなっている。岩山の急斜面にさまざまな建物が配置されているので、内部は迷路のように複雑に入り組んでいるが、配布される案内書に沿って進めば迷うことはない。

パリから行く近郊への旅 — モン・サン・ミッシェル

修道院 Abbaye
- 開 5～8月 9:00～19:00
  9～4月 9:30～18:00
  （入場は閉館の1時間前まで）
- 休 1/1、5/1、12/25
- 料 €11、
  日本語オーディオガイド €3
- URL www.abbaye-mont-saint-michel.fr

❶ 大階段 Grand Degré

下階の入口から一気に上階の西のテラスへ上る。

❷ 西のテラス Terrasse de l'Ouest

修道院付属教会の入口に面したテラス。海を見渡すすばらしい眺めが楽しめる。

❸ 修道院付属教会 Eglise Abbatiale

標高80mの岩山の頂上に建つ。11世紀初頭に建設された。内陣は15世紀にフランボワイヤンゴシック様式で再建されている。

❹ 回廊 Cloître

「ラ・メルヴェイユ」最上階の回廊は、修道士の祈りと瞑想の場。繊細な列柱の連なりと中庭の緑が美しい。

三層構造になった修道院

上階

中階

下階

見学スタート

北面の3階建て2棟からなる部分は、その美しさから「ラ・メルヴェイユ（驚異）」と呼ばれるゴシック様式の傑作。回廊や食事室など修道士の居住区が含まれる。

神秘的な夜の拝観
夏は日没後も入場することができる。モン・サン・ミッシェルに宿を取っているなら、ぜひ夜にも訪れたい。ライティングと音楽の演奏によって演出され、昼間とは違った空間に様変わりする修道院は必見。
- 開 7/4～8/29（'20）
  (月)～(土) 19:30～24:00（入場は23:00まで）
- 料 €15
- URL leschroniquesdumont.fr

昼間よりいっそう神秘的に感じられる夜の修道院

❺ 食事室 Réfectoire

修道士たちが食事を取った場所。側壁に設けられた59の小窓から差し込む光で神秘的な空間に。

❻ サン・マルタン礼拝堂 Chapelle St-Martin

上階の教会を支える建物で、11世紀完成当時の姿をとどめる貴重な場所。

❼ 大車輪 Grande Roue

中階の納骨堂にある大車輪は、修道院が牢獄として使われていた頃、食物を上階に運ぶために設置されたもの。

❽ 騎士の間 Salle des Chevaliers

何本もの柱が上階の回廊を支える。修道士たちの執務室として使われていた。

はみだし! 普段は入ることのできない最上階のテラスまで行くガイド付きツアー「ミカエルの空ツアー Un Dimanche dans le Ciel de l'Archange」がある。日曜開催、18人限定、要予約。€18 URL www.abbaye-mont-saint-michel.fr

モン・サン・ミッシェルのおすすめホテル

レンヌからのバスが到着する対岸地区に、2つ星から4つ星まで揃っている。モン・サン・ミッシェル島内には中世ムードあふれるホテルが多く、すべてグランド・リュ沿いにある。

※ダブルの最低料金が「€」€100以下、「€€」€101〜200、「€€€」€201〜300

対岸地区　MAP本誌P.401	
メルキュール・モン・サン・ミッシェル Mercure Mont St-Michel ★★★★ TEL 02.33.60.14.18 URL hotels.le-mont-saint-michel.com	€€
ル・ルレ・サン・ミッシェル Le Relais St-Michel ★★★★ TEL 02.33.89.32.00 URL lemontsaintmichel.info	€€
ガブリエル Gabriel ★★★ TEL 02.33.60.14.13 URL hotels.le-mont-saint-michel.com	€€
ラ・ディーグ La Digue ★★★ TEL 02.33.60.14.02 URL lemontsaintmichel.info	€€
ル・ルレ・デュ・ロワ Le Rais du Roy ★★★ TEL 02.33.60.14.25 URL hotels.le-mont-saint-michel.com	€
ヴェール Vert ★★ TEL 02.33.60.09.33 URL hotels.le-mont-saint-michel.com	€

モン・サン・ミッシェル島内　MAP本誌P.402	
オーベルジュ・サン・ピエール Auberge St-Pierre ★★★ TEL 02.33.60.14.03 URL www.auberge-saint-pierre.fr（日本語あり）	€€€
ラ・クロワ・ブランシュ La Croix Blanche ★★★ TEL 02.33.60.14.04 URL www.hotel-la-croix-blanche.com（日本語あり）	€€
ラ・メール・プラール La Mère Poulard ★★★ TEL 02.33.89.68.68 URL lemontsaintmichel.info	€€
レ・テラス・プラール Les Terrasse Poulard ★★★ TEL 02.33.89.02.02 URL lemontsaintmichel.info	€€
デュゲスラン LDuguesclin ★★ TEL 02.33.60.14.10 URL www.hotelduguesclin.com	€€
ラ・ヴィエイユ・オーベルジュ La Vieille Auberge ★★ TEL 02.33.60.14.34 URL www.lavieilleauberge-montsaintmichel.com	€€

Column Information　ドル・ド・ブルターニュで泊まるなら

モン・サン・ミッシェルへのバスの発着地のひとつ、ドル・ド・ブルターニュ（→P.400）にあるホステルに泊まるのも一案。モン・サン・ミッシェルへのサンセットツアーも催行している。

EDDホステル EDD Hostel
住 18, rue Pierre Semard 35120 Dol de Bretagne
TEL 09.72.64.80.09　休 12月〜2月中旬
料 1人€21〜　€3　CC MV
E-mail booking@eddhostel.com
URL eddhostel.com（日本語あり）
チェックインは15:00〜、受付は24時間。

HOSTEL & CAFE FOR EXPLORERS
EDD HOSTEL

モン・サン・ミッシェルからアクセス抜群！
世界中のバックパッカーや旅行者たちが
交流・情報交換する集いのスポット

パリからTGVで2時間15分
全40ベッド完備
ツイン5ルーム、4・6・7人用ドミトリー
お一人21ユーロ〜（朝食3ユーロ別）

18 Rue Pierre Semard 35120 Dol-de-Bretagne
booking@eddhostel.com　　+33 (0)9 72 64 80 09
https://eddhostel.com　　@eddhostel

モン・サン・ミッシェルへ「サンセット・プライベート・シャトルツアー」もあります

Reims
ランス

世界遺産とシャンパンの町

かつて、フランス王はランスで戴冠式を行わなければ、正式な王とはみなされなかった。フランス随一の格式をもつ大聖堂の町は、シャンパンの本場としても有名だ。また、大聖堂やシャンパンセラーなど世界遺産が数多くある。

ノートルダム大聖堂　Cathédrale de Notre-Dame

13世紀初頭に着工されたゴシックの大聖堂。3段で構成された端正な正面には、左右対称に2基の塔が建ち、外側のいたるところに施された彫刻がすばらしい。特に正面中央扉右側壁の4体の立像（受胎告知、聖母訪問）は、ゴシック最盛期の傑作といわれている。そのほか、正面の『微笑む天使』『マリアの従者』『聖ヨゼフ』など、いずれも秀作。建物の平面設計図はよく計算され、完璧に近い左右対称だ。また、20世紀初めに行われた大修復にあたり、シャガールがいくつかのステンドグラスを寄進した。シャガールブルーが美しい彼の作品は、内陣中央の小祭室で見ることができる。

正面広場の一角に**ジャンヌ・ダルクの騎馬像**がある。彼女はオルレアン解放後、シャルル7世にハッパをかけてランスに赴かせ戴冠式を行わせた。

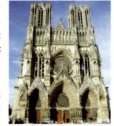
均整の取れた大聖堂

トー宮殿　Palais du Tau

かつては司教の館だったが、現在は、修復前のノートルダム大聖堂に置かれていた彫刻や、戴冠式の際に使用された王の装飾品などの宝物が並ぶ美術館となっている。9世紀のシャルルマーニュの護符や、12世紀の聖別式の聖杯などが見ものだ。

サン・レミ・バジリカ聖堂　Basilique St-Remi

サン・レミ（聖レミ）とはフランク王国の初代王クロヴィスに洗礼を授けた司教で、ここに彼の遺体が安置されている。

2基の塔を正面両サイドに備えたこの聖堂が着工されたのは11世紀初頭。その後、幾度となく修復作業が行われてきた来歴の長い聖堂。ロマネスク様式とゴシック様式が共存した見応えのある造りとなっている。

深い奥行きが印象的

---

access

🏠 パリ・東駅からTGVで約45分。
郵便番号51100

ランスの❶
Office de Tourisme
🏠 6, rue Rockefeller
☎ 03.26.77.45.00
🕐 10:00～18:00
（季節、曜日によって異なる）
休 1/1、12/25
URL www.reims-tourisme.com
（日本語あり）

ノートルダム大聖堂
🕐 7:30～19:30（日祝は短縮）
料 無料
URL www.cathedrale-reims.com

トー宮殿
🕐 5月上旬～9月上旬
　　9:30～18:30
　9月上旬～5月上旬
　　9:30～12:30
　　14:00～17:30
（入場は閉館の30分前まで）
休 月、1/1、5/1、12/25
料 €8
URL www.palais-du-tau.fr

サン・レミ・バジリカ聖堂
🕐 9:00～19:00（冬は～日没）
料 無料

フジタ礼拝堂
Chapelle Foujita（Notre-Dame de la Paix）
1959年、ノートルダム大聖堂で洗礼を受けた藤田嗣治が建てた礼拝堂。内部には藤田独自の手法によるフレスコ画が見られる。藤田と君代夫人の墓もある。
🕐 10:00～12:00
　14:00～18:00
休 火、10/1～5/1
料 €5、
　18～25歳と65歳以上€3、
　25歳未満の学生無料

はみだし　シャンパンのブドウ畑やセラーは世界遺産に登録されている。ランスにも登録されたセラーがあり、見学を受け付けているメーカーも多い。詳細はランスの❶に問い合わせを。セラーの中は真夏でも非常に寒いので上着を忘れずに。

パリから行く近郊への旅　モン・サン・ミッシェル／ランス

FONTAINEBLEAU

フォンテーヌブロー

フランス歴代君主に愛された城

フォンテーヌブロー城には、中世封建時代のカペー朝からナポレオン3世まで、フランスの歴代王権の歴史が凝縮されている。フランス初の本格的なルネッサンス宮殿であり、優美、洗練という点ではフランス随一といえるだろう。

access

🚆 パリ・リヨン駅からTransilienで 約40分、フォンテーヌブロー・アヴォンFontainebleau-Avon駅 下車。城までは駅前から1番のバスで約15分。Château de Fontainebleau下車。
URL www.transdev-idf.com

郵便番号77300

フォンテーヌブローの❶
Office de Tourisme
🏠 4bis, pl. de la République
☎ 01.60.74.99.99
🕐 (月)～(土)　10:00～18:00
　　(日)(祝)　10:00～13:00
　　　　　　14:00～17:30
休 11～4月の(日)の午後
URL www.fontainebleau-tourisme.com

フォンテーヌブロー城
🕐 4～9月　　9:30～18:00
　10～3月　　9:30～17:00
　（入場は閉館の45分前まで）
休 (火)、1/1、5/1、12/25
料 €12、18～25歳€10、9～6月の第1(日)無料、日本語オーディオガイド€4
🚌 ミュージアム・バス使用可（→P.183）
URL www.chateaude
　fontainebleau.fr

フォンテーヌブロー城 Château de Fontainebleau

もともとはパリの王族がここの森で狩りを楽しんだときに泊まる小さな家だった所へ、フランソワ1世からナポレオン3世まで歴代の君主が次々と建物を継ぎ足してできたのが今の城。だからこの城をひと回りすると、中世から19世紀初頭までの建築様式をパノラマ式に見ることができる。

マリー・アントワネットも舟遊びを楽しんだ「鯉の池」

城の内部も歴代の王による装飾が幾重にも塗り込められているが、基調は何といってもルネッサンス様式。なかでも、**フランソワ1世の回廊**Galerie François 1erと、**舞踏の間**Salle de Balの壁画・天井画は圧巻だ。16世紀初め、フランソワ1世が招いたイタリア人芸術家の影響で、この城を舞台に花開いたのが、「フォンテーヌブロー派」と呼ばれる、官能的で優美な芸術様式。『ガブリエル・デストレとその姉妹 ビヤール公爵夫人とみなされる肖像』（→P.195）（ルーヴル美術館蔵）はその代表作だ。

時代は下って、ナポレオン1世もこの城をこよなく愛したひとり。正面の馬蹄形の階段は、彼がエルバ島へ流される前に、近衛兵たちに別れを告げた場所として知られる。彼が居住した**小居室群**Petits Appartementsはガイド付きツアーで見学できる。

城の見学が終わったら、庭園をゆっくりと散策してみたい。ヴェルサイユの庭園を設計したル・ノートルによる**花壇**Grand Parterre、カトリーヌ・ド・メディシスが造らせた**ディアヌの庭園**Jardin de Diane、**イギリス庭園**Jardin Anglaisと、それぞれ趣の違いを楽しめる。

BARBIZON

バルビゾン

画家たちに愛された小さな村

フォンテーヌブローの西約10kmの所にある小さな村、バルビゾン。19世紀中頃、『晩鐘』『落穂拾い』などの名作で知られるミレーをはじめ、多くの芸術家を魅了し続けた風景が、当時と変わらぬまま残っている。

バルビゾンの村　Barbizon

19世紀の中頃、素朴な農村風景と美しい森に魅了された多くの画家が、この村に住み着いた。風景画でもアトリエで制作するのが普通だった時代、戸外に出てありのままの自然を写実的に描いた彼らは、まさに絵画の革命家だったといえる。農民とともに生活し、働く農民の姿を描き続けたミレーや、テオドール・ルソーらに代表されるバルビゾン派は、後の印象派が生まれる土台ともなった。

バルビゾンは、現在ではすっかり観光地化され、ひなびた農村の趣は感じられなくなっている。それでも村を少し離れると、黄金色の麦畑やこんもりとした森などが残り、画家たちが愛したかつての素朴な村の姿をしのぶことができる。

ミレーの『晩鐘』をモチーフにした、レストランの看板

バルビゾンにある記念館は次の2ヵ所。どちらも村のメインストリート、**グランド・リュ** Grande rueに面している。

バルビゾン派美術館　Musée des Peintres de Barbizon

貧しい画家たちを物心両面で支え続けた「ガンヌの旅籠屋 Auberge Ganne」を改装。画家たちが食事代や宿代と引き換えに残していった作品や、当時のバルビゾンに関する資料などが展示されている。また、テオドール・ルソーが30年間暮らしたアトリエが、美術館別館として公開されている。

ツタのからまるバルビゾン派美術館

ミレーのアトリエ
Maison et Atelier de Jean-François Millet

ミレーが家族と暮らした住居兼アトリエ。午前中は農民とともに働き、午後から絵を描いたというミレーの暮らしぶりが伝わってくる。アトリエにはミレーの作品が展示されている。

access

🚗 フォンテーヌブローから、森を挟んで西北西へ約8kmの所にある。フォンテーヌブロー・アヴォンFontainebleau-Avon駅からタクシー利用が便利（約20分）。パリから観光バスツアーもある（→P.91）。

郵便番号77630

バルビゾンの❶
Office de Tourisme
住 Pl. Marc Jacquet
TEL 01.60.66.41.87
開 10:00～12:00
（土日は～13:00）
14:00～17:00
休 ㊋、1/1、12/25
URL www.fontainebleau-tourisme.com

バルビゾン派美術館
開 10:00～12:30
14:00～17:30
（7・8月は～18:00)
休 ㊋、5/1、12/23～1/1
料 €6、
18～25歳と65歳以上€4、
18歳未満と学生無料
URL www.musee-peintres-barbizon.fr

ミレーのアトリエ
開 9:30～12:30
14:00～17:30
（7・8月は～18:30）
休 11～3月の㊌
料 €5、12歳未満無料
URL www.musee-millet.com

グランド・リュ沿いのミレーのアトリエ

はみだし！ パリの南西約30kmのヴィリエール・ル・バークルVilliers-le-Bâcleに藤田嗣治の住居兼アトリエ「メゾン・アトリエ・フジタ Maison-atelier Foujita」がある。📞 ㊏14:00～17:00 ㊐10:00～12:30、14:00～17:30 URL www.fondation-foujita.org

CHANTILLY
シャンティイ

ルネッサンスの城と競馬の町

広大な森に囲まれて建つ優美なルネッサンスの城で知られるシャンティイ。19世紀から競馬が開かれていて、城の隣には広大な競馬場があり、6月に女性たちが競って華やかな帽子をかぶって集まるディアヌ賞で有名だ。

access

パリ・北駅からTERで約25分。シャンティイ・グヴュー Chantilly-Gouvieux駅下車。列車の到着時刻に合わせて無料バス(DUC)が運行している。

郵便番号60500

シャンティイの❶
Office de Tourisme
住 73, rue du Connétable
TEL 03.44.67.37.37
開 ㊊〜㊏　　9:30〜12:30
　　　　　　13:30〜17:30
　　㊐㊗　　10:30〜13:00
　　　　　　14:30〜17:00
休 ㊋の午後、10〜4月の㊐
URL www.chantilly
　　-tourisme.com

シャンティイ城（コンデ美術館）
開 3/28〜11/1
　　10:00〜18:00
　　（庭園は〜20:00）
　　11/2〜3/27
　　10:30〜17:00
　　（庭園は〜18:00）
休 11/2〜3/27の㊋、
　1月休館の可能性あり
料 €17（馬の博物館との共通券。日本語オーディオガイド、庭園含む）
　庭園のみ €8
バス ミュージアム・バス使用可
　（→P.183）
URL www.
domainedechantilly.com

名物の「クレーム・シャンティイ」が食べられるレストランも

シャンティイ城　　Château de Chantilly

国鉄駅前から城までは、シャンティイ市内を走る無料バスで約10分（Chantilly, église Notre-Dameで下車）。のんびり歩いていく場合は、駅前から競馬場の東側の道Av. du Maréchal Joffre、Bd. de la Libération Maurice Schumannとたどっていく。

この城で一番の見どころは、19世紀に最後の城主となったオーマール公の絵画コレクション。現在は**コンデ美術館**Musée Condéとして公開されている。

グラン・シャトー Grand Château内の絵画ギャラリーでは、壁が見えないほどにぎっしりと絵を並べる19世紀の絵画展示法が今も守られている。所蔵作品は、イタリア・ルネッサンス絵画と15〜19世紀のフランス絵画が中心。ピエロ・ディ・コジモの『美しきシモネッタPortrait de femme dit de Simonetta Vespucci』、20cm四方に満たない画面の中にラファエロの小宇宙が広がる『三美神Les trois Grâces』、プッサンの『幼児虐殺Le Massacre des Innocents』など、あっと驚くような傑作揃いだ。

ラファエロの作品『ロレートの聖母La Vierge de Loretto』

プティ・シャトー Petit Château内にある図書室には、ランブール兄弟の有名な彩色写本『ベリー公のいとも豪華なる時祷書』が保存されている（展示されているのは複製）。

城の周りには、ヴェルサイユ宮殿の庭園を手がけたル・ノートルの庭園が広がっている。また、庭園北東部には、貴族たちが田園生活のまねごとをした村里Hameauもあり、のんびり散策するのが楽しい所。この村里はヴェルサイユのマリー・アントワネットの離宮にある王妃の村里のモデルになった。

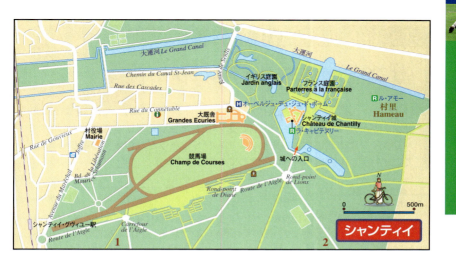

大厩舎（馬の博物館） Grandes Ecuries - Musée du Cheval

宮殿のように豪華な外観の大厩舎

シャンティイ城の近くには、18世紀に建てられた大厩舎がある。宮殿と見まがうような壮麗な建物で、間違いなくフランスで最も美しい馬小屋だ。建設当時は馬240頭、猟犬150匹を収容していた。今でも競馬用の馬がここで飼育されている。馬具のコレクションが観られる博物館も併設されており、30分の調教ショーが楽しめる。馬のショーをもっと見たいという人は1時間のスペクタクルもある（開催スケジュールはウェブサイトで確認のこと）。

馬の博物館
- 開休 シャンティイ城に同じ
- 料 €17（シャンティイ城との共通券）、馬のスペクタクルのセット券€30
- バス ミュージアム・バス使用可（→P.183）（馬のスペクタクルを除く）
- URL www.domainedechantilly.com

フランス語がわからなくても楽しめる馬のスペクタクル

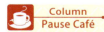

元祖クレーム・シャンティイ

これがクレーム・シャンティイ

クレーム・シャンティイとは、泡立てた生クリームのこと。日本でも口にする機会は多いので、知っている人も多いだろう。そのクレーム・シャンティイの発祥地はシャンティイ城。考案したのは17世紀の料理人ヴァテール。輝かしい業績を残しながらも、最後は自ら命を絶ってしまった悲劇の人だ。彼の働いていた厨房をそのまま使った城内のレストラン「ラ・キャピテヌリー」や村里のレストラン「ル・アモー」では、元祖クレーム・シャンティイが味わえる。ぜひ試してみて。

R ル・アモー Le Hameau
TEL 03.44.57.46.21
休 11月中旬〜3月上旬
料 ムニュ€24、€38.50、€46.50、クレーム・シャンティイ€8

R ラ・キャピテヌリー La Capitainerie
TEL 03.44.57.15.89
休 1/1、12/25、城の休館日

はみだし！ シャンティイ城の敷地内にあるラグジュアリーホテル「オーベルジュ・デュ・ジュ・ド・ポーム」に1泊するのも一案。レストランはミシュラン1つ星を獲得している。URL aubergedujeudepaumechantilly.fr

ST-GERMAIN-EN-LAYE
サン・ジェルマン・アン・レー

パリが一望できる大テラス

サン・ジェルマン・アン・レーは、思い立ったらすぐ行ける行楽地として、パリジャンに人気の町。週末には、のんびりと昼下がりの散歩を楽しむ人々でにぎわう。ルイ14世生誕の地としても知られている。

access

▲1線の終点サン・ジェルマン・アン・レー St-Germain-en-Laye駅下車。パリ中心部から約25分。

郵便番号78100

サン・ジェルマン・アン・レーの Office de Tourisme
住 Jardin des Arts, 3, rue Henri Ⅳ
℡ 01.30.87.20.63
開 5〜9月
　㊊　14:00〜18:00
　㊋〜㊎　10:00〜13:00
　　　　　14:00〜18:00
　㊏　10:00〜18:00
　㊐　9:00〜13:00
　10〜4月
　㊋〜㊎　10:30〜12:30
　　　　　13:30〜17:30
　㊏　10:30〜18:00
休 10〜4月の㊊ ㊐ ㊗
URL www.seine-saintgermain.fr

国立考古学博物館
開 10:00〜17:00
休 ㊋、1/1、5/1、12/25
料 €7、18歳未満無料、第1㊐無料
パス ミュージアム・パス使用可（→P.183）
URL musee-archeologienationale.fr

モーリス・ドニ美術館
URL www.musee-mauricedenis.fr
※2020年4月現在、改装工事のため閉館中。

ドビュッシーの生家
開 ㊌〜㊎　14:00〜18:00
　㊏　15:00〜19:00
　㊐　15:00〜18:00
休 ㊊ ㊋ ㊗
料 €5、26歳未満€3、第1㊐無料

城　　　　　　　　　　　　　　Château

　12世紀、ルイ6世によって丘の上に築かれた要塞がこの城の始まり。その後16世紀に、フランソワ1世が現在の形に造り替えた。サン・ジェルマン・アン・レーに生まれたルイ14世は、この城には特に愛着をもっていたようで、ヴェルサイユ宮殿の建設と同時に、この城の改築にも取り組んでいる。

　現在は**国立考古学博物館**Musée d'Archéologie Nationaleが入っており、先史時代の博物館としてはヨーロッパ随一のコレクションを誇っている。

　城の庭園と森の東側を縁取る全長2400mの**大テラス**は、ルイ14世がヴェルサイユ宮殿の庭園の設計者として有名なル・ノートルに造らせたもの。

テラスからはパリまで見渡すことができる

モーリス・ドニ美術館　Musée départemental Maurice Denis

　フランス象徴派を代表する画家モーリス・ドニが、晩年の30年間を過ごした邸宅。ゴーギャンを師とあおぎ、19世紀初頭パリで大流行した浮世絵の影響を受けたナビ派のボナール、エミール・ベルナールなどの絵画を展示する美術館となっている。ドニはナビ派のなかで理論的リーダーの役割を果たしていた。

美術館に隣接する礼拝堂の装飾もドニが手がけた

ドビュッシーの生家　Maison natale Claude-Debussy

　作曲家ドビュッシーは1862年、サン・ジェルマン・アン・レーで生まれた。彼の生家は現在、ドビュッシー記念館となっており、ドビュッシーの愛用品や楽譜などが展示されている。

落ち着いた雰囲気の展示室

CHARTRES

シャルトル

ステンドグラスの輝きに魅せられて

一面の麦畑の中に、時が止まったかのようにたたずむ町。古来より多くの巡礼者を集めてきた大聖堂は、1979年には世界遺産にも登録された。ステンドグラスを堪能したあとは、旧市街の美しい町並みをゆっくりと散策してみたい。

ノートルダム大聖堂　Cathédrale Notre-Dame

遠くから見ても印象的なのが、左右非対称の2本の尖塔。正面向かって左のゴシック様式の塔は新鐘楼、右側のロマネスク様式の塔は旧鐘楼と呼ばれる。塔には、大聖堂内の側廊北側から上ることができる。

「王の扉」と呼ばれる西側正面の扉を飾る彫刻は、12世紀ロマネスク芸術の傑作。円柱を飾る、長く引き延ばされた人物像の生きいきとした表情が何ともいえず魅力的だ。

「シャルトル・ブルー」で知られるステンドグラスはどれも見逃せないものばかり。とりわけ正面入口から入って左にある『エッサイの家系樹（キリストの系譜）』と呼ばれるものは、ひときわ青の色が美しい。また、南袖廊近くにある『美しき絵ガラスの聖母』は12世紀のもので、1194年の火災による損傷を免れた貴重なステンドグラスだ。ステンドグラスの光は、訪れる時間によってまったく違った表情を見せてくれる。晴れた日に訪れ、たっぷり時間をかけて鑑賞したい。

大聖堂とシャルトルの町並み

access

🚉 パリ・モンパルナス駅からTERで60〜75分。

郵便番号28000

シャルトルの❶
Office de Tourisme
🏠 8, rue de la Poissonnerie
☎ 02.37.18.26.26
FAX 02.37.21.51.91
開 ㊊〜㊏　　10:00〜18:00
　　㊐㊗　　10:00〜17:00
　　（1〜2月は〜13:00）
休 無休
URL www.chartres
　　　-tourisme.com

ノートルダム大聖堂
開 8:30〜19:30（7・8月の㊋㊎㊐㊗は〜22:00）
URL www.cathedrale-
　　chartres.org

塔
開 ㊊〜㊏　　10:00〜12:30
　　　　　　14:15〜17:00
（9〜4月の㊐は15:30〜、
　5〜8月は15:30〜18:00）
　㊐　　　　15:30〜17:00
休 1/1, 5/1, 12/25　料 €6
URL www.chartres
　　　-cathedrale.fr

クリプト
ガイド付きツアー（英語あり）で見学。
開 11:00, 16:15
　　（夏は回数が増える）
休 1/1, 12/25　料 €4

ピカシェットの家
Maison Picassiette
すべてが陶器の破片でできた不思議な家。墓守をしていたひとりの男が24年の歳月をかけて造り上げたこの家は、素朴派芸術として歴史的建造物に指定されている。
🏠 22, rue du Repos
開 10:00〜12:30
　　14:00〜18:00
休 ㊐の午前、㊋、5/1, 5/8, 11月中旬〜3月中旬
料 €6
シャルトル中心街からバス（4番La Madeleine行き）でPicassiette下車。
URL www.filibus.fr

パリから行く近郊への旅　サン・ジェルマン・アン・レー／シャルトル

GIVERNY

ジヴェルニー

モネの名作『睡蓮』の情景がよみがえる

パリから西へ約70km。印象派を代表する画家クロード・モネが晩年を過ごした場所として知られる。モネの家は彼が住んでいた当時のまま保存され、名作『睡蓮』を生んだ庭は花の咲く季節だけ一般公開されている。

access

🚃 パリ・サン・ラザール駅からIntercitésまたはTERでヴェルノンVernon駅下車(所要約45分)。ここからジヴェルニー行きのバス(パリからの列車到着に合わせて出発)で約20分(片道€5)。

郵便番号27620

駅前からプチトラン
駅前からモネの家までプチトランが運行している。片道約20分。
料 往復€8
URL www.petit-train.givernon.fr

モネの家と庭園
住 84, rue Claude Monet
TEL 02.32.51.28.21
開 4/1〜11/1('20)
 9:30〜18:00
 (最終入場は17:30まで)
休 11/2〜3月下旬
料 €9.50、学生€5.50
URL fondation-monet.com
 (日本語あり)

モネの墓
モネの家が面しているクロード・モネ通りRue Claude Monetをヴェルノン方向にしばらく歩くと、右側に小さな教会がある。入口あたりにモネの墓があるので、時間があれば訪ねてみたい。

印象派美術館 Musée des impressionnismes
印象派をテーマにしたさまざまな企画展を開催している。
住 99, rue Claude Monet
TEL 02.32.51.94.65
開 3/27〜11/1('20)
 10:00〜18:00
 (最終入場は17:30まで)
休 11/2〜3月下旬
料 €7.50、学生€5、
 第1⽇無料
URL www.mdig.fr(日本語あり)

モネの家と庭園 Maison et Jardins de Claude Monet

四季折々の花に囲まれたモネの家

モネがジヴェルニーに移り住んだのは1883年、彼がまだほとんど無名だった43歳の頃。以来、86歳で亡くなるまでここで仕事を続けた。光と水に恵まれたこの地の風景が彼の才能を開花させたのだろう。

モネの家の内部には、彼が集めた膨大な浮世絵コレクションが飾られている。どの部屋も彼好みの鮮やかな色調でまとめられ、さながら絵の中にいるよう。イエローを基調としたダイニングルームでは、食器も同じ色で統一されていてとてもモダン。1926年、彼が息を引き取った寝室は2階にある。

四季折々の花が咲き乱れる庭園は、モネが自らの手で造り上げたもの。日本の影響を強く受けた太鼓橋の架かる池には、モネにとってかぎりないインスピレーションの源となった、あの『睡蓮』の花が浮かんでいる。『睡蓮』の連作は、

どの部屋も色調を大切にしてまとめられている

パリのオランジュリー美術館(→P.205)に所蔵されているほか、マルモッタン・モネ美術館(→P.207)でも観ることができる。

『睡蓮』の生まれた池

AUVERS-SUR-OISE

オヴェール・シュル・オワーズ

炎の画家ゴッホの短く激しい生涯をしのぶ

ここは、天才画家ゴッホの終焉の地。1890年7月、彼は37年の短い生涯を閉じた。ゴッホがこの村で過ごしたのはたった2ヵ月間。しかしそのわずかな期間に、『オヴェールの教会』をはじめとする、70点もの傑作を残した。

ゴッホの家　　　　　　　　　Maison de Van Gogh

村のメインストリートにある**ラヴー亭**Auberge Ravouxは、ゴッホが自殺するまでの2ヵ月を過ごした下宿。ゴッホは村外れで自殺を図ったあとも死にきれず、自室のベッドの上で2日間もだえ苦しんだ末に亡くなったという。1階は、当時の姿を忠実に復元したカフェレストラン。ゴッホが住んでいた部屋のある3階では、ゴッホの生涯とオヴェール・シュル・オワーズでの作品がオーディオビジュアルで紹介されている。

今もレストランとして営業しているラヴー亭

ここを見学したあとは、ゴッホが死の直前に描き残した風景をたどりながら、村を散策してみよう。ゴッホが描いた**ノートルダム教会**Eglise Notre-Dameから坂道を上っていくと、ゴッホの眠る墓地に着く。

オヴェール城　　　　　　　　Château d'Auvers

ゴッホの家に近い17世紀の館が、ハイテクを駆使した印象派記念館となっている。臨場感たっぷりのビジュアル・システムで、マネやモネ、ルノワールなどの印象派絵画を楽しむことができる。印象派の誕生の展示や、モネやカイユボットのアトリエを再現した展示もある。

この城の裏でゴッホが自ら銃弾を胸に撃ち込んだという説もある（左）　ハイテクを駆使した展示（右）

access

🚆 パリ・北駅またはサン・ラザール駅からTransilienで約1時間10分。どちらの駅から乗っても乗り換えが必要。乗り換え駅は列車によって異なるので乗車時に確認のこと。4～10月中旬の⊕⊕㊗はパリ・北駅から直通列車が運行される（'20は運休の可能性あり）。

郵便番号95430

オヴェール・シュル・オワーズのℹ Office de Tourisme
🏠 38, rue du Général de Gaulle
📞 01.30.36.71.81
📠 09.72.40.86.40
🕐 3月下旬～11月上旬
　㊋～⊕　9:30～18:00
　　　　　9:30～13:00
　　　　 14:00～18:00
　11月上旬～3月下旬
　㊋～⊕　10:00～16:30
　⊕　　　10:00～13:00
　　　　　14:00～16:30
🚫 ㊊、12月下旬～1月上旬
🔗 www.tourisme-auverssuroise.fr
　（日本語あり）

ゴッホの家（ラヴー亭）
🕐 3/4～11/15 ('20)
　　　9:30～12:45
　　　13:30～18:30
（最終入場は30分前まで）
約30分のガイド付きツアーで見学。
🚫 ㊊㊋、11月中旬～2月
💰 €6、12～17歳€4
🔗 www.maisondevangogh.fr

オヴェール城
🕐 10:00～18:00
（入場は17:00まで）
🚫 ㊊
💰 €12、
　7～17歳と学生€7.50
🔗 www.chateau-auvers.fr

はみだし　オヴェール・シュル・オワーズのℹには日本語の地図があるので、スタッフに尋ねてみよう。ℹはラヴー亭の近くにあり、まずここで地図をもらって、村の散策を始めるといい。

CHATEAUX DE LA LOIRE

ロワールの古城巡り

フランス王朝の華麗な歴史絵巻をひもとく

温暖な気候、花々の咲き乱れるのどかな風景。そんな風景をいっそうロマンティックに彩るのが、中世からルネッサンス期にかけて建てられた古城の数々。パリかトゥール発のバスツアーを利用すると効率よく回れる。

access

古城巡りの起点はロワール地方の中心都市トゥールTours。パリ・モンパルナス駅からTGVで約1時間15分。トゥール・サントルTours Centre駅下車。直通電車でない場合はサン・ピエール・デ・コールSt-Pierre des CorpsでTERまたは国鉄バスに乗り換え。トゥール駅すぐの❶前からミニバスツアーが出る。パリを7:00頃発のTGVに乗れば午前のツアーに、11:00前発のTGVに乗れば午後のツアーに参加可能。

トゥールの❶
Office de Tourisme
🏠 78-82, rue Bernard Palissy
☎ 02.47.70.37.37
FAX 02.47.61.14.22
URL www.tours-tourisme.fr

トゥール発のミニバスツアー
●Touraine Evasion (トゥーレーヌ エヴァジオン)
☎ 06.07.39.13.31
URL www.tourevasion.com
（日本語あり）
●Acco-Dispo (アコ ディスポ)
☎ 06.82.00.64.51
URL www.accodispo-tours.com（日本語あり）

パリ発のバスツアー→P.91

シュノンソー城
🚃 トゥールからTERで約30分のシュノンソーChenonceaux駅で下車後、徒歩5分。
🕐 9:30～16:30（夏は延長）
（入場は閉館の30分前まで）
💰 €15、
18～27歳の学生€12
URL www.chenonceau.com
（日本語あり）

ブロワ城
🚃 トゥールからTERで約40分。ブロワ・シャンボールBlois-Chambord駅で下車後、徒歩約10分。
🕐 10:00～17:00（夏は延長）
（入場は閉館の30分前まで）
休 1/1、12/25
💰 €12、学生€9.50
URL www.chateaudeblois.fr
（日本語あり）

シュノンソー城 — Château de Chenonceau

ロマンティックなたたずまいのシュノンソー城

ロワール川の支流、シェール川をまたぐように建つ姿は、水に浮かぶ船のようなロマンティックな美しさ。16世紀の創建以来、代々の城主が女性だったことから、「6人の女の城」とも呼ばれる。なかでも忘れられないのが、王アンリ2世よりも20歳年上でありながら衰えることのない美貌を誇り、王の愛を独占した寵姫ディアーヌ・ド・ポワティエ。しかし王の突然の事故死の後、正妻カトリーヌ・ド・メディシスはディアーヌを城から追い出し、城主におさまってしまう。城を囲むふたつのフランス式庭園には、かつての愛憎劇をしのばせるかのように、それぞれカトリーヌとディアーヌの名前がつけられている。

ブロワ城 — Château de Blois

中庭にあるらせん階段で有名なフランソワ1世棟

中世の面影を残すブロワの町にそびえる名城。14世紀末にルイ12世が即位して以来100年間、王宮として栄えた。歴代の王により次々と増築されていったため、中庭に立つと13～17世紀の建築様式の変遷をひとめで見渡すことができる。なかでも見事なのが、中庭に面したフランソワ1世棟のらせん階段で、初期ルネサンス建築の傑作といわれている。手すりに施された"火とかげ"はフランソワ1世の紋章だ。

はみだし ロワール地方には、ロワール川やその支流に沿って古城が点在している。紹介したもののほかに、シュヴェルニー城やアゼー・ル・リドー城、ヴィランドリー城など、多くの美しい城がある。

シャンボール城　Château de Chambord

　パリ市と同じ広さをもつソローニュの森にたたずんでいる。16世紀初頭、この森を狩り場としたフランソワ1世により建てられた。幅156m、高さ56m、部屋数426という規模はロワール最大。空に向かってにょきにょき伸びる尖塔はすべて煙突で、その数なんと282本！ただしあまりにも壮大過ぎて、282個の暖炉をもってしても城全体を暖めることができなかったらしい。

　城の設計者は明らかではないが、上がる人と下る人がすれ違わずに昇降できる有名な2重らせん階段はレオナルド・ダ・ヴィンチの考案とされている。ルイ14世時代には、モリエールがここの大広間で喜劇『町人貴族』を初演した。

フランス・ルネッサンスの華、シャンボール城

アンボワーズ城　Château d'Amboise

　ロワール川のほとりの高台にそびえる壮麗な城。この場所には古代から要塞が築かれていたが、15世紀末にシャルル8世が、ルネッサンスの粋を集めた華麗な宮殿に改築。さらにルネッサンス文化をこよなく愛したフランソワ1世の時代に最盛期を迎えた。フランソワ1世により招かれたイタリア人芸術家のひとりがレオナルド・ダ・ヴィンチだ。敷地内のサンテュベール礼拝堂の中には、レオナルドの墓がある。彼が住んだ館、**クロ・リュセ城** Château du Clos Lucéも城のすぐ近くにあるのであわせて訪ねてみたい。

ロワール川を見下ろす華麗なアンボワーズ城　© L. de Serres

パリから行く近郊への旅／ロワールの古城巡り

シャンボール城
🚆トゥールからTERで約40分のブロワ・シャンボールBlois-Chambord駅前からバスがあるが、本数が少ないので、ツアーで訪れるのが合理的。
🕐10/26～3/27　9:00～17:00
　3/28～10/25　9:00～18:00
　（入場は閉館の30分前まで）
休 1/1、11/30（'20）、12/25
料 €14.50、18～25歳€12
URL www.chambord.org

ブロワ城、シャンボール城、シュヴェルニーの巡回バス
3/28～11/1（'20）は、ブロワ駅前からブロワ城、シャンボール城、シュヴェルニー城を結ぶシャトルバス（Navette Châteaux）が運行される。バスのチケットを見せると城の入場が割引になる。
URL www.remi-centrevaldeloire.fr

アンボワーズ城
🚆トゥールからTERで約20分。アンボワーズAmboise駅で下車後、徒歩20分。
🕐7・8月　9:00～19:00
　　　（その他の季節は短縮）
休 1/1、12/25
料 €13.10、学生€11.30（日本語ビジュアルガイド付き）
URL www.chateau-amboise.com（日本語あり）

クロ・リュセ城
🕐10:00～18:00（夏は延長）
　（入場は閉館の1時間前まで）
休 1/1、12/25
料 4/1～11/15
　　　€17、学生€12.50
　11/16～3/31
　　　€14、学生€11
URL www.vinci-closluce.com

DISNEYLAND RESORT PARIS

ディズニーランド・リゾート・パリ

© Disney

パリからおとぎの国への小旅行

パリの東方32kmのマルヌ・ラ・ヴァレにあるヨーロッパ初のディズニーランド。600万m²にも及ぶ敷地に、3つのアミューズメントエリアと6つの直営ホテルを有する滞在型総合リゾートだ。

access

🚇Ⓐ4線終点マルヌ・ラ・ヴァレ・シェシー Marne la Vallée Chessy 駅下車。パリ中心部から約50分。駅はディズニーランド・リゾート・パリの敷地内にある。

🚌シャルル・ド・ゴール空港、オルリー空港と結ぶシャトルバス（Navette Aéroport - Magical Shuttle）あり。
URL magicalshuttle.fr

ディズニーランド・リゾート・パリ
開 ウェブサイト内のカレンダー参照
休 無休
料 季節、曜日により異なる。ウェブサイトから購入可能（英語）
URL www.disneylandparis.com

©Disney
アドベンチャーランドの海賊船

©Disney・Pixar
トゥーン・スタジオのクラッシュ・コースター

ディズニーランド・パーク　　Parc Disneyland

パーク最大のイベントであるパレードが行われる**メインストリートU.S.A.Main Street, U.S.A.**、「眠れる森の美女の城」がシンボルの**ファンタジーランドFantasyland**、「ビッグ・サンダー・マウンテン」が人気の**フロンティアランドFrontierland**、「カリブの海賊」がある**アドベンチャーランドAdventureland**、未来と宇宙がテーマのアトラクションが楽しめる**ディスカバリーランドDiscoveryland**の5つのエリアからなる。

ウォルト・ディズニー・スタジオ　　Walt Disney Studio

「映画」をコンセプトにしたテーマパーク。ロケ現場のセットを再現したスタントマンショーなどが体験できる。園内には**フロント・ロットFront Lot**、**プロダクション・コートヤードProduction Courtyard**、**バックロットBacklot**、**トゥーン・スタジオToon Studio**の4つのゾーンがあり、さまざまなアトラクションが楽しめる。

ディズニー・ヴィレッジ　　Disney Village

ディズニーのふたつのテーマパークに隣接する総合商業地区。ショッピング、アミューズメント、飲食などを楽しめる（入場は無料）。ディズニーランド・パークが閉園したあとも深夜までオープンする店舗が多く、パークでアトラクションを楽しんだあと、ゆっくり買い物ができる。

Column Information

印象派画家カイユボットの邸宅

画家であると同時にコレクターでもあり、印象派画家たちを支え、彼らから敬愛されていたギュスターヴ・カイユボット。その家族が購入したパリ近郊の邸宅が、当時の姿に修復され、一般公開されている。広大な敷地内には、山小屋や礼拝堂まであり、描かれた風景のなかを散策することができる。

©Christophe Brachet　80点以上の作品がここで制作された

◆**カイユボットの邸宅 Maison Caillebotte**
🚇Ⓓ②線イエールYerres下車。そこから徒歩約7分。
住 8, rue de Concy 91330 Yerres
TEL 01.80.37.20.61
開 14:00～18:30
休 ㊊（冬期は㊊～㊎）、1/1、12/25
料 €8、16歳未満は無料
URL www.proprietecaillebotte.fr

はみだし！ パリ近郊随一のアウトレット「ラ・ヴァレ・ヴィラージュ」。120ものブランドのショップが集まっている。巨大ショッピングモール、「ヴァル・ドゥロップVal d'Europe」も隣接している。URL www.tbvsc.com

旅の準備と技術

旅のプラン ……… P.420
旅の必需品 ……… P.422
お金の準備 ……… P.424
旅の情報収集 ……… P.425
服装と持ち物 ……… P.426
日本出入国 ……… P.428
フランス入出国 ……… P.430
お金の両替 ……… P.432
パリでの情報収集 ……… P.434
免税について ……… P.436
通信・郵送手段 ……… P.438
トラブル対策 ……… P.442
旅の言葉 ……… P.448

Renseignements Pratiques

準備 旅のプラン

旅立つことを決めたらまずおさえたいのがパリ行きの航空便。いろいろな選択肢があるけれど、単純に価格だけで比較するのではなく、所要時間、利便性にも注目して、自分にぴったりの航空会社、航空券を選ぼう。

航空会社を選ぶ

エールフランス航空
Air France（AF）
☎(03)5767-4143（東京）
☎(06)6341-2661（大阪）
圏〜金 8:00〜19:00
土日 9:00〜17:30
URL www.airfrance.co.jp
＜パリ＞
MAP 別冊P.12-2A
住 2, rue Robert Esnault Pelterie 7e
☎09.69.39.36.54

日本航空 JAL
Japan Airlines（JL）
☎0570-025-031
毎日 8:00〜19:00
URL www.jal.co.jp
＜ヨーロッパ予約センター＞
☎0810.747.777（日本語）

ANA
All Nippon Airways（NH）
☎0570-029-333
24時間、年中無休
URL www.ana.co.jp
＜フランス＞
☎0800-909-164（日本語）
24時間、年中無休

直行便を選ぶか、経由便を選ぶかで、パリまでの所要時間や現地滞在時間、料金が大きく違ってくる。日本からパリまでは直行便で約12時間。

早くて便利な直行便（ノンストップ便）

2020年4月現在、日本からパリにノンストップの直行便を飛ばしているのは、エールフランス航空（成田・羽田・関西発）、日本航空（羽田発）、ANA（羽田発）の3社。直行便のメリットは何といっても飛行時間が短く、現地での時間を有効に使えるこ

日本の空港を出発した瞬間からパリの気分が味わえるエールフランス航空

と。午前中に出発する昼便なら、その日の夕刻にはパリに着く。夜便は、羽田発のエールフランス航空（22:55発または23:50発、

羽田空港国際線ターミナルの出発ロビー

パリ到着は翌朝4:35または4:50。時刻は季節によって異なる）がある。仕事を通常どおりに終えてから出発できるので、休暇日数のかぎられた社会人にはありがたい。

時間はかかっても安くてお得な乗り継ぎ便

ノンストップの直行便ではなく乗り継ぎ便なら、乗り換えの手間はかかるが安い航空券が手に入りやすい。乗り継ぎ便を利用すると、まずその航空会社の本拠地となる都市に行き、そこで飛行機を乗り換えてパリへ行くことになる。例えばKLMオランダ航空ならアムステルダム、スカンジナビア航空ならコペンハーゲンで乗り換えという具合。ヨーロッパ系の航空会社ならいずれもパリへの同日乗り継ぎが可能。アジア系航空会社では、ソウル経由の大韓航空も乗り継ぎがよく、福岡、名古屋など地方空港から直接出発して乗り継げるので便利だ。ドバイ経由のエミレーツ航空（成田・羽田・関西発）や、ドーハ経由のカタール航空（成田・羽田・関西発）なども人気が高い。航空会社によっては乗り継ぎに6〜8時間もかかる便もあるので、料金と時間のどちらを優先させるかを考えよう。

知っておきたい用語集
▶直行便：どこにも着陸することなく、目的地まで飛ぶノンストップ便
▶経由便：目的地に行く途中、ほかの空港にも着陸する便。どこに立ち寄っても目的地までは機材や便名は変わらない
▶乗り継ぎ便：目的地に行く途中でほかの空港に着陸して、飛行機を乗り換える便
▶トランジット：経由便で、目的地に行くまでにほかの空港に立ち寄ること
▶トランスファー：乗り継ぎ便で、目的地に行くまでにほかの空港に着陸し、飛行機を乗り換えること

航空券を選ぶ

航空券の種類

航空券には、1年間有効で日程や航空会社の変更が何度でも可能な自由度の高い正規航空券（ノーマルチケット）のほかに、正規割引航空券（PEX航空券）と格安航空券がある。正規割引航空券とは、航空会社が独自に料金設定した割引料金で、航空会社や旅行会社で購入できる。航空会社によっては早割やウェブ割引料金なども設けており、シーズンによっては格安航空券より安くなる場合もある。

格安航空券とは、おもに旅行会社が団体旅行用の航空券をバラ売りしているもの。同じ日の同じ便でも購入する旅行会社によって価格はまちまちなので、何社か比較検討したい。なお、正規割引航空券や格安航空券では、航空券の購入期限や途中降機、払い戻しの手数料など、制約も多い。発券後の予約の変更不可などの条件があるので、よく確認のうえ購入しよう。

どこで購入するか

どの航空券であっても今やインターネットで比較検討し、購入するのが一般的だろう。正規航空券は各航空会社の直販か、旅行会社で手配することになるが、日本〜ヨーロッパのエコノミークラス往復の正規航空券は約60万円（平日）と高額なので、利用する人はほとんどいないだろう。

パリの航空券の話にかぎれば、航空会社から正規割引運賃で購入するのと、旅行会社から格安航空券を購入するのでは、大きな価格差は出にくいのが現状だ。旅行会社の格安航空券が有利となるのは、ホテル付きのツアーで「フリータイムパリ○日間」といった名称で出しているものだろう。往復航空券にホテルと空港〜ホテル間の送迎サービスの付いた1都市滞在型ツアーは、航空券とホテルをそれぞれ手配するよりも割安になる場合があるのだ。インターネットでの手配が不安なら、旅行会社や代理店へ行って、相談しながら検討すればいい。

格安航空券やツアー、ホテルの手配がオンラインで可能

格格安航空券のオンライン手配なら『アルキカタ・ドット・コム』。国内空港発着の航空券を手配できる。業務渡航やビジネスクラスの手配も可能。ネットで検索と照会をすれば、回答はメールで。各種パッケージツアーも申し込め、世界中のホテルも予約可能。急ぎの場合は電話で部屋を確保できる。
URL www.arukikata.com

燃油サーチャージ

現在、航空会社は航空運賃に燃油サーチャージ（燃油特別付加運賃）を加算して販売している。これは、燃料を仕入れた時点での原油価格を考慮して決定されるため、時期や航空会社によって金額が異なる。航空券購入の前には必ず確認しよう。

航空券はeチケット

各航空会社では、eチケットと呼ばれるシステムを導入しており、航空券を購入すると予約番号が記載されたeチケット控えが発行されるのみだ。チェックイン時は、「eチケット控え（Electronic Ticket Itinerary/Receipt）」とパスポートを提示するだけでいい。紛失しても再発行可能なので便利（→P.444）。

国際観光旅客税

日本を出国するすべての人に、出国1回につき1000円の国際観光旅客税が課せられる。支払いは原則として、航空券代に上乗せされる。

Column Information　マイレージサービス

マイレージサービスは、搭乗区間の距離をマイル数でカウントし、規定のマイル数に達すると、無料航空券や、座席のアップグレードなどの特典が受けられるもの。サービス内容や条件は、航空会社やアライアンス（2020年4月現在「スターアライアンス」「スカイチーム」「ワンワールド」の3グループ）によって異なる。

例えば日本航空では、プレミアムエコノミークラス運賃は100%マイルが加算されるが、エコノミークラスでは30〜70%、パッケージツアーなどに適用の日本発包括旅行運賃は50%となる。

また、マイルに有効期限を設けているものと、ないものがある。自分にとってマイルをためやすい航空会社のプログラムを選ぼう。

おもな航空会社のマイレージサービスの問い合わせ先

●エールフランス航空「フライング・ブルー」
TEL (03)5767-6010　URL www.airfrance.co.jp

●日本航空「JALマイレージバンク」
TEL 0570-025-039　URL www.jal.co.jp

●ANA「ANAマイレージクラブ」
TEL 0570-029-767　URL www.ana.co.jp

準備 旅の必需品

海外旅行の必需品といえば、もちろんパスポート。そのほかにも用意しておくと役に立つものがいろいろある。取得するのに時間がかかるものもあるので、早めに準備に取りかかろう。

5年用は濃紺。10年用は赤色

パスポートの残存有効期間
フランスでは、3ヵ月以内の観光についてはビザは不要。パスポートはフランスを含むシェンゲン協定加盟国出国時より3ヵ月以上の残存有効期間が必要。観光目的以外のビザについてはフランス大使館までメールで問い合わせを。
●在日フランス大使館
✉ visa.tokyo-amba@diplomatie.gouv.fr
URL jp.ambafrance.org
（日本語あり）

パスポートに関する情報
各都道府県の申請窓口所在地のほか、パスポートについての最新情報は、外務省ウェブサイト内渡航関連情報を参照。
URL www.mofa.go.jp/mofaj/toko/passport/index.html

パスポートに関する注意
国際民間航空機関（ICAO）の決定により、2015年11月25日以降は機械読取式でない旅券（パスポート）は原則使用不可となっている。日本ではすでにすべての旅券が機械読取式に置き換えられたが、機械読取式でも2014年3月19日以前に旅券の身分事項に変更のあった人は、ICチップに反映されていない。渡航先によっては国際標準外と判断される可能性もあるので注意が必要。
URL www.mofa.go.jp/mofaj/ca/pss/page3_001066.html

欧州旅行にも電子渡航認証が必要に！
2022年より、ビザを免除されている日本やアメリカなどの国民がシェンゲン協定加盟国（フランス、スペインなど26ヵ国）にビザなしで入国する際、ETIAS（エティアス、欧州渡航情報認証制度）電子認証システムへの申請が必須となる予定。

パスポート（旅券）

　下記の書類を住民登録している各都道府県の旅券課に提出する。有効期間は5年間と10年間の2種類（20歳未満は5年用旅券のみ）。子供もひとり1冊のパスポートが必要。

■申請に必要なもの（新規、切り替え共通）
(1) 一般旅券発給申請書1通：各都道府県の旅券申請窓口などにある。10年用と5年用の旅券では申請用紙が異なる。
(2) 戸籍抄本または謄本1通：本籍地の市区町村が6ヵ月以内に発行したもの。切り替え発給で記載事項に変更がない場合は原則不要。
(3) 写真1枚　縦4.5cm×横3.5cm：カラーでも白黒でも可。6ヵ月以内に撮影されたもの。
(4) 身元を確認するための書類：マイナンバーカード、運転免許証など。健康保険証の場合は年金手帳、学生証（写真が貼ってあるもの）などもう1点必要。切り替え時は原則不要。

※有効期間内のパスポートの切り替えには、有効旅券が必要。住民基本台帳ネットワークシステムの利用を希望しない人は住民票の写し1通が必要。住民登録をしていない都道府県で申請する人は要確認。

　申請後、土・日曜、祝日、年末年始を除き通常1週間程度で発給される。旅券名義の本人（たとえ乳児でも）が以下のものを持参し申請窓口に受け取りに行く。

■受領に必要なもの
(1) 受領証（申請時に窓口で渡された受理票）
(2) 発給手数料（収入印紙と都道府県収入証紙）
　10年用：1万6000円（20歳以上）
　5年用：1万1000円（12歳以上）、
　　　　　6000円（12歳未満。12回目の誕生日の前々日までに申請を行った場合）
収入印紙、収入証紙は窓口近くの売り場で販売されている。

その他の証明書

■国際学生証（ISIC）
　観光ポイントや美術館、映画館には、学生割引が適用されるところもある。学生であることを証明するには、国際学生証が必要。ただし、パリでは学割よりも年齢割引（26歳未満など）が多いので、取得の前によく検討しよう。問い合わせはISIC Japanまで。

■ユースホステル会員証

宿泊先として、国際ユースホステル協会加盟のユース（フランスではAuberge de Jeunesse）を考えている人は、会員証が必要。各都道府県にあるユースホステル協会に申し込む。

■国際運転免許証

レンタカーでドライブを楽しみたい人は、国際運転免許証を取得しなければならない。住民登録してある都道府県の公安委員会で発行してくれる。日本の運転免許証があれば取得可能。

海外旅行保険

外国人旅行者の場合、フランスでの医療費は全額自己負担となる。フランスの医療費は日本よりも高く、相当な費用がかかってしまう。そんなとき海外旅行保険に入っていれば、医療費だけでなく、帰国の費用、救援を呼んだ場合の費用まで補償される。賠償責任や携行品の盗難、破損が補償される特約を追加しておくとなお安心だ。ほとんどの保険会社で日本語によるサービスが受けられるので、金銭面だけでなく、精神面でも心強い。必ず入っておこう。

クレジットカードに海外旅行保険が付帯されていることもあるが、「疾病死亡補償」がない、旅行代金をカードで決済していないと対象にならない、などの制約があることも。補償内容をきちんと確認し、足りないものがあったら、「上乗せ補償」として保険に加入するのもいいだろう。

保険の申し込みは保険会社のほか、旅行会社でも受け付けている。出発当日、空港で入ることもできる。また、多くの保険会社がインターネットでも契約を受け付けているので、各社比較してみるといいだろう。

国際学生証

2019年6月より、オンライン申請でバーチャルカードが発行されるようになった。申し込みはウェブサイトで。
＜申請に必要なもの＞
・在学証明書のオリジナルまたは学生証のコピー 1枚
・写真1枚（JPG形式で512kb以下）
・発行手数料1800円
ISIC Japan
URL www.isicjapan.jp

ユースホステル会員証

申請方法と申請先は→P.378

国際運転免許証

＜申請に必要なもの＞
・現在有効な運転免許証
・写真1枚：縦5cm×横4cm
　6ヵ月以内に撮影されたもの
・パスポートなど渡航を証明する書類
・手数料2350円
※都道府県により異なるので詳細は住民票所在地にある運転免許センターまたは警察署に問い合わせのこと。
●警視庁
URL www.keishicho.metro.tokyo.jp/menkyo/menkyo/kokugai

「地球の歩き方」ホームページで海外旅行保険に加入

「地球の歩き方」ホームページで海外旅行保険に加入できる。24時間いつでも手続きをすることができ、旅行出発当日でも申し込み可能。
URL www.arukikata.co.jp/hoken

覚え書きメモ

> パスポート番号など、紛失した際に必要になることをメモしておこう。コピーを取って貴重品とは別にしておくことが大切！

パスポート番号と有効期限	
クレジットカード❶ 番号と有効期限	カード会社の連絡先
クレジットカード❷ 番号と有効期限	カード会社の連絡先
クレジットカード❸ 番号と有効期限	カード会社の連絡先
海外旅行保険の契約番号	現地サポートデスクの連絡先
旅行会社、航空会社の連絡先	
宿泊先の住所と電話番号	

旅の準備と技術

旅の必需品

準備 | お金の準備

旅をするのに、先立つものはやはりお金だ。滞在中に必要なお金は、どのくらいの金額を、どんなかたちで持っていく？　安全を第一に考えて、パリ旅行に合った方法で準備したい。

ユーロの種類→P.8

ユーロの両替レート
€1＝約120円
（2020年7月現在）

最新両替レートをチェック
●地球の歩き方 ウェブサイト
URL www.arukikata.co.jp/rate

外貨の準備は
外貨両替専門店「ワールドカレンシーショップ」は、銀行が閉まる15:00以降も営業しているので、会社帰りの人にも便利。㊏㊐㊗に営業している店もある。
●ワールドカレンシーショップ
URL www.tokyo-card.co.jp

パリでの両替→P.432

ユーロ通貨が使えるおもな国
アイルランド、イタリア、エストニア、オーストリア、オランダ、キプロス、ギリシア、スペイン、スロヴァキア、スロヴェニア、ドイツ、フィンランド、フランス、ベルギー、ポルトガル、マルタ、モナコ公国、ラトビア、リトアニア、ルクセンブルクなど。
（2020年4月現在）

おもなクレジットカード会社
●アメリカン・エキスプレス
Free 0120-020-222
URL www.americanexpress.
com/japan
●ダイナースクラブカード
Free 0120-041-962
URL www.diners.co.jp
●JCBカード
Free 0120-015-870
URL www.jcb.co.jp
●マスターカード
URL www.mastercard.co.jp
●VISA
URL www.visa.co.jp

デビットカードの発行金融機関
JCB、VISAなどの国際ブランドで、複数の金融機関がカードを発行している。
URL www.jcb.jp/products/
jcbdebit
URL www.visa.co.jp/pay-
with-visa/find-a-card/
debit-cards.html

お金の持っていき方

日本円からユーロ現金への両替は、フランスより日本のほうがレートがいい。使う予定のあるユーロ現金（€10～20×旅行日数分程度）は、旅行出発前に市中銀行や空港の両替所で両替しておこう。安全のために多額の現金を持ち歩くのは避け、クレジットカードなどを上手に利用したい。

クレジットカードは必需品

フランスでは日本以上にクレジットカードでの支払いが一般化している。ホテル、レストラン、高額の買い物にかぎらず、スーパーマーケット、メトロの駅、カフェなどたいていの場所で使えると考えていい（ただし、€15から利用可能、というように最低金額が設定されている店舗もある）。両替の手間がいらず、大金を持ち歩かずに済むので安全面でのメリットも高い。

使用するときには身分証明書の提示を求められることもあるので、パスポートを忘れないように。ICカード（ICチップ付きのクレジットカード）で支払う際は、サインではなくPIN（暗証番号）が必要。日本出発前にカード発行金融機関に確認し、忘れないようにしよう。

盗難、紛失のほか、読み取り機の不具合でカードが使えない事態に備えて、2枚以上あると安心。また、旅行中に利用限度額がオーバーになってカードが使えない！ということにならないように、出発前に利用可能残高を確認しておこう。一時的に利用限度額をアップしてくれる場合もあるので、カード発行金融機関に問い合わせてみるといい。

デビットカード

使用方法はクレジットカードと同じだが支払いは後払いではなく、発行金融機関の預金口座から即時引き落としが原則となる。口座残高以上に使えないので予算管理をしやすい。加えて、現地ATMから現地通貨を引き出すこともできる。

ATMにクレジットカードのマークが表示されていれば、日本発行のカードでもキャッシングができる（→P.433）

準備 旅の情報収集

旅を成功させるための第一歩は、確実な情報集めだといっても過言ではない。どれだけ自分に必要な情報を集めるかで、旅の質も変わってくるはず。新鮮な情報をキャッチするために、常にアンテナを立てておくことも忘れずに。

日本での情報収集

今やインターネットからガイドブックまで、いろいろな方法で情報を集めることができる。自分に合ったやり方で、とっておきの情報を集めよう。

■フランス観光開発機構

フランスの情報を得られる公式機関として、フランス観光開発機構がある。個人客への対応は行っていないが、ウェブサイトで知っておきたい基本情報を得られる。ウェブサイトからメールマガジンに登録しておくと定期的にフランスの最新情報をメール配信してくれる。

■外務省　海外安全ホームページ

外務省が把握している最新の海外の安全に関する情報が得られる。メールアドレスを登録すると、定期的に渡航予定国の安全情報を配信してくれる「たびレジ」（→P.444）というサービスもある。

■ガイドブック

本書以外には、ミシュランMichelinの"グリーンガイド"がおすすめ。地方ごとの分冊になっていてかなり詳しい。パリ編、パリ周辺（イル・ド・フランス）編がある。仏・英語。Amazonなどのオンライン書店で購入することができる。

海外旅行の最新で最大の情報源はここ！
海外旅行最新情報が満載の「地球の歩き方」ホームページ！ ガイドブックの更新情報はもちろん、136ヵ国の基本情報、エアラインプロフィール、海外旅行の手続きと準備、格安航空券、海外ホテルの予約などをご紹介。旅のQ&A掲示板もある。
URL www.arukikata.co.jp

フランス観光開発機構
URL jp.france.fr

外務省 海外安全ホームページ
URL www.anzen.mofa.go.jp

在日フランス大使館
URL jp.ambafrance.org

出発前にチェックしたいウェブサイトリスト
●パリ観光局（日本語あり）
URL www.parisinfo.com
●地球の歩き方
URL www.arukikata.co.jp
●メゾン・デ・ミュゼ・デュ・モンド：フランスの美術館・博物館の情報サイト（日本語）
URL www.mmm-ginza.org
●オヴニー（→P.435）：日本語無料情報紙のウェブ版
URL ovninavi.com
●フランス国鉄（仏・英語）
URL www.sncf.com

地球の歩き方　パリ関連書籍　URL www.arukikata.co.jp/guidebook

aruco パリ
あれもこれも体験したい！ よくばりで好奇心いっぱいの女の子のためのプチぼうけんプランを詰め込んだ「arucoアルコ」シリーズ。

Plat パリ
短期の旅行や出張など短い滞在時間で効率的に観光したい人におすすめの「Platぷらっと」シリーズ。パリ観光の王道から最旬情報まで。

パリの街をメトロでお散歩！
メトロ全14路線とその沿線にある観光スポットや店をわかりやすくご紹介。メトロで効率よくパリを巡りたい人への一冊。

このほか ●2019年に新登場！ 地方の魅力的な町を中心にパリと近郊の町も紹介している『aruco フランス』（→P.397）
●知ると旅が楽しくなるパリについての豆知識を77のQ&A形式で紹介した『秘密のパリ案内 Q77』

はみだし　本書発行後に変更された掲載情報は、可能なかぎり「更新・訂正情報」で最新のデータに更新しています（ホテル、レストラン料金の変更等は除く）。旅立つ前にご確認ください。URL book.arukikata.co.jp/support

準備 服装と持ち物

旅の服装と持ち物は、旅のスタイルによって人それぞれ。できるだけ動きやすい服装、身軽な荷物を心がけたい。パリに着いてから手に入れるのが難しいものもあるので、荷物リストを作って早めに準備しておこう。

服装

町歩きには身軽な荷物が理想

パリの気候、最高気温＆最低気温、降水量
→P.9

フランスの天気予報案内
URL www.meteofrance.com
URL www.arukikata.co.jp/
　　weather/FR/（日本語）

日本とフランスの緯度を比べてみると、フランスが北に位置しているのが一目瞭然

フランスは日本に比べて北に位置している。何となくパリを東京に重ね合わせて考えてしまいがち。でも、緯度48.5度のパリは、43度の北海道札幌市よりもまだ北にある。パリの四季の移り変わりは、だいたい東京に合わせて考えていいが、気温はぐっと低めなので注意しよう。夏の日中はかなり暑くなる日もあるが、朝晩は冷え込むことも多い。1年をとおして、急な冷え込みや雨に備えた服装を心がけるといいだろう。

日中の観光は歩きやすさを第一に考えたラフな服装で。いかにも高級そうなものを身につけていると、スリの格好のターゲットになる。高級レストランへ行くときは、男性はネクタイ着用が基本。女性は自由に考えていいが、自分に自信がもてて、周りから浮かないような服装を心がけよう。オペラ鑑賞や通常のレストランではそれほど堅苦しく考える必要はない。女性ならシンプルなセーターやシャツにアクセサリーやスカーフで変化をつけるだけでぐんとおしゃれな雰囲気になるだろう。

投稿 旅の服装 読者の体験投稿

●**教会を見学するときは**

個人の信仰にかかわらず、フランスに行ったら教会もはずせない観光スポット。観光客でにぎわうような大聖堂であっても、やはり宗教施設ということを忘れずに、マナーとして帽子はとりましょう。夏には肌を露出しすぎた服装も避けたいものです。入口に注意を促すポスターが掲示されているところもありますよ。
（兵庫県　チヒロ　'19）

●**ストールが便利**

寒がりな私は夏のパリでもストールを持っていって大正解。ちょっと天気が崩れただけでも肌寒く感じたり、お店によっては冷房がかなり効いていることもありました。洋服をたくさん持っていかなくても、色や柄の異なるストールが2枚あれば、毎日の服装のバリエーションが広がるのでおすすめです。男性も薄手のものをサッと巻くのはおしゃれだと思います。小雨が降ったときにストールをかぶっているパリジャン、パリジェンヌも見かけました。
（群馬県　ラッキーベア　'19）

荷物

旅先では身軽に動けることがいちばんなので、できるだけ荷物を少なくすることが原則だ。たいていのものはパリで調達できるので、荷造りの際に入れようかどうか迷ったものは持っていかないほうがいい。ただ、日本から持っていったほうがいい物もある。例えば薬の類。胃腸薬や風邪薬などの常備薬はフランスでも買えるが、日本の薬に比べてかなり強力なので、飲み慣れたものを日本から持参しよう。日本国内専用の電気器具は、そのまま使えないので注意（→P.10）。変圧器が必要だ。

荷物は使い慣れたバッグにコンパクトにまとめたい

荷造りのヒント
●機内への液体持ち込み制限
液体物（化粧品、練り歯磨き、コンタクトレンズの洗浄液など）を機内に手荷物として持ち込む際は要注意（→P.428）。ルールに従わない場合は、搭乗前に没収されることになるので注意しよう。

●ロストバゲージに備えて
預け入れにした荷物が到着空港で出てこないことをロストバゲージという。これはわりと頻繁に起こる事故。荷物は航空会社が探して滞在先まで届けてくれるが、手元に届くまで数日かかることもある。貴重品を預け入れ荷物に入れないことは当然だが、2〜3日分の下着、洗面用具など最低限生活に必要なものも手荷物として機内に持ち込むようにしたほうがいいだろう。

忘れ物はないかな？ 荷物リスト

貴重品	衣類	薬品、雑貨	雑貨	本類
パスポート	下着、靴下	常備薬、マスク	サングラス	ガイドブック
現金（ユーロ）	上着、防寒着	生理用品	Cタイプのプラグ	会話集、電子辞書
現金（日本円）	手袋、帽子、スカーフ	洗剤	筆記用具、メモ帳	
eチケット控え（航空券）	室内着	爪切り、耳かき	紙製の食器	
海外旅行保険証書		ウェットティッシュ	カメラ、充電器	
クレジットカード		南京錠などの鍵	裁縫用具	
洗面用具		ビニール袋、エコバッグ	時計	
シャンプー、コンディショナー			折りたたみ傘	
歯ブラシ、歯磨き			サンダル、スリッパ	
ヒゲソリ、カミソリ				
ポケットティッシュ				
化粧品				

 旅の持ち物　読者の体験投稿

●**針金ハンガー**
　以前泊まったホテルでは、洋服を掛けるハンガーがクローゼット内でしか使えないタイプだったので、クリーニング店でもらった針金ハンガーを持っていきました。下着や靴下など、洗濯したものをちょっと掛けて干すのにハンガーがあると便利。3つほど持って行って最後は捨ててきました。
（山梨県　モモイロインコ　'19）

●**S字フック**
　飛行機の機内などでちょっと荷物を掛けたりするのにS字フックが便利だと友人からアドバイスされて持っていきました。機内に限らず、ホテルの部屋や浴室でも大活躍。ちょっと袋をかけておきたいことって意外と多く、思った以上に使えました。
（北海道　味噌ラーメンは最強　'19）

●**折り畳み傘**
　パリでは雨が降っても傘をささない人が多いと聞いていたのですが、急にバーっと降り出すことが何度かあって、折りたたみ傘は必須だと思いました。1日中降り続くことはなかったけど、時間が限られた観光客にとっては雨宿りの時間ももったいないので、かばんに入れておくのがおすすめです。
（東京都　匿名希望　'19）

●**湿布薬**
　旅行中はとにかくたくさん歩く私。靴はもちろんスニーカーです。今回のパリ旅行でもたくさん歩くつもりだったので、湿布薬を多めに用意しました。石畳が残るモンマルトルを歩いた日はとても疲れましたが、お風呂上がりに足に湿布を貼って寝たら、一晩で回復しましたよ。
（大阪府　フローラ　'19）

旅の準備と技術　服装と持ち物

技術 日本出入国

空港で出国審査が済めば、そこはすでに外国扱い。手続きの流れを覚えてしまえば、難しいことは何もない。どこの国の空港でもだいたい同じだ。出発日、帰国日は早め早めに行動しよう。

空港の問い合わせ先
成田国際空港 総合案内
TEL (0476) 34-8000
URL www.narita-airport.jp
羽田空港国際線 総合案内
TEL (03) 5757-8111
URL www.haneda-airport.jp
関西国際空港 総合案内
TEL (072) 455-2500
URL www.kansai-airport.or.jp

出発当日までに時間のなかった人も空港で両替できる。海外旅行保険の加入も空港で

新品や高価な外国製品を持っている場合は、申告しておこう

日本出国

空港到着〜出国審査

1. 搭乗手続き
航空会社のカウンターでチェックイン
※あらかじめインターネットチェックした場合も、荷物を預ける人はカウンターで手続きをする必要がある

受け付けは出発時刻の2〜3時間前から。カウンターでeチケットの控えとパスポートを提示し、搭乗券（ボーディングパス）を受け取る。荷物を預けると荷物預かり証（バゲージ・クレーム・タグ）を渡される。セルフ機の導入も進められている

2. 航空保安検査
機内持ち込み手荷物のX線検査とボディチェック

テロ防止のため保安検査が厳しくなっている。スムーズに検査を受けられるよう、機内に持ち込めないものは持ち込み手荷物内に入れないこと（下記）

3. 税関申告
外国製品を持っている人は「外国製品の持出し届」を提出

これは帰国の際に、外国で購入してきたものと区別し、課税対象から外すため。現物を見せる必要があるので、預け入れ荷物に入れないこと

4. 出国審査
原則として顔認証ゲートで本人照合を行う

顔認証ゲート利用の場合、パスポートに出国スタンプは押されない。希望者は別カウンターで押してもらえる

Column Information　預け入れ荷物と機内持ち込み手荷物

預け入れ荷物と機内持ち込み手荷物には、それぞれ規定、制限がある。保安検査がスムーズに受けられるよう下記の制限に注意しよう。機内持ち込み制限品を手荷物に入れていた場合は放棄させられる。

預け入れ荷物
●航空会社により違いがあるが、エコノミークラスなら23kgまでの荷物1〜2個を無料で預けることができる。制限重量を超えると超過料金を払うことになる。貴重品や壊れ物は入れないこと。
●刃物類（ナイフ、はさみなど）は預け入れ荷物に。機内持ち込み不可。

機内持ち込み手荷物
●喫煙用ライターまたはマッチは持ち込み手荷物に（ひとりどちらか1個まで）。預け入れ不可。
●電子たばこは持ち込み手荷物に（個数制限なし）。ただし、機内では使用できない。預け入れ不可。
●予備用リチウムイオン電池は持ち込み手荷物に（ひとり2個まで）。預け入れ不可。
●液体物には容量制限があり、100mℓ以下の容器に入った液体物（ジェル類、エアゾール類含む）で、容量1ℓ以下の再封可能な透明プラスチック袋に入れられている場合のみ持ち込み可（医薬品、ベビーミルク、ベビーフードなど除く）。そのほかは預け入れ荷物へ。

はみだし：出国手続き後の免税店で購入した酒、化粧品などの液体物は機内持ち込み可能。ただし、液体物の持ち込み制限が導入されている国で乗り継ぎする場合、乗り継ぎ先の空港で放棄させられることがある。

日本入国

空港到着〜入国審査

1. 入国審査
日本人用の審査ブースに並ぶ

原則として顔認証ゲートで本人照合を行う。入国スタンプ希望者は、ゲート通過後、別カウンターで

↓

2. 荷物の受け取り
搭乗した便名のターンテーブルで待つ

預けた荷物が、万一出てこなかったら（ロストバゲージ）、荷物預かり証を空港係員に提示して対応してもらう

↓

3. 動物・植物検疫

果物や肉類をおみやげに買ってきた場合は、検疫を受ける

↓

4. 税関申告
持ち込み品が免税範囲内の人は緑のランプの検査台へ

機内で配られる「携帯品・別送品申告書」に記入。免税枠を超える超えないにかかわらず全員提出する。免税枠を超えた人は赤いランプの検査台へ

日本帰国時における免税範囲

海外からの持ち帰り品の免税範囲は以下のとおり。この範囲を超えた場合は、規定の税金を払わなければならない。

- **たばこ**：紙巻き400本、または葉巻100本、またはその他の種類500g
  ※免税数量は、それぞれの種類のたばこのみを購入した場合の数量であり、複数の種類のたばこを購入した場合の免税数量ではない。
  ※「加熱式たばこ」の免税数量は、紙巻き400本に相当する数量となる。
- **酒類**：1本760mℓのもの3本
- **香水**：2オンス（1オンスは約28mℓ）
  ※オー・デ・コロン、オー・ド・トワレは含めなくていい。
- **その他**：海外市価の合計額20万円以内
  ※同一品目ごとの合計が海外市価で1万円以下のものは含めなくていい。
  （例：1本5000円のネクタイ2本）
  ※1個（1組）で20万円を超えるものはその全額が課税対象となる。

検疫

動物や植物などは、税関検査の前に所定の証明書類や検査が必要。日本向け輸出許可取得済みの肉製品みやげはほとんどないので、ソーセージやハムなどは日本に持ち込めないと考えたほうがいい。
●動物検疫所
URL www.maff.go.jp/aqs
●植物防疫所
URL www.maff.go.jp/pps

日本への持ち込み禁止品

麻薬・覚醒剤、拳銃、通貨や証券の偽造品・変造品・模造品、わいせつなもの、偽ブランド品、家畜伝染病予防法や植物防疫法で定める動物・その動物を原料とする製品・植物など。

コピー商品の購入は厳禁！

旅行先では、有名ブランドのロゴやデザイン、キャラクターなどを模倣した偽ブランド品や、ゲーム、音楽ソフトを違法に複製した場合の「コピー商品」を絶対に購入しないこと。これらの品物を持って帰国すると、空港の税関で没収されるだけでなく、損害賠償請求を受けることも。「知らなかった」では済まされないのだ。

輸入が規制されているもの

ワシントン条約に該当する動植物・製品（象牙、ワニ皮製品、蘭など）、動植物検疫の必要なもの（果物、切り花、野菜、生肉、ハムなど）、猟銃・刀剣、数量制限のあるもの（医薬品、化粧品など）。

簡易税率例

日本帰国時に免税範囲を超える品物は、課税の対象となる。税率は品物によって異なり、例えばワインは200円／ℓの簡易税率が適用される。
URL www.customs.go.jp/kaigairyoko/zeigaku.htm

Column Information 携帯品・別送品申告書について

日本に入国する際は、「携帯品・別送品申告書」の記入、提出が必要だ。日本に向かう飛行機の中で配られるので、記入しておこう。もらい忘れても慌てることはない。税関の前に記入台があり、申告用紙もたくさんおいてある。表、裏（A面、B面）を記入し、署名を忘れないようにしよう。家族連れの場合は、原則的に1家族1枚の提出でいい。

別送品（国外から発送した荷物）がある人は、この申告書が2枚必要になるので、それぞれ記入して提出すること。

A面 記入例

B面 記入例

技術 フランス入出国

フランス入出国は難しくはない。ただし、出国時はなるべく時間に余裕をもって空港へ向かうようにしよう。テロ対策のため搭乗前の保安検査が以前より厳しくなっている。免税手続きの必要がある人はさらに時間を多くみたほうがいい。

パリの空港→P.66

覚えておきたい空港でのフランス語→P.70

空港使用税
フランスの空港使用税は航空券発行時に徴収されている。

シェンゲン協定実施国
以下のシェンゲン協定実施国で飛行機を乗り継いでフランスに入国する場合は、経由地の空港で入国審査が行われる。
アイスランド、イタリア、エストニア、オーストリア、オランダ、ギリシア、スイス、スウェーデン、スペイン、スロヴァキア、スロヴェニア、チェコ、デンマーク、ドイツ、ノルウェー、ハンガリー、フィンランド、フランス、ベルギー、ポーランド、ポルトガル、マルタ、ラトビア、リトアニア、リヒテンシュタイン、ルクセンブルク　　（2020年4月現在）

「Bagages」の表示（上）をたどっていくと、荷物受け取りの場所（下）に着く

フランス入国

空港到着〜入国審査（→P.71）

1. 入国審査
パスポート提示

「EU加盟国の国民 Passeports UE」とそれ以外に分かれているので、「そのほかすべて Tous Passeports」の列に並ぶ。何か質問されることはほとんどないが、目的や滞在期間を聞かれたら、「観光 Sightseeing」、「1週間 One week」などと英語で答えればいい

2. 荷物の受け取り
搭乗した便名のターンテーブルで待つ

預けた荷物が、万一出てこなかったら（ロストバゲージ）、荷物預かり証を空港係員に提示して対応してもらう

3. 税関申告

フランス国内への持ち込み品が、免税範囲内（下記）であれば申告する必要はないので、そのまま出口へ

フランス入国時における免税範囲

- たばこ：17歳以上のみ。紙巻き200本、または葉巻50本、または小型葉巻100本、またはきざみたばこ250g、電子たばこは€430相当以下
- 酒　類：17歳以上のみ。ワイン4ℓ、ビール16ℓ、および22度を超えるアルコール飲料1ℓ（22度以下なら2ℓ）
- 薬　　：滞在中使用する量
- 通　貨：持ち込みは無制限。ただし€10000以上の多額の現金等（ユーロ、その他の通貨、小切手を含む）を持ち込む際には申告が必要

Column Information

安心＆便利なドコモの海外パケット定額サービス

ドコモの「パケットパック海外オプション」は、1時間200円からいつものスマートフォンをそのまま海外で使えるパケット定額サービス。旅先で使いたいときに利用を開始すると、日本で契約しているパケットパックなどのデータ量が消費される。24時間980円のプランや利用日数に応じた割引もある。詳細は「ドコモ　海外」で検索してみよう。

フランス出国

空港到着～出国審査

1. 免税手続き
必要な人のみ
(→ P.436)

免税手続きカウンターは「Détaxe デタックス」。時期や時間帯によってはかなりの混雑が予想されるので要注意

2. 搭乗手続き
航空会社のカウンターでチェックイン
※あらかじめインターネットチェックした場合も、荷物を預ける人はカウンターで手続きをする必要がある

航空会社のカウンターでチェックインする。パスポートとeチケット控えを提示して搭乗券を受け取り、荷物を預けるのは、日本出国の際と同じ

エールフランス航空の場合、自動チェックイン機（日本語表示あり）で搭乗券を発券してからセルフの自動預け入れ機で荷物を預ける

自動チェックイン後、セルフの自動預け入れ機で荷物を預ける場合も

3. 出国審査
出国審査カウンターで、パスポート、搭乗券を提示

何か尋ねられることはほとんどない。シェンゲン協定実施国（→ P.430）で乗り継いで帰国する場合は、経由地の空港で出国審査を受ける

4. 航空保安検査
機内持ち込み手荷物のX線検査とボディチェック

手荷物として持ち込めないものは日本出国時と同じ（→ P.428）。化粧品、チーズなどのおみやげも持ち込めないので注意

リコンファーム
リコンファームとは予約の再確認のこと。ただし、現在はほとんどの航空会社でリコンファームは不要となっている。

液体と見なされ、機内に持ち込めないものの例
ワイン、香水、化粧品、生チョコレート、クリームが使われたお菓子、チーズなど、フランスみやげの定番の多くが、機内持ち込み制限品の範囲に入る。没収されることのないよう気をつけて。梱包に注意して預け入れ荷物の中に入れよう。出国審査後に空港の免税店で買ったものは持ち込みできるが、乗り継ぎがある場合は、乗り継ぎ空港で没収されることもあるので要注意。

Column Information: シャルル・ド・ゴール空港で最後までパリを楽しむ

エールフランス航空や日本航空の直行便が発着しているCDG空港のターミナル2E。3ヵ所（ゲートK、L、M）に分かれた建物それぞれにショッピングエリアがあり、パリ最後の買い物を楽しむことができる。ほかにも搭乗までの時間を有意義に過ごせる施設があるので紹介しよう。

◆エスパス・ミュゼ Espace Musées（ゲートM）
6ヵ月ごとに展示替えのあるギャラリー。ロダン美術館、ピカソ美術館などから提供された本物の作品を無料で観ることができる、贅沢な空間だ。

◆アンスタン・パリ Instant Paris（ゲートL）
ターミナル2Eを利用し、乗り継ぎに3時間以上あるときに利用できるトランジットラウンジ。ゆったりとしたリラックススペースがあり、エコノミークラスの乗客でも無料かつ出入り自由なのがうれしい。奥には数時間の休憩にも利用できるホテル、「ヨーテルYotel」（有料）がある。

◆アイ・ラヴ・パリ・バイ・ギ・マルタン
I Love Paris by Guy Martin（ゲートL）
2つ星シェフのギ・マルタンが監修するガストロノミーレストラン。カフェとしての利用も可能だ。

美術館のように混むこともなくゆったりアートを楽しめる「エスパス・ミュゼ」（上）
ライブラリーも備えた「アンスタン・パリ」（下）

技術 お金の両替

日本でユーロの現金を用意できなかった場合は、空港の両替所で当座必要なユーロ現金を手に入れよう。ただし空港の両替所はレートがよくないのと、多額の現金を持ち歩くのは危険なので、両替は最小限にとどめたほうがいい。

パリでの両替

両替所の表示は「シャンジュ Change」

フランスで旅行者が日本円からユーロへ両替する場合は、両替所Bureau de change（ビューロ・ド・シャンジュ）を利用して両替することができる。まずは日本円の取り扱いがあるかどうか、店頭の表示を確認しよう。

レートは場所によって異なり、有利な両替のためには何ヵ所か回ってチェックするのが理想的だ。しかし、なかには客寄せのレートを表に出し、実際はかなり悪いレートで両替する場合もあるので要注意。慣れない土地で手数料やレートを考えながら両替するのはけっこうストレスになる。必要な現金はなるべく日本で両替しておくことが原則だ。ただし、多額の現金を持ち歩くのは危険なので、両替は最低限にしたい。

高額紙幣は使いにくい
少額の買い物に高額紙幣（€50以上）を出すと嫌がられることが多い。「€200紙幣はお断り」と表示している店も。両替の際は小額紙幣（€5、€10）を多めに交ぜてもらうといい。

日本での両替レート表の見方例

日本円→外貨
XXX.XX円→€1
現金

€1→XXX.XX円
外貨→日本円

●パリでの両替レート表の見方例

Taux de Change pour 1€
（英語 Exchange rates for 1€）
€1に対するレート

Achat / Nous achetons
（英語 buy / We buy）
日本円→ユーロ

Vente / Nous vendons
（英語 sell / We sell）
ユーロ→日本円

Taux de Change

Taux de Change pour 1€
Commission incluse

		Achat	Vente
Etats Unis	USD	1.1738	1.0514
Canada	CAD	1.6434	1.4000
Japon	JPY	135.6439	117.8961
Suisse	CHF	1.1706	1.0380

Commission incluse
（英語 Commission included）
手数料込み

Japon：日本
JPY：日本円

XXX.XX円→€1

€1→XXX.XX円

Column Information オペラ地区の使いやすい両替所

CCO (Comptoir Change Opéra)
スクリーブ通り店　MAP 別冊P.24-1B
住 9, rue Scribe 9e　TEL 01.47.42.20.96
オペラ大通り店　MAP 別冊P.24-1B
住 36, av. de l'Opéra 2e
TEL 01.43.12.87.35
営 9:30～17:45（⊕～16:45）
休 ⊕　URL www.ccopera.com

メルソン Merson
MAP 別冊P.25-1C
住 33, rue Vivienne 2e
TEL 01.42.33.81.67
営 9:00～18:00
（⊕ 10:00～）
休 ⊕
URL www.merson.fr

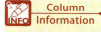

クレジットカードでのキャッシング

　急にユーロの現金が必要になったときや、両替所が見つからないときには、ATMを利用してカード（クレジット、デビット、プリペイド）で引き出すのが便利。休日や夜中でも、24時間稼働のATMで引き出しが可能。クレジットカードの場合にはキャッシング扱いになり、後日、金利を含めた手数料を請求されるが、キャッシングするほうがレート的にも有利な場合が多い。あらかじめ自分のカードの海外キャッシング枠をカード発行金融機関に確認しておこう。

「Retrait（現金引き出し）」と表示されたATM機は町なかに多く設置されている

●一般的なATM機

画面表示は英語併記の場合が多い

「Annulation」はキャンセル、「Validation」は実行、OKの意

利用可能なクレジットカードの種類

　クレジットカードやデビットカードでキャッシングする際は、PIN（暗証番号）が必要なので、不明な場合には出発前に確認を（2週間程度かかることもある）。

利用するときは周りにあやしい人がいないか確認してから。銀行の建物内や国鉄駅構内のATMがおすすめ

覚えておきたいお金に関するフランス語

（フランス語［読み方］日本語）

フランス語	読み方	日本語
espèces	［エスペス］	現金
liquide	［リキッド］	現金
monnaie	［モネ］	おつり
carte de crédit	［カルト ドゥ クレディ］	クレジットカード
change	［シャンジュ］	両替
taux de change	［トー ドゥ シャンジュ］	両替レート
achat	［アシャ］	買い
vente	［ヴァント］	売り
petite monnaie	［プティット モネ］	小銭
billet	［ビエ］	紙幣
commission	［コミッスィオン］	手数料
guichet automatique	［ギシェ オートマティック］	ATM
distributeur de billets	［ディストリビュトゥール ドゥ ビエ］	ATM

（日本語　フランス語［読み方］）

日本語	フランス語
両替所はどこにありますか？	Où est le bureau de change ? ［ウ エル ビュロー ドゥ シャンジュ］
手数料はいくらですか？	Combien de commission prenez-vous ? ［コンビァン ドゥ コミッスィオン プルネ ヴ］
小銭を混ぜてください	Je voudrais avoir aussi de la petite monnaie. ［ジュ ヴドレ アヴォワール オスィ ドゥ ラ プティット モネ］
レシートをください	Donnez-moi un reçu, s'il vous plaît. ［ドネ モワ アン ルスュ スィル ヴ プレ］
カードがATMから出てきません	Ma carte est restée bloquée dans le distributeur. ［マ カルト エ レステ ブロケ ダン ル ディストリビュトゥール］
カードを盗まれた！	On m'a volé la carte de crédit. ［オン マ ヴォレ ラ カルト ドゥ クレディ］

旅の準備と技術

お金の両替

技術 パリでの情報収集

出発前の情報収集はもちろん大切だが、パリに着いてからも、最新の情報収集に努めたい。観光案内所のほか、日本語で情報が得られる場所や情報誌をフル活用して、パリ観光に役立てよう。

パリ観光案内所→P.96

おすすめアプリ
パリを歩くのに役立つアプリを紹介しよう。
- **RATP（仏語・英語）**
パリ市交通公団RATPのアプリ。今いる場所から観光名所まで、行き方、乗り換えを示してくれる。
- **NextStopParis（日本語）**
- **Météo Paris（仏語）**
パリの天気と温度がわかる。数字なので仏語でも問題なく理解できる。
- **Uber（日本語）**
専用アプリを使った配車サービス。料金はクレジットカード引き落としとなるため、直接金銭のやり取りをする必要がない。
- **TheFork（英語）**
位置情報から近くのレストランを検索、予約できるアプリ。割引クーポンが付くことも。
- **Google Maps（日本語）**
パリでもナビとして活躍してくれる。

旅ステーション
- MAP 別冊P.25-2C
- 住 5, rue Gaillon 2e
- TEL 01.42.60.21.21
- 営 9:30～18:00 休 日 祝
- 料 荷物預かり
  　手荷物€6
  　スーツケース€10
  　空港送迎サービス
  　片道€68～（要予約）
- CC M V
- Mail info@tabi-station.com
- URL tabi-station.fr
- 副 空港送迎サービス利用の場合は、荷物預かりサービスが半額になる。本誌提示により、保冷剤が半額になる等のサービスあり

観光案内所

観光案内所は「Office de Tourisme オフィス・ド・トゥーリスム」。 ❶ のマークが目印。パリ市内の観光案内所は3ヵ所で、メインオフィスはパリ市庁舎にある（→P.96）。スタッフは英語が話せ、最新の資料を入手できるので、一度は訪れたい。観光ツアーの申し込み、パリ・ミュージアム・パス（→P.183）などパス類の購入もできる。

市庁舎内にあるメインオフィス。荷物検査を受けてから入る

観光案内所ではパリの最旬情報が収集できる

地図は日本語版もあるのでもらっておきたい

日本語対応スポット

旅ステーション Paris Tabi Station

パレ・ガルニエから徒歩5分、観光に便利な場所にあるパリ旅行のお役立ちスポット。観光バスツアー、空港送迎サービス（日本語アシスタント付き）、Wi-Fiルーターレンタル、荷物預かりなど、すべて日本語で申し込めるのが心強い。おみやげ用チーズの密封サービス（€3）、バターを出発まで冷凍庫で預かるサービス（1日500gまで€2）もあり、保冷剤の販売（€4）もしている。そのほか、メトロの回数券（→P.74）やパリ・ミュージアム・パス（→P.183）、切手、フランス用電気プラグの販売など、覚えておくと便利な場所だ。

スタッフに頼めば携帯電話、スマートフォンの充電（無料。対応機種のみ）もしてくれる

> はみだし 「パリ・パスリブParis Passlib'」はパリ・ヴィジット（→P.76）とパリ・ミュージアム・パス（→P.183）がセットになっている便利なシティカード。詳細は ❶ のウェブサイトで。URL www.parisinfo.com

エスパス・ジャポン Espace Japon

日本語のフリーペーパー『オヴニOvni』の編集部があり、図書室の本も充実しているので、在パリ日本人によく知られた場所。フランス人向けの日本語講座のほか、折り紙、書道教室といった文化活動を幅広く行っている。ワイン講座（→P.52）は日本人観光客にも人気だ。2018年には、おにぎりを食べられる「メディアカフェ」（→P.275）がオープンした。最新の『オヴニー』をもらって情報収集しながらひと休みするのもいい。

図書室の本は会員以外も閲覧可能。展示会などのイベントも行っている

エスパス・ジャポン
MAP 別冊P.14-1A
住 12, rue de Nancy 10e
TEL 01.47.00.77.47
 13:00～19:00
（土～18:00） 休月日祝
URL www.espacejapon.com

フランスのおもなニュースの解説、美術展の紹介などが載っているフリーペーパー。毎月1日と15日の2回発行
URL ovninavi.com

情報誌で最新情報をつかむ

その週のパリのイベントが網羅された『ロフィシェル・デ・スペクタクル L'Officiel des Spectacles』は、駅や町なかにあるキオスクで買うことができる情報誌。メトロ駅に専用ラックが置かれているフリーペーパーも新商品の広告やレストラン紹介など、フランス語がわからなくてもひろえる情報はある。

メトロの駅で入手できる『C NEWS』

『ロフィシェル・デ・スペクタクル』は映画、演劇、美術館などの情報誌。仏語、毎週㊌発売。
料 €1　URL www.offi.fr

オペラ座から徒歩5分！

**安心の日本語でパリ旅行をサポートする！
日本人専用トラベルデスク**

| 空港送迎サービス
早朝・深夜便にも対応 | お荷物お預かり
空港送迎をご利用の方は50％オフ |
| 現地観光ツアー
パリ発・地方発 | WIFIルーターレンタル |

● 日本語での旅のトラブルのサポート、日本語ガイド通訳手配
● コーチ・チャーター日本語ドライバーの手配OK
● お土産宅配、旅の便利グッズ販売とレンタル
● パリ観光に便利なチケット販売サービス

旅ステーション Paris Tabi Station
☎ 01 42 60 21 21 （日本語）
5 rue gaillon 75002 Paris
9:30~18:00 日祝休
info@tabi-station.fr

https://tabi-station.fr

技術 免税について

フランスでは、EU圏外からの旅行者がひとつの店で1日に€175.01以上（店によって異なる）の買い物をすると、12〜18.6%（店によって異なる）の免税が受けられる。商品を使用せずにEU圏内に持ち出すことが条件となる。

付加価値税って？
付加価値税は日本の消費税に当たる間接税で、日本人旅行者にとっては、支払う必要のないもの。1日にひとつの店で€175.01以上の買い物をした場合などの条件が整えば一部が戻ってくるのだ。フランス語ではTaxe sur la Valeur Ajoutée (TVA)。

おもな免税手続き代行会社
● グローバルブルー
URL www.globalblue.com
● プラネット
URL www.planetpayment.com
免税手続きは、すべての店でしてもらえるものではない。上記などの代行会社と提携し、免税手続きをする店では、ステッカーが張られている。

免税手続きの方法

免税条件

EU加盟国に居住していない旅行者が、ひとつの店で1日に€175.01以上（店によって異なる）の買い物をし、同日に免税書類を作成する。さらに、購入日から3ヵ月以内に空港の税関で免税手続きを行うことによって税金の還付が受けられる。商品には免税対象になる物と、対象外の物があるので確認のこと。還付率も品物によって異なる場合がある（食料品など）。

免税書類作成の依頼

店員に「Détaxe, s'il vous plaît. デタックス・スィル・ヴ・プレ」と依頼し、購入商品の詳細、払い戻し方法、氏名、日本の住所、国籍、パスポート番号などが記入された免税書類を作成してもらう。パスポート（原本。コピー不可）が必要なので必ず携帯していること。免税書類と処理方法は購入店によって異なる。空港での注意事項を確認しておこう。

空港での免税手続き

出国時の空港の税関（CDG空港では免税手続きカウンターDétaxe）で免税手続きを行う。フランスでは免税手続きをスムーズに行うために、電子認証による「パブロPablo」という免税通関システムを導入している。買い物をした店でパブロ対応の免税書類を受け取った場合は、免税カウンターの窓口ではなく、電子認証端末機で手続きを行う。

免税カウンター近くにあるパブロの機械に書類のバーコードを読み取らせる。日本語表示も選べるので、最後に「明細書が認証されました」というメッセージが画面上に出ればOKだ。免税書類には何も印字されず確認証も出てこないので、必ず画面の文字を確認すること。

パブロの機械が故障していたり、電子認証に失敗した場合は、免税カウンターの窓口で手続きをする。「免税書類」「パスポート」「購入商品（未使用）」「搭乗券」を提示して申告すると、書類をチェックしたあと、承認スタンプを押してくれる。「クレジットカードに払い戻し」を選んだ場合、認証済みの免税書類を購入店でもらった封筒に入れて、ポスト（免税手続きカウンターの近くにある）に投函する。購入者控えは返金を確認するまで保管すること。「現金（空港）での払い戻し」を選んだ場合は、書類を持ってリファンドオフィスへ。

「DETAXE」と書かれたパブロの機械。トップ画面から日本語を選ぶことができる（上）この画面が出れば手続き完了（下）

税金の払い戻し方法

免税書類作成時に、「クレジットカード」「現金（空港）」など払い戻し方法を選ぶ。手数料などが異なるので、店でよく確認して選ぶこと。クレジットカードへの払い戻しを選ぶ人が多い。
クレジットカード：パブロでの承認後または免税書類が代行会社に届いてから、1〜2ヵ月後に指定したクレジットカードに払い戻される。
現金：代行会社によっては現地空港内、日本の成田空港、関西空港内のリファンドオフィスで換金できる。免税書類作成時および換金時に手数料がかかる場合があるので、購入店で確認すること。

現金での払い戻しについて
現地空港で受け取る場合、リファンドオフィスによっては日本円での換金ができないこともある。クレジットカードでの払い戻しがおすすめ。

免税手続きに関する注意点

- 免税手続きはEU加盟国内で一番最後に出国する国の空港で行う。パリ（CDG空港）以外で手続きを行う場合は、空港によって税関の位置や受付時間が異なるので要注意
- CDG空港からほかのEU加盟国を経由して帰国する場合は、購入品を機内預けにせず、手荷物扱いにしておくこと
- 購入品は未使用のまま免税手続きカウンターに提示する
- 2ヵ月過ぎても支払いがない場合、購入者控えに記載されている連絡先に問い合わせをする
- 帰国後の免税手続きはできない

EU加盟国

アイルランド	イタリア
エストニア	オーストリア
オランダ	キプロス
ギリシア	クロアチア
スウェーデン	スペイン
スロヴァキア	スロヴェニア
チェコ	デンマーク
ドイツ	ハンガリー
フィンランド	フランス
ブルガリア	ベルギー
ポーランド	ポルトガル
マルタ	ラトビア
リトアニア	ルクセンブルク
ルーマニア	

（2020年4月現在）

旅の準備と技術

免税について

Column Information ／ フランス人の数字の書き方、日付の書き方

●数字の書き方
フランス人の書く数字はとても読みにくい。慣れていないと、せっかく紙に書いてもらっても、判読できないことがしばしば。レストランで、黒板の手書き文字の判読が難しいこともよくある。

特に日本人にわかりにくいのは「1、4、7」だが、特徴があるので、慣れてしまえば何とか読めるだろう。もしわからなかったら、必ず確認しよう。

●日付の書き方
慣れないフランス語で数字を言うのは至難のワザ。数字や日付は紙に書いたほうが間違いも防げるのでおすすめなのだが、年月日の書き方がフランスと日本では違うので注意しよう。日本式と順番が異なり、「日・月・年」の順で記す。

例えば、「2020年9月10日」の場合は、「10/9/2020」と書く。「8/11」などと書いてあると、日本人は8月11日だと思ってしまうが、これは11月8日のこと。まるっきり別の

日になってしまうので、予約にかぎらず、日付の見方・書き方には常に気をつけよう。

日には「le」を付け、月を「mars（3月）」などとフランス語あるいは英語で書けば間違いない。2020年4月11日は「le 11 / avril / 2020」となる。

●日付に関する単語→P.450

技術 通信・郵送手段

パリから日本にいる家族に連絡を取りたいとき、知っておきたいフランスの通信事情。公衆電話、携帯電話、インターネット利用とさまざまな手段があるので、旅のスタイルに合わせて使い分けよう。

日本での国際電話の問い合わせ
●KDDI
Free 0057
URL www.001.kddi.com
●NTTコミュニケーションズ
Free 0120-506506
URL www.ntt.com
●au
Free 0077-7-111
TEL 157 (auの携帯から無料)
URL www.au.com
●NTTドコモ
Free 0120-800-000
TEL 151 (ドコモの携帯から無料)
URL www.nttdocomo.co.jp
●ソフトバンク
Free 0800-919-0157
TEL 157 (ソフトバンクの携帯から無料)
URL www.softbank.jp

携帯電話を紛失した際の、フランスからの連絡先(利用停止の手続き。全社24時間対応)
●au
(国際電話識別番号00)
+81-3-6670-6944 ※1
●NTTドコモ
(国際電話識別番号00)
+81-3-6832-6600 ※2
●ソフトバンク
(国際電話識別番号00)
+81-92-687-0025 ※3
※1　auの携帯から無料、一般電話からは有料。
※2　NTTドコモの携帯から無料。一般電話からは有料。
※3　ソフトバンクの携帯から無料。

SIMカードを購入する
プリペイドタイプのSIMを購入して利用することもできる。たとえばOrange HolidayのSIMカードは、20GB(有効期間14日間)€39.99。

町なかから消えた公衆電話
携帯電話の普及にともない、町なかの公衆電話は激減している。空港など一部の施設にしか設置されていない。

電話

パリで電話をかける場合、携帯電話、もしくはホテルの電話を使うことになる。公衆電話はごく限られた公共施設にしか設置されていないので、あてにはできない。ホテルの自室から電話をかけると、通話料のほかに手数料がかかるので注意したい。

フランス国内通話のかけ方
市外局番はないので、10桁の番号をそのままダイヤルする。

国際電話のかけ方〈フランスから日本へ〉

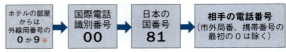

※はホテルの部屋からかける場合のみ

例：日本の(03)1234-5678 にかける場合
00-81-3-1234-5678

国際電話のかけ方〈日本からフランスへ〉

```
＜国際電話会社の番号＞
  KDDI：001 ※1
  NTTコミュニケーションズ：0033 ※1
  ソフトバンク：0061 ※1
  au(携帯)：005345 ※2
  NTTドコモ(携帯)：009130 ※3
  ソフトバンク(携帯)：0046 ※4
```

※1　は「マイライン」の国際区分に登録している場合は不要。
※2　auは005345をダイヤルしなくてもかけられる。
※3　NTTドコモは事前にWORLD WINGに登録が必要。009130をダイヤルしなくてもかけられる。
※4　ソフトバンク携帯は0046をダイヤルしなくてもかけられる。
※携帯電話の3キャリアは「0」を長押しして「＋」を表示し、続けて国番号からダイヤルしてもかけられる。

例：フランスの 01.23.45.67.89にかける場合
(国際電話会社の番号＋)**010-33-1-23-45-67-89**

はみだし：コレクトコールとは、電話をかける側でなく、受けた側が通話料金を支払うサービス。オペレーターに相手の日本の番号を伝えてコレクトコールでつないでもらう。KDDIジャパンダイレクト TEL 0800-99-0081(日本語)

インターネット

今やインターネットでの情報収集やメールは生活の一部。パリでインターネットに接続するのは比較的簡単だ。

持参したPCやスマートフォンで接続

フランスでのインターネット接続は、Wi-Fi(仏語でウィフィ)と呼ばれる無線LANが主流。現在は、ほとんどのホテルが利用無料となっており、無線LAN対応のスマートフォン、タブレットPCなどがあれば、簡単につなぐことができる。方法は、「設定」アプリからレセプションで指定されたネットワークを選択し、アクセスコードとパスワードを入力するだけで利用可能。また、空港や駅などの公共施設やファストフード店で、無料Wi-Fi接続サービスを提供する場所も多いので、メールの送受信や情報収集に利用したい。旅行に役立つアプリを出発前にダウンロードしていくと便利だ(→P.434)。あらかじめ「Yahoo!メール」などWebメールで無料のメールアドレスを取得したり、「Gmail」の転送機能を利用すれば、自分のパソコンがなくても、ウェブサイトやアプリ上でメールの送受信が可能になる。

海外での通話に関しては、常に利用したい人は、通信キャリア各社が提供している「海外パケット定額」を検討するのも一案。日本国内におけるパケット通話料は海外では適用されないので注意したい。場所を問わず、常にインターネットに接続したい人は、海外用モバイルWi-Fiルーターをレンタルするといい。

ホテルのWi-Fiの注意点

Wi-Fi無料のホテルであっても、接続可能な部屋がかぎられていることもあるので、チェックイン時に確認したほうがいい。通信環境も部屋ごとにまちまちのことも多いので、心配な場合は予約時に問い合わせよう。

シャンゼリゼ大通りはWi-Fi無料。メールアドレスを入力して、Terms and Conditions(規約と条件)の項に合意し、チェックを入れればつながる。路上での使用は盗難に気をつけて!

INFORMATION
フランスでスマホ、ネットを使うには

まずは、ホテルなどのネットサービス(有料または無料)、Wi-Fiスポット(インターネットアクセスポイント。無料)を活用する方法がある。フランスでは、主要ホテルや町なかにWi-Fiスポットがあるので、宿泊ホテルでの利用可否やどこにWi-Fiスポットがあるかなどの情報を事前にネットなどで調べておくとよいだろう。ただしWi-Fiスポットでは、通信速度が不安定だったり、繋がらない場合があったり、利用できる場所が限定されたりするというデメリットもある。ストレスなくスマホやネットを使おうとするなら、以下のような方法も検討したい。

☆各携帯電話会社の「パケット定額」

1日当たりの料金が定額となるもので、NTTドコモなど各社がサービスを提供している。
いつも利用しているスマホを利用できる。また、海外旅行期間を通してではなく、任意の1日だけ決められたデータ通信量を利用することのできるサービスもあるので、ほかの通信手段がない場合の緊急用としても利用できる。なお、「パケット定額」の対象外となる国や地域があり、そうした場所でのデータ通信は、費用が高額となる場合があるので、注意が必要だ。

☆海外用モバイルWi-Fiルーターをレンタル

フランスで利用できる「Wi-Fiルーター」をレンタルする方法がある。定額料金で利用できるもので、「グローバルWiFi([URL]https://townwifi.com/)」など各社が提供している。Wi-Fiルーターとは、現地でもスマホやタブレット、PCなどでネットを利用するための機器のことをいい、事前に予約しておいて、空港などで受け取る。利用料金が安く、ルーター1台で複数の機器と接続できる(同行者とシェアできる)ほか、いつでもどこでも、移動しながらでも快適にネットを利用できるとして、利用者が増えている。

ほかにも、いろいろな方法があるので、詳しい情報は「地球の歩き方」ホームページで確認してほしい。
【URL】http://www.arukikata.co.jp/net/

▼グローバルWiFi

Wi-Fiのつなぎ方

最近のフランスでは、ホテルや空港など、無料Wi-Fi接続サービスを提供する公共施設が増えている。ただし、スマートフォンを狙った盗難も多発しているので、屋外で使う際には特に注意したい。また、暗号化されていない回線では、重要な個人情報の入力や表示をすることは避けたほうがいい。

Wi-Fi環境のみで利用したい人は、Skype、LINEなどによる通話も可能だ。この場合、自動的に現地の電話回線につながって高額請求されないよう、機内モードにしておくか、設定画面の「モバイルデータ通信」と「データローミング」をオフにしておくこと。

美術館など公共施設で利用する

ルーヴル美術館ではナポレオンホールで無料Wi-Fiスポットを開放している。オルセー美術館も、独自の無料Wi-Fiを提供している。館内であっても、スリや置き引きに気をつけて利用しよう。

また、パリ市の無料公衆Wi-Fiは区役所、市立美術館、公園など市内約250ヵ所で開放されている。アクセスポイントはウェブサイトで公開中だ。利用できる時間帯は7:00〜24:00の施設が開館している間のみ。

オルセー美術館（上）、パリ市（下）の公衆Wi-Fiのサイン

カフェやファストフード店、インターネットカフェで利用する

カフェやファストフード店ではドリンク代だけでインターネットし放題のサービスも増えてきた。店の入口にある「Wi-Fi Gratuit（Wi-Fi無料）」のステッカーが目印だ。レシートにアクセスコードや簡単な接続手順が記載されていることが多い。

インターネットカフェの利用料は15分€2ほど。日本語に対応していないマシンがほとんどだ。

初めてWi-Fiを利用する人へ

使用する端末によって細かな違いはあるが、おおむね以下のような手順で、簡単に接続することができる。

1. メニューのネットワーク設定画面でWi-Fiの使用が許可されている（設定がONになっている）ことを確認する。
2. 現在圏内にあるWi-Fiの一覧から、使用したいネットワーク（例えばパリ市なら「PARIS_WI-FI」）を選択する。
3. パスワード画面が出た場合は、入力する。ここで何もなかった場合は、インターネットを開くとパスワードを求める画面が出ることがある。
4. 有料であったり、時間制限がある場合は、使用後は必ずログアウトする。

パリ市による公衆Wi-Fiのアクセスポイント
URL www.paris.fr/wifi

交通機関の無料アプリが便利
●Next Stop Paris
パリ交通公団（RATP）の公式アプリ。メトロ、バス、RERの乗り換え検索や、おもな観光地へのルート検索もでき便利。日本語版あり。

●SNCF
フランス国鉄（SNCF）の公式アプリ。メトロ、TER、TGV、Eurostarなどバス以外の路線を網羅している。ルート検索には発着ホームの案内もつき、見やすい。英語版あり。

その他のおすすめアプリ→P.434

「スターバックス・コーヒー」「マクドナルド」「クイックQuick」といったファストフード店では無料でWi-Fiを利用できる

Column Information
空港、駅でもインターネット使い放題

パリCDG空港では、Wi-Fiのアクセスが無制限かつ無料。利用中の広告表示なし、高速通信をしたい場合は有料サービスもある。空港内で「WIFI-AIRPORT」をキャッチしたら、登録画面でメールアドレスを入力して「規約と条件」欄にチェックを入れればすぐに利用できる手軽さだ。

また、フランス国鉄（SNCF）でもTGV駅を中心に公衆Wi-Fiのサービスを開始しており、TGV車内でも一部車両と区間で利用できるようになった。

1. WIFI-AIRPORTをキャッチ
2. 「無料 Wi-Fi」を選ぶ

モンパルナス駅、TGVの発着駅構内

郵便

郵便局La Poste(ラポスト)の営業時間は月〜金曜8:00〜20:00、土曜9:00〜13:00(局によって異なる)。切手はたばこ屋でも購入できる。日本までの料金ははがき、封書(20gまで)ともに€1.40。

荷物についてはコリッシモColissimoという小包扱いになる。コリッシモ・プレタ・アンヴォワイエ・モンドColissimo Prêt-à-Envoyer Mondeは、郵送料込みのボックスを買い、中身を詰めて郵便局から発送するシステム。料金が割安となり便利だ。ボックスは郵便局で購入する。日本までの料金は、Lサイズ(29×21×15cm、5kg以内)が€42。XLサイズ(40×27.5×19.5cm、7kg以内)が€61。増えてしまった荷物を送りたいときなどに利用するのもいいだろう。いずれも1週間〜10日くらいで届く。

フランスのポストは黄色

コリッシモ・プレタ・アンヴォワイエ・モンドのボックス

宛名の書き方

- 差出人の住所、氏名を書く場合は左上へ
- 切手
- 〒104-0000 東京都中央区八丁堀○-○-○ 地球 歩 様 JAPON
- JAPON（日本）とはっきり書いておけば、そのほかの宛名は日本語でいい
- 航空便であることを示すPAR AVIONと書く
- PAR AVION

日本への郵便物は「Etranger」の表示がある投函口へ

郵便料金（フランスから日本へ）

重さ	手紙	小包
〜20g	€1.40	
〜100g	€2.80	
〜250g	€7.00	
〜500g	€11.20	€24.85
〜1.0kg		€27.65

重さ	手紙	小包
〜2.0kg	€19.60	€38.00
〜5.0kg		€55.65
〜10.0kg		€105.30

手紙：Lettre
小包：Colissimo（20kgまで）

宅配便

日本の宅配便「クロネコヤマト」がパリにオフィスを構えている。スーツケースに入りきらなくなってしまったおみやげや、長期の旅行で着なくなった洋服、必要なくなったものなどを日本に送ってしまうのもいい。そのほか、パリ市内の提携ワインショップからのワインダイレクトや、クール輸送の利用もおすすめです。2kg €45、5kg €75（燃油サーチャージ／税金別途）。

また、チーズ、ワインギフトセットもあり、送料・品代込みでお得。詳細はウェブサイトまたは電話で問い合わせのこと。

日本語対応で安心

5kgまで詰め込むタイプは€65（税金別途）。ワインも2本まで入れられる

欧州ヤマト運輸パリ支店
- MAP 別冊P.25-2C
- M ⑦⑭Pyramides
- 住 21, rue d'Argenteuil 1er
- TEL 01.42.97.58.99（日本語可）
- 営 12:00〜16:00
- 休 ⊕ ⊕ ㊗
- 料 パリ発一般発送品ワインダイレクト
  - 常温6本 €130
  - 常温12本 €160
  - （税金別途）
- E-Mail takparis@yamatoeurope.com
- URL www.yamatoeurope.com

はみだし！ 本人が持ち帰らずに自分宛に送る荷物は、「別送品」扱いにできる。携帯品と合わせて税金の対象となるが、免税範囲（→P.429）内であれば税金はかからない。「携帯品・別送品申告書」（→P.429）は2枚必要。

技術 トラブル対策

「事故は気の緩みから」とよくいわれるが、どんなに気をつけていても、思わぬ被害に遭うことだってある。海外旅行で起こりやすいトラブルとその対処方法を知っていれば、万一のときも慌てなくてすむだろう。

緊急時のダイヤルリスト
警察 Policeポリス ℡17
消防 Pompierポンピエ ℡18
医者付き救急車 SAMU ℡15
救急センター SOS Médecins
℡01.47.07.77.77(パリ)

SOS Médecinsの車

薬局は緑十字が目印

24時間年中無休の薬局
MAP 別冊P.23-2C
住 84, av. des Champs-Elysées 8e
℡01.45.62.02.41

シャンゼリゼ大通りのパッサージュ内にある

病気、けが

病気になったら、絶対に無理は禁物。重病と思ったら、迷わずSAMU(医者付き救急車)や、SOS Médecins(24時間巡回医療サービス)を呼ぶこと。ホテルの受付に頼んでもいい。

病気やけがに備えて

気候や環境の変化、食事の変化などで、急に体調を崩すこともある。まず、よく眠ること。睡眠不足は万病のもとだ。そして、常備薬を多めに持っていくこと。医薬分業のフランスでは、薬の購入には医師の処方箋が必要。家庭常備薬以外は、処方箋なしでは買えないので注意しよう。風邪薬、胃腸薬などは、使い慣れたものを日本から持参したい。

海外旅行保険への加入は必須

フランスでは健康保険加入が原則で、保険に入っていれば治療費はほとんどかからないが、保険に入っていない旅行者の場合は全額自己負担。日本で全額負担するよりも高い。日本から海外旅行保険に加入していくのは、今や常識だ(→P.423)。病気になったとき、日本語医療サービスのある海外旅行保険に加入していれば、このサービスセンターに電話して、対処してもらうのがいちばんいい。提携病院で治療を受ければ、病院側も慣れており、スムーズに対処をしてもらえるだろう。通院にかかったタクシー代の領収書なども忘れずに取っておこう。

Column Information 日本語の通じる医院・病院

海外で病気になったとき、日本語の通じる医師は心強い存在だ。要予約。

アメリカン病院 Hôpital Américain

日本人医師、看護師、通訳のスタッフがサポートしてくれる、安心の総合病院。パリ市内から82番または93番のバスでHôpital Américain下車。
MAP 別冊P.4-1A
住 63, bd. Victor-Hugo 92200 Neuilly-sur-Seine
℡01.46.41.25.15(日本セクション)
E-mail japon@ahparis.org
URL jp.american-hospital.org(日本語)

近藤毅医師(循環器内科)

M ⑬Gaîté 住 55, av. du Maine 14e
℡01.42.79.03.81

ドュイエブ医師 Dr. Douieb
(内科、小児科、産婦人科)

M ⑨Marcel Sembat
住 65bis, av. Victor-Hugo
   92100 Boulogne Billancourt
℡01.46.03.37.24

太田博昭医師(精神科、カウンセリング)

M ⑫Porte de Versailles
住 59, bd. Victor 15e ℡01.45.33.27.83

はみだし 持病がある場合は主治医に相談し、既往症や薬品について最低限英語で説明した診断書を書いてもらおう。特に薬品などにアレルギーのある人は、その旨を書いた紙が必須。常用薬の使用説明書を英訳しておくといい。

■保険会社の指定病院で治療を受ける場合

【保険会社に連絡】	自分が加入している海外旅行保険会社のアシスタント・サービス・デスクに連絡すると、最寄りの保険会社指定病院を紹介してもらえる
↓	
【治療】病院窓口で保険契約証を提示	治療費は補償金額の範囲内で保険会社から直接提携病院に支払われるので、手持ちのお金がなくても大丈夫

■緊急の場合

【治療】ホテルの紹介や救急車を呼んで病院へ	自分で病院へ行った場合、治療費はひとまず全額自分で払うことになる
↓	
【保険会社に連絡】必要書類についての指示を受ける	保険会社の指示に従って、領収書、診断書などの必要書類を揃える。書類が揃っていないと、保険金がおりないこともあるので注意
↓	
【保険金の請求】必要書類を提出	日本帰国後、必要書類を保険会社に提出し、保険金を請求する

　万一の場合に備えて保険会社の緊急連絡先電話番号と保険証書は常に携帯しておこう。

盗難、紛失

　盗難や紛失に遭ったら、すぐに最寄りの警察に届け出て、「紛失・盗難届証明書」を発行してもらう。

■パスポート

【警察に届ける】「紛失・盗難届証明書」を発行してもらう	万一に備えて、パスポートの写真のページと航空券や日程表のコピーがあるといい。コピーはパスポートと別に携帯しておくこと
↓	
【日本大使館に届ける】パスポートの紛失届および新規発給の申請	失効手続きの必要書類は、「紛失一般旅券等届出書」（来館時に記入）、写真1枚（縦4.5cm×横3.5cm）。新規発給には「一般旅券発給申請書」（来館時に記入）、手数料、警察発行の「紛失・盗難届証明書」、写真1枚、戸籍謄本または抄本1通（6ヵ月以内に発行されたもの）。戸籍抄本がない場合は相談を
↓	
【新規発給】1週間〜10日ほどかかる	帰国するだけなら「帰国のための渡航書」を申請することも可能（要手数料）。帰りの航空券が必要で、帰国日前日に発行される

非常時、トラブルのときの会話
→P.450

事故に巻き込まれたらすぐに最寄りの警察に助けを求めよう

在フランス日本国大使館
Ambassade du Japon en France（アンバサード・デュ・ジャポン・アン・フランス）
MAP 別冊P.22-1B
M ②Courcelles
住 7, av. Hoche 8e
TEL 01.48.88.62.00
URL www.fr.emb-japan.go.jp（日本語あり）

日本大使館のウェブサイトから警察で被害届をスムーズに作成してもらうための依頼書がダウンロードできる。日本語で項目が書かれているので、わかりやすい

旅の準備と技術

トラブル対策

はみだし！ 海外でのパスポートの申請手続きに必要な書類の詳細は、外務省のウェブサイトで確認を。
URL www.mofa.go.jp/mofaj/toko/passport/pass_5.html

443

主要カード会社のフランスからの連絡先
● アメリカン・エキスプレス
[Free] 0800.90.83.91（日本語）
● ダイナースクラブカード
[Tel] 81-3-6770-2796（日本語）
● JCBカード
[Free] 00-800-0009-0009（日本語）
● マスターカード
[Tel] 0-800-90-1387
● VISA
[Free] 0800-919-552

※電話番号は変更される場合もあるので、出発前にカード会社に確認しておくこと。

現金とカードは分散して持つ
現金を盗まれたり、紛失したら、まず見つからないと思ったほうがいい。クレジットカードがあればキャッシングもできるので、現金とカードは分散して持っておこう。

遺失物取扱所
Service des Objets Trouvés
（セルヴィス・デゾブジェ・トゥルヴェ）
[MAP] 別冊P.17-3C
[M] ⑫Convention
[住] 36, rue des Morillons 15e
[Tel] 34.80
[営] 8:30～17:00
　（㊍は～12:00、
　㊎は～16:30）
[休] ㊏㊐㊗

■クレジットカード

【カード発行金融機関に連絡】カードの無効処置と再発行の手続きを取る → 悪用されないように、すぐに無効手続きの処置を取ってもらうこと

↓

【警察に届ける】「紛失・盗難届証明書」を発行してもらう → あらかじめカード発行金融機関に紛失時の対処方法、連絡先を確認しておこう

■航空券

現在、各航空会社ともeチケットと呼ばれるシステムを導入しており、従来の紙の航空券と違って紛失、盗難を心配する必要がないのが、利用者にとっては大きなメリット。eチケット控えは万一紛失しても、無料で再発行が可能。詳しくは利用航空会社へ。

■そのほかの携行品

【警察に届ける】「紛失・盗難届証明書」を発行してもらう → 携行品は、保険をかけておけば補償が得られ、安心だ。念のため、遺失物取扱所にも問い合わせてみよう

↓

【保険会社に連絡】保険金の請求手続きを取る → 帰国後、保険金を請求する。必要な書類など保険会社に確認しておくこと

Column Information 知っておきたい安全情報

●渡航先で最新の安全情報を確認できる「たびレジ」に登録しよう
外務省提供の「たびレジ」は、旅程や滞在先、連絡先を登録するだけで、渡航先の最新安全情報を無料で受け取ることのできる海外旅行登録システム。メール配信先には本人以外も登録できるので、同じ情報を家族などとも共有できる。またこの登録内容は、万一大規模な事件や事故、災害が発生した場合に滞在先の在外公館が行う安否確認や必要な支援に生かされる。安全対策として、出発前にぜひ登録しよう。

●パリ警視庁発行の安全ガイド
パリ警視庁が発行している安全ガイドは日本語版もあり、観光案内所（→P.96）に置いてあるのでもらうといい。在フランス日本大使館のウェブサイトからもダウンロードできる。フランス政府も、テロに遭遇した場合の対処法を動画とイラストで公開している。

パリ警視庁の安全ガイド（上）　フランス政府によるテロ発生時のマニュアルの一部。逃げられない場合の隠れ方も説明（右）

●たびレジ
[URL] www.ezairyu.mofa.go.jp/tabireg

●パリ警視庁安全ガイドのダウンロード
[URL] www.fr.emb-japan.go.jp/jp/anzen/pdf/guide_paris_2013_JAPONAIS.pdf

●テロ発生時の対処法
[URL] www.gouvernement.fr/en/how-to-react-in-the-event-of-a-terrorist-attack（英語）

はみだし　外務省では旅行者に向けて各国の治安状況や安全情報の提供サービスを行っている。フランスで最近よく発生している犯罪の実例と対処法がわかりやすく解説されている。[URL] www.anzen.mofa.go.jp

Conseils de sécurité

安全で楽しい旅にするために
トラブル対策

旅行中は、日本にいるとき以上に泥棒、スリ、置き引きなどを常に警戒しなければならない。紛失や盗難に備えて、その対策を考えよう。

■紛失

　紛失に備えて、メモに控えておいたり、コピーを取っておいたほうがいいものがある。一緒になくしてしまわないように、くれぐれも別の場所に保管すること。（覚え書きメモ→P.423）

●パスポート

　名前と写真が記されているページをコピーしておく。パスポート番号、有効期限はメモしておく。パスポート用の写真2枚、戸籍抄本1通を用意しておく。

●カード

　カード裏面のカード発行金融機関名、緊急連絡先をメモしておく。

■スリ

　地下鉄や人の多い場所にはスリが多い。気をつけたいポイントがいくつかある。
- ●ひとめで旅行者とわかる格好をしない。
- ●リュックの外側のポケット、ズボンのポケット、ウエストポーチに貴重品は入れない。
- ●ショルダーバッグは斜めにかけ、手を添える。
- ●荷物は自分の体から離さない。テーブルや椅子に放置しない。
- ●多額の現金は持ち歩かないようにする。
- ●貴重品（現金、クレジットカード、パスポート）は分散して持つ。

- ●地下鉄やバスなど、乗り物の中で寝ない。
- ●常に周りに気を配る。注意を払う。
- ●ひとめにつく所でお金を数えたりしない。

■そのほかの注意点

●スリ集団や物乞いに囲まれてしまったら

　大声で「No!」とはっきり拒絶して、逃げる。体やバッグに手をかけてきたら、手で振り払い、ときには突き飛ばしても。危険を感じたら周りの人に助けを求めよう。近くの店に逃げ込んでもいい。

●ひとり歩き

　夜間や早朝、人通りの少ない通りのひとり歩きはしない。深夜になってしまったら、メトロには乗らずにタクシーを利用するようにしよう。地下道は昼間でも避けること。

●通りで

　何人もで歩いていると、おしゃべりに夢中になって無防備になりがち。仲間がいると、つい安心してしまうが、自分の身は自分で守ることを肝に銘じて！

●子供だからといって安心はできない！

　日本では考えられないことだが、10歳前後の子供だけのスリ集団がいる。未成年だとつかまってもすぐに釈放されるので、対処法がないとか。

■パリの犯罪多発地区

●モンマルトル周辺

　ピガールなどの歓楽街に近く、ひったくり、強盗など凶悪な盗難事件が頻発。夜のひとり歩きはもちろん避けるべきだが、昼間でも注意が必要。サクレ・クール聖堂に上がる階段では、手首に強引にミサンガ（組ひものブレスレット）を巻き始め、高額な代金を要求するミサンガ売りも多い。

●サントノレ通り、モンテーニュ大通り、オペラ大通り界隈

　日本人が最も盗難被害に遭いやすい場所。バイクによるひったくりが多発している。

●メトロ①号線

　観光名所が並ぶ路線であり、日本人を狙ったスリが多い。

●RERⒷ線

　シャルル・ド・ゴール空港から北駅にかけての車内で、空港到着客を狙った強盗事件が頻発。

※P.446〜447に読者が遭遇した事例をまとめてありますので、予防策の参考にしてください！

旅の準備と技術

トラブル対策

445

読者からのトラブル投稿集

トラブルは、その手口を知っていれば避けられるケースもあります。貴重な体験談が多数寄せられていますので、参考にして、ぜひ予防に役立ててください！

> メトロやRERでのトラブルに関する投稿は、**P.82** にもありますので、参考にしてください。

ひったくりに注意

車道側に荷物は持たないように

メトロでのスリには注意していたのですが、まさか歩いているときに荷物をひったくられるとは！ 後ろからきたバイクの男に肩からさげていたショルダーバッグを盗られました。けがはなかったのですが、びっくりしてよろけてしまったし、ものすごく怖かったです。貴重品を入れていなかったのが不幸中の幸いでした。バッグはたすき掛けにするのがいちばんですね。夕方、暗くなり始めた頃に人通りの少ない道を歩いたのもよくなかったと反省しました。
（神奈川県　羅針盤　'19）

編集部からのアドバイス
周囲に注意を

観光名所や人混みでなくても常に周囲には気をつけましょう。車道を歩くときはかばんを車道側に持たないように。また、かばんには手を添え、体の前で持つようにしましょう。盗られてしまったら絶対に無理に取り返そうとしないこと。多額の現金は持ち歩かずに、貴重品は分散して持つようにしましょう。

安全情報の収集

「たびレジ」の登録は必須

パリ旅行を考え始めたと同時に「たびレジ」に登録したら、リアルタイムでの安全情報がメールで届き、とても役に立ちました。デモが行われている時期だったので、前もってデモの予定場所やメトロの閉鎖駅などの情報を得られて、対策を取りながら観光することができました。「たびレジ」の登録は必須です。
（茨城県　明日は青空　'19）

編集部からのアドバイス
「たびレジ」に登録しよう

旅行の日程が決まったら外務省提供の「たびレジ」（→P.444）に登録しよう。旅先の在外公館の連絡先や最新の渡航情報、安全情報などが得られる。万一デモや衝突などに遭遇してしまったら速やかにその場を離れ、安全確保に努めること。周囲に十分注意して行動しましょう。

空港〜郊外でトラブル多発

空港線はスリが多い

シャルル・ド・ゴール空港からパリ市内へ行くRERと、パリ市内からオルリー空港へ行くRERで2回スリに遭いました。ふたり組で近寄ってきて、ひとりにスーツケースを引っ張られて注意がそちらにいった隙にもうひとりがポケットに手を入れてきました。結果的に盗られずに済みましたが、スーツケースを持ってメトロやRERに乗る際は警戒を怠らないことが大切です。
（埼玉県　コバタカ　'20）

編集部からのアドバイス
郊外は要注意

パリ郊外は市内と比べて格段に治安が悪く、シャルル・ド・ゴール空港とパリを結ぶ高速道路やRERのB線では、空港利用客を狙った犯罪が頻発しています。移動中は車両内で密室となるので、注意が必要です。RERはなるべく利用しない、タクシーに乗ったら貴重品は隠す、といった自衛策を徹底しましょう。

メトロの階段でスリに遭遇

同じ手口にまた遭った

メトロの階段を上っていると、笑顔の女の子がハーイ！と両手を広げてハグをしてきました。とっさに腕を払いのけると、近くにいた女友達とニヤニヤしながら離れていきました。動きにくい階段でハグをして、近くで待機しているもうひとりが貴重品を盗むという手口でしょうか。以前パリを訪れたときも同じような経験をしました。　　　　　　　　（栃木県　HIROKI-H　'19）

編集部からのアドバイス
いつも防犯意識を

旅行者が集まるバスやメトロには、不意打ちをしてスリや強盗をしようとする輩も多い。ときに驚くような手を使ってくるが、くれぐれもスキを見せないようにしよう。グループのこともあるので、囲まれる前に早足で立ち去ること。他人に体を触れさせるのは、どんなときも禁物です。

署名やアンケートの強要

観光客を狙う署名詐欺グループ

ノートルダム大聖堂近くの路上で、10〜20代の女性グループが観光客にしきりに話しかけてアンケートを取っていました。観光客の荷物にチラチラ目線を配っていて、とても感じが悪かったです。
　　　　　　　　　　　（静岡県　時差鹿　'19）

編集部からのアドバイス
断固として拒否を

観光名所近くにいる署名やアンケートの詐欺。高額の募金を要求するほか、記入している間に財布をすられたという報告も。しつこくからまれても断固として拒否しましょう。日本語でも大声を出すのは効果的です。

メトロの券売機で

券売機で話しかけてくる人に注意

メトロの切符を購入しようと券売機に並んでいたところ、明らかに駅員ではない年配の男性が切符を売りにきました。また、同様に駅員には見えない男性が、券売機の使い方に戸惑っている観光客にしきりに話しかけていました。列がなかなか進まないため、結局メトロに乗るのは諦めましたが、観光スポット最寄りの駅の売り場では注意が必要だと思います。　　　　（静岡県　時差鹿　'19）

編集部からのアドバイス
メトロの切符は必ず自分で購入すること

メトロの券売機の操作にまごついている観光客に「代わりにやってあげるよ」と話しかけてだます人がいます。あやしいと感じたらすぐに逃げるか、券売機は必ず自分で操作すること。または有人の窓口で購入するようにしましょう。

スマホ・携帯が狙われる

スマホを使う場所に注意

東京では地下鉄内などでも平気でスマホを使っていますが、パリではスリの標的になりやすいと聞いて気をつけました。メトロ内や路上で使っている人もいるのですが、観光客の私は狙われやすい！と肝に銘じて、普段はバッグの中にしまい、カフェなどで見るようにしました。
　　　　　　　　　　（東京都　小心者　'19）

編集部からのアドバイス
使い方に注意

通話中や、写真撮影中にスマートフォンやタブレット端末をひったくられる事件が多発しています。難しいことですが、使用中も周囲への注意を怠らないように。町なかやメトロ、歩行中に使用するのは避けましょう。

旅の準備と技術　トラブル対策

447

技術 旅の言葉

パリにいるかぎり、言葉で不自由することはない。ホテルではほぼ英語が通じるし、レストランやお店でもひとりぐらいは英語をしゃべる店員がいる。でも、あいさつ、お礼の言葉くらいはフランス語で言ってみよう。対応がぐっと違ってくるはずだ。

ここではできるだけフランス語の発音に忠実になるように読み方を示したので、本文中の表記とは異なる場合がある。
例：de は、本文では de

相手への呼びかけ
男性へは
　Monsieur ムッシゥユー
女性へは
　Madame マダム
　Mademoiselle マドモワゼル
マダムは既婚女性の呼び方だが、未婚か既婚かわからないときは、マダムを使ったほうが無難。未婚でもある程度大人の女性ならマダムと呼びかけるのが普通。

S'il vous plaît スィル・ヴ・プレ
英語の「please プリーズ」に当たる言葉。コーヒーを注文するときは「Un café, s'il vous plaît. アン・カフェ・スィル・ヴ・プレ」。タクシーでホテルの名前の後ろに付けて「Hôtel ○○, s'il vous plaît. オテル○○・スィル・ヴ・プレ」。

Pardon パルドン
Pardonは、メトロやバスで出口に通してもらうときや、ちょっと肩が触れたときなどに使う。「Pardon?」と語尾を上げると「え？何ですか？」と聞き直す意味になる。

地球の歩き方トラベル会話
旅先ですぐに使える工夫がいっぱい！メニュー選びに役立つカラー料理図鑑付き。

地球の歩き方編集室編『地球の歩き方 トラベル会話2 フランス語＋英語』（税別）1143円

覚えておきたい必修フレーズ

— Bonjour. ボンジュール	こんにちは
— Bonsoir. ボンソワール	こんばんは
— Bonne nuit. ボンヌ ニュイ	おやすみなさい
— Bonne journée. ボンヌ ジュルネ	よい1日を（昼に言う別れ際の言葉）
— Bonne soirée. ボンヌ ソワレ	よい夕べを（夜に言う別れ際の言葉）
— Au revoir. オルヴォワール	さようなら
— Merci. メルスィ	ありがとう
— Merci beaucoup. メルスィ ボクー	どうもありがとう
— Non merci. ノン メルスィ	いいえ、けっこうです
— Oui. ウィ	はい
— Non. ノン	いいえ
— S'il vous plaît. スィル ヴ プレ	お願いします
— Pardon. パルドン	すみません
— Excusez-moi. エクスキューゼ モワ	ごめんなさい

よく使うフレーズ、覚えておきたいフレーズ

— Qu'est-ce que c'est ? ケスクセ	これは何ですか？
— Où ? ウ	どこ？
— Où sont les toilettes ? ウ ソン レ トワレット	トイレはどこですか？
— Quand ? カン	いつ？
— Quelle heure est-il ? ケルール エティル	何時ですか？
— Combien ? コンビヤン	どのくらい？／いくら？
— Comment allez-vous ? コマン タレ ヴ	お元気ですか？
— Je vais bien. ジュ ヴェ ビヤン	元気です
— Ça va ? サ ヴァ	元気？
— Je m'appelle ○○○. ジュ マペル	私の名前は○○○です
— Comment vous appelez-vous ? コマン ヴ ザプレヴ	あなたのお名前は？
— Je suis japonais. ジュスュイ ジャポネ	私は日本人（男性）です
— Je suis japonaise. ジュスュイ ジャポネーズ	私は日本人（女性）です
— Parlez-vous anglais ? パルレ ヴ ザングレ	英語を話しますか？
— Je ne parle pas français. ジュ ヌ パルル パ フランセ	私はフランス語を話しません
— Je ne comprends pas. ジュ ヌ コンプラン パ	わかりません
— Je ne sais pas. ジュ ヌ セ パ	知りません
— D'accord. ダコール	わかりました／OK

はみだし！『地球の歩き方』掲載のフランス語会話文例が"ネイティブの発音"で聞ける！「ゆっくり」「ふつう」の再生スピードがあるので初心者でも安心。URL www.arukikata.co.jp/tabikaiwa/

シチュエーションに応じた会話例

■町歩き
ウ エ ラ トゥール エッフェル
- **Où est la tour Eiffel ?** 　　エッフェル塔はどこですか？
ウ ソム ヌ
- **Où sommes-nous ?** 　　　　ここはどこですか？

■観光案内所で
ジュ ヴドレ アン プランドゥラ ヴィル スィル ヴ プレ
- **Je voudrais un plan de la ville, s'il vous plaît.**
　　　　　　　　　　　市内地図をください
ジュ ヴドレ マンスクリール ア セットゥ ヴィジット ギデ
- **Je voudrais m'inscrire à cette visite guidée.**
　　　　　　　　この観光ツアーに申し込みたいのですが
プートン ナシュテ アン ミュージアム パス イスィ
- **Peut-on acheter un museum pass ici ?**
　　　　　　　ここでミュージアム・パスを買えますか？

■観光スポットで
アン ビエ プール エテュディアン スィル ヴ プレ
- **Un billet pour étudiant, s'il vous plaît.** 学生券1枚ください
ア ケル ール フェルム トン
- **A quelle heure ferme-t-on ?** 　　何時に閉まりますか？
プートン プランドル デ フォト ダンル ミュゼ
- **Peut-on prendre des photos dans le musée ?**
　　　　　　　美術館の中で写真を撮ってもいいですか？

■劇場で
アヴェ ヴ デ ビエ プール オージュルドゥイ
- **Avez-vous des billets pour aujourd'hui ?**
　　　　　　　　　　　当日券はありますか？
アヴェ ヴ デ プラス モワン シェール
- **Avez-vous des places moins chères ?**
　　　　　　　　もっと安い席はありますか？
ジュ ル プラン ジュ プラン サ
- **Je le prends. / Je prends ça.** 　　それにします

交通

■市内交通(メトロ、バス)
ウ エ ラ スタスィオン ドゥ メトロ
- **Où est la station de métro ?** 　メトロの駅はどこですか？
ウ エ ラ レ ドゥ ビュス
- **Où est l'arrêt de bus ?** 　　　バス停はどこですか？
ジュ ヴドレ アン プランドゥ メトロ スィル ヴ プレ
- **Je voudrais un plan de métro, s'il vous plaît.**
　　　　　　　　　　　　メトロの路線図をください
アン ビエ アン カルネ スィル ヴ プレ
- **Un billet (Un carnet), s'il vous plaît.**
　　　　　　　切符を1枚(回数券を1セット)ください

■近郊の町への交通
アン ビエ プール ヴェルサイユ スィル ヴ プレ
- **Un billet pour Versailles, s'il vous plaît.**
　　　　　　　　ヴェルサイユまでの切符をください
ア ナレ サンプル ア ナ レルトゥール スィル ヴ プレ
- **Un aller-simple (Un aller-retour), s'il vous plaît.**
　　　　　　　　片道切符(往復切符)をください
ジュ ヴドレ レゼルヴェ ストラン スィル ヴ プレ
- **Je voudrais réserver ce train, s'il vous plaît.**
　　　(メモを見せながら)この列車を予約したいのですが
ジュ ヴドレ ユンヌ フィシュ オレール スィル ヴ プレ
- **Je voudrais une fiche horaire, s'il vous plaît.**
　　　　　　　　　　　時刻表をください

■タクシー
ウ エ ラ スタスィオン ドゥ タクスィ
- **Où est la station de taxi ?** タクシー乗り場はどこですか？
プリエ ヴ マプレ アン タクスィ
- **Pourriez-vous m'appeler un taxi ?**
　　　　　　　タクシーを呼んでもらえませんか？
アン ルシュ スィル ヴ プレ
- **Un reçu, s'il vous plaît.** 　　領収書をください

レストランでの会話
→P.243

フランス料理単語帳
→P.248

ショッピングに役立つフランス語
→P.300

ホテルに関するフランス語
→P.358

名詞の後ろの(m) (f)は、
(m) = 男性形
(f) = 女性形
を意味する。

劇場に関する単語

テアトル théâtre (m)	劇場
シネマ cinéma (m)	映画館
フィルム film (m)	映画
コメディ ミュジカル comédie musicale (f)	
	ミュージカル
ヴェスティエール vestiaire (m)	クローク
アントラクト entracte (m)	幕間
プラス place (f)	座席

交通に関する単語

ガール gare (f)	鉄道駅
ヴォワ voie (f)	～番線
ケ quai (m)	プラットホーム
ビエ billet (m)	切符
アレ サンプル aller-simple (m)	片道
アレ ルルトゥール aller-retour (m)	往復
タリフ tarif (m)	運賃
ギシェ guichet (m)	切符売り場
ウール ドゥ デパール heure de départ (f)	出発時刻
ウール ダリヴェ heure d'arrivée (f)	到着時刻

交通に関するフランス語
→P.81

旅の準備と技術

旅の言葉

449

両替・郵便に関する単語

シャンジュ change (m)	両替
フイユ feuille (f) / billet (m)	紙幣
ピエス pièce (f)	硬貨
レットル lettre (f)	手紙
コリ colis (m)	小包
タンブル ドゥ コレクスィオン timbre de collection	記念切手
エクスペディトゥール expéditeur	差出人
デスティナテール destinataire	受取人

お金に関するフランス語
→P.433

数字

ゼロ zéro	0
アン ユンヌ un (une)	1
ドゥー deux	2
トロワ trois	3
キャトル quatre	4
サンク cinq	5
スィス six	6
セット sept	7
ユイット huit	8
ヌフ neuf	9
ディス dix	10
オーンズ onze	11
ドゥーズ douze	12
トレーズ treize	13
キャトールズ quatorze	14
キャーンズ quinze	15
セーズ seize	16
ディ セット dix-sept	17
ディズュイット dix-huit	18
ディズ ヌフ dix-neuf	19
ヴァン vingt	20
サン cent	100
ミル mille	1000

盗難に関する単語

アジャン ドゥ ポリス agent de police (m)	警官
コミサリア commissariat (m)	警察署
ポスト ドゥ ポリス poste de police (m)	派出所
アルジャン リキッド argent liquide (m) / エスペス espèces (f)	現金
ポルトフイユ portefeuille (m) / ポルト モ ネ porte-monnaie (m)	財布

両替所、郵便局

イヤティル アン ビュロー ドゥ ポスト プレ ディスィ
– **Y a-t-il un bureau de poste près d'ici ?**
この近くに郵便局はありますか？

ウ ブトン シャンジェ ドゥ ラルジャン
– **Où peut-on changer de l'argent ?**
どこで両替できますか？

ヴ プルネ コンビヤン ドゥ コミッスィオン
– **Vous prenez combien de commission ?**
手数料はいくらですか？

ジュ ヴドレ デ ビエ ドゥ サンク エ ディ ズーロ スィル ヴ プレ
– **Je voudrais des billets de 5 et 10 euros, s'il vous plaît.**
5ユーロ札と10ユーロ札をください

サンク タンブル プール ル ジャポン スィル ヴ プレ
– **5 timbres pour le Japon, s'il vous plaît.**
日本までの切手を5枚ください

ユンヌ ボワット ドゥ コリ アンテルナスィオナル スィル ヴ プレ
– **Une boîte de colis international, s'il vous plaît.**
国際小包用の箱をください

通信

ジュ ヴ ド レ テ レ フォ ネ ア レクステリュール
– **Je voudrais téléphoner à l'extérieur.**
（ホテルの部屋から）外線電話をかけたいのですが

コネッセ ヴ アン カフェ アヴェック ラ クセ ウィ フィ プレ ディスィ
– **Connaissez-vous un café avec l'accès Wi-Fi près d'ici ?**
この近くにWi-Fi（無線LAN）が使えるカフェはありますか？

エ ス ク ルウィ フィ エ ディスポニブル ダン セ テ テル
– **Est-ce que le Wi-Fi est disponible dans cet hôtel ?**
このホテルではWi-Fiが使えますか？

非常時、トラブル

■非常時

オ スクール
– **Au secours !**　　　　　　　　　　助けて！

オ ヴォルール
– **Au voleur !**　　　　　　　　　　　泥棒！

アプレ ラ ポリス
– **Appelez la police !**　　　　　警察を呼んで！

レ セ モワ トランキル
– **Laissez-moi tranquille !**
（しつこく誘われたとき）かまわないでください！

■警察で

ジェ ペルデュ モン バガージュ パスポール
– **J'ai perdu mon bagage（passeport）.**
荷物（パスポート）をなくしました

プヴェ ヴ ム フェール ラ デクララスィオン ドゥ ヴォル ドゥ ペルト
– **Pouvez-vous me faire la déclaration de vol（de perte）?**
盗難（紛失）証明書を書いてくれませんか？

■ 日付に関する単語

フランス語の日付の書き順は、日本語と逆になる。
ル マルディ キャトル メ
le mardi 4 mai　5月4日 火曜日

ディマンシュ dimanche	日曜				
ランディ lundi	月曜				
マルディ mardi	火曜	ジャンヴィエ janvier	1月	セプタンブル septembre	9月
メルクルディ mercredi	水曜	フェヴリエ février	2月	オクトーブル octobre	10月
ジュディ jeudi	木曜	マルス mars	3月	ノヴァンブル novembre	11月
ヴァンドルディ vendredi	金曜	アヴリル avril	4月	デサンブル décembre	12月
サムディ samedi	土曜	メ mai	5月	ジュール フェリエ jour férié	祝日
オージュルドゥイ aujourd'hui	今日	ジュアン juin	6月	トゥ レ ジュール tous les jours	毎日
イエール hier	昨日	ジュイエ juillet	7月	スメーヌ semaine	週
ドゥマン demain	明日	ウ (ウットゥ) août	8月	モワ mois	月

医療

■ 症状を説明する
- Je me sens mal.
ジュ ム サン マル
具合が悪いです
- J'ai mal à la tête.
ジェ マ ラ ラ テット
頭痛がします
- J'ai de la fièvre.
ジェ ドゥ ラ フィエーヴル
熱があります
- J'ai des nausées.
ジェ デ ノゼ
吐き気がします

■ 病院へ行く
- Est-ce qu'il y a un hôpital près d'ici ?
エ ス キ リ ヤ ア ノピタル プレ ディシィ
近くに病院はありますか？
- Est-ce qu'il y a un médecin japonais ?
エ ス キ リ ヤ アン メドゥサン ジャポネ
日本人のお医者さんはいますか？
- Pourriez-vous m'accompagner à l'hôpital, s'il vous plaît ?
プリエ ヴ マコンパニエ ア ロピタル スィル ヴ プレ
病院へ連れていってくれませんか？

■ 病院で
- Je voudrais prendre rendez-vous pour une consultation.
ジュ ヴ ドレ プランドル ランデ ヴ プール ユンヌ コンスュルタスィオン
診察の予約をしたいのですが
- J'ai un rendez-vous avec le docteur ○○ .
ジェ アン ランデ ヴ アヴェック ル ドクトゥール
○○先生との予約があります
- Dois-je être hospitalisé(e) ?
ドワ ジュ エートル オスピタリゼ
入院する必要がありますか？
- Quand est-ce que je dois revenir ?
カン テ ス ク ジュ ドワ ルヴニール
次はいつ来ればいいですか？
- Je dois revenir régulièrement ?
ジュ ドワ ルヴニール レギュリエールマン
通院する必要がありますか？
- Je serai encore ici pour 2 semaines.
ジュ スレ アンコール イスィ プール ドゥ スメーヌ
ここにはあと2週間滞在する予定です

■ 診察を終えて
- Combien est-ce que je dois payer pour la consultation ?
コンビャン エ ス ク ジュ ドワ ペイエ プール ラ コンスュルタスィオン
診察代はいくらですか？
- Pourrais-je utiliser mon assurance ?
プ レ ジュ ユティリゼ モ ナスュランス
保険が使えますか？
- Est-ce que vous acceptez les cartes de crédit ?
エ ス ク ヴ ザクセプテ レ カルト ドゥ クレディ
クレジットカードでの支払いができますか？
- Pourriez-vous signer ce papier de l'assurance, s'il vous plaît ?
プリエ ヴ スィニェ ス パピエ ドゥ ラスュランス スィル ヴ プレ
保険の書類にサインをしてくれませんか？

■ 医者に伝える指さし単語

どんな状態のものを食べたか
生の	cru クリュ
野生の	sauvage ソヴァージュ
油っこい	gras グラ
よく火が通っていない	n'est pas assez cuit ネ パ ア セ キュイ
調理後時間がたった	Il y a déja longtemps イリヤ デジャ ロン タン
	après la cuisson アプレ ラ キュイッソン

けがをした
刺された／噛まれた	piqué / mordu ピケ モルデュ
切った	coupé クペ
転んだ	tombé トンベ
打った	frappé フラッペ
ひねった	tordu トルデュ
落ちた	tombé トンベ
やけどした	brûle ブリュレ

痛み
鈍く	sourde スルド
ズキズキする	lancinant ランシナン
鋭く	aigu エギュ
ひどく	sévère セヴェル

原因
蚊	moustique ムスティック
ハチ	abeille / guêpe アベイユ ゲプ
アブ	taon タン
毒虫	insecte venimeux アンセクト ヴェニムー

旅の準備と技術　旅の言葉

■ 該当する症状にチェックをして医者に見せよう

☐ 吐き気.......................nausée	☐ 水様便...................................	☐ 鼻詰まり..........enchifrènement
☐ 悪寒...............frisson de fièvre	excréments comme de l'eau	☐ 咳....................................toux
☐ 食欲不振......manque d'appétit	☐ 軟便........excréments relâchés	☐ 痰.............................crachat
☐ めまい.........................vertige	☐ 1日に××回.......××fois par jour	☐ 血痰........crachat sanguinolent
☐ 動悸....................palpitation	☐ ときどき.......de temps en temps	☐ 耳鳴り........tintement d'oreilles
☐ 熱..............................fièvre	☐ 頻繁な.....................fréquent	☐ 難聴...............dureté d'oreille
☐ 脇の下.........................aisselle	☐ 絶え間なく..............sans cesse	☐ 耳だれ.......................otorrhée
☐ 口中.........................bouche	☐ 風邪.........................rhume	☐ 目やに.......................chassie
☐ 下痢.........................diarrhée	☐ 鼻水.............................morve	☐ 目の充血 yeux injectés du sang
☐ 便秘....................constipation	☐ くしゃみ.................éternuement	☐ 見えにくい..............Je vois mal.

451

テーマ別総合インデックス

観光ポイント〈パリ〉

ア

アクアリオム・ド・パリ …… 122
アクリマタシオン公園 …… 172
アトリエ洗濯船 …… 162
アトリエ・デ・リュミエール …… 220
アラブ世界研究所 …… 149
アリーグルの市場 …… 46
アレクサンドル3世橋 …… 30
アンヴァリッド …… 124
アンファン・ルージュの市場 …… 46
ヴァンヴの蚤の市 …… 45
ヴァンセンヌ城 …… 174
ヴァンセンヌの森 …… 174
ヴァンドーム広場 …… 113
ヴィアデュック・デザール …… 139
ヴォージュ広場 …… 136
エッフェル塔 …… 120
エリゼ宮 …… 106
オートゥイユ競馬場 …… 172
オペラ・バスティーユ …… 139、226

カ

凱旋門 …… 102、117
カタコンブ …… 155
壁抜け男 …… 163
カルーゼル凱旋門 …… 111、117
カンパーニュ・プルミエール通り
 …… 156
奇跡のメダイユ教会 …… 144
北ホテル …… 166
切手市 …… 46
ギマールのシナゴーグ …… 33
ギャルリー・ヴィヴィエンヌ …… 49
ギャルリー・ヴェロ・ドダ …… 50
ギャルリー・コルベール …… 49
グランド・アルシュ …… 170
クリニャンクールの蚤の市 …… 44
グルネルの市場 …… 47
ゲネゴー館 …… 138
ゲンズブールの家 …… 233
国立図書館 …… 171
小鳥市 …… 47
コンコルド広場 …… 110
コンシェルジュリー …… 132

サ

サクレ・クール聖堂 …… 160
サレ館（ピカソ美術館）…… 137
サン・ヴァンサン墓地 …… 164
サン・ジェルヴェ・サン・プロテ教会
 …… 135
サン・ジェルマン・デ・プレ教会
 …… 142
サン・ジャック塔 …… 133
サン・ジャン・ド・モンマルトル教会
 …… 33
サン・シュルピス教会 …… 144
サンス館 …… 137

サン・セヴラン教会 …… 146
サンテティエンヌ・デュ・モン教会
 …… 147
サントゥスタッシュ教会 …… 135
サント・シャペル …… 132
サン・ドニ門 …… 117
サン・ピエール・ド・モンマルトル教会
 …… 164
サン・マルタン運河 …… 166
サン・マルタン門 …… 117
サン・ルイ・アン・リル教会 …… 133
サン・ルイ島 …… 133
サン・ロック教会 …… 113
シテ・ド・ラ・ミュージック - フィラルモニー・
 ド・パリ …… 170
シモーヌ・ド・ボーヴォワール橋 …… 31
シャイヨー宮 …… 123
シャンゼリゼ大通り …… 104
シャン・ド・マルス公園 …… 123
自由の炎 …… 125
自由の女神像 …… 30、124、143
ジュ・テームの壁 …… 163
シュマン・デュ・モンパルナス …… 157
シュリー館 …… 137
植物園 …… 148
スービーズ館 …… 137
ソルボンヌ …… 146

タ

チャイナタウン …… 178
チュイルリー公園 …… 110
テルトル広場 …… 161
動物園（ヴァンセンヌの森）…… 174
動物園（植物園内）…… 148

ナ

ノートルダム大聖堂 …… 128

ハ

バガテル公園 …… 173
白鳥の小径 …… 30
バスティーユ広場 …… 139
パッサージュ・ヴェルドー …… 50
パッサージュ・ジュフロワ …… 50
パッサージュ・ショワズール …… 50
パッサージュ・デ・パノラマ …… 50
パッサージュ・デュ・グラン・セール
 …… 51
パッサージュ・デュ・ケール …… 51
パッサージュ・ブラディ …… 51、178
パッシー地区 …… 168
花市 …… 47
パリ国際見本市会場 …… 156
パリ市庁舎 …… 133
パリ天文台 …… 156
パリ日本文化会館 …… 125
パリ花公園 …… 174
パルク・リヴ・ド・セーヌ …… 124
パレ・ガルニエ …… 115、226
パレ・ロワイヤル …… 112

パンテオン …… 147
ビュット・ショーモン公園 …… 175
ビル・アケム橋 …… 30
ブーローニュの森 …… 172
フォーロム・デ・アール …… 135
ブキニスト（古本市）…… 46
プレジダン・ウィルソンの市場 …… 47
ペール・ラシェーズ墓地 …… 176
ベルヴィル …… 178、233
ベルシー地区 …… 171
ボーヴェ館 …… 137
ポン・デザール …… 30
ポン・ヌフ …… 31
ポンピドゥー・センター …… 134、202

マ

マドレーヌ教会 …… 114
ムーラン・ド・ラ・ギャレット …… 162
モスク …… 149
モンスーリ公園 …… 175
モンソー公園 …… 175
モンテーニュ大通り …… 107
モントルイユの蚤の市 …… 45
モンパルナス・タワー …… 154
モンパルナス墓地 …… 177
モンマルトル墓地 …… 176

ヤ

ユダヤ人街 …… 138

ラ

ラ・ヴィレット公園 …… 170
ラ・ヴィレット貯水池 …… 167
ラスパイユのビオマルシェ …… 47
ラ・デファンス …… 170
ラモワニョン館 …… 137
ラ・リュシュ …… 157
ラ・ロッシュ＝ジャンヌレ邸 …… 215
ラ・ロトンド・スタリングラード …… 167
ランベール館 …… 133
リュクサンブール宮 …… 143
リュクサンブール公園 …… 143
リュテス闘技場 …… 146
ルーヴル宮（ルーヴル美術館）
 …… 111、188
ル・コルビュジエのアパルトマン・アトリエ
 …… 215
ロアン館 …… 137
ローザン館 …… 133
ローラン・ギャロス …… 172
ロンシャン競馬場 …… 172

観光ポイント〈パリ近郊〉

ヴェルサイユ宮殿 …… 392
ヴォー・ル・ヴィコント城 …… 399
オヴェール・シュル・オワーズ …… 415
カイユボットの邸宅 …… 418
サヴォワ邸 …… 215

サン・ジェルマン・アン・レー …… 412
ジヴェルニー …… 414
シャルトル …… 413
シャンティイ …… 410
ディズニーランド・リゾート・パリ … 418
バルビゾン …… 409
フォンテーヌブロー …… 408
ブルトゥイユ城 …… 399
メゾン・アトリエ・フジタ …… 409
モン・サン・ミッシェル …… 400
ランス …… 407
ロワールの古城
　アンボワーズ城 …… 417
　シャンボール城 …… 417
　シュノンソー城 …… 416
　ブロワ城 …… 416

✕ 美術館・博物館・記念館

ア
Ima博物館 …… 149
アトリエ・ブランクーシ …… 203
アンスティチュ・ジャコメッティ …… 218
イヴ・サン・ローラン美術館 …… 216
移動遊園地博物館 …… 171
ヴィクトル・ユゴー記念館 …… 136
映画博物館（シネマテーク・
　フランセーズ内）…… 171
オテル・ド・ラ・マリンヌ …… 12
オランジュリー美術館 …… 205
オルセー美術館 …… 196
音楽博物館（シテ・ド・ラ・ミュージック -
　フィラルモニー・ド・パリ内）…… 170

カ
海洋博物館 …… 123
科学・産業シティ …… 170
カルティエ現代美術財団 …… 217
カルナヴァレ博物館 …… 137
ギメ美術館 …… 214
ギャラリーミュージアム バカラ …… 107
ギュスターヴ・モロー美術館 …… 212
グラン・パレ国立ギャラリー …… 206
クリュニー美術館 …… 210
グレヴァンろう人形館 …… 116
クレマンソー記念館 …… 169
軍事博物館 …… 124
下水道博物館 …… 125
ケ・ブランリー・ジャック・シラク美術館 …… 207
建築・文化財博物館 …… 123、214
香水博物館 …… 116
鉱物陳列館 …… 148
国立近代美術館
　（ポンピドゥー・センター内）…… 202
国立古文書博物館 …… 138
国立自然史博物館 …… 148

古生物学館 …… 148
コニャック・ジェ美術館 …… 213

サ
ザッキン美術館 …… 220
ジャックマール・アンドレ美術館 … 212
ジュ・ド・ポーム …… 218
狩猟自然博物館（ゲネゴー館）… 138
市立近代美術館 …… 208
進化大陳列館 …… 148
人類博物館 …… 123
セーヴル磁器博物館 …… 217
セルヌスキ美術館 …… 12
装飾芸術美術館 …… 211

タ
ダリ・パリ …… 219
チョコ・ストーリー・パリ …… 117
テニス博物館 …… 172
ドラクロワ美術館 …… 213

ナ
ニシム・ド・カモンド美術館 …… 217

ハ
パリ市史料館（ラモワニョン館） …… 137
パリ市立ロマン主義博物館 …… 164
バルザック記念館 …… 169
パレ・ド・トーキョー …… 208
ピアフ記念館 …… 233
ピカソ美術館 …… 137、204
ブールデル美術館 …… 209
フォンダシオン・ルイ・ヴィトン …… 172、216
プティ・パレ（パリ市立美術館）… 206
ポーランド歴史文学協会
　（ショパン記念館）…… 230
ポンピドゥー・センター …… 134、202

マ
マイヨール美術館 …… 220
マジック博物館 …… 136
マルモッタン・モネ美術館 …… 207
モンマルトル美術館 …… 216

ヤ
郵便博物館 …… 155
ヨーロッパ写真美術館 …… 218

ラ
リュクサンブール美術館 …… 143、219
ルーヴル美術館 …… 111、188
レジオン・ドヌール勲章博物館 …… 150
ロダン美術館 …… 209

ワ
ワイン博物館 …… 169

✕ 劇場・エンターテインメント

エクスペリメンタル・カクテル・クラブ
　（カクテルバー）…… 234

MK2ケ・ド・セーヌ&ケ・ド・ロワール
　（映画館）…… 231
オデオン座（劇場）…… 228
オペラ・バスティーユ …… 139、226
オ・ラパン・アジル（シャンソニエ） …… 163、232
カヴォー・ド・ラ・ユシェット（ジャズクラブ） …… 232
カルメン（ナイトスポット）…… 234
カンデラリア（カクテルバー）…… 234
グラン・ピガール（ナイトスポット） …… 234
クレイジー・ホース（キャバレー）… 236
コメディ・フランセーズ（劇場）… 228
サル・ガヴォー（ホール）…… 227
シェリー・バット（カクテルバー）… 234
シネマ・ステュディオ・ヴァンテュイト
　（映画館）…… 163、231
シネマテーク・フランセーズ（映画館） …… 171、231
シネマ・デュ・パンテオン（映画館） …… 231
シャイヨー劇場 …… 228
シャンゼリゼ劇場 …… 227
シルク・ディヴェール（サーカス）… 228
テアトル・デュ・ソレイユ（劇場）… 229
テアトル・ド・ジュヌヴィリエ（劇場） …… 229
デューク・デ・ロンバール（ジャズクラブ） …… 232
ニュー・モーニング（ジャズクラブ） …… 232
パラディ・ラタン（キャバレー）…… 236
パリ・シャトレ劇場 …… 227
パリ市立劇場 …… 228
パレ・ガルニエ …… 115、226
ビュス・パラディオム（ナイトスポット） …… 235
フィラルモニー（ホール）…… 227
フォーロム・デジマージュ（映画館） …… 231
ブッフ・デュ・ノール劇場 …… 229
ベル・カント・パリ …… 235
マリー・セレスト（カクテルバー） …… 234
ムーラン・ルージュ（キャバレー） …… 236
モガドール劇場 …… 228
ユシェット座（劇場）…… 229
ラ・セーヌ・ミュージカル（ホール） …… 229
ラ・マシーン・デュ・ムーラン・ルージュ
　（ナイトスポット）…… 235
ラ・ロトンド・スタリングラード
　（ナイトスポット）…… 235
リド（キャバレー）…… 236
リュクサンブール・マリオネット劇場 …… 143
ル・ゼニット（ホール）…… 227

旅の準備と技術

テーマ別総合インデックス

453

テーマ別総合インデックス

ホテル

ホテル

ア
アデル・エ・ジュール ……… 363
アポストロフ ……… 373
イビス・パリ・アヴェニュー・ディタリー・トレズィエーム ……… 361
イビス・パリ・シャルル・ド・ゴール・エアポート ……… 68
インターコンチネンタル・パリ・ル・グラン ……… 361
ウエルカム ……… 371
エール・ド・パリ ……… 364
エクスキ ……… 365
エクセルシオール・ラタン ……… 369
エッフェル・セーヌ ……… 372
エッフェル・テュレンヌ ……… 372
エトワール・パーク ……… 366
エリゼ・レジャンシア ……… 366
オデッサ・モンパルナス ……… 373
オテル・デ・グランゼコール ……… 369
オテル・デ・グラン・ブルヴァール ……… 364
オテル・デ・マロニエ ……… 371
オテル・デュ・ケ・ヴォルテール ……… 150
オテル・デュ・コレクショヌール ……… 361
オテル・デュ・ジュ・ド・ポーム ……… 368
オテル・デュ・タン ……… 376
オテル・ド・クリヨン ……… 361
オテル・ド・セーヌ ……… 370
オテル・ド・ラ・ブルトヌリー ……… 368
オテル・ド・ロンドル・エッフェル …… 372

カ
カリフォルニア・パリ・シャンゼリゼ ……… 361
キリヤード・ベルシー・ヴィラージュ ……… 361
グラントテル・デ・バルコン ……… 371
コーデリア ……… 367
コレージュ・ド・フランス ……… 369

サ
ザ・ウエスティン・パリ・ヴァンドーム ……… 361
サン・ヴァン・トロワ・セバストポール ……… 375
サン・ジェームズ・アルバニー ……… 361
サン・ジェームズ・パリ ……… 375
サン・ポール・リヴ・ゴーシュ ……… 370
サン・ロック ……… 367
シェラトン・パリ・エアポートホテル&コンファレンスセンター ……… 68
シニャチュール・サン・ジェルマン・デ・プレ ……… 370
シャリング・クロス ……… 367
ジャルダン・ル・ブレア ……… 373
シャングリ・ラ・ホテル・パリ ……… 360
ジャンヌ・ダルク ……… 368
シャンビジュ・エリゼ ……… 366
ジョーク ……… 374
スクエア・ルーヴォワ ……… 367

スクレ・ド・パリ ……… 374
スノッブ ……… 364
ソフィア ……… 374
ソフィテル・ル・スクリーブ・パリ・オペラ ……… 360

タ
ティジ・エトワール ……… 366
デザイン・ソルボンヌ ……… 369
テラス ……… 374
テレーズ ……… 367
ドフィーヌ・サン・ジェルマン ……… 371
トラント・キャトル・ベ ……… 365

ナ
ノボテル・パリ・ガール・ド・リヨン ……… 361
ノボテル・パリ・シャルル・ド・ゴール・エアポート ……… 68
ノリンスキ・パリ ……… 363

ハ
パーク・ハイアット・パリ・ヴァンドーム ……… 360
ハイアット・リージェンシー・パリ・エトワール ……… 361
バショモン ……… 375
バスティーユ・ド・ロネ ……… 368
パッシー・エッフェル ……… 376
パリ・マリオット・オペラ・アンバサドール ……… 361
パリム ……… 375
ファブリック ……… 375
フォー・シーズンズ・ホテル・ジョルジュ・サンク ……… 360
プラザ・アテネ ……… 360
プランセス・カロリーヌ ……… 366
プルマン・パリ・サントル・ベルシー ……… 361
プルマン・パリ・トゥール・エッフェル ……… 372

マ
ママ・シェルター ……… 376
マリオット・シャンゼリゼ ……… 361
マンダリン・オリエンタル・パリ ……… 360
ミレジム ……… 370
メルキュール・パリ・ノートルダム・サン・ジェルマン・デ・プレ ……… 361
モンジュ ……… 365
モンマルトル・クリニャンクール …… 374

ラ
ラ・コンテス ……… 372
ラスパイユ・モンパルナス ……… 373
ラディソン・ブルー・シャンゼリゼ・パリ ……… 361
ラ・パリジェンヌ ……… 373
ラファエル ……… 361
ラ・ベルル ……… 371
ラ・ランテルヌ ……… 369
ラ・レゼルヴ ……… 360
リッツ・パリ ……… 361
ル・クレモン ……… 371
ル・サンク・コデ ……… 362
ル・シティズン ……… 376
ルネッサンス・パリ・ヴァンドーム ……… 361
ル・パヴィヨン・ド・ラ・レーヌ ……… 368
ル・フーケッツ ……… 360

ル・ブリストル・パリ ……… 360
ル・ムーリス ……… 360
ル・ロック・オテル・エ・スパ ……… 362
ル・ロビネ・ドール ……… 376
ル・ロワイヤル・モンソー・ラッフルズ・パリ ……… 360
レジナ ……… 361
レ・ビヨール ……… 376
レフト・バンク・サン・ジェルマン …… 370

B&B

アルコーヴ・エ・アガブ／ベッド・アンド・ブレックファスト・イン・パリ ……… 380
ミーティング・ザ・フレンチ ……… 381

アパルトマン

mitsuibuilding france ……… 383
アソシアシオン・シューベルシアード ……… 384
アダージオ・アパートホテル ……… 382
シタディヌ ……… 382
セジュール・ア・パリ ……… 384
パリ・ヴ・ゼーム ……… 384

ユースホステル

BVJ ……… 379
MIJE ……… 378
オーベルジュ・ド・ジュネス・アドヴニア ……… 378
国際ユースホステル ……… 378
サン・クリストファーズ・イン ……… 379
サントル・アンテルナシオナル・ド・セジュール・ド・パリ ……… 378
ジェネレーター・パリ ……… 379

レストラン

フランス料理

ア
アスティエ ……… 263
アッシュ・キッチン ……… 261
アトリエ・ヴィヴァンダ ……… 256
ア・ノスト ……… 271
アレノ・パリ ……… 254
アンバサード・ドーヴェルニュ ……… 257
エクスキ ……… 271
エチュード ……… 260
エピキュール ……… 254
オーベルジュ・フローラ ……… 262
オテル・デュ・ノール ……… 258
オ・ピエ・ド・コション ……… 259
オ・ブレ ……… 265
オメール・ロブスター ……… 271

カ
カフェ・ド・ロム ……… 266
カミーユ ……… 264
キガワ ……… 261
クラマト ……… 261
クリスタル・ルーム・バカラ ……… 266
クレープリー・ド・ジョスラン ……… 270
クローヴァー・グリーン ……… 256
ケイ ……… 13
コベア ……… 255
コントワール・ポワラーヌ ……… 271

サ
サンカンテュイット・トゥール・
　エッフェル ……… 120
シェ・パパ ……… 257
シェ・マルセル ……… 257
シェ・ムッシュー ……… 264
シェ・ラ・ヴィエイユ ……… 263
ジョルジュ ……… 134

タ
ティ・ブレイズ ……… 270
トゥール・ダルジャン ……… 254
ドミニク・ブシェ ……… 255
ドメーヌ・ド・ランティヤック ……… 262

ハ
ピエール・サング ……… 252
ピクト ……… 271
フィッシュ・ラ・ボワッソヌリー
　……… 263
ブイヨン・シャルティエ ……… 258
ブイヨン・シャルティエ・モンパルナス
　……… 252
フィラキア ……… 269
フォワイエ・ド・ラ・マドレーヌ ……… 114
ブラッスリー・ラルザス ……… 259
ブラッスリー・リップ ……… 151、259
フレディーズ ……… 268
フレデリック・シモナン ……… 255
フレンチ・トゥ・ゴー ……… 269
ブロム ……… 268
ポリドール ……… 265

マ
ミズノン ……… 270
ムッシュー・ブルー ……… 267

メゾン・プリソン ……… 270

ヤ
ユゲット ……… 253

ラ
ラ・カバーヌ・ア・ユイットル
　……… 259
ラ・カンティーヌ・デュ・トロケ・
　デュプレックス ……… 265
ラ・カンティーヌ・ド・メルシー ……… 268
ラザール ……… 253
ラス・デュ・ファラフェル ……… 138
ラ・ダム・ド・ピック ……… 256
ラトリエ・ド・ジョエル・ロブション
　……… 255
ラ・フォンテーヌ・ド・マルス ……… 263
ル・カス・ノワ ……… 265
ル・カバノン・ド・ルカイエ ……… 259
ル・グラン・カフェ・カピュシーヌ
　……… 259
ル・グラン・レストラン ……… 254
ル・コク・リコ ……… 261
ル・シエル・ド・パリ ……… 154
ル・ジュール・ヴェルヌ ……… 120
ル・セヴェロ ……… 260
ル・ソ・リ・レス ……… 260
ル・トラン・ブルー ……… 258
ル・パン・コティディアン ……… 271
ル・ビストロ・ポール・ベール ……… 263
ル・プティ・ヴァンドーム ……… 269
ル・プティ・カノン ……… 253
ル・プティ・ソムリエ ……… 262
ル・ブルドッグ ……… 269
ル・プロコープ ……… 252
ル・ミニ・バレ ……… 256
ル・ムーリス　アラン・デュカス ……… 254
ル・ルレ・ド・ラントルコート ……… 268
ル・ロワ・デュ・ポトフ ……… 262
レキューム・サントレ ……… 259
レ・クリマ ……… 255
レスカルゴ・モントルグイユ ……… 258
レスタミネ・デザンファン・ルージュ
　……… 270
レストラン・アクラム ……… 255
レストラン・ギ・サヴォワ ……… 254
レストラン・ミュゼ・ドルセー ……… 267
レゼシャンソン ……… 169
レゾンブル ……… 266
ローズ・ベーカリー ……… 270
ローベルジュ・カフェ ……… 269
ロジェ・ラ・グルヌイユ ……… 262
ロワゾー・ブラン ……… 260
ロワゾー・リヴ・ゴーシュ ……… 256

各国料理

えびす（中華） ……… 273
ゼルダ・カフェ（北アフリカ） ……… 273
ゼンジュー（台湾） ……… 273
ソン・ヘン（ベトナム） ……… 272
ヌラ・オベラ（レバノン） ……… 272
韓林（韓国） ……… 273
フュクシア（イタリア） ……… 272
レオン・ド・ブリュッセル（ベルギー）
　……… 272

日本料理

アキ ……… 275
さぬき家 ……… 274
シェ・ミキ ……… 275
修 ……… 274
善 ……… 274
どさん子 ……… 274
とんかつ　とんぼ ……… 275
なりたけ ……… 274
北海道 ……… 274
メディアカフェ ……… 275
龍旗信 ……… 274

ワインバー

ヴァン・ヴァン・ダール ……… 276
エクリューズ ……… 277
オ・ネゴシアン ……… 278
サロン・ド・カフェ・マックイーン
　……… 277
シェ・トラント・トロワ ……… 278
シェ・ニコラ ……… 278
ジュヴェニル ……… 278
ラ・ベル・オルタンス ……… 277
ラ・ローブ・エ・ル・バレ ……… 278
ル・ヴェール・ヴォレ ……… 277
ル・バラヴ ……… 276
ル・バロン・ルージュ ……… 278
ル・リュビ ……… 276
レ・パピーユ ……… 277

カフェ／サロン・ド・テ

アンジェリーナ ……… 289
カ・エル・パティスリー・パリ ……… 290
カーベー・コーヒー・ロースターズ
　……… 285
カフェ・シャルボン ……… 287
カフェ・ド・ドゥー・ムーラン
　……… 163、287
カフェ・ド・フロール ……… 151、286
カフェ・プーシキン ……… 288
カフェ・マルレット ……… 284
カレット ……… 290
クチューム ……… 287
ザ・ティー・キャディー ……… 290

旅の準備と技術

テーマ別総合インデックス

テーマ別総合インデックス

サロン・ド・テ・ド・ラ・グランド・モスケ
…… 149
シェイクスピア・アンド・カンパニー・
カフェ …… 284
セット・サンク …… 288
セバスチャン・ゴダール …… 289
テン・ベルス …… 284
ニナス・マリー・アントワネット …… 289
フーケッツ …… 104
ブレッド・アンド・ロージズ …… 290
ポーズ・カフェ …… 287
ミス・マープル …… 289
ラ・クーポール …… 151
ラ・クローズリー・デ・リラ …… 151
ラデュレ・シャンゼリゼ店 …… 288
ラルブル・ア・カフェ …… 285
ラ・ロンド …… 151、286
ルール・グルマンド …… 290
ル・カフェ・ジャックマール・アンドレ
…… 267
ル・カフェ・マルリー …… 286
ル・グラン・カフェ・フォション …… 331
ル・サロン・デュ・パンテオン …… 289
ル・セレクト …… 151、286
ル・ドーム …… 151
ル・プティ・プラトー …… 290
ル・フュモワール …… 286
レザルティザン …… 289
レゼディテゥール …… 287
レ・ドゥー・マゴ …… 151、285
レ・フィロゾフ …… 286

ショップ

ア・シモン（キッチン用品） **ア**
…… 341
アニエス・ベー（洋服） …… 304
ア・ラ・メール・ド・ファミーユ（スイーツ）
…… 324
アルノー・デルモンテル（パン）
…… 326
アルノー・ラエール（スイーツ）
…… 319
アルレット・エ・コレット（パン） …… 38
アルロー・シャンパーニュ（ワイン）
…… 329
アン・サヴォン・ド・マルセイユ・ア・パリ
（石鹸） …… 343
アン・ディマンシュ・ア・パリ
（チョコレート） …… 325
アントワーヌ・エ・リリ（雑貨） …… 340
アンバサード・ド・ブルゴーニュ（ワイン）
…… 329
アンプラント（雑貨） …… 338
アンリ・ルルー（チョコレート、キャラメル）
…… 325
イヴ・ロシェ（コスメ） …… 307
ウ・ドイルラン（キッチン用品） …… 341
ウルトラモッド（手芸） …… 342
エキヨグ（洋服） …… 302
エステバン（フレグランス） …… 308

エピス・ロランジェ（スパイス） …… 330
エルヴェ・シャプリエ（バッグ） …… 305
エルメス（有名ブランド） …… 296
オデット（スイーツ） …… 320
オ・デリス・デュ・パレ（パン） …… 39
オ・ノン・ド・ラ・ローズ（花） …… 343
オ・パラディ・デュ・グルマン（パン）
…… 39
オフィシーヌ・ユニヴェルセル・ビュリー
（コスメ） …… 308
オ・メルヴェイユ・ド・フレッド（スイーツ）
…… 321
オリヴィエ・アンド・コー（オリーブオイル）
…… 330
オリヴィエ・ステリー（スイーツ）
…… 318
オ・ルヴァン・ダンタン（パン） …… 38

カール・マルレッティ（スイーツ） **カ**
…… 319
カルーゼル・デュ・ルーヴル
（ショッピングセンター） …… 349
カルティエ（有名ブランド） …… 297
キャトル・ヴァン・シス・シャン（スイーツ）
…… 316
キャトルオム（チーズ） …… 328
キャラメル・パリ（スイーツ） …… 316
ギャラリー・ラファイエット パリ・
オスマン（デパート） …… 346
京子（日本食品） …… 275
クスミ・ティー（紅茶） …… 333
グッチ（有名ブランド） …… 297
国民議会のブティック（雑貨）
…… 344
コテラック（洋服） …… 304
コンセルヴァトリー・ラ・ベル・イロワーズ
（缶詰） …… 332
コントワー・デ・コトニエ（洋服） …… 304

ザディグ・エ・ヴォルテール **サ**
（洋服） …… 304
サテリット（アクセサリー） …… 306
ザ・ネイル・キッチン（ネイル） …… 308
サロン・デュ・フロマージュ・ヒサダ
（チーズ） …… 52、328
サン・セット・リヴォリ（雑貨） …… 211
サントル・コメルシアル
（セレクトショップ） …… 303
サンドロ（洋服） …… 305
サン・ラザール・パリ
（ショッピングセンター） …… 349
サン・ローラン（有名ブランド）
…… 297
シール・トリュドン（ろうそく） …… 344
シェ・ボガト（雑貨） …… 340
シ・チュ・ヴ（おもちゃ） …… 344
シティファルマ（ドラッグストア）
…… 309
ジバンシー（有名ブランド） …… 297
ジャック・ゴム（バッグ） …… 305
ジャック・ジュナン（チョコレート）
…… 322
シャネル（有名ブランド） …… 296
シャポン（チョコレート） …… 325

ジャン・シャルル・ロシュー
（チョコレート） …… 325
シャントリーヴル（本） …… 345
シャンベラン（パン） …… 327
ジャン・ポール・エヴァン（チョコレート）
…… 324
十時や（日本食品） …… 275
ジュンク堂書店（本） …… 345
ショコラ・ボナ（チョコレート） …… 323
ジル・マルシャル（スイーツ） …… 317
ストレー（スイーツ） …… 319
セッスン（洋服） …… 303
セドリック・グロレ・オペラ（スイーツ）
…… 315
セバスチャン・ゴダール（スイーツ）
…… 318
セリーヌ（有名ブランド） …… 296
セント・ジェームス（洋服） …… 302

ダマン・フレール（紅茶） **タ**
…… 333
ダ・ローザ（高級食材） …… 331
ディオール（有名ブランド） …… 296
ディプティック（アロマキャンドル）
…… 307
デ・ガトー・エ・デュ・パン（パン）
…… 327
デュ・パン・エ・デジデ（パン）
…… 326

ナディーヌ・ドゥレピーヌ **ナ**
（アクセサリー） …… 306
ナナン（スイーツ） …… 320
ニコラ（ワイン） …… 329
ニナ・リッチ（有名ブランド） …… 297

パティスリー・ミシャラク **ハ**
（スイーツ） …… 318
パトリック・ロジェ（チョコレート）
…… 324
パラショップ（ドラッグストア） …… 309
パリ・エ・トゥジュール・パリ（雑貨）
…… 339
パレ・デ・テ（紅茶） …… 333
パン・デピス（おもちゃ） …… 343
パン・ド・シュクル（スイーツ） …… 319
パン・パン（パン） …… 38
ピエール・エルメ（スイーツ）
…… 319
ピクシー・エ・シー（キャラクターグッズ）
…… 345
ピュブリシス・ドラッグストア（複合ビル）
…… 349
ピロワ（雑貨） …… 340
ファリンヌ・エ・オ（パン） …… 41
ファルマシー・モンジュ（ドラッグストア）
…… 309
フィフィ・シャシュニル（ランジェリー）
…… 305
フィリップ・コンティチーニ
ガトー・デモーション（スイーツ）
…… 314
フー・ド・パティスリー（スイーツ）
…… 318

ブーランジュリー・ボー（パン）
…… 326
ブーランジュリー・ルロワ・モンティ
（パン）…… 39
フォーロム・デ・アール（ショッピング
センター）…… 135、349
フォション（高級食材）…… 331
フナック（本・CD・電化製品）
…… 223、345
ブノワ・カステル・ソルビエ（パン）
…… 327
フラゴナール（香水）…… 307
プラダ（有名ブランド）…… 297
ブラック・ラ・パティスリー（スイーツ）
…… 315
フランク・ケストナー（チョコレート）
…… 324
フランソワ・プラリュ（チョコレート）
…… 324
プランタン・オスマン本店（デパート）
…… 347
プランタン・デュ・ルーヴル（デパート）
…… 347
ブリオッシュ・ドレ（パン）…… 269
ブリング・フランス・ホーム（雑貨）
…… 339
フルックス（雑貨）…… 338
ブレ・シュクレ（パン）…… 41
ペトロシアン（キャビア）…… 330
ベルシー・ヴィラージュ（ショッピング街）
…… 171、349
ベルティヨン（アイスクリーム）
…… 321
ベルナション（スイーツ）…… 315
ボーグルネル（ショッピングセンター）
…… 349
ホーム・オトゥール・デュ・モンド（洋服）
…… 304
ポール（パン）…… 269
ポワシエ（スイーツ）…… 319
ポワラーヌ（パン）…… 327
ボンポワン（子供服）…… 305

マ
マージュ（洋服）…… 304
マイユ（マスタード）…… 330
マックス・マーラ（有名ブランド）
…… 297
マドモワゼル・ビオ（コスメ）…… 309
マリアージュ・フレール（紅茶）…… 333
マリー・アン・カンタン（チーズ）
…… 328
ミエル・ファクトリー（ハチミツ）
…… 331
メール（スイーツ）…… 320
メゾン・サラ・ラヴォワンヌ
（インテリア雑貨）…… 339
メゾン・バカラ（クリスタル）…… 107
メゾン・プリソン（食品）…… 332
メゾン・プレモン1830（南仏食材）
…… 332
メルシー（セレクトショップ）…… 303
メロディ・グラフィック（文房具）
…… 344
モノプリ（スーパー）…… 350
モラ（キッチン用品）…… 341

ヤ
ヤン・クヴルール（スイーツ）
…… 316
ユーゴ・エ・ヴィクトール（スイーツ）
…… 323
ユトピー（パン）…… 327
ユンヌ・グラス・ア・パリ（アイスクリーム）
…… 321

ラ
ラヴィニア（ワイン）…… 329
ラ・ヴェセルリー（食器）…… 341
ラ・カーヴ・デ・パピーユ（ワイン）
…… 329
ラ・グランド・エピスリー・ド・パリ
（食料品）…… 331
ラ・コンフィチュルリ（ジャム）…… 331
ラ・シャンブル・オ・コンフィチュール
（ジャム）…… 332
ラ・スリーズ・シュル・ル・シャポー（帽子）
…… 305
ラデュレ（スイーツ）…… 288、317
ラ・トレゾルリー（雑貨）…… 340
ラ・ドログリー（手芸）…… 345
ラ・パティスリー・シリル・リニャック
（スイーツ）…… 320
ラ・パリジェンヌ（パン）…… 38
ラ・ブティック・デザンジュ（雑貨）
…… 340
ラ・ブーランジュリー・ティエリー・
マルクス（パン）…… 326
ラ・ブーランジュリー・ドゥーゼム（パン）
…… 39
ラベ - 安心堂パリ（時計）…… 306
ラ・ボヴィダ（キッチン用品）…… 341
ラ・メゾン・デュ・ショコラ（チョコレート）
…… 324
ラ・メゾン・ド・ラ・トリュフ（トリュフ）
…… 330
ランバン（有名ブランド）…… 297
ルイ・ヴィトン（有名ブランド）…… 296
ル・カレ・ダンクル（文房具）…… 344
ルグラン・フィーユ・エ・フィス（ワイン）
…… 329
ル・グルニエ・ア・パン・アベス（パン）
…… 326
ル・ショコラ・アラン・デュカス マニュファ
クチュール・ア・パリ（チョコレート）
…… 322
ル・ショコラ・デ・フランセ（チョコレート）
…… 322
ル・ステュディオ・デ・パルファン
（フレグランス）…… 308
ル・バック・ア・グラス（アイスクリーム）
…… 321
ル・プティ・プランス・ストア・パリ
（キャラクターグッズ）…… 342
ル・ブーランジェ・ド・ラ・トゥール（パン）
…… 41
ル・ベーアッシュ・ヴェー・マレ（デパート）
…… 348
ル・ボン・マルシェ・リヴ・ゴーシュ
（デパート）…… 348
ル・マカロン・ラデュレ（スイーツ）
…… 317
ル・ムーリス・セドリック・グロレ
（スイーツ）…… 317

ルモワンヌ（スイーツ）…… 320
レクリトワール（文房具）…… 342
レクレール・ド・ジェニー・カフェ
（スイーツ）…… 320
レサンシエル（パン）…… 39
レ・サヴール・ド・ピエール・ドゥムール
（パン）…… 39
レジス・コラン（パン）…… 327
レ・トロワ・ショコラ（チョコレート）
…… 323
レ・ネレイド（アクセサリー）…… 306
レ・パリゼット（雑貨）…… 338
レ・フルール（雑貨）…… 340
レペット（靴）…… 302
ロエベ（有名ブランド）…… 297
ロクシタン（フレグランス）…… 308
ロンシャン（有名ブランド）…… 297

その他

✕✕✕✕✕ **航空会社** ✕✕✕✕✕
ANA …… 420
エールフランス航空 …… 420
日本航空 …… 420

公共機関、サービスなど
アメリカン病院 …… 442
エスパス・ジャポン …… 52、435
欧州ヤマト運輸パリ支店 …… 441
在日フランス大使館 …… 422
在フランス日本国大使館 …… 443
旅ステーション …… 434
パリ観光案内所 …… 96
フランス観光開発機構 …… 425

✕✕✕✕✕ **パリの空港** ✕✕✕✕✕
オルリー空港 …… 70
シャルル・ド・ゴール空港 …… 66、431

旅の準備と技術

テーマ別総合インデックス

457

地球の歩き方 シリーズ年度一覧

地球の歩き方ガイドブックは1～2年で改訂されます。改訂時には価格が変わることがあります。表示価格は本体価格（税別）です。
●最新情報は、ホームページでもご覧いただけます。■www.diamond.co.jp/arukikata/

2020年6月現在

地球の歩き方　ガイドブック

A ヨーロッパ

A01	ヨーロッパ	2020～2021	￥1700
A02	イギリス	2019～2020	￥1700
A03	ロンドン	2020～2021	￥1600
A04	湖水地方＆スコットランド	2018～2019	￥1700
A05	アイルランド	2019～2020	￥1800
A06	フランス	2020～2021	￥1700
A07	パリ＆近郊の町	2020～2021	￥1700
A08	南仏プロヴァンス コート・ダジュール＆モナコ	2020～2021	￥1600
A09	イタリア	2020～2021	￥1700
A10	ローマ	2018～2019	￥1600
A11	ミラノ ヴェネツィアと湖水地方	2019～2020	￥1700
A12	フィレンツェとトスカーナ	2019～2020	￥1700
A13	南イタリアとシチリア	2020～2021	￥1700
A14	ドイツ	2020～2021	￥1700
A15	南ドイツ フランクフルト ミュンヘン ロマンティック街道 古城街道	2019～2020	￥1600
A16	ベルリンと北ドイツ ハンブルク ドレスデン ライプツィヒ	2020～2021	￥1700
A17	ウィーンとオーストリア	2020～2021	￥1700
A18	スイス	2020～2021	￥1700
A19	オランダ ベルギー ルクセンブルク	2020～2021	￥1700
A20	スペイン	2020～2021	￥1700
A21	マドリードとアンダルシア＆鉄道とバスで行く世界遺産	2019～2020	￥1600
A22	バルセロナ＆近郊の町 イビサ島／マヨルカ島	2020～2021	￥1600
A23	ポルトガル	2019～2020	￥1650
A24	ギリシアとエーゲ海の島々＆キプロス	2019～2020	￥1700
A25	中欧	2019～2020	￥1800
A26	チェコ ポーランド スロヴァキア	2020～2021	￥1700
A27	ハンガリー	2019～2020	￥1700
A28	ブルガリア ルーマニア	2019～2020	￥1800
A29	北欧	2020～2021	￥1800
A30	バルトの国々	2020～2021	￥1800
A31	ロシア	2018～2019	￥1900
A32	極東ロシア シベリア サハリン	2019～2020	￥1800
A34	クロアチア スロヴェニア	2019～2020	￥1600

B 南北アメリカ

B01	アメリカ	2019～2020	￥1900
B02	アメリカ西海岸	2020～2021	￥1700
B03	ロスアンゼルス	2020～2021	￥1700
B04	サンフランシスコとシリコンバレー	2019～2020	￥1700
B05	シアトル ポートランド ワシントン州とオレゴン州の大自然	2019～2020	￥1700
B06	ニューヨーク マンハッタン＆ブルックリン	2020～2021	￥1750
B07	ボストン	2019～2020	￥1800
B08	ワシントンDC	2020～2021	￥1700
B09	ラスベガス セドナ＆グランドキャニオンと大西部	2019～2020	￥1700
B10	フロリダ	2020～2021	￥1700
B11	シカゴ	2020～2021	￥1700
B12	アメリカ南部	2019～2020	￥1700
B13	アメリカの国立公園	2019～2020	￥1900
B14	ダラス ヒューストン デンバー グランドサークル フェニックス サンタフェ	2020～2021	￥1800
B15	アラスカ	2019～2020	￥1900
B16	カナダ	2020～2021	￥1700
B17	カナダ西部	2019～2020	￥1800
B18	カナダ東部	2018～2019	￥1600
B19	メキシコ	2019～2020	￥1800
B20	中米	2018～2019	￥1900
B21	ブラジル ベネズエラ	2018～2019	￥2000
B22	アルゼンチン チリ パラグアイ ウルグアイ	2020～2021	￥2000
B23	ペルー ボリビア エクアドル コロンビア	2020～2021	￥2000
B24	キューバ バハマ ジャマイカ カリブの島々	2019～2020	￥1850
B25	アメリカ・ドライブ	2020～2021	￥1800

C 太平洋／インド洋の島々＆オセアニア

C01	ハワイ I オアフ島＆ホノルル	2020～2021	￥1700
C02	ハワイ II ハワイ島 カウアイ島 モロカイ島 ラナイ島	2019～2020	￥1600
C03	サイパン	2018～2019	￥1400
C04	グアム	2020～2021	￥1400
C05	タヒチ イースター島	2019～2020	￥1600
C06	フィジー	2018～2019	￥1500
C07	ニューカレドニア	2019～2020	￥1500
C08	モルディブ	2020～2021	￥1700
C10	ニュージーランド	2020～2021	￥1800
C11	オーストラリア	2020～2021	￥1900
C12	ゴールドコースト＆ケアンズ グレートバリアリーフ ハミルトン島	2020～2021	￥1700
C13	シドニー＆メルボルン	2019～2020	￥1700

D アジア

D01	中国	2019～2020	￥1900
D02	上海 杭州 蘇州	2019～2020	￥1700
D03	北京	2019～2020	￥1600
D04	大連 瀋陽 ハルビン 中国東北地方の自然と文化	2019～2020	￥1800
D05	広州 アモイ 桂林 珠江デルタと華南地方	2019～2020	￥1800
D06	成都 重慶 九寨溝 麗江 四川 雲南 貴州の自然と民族	2020～2021	￥1800
D07	西安 敦煌 ウルムチ シルクロードと中国西北部	2020～2021	￥1800
D08	チベット	2018～2019	￥1900
D09	香港 マカオ 深圳	2019～2020	￥1700
D10	台湾	2020～2021	￥1700
D11	台北	2020～2021	￥1500
D12	台南 高雄 屏東＆南台湾の町	2019～2020	￥1500
D14	モンゴル	2020～2021	￥1900
D15	中央アジア サマルカンドとシルクロードの国々	2019～2020	￥1700
D16	東南アジア	2020～2021	￥1700
D17	タイ	2020～2021	￥1700
D18	バンコク	2019～2020	￥1600
D19	マレーシア ブルネイ	2019～2020	￥1700
D20	シンガポール	2019～2020	￥1500
D21	ベトナム	2020～2021	￥1600
D22	アンコール・ワットとカンボジア	2020～2021	￥1700
D23	ラオス	2019～2020	￥1800
D24	ミャンマー	2019～2020	￥1700
D25	インドネシア	2019～2020	￥1700
D26	バリ島	2020～2021	￥1700
D27	フィリピン	2019～2020	￥1700
D28	インド	2019～2020	￥1700
D29	ネパールとヒマラヤトレッキング	2018～2019	￥1900
D30	スリランカ	2018～2019	￥1800
D31	ブータン	2018～2019	￥1800
D32	パキスタン	2007～2008	￥1780
D33	マカオ	2018～2019	￥1500
D34	釜山・慶州	2017～2018	￥1400
D35	バングラデシュ	2015～2016	￥1700
D36	南インド	2016～2017	￥1700
D37	韓国	2020～2021	￥1700
D38	ソウル	2019～2020	￥1700

E 中近東 アフリカ

E01	ドバイとアラビア半島の国々	2020～2021	￥1900
E02	エジプト	2019～2020	￥1800
E03	イスタンブールとトルコの大地	2019～2020	￥1700
E04	ペトラ遺跡とヨルダン レバノン	2019～2020	￥1700
E05	イスラエル	2019～2020	￥1700
E06	イラン	2017～2018	￥2000
E07	モロッコ	2019～2020	￥1800
E08	チュニジア	2020～2021	￥1700
E09	東アフリカ ウガンダ エチオピア ケニア タンザニア ルワンダ	2016～2017	￥1900
E10	南アフリカ	2020～2021	￥2000
E11	リビア	2010～2011	￥2000
E12	マダガスカル	2020～2021	￥1900

女子旅応援ガイド aruco

1	パリ '19～'20	￥1200
2	ソウル '19～'20	￥1200
3	台北 '20～'21	￥1200
4	トルコ	￥1300
5	インド	￥1400
6	ロンドン '20～'21	￥1200
7	香港 '19～'20	￥1200
8	エジプト	￥1200
9	ニューヨーク '19～'20	￥1200
10	ホーチミン ダナン ホイアン '20～'21	￥1300
11	ホノルル '19～'20	￥1200
12	バリ島 '20～'21	￥1200
13	上海	￥1200
14	モロッコ '19～'20	￥1400
15	チェコ '19～'20	￥1200
16	ベルギー '20～'21	￥1300
17	ウィーン ブダペスト '20～'21	￥1200
18	イタリア '19～'20	￥1200
19	スリランカ	￥1400
20	クロアチア スロヴェニア '19～'20	￥1300
21	スペイン '19～'20	￥1200
22	シンガポール '19～'20	￥1200
23	バンコク '20～'21	￥1300
24	グアム '19～'20	￥1200
25	オーストラリア '21～'22	￥1300
26	フィンランド エストニア '20～'20	￥1200
27	アンコール・ワット '20～'21	￥1300
28	ドイツ '18～'19	￥1200
29	ハノイ '19～'20	￥1200
30	台湾 '19～'20	￥1200
31	カナダ '17～'18	￥1200
32	オランダ '18～'19	￥1200
33	サイパン テニアン ロタ '18～'19	￥1200
34	セブ ボホール エルニド '19～'20	￥1200
35	ロスアンゼルス '20～'21	￥1200
36	フランス '20～'21	￥1300
37	ポルトガル '20～'21	￥1500
38	ダナン ホイアン フエ '20～'21	￥1300

地球の歩き方　Plat

1	パリ	￥1200
2	ニューヨーク	￥1200
3	台北	￥1000
4	ロンドン	￥1200
5	グアム	￥1000
6	ドイツ	￥1200
7	ベトナム	￥1000
8	スペイン	￥1200
9	バンコク	￥1200
10	シンガポール	￥1000
11	アイスランド	￥1400
12	ホノルル	￥1000
13	マニラ＆セブ	￥1200
14	マルタ	￥1400
15	フィンランド	￥1200
16	クアラルンプール マラッカ	￥1000
17	ウラジオストク ハバロフスク	￥1300
18	サンクトペテルブルク モスクワ	￥1400
19	エジプト	￥1200
20	香港	￥1000
21	ブルックリン	￥1200
22	ブルネイ	￥1300
23	ウズベキスタン	￥1300
24	ドバイ	￥1300
25	サンフランシスコ	￥1200
26	パース 西オーストラリア	￥1200

地球の歩き方 Resort Style

R01	ホノルル＆オアフ島	￥1500
R02	ハワイ島	￥1500
R03	マウイ島	￥1500
R04	カウアイ島	￥1700
R05	こどもと行くハワイ	￥1500
R06	ハワイ ドライブ・マップ	￥1800
R07	ハワイ バスの旅	￥1200
R08	グアム	￥1400
R09	こどもと行くグアム	￥1500
R10	パラオ	￥1500
R11	世界のダイビング完全ガイド 地球の潜り方	￥1800
R12	プーケット サムイ島 ピピ島	￥1500
R13	ペナン ランカウイ クアラルンプール	￥1700
R14	バリ島	￥1300
R15	セブ＆ボラカイ ボホール シキホール	￥1500
R16	テーマパークinオーランド	￥1700
R17	カンクン コスメル イスラ・ムヘーレス	￥1500
R19	ファミリーで行くシンガポール	￥1400
R20	ダナン ホイアン ホーチミン ハノイ	￥1300

地球の歩き方 BY TRAIN

1	ヨーロッパ鉄道の旅	¥1700
	ヨーロッパ鉄道時刻表 2020年冬号	¥2300

地球の歩き方 トラベル会話

1	米語＋英語	¥952
2	フランス語＋英語	¥1143
3	ドイツ語＋英語	¥1143
4	イタリア語＋英語	¥1143
5	スペイン語＋英語	¥1143
6	韓国語＋英語	¥1143
7	タイ語＋英語	¥1143
8	ヨーロッパ5ヵ国語	¥1143
9	インドネシア語＋英語	¥1143
10	中国語＋英語	¥1143
11	広東語＋英語	¥1143
12	ポルトガル語(ブラジル語)＋英語	¥1143

地球の歩き方 成功する留学

オーストラリア・ニュージーランド留学	¥1600

地球の歩き方 JAPAN

離島01	五島列島	¥1500
離島02	奄美大島 (奄美群島①)	¥1500
離島03	与論島 徳之島 沖永良部島 (奄美群島②)	¥1500
離島04	利尻・礼文	¥1500
離島05	天草	¥1500
離島06	壱岐	¥1500
離島07	種子島	¥1500
離島08	小笠原 父島 母島	¥1500
離島09	隠岐	¥1500
離島10	佐渡	¥1500
離島11	宮古島 伊良部島 下地島 来間島 池間島 多良間島 大神島	¥1500
離島12	久米島	¥1500
離島13	小豆島 (瀬戸内の島々①)	¥1500
離島14	直島・豊島 女木島 男木島 犬島 本島 牛島 広島 小手島 佐柳島 真鍋島 粟島 志々島 高見島(瀬戸内の島々②)	¥1500
離島15	伊豆大島 利島 (伊豆諸島①)	¥1500
離島16	新島 式根島 神津島 (伊豆諸島②)	¥1500
離島18	沖縄本島周辺15離島	¥1500
離島22	島旅ねこ にゃんこの島の歩き方	¥1222
	ダムの歩き方 全国版 はじめてのダム入門ガイド	¥1556

地球の歩き方 御朱印シリーズ

御朱印でめぐる鎌倉のお寺 三十三観音完全掲載 三訂版	¥1650
御朱印でめぐる京都のお寺 改訂版	¥1650
御朱印でめぐる奈良の古寺 改訂版	¥1650
御朱印でめぐる江戸・東京の古寺 改訂版	¥1650
御朱印でめぐる神奈川のお寺	¥1650
御朱印でめぐる高野山	¥1650
日本全国 この御朱印が凄い！ 第壱集 増補改訂版	¥1650
日本全国 この御朱印が凄い！ 第弐集 都道府県網羅版	¥1650
御朱印でめぐる全国の神社 開運さんぽ	¥1430
御朱印でめぐる関東の神社 週末開運さんぽ	¥1430
御朱印でめぐる秩父の寺社 三十四観音完全掲載 改訂版	¥1430
御朱印でめぐる関東の百寺 坂東三十三観音と古寺	¥1650
御朱印でめぐる関西の神社 週末開運さんぽ	¥1430
御朱印でめぐる関西の百寺 西国三十三所と古寺	¥1650
御朱印でめぐる東京の神社 週末開運さんぽ	¥1430
御朱印でめぐる神奈川の神社 週末開運さんぽ	¥1430
御朱印でめぐる北海道の神社 週末開運さんぽ	¥1430
御朱印でめぐる埼玉の神社 週末開運さんぽ	¥1430
御朱印でめぐる九州の神社 週末開運さんぽ 改訂版	¥1540
御朱印でめぐる千葉の神社 週末開運さんぽ	¥1430
御朱印でめぐる東海の神社 週末開運さんぽ	¥1430
御朱印でめぐる京都の神社 週末開運さんぽ	¥1430

地球の歩き方 コミックエッセイ

北欧が好き！ フィンランド・スウェーデン・デンマーク・ノルウェーのすてきな町めぐり	¥1100
北欧が好き！2 建築×デザインでめぐる フィンランド・スウェーデン・デンマーク・ノルウェー…	¥1100
きょうも京都で京づくし	¥1100
ふたりで台湾、行ってきた。	¥1100
日本でてくてくゲストハウスめぐり	¥1100
アイスランド☆TRIP 神秘の絶景に会いに行く！	¥1100

地球の歩き方 BOOKS

■日本を旅する本

子連れで沖縄 旅のアドレス＆テクニック117	¥1000
武智志穂のかわいい京都*しあわせさんぽ	¥1429
おいしいご当地スーパーマーケット	¥1600
スーパーのおいしいもの、旅をしながら見つけてきました。47都道府県!	¥1600
京都 ひとりを楽しむ歩き	¥1200
青森・函館めぐり クラフト・建築・おいしいもの	¥1300

日本全国開運神社 このお守りがすごい	¥1384
えらべる！できる！ほうけん図鑑 沖縄	¥1500

●個性ある海外旅行を案内する本

世界の高速列車Ⅱ	¥2800
世界の鉄道	¥3500
WE LOVE エスニックファッション ストリートブック	¥1500
エスニックファッション シーズンブック ETHNIC FASHION SEASON BOOK	¥1500
へなちょこ日記 ハワイ晴晴編	¥1500
GIRL'S GETAWAY TO LOS ANGELES	¥1500
絶対トクする！海外旅行の新常識	¥1000
アバルトマンでパリジェンヌ体験 5日間から楽しめる憧れのパリ暮らし	¥1700
地球の歩き方フォトブック 旅するフォトグラファーが選ぶスペインの町33	¥1500
宮脇俊三と旅した鉄道風景	¥2000
キレイを叶える♡週末バンコク	¥1500
「幸せになる、ハワイのパンケーキ＆朝ごはん」〜オアフ島で食べたい人気の100皿〜	¥1500
MAKI'S DEAREST HAWAII 〜インスタジェニックなハワイ探し〜	¥1400
撮り旅！ 地球を撮り歩く旅人たち	¥1600
秘密のバリ案内Q77	¥1500
台湾おしゃべりノート	¥1500
HONG KONG 24 hours 朝・昼・夜で楽しむ 香港が好きになる本	¥1500
ONE & ONLY MACAO produced by LOVETABI	¥1300
純情ヨーロッパ 呑んで、祈って、脱いでみて	¥1280
人情ヨーロッパ 人生、ゆるして、ゆるされて	¥1380
雑貨と旅とデザインと	¥1400
とっておきのフィンランド 絵本のような町めぐり	¥1600
LOVELY GREEN NEW ZEALAND 未来の国を旅するガイドブック	¥1500
たびたび 歌で巡る世界の絶景	¥1200
はなたび 絶景で巡る世界の花	¥1200
気軽に始める！大人の男海外ひとり旅	¥1000
気軽に出かける！大人の男アジアひとり旅	¥1000
地球の歩き方編集者が手書きで描いた最高の楽しみ方 世界一周33万円・9日間から行く！	¥1000
世界一周 大人の男海外ひとり旅	¥1380
FAMILY TAIWAN TRIP #子連れ台湾	¥1518
MY TRAVEL, MY LIFE Maki's Family Travel Book	¥1600
香港 地元で愛される名物食堂	¥1540
マレーシア 地元で愛される名物食堂	¥1430
いろはに北欧 わたしにちょうどいい旅の作り方	¥1760
ヴィクトリア朝が教えてくれる英国の魅力	¥1320
ダナン＆ホイアン PHOTO TRAVEL GUIDE 〜絶景プロデューサー・時歩が巡るベトナム〜	¥1500
WORLD FORTUNE TRIP イヴルルド遙華の世界開運★旅案内	¥1650
HAWAII RISA'S FAVORITES 大人女子はハワイで美味しく美しく	¥1650
100 NEW YORK - MY BEST	¥1600
最高のハワイの過ごし方	¥1540

●乗り物deおさんぽ

パリの街をメトロでお散歩 改訂版	¥1500
台北メトロさんぽ MRTを使って、おいしいとかわいいを巡る旅♪	¥1518
台湾を鉄道でぐるり	¥1540
香港トラムでぶらり女子旅	¥1500
香港メトロさんぽ MTRで巡る とっておきスポット＆新しい香港に出会う旅	¥1518
NEW YORK, NEW YORK! 地下鉄で旅するニューヨークガイド	¥1500

●ランキング＆マル得テクニック

沖縄 ランキング＆マル得テクニック！	¥900
ニューヨーク ランキング＆マル得テクニック！	¥1000
香港 ランキング＆マル得テクニック！	¥1000
台湾 ランキング＆マル得テクニック！	¥1000
シンガポール ランキング＆マル得テクニック！	¥1000
ハワイ ランキング＆マル得テクニック！	¥900

●話題の本

パラダイス山元の飛行機の乗り方	¥1300
パラダイス山元の飛行機のある暮らし	¥1300
なぜデキる男とモテる女は飛行機に乗るのか？	¥1300
「世界イケメンハンター」咲子のGIRL'S TRAVEL	¥1400
しあわせで感じる旅！上春樹	¥1450
発達障害グレーゾーン まったり息子の成長日記	¥1500
鳥居りんこの親の介護は知らなきゃバカみてばかり	¥1200
親の介護をはじめたら知っておくべきお金の話で泣き見ないために 知らなきゃ損する！トラブル回避の基礎知識	¥1200
熟年旅行のスペイン 行き当たりばったり移住記	¥1350
海外VIP1000人を感動させた 外資系企業社長の「おもてなし」術	¥1100
理想の旅は自分でつくる！失敗しない海外ひとり旅	¥1100
日本一小さな航空会社の大きな奇跡の物語 愛される会社を支えた天草エアラインの「復活」	¥1500
娘にリケジョになりたい！と言われたら 文系の親に知ってほしい理系女子の世界	¥1400

食事作りに手間暇かけないドイツ人、手料理神話にこだわり続ける日本人	¥1000
ゆるゆる神様図鑑 古代エジプト編	¥909
やり直し英語革命 最短でキチンと話せるようになるための7つの近道勉強法	¥1000

地球の歩き方 中学受験

お母さんが教える国語	¥1800
お母さんが教える国語 親子で成績を上げる魔法のアイデア	¥1300
こんなハズじゃなかった中学受験 なぜ、あの子は逆転合格できたのか？	¥1500
小6になってグンと伸びる子、ガクンと落ちる子 偏差値が届かなくても受かる子、充分でも落ちる子	¥1500
名門中学の子どもたちは学校で何を学んでいるのか	¥1650
はじめての中学受験 第一志望合格のためにやってよかった5つのこと	¥1500
第一志望に合格したい「社会」の後回しは危険です	¥1300
進路で迷ったら中高一貫校を選びなさい 6年間であなたの子供はこんなに変わる	¥1200
親も後悔しない 子供に失敗させない進学塾の選び方	¥1200
わが子を合格させる父親塾 ヤル気を引き出す「神オヤジ」と子どもをツブす「ダメおやじ」	¥1200
まんがで学ぶ！苦手な子のための読解力が身につく7つのコツ	¥1400
新お母さんが教える国語 わが子を志望校に合格させる最強の家庭学習法	¥1500
小6になってグンと伸びる子、ガクンと落ちる子 6年生で必ず成績の上がる学び方 7つのルール完全版	¥1500

地球の歩き方 GemStone

001	バリの手帖 とっておきの散歩道	¥1500
003	キューバ 増補改訂版	¥1500
014	スパへようこそ 世界のトリートメント大集合	¥1500
021	ウィーン旧市街 とっておきの散歩道	¥1500
025	世界遺産 マチュピチュ完全ガイド	¥1500
026	魅惑のモロッコ 美食と雑貨と美肌の国	¥1500
改訂	イギリス人は甘いものがお好き プディング＆焼き菓子がいいはらのラブリーな生活	¥1500
改訂	バリ島ウブド 楽園の散歩道	¥1500
033	改訂新版 フィンランド かわいいデザインと出会う街歩き	¥1600
	新装改訂版 ベルリンガイドブック	¥1600
047	プラハ迷宮の散歩道 改訂版	¥1500
052	とっておきのポーランド 増補改訂版	¥1500
054	グリム童話で旅するドイツ・メルヘン街道	¥1500
056	ラダック ザンスカール スピティ 北インドのリトル・チベット 増補改訂版	¥1700
058	ザルツブルクとチロル アルプスの山と街を歩く	¥1500
059	スイス 歩いて楽しむアルプス絶景ハイキング 改訂新版	¥1500
060	天空列車 青海チベット鉄道の旅	¥1500
060	カリフォルニア オーガニックトリップ サンフランシスコ＆ワインカントリーのスローライフへ！	¥1500
061	台南 高雄とっておきの歩き方 南部新幹線ガイド	¥1500
062	イングランドで一番美しい場所 コッツウォルズ	¥1700
064	シンガポール 絶品！ローカルごはん	¥1500
065	ローマ美食散歩 永遠の都を食べ歩く	¥1500
066	南極大陸 完全旅行ガイド	¥1500
067	ポルトガル 奇跡の風景をめぐる旅	¥1500
068	アフタヌーンティーで旅するイギリス	¥1500
070	ヨーロッパ鉄道の旅 はじめてでもよくわかる	¥1500
071	ハノイから行けるベトナム北部の少数民族紀行	¥1600

地球の歩き方 MOOK

●海外最新情報が満載されたMOOK本

海外1	パリの歩き方[ムックハンディ]	¥1000
海外3	ソウルの歩き方[ムックハンディ]	¥1000
海外4	香港・マカオの歩き方[ムックハンディ]	¥1000
海外6	台湾の歩き方[ムックハンディ]	¥1000
海外8	ホノルルの歩き方[ムックハンディ]	¥1000
海外9	ホノルルショッピング＆グルメ[ムックハンディ]	¥1000
海外10	グアムの歩き方[ムックハンディ]	¥1000
海外11	バリ島の歩き方[ムックハンディ]	¥1000
	ハワイ ランキング＆マル得テクニック！	¥790
	ソウル ランキング＆マル得テクニック！	¥790
	バリ島 ランキング＆マル得テクニック！	¥740
	海外女子ひとり旅☆パーフェクトガイド！	¥890
	ハワイ スーパーマーケットマル得完全ガイド	¥890
	海外子連れ旅☆パーフェクトガイド！	¥890
	世界のビーチBEST100	¥890
	ヘルシーハワイ[ムックハンディ]	¥890
	aruco magazine vol.2	¥920

●国内MOOK

沖縄の歩き方[ムックハンディ]	¥917
北海道の歩き方[ムックハンディ]	¥926

「地球の歩き方」の書籍

地球の歩き方 GEM STONE

「GEM STONE(ジェムストーン)」の意味は「原石」。地球を旅して見つけた宝石のような輝きをもつ「自然」や「文化」、「史跡」などといった「原石」を珠玉の旅として提案するビジュアルガイドブック。美しい写真と詳しい解説で新しいテーマ&スタイルの旅へと誘います。

- 001 パリの手帖 とっておきの散歩道
- 007 クロアチア 世界遺産と島めぐり
- 021 ウィーン旧市街 とっておきの散歩道
- 023 増補改訂版 ヴェネツィア カフェ&バーカロでめぐる、14の迷宮路地散歩
- 029 イギリス人は甘いのがお好き プディング&焼き菓子がいっぱいのラブリーな生活
- 031 コッツウォルズ&ロンドンのマーケットめぐり
- 032 フィレンツェ美食散歩 おいしいもの探しの四季の旅
- 033 改訂新版 フィンランド かわいいデザインと出会う街歩き
- 037 新装改訂版 ベルリンガイドブック 歩いて見つけるベルリンとポツダム13エリア
- 039 アイスランド 地球の鼓動が聞こえる……ヒーリングアイランドへ
- 047 プラハ迷宮の散歩道 改訂版
- 048 デザインとおとぎの国 デンマーク
- 051 アマルフィ&カプリ島 とっておきの散歩道
- 052 とっておきのポーランド 増補改訂版
- 054 グリム童話で旅するドイツ・メルヘン街道
- 057 ザルツブルクとチロル アルプスの山と街を歩く
- 062 イングランドで一番美しい場所 コッツウォルズ
- 063 スイス おトクに楽しむ街歩き
- 065 ローマ美食散歩 永遠の都を食べ歩く

地球の歩き方 BOOKS

「BOOKS」シリーズでは、国内、海外を問わず、自分らしい旅を求めている旅好きの方々に、旅に誘う情報から旅先で役に立つ実用情報まで、「旅エッセイ」や「写真集」、「旅行術指南」など、さまざまな形で旅の情報を発信します。

- 宮脇俊三と旅した鉄道風景
- 世界の高速列車II
- ブルガリアブック バラの国のすてきに出会う旅
- アパルトマンでパリジェンヌ体験 5日間から楽しめる憧れのパリ暮らし
- パラダイス山元の飛行機の乗り方
- パラダイス山元の飛行機のある暮らし
- 美しき秘密のイタリアへ 51の世界遺産と小さな村
- 秘密のパリ案内Q75
- 旅するフォトグラファーが選ぶスペインの町33
- 純情ヨーロッパ 呑んで、祈って、脱いでみて
- 人情ヨーロッパ 人生、ゆるして、ゆるされて

051 アマルフィ&カプリ島 とっておきの散歩道

地球の歩き方シリーズ 地球の歩き方 編集部 検索 www.arukikata.co.jp/guidebook/

地球の歩き方書籍のご案内

『地球の歩き方』を持って
フランスの達人をめざそう！

南フランスのいなかを訪ねるバカンスも、パリでの観光も地球の歩き方なら、もっと深く、もっと楽しいあなたの旅にぴったりのガイドブックが揃っています。
フランスの魅力を知ったあなたにもっとディープなフランスを旅してほしい！

地球の歩き方●ガイドブック

A06 フランス
パリやリヨンなどの有名な観光地はもちろん、小さな田舎町から往時を偲ばせる古城の数々まで、フランス全土をくまなく網羅したボリュームたっぷりのガイドブック。

A07 パリ&近郊の町
歴史を感じさせるたたずまいと、時代の最先端が同居するパリの魅力が満載。取り外せる別冊地図が付いてますます便利に！

A08 南仏プロヴァンス コート・ダジュール&モナコ
自然と芸術にあふれたプロヴァンスの町や村。高級リゾートのモナコ、カンヌ、ニース。南仏で極上のバカンスを満喫しよう。

女子旅応援ガイド● aruco
ハンディサイズで、元気な旅好き女子を応援する旅のテーマが詰まっています。

1 パリ
36 フランス

地球の歩き方● Plat
短い滞在時間で効率的に観光したいアクティブな旅人におすすめのシリーズです。

01 パリ

地球の歩き方●トラベル会話
2 フランス語＋英語

地球の歩き方● MOOK
海外1 パリの歩き方

地球の歩き方● BOOKS
パリの街をメトロでお散歩！ 改訂版

アパルトマンでパリジェンヌ体験
5日間から楽しめる憧れのパリ暮らし

秘密のパリ案内Q77

地球の歩き方GEM STONE
001 パリの手帖 とっておきの散歩道

035 8つのテーマで行く パリ発、日帰り小旅行

2020年6月現在 ●最新情報はホームページでもご覧いただけます URL www.diamond.co.jp/arukikata

地球の歩き方 ホームページのご案内

海外旅行の最新情報満載の「地球の歩き方ホームページ」！ガイドブックの更新情報はもちろん、各国の基本情報、海外旅行の手続きと準備、海外航空券、海外ツアー、現地ツアー、ホテル、鉄道チケット、Wi-Fiレンタルサービスなどもご紹介。旅先の疑問などを解決するためのQ&A・旅仲間募集掲示板や現地Web特派員ブログ、ニュース＆レポートもあります。

🔗 **https://www.arukikata.co.jp/**

■ 多彩なサービスであなたの海外旅行をサポートします！

旅のQ&A・旅仲間募集掲示板

世界中を歩き回った多くの旅行者があなたの質問を待っています。目からウロコの新発見も多く、やりとりを読んでいるだけでも楽しい旅行情報の宝庫です。

🔗 **https://bbs.arukikata.co.jp/**

国内外の旅に関するニュースやレポート満載

地球の歩き方 ニュース＆レポート

国内外の観光、グルメ、イベント情報、地球の歩き方ユーザーアンケートによるランキング、編集部の取材レポートなど、ほかでは読むことのできない、世界各地の「今」を伝えるコーナーです。

🔗 **https://news.arukikata.co.jp/**

航空券の手配がオンラインで可能

地球の歩き方 arukikata.com

航空券のオンライン予約なら「アルキカタ・ドット・コム」。成田・羽田のほか、全国各地の空港を発着する航空券を手配できます。期間限定の大特価バーゲンコーナーは必見。

🔗 **https://www.arukikata.com/**

空港とホテル間の送迎も予約可能

Travel 現地発着オプショナルツアー

効率よく旅を楽しめる世界各地のオプショナルツアーを取り揃えています。観光以外にも快適な旅のオプションとして、空港とホテル間の送迎や空港ラウンジ利用も人気です。

🔗 **https://op.arukikata.com/**

ホテルの手配がオンラインで可能

Travel 海外ホテル予約

「地球の歩き方ホテル予約」では、世界各地の格安から高級ホテルまでをオンラインで予約できます。クチコミなども参考に評判のホテルを探しましょう。

🔗 **https://hotels.arukikata.com/**

海外Wi-Fiレンタル料金比較

Travel 海外Wi-Fiレンタル

スマホなどによる海外ネット接続で利用者が増えている「Wi-Fiルーター」のレンタル。渡航先やサービス提供会社で異なる料金プランなどを比較し、予約も可能です。

🔗 **https://www.arukikata.co.jp/wifi/**

LAのディズニーリゾートやユニバーサルスタジオ入場券の手配

Travel 地球の歩き方 チケットオンライン

アナハイムのディズニー・リゾートやハリウッドのユニバーサル・スタジオの、現地でチケットブースに並ばずに入場できる入場券の手配をオンラインで取り扱っています。

🔗 **https://parts.arukikata.com/**

ヨーロッパ鉄道チケットがWebで購入できる「ヨーロッパ鉄道の旅」

ヨーロッパ鉄道の旅 Travelling by Train

地球の歩き方トラベルのヨーロッパ鉄道チケット販売サイト。オンラインで鉄道パスや乗車券、座席指定券などを予約できます。利用区間や日程がお決まりの方におすすめです。

🔗 **https://rail.arukikata.com/**

海外旅行の情報源はここに！　　地球の歩き方

地球の歩き方　投稿

あなたの旅の体験談をお送りください

『地球の歩き方』は、たくさんの旅行者からご協力をいただいて、改訂版や新刊を制作しています。あなたの旅の体験や貴重な情報を、これから旅に出る人たちに分けてあげてください。なお、お送りいただいたご投稿がガイドブックに掲載された場合は、初回掲載本を1冊プレゼントします！

ご投稿は次の3つから！

インターネット	URL www.arukikata.co.jp/guidebook/toukou.html 画像も送れるカンタン「投稿フォーム」 ※「地球の歩き方　投稿」で検索してもすぐに見つかります
郵　便	〒 104-0032　東京都中央区八丁堀 2-9-1 RBM 東八重洲ビル 株式会社ダイヤモンド・ビッグ社 「地球の歩き方」サービスデスク「○○○○編」投稿係
ファクス	(03) 3553-6603
郵便とファクスの場合	次の情報をお忘れなくお書き添えください！　①ご住所　②氏名　③年齢　④ご職業 ⑤お電話番号　⑥ E-mail アドレス　⑦対象となるガイドブックのタイトルと年度 ⑧ご投稿掲載時のペンネーム　⑨今回のご旅行時期　⑩「地球の歩き方メールマガジン」 配信希望の有無　⑪地球の歩き方グループ各社からの DM 送付希望の有無

─── ご投稿にあたってのお願い ───

★ご投稿は、次のような《テーマ》に分けてお書きください。
《新発見》ガイドブック未掲載のレストラン、ホテル、ショップなどの情報
《旅の提案》未掲載の町や見どころ、新しいルートや楽しみ方などの情報
《アドバイス》旅先で工夫したこと、注意したいこと、トラブル体験など
《訂正・反論》掲載されている記事・データの追加修正や更新、異議・反論など
※記入例：「○○編 202X 年度版△△ページ掲載の□□ホテルが移転していました……」

★データはできるだけ正確に。
ホテルやレストランなどの情報は、名称、住所、電話番号、アクセスなどを正確にお書きください。ウェブサイトの URL や地図などは画像でご投稿いただくのもおすすめです。

★ご自身の体験をお寄せください。
雑誌やインターネット上の情報などの丸写しはせず、実際の体験に基づいた具体的な情報をお待ちしています。

─── ご確認ください ───

※採用されたご投稿は、必ずしも該当タイトルに掲載されるわけではありません。関連他タイトルへの掲載もありえます。
※例えば、「新しい市内交通バスが発売されている」など、すでに編集部で取材・調査を終えているものと同内容のご投稿をいただいた場合は、ご投稿を採用したとはみなされず掲載本をプレゼントできないケースがあります。
※当社は個人情報を第三者に提供いたしません。また、ご記入いただきましたご自身の情報については、ご投稿内容の確認や掲載本の送付などの用途以外には使用いたしません。
※ご投稿の採用の可否についてのお問い合わせはご遠慮ください。
※原稿は原文を尊重しますが、スペースなどの関係で編集部でリライトする場合があります。
※従来の、巻末に綴じ込んだ「現地最新情報・ご投稿用紙」は廃止させていただきました。

あとがき

本書は、パリをこよなく愛する人々によって書かれています。本書の骨子となる部分を担当してくれたのは、AGIJ に所属するパリ在住のガイドさんたちです。なかでも村上修史さんには、メインライターとして多大な協力をいただきました。また、美術評論家の坂上桂子さんには、国立近代美術館の作品紹介などをお願いしました。ナイトスポットについては田中敦子さんが執筆してくれました。改訂に際して記事の執筆、データ校正などを担当してくれたのは、パリ在住の三富千秋さん、和田朋恵さんです。なお全編を通じ、編集スタッフによる取材をもとに、毎年加筆、訂正、構成の変更を行っています。最後に、貴重な情報を寄せてくださった読者の皆様、本当にありがとうございました。

編集協力＆写真提供：フランス観光開発機構、イル・ド・フランス地方観光局、Office du Tourisme et des Congrès de Paris、ミキツーリスト、並木麻輝子、上仲正寿、村松史郎、加藤文夫、山田総合企画、石澤真実、青谷匡美、加藤亨延、瀧田佳奈恵、飯田みどり、©iStock（写真協力）

制　　作	上田暁世　Producer：Akiyo Ueda	
編　　集	オフィス・ギア（坂井彰代、伊藤智郎、山田理恵、朝倉修子） Editors：Office GUIA Inc.	
デザイン	村松道代（タオハウス）、山中遼子、オフィス・ギア、エメ龍夢 Design：Michiyo Muramatsu（taohaus）、Ryoko Yamanaka、Office GUIA Inc.、 EME RYUMU Co., Ltd.	
表　　紙	日出嶋昭男　Cover Design：Akio Hidejima	
地　　図	辻野良晃　Maps：Yoshiaki Tsujino	
イラスト	有栖サチコ、オガワヒロシ　Illustrations：Sachiko Arisu、Hiroshi Ogawa	
校　　正	トップキャット　Proofreading：Top Cat	

読者投稿
〒 104-0032　東京都中央区八丁堀 2-9-1　RBM 東八重洲ビル
株式会社ダイヤモンド・ビッグ社
「地球の歩き方」サービスデスク「A07 パリ＆近郊の町」投稿係
FAX.（03）3553-6603　**URL** www.arukikata.co.jp/guidebook/toukou.html
地球の歩き方ホームページ（海外旅行の総合情報）
URL www.arukikata.co.jp
ガイドブック『地球の歩き方』（検索と購入、更新・訂正情報）
URL www.arukikata.co.jp/guidebook

地球の歩き方 A07 パリ＆近郊の町　2021 〜 2022 年版

1991 年 5 月 1 日　初版発行
2020 年 9 月 9 日　改訂第 29 版第 1 刷発行

Published by Diamond-Big Co., Ltd.
2-9-1 Hatchobori, Chuo-ku Tokyo, 104-0032 Japan
TEL.（81-3）3553-6667（Editorial Section）
TEL.（81-3）3553-6660　FAX.（81-3）3553-6693（Advertising Section）
Advertising Representative：MIKI TRAVEL AGENCY / PARIS
TEL.（33-6）63.63.81.88　FAX.（33-1）44.50.31.32　E Mail arukikata.paris.pub@gmail.com

著作編集	「地球の歩き方」編集室
発 行 所	株式会社ダイヤモンド・ビッグ社 〒 104-0032　東京都中央区八丁堀 2-9-1 　編 集 部　TEL.（03）3553-6667 　広 告 部　TEL.（03）3553-6660　FAX.（03）3553-6693
発 売 元	株式会社ダイヤモンド社 〒 150-8409　東京都渋谷区神宮前 6-12-17 　販売　TEL.（03）5778-7240

■ご注意ください
本書の内容（写真、図版を含む）の一部または全部を、事前に許可なく無断で複写、複製、または著作権法に基づかない方法により引用し、印刷物や電子メディアに転載、転用することは、著作者および出版社の権利の侵害となります。All rights reserved. No part of this publication may be reproduced or used in any form or by any means, graphic, electronic, or mechanical, including photocopying, without written permission of the publisher.
■落丁・乱丁本はお手数ですがダイヤモンド社販売宛にお送りください。
送料小社負担にてお取り替えいたします。ただし、古書店で購入されたものについてはお取り替えできません。

印刷製本　凸版印刷株式会社　Printed in Japan
禁無断転載 ©ダイヤモンド・ビッグ社

ISBN978-4-478-82485-6